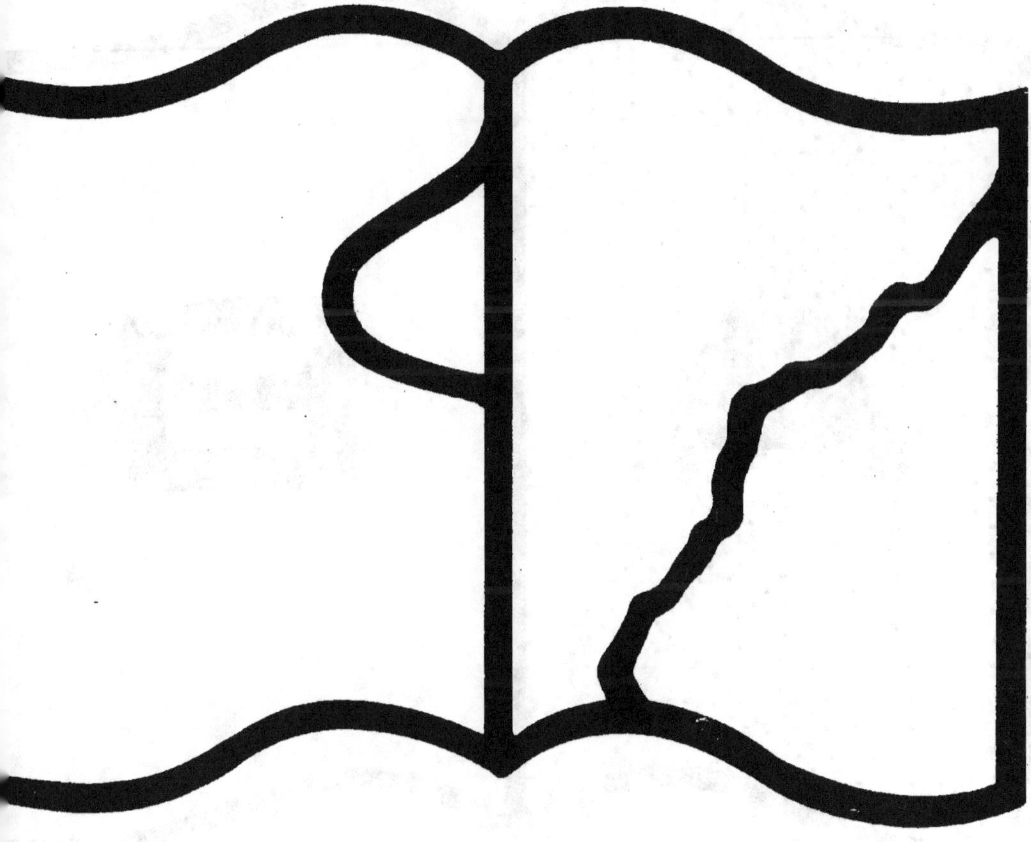

Texte détérioré — reliure défectueuse

NF Z 43-120-11

Contraste insuffisant

NF Z 43-120-14

Contraste insuffisant

NF Z 43-120-14

16 Décembre 1892 — N° 2

VOYAGES ILLUSTRÉS

JOURNAL BI-MENSUEL

SOMMAIRE :

LES ROBINSONS DE LA GUYANE

PAR

LOUIS BOUSSENARD

Prix de l'Abonnement : 80 Centimes

LE NUMÉRO

RÉDACTION & ADMINISTRATION :

134, FAUBOURG POISSONNIÈRE, 134

PARIS

16 Décembre 1892 — N° 2

VOYAGES ILLUSTRÉS

JOURNAL BI-MENSUEL

SOMMAIRE :

LES ROBINSONS DE LA GUYANE

PAR

LOUIS BOUSSENARD

Prix de l'Abonnement : 80 Centimes

LE NUMÉRO

RÉDACTION & ADMINISTRATION :

134, FAUBOURG POISSONNIÈRE, 134

PARIS

1 Janvier 1893 — N 3

VOYAGES ILLUSTRÉS

JOURNAL BI-MENSUEL

SOMMAIRE :

LES ROBINSONS DE LA GUYANE

PAR

LOUIS BOUSSENARD

Prix de l'Abonnement : 80 Centimes

LE NUMÉRO

RÉDACTION & ADMINISTRATION :

134, FAUBOURG POISSONNIÈRE, 134

PARIS

16 Janvier 1893 — N 4

VOYAGES ILLUSTRÉS

JOURNAL BI-MENSUEL

SOMMAIRE :

LES ROBINSONS DE LA GUYANE

PAR

LOUIS BOUSSENARD

Prix de l'Abonnement : 80 Centimes

LE NUMÉRO

RÉDACTION & ADMINISTRATION :

134, FAUBOURG POISSONNIÈRE, 134

PARIS

1 Février 1893 — N 5

VOYAGES ILLUSTRÉS

JOURNAL BI-MENSUEL

SOMMAIRE:

LES ROBINSONS DE LA GUYANE

PAR

LOUIS BOUSSENARD

Prix de l'Abonnement : 80 Centimes

LE NUMÉRO

RÉDACTION & ADMINISTRATION :

134, FAUBOURG POISSONNIÈRE, 134

PARIS

16 Février 1893 — N° 6

VOYAGES ILLUSTRÉS

JOURNAL BI-MENSUEL

SOMMAIRE :

LES ROBINSONS DE LA GUYANE

PAR

LOUIS BOUSSENARD

Prix de l'Abonnement : 80 Centimes

LE NUMÉRO

RÉDACTION & ADMINISTRATION :

134, FAUBOURG POISSONNIÈRE, 134

PARIS

1 Mars 1893 — N° 7

VOYAGES ILLUSTRÉS

JOURNAL BI-MENSUEL

SOMMAIRE :

LES ROBINSONS DE LA GUYANE

PAR

LOUIS BOUSSENARD

Prix de l'Abonnement : 80 Centimes

LE NUMÉRO

RÉDACTION & ADMINISTRATION :

134, FAUBOURG POISSONNIÈRE, 134

PARIS

16 Mars 1893 — N 8

VOYAGES ILLUSTRÉS

JOURNAL BI-MENSUEL

SOMMAIRE :

LES ROBINSONS DE LA GUYANE

PAR

LOUIS BOUSSENARD

Prix de l'Abonnement : 80 Centimes

LE NUMÉRO

RÉDACTION & ADMINISTRATION :

134, FAUBOURG POISSONNIÈRE, 134

PARIS

16 Mai 1893 — N 12

VOYAGES ILLUSTRÉS

JOURNAL BI-MENSUEL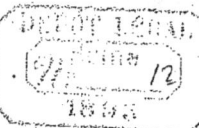

SOMMAIRE :

LES ROBINSONS DE LA GUYANE

PAR

LOUIS BOUSSENARD

Prix de l'Abonnement : 80 Centimes

LE NUMÉRO

RÉDACTION & ADMINISTRATION :

134, FAUBOURG POISSONNIÈRE, 134

PARIS

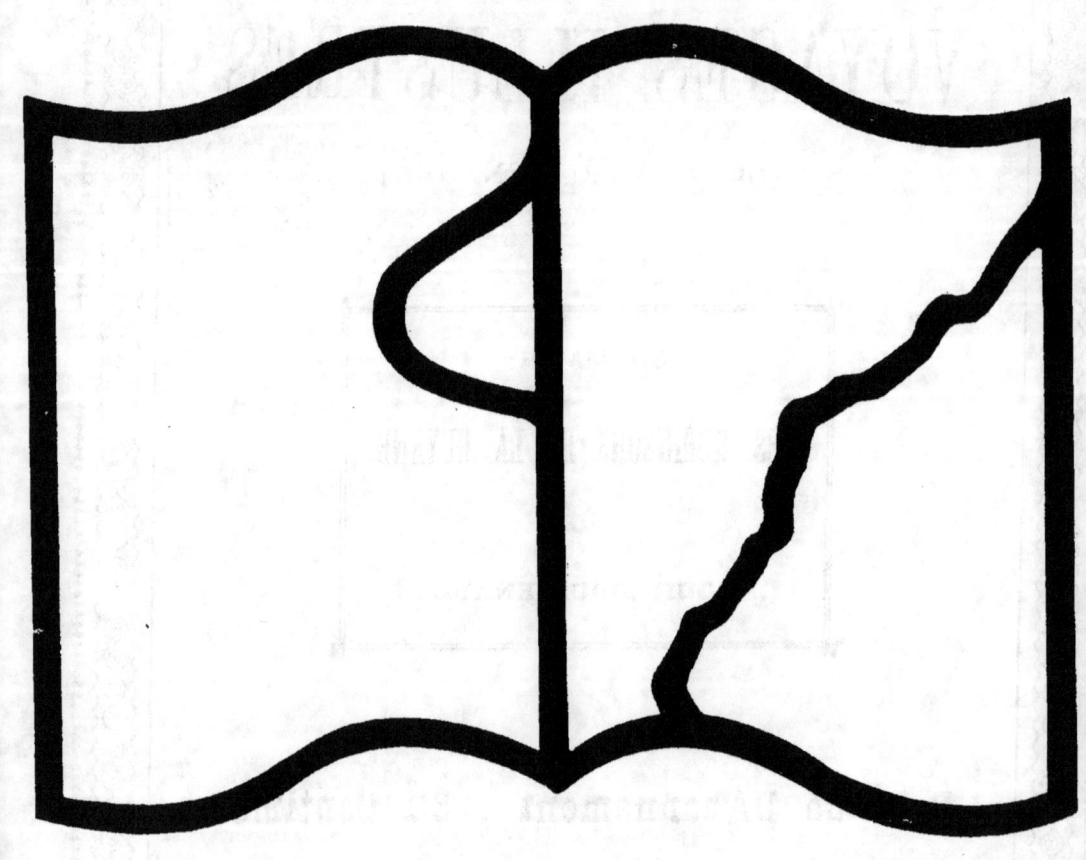

Texte détérioré — reliure défectueuse
NF Z 43-120-11

1 Mai 1893 — N 11

VOYAGES ILLUSTRÉS

JOURNAL BI-MENSUEL

SOMMAIRE :

LES ROBINSONS DE LA GUYANE

PAR

LOUIS BOUSSENARD

Prix de l'Abonnement : 80 Centimes

LE NUMÉRO

RÉDACTION & ADMINISTRATION :

134, FAUBOURG POISSONNIÈRE, 134

PARIS

1 Avril 1893 — N 9

VOYAGES ILLUSTRÉS

JOURNAL BI-MENSUEL

SOMMAIRE:

LES ROBINSONS DE LA GUYANE

PAR

LOUIS BOUSSENARD

Prix de l'Abonnement : 80 Centimes

LE NUMÉRO

RÉDACTION & ADMINISTRATION :

134, FAUBOURG POISSONNIÈRE, 134

PARIS

16 Avril 1893 — N 10

VOYAGES ILLUSTRÉS

JOURNAL BI-MENSUEL

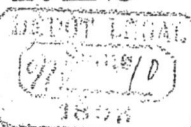

SOMMAIRE:

LES ROBINSONS DE LA GUYANE

PAR

LOUIS BOUSSENARD

Prix de l'Abonnement : 80 Centimes

LE NUMÉRO

RÉDACTION & ADMINISTRATION :

134, FAUBOURG POISSONNIÈRE, 134

PARIS

1 Décembre 1892 — N 1

VOYAGES ILLUSTRÉS

JOURNAL BI-MENSUEL

SOMMAIRE :

LES ROBINSONS DE LA GUYANE

PAR

LOUIS BOUSSENARD

Prix de l'Abonnement : 80 Centimes

LE NUMÉRO

RÉDACTION & ADMINISTRATION :

134, FAUBOURG POISSONNIÈRE, 134

PARIS

LES ROBINSONS DE LA GUYANE

PREMIÈRE PARTIE
LE TIGRE BLANC

CHAPITRE PREMIER

Un orage sous l'équateur. — L'appel des forçats. — Trop de zèle ! — Aux armes ! — L'évasion. — Les « Meurt-de-faim ». — Les chasseurs d'hommes. — Il y a fagot et fagot. — Entre chiens. — La forêt vierge la nuit. — La proie et l'ombre. — Tigre moucheté et *tigre blanc*. — Mauvais coup de fusil, mais superbe coup de sabre. — Vengeance d'un noble cœur. — Le pardon. — Libre !...

Les arbres géants de la forêt équatoriale se tordaient sous la rafale. Le tonnerre grondait furieusement. Les éclats de la foudre, simultanément sonores ou étouffés, brefs ou prolongés, secs ou crépitants, bizarres parfois, terribles toujours, semblaient se confondre en une seule et interminable détonation.

Du Nord au Sud, de l'Est à l'Ouest, s'étalait, à perte de vue, au ras des cimes une immense nuée noirâtre, bordée d'une sinistre bande cuivrée. Des éclairs aveuglants, affectant toutes les formes et toutes les couleurs, mêlés dans une colossale fulguration, s'en échappaient comme d'un cratère renversé.

De ces vapeurs trop lourdes qu'un implacable soleil avait fait surgir d'insondables marais et de solitudes inexplorées, roulaient de véritables trombes. Ce que nous nommons en Europe des gouttes de pluie, semblait de larges coulées de métal en fusion, à travers lesquelles se réflétaient étrangement les éclairs.

Les feuilles tombaient, hachées comme par un ouragan de grêle, mieux encore, comme par des millions de jets de pompes à vapeur.

De temps en temps, un acajou énorme, l'orgueil de la forêt vierge, s'abattait lourdement; une ébène verte, au tronc élevé de plus de quarante mètres, aussi dur que le fer, voltigeait comme une paille; un cèdre séculaire, que quatre hommes n'eussent pu entourer de leurs bras, éclatait, ainsi qu'une planchette de sapin, un simarouba, un boco, ou un angélique, dont les cimes trouaient la nue, roulaient, fracassés les premiers.

Ces géants, reliés ensemble par d'inextricables lianes, et dont les maîtresses branches disparaissaient sous des orchidées, des broméliacées ou des aroïdées en pleine floraison, oscillaient, puis s'écroulaient sous la même poussée. Des milliers de pétales rouges coulaient à travers les herbes : on eut dit des gouttes de sang arrachées aux flancs des colosses foudroyés.

Les animaux affolés, se taisaient. Seule, mugissait la grande voix de l'ouragan, qui atteignait alors une invraisemblable intensité.

Cette formidable symphonie de la nature, qu'on eut dit orchestrée par le génie des tempêtes, et exécutée par un chœur de Titans, remplissait l'immense vallée du Maroni, le grand fleuve de la Guyane française.

La nuit s'était faite tout à coup, avec cette rapidité particulière aux zones équatoriales que le soleil éclaire sans aurore, et d'où il disparaît sans crépuscule.

Quiconque n'eût pas été familiarisé de longue date avec ces terribles convulsions, fût resté passablement étonné, à la vue d'une centaine d'hommes de tout âge, et de nationalités différentes, qui, debout, rangés sur quatre files, se tenaient sous un vaste hangar, silencieux, impassibles, le chapeau à la main.

La toiture, en feuilles de « waïe », semblait à chaque instant près de s'envoler. Les poteaux en « grignon » tremblaient dans leurs alvéoles, les quatre falots, accrochés aux quatre angles paraissaient au moment de s'éteindre.

La physionomie des inconnus, Arabes, Indiens, Noirs ou Européens, conservait quand même cette impression de morne impassibilité.

Tous étaient pieds nus, vêtus d'un pantalon et d'une blouse de toile grise au dos de laquelle se voyaient deux grandes lettres noires séparées par une ancre, C.—P.

A travers les quatre files, circulait lentement un homme de taille moyenne, aux épaules démesurément larges, à la figure brutale, que coupait une grosse moustache brune, aux longues pointes cosmétiquées. Des yeux gris-bleu, sans regard, ou plutôt qui voyaient sans regarder, donnaient à cette physionomie une inquiétante expression de ruse et de duplicité.

L'homme, vêtu d'une vareuse de drap gros-bleu, au collet rabattu, entouré d'un galon d'argent, portait sur chacune de ses manches, deux galons également en argent. Un sabre-briquet, dans le ceinturon duquel était passé un pistolet d'arçon, lui battait les mollets. Il tenait enfin à la main un solide gourdin, avec lequel il exécutait de temps à autre, d'un air satisfait, un moulinet, dont la correction indiquait une science approfondie de l'art du bâtonniste.

Il inventoriait, de la cime à la base, tout en s'éventant avec la visière de son képi, de la même étoffe que la vareuse, chacun des hommes qui répondait à l'appel de son nom.

Cet appel était fait par un homme vêtu du même uniforme, qui se tenait en avant du premier rang, et dont le physique formait avec celui de son compagnon un contraste frappant.

Ce dernier, grand, mince, bien bâti pourtant, était porteur d'une physionomie tout d'abord sympathique. Détail particulier : il n'avait pas de bâton Il portait un petit carnet sur lequel étaient inscrits des noms.

Il appelait à haute voix, et s'interrompait souvent, tant était assourdissant le bruit de la tempête.

— Abdallah !...
— Présent !...
— Mingra samy !...
— Présent !... répondit d'une voix rauque un Hindou, qui grelottait, en dépit de la température suffocante.
— Encore un qui a la danse de Saint-Guy... grommela l'homme aux moustaches cirées... Ça prétend avoir la fièvre. Attends un peu... mon drôle... Je vais te faire danser avec mon éventail à bourrique !
— Simonin !...
— Présent !... articula faiblement un Européen à la face livide, aux joues creuses, et qui pouvait à peine se tenir debout.
— Mais réponds donc plus haut... animal

Et le bruit sourd d'un coup de bâton résonna sur les épaules du pauvre diable, qui plia et poussa un hurlement de douleur.

— Là !... Je savais bien que la voix lui reviendrait... Le voilà qui chante maintenant comme un singe rouge.

— Romulus !...

— Présent !... cria d'une voix de stentor un nègre d'une taille colossale en montrant une double rangée de dents dont un crocodile eût été jaloux.

— Robin !...

Pas de réponse.

— Robin !..., répéta celui qui faisait l'appel.

— Mais réponds donc !... canaille, hurla le porteur du bâton.

Rien. Un vague murmure circula sur les quatre rangs.

— Silence !... tas de chiens... Le premier qui abandonne sa place ou qui dit un mot, je lui brûle la g....., termina-t-il en armant son pistolet.

Il y eut quelques secondes d'accalmie pendant lesquelles le tonnerre se tut.

— Aux armes !... Aux armes !... cria-t-on dans le lointain.

Puis un coup de feu...

— Mille millions de tonnerre !... nous sommes dans de jolis draps. Voilà bien sûr Robin évadé et c'est un politique ! Que je crève à l'instant, si je ne tire pas du coup mes trois mois de clou.

Le « déporté » Robin fut porté manquant, et l'appel se termina sans autre incident.

Nous disons déporté et non transporté ; la première de ces deux appellations étant réservée aux hommes accusés de délit politique, la seconde servant à désigner les criminels de droit commun. C'est, en somme, l'unique et platonique différence établie entre eux par ceux qui les ont expédiés dans cet enfer et ceux qui les gardent. Travaux identiques, nourriture, vêtements et régime analogues. Les déportés et les transportés, confondus dans une horrible promiscuité, reçoivent avec une égale surabondance jusqu'aux coups de trique du garde-chiourme Benoît, lequel n'a — on a pu le constater — de Benoît que le nom.

Nous sommes, avons-nous dit, en Guyane française, sur la rive droite du Maroni qui sépare notre colonie de la Guyane hollandaise.

La colonie pénitentiaire où se passe présentement — février 185., — le prologue du drame auquel nous allons assister, se nomme Saint-Laurent. Elle est de fondation toute récente. C'est une succursale de celle de Cayenne. Les forçats, encore peu nombreux, ne sont guère que cinq cents. Le lieu est malsain, les fièvres paludéennes y sont fréquentes, et les travaux de défrichement écrasants.

. . . .

Le surveillant Benoît — c'est le nom qu'on donne maintenant aux anciens garde-chiourme des bagnes européens — accompagna sa brigade au casernement. Il avait l'oreille basse, le digne argousin, et la face déconfite d'un renard pris au piège. Son gourdin n'évoluait plus au bout de son poignet robuste. Les pointes de ses moustaches pendaient tristement sous l'averse, et la visière de son képi n'avait plus cette conquérante inclinaison à quarante cinq degrés.

C'est que l'évadé était un « politique », un homme de haute intelligence, d'énergie et d'action. Sa fuite devait être désastreuse pour le gardien auquel la sollicitude du gouvernement l'avait confié.

Ah ! s'il eût été un vulgaire assassin, ou même un simple faussaire, Benoît s'en fut soucié comme d'un verre de tafia.

Les hommes, ravis de cet incident qui désespérait leur chef, dissimulaient mal la joie que leurs yeux réflétaient en dépit d'eux-mêmes. C'était, d'ailleurs, la seule protestation qu'ils pussent élever contre les actes de brutalité dont ce trop zélé serviteur se rendait coupable.

Ils s'allongèrent sur leurs hamacs, tendus entre deux madriers et s'endormirent bientôt de ce sommeil que procure, à défaut d'une conscience tranquille, un labeur écrasant.

Benoît, plus décontenancé que jamais, s'en alla, sans même se préoccuper de la pluie torrentielle et des hurlements de la foudre, rendre l'appel au commandant supérieur du pénitencier.

Celui-ci, déjà mis au courant de la situation par le coup de feu et l'appel aux armes de la sentinelle, prenait avec calme les mesures qu'il croyait nécessaires pour opérer les recherches.

Non pas qu'il espérât retrouver le fugitif, mais c'est la règle. Il comptait bien plutôt sur la faim, cet implacable ennemi de tout homme isolé dans l'interminable forêt. En effet, si les évasions étaient nombreuses, la famine ramenait invariablement tous ceux qu'avait entraînés le fol espoir de la liberté.

Trop heureux, quand, les entrailles tordues par la faim, ils pouvaient éviter la dent des reptiles, la griffe des fauves, ou l'aiguillon souvent mortel des insectes.

Quand il apprit pourtant le nom de l'évadé, le commandant, qui connaissait son energie et qui avait su apprécier son caractère, sentit diminuer sa confiance.

— Il ne reviendra pas, murmura-t-il. C'est un homme perdu.

— Commandant, dit Benoît, espérant qu'un peu de zèle détournerait de sa tête la menace d'une juste punition, je vous le ramènerai mort ou vif... Je m'en charge. Il me le faut.

— « Mort » est de trop..., vous m'entendez, riposta sèchement le commandant, homme très équitable, très ferme aussi, et qui savait rendre compatibles ses terribles fonctions avec l'humanité.

« J'ai dû souvent refréner votre brutalité. J'ai formellement interdit les voies de fait... vous savez ce que je veux dire. Tenez-vous pour une dernière fois averti.

« Tâchez de ramener le fugitif, si vous voulez éviter le conseil de discipline, et vous en tenir aux huit jours de prison que je vous inflige à dater du moment de votre retour.

« Allez !... »

Le surveillant salua brusquement et partit en expectorant une série de jurons à faire rougir encore le ciel en feu.

— Oui, je le ramènerai, la canaille !... J'étais fou !... mort ou vif !... Halte-là. C'est bel et bien vivant qu'il me le faut. Une balle à travers les côtelettes... Allons donc, ce serait trop doux pour une pareille vermine. Je veux le tenir encore sous mon bâton... Et, sang Dieu, je veux qu'il y crève !

« Allons, au trot ! »

Le surveillant regagna la case que ses collègues habitaient en commun, empila quelques provisions dans un havre-sac, se munit d'une boussole, d'un sabre d'abatis, passa un fusil de chasse en bandoulière sur son épaule et s'apprêta à partir.

Il était à peine sept heures du soir. Depuis trois quarts d'heure environ l'évasion de Robin était signalée.

Benoît, qui était surveillant chef, commandait le poste ; il s'adjoignit trois autres surveillants, qui s'équipèrent sans mot dire.

— Voyons, Benoît, dit un de ceux qui restaient de garde, celui-là même qui faisait en même temps que lui l'appel, tu ne penses pas à partir par un tel temps et à pareille heure.

« Attends au moins la fin de l'orage. Robin ne peut être bien loin, et demain...

— Je fais ce qui me plaît, riposta-t-il brutalement, je commande seul ici et je ne te demande pas ton avis.

« Et d'ailleurs, mon animal va essayer de franchir le Maroni, afin de se réfugier chez les Arouagues ou les Galibis. Il va suivre la rive. Je vais le pincer avant qu'il ait pu construire un radeau.

« Pardieu ! Je devine son plan. C'est bête comme tout. D'autant plus que j'ai vu rôder avant hier quelques-uns de ces sales Peaux-Rouges près de l'abatis du Nord...

« Attendez un peu, mes gaillards, vous allez avoir prochainement de mes nouvelles.

« N'est-ce pas, Fagot, que nous allons leur parler du pays. »

A ce nom de Fagot, un chien barbet, à figure hargneuse, aux poils hérissés, aux pattes courtaudes, à l'œil intelligent, sortit en s'étirant de dessous une table grossièrement équarrie.

Fagot signifie « forçat » dans l'argot des bagnes, et Benoît avait trouvé ingénieux de donner ce nom au chien, qui partageait, à l'endroit des transportés, toute l'animadversion de son maître.

Phénomène assez original et pourtant facilement explicable, les chiens des forçats haïssent non seulement leurs congénères appartenant à des hommes libres, mais ils accueillent ces derniers par des aboiements significatifs.

Tel est le genre d'éducation que leur donnent leurs maîtres, telle est aussi l'intelligence de ces animaux de race indienne, aux oreilles droites, au museau pointu, à l'œil vif, à l'odorat infaillible, que le passage d'un blanc ou d'un noir libre, est toujours annoncé par eux.

Réciproquement aussi, les chiens des fonctionnaires éventent le forçat à d'incroyables distances, et signalent à qui de droit sa présence par des cris véritablement sauvages.

Bien plus, quand ces chiens de même race se rencontrent, il ne leur est pas besoin d'un temps bien long pour se reconnaître. Sans aucun de ces préliminaires habituels aux représentants de l'espèce canine, ils se précipitent l'un sur l'autre, ou plutôt, le chien libre attaque l'autre avec furie. Ce dernier, qui s'avançait, la queue basse, en rasant les buissons et les cases, avec l'allure familière à son maître, se retourne, une lutte terrible s'engage, et ce n'est pas toujours l'assaillant qui a le dessus.

Benoît, qu'un séjour assez long en Guyane avait familiarisé avec le pays, était devenu un excellent chercheur de pistes. Aidé de son compagnon à quatre pattes, il eût pu rivaliser avec les plus habiles « rastréadores » de la Plata.

Il emmena Fagot au casernement, décrocha le hamac du fugitif, le lui fit humer à plusieurs reprises en claquant de la langue, comme les chasseurs.

— Cherche !... Fagot !... Cherche !... à moi !... à moi, mon chien !

L'animal flaira le tissu, aspira fortement l'air, frétilla de la queue, jappa, comme pour dire : « J'ai compris... » et s'élança au dehors.

— Fichu temps, et véritable temps d'évasion, grommela un des trois surveillants, trempé jusqu'aux os par l'averse, avant même d'avoir fait dix mètres : du diable si nous allons jamais retrouver notre homme.

— Oui, renchérit un autre, il ne manquerait plus que de mettre le pied sur un *serpent grage*, ou de nous envaser dans une *savane tremblante*.

— Avec ça, dit le troisième, que son chien pourra sentir l'évadé... Il y a beau temps que la pluie a lavé toute trace et enlevé toute odeur. Robin ne pouvait véritablement mieux choisir son moment.

— Allons, vous autres, en avant ! Vous entendez, il ne s'agit pas de s'amuser à la moutarde. Dans un quart d'heure à peine, l'orage sera dissipé. La lune brillera, on y verra comme en plein jour ; suivons la rive du Maroni... et, au petit bonheur !

Les quatre hommes, précédés du chien, s'avancèrent sans bruit, en file indienne, dans un petit sentier à peine frayé au milieu des broussailles et qui devait s'étendre assez loin vers le haut du fleuve.

La chasse à l'homme était commencée.

Au moment où les forçats se rendaient sur deux rangs à l'appel, la sentinelle en faction près du bâtiment avait distinctement vu, à la lueur d'un éclair, un homme quitter les rangs et s'enfuir à toutes jambes.

Il n'y avait pas d'erreur possible. Le fugitif portait la lugubre livrée du bagne. Le soldat n'hésita pas. Les ordres étaient formels. Il arma précipitamment son fusil, et fit feu sans avoir même crié : « Qui-vive ?... »

En dépit des fulgurations dont le flamboiement continu lui permettait de voir distinctement, il manqua son homme le plus naturellement du monde.

Celui-ci entendit siffler la balle, détala de plus belle et s'enfonça dans les broussailles. Il disparut au moment où les soldats du poste accouraient en armes.

Sans se préoccuper en aucune façon de la pluie, du vent et de la foudre, il s'avança en plein bois avec l'assurance d'un homme auquel sont familiers les moindres accidents de terrain. Il s'orienta à la lueur des éclairs, obliqua sur la gauche, en tournant le dos au pénitencier, et en laissant par conséquent le fleuve à sa droite.

Il suivait une imperceptible trace, précédemment ouverte dans l'épaisse

Tout en avançant avec d'infinies précautions. (Page 13.)

muraille de verdure. Après une demi-heure de marche précipitée, il arriva à une vaste clairière jonchée d'arbres renversés par la main de l'homme, et dont les troncs épars étaient déjà en partie débités à la scie.

C'était un des chantiers exploités par la transportation. A quelques pas à peine de la zone défrichée s'élevait, à un mètre environ, un tronc énorme abattu à cette hauteur suivant l'habitude des pionniers guyanais.

Le fugitif s'arrêta près de ce tronc, le tâta, car les éclairs devenant plus rares, ses yeux ne pouvaient plus distinguer quelque signe de reconnaissance.

— C'est bien ici, dit-il à voix basse, en mettant la main sur un morceau de bois taillé en épieu et laissé là comme par mégarde.

Il saisit l'épieu, et opéra au pied du tronc mutilé une fouille rapide. La terre friable, et remuée sans doute peu de temps auparavant, s'excava rapidement. La pointe de bois, presque aussi dure que le fer, rencontra un corps résistant qui rendit un son métallique.

L'inconnu retira sans effort une de ces boîtes de fer-blanc dans lesquelles on enferme le biscuit de mer, et pouvant avoir quarante centimètres sur toutes ses faces.

Une liane longue et flexible en faisait plusieurs fois le tour, et laissait dépasser sur l'un des côtés deux larges boucles figurant assez bien les bretelles d'un havre-sac. Il l'assujettit sur ses épaules, retira du fond du trou un sabre d'abatis à poignée de bois cerclée de fils de laiton, à lame courte et légèrement recourbée, saisit son épieu de la main gauche et resta quelques minutes appuyé le long du tronc.

Puis, sa haute silhouette se redressa fièrement.

— Enfin ! dit-il. Je suis libre ! libre comme les fauves avec lesquels je vais habiter. A moi comme à eux les grands bois et leurs terribles solitudes !

« Mieux vaut le reptile qui enlace, le tigre qui déchire, le soleil qui affole, la fièvre qui ronge, la faim qui tue. Mieux vaut la mort sous tous ses aspects, que la vie du bagne. Enfer pour enfer, celui où je puis mourir libre n'est-il pas préférable !

« Qu'ils viennent donc maintenant me disputer ce lambeau de liberté ! termina-t-il avec un indescriptible accent d'implacable énergie. »

Le surveillant chef ne s'était pas trompé dans ses prévisions relatives à l'orage. Les convulsions de la nature équatoriale sont formidables, mais passagères. Une demi-heure ne s'était pas écoulée, que les nuages étaient envolés bien loin. La lune émergeait lentement de l'opaque rideau de frondaisons bordant le fleuve, son disque brillait d'un éclat inconnu dans les latitudes européennes et faisait scintiller les vagues encore agitées, ainsi que les feuilles emperlées des dernières gouttes de pluie. De place en place, un rayon bleuâtre, d'une douceur infinie, trouait l'épaisse voûte de feuillages, et glissait entre les troncs immenses, s'élançant d'un inextricable fouillis de feuilles et de fleurs, comme les colonnes d'une cathédrale sans fin.

L'évadé n'était pas insensible à ce réveil de la nature, mais le temps pressait.

Il fallait, pour compléter son œuvre de libération, s'enfuir au plus vite, et mettre entre lui et ses ennemis une infranchissable barrière.

Il s'arracha brusquement à la muette contemplation qui avait, pendant quelques minutes, succédé à son monologue, prit une nouvelle orientation et se remit en marche.

Robin, depuis qu'il était au pénitentier du Maroni, avait vu s'accomplir plusieurs évasions. Aucune n'avait réussi. Ceux qui les avaient tentées avaient été repris par les surveillants, ou rendus par les autorités hollandaises, ou étaient morts de faim. Quelques-uns, préférant à cet épouvantable épilogue d'une tentative trop hasardeuse le régime du bagne, étaient revenus, agonisants, se constituer prisonniers.

Ils savaient que les conseils de guerre leur imposeraient fatalement de deux à cinq ans de double chaîne. Qu'importe ! ils revenaient quand même, tant est profondément invétéré chez l'homme l'amour de la vie, quelque misérable qu'elle pût être.

Pour notre héros, il avait jadis fait bon marché de son existence, qu'il avait sans hésiter consacrée au triomphe d'une idée; peu lui importait la mort. Il éviterait avec soin la rencontre des Hollandais. C'était facile. Il n'avait qu'à rester sur la rive droite du fleuve. La faim, il était homme à la braver. Sa vigueur athlétique et son indomptable énergie lui permettraient de tenir longtemps. S'il succombait... Eh bien ! il ne serait pas le premier dont on retrouverait le squelette, nettoyé par les fourmis-manioc comme une pièce anatomique.

Et d'ailleurs, il ne voulait pas mourir. Oh ! non. Il était époux et père, ce vaillant que l'effroyable labeur du bagne n'avait pu abattre, que la misère n'avait pu dompter, dont la chiourme n'avait jamais fait baisser les yeux.

Il voulait vivre pour les siens. Et quand un homme de cette trempe dit : « Je veux ! » Il peut.

Restait l'hypothèse d'une poursuite bien dirigée, et à laquelle les plus fins limiers du pénitencier ne manqueraient pas de consacrer toutes leurs facultés.

Eh bien ! soit. Puisqu'il était gibier, à lui de dépister les chasseurs. Il fallait d'abord, autant que possible, imprimer à leurs recherches une fausse direction.

— Ils sont déjà à mes trousses, dit-il à part lui. La pensée que je veux gagner les établissements hollandais va tout naturellement leur venir. Laissons leur cette illusion, ou plutôt entretenons-la chez eux.

« Construisons tout d'abord un radeau. »

Il dit, fit aussitôt volte-face et se dirigea séance tenante vers le fleuve dont il entendait gronder les eaux sur sa droite.

— Bon, dit-il, les Roches-Bleues sur lesquelles le flot se brise. A un kilomètre en amont, je trouverai mes matériaux.

Sans faire plus de bruit qu'un Peau-Rouge suivant le sentier de la guerre ou poursuivant un gibier, il piqua droit au rivage, dont il était séparé par trois quarts d'heure à peine de marche.

La réalisation de ce plan nécessitait une adresse et une audace incroyables. Robin se savait poursuivi. Il n'ignorait pas que ceux qui le cherchaient suivraient fatalement le Maroni, soit en amont, soit en aval de Saint-Laurent. De deux choses l'une : ou les chercheurs de piste auraient dépassé le point où il comptait fabriquer son radeau, ou ils ne l'auraient pas encore atteint. Dans le premier cas, il ne courait aucune inquiétude, dans le second, il saurait bien se tapir dans les herbes aquatiques et éviter le regard de ses ennemis, si perçant qu'il fût. Quant au séjour plus ou moins prolongé dans l'eau, en compagnie des requins d'eau douce, des « piraïes », des anguilles électriques ou des raies épineuses, il n'y pensait même pas. C'était pour lui de simples incidents.

Il ne put tout d'abord savoir laquelle de ses deux suppositions était réalisée. Mais comme il ne vit ni n'entendit rien de suspect au moment où il atteignit la berge, il mit sans tarder son projet à exécution. Aviser deux longues gaulettes de bois-canon, blanches et lisses comme des barres d'argent, les faucher de deux coups de revers fut pour lui l'affaire d'un moment.

Puis, il entra résolûment dans l'eau et pénétra jusqu'aux aisselles dans un immense bosquet aquatique, composé d'une variété « d'arums », appelés ici « moucoumoucou », et qui croissaient à profusion dans le lit du fleuve. Ces plantes, terminées par un sphathe d'un beau vert, sont extrêmement légères, se coupent aussi facilement que la moelle de sureau, tout en possédant une écorce leur donnant une assez grande consistance.

Il choisit une trentaine de belles tiges longues de plus de deux mètres, les abattit sans bruit, en évitant tout contact avec la liqueur corrosive qui en découle, les entre-croisa aux deux bouts dans chacune de ses gaulettes de bois-canon, de façon à former une sorte de palissade analogue à celles qui servent de clôture aux jardins.

Il avait de la sorte une plate-forme de deux mètres environ de côté, flottant admirablement, insuffisante à la vérité pour porter le poids d'un homme, mais devant parfaitement remplir le but qu'il se proposait.

Cela fait, il se dépouilla de sa blouse de toile, la bourra de feuilles, de façon à figurer tant bien que mal un homme accroupi, mit dans les bras de son mannequin une tige représentant une pagaye, et poussa son esquif hors du champ de verdure.

La marée, qui se fait sentir à plus de quatre-vingts kilomètres de l'embouchure de l'énorme cours d'eau, montait. Le radeau fut saisi par le courant, qui l'entraîna lentement en lui imprimant un léger mouvement giratoire, vers le côté d'amont, mais en l'éloignant peu à peu vers la rive hollandaise.

— C'est parfait, dit le fugitif. Je ne serais pas étonné que d'ici un quart d'heure au plus, mes gaillards, lâchant la proie pour l'ombre, ne se mettent à la poursuite de ce semblant d'embarcation.

Le fugitif, estimant alors que le meilleur procédé pour se cacher était, aussi bien en plein pays sauvage, que dans les villes, de suivre les voies fréquentées, prit sans plus de souci le petit chemin frayé, sur lequel devaient indubitablement marcher ceux qui étaient à sa poursuite.

Quant à pénétrer en plein bois, il n'y fallait pas penser. La forêt pouvait être un lieu de refuge, mais il était impossible à pareille heure de s'y frayer un passage.

Tout en avançant avec d'infinies précautions, et en faisant d'inimaginables efforts pour ne pas troubler le silence de la nuit, Robin s'arrêtait de temps en temps, et tâchait de percevoir un bruit étranger au multiple murmure s'échappant de cet océan de verdure.

Rien!... rien que le crépitement des dernières gouttes sur les feuilles miroitantes, que le mystérieux glissement des reptiles dans les herbes, que la marche silencieuse des insectes dans les tiges, ou l'imperceptible froufrou des ailes d'un oiseau mouillé.

Il marchait toujours sous les voûtes sombres à peine bleuies par la lune, à travers des essaims de mouches à feu, zébrant les ténèbres d'inoffensifs éclairs.

Il arriva bientôt à une crique large de près de cinquante mètres, et qui porte le nom de crique Balété. Il s'attendait effectivement à rencontrer ce cours d'eau, tributaire du Maroni, et qu'il fallait au plus vite interposer entre lui et ses ennemis.

Pour un nageur de sa force, franchir cette rivière, profonde de cinq mètres à son embouchure, n'était qu'un jeu.

Avant d'opérer sa traversée, il s'arrêta, reprit haleine, et inspecta le rivage avec plus d'attention que jamais. Bien lui en prit, car un chuchottement de voix qui lui parvint distinctement, tant est grande la sonorité des nuits équatoriales, le cloua net au sol :

— Mais si... je t'assure que c'est un radeau.

— Je ne vois rien.

— Tiens, là... en face... à cent mètres du rivage. Tu vois bien, cette tache noire. Il y a un homme dessus. Je l'aperçois distinctement.

— Tu as raison.

— Un radeau, un homme dessus. Oui. Mais il remonte.

— Parbleu, c'est le moment du montant. Il va être pris par un tourbillon et drossé à la côte hollandaise.

— Ah! mais non. Pas de bêtises, nous ne nous sommes pas dérangés pour rien.

— Si je lui criais de rallier la côte?

— Imbécile! Ah! si c'était un « fagot » de droit commun, je ne dis pas. La peur d'attraper un lingot de plomb, le ferait *rappliquer*. Mais un politique!... Jamais.

— Ça, c'est vrai. Robin surtout.

— Un rude homme, tout de même.

— Oui, mais un rude homme qu'il faut pincer.

— Si seulement Benoît était là!

— Ah! bien oui. Benoît s'est emballé. Il a traversé la crique dans le bac, et maintenant il est au diable, en avant.

— Alors, feu sur le radeau!

— C'est dommage. Moi, je n'en ai jamais voulu à Robin, qui était bien le meilleur et le plus doux des hommes.

— Eh! oui, c'est toujours comme ça. Pauvre diable! Nous allons lui casser la figure, et ce sont les aïmaras qui le mangeront.

— Feu donc!...

Et trois sillons rapides de lumière blafarde surgirent simultanément. Trois détonations éclatèrent sourdement, faisant envoler effarés tout un clan de perroquets.

— Que nous sommes bêtes! Nous usons nos cartouches pour rien, quand il y a un moyen si facile de crocher le radeau.

— Comment cela?

— C'est tout simple. Le canot dont s'est servi Benoît pour franchir la crique est amarré de l'autre côté. Je vais me mettre à l'eau, saisir la liane qui relie les deux rives et sert au passage du bac, traverser la rivière, revenir vous prendre dans l'embarcation... puis nous recommencerons la chasse.

— ... Et nous la terminerons fructueusement.

Ce qui fut dit fut séance tenante accompli, et les trois hommes, pagayant avec fureur, descendirent la crique Balété et s'élancèrent sur le Maroni.

Robin, impassible, avait tout entendu. Décidément, la chance était pour lui. La pirogue était à peine disparue qu'il saisit à son tour la liane, la trancha d'un coup de sabre, et se mit à l'eau en l'empoignant d'une main.

L'amarre végétale, au bout de laquelle il flottait, sollicitée par le courant, décrivit le quart d'un cercle dont le centre était l'autre point d'attache, situé sur la rive opposée. Cette évolution s'accomplit sans bruit, sans fatigue surtout, et sans même troubler la surface de l'eau.

Dix minutes après, le fugitif était de l'autre côté. Sans commettre la même faute que les surveillants qui avaient laissé subsister ce moyen de communication, il coupa la liane, qui s'enfonça aussitôt.

— Ah! se dit-il, c'est Benoît qui me poursuit, Benoît est en avant. Parfait. Jusqu'à présent, j'ai suivi les chasseurs. Cette manœuvre a parfaitement réussi. Continuons.

Tout en marchant, il tira de sa boîte de fer-blanc un biscuit qu'il grignotta, avala ensuite une gorgée de tafia; puis, réconforté par ce repas de Spartiate, il accéléra encore sa marche.

Les heures succédaient aux heures. La lune avait accompli sa course. Bientôt le soleil allait tordre sa rutilante chevelure. La forêt tout entière semblait s'éveiller.

Au roucoulement plaintif des « tocros », au nasonnement monotone des « agamis », au rire strident du « moqueur » se mêlèrent tout à coup les aboiements brefs et saccadés d'un chien qui empaume une voie.

— C'est un Indien qui chasse, ou le surveillant, pensa Robin. Mauvaise rencontre. Le Peau-Rouge voudra gagner la prime. Quant au surveillant !...

« Bah! c'était prévu. J'en fais mon affaire. »

Le bois s'éclaircissait rapidement. Les arbres, de plus en plus élevés, mais plus rares, appartenaient aux familles qui préfèrent le voisinage des lieux humides. Les « pinots », dont la présence indique des marais desséchés, appelés *pinotières*, dressaient majestueusement leur panache vert tendre.

Robin allait déboucher dans la clairière, quand brusquement le jour se fit. Il n'eut que le temps de se jeter derrière un cèdre énorme, afin de ne pas être surpris par cette brutale invasion de l'air et de la lumière.

Les aboiements se rapprochaient. Le fugitif assura son épieu dans sa main, et attendit.

Une minute s'écoula, puis un gracieux animal, de la grosseur d'un chevreuil daguet, à la robe couleur cannelle, passa près de lui comme un trait de lumière.

C'était un « kariakou », le chevreuil de la Guyane.

Au même moment, et à moins de vingt mètres du point où se tenait Robin, eut lieu comme un subit écroulement d'une chose formidable. Cela quitta la maîtresse branche d'un « boco », et s'abattit, mais une dizaine de secondes trop tard, sur le kariakou, qui disparut.

C'était un jaguar énorme, qui, entendant un chien chasser, s'était mis à l'affût du gibier, dont il comptait bien faire son profit.

L'homme ne poussa pas un cri, ne donna aucun signe d'émotion, et resta immobile. Le monstre, à sa vue, eut comme un mouvement de recul. Mais, comme il était lancé avec l'irrésistible vitesse d'un projectile, il ne put arrêter son élan.

Surpris d'autre part à l'aspect de Robin, et intimidé peut-être par son attitude résolue, il bondit une seconde fois, passa trois mètres au-dessus de sa tête, et, s'accrochant des griffes au tronc le long duquel il était appuyé, s'aplatit sur une branche, l'œil en feu, les moustaches hérissées, le muffle plissé, en grondant sourdement.

Les yeux rivés à ceux du terrible félin, l'épieu à la main, les muscles tendus, l'homme attendait l'attaque. Un bruit de branches froissées lui fit un instant tourner la tête.

Il aperçut à cinq pas un canon de fusil braqué sur lui... Une voix furieuse lui envoyait en même temps ce brutal ultimatum :

— Rends-toi !... ou tu es mort !

Un sourire dédaigneux crispa sa lèvre en reconnaissant Benoît, le surveillant-chef. L'outrecuidance de cet argousin, qui employait des formules surannées de mélodrame, lui parut une chose bouffonne, surtout en présence du félin dont les dents craquaient, et qui pétrissait sous ses ongles ainsi que du papier, l'écorce dure comme du fer.

Il ramena ses yeux sur ceux du jaguar, lentement, à la façon d'un dompteur dont chaque mouvement est calculé, et en évitant ces soubresauts précurseurs d'une catastrophe.

L'animal, les paupières plissées, la pupille contractée en forme d'I, subissait une sorte d'influence magnétique.

Et n'avaient plus laissé que leurs os! (Page 23.)

Le surveillant, les deux bras emmanchés à son arme, dans la posture d'un Guillaume-Tell enluminé à Epinal, était grotesque.

— Eh bien! canaille... Tu ne réponds pas?

On entendit un de ces miaulements énormes familiers aux tigres, et qui passant par leurs gorges ardentes se transforment en rugissements.

— Ah!.. fit-il, plus surpris qu'effrayé. Deux pour un... Au plus pressé...

Benoît était brave, en somme; et d'ailleurs, quel homme, bien armé, familiarisé avec le maniement du fusil, pourrait hésiter un seul moment, étant données surtout les circonstances présentes.

Il ajusta froidement le jaguar et fit feu. La charge, composée de chevrotines, frôla la joue de la bête, lui fracassa l'épaule, puis, glissant le long de sa robe tachetée, faucha le poil et troua la peau en traçant des sillons sanglants.

Blessure dangereuse, mortelle peut-être, mais insuffisante pour l'arrêter sur place.

Le surveillant en fit la triste expérience. A peine la détonation avait-elle éclaté, que l'animal s'élançait, en dépit de son horrible blessure, sur le malheureux chasseur et l'abattait sous le choc.

Benoît sentit sa chair frissonner sous la griffe, il lui sembla qu'un lambeau de lui-même s'en allait, arraché comme par un engrenage. Il vit devant ses yeux, à quelques centimètres, une énorme gueule béante, hérissée de crocs formidables.

Machinalement il y jeta en quelque sorte son fusil. Les mâchoires se refermèrent avec un bruit de cisailles sur la monture, qui fut broyée au ras des batteries, à la couche.

Il se sentit perdu et n'appela pas à l'aide. A quoi bon, d'ailleurs. Il ferma les yeux, attendant le coup mortel. Prompt comme la pensée, Robin, dont l'âme généreuse ignorait la haine, bondit à son tour.

Il saisit à pleine main la queue du jaguar, imprima une secousse brutale et tellement douloureuse, que celui-ci, plus furieux que jamais, tenta d'abandonner sa première victime afin de s'élancer sur l'être assez téméraire pour l'oser braver avec une pareille audace.

Mais il avait à faire à forte partie. Le déporté avait lâché son épieu, et sa main droite brandissait son sabre d'abatis. La lame, emmanchée à un bras de fer, retomba et trancha net le col de la bête, ce col aussi gros que celui d'un jeune taureau et tressé de muscles énormes. Deux longs jets de sang surgirent en pulsations rapides et jaillirent à deux mètres, s'épandant en pluie rouge et écumeuse.

Le surveillant gisait sur le sol, la cuisse ouverte jusqu'à l'os; son fusil en deux morceaux lui était aussi inutile qu'un manche à balai.

La dépouille pantelante du fauve agité de convulsifs soubresauts le séparait de l'évadé.

Celui-ci essuyait froidement sur les herbes sa lame sanglante. On eût dit qu'il venait de faire une chose toute simple et qu'il n'avait aucunement conscience du tour de force qu'il venait d'accomplir.

Il y eût un long silence, interrompu seulement par la voix aiguë de Fagot, qui aboyait rageusement à distance respectueuse.

— Eh bien ! vas-y donc... C'est mon tour, dit enfin le surveillant... continue la besogne de l'autre.

Robin, les bras croisés, immobile comme une statue de pierre, ne répondait pas, ne semblait même pas entendre.

— Allons, pas tant de façons. Tue-moi et que ça finisse. A ta place, il y a longtemps que ça serait fait.

Pas un mot.

— Ah ! tu jouis de ton triomphe. L'autre a fait la moitié de l'ouvrage. Le tigre moucheté a été l'auxiliaire du *tigre blanc !*...[1]

« Parbleu, il m'a mis... dans un... joli état... J'y vois trouble... mon cœur s'en va... c'est fini... je suis... f... fichu. »

Le sang ruisselait en nappe de la plaie béante, le blessé, déjà sans connaissance, pouvait succomber à une rapide hémorrhagie.

Robin, qui, en égorgeant le jaguar, avait obéi à un mouvement spontané, inspiré en partie par l'instinct de la conservation, oublia les insultes et les coups.

Il ne se souvint plus de l'enfer du bagne dont Benoît personnifiait la féroce individualité. Plus de gourdin, plus de blasphèmes, plus de chiourme, plus d'embûches ni de poursuites. Il ne vit plus qu'un homme... un homme blessé qui allait mourir.

Il manquait des éléments nécessaires à un pansement. Son expérience allait lui en fournir aussitôt.

La « pinotière », ou savane desséchée, commençait à quelques mètres du lieu où ce drame venait de s'accomplir. Le déporté s'élança, écarta les herbes, et fouilla précipitamment l'épaisse couche d'humus, composée de détritus végétaux.

Il atteignit en quelques minutes un gisement d'argile grisâtre et poisseuse.

Il en fit une masse grosse comme la tête et l'apporta près du blessé toujours évanoui. Retirant alors une des manches de sa chemise, il la déchiqueta en menus morceaux, prépara une sorte de charpie grossière, qu'il imbiba de tafia et posa sur les lèvres de la plaie préalablement rapprochées.

[1] Les nègres Bosh et Bonis, ainsi que les Peaux-Rouges, désignent sous le nom de « *tigres blancs* » les forçats fugitifs d'origine européenne.

Il prit ensuite un peu de terre glaise qu'il pétrit et appliqua couche par couche en enveloppant le membre blessé comme d'un manchon. Le sang, qui transsudait à travers le linge, ne put traverser cette couche imperméable.

Cela fait, Robin enveloppa l'appareil entier de grosses feuilles fraîches et les maintint solidement à l'aide de lianes.

L'horrible plaie s'étendant de la hanche au genou était réunie par première intention, et s'il ne survenait pas de fièvre traumatique, le blessé devait guérir aussi bien que s'il eût été pansé par le plus habile chirurgien.

Cette opération, accomplie avec une dextérité infinie, n'avait pas duré plus d'un quart d'heure. Le sang commençait à revenir aux pommettes livides de Benoît.

Il s'agita, respira longuement et murmura d'une voix sourde :

— A boire !

Robin cueillit une longue feuille de « waïe » la plia en cornet, courut la remplir au trou d'où il venait d'extraire la terre glaise et qu'une eau limpide commençait à envahir.

Il souleva la tête du blessé, qui but avidement et ouvrit enfin les yeux.

Dépeindre l'expression de stupeur que refléta son visage en reconnaissant le forçat, serait impossible. Puis, la brute se réveillant tout d'abord en lui, il essaya de se lever pour se mettre en état de défense, peut-être même pour attaquer.

Une horrible douleur le terrassa. La vue du cadavre du jaguar acheva de le rappeler à la réalité. Eh quoi ! c'était bien là Robin, cet homme qu'il poursuivait d'une haine aveugle, et qui, après l'avoir arraché aux griffes mortelles de l'animal, venait, dans un moment d'abnégation sublime, de panser sa plaie et d'étancher sa soif !

Tout autre se fut incliné devant un tel acte d'abnégation. Il eût parlé des exigences du devoir, de la consigne, il eut enfin tendu la main à l'homme et lui eût dit : Merci.

Benoît blasphéma !

— ..... Eh ! bien, tu sais, tu es ce qu'on pourrait appeler un drôle de corps. Moi, à ta place, je n'en aurais fait ni une ni deux... Crac ! et puis, bonsoir. Plus de Benoît. C'eût été un bon moyen de me faire payer mes coups de trique avec les intérêts.

— Non ! dit froidement le déporté. La vie humaine est chose sacrée... Et d'ailleurs, n'y a-t-il pas mieux que la vengeance ?

— Et quoi donc, s'il te plaît ?

— Le pardon !...

— Connais pas... Dans tous les cas, je ne te dis pas : à charge de revanche, car j'espère bien te pincer un jour ou l'autre.

— Comme il vous plaira. J'ai rempli un simple devoir d'humanité. Si plus tard les hasards de la vie nous mettent face à face, je défendrai ma liberté.

« Je ne vous conseille pas d'y attenter.

« Un mot encore. Je ne vous demande pas de reconnaissance. Souvenez-vous seulement que s'il y a là-bas des hommes justement frappés par la loi, il en est d'autres qui sont innocents. N'abusez jamais de la force à l'égard des uns et des autres. Cette loi que vous représentez met dans l'impossibilité de nuire, mais elle ne martyrise pas.

« Adieu ! je vous pardonne tout le mal que vous m'avez fait. »

— Au revoir ! Tu as eu tort, Robin, de me laisser en vie.

Le fugitif ne détourna même pas la tête. Il disparut dans l'épaisse forêt.

CHAPITRE II

Nature admirable, mais stérile. — La faim. — Onze squelettes. — Les forçats cannibales. — Ce que c'était que le *tigre blanc*. — Un chou de trente kilos. — Le premier Peau-Rouge. — Encore un ennemi. — Ingratitude et trahison. — Vendu pour un verre de tafia. — Toujours seul. — Terrible chute. — Tête-à-tête d'un surveillant militaire mourant et d'un jaguar décapité. — La fièvre. — Comme quoi un concert de singes hurleurs pourrait s'appeler une représentation à bénéfice. — Encore l'Indien. — Toujours la chasse à l'homme. — Le repaire du *tigre blanc*.

Robin marcha longtemps. Il ne lui semblait jamais être assez loin de ses bourreaux. Chose incroyable, il avait pu jusqu'alors se maintenir à peu près dans la ligne qu'il voulait parcourir. Supposez un homme seul, presque sans vivres, sans boussole, flottant sur l'océan dans une frêle barque et réussissant à s'orienter.

La forêt vierge, avec son dôme d'impénétrables frondaisons, son interminable tapis d'herbes et de broussailles, ne lui offrait pas plus de point de repère que les vagues mouvantes de la mer.

Trois jours déjà s'étaient écoulés depuis le moment de son évasion. La distance parcourue devait être considérable. Elle ne pouvait être évaluée à moins de cinquante kilomètres, « à l'estime, » comme disent les marins.

Douze lieues et demie de forêt équatoriale, c'est l'immensité. Le fugitif n'avait, pour le moment, rien à craindre des hommes civilisés.

Il n'en restait pas moins exposé à une terrible série de dangers, dont un seul constitue une perpétuelle menace de mort.

C'est la faim ! la faim, à laquelle les explorateurs, les fonctionnaires appelés loin des centres, les colons eux-mêmes n'échappent qu'à grand renfort de provisions patiemment accumulées. La faim, aux angoisses de laquelle succombent aussi les Noirs et les Peaux-Rouges, quand ils n'ont pas su amasser, pour la saison pluvieuse, la quantité de vivres nécessaires à leur subsistance.

Ne croyez pas que ces arbres admirables, pour lesquels la nature semble avoir épuisé toutes ses forces créatrices, tous les trésors de son écrin, soient susceptibles de fournir à l'homme un aliment quel qu'il soit.

Non. Ces végétaux superbes ne produisent ni un fruit ni une baie. Ni l'oranger aux fruits d'or, ni le cocotier à la noix savoureuse, ni le bananier au « régime » succulent, ni le manguier à la chair si fraîche, bien que parfumée de térébentine, ni même l'arbre à pain, l'extrême ressource du voyageur, ne croissent à l'état sauvage dans ces interminables forêts.

Ils se trouvent partout en Guyane, mais *seulement dans les villages*, lorsqu'ils ont été importés et plantés par les hommes.

Loin des cases, et en dehors d'un périmètre assez restreint, l'homme ne peut pas plus assouvir sa faim, qu'il ne peut étancher sa soif sur les vagues salées de l'océan.

Mais, la chasse... la pêche? L'homme désarmé, a-t-il la possibilité d'atteindre un fauve, ou de prendre un poisson?

L'auteur de ces lignes a parcouru les forêts du Nouveau-Monde. Il a eu faim, il a eu soif dans ce désert de verdure où se débat présentement notre héros. Perdu au milieu de cet inextricable pêle-mêle de branches, de troncs et de lianes, séparé de ses porteurs de vivres, il a fait une de ces rencontres inoubliables, qui, après quelques mois passés au milieu de notre civilisation européenne, amènent encore une indescriptible angoisse, un indéfinissable frisson.

Près d'une crique aux eaux fraîches et limpides, onze squelettes, vous avez bien lu, *onze squelettes!*... secs et blancs, se trouvaient sous un angélique aux larges « arcabas ».

Les uns, allongés sur le dos, les bras en croix, les jambes écartées ; les autres tordus et convulsés ; d'autres, la tête à moitié enfouie, ayant encore entre les dents la terre qu'ils avaient mordue ; d'autres, accroupis sur leurs jambes repliées, des Arabes sans doute, qui avaient stoïquement attendu la mort.

Six mois avant, onze transportés avaient quitté le pénitencier de Saint-Laurent. On ne les avait jamais revus. Ces hommes étaient morts de faim... Puis, les fourmis-manioc étaient passées et n'avaient plus laissé que leurs os!

Le commandant Frédéric Bouyer, un des officiers les plus distingués de notre marine, doublé d'un écrivain de haut mérite, cite dans son bel ouvrage sur la Guyane[1] un fait plus horrible encore.

[1] *La Guyane française*. Par M. F. Bouyer, *capitaine de vaisseau*. Hachette et C¹ᵉ.

des forçats évadés, mourant d'épuisement, ont été massacrés par leurs compagnons, et de hideuses scènes d'anthropophagie, que notre plume se refuse à retracer, s'en sont suivies.

Telle était l'épreuve à laquelle son ardent amour de la liberté soumettait le fugitif. Parti du pénitencier avec une douzaine de biscuits, prélevés sur la maigre ration allouée au forçat par l'administration, quelques épis de maïs, quelques grains de cacao et de café, tel était le viatique avec lequel cet homme intrépide comptait entreprendre la formidable étape le séparant du pays de l'indépendance.

Il avait fait de nombreux emprunts à cette boîte de fer-blanc, lugubre havre-sac ramassé derrière un magasin, mais qui mettait au moins à l'abri des insectes et de l'humidité sa triste provende d'indigent.

Ces collations d'anachorète avaient plutôt empêché les tiraillements de son estomac, que sustenté son organisme. Et maintenant, la faim le tenaillait. Il mâcha quelques grains de café, but une gorgée d'eau à une petite crique, et s'assit sur un tronc renversé.

Il resta longtemps dans cette position, l'œil fixé sur le ruisselet, regardant sans voir, n'entendant plus que le sifflement de son sang appauvri, la tête prise de vertige.

Il voulut se lever et se remettre en route, mais il ne put y parvenir. Ses pieds gonflés, lardés en maint endroit d'épines d'aouara, ne pouvaient plus le soutenir. Il retira péniblement ses souliers, — bien que les forçats marchent habituellement nu-pieds, l'administration leur fournit des souliers et des sabots — que ces épines, longues et dures comme des aiguilles d'acier, avaient traversés en dépit de leur épaisseur.

— Il me semble, dit-il en souriant amèrement, que ces légers incidents de la première heure ont une importance sur laquelle je n'avais pas compté.

« Est-ce que mon énergie faiblirait? Ne serais-je plus le même? Eh quoi! mon âme serait-elle, dès le début, ainsi anéantie par ces défaillances de son enveloppe?

« Allons, du courage. Un homme, même épuisé, peut rester quarante-huit heures sans manger. Il faut que d'ici-là ma situation ait changé. Je le veux. »

Il ne pouvait raisonnablement continuer sa route en ayant les pieds ainsi endoloris. Il le comprit et s'installa commodément sur une racine, puis s'assit les jambes pendantes et immergées jusqu'aux chevilles.

Robin était un homme de trente-cinq ans à peine, grand, bien bâti, hardiment découplé, les mains fines, attachées à des bras d'athlète. Sa figure régulière,

Sa lame rencontra un corps dur. (Page 27.)

encadrée d'une longue barbe brune, au nez aquilin, aux yeux noirs et pénétrants, avait une expression habituellement grave, triste, presque sévère. Sa bouche, hélas! avait depuis longtemps désappris le sourire.

Telle était pourtant l'incroyable vitalité de cet homme, que son large front, un peu dégarni sur les tempes, un véritable front de penseur et de savant, n'avait pas une ride.

Mais ses traits, amaigris par les travaux du bagne, et sa face blêmie par l'anémie, portaient, en dépit de l'énergie qu'ils respiraient, la trace d'épouvantables souffrances.

Souffrances morales et physiques. Robin, bourguignon d'origine, ingénieur distingué, dirigeait à Paris une manufacture importante au moment du coup d'État de Décembre. Il fut un de ceux qui poussèrent, à la nouvelle de l'attentat, ce cri d'angoisse et de fureur, dont l'immortel auteur des *Châtiments* donna un des premiers le signal.

Il prit aussi un fusil, et tomba sanglant derrière la barricade de la rue du Faubourg-du-Temple.

Recueilli, pansé et guéri par des mains amies, il se cacha longtemps et fut pris au moment où il allait passer la frontière. Son affaire fut instruite en quelques jours; les commissions mixtes ajoutèrent un nouveau nom à leur liste, et l'ingénieur Robin partit pour la Guyane.

Il partit sans avoir pu dire un dernier adieu à sa femme, bonne et vaillante créature qui était mère depuis deux mois à peine de son quatrième enfant, et qu'il laissait dénuée de toute ressource !

Depuis trois ans, il rongeait son frein, en compagnie de ses hideux compagnons, n'ayant que de loin en loin un lambeau de lettre, qui lui arrivait aux trois quarts raturée, et dont, par un raffinement de cruauté inouïe, les passages principaux étaient soigneusement enlevés.

Chose étrange et pourtant admissible, il avait, sans même s'en douter, pris un singulier ascendant sur ses co-détenus. Cette figure austère, qui jamais n'avait reflété le moindre sourire, leur en imposait non moins que la colossale vigueur de celui qui en était porteur.

Puis, c'était un « politique », et tous, jusqu'aux grands dignitaires de cet enfer qu'on appelle le bagne et qui ont conquis leurs titres à la pointe du couteau, éprouvaient comme une sorte de malaise à l'énoncé du motif de sa condamnation. Ils le sentaient en quelque sorte déplacé dans leur compagnie, où il faisait une tache de propreté.

Un indice bien caractéristique de cette singulière déférence : nul ne le tutoya jamais ! De plus, il était bon, comme les êtres forts. Tantôt, c'était un forçat qu'il rapportait, frappé d'une insolation, du chantier éloigné d'une demi-lieue, tantôt quelque malheureux dont il pansait les plaies. Il retira un jour du Maroni un soldat qui se noyait, une autre fois ce fut un transporté. Il assomma presque d'un coup de poing un de ces tyrans de bagne, un immonde voleur, qui maltraitait indignement un pauvre diable que secouait la fièvre.

Il était à la fois redouté et respecté. Ces gens comprenaient qu'il n'était pas de leur « monde ». Il avait, de plus, l'honneur d'être particulièrement haï de la chiourme dont il endurait d'ailleurs les traitements sans proférer une plainte.

Il vivait toujours seul et ne parlait jamais.

Nul ne s'étonna de son évasion, et tous firent des vœux pour son succès. C'était en outre un bon tour dont le surveillant Benoît, la terreur de tous c bandits, devait être la première victime...

. . . .

Un bain prolongé dans les eaux glaciales de la crique, procura au fugitif un bien-être immédiat. Il retira patiemment les épines dont la présence le faisait horriblement souffrir, frotta ses pieds avec la dernière goutte de tafia qu'il gardait avec la parcimonie d'un avare, aspira une gorgée d'eau, et allait se mettre en quête de son dîner, quand un cri de joie lui échappa, à la vue d'un simarouba.

— Je ne mourrai pas de faim aujourd'hui, dit-il à la vue de l'admirable végétal.

Le *quassia simarouba* de Linnée, l'*amara simaruba* d'Aublet, est employé en médecine pour les propriétés toniques de son écorce et de ses racines, mais il ne porte pas de fruits ni de bourgeons comestibles.

Rien ne semblait de prime abord légitimer le cri du fugitif et son espoir d'apaiser sa faim. Il s'avança pourtant aussi vite que le lui permettaient ses plaies, arriva bientôt près du tronc, et écarta de la pointe de son couteau les feuilles sèches, formant un lit épais que jonchaient les fleurs et les fruits tombés de l'arbre.

Sa lame rencontra un corps dur.

— Enfin, dit-il, mes compagnons ne se trompaient donc pas. Si, pendant ma captivité, j'ai entendu d'étranges et horribles choses, il en est d'autres qui avaient bien leur utilité.

« Je me rappelle cette dernière recommandation, adressée par son voisin à un de ceux que berçait aussi le fol espoir de la liberté : « Si tu rencontres dans les « bois un simarouba qui perd ses fleurs, cherche au pied de l'arbre. Tu trou « veras certainement des tortues de terre. Elles sont très friandes du fruit qui « commence à se développer. »

Le corps dur qu'avait heurté son sabre, était la carapace d'une de ces grosses tortues si savoureuses que l'on rencontre par place en nombre incroyable

Il prit le chélonien, le mit sur le dos, continua ses investigations, en trouva deux autres qu'il retourna également, puis il se prépara à accommoder son dîner.

Ce fut bien simple. Le bois mort abondait. On voyait épars sur le sol des troncs immenses qui s'effritaient, et que le moindre choc faisait tomber en poussière, véritable réceptacle d'araignées-crabes, de serpents ou de mille-pattes, de vastes frondaisons d'aouaras, de grosses branches bien sèches abattues par l'ouragan et quantité d'herbes mortes.

Il prépara un vaste bûcher, et réussit, après des peines infinies, à l'allumer à l'aide d'un peu de linge calciné et d'un silex qu'il frappait sur son sabre. La flamme pétilla et jaillit en chassant du sol tout un monde d'insectes.

Les préparatifs ne furent ni longs ni difficiles. La tortue fut déposée dans sa carapace sur un lit de braise et recouverte de cendres rouges, procédé indigène ort simple et qui dispensait d'un matériel encombrant.

Robin, pendant que son dîner mijottait, ne resta pas inactif.

Il lui semblait avoir aperçu tout à l'heure quelques beaux arbres verts de la famille des palmiers, mais beaucoup moins élevés que ne sont leurs congénère des zones cultivées, et atteignant seulement cinq ou six mètres. Il ne s'était pas trompé. A cinquante pas à peine se dressait un de ces végétaux, dont le feuillage vert sombre rompait agréablement la monotonie des longues lignes formées par les troncs des grands arbres.

Ce palmier stérile, en apparence du moins, ne portait ni fleurs ni fruits. Robin se mit pourtant aussitôt à l'abattre, et réussit après une demi-heure d'efforts surhumains. Bien que le tronc ne fût pas plus gros que la cuisse, la substance corticale est tressée de fibres tellement résistantes qu'il faut, pour en avoir raison, un bras vigoureux et un instrument d'une trempe exceptionnelle.

Vous avez tous entendu parler du chou-palmiste, n'est-ce pas, chers lecteurs. On vous a décrit un bouquet de feuilles tendres, formé par les jeunes pousses de l'arbre et réunies en faisceau au centre de celles qui, ayant pris déjà leur accroissement, sont devenues ligneuses.

Cette description, réelle quant au fond, est tellement insuffisante qu'elle laisse croire que ce chou a quelque analogie avec le cœur du « brassica campestris » ou chou commun, et qu'il suffit de le trancher comme fait une bonne cuisinière avant de le mettre au pot.

Détrompez-vous. Ce chou, puisque chou il y a, n'en est pas un. Il suffit, pou vous en convaincre, de suivre attentivement la manœuvre de notre héros.

Robin ébrancha la cime de son arbre, de façon à ne conserver que le tronc dont le sommet présentait un renflement un peu plus gros que la tige. Cela fait, il décortiqua à grands tours de bras la base du pédoncule des feuilles s'imbriquant à la tête.

Les premières écorces concentriques de couleur vert pâle tombèrent l'une après l'autre, puis apparut une substance cylindrique, longue de quatre-vingts centimètres, du volume du bras, et lisse comme l'ivoire dont elle avait la mate blancheur.

Le fugitif, dont les entrailles étaient tordues par la faim, cassa un morceau de cette substance et la croqua à belles dents, ainsi qu'une grosse amande avec laquelle elle offre comme contexture certains points de ressemblance.

Cela ne nourrit guère, mais empêche pour un temps de mourir de faim. On a donné à ce bourgeon central le nom de chou-palmiste. Celui que Robin, après avoir cédé à son premier mouvement, emporta près de son brasier est produit par le *patawa*. Bien moins savoureux encore que le précédent, lequel, somme toute, n'est qu'un manger peu agréable, le *patawa* est le palmiste du pauvre, la dernière et insuffisante ressource des coureurs de bois.

La tortue était cuite à point. Une agréable odeur de friture s'exhalait des coquilles carbonisées et craquelées par la chaleur. Notre héros la retira du foyer, l'ouvrit sans peine, s'assit, puisa à l'aide de son sabre dans ce plat improvisé, et se servant, en guise de pain, du bourgeon blanc du patawa, commença ce frugal et bizarre repas.

Tout entier à cette fonction, il dévorait avidement, accroupi sur le sol nu faisant face à l'arbre, oubliant et sa fuite et ses dangers.

Un sifflement aigu le fit bondir sur ses pieds. Quelque chose de long et de rigide passa devant ses yeux et vint se planter en trépidant à travers l'écorce lisse du simarouba.

C'était une flèche de plus de deux mètres, grosse comme le doigt, et dont l'extrémité, empennée de rouge, frémissait en oscillant.

Robin saisit son épieu et se mit en défense, les yeux fixés sur le point d'où venait ce terrible messager de mort. Il ne vit rien tout d'abord, puis les lianes s'écartèrent doucement comme un rideau, et un Peau-Rouge apparut, son grand arc tendu, les bras contractés, les jambes écartées, prêt à décocher une nouvelle flèche dont la pointe menaçait le déporté.

Il était à la merci du nouveau venu. Quelle résistance opposer à ce sauvage, qui, impassible comme une statue de porphyre rouge, semblait, par un raffinement de cruauté, chercher pour frapper une place à sa convenance. La pointe, en effet, évoluait de haut en bas, de droite à gauche, puis restait immobile, mais sans cesser d'être infailliblement dirigée sur la poitrine du blanc.

L'Indien, presque complètement nu, portait pour tout vêtement un petit morceau de calicot bleu serré à la ceinture, passant entre les cuisses et remontant jusqu'aux reins. C'est ce qu'on nomme le *calimbé*.

Tout son corps, enduit de roucou semblait sortir d'un bain de sang. Des lignes bizarres, tracées au pinceau à l'aide du suc du *genipa*, sur sa poitrine et son visage, lui donnaient un aspect à la fois grotesque et terrible. Ses longs cheveux noir-bleu, coupés au ras des sourcils, tombaient par derrière jusque sur ses épaules.

Il portait un collier composé de dents de jaguar et des bracelets en griffes de tamanoir.

Son arc en « bois de lettre » (bois de fer), haut de plus de deux mètres, touchait le sol, et dépassait sa tête de plus de trente centimètres. Enfin, il tenait de la main gauche, qui étreignait également l'arc, trois flèches démesurées.

Robin ne s'expliquait pas cette brutale agression. Les riverains du bas Maroni, les Galibis, sont également inoffensifs; ils ont même des rapports très pacifiques avec les Européens qui leur procurent du tafia en échange d'objets de première nécessité.

Le Peau-Rouge avait-il simplement voulu l'effrayer en lui décochant sa flèche? C'était probable, car telle est leur habileté au maniement de l'arc, qu'ils descendent presque à coup sûr un singe rouge et même un parraquà (sorte de faisan) du haut des plus grands arbres. La plupart traversent sans difficulté un citron fiché à trente pas sur la pointe d'une flèche.

Il n'y avait donc pas lieu de supposer qu'il eût pu le manquer à une distance relativement si courte.

Robin résolut de payer d'audace. Il lança loin de lui son épieu, croisa les bras, et regardant son ennemi bien en face, avança à petits pas.

A mesure qu'il s'approchait de lui, le bras de ce dernier, celui qui bandait l'arc, se détendait peu à peu, et le regard méchant de ses yeux noirs, bridés comme ceux des Chinois, s'éteignait. La poitrine du blanc toucha presque la pointe de la flèche, celle-ci s'abaissa lentement.

— Tig' blanc, li pas gain la peur... (le tigre blanc n'a pas peur) dit enfin avec effort le Galibi en employant le patois créole, familier à ceux de sa race ainsi qu'aux noirs riverains du Maroni.

— Non, je n'ai pas peur. Mais je ne suis pas un tigre blanc. (Tel est, avons-nous dit, le nom sous lequel sont désignés par les sauvages de la Guyane les forçats fugitifs.)

— Si to pas tig' blanc, qué ça to fésé coté pauv' Kalina? (Si tu n'es pas un tigre blanc, que fais-tu chez le pauvre Indien ?)

— Je suis un homme libre, comme toi. Je ne fais de mal à personne. Je veux vivre ici, défricher, planter mon abatis, bâtir mon carbet.

— Oh!... To palé mento... si to pas tig' blanc... Poquoué to pas gain fisil?... (Oh! Tu mens. Si tu n'es pas un forçat, pourquoi n'as-tu pas de fusil?)

— Je te jure par ma mère, tu entends, Kalina (Kalina est le nom que se donnent les Indiens); je te jure que je n'ai jamais commis de crime. Je n'ai jamais tué. Je n'ai jamais volé!

— To juré maman!... Ça bon... Mo kré to! (Tu as juré par ta mère, c'est bien, je te crois...)

« Poquoué to pas coté to madame? coté pitit moun to? Poquoué to vini coté Kalina pô prend li la té?... pô prend li z'abatis... (Pourquoi n'es-tu pas près de ta femme, de tes enfants?... Pourquoi viens-tu chez l'Indien prendre sa terre et ses abatis?)

« Atoucka pas oulé!... Soti! Ké allé coté moun blancs!... (Atoucka ne veut pas... Va-t-en chez les blancs.)

A ce cher souvenir de sa femme et de ses enfants, si durement évoqué par le Peau-Rouge, qui lui reprochait de ne pas être près d'eux, Robin se sentit étouffé par un flot de larmes.

Il se raidit contre cette émotion qu'il ne fallait pas laisser deviner à l'Indien et répondit :

— Ma femme et mes enfants sont pauvres. C'est pour les nourrir et les abriter que je suis ici.

— Atoucka pas oulé!... répliqua l'Indien avec colère. Li pas pati coté moun blancs... Li pas fléché koumarou, li pas bati carbet, li pas planté manioc coté mouns blancs... Ça moun blanc, resté coté li... Ça Kalina resté coté Kalina... (Atoucka ne veut pas. Il ne va pas chez les blancs pour flécher le koumarou, bâtir un carbet ou planter le manioc. Que l'homme blanc reste chez lui et l'Indien aussi.)

— Mais, voyons, Atoucka, nous sommes tous des hommes... La terre est ici à moi, comme celle de mon pays est à toi.

— Oh!.. Ké koumba di Mama-Boma!... riposta-t-il furieux, to palé mento!... coupé la té ké to sab'; to trouvé zos à mo pé... zos papa li... a tou vié moun Kalina... Si to trouvé zos moun blancs!... mo baïe to la té... mo fika te chien!... (Oh! par le nombril de la Maman-Couleuvre, tu mens! fouille la terre avec ton sabre, tu trouveras les os de mon père, ceux des Indiens, mes ancêtres... Si tu y trouves les os d'un seul blanc, je te donne toute la terre, je deviens ton chien.)

— Mais, Atoucka, je n'ai jamais dit que je voulais m'établir chez toi. Je compte me rendre chez les nègres Bonis. Je suis ici en passant, je ne veux même pas m'y arrêter plus longtemps.

A cette nouvelle, l'Indien laissa échapper, malgré toute sa finesse et tout son empire sur lui-même, un vif mouvement de désappointement.

Toute cette longue tirade patriotique, ce pompeux étalage de sentiment familial, tout, jusqu'à cette tentative d'intimidation opérée en décochant sa flèche, avait un seul but, et d'une importance bien minime. On le verra tout à l'heure.

Son visage se rasséréna soudain, mais pas assez vite, cependant, pour que Robin n'en vit l'altération passagère.

— Si to pas tig' blanc, fit-il en reprenant sa marotte, to vini ké mo, coté Bonapaté. (Si tu n'es pas un tigre blanc, viens donc avec moi à Bonaparte.)

« To touvé là mouns blancs, carbet, viande, tafia, posson... (Tu trouveras là des hommes blancs, un carbet, de la viande, du tafia, du poisson...)

A ce mot de Bonaparte, qu'il ne s'attendait pas à entendre à pareille place et trouver dans une telle bouche, Robin haussa les épaules. Puis, il se rappela tout à coup que le pénitencier s'appelait Saint-Laurent depuis quelques années seulement, du nom de l'amiral Baudin, gouverneur de la Guyane.

Ce terrain avait été jadis occupé, pendant plus de trente ans, par un vieil Indien surnommé Bonaparte. De là le nom de pointe Bonaparte, donné à cette bande de terre qui longe le Maroni[1] et où s'élève présentement la « commune » de Saint-Laurent.

L'Indien n'y avait mis aucune malice, cela va sans dire ; mais il faut une fois de plus reconnaître que le hasard opère souvent de singuliers rapprochements.

— Nous verrons, répondit évasivement Robin.

La raideur de l'Indien sembla tomber tout à coup. Il reposa près de son épaule son arc et ses flèches, comme un soldat l'arme au pied, tendit avec une apparente et peut-être sincère cordialité, la main au fugitif.

[1] Historique

« Satanés singes rouges »!... (Page 40.)

— Atoucka compé tig' blanc.

— Tu tiens à ce nom, soit. Il en vaut bien un autre. Tigre blanc est le *banaré* (compère) d'Atoucka; viens donc manger avec moi ce qui reste de ma tortue.

L'Indien ne se le fit pas répéter. Il s'accroupit sans façon et travailla tant et si bien des mains et des mâchoires, sans s'occuper de son « compé », qu'il ne resta bientôt plus que la carapace, nettoyée comme par un clan de fourmis-manioc.

Le dîner, apprêté à la diable sur un brasier mal établi, avait contracté une forte odeur de fumée dont le glouton ne s'était pas préoccupé tout d'abord.

— Oh! banaré!... oh!... dit-il, en manière de remerciement, to pa savé fé cuisine!...

— Il est vraiment bien temps de t'en apercevoir... Mais j'ai là encore deux tortues, nous verrons ce soir ton talent.

— Ah!... banaré... to gain tou araka (Ah! compère, tu as deux tortues?...)

— Oui, tiens.

— Bon.

Puis, voyant que son nouveau « banaré », après avoir largement étanché sa soif à la crique, s'apprêtait à s'endormir, il lui demanda avec un naïf accent d'ardente convoitise :

— To pas bé tafia Atoucka. (Tu n'as pas donné de tafia à Atoucka.)

— Je n'ai plus de tafia...

— To pas gain... moi oulé voué çà boite là... (Tu n'en as pas? Je veux voir ce qu'il y a dans la boîte.)

Le contenu n'était, hélas! guère long à inventorier. Une chemise de grosse toile, le flacon vide, ayant contenu le tafia, et que le sauvage flaira avec une avidité de macaque, les épis de maïs, quelques fragments de papier blanc, le petit étui renfermant le linge calciné, — l'amadou de l'indigent — c'était tout.

Atoucka dissimulait mal son mécontentement.

Robin, brisé de fatigue, sentait le sommeil l'envahir. Le Peau-Rouge s'accroupit et se mit à chanter une longue et plaintive mélopée. Il célébrait ses exploits... racontait que ses abatis regorgeaint d'ignames, de patates, de bananes et de millet... son carbet était le plus grand, sa femme la plus belle, sa pirogue la plus rapide...

Nul comme lui ne fléchait le koumarou. Nul ne savait trouver la trace du maïpouri (tapir) et le percer comme lui d'une flèche infaillible... Nul enfin ne pouvait rivaliser avec lui quand il poursuivait le paque et l'agouti... ses jambes défiaient à la course le kariakou lui-même...

Le fugitif s'était profondément endormi. Longtemps son âme erra dans le pays des songes. Il lui sembla revoir les chers absents, et vivre quelques heures là-bas, au delà de l'Océan immense, près de ceux dont l'implacable destinée l'avait depuis si longtemps séparé.

Le soleil avait accompli les deux tiers de sa course quand il s'éveilla.

Le sentiment de la réalité l'envahit soudain et l'arracha brusquement à son cher et douloureux cauchemar.

Mais ce sommeil avait au moins rétabli ses forces. Et d'ailleurs, n'était-il pas libre! Il n'entendait donc plus ce monotone bourdonnement, accompagnant chaque matin le réveil des forçats... et ce lugubre roulement de tambour, et ces imprécations...

Pour la première fois, la forêt lui semblait belle. Pour la première fois, il en goûtait l'incomparable splendeur. Cette végétation, vagabonde, capricieuse, immense, se tordait, s'échevelait, roulait à travers des bleuissements de crépuscule. Çà et là, des lumières irisées trouaient en ricochant la colossale voûte d'émeraude, et retombaient en cascades de couleurs comme réfléchies à travers des vitraux gothiques.

Et ces mâtures d'arbres géants, aux agrès de lianes, pavoisées de corolles éclatantes, pavillon multicolore, arboré pour toujours par la fée des fleurs...

Et ces colonnes, droites et rigides comme les piliers d'un temple sans fin, drapées de vert, au gracieux chapiteau d'orchidées, dont les arceaux immobiles se profilaient à l'infini sous cette coupole de feuilles et de fleurs...

Les joies des proscrits sont, hélas! bien courtes. La vue de ces splendeurs, devant lesquelles un voyageur bien pourvu de tout fût resté en extase, évoquait pour le fugitif la lugubre idée du tombeau.

... Et l'Indien?... A ce souvenir, Robin se leva brusquement, chercha et ne vit rien. Il appela... pas de réponse. Atoucka avait disparu en emportant non seulement les deux tortues formant toute la réserve de l'infortuné, mais encore ses chaussures, sa boîte-havre-sac renfermant ce qu'il lui fallait pour faire du feu.

Il ne restait à Robin que son sabre d'abatis, sur lequel il s'était par hasard couché, et que le voleur n'avait pu lui ravir. Le mobile du Peau-Rouge lui apparut dans toute sa naïve simplicité. Sa flèche, son entrée dramatique, ses tirades n'étaient que de l'intimidation. Il pensait que le blanc avait du tafia, ne fût-ce qu'une bouteille, il lui en fallait.

Déçu de cette espérance, il avait, sans plus de façon, accepté le frugal repas du fugitif. C'était autant de pris, et une journée de plus de passée dans cette chère et adorée paresse, la seule divinité qui, avec l'ivrognerie, soit de la part de l'Indien l'objet d'un culte assidu.

Trouvant à sa convenance les bibelots de son hôte, il se les était appropriés, pensant naturellement que ce qui était bon à prendre était bon à garder. En le privant d'ailleurs des moyens, quelque élémentaires qu'ils fussent, de continuer sa route, le « pauvre Kalina » avait un autre but.

Si le tigre blanc eût eu en sa possession quelques larges rasades de tafia, le résultat eût été identique. L'Indien aime à boire et à ne rien faire. Il ne travaille, ne pêche ou ne chasse que quand la faim le talonne. Il eût, sans hésité, vécu pendant quelques jours, comme on dit vulgairement, aux crochets de son *banaré*, puis eut disparu de la même façon pour aller le dénoncer à l'autorité.

Et maintenant il y avait gros à parier qu'il était en route pour Saint-Laurent — Bonapaté. Il savait parfaitement que l'administration donne une prime à quiconque ramène ou fait retrouver un forçat.

Cette prime, dix francs, je crois, représente dix litres de tafia ; c'est-à-dire dix journées complètes d'ivrognerie dans sa brutale et répugnante plénitude. Oh ! les préliminaires sont de courte durée. L'Indien prend une bouteille, la débouche, avale le goulot, et engloutit sans reprendre haleine la liqueur corrosive.

Il titube un moment, regarde d'un air hébété autour de lui, cherche une place à sa convenance, s'y allonge comme un pourceau repu, et s'endort.

Il s'éveille le lendemain. A peine éveillé, il recommence. Il en est comme cela, sauf de légères variantes jusqu'à complet épuisement de la provision.

S'il a près de lui sa femme, ses enfants, ses amis, le cérémonial est identique, mais la ripaille dure moins longtemps. Tous, mâles et femelles, grands et petits, ceux-là même qui peuvent à peine marcher, ingurgitent à gosier que veux-tu. Et tous, ayant atteint en quelques minutes les extrêmes limites de l'ivresse, s'en vont culbutant, roulant, tombant, pêle-mêle, s'échouer en famille sous l'épaisse feuillée.

Telle était le motif de la visite de digestion que Atoucka comptait rendre sous peu à son banaré. Voyant qu'il était impossible, et pour cause, de le ramener à Saint-Laurent, il était allé chercher du renfort.

Robin ne pouvait être bien loin. L'Indien, mettant à profit son habileté de chercheur de piste, conduirait à coup sûr les représentants de l'autorité. Son compé serait pris, et il empocherait la prime.

Le fugitif ne s'y trompa pas un moment. Il lui fallait reprendre au plus tôt sa course vagabonde, piquer droit devant lui comme un fauve. accumuler les obstacles, augmenter les distances et marcher jusqu'à complet épuisement.

Il partit en mâchonnant quelques fruits verts de l'aouara, à la saveur aigrelette, et fortement astringente.

En avant ! Et, sans plus se soucier de ses pieds qui saignent sous les morsures « herbes coupantes », il s'élance à travers bois, contournant les massifs, caladant les troncs renversés, écartant les rideaux de lianes, rampant sous les branchages fracassés.

En avant ! Qu'importe le voisinage des fauves à l'affût, qu'importe le trigonocéphale ou le crotale tapis dans l'herbe, qu'importent les milliers d'insectes aux dards empoisonnés, qu'importe le torrent avec ses cascades et ses roches aiguës, la savane avec ses vases sans fond... Qu'importe enfin la mort sous toutes ses formes, sous tous ses aspects !

Si les farouches habitants de la grande solitude équatoriale sont redoutables, plus redoutables encore sont les hommes de la pointe Bonaparte, qui demain e chasseront sans trêve ni merci.

Les animaux n'attaquent pas toujours, la bête féroce n'est pas toujours implacable. Elle n'a pas toujours faim. Seule la haine de l'homme est mortelle.

En avant ! Qu'importent les miasmes qui s'élèvent des marécages, formant s buées épaisses, énergiquement appelées le « Linceul des Européens ! » Il faut marcher, faire de la route, comme disent les marins. Les chasseurs d'hommes seront là demain.

Le délire commençait à envahir le fugitif. Mais la fièvre lui donnait des ailes. Il courait comme un cheval emporté, sentant vaguement et comprenant inconsciemment qu'il tomberait tôt ou tard et qu'il ne se relèverait peut-être pas...

La nuit vint, la lune se leva éclairant de sa douce lumière la forêt qu'emplirent bientôt les bruits les plus divers.

Robin semblait n'en entendre aucun. Il marchait sans même penser à frayer sa route, sans voir les écueils, sans même s'apercevoir qu'il laissait aux épines des lambeaux de sa chair.

La vie semblait pour lui s'être résumée et concentrée dans une seule fonction : la marche.

Où était-il ? où allait-il ? Il n'en savait rien. Il n'en avait pas conscience... Il fuyait.

Cette course désordonnée dura la nuit entière. Le soleil du matin chassait déjà les ombres de la forêt, que le fugitif, trempé de sueur, la respiration haletante, les yeux hors de la tête, les lèvres frangées d'une écume sanglante, courait encore.

Puis sa robuste nature fut enfin vaincue par ce formidable effort. Il lui sembla que son crâne supportait toute la voûte de feuillage. Le vertige s'empara de lui, il buta, tituba, broncha et s'abattit lourdement sur le sol.

. . . .

Le surveillant Benoît endurait de véritables tortures. Sa cuisse, ouverte par la griffe d'un jaguar, enfla rapidement, sous l'appareil posé par la main du forçat.

L'hémorrhagie était arrêtée, mais le surveillant était un homme mort si une médication énergique et savamment conduite n'était bientôt employée.

La fièvre le saisit, cette terrible fièvre de la Guyane, véritable Protée qui prend toutes les formes, qu'une cause même futile détermine, et qui devient si rapidement mortelle.

Une morsure d'araignée-crabe, aussi bien qu'une piqûre de fourmi-flamande, quelques minutes d'exposition au soleil, comme un bain trop froid, une marche trop prolongée, un écart de régime, une ampoule produite par une chaussure trop étroite, un furoncle, que sais-je encore, suffisent pour donner la fièvre.

La tête devient alors le siège d'une douleur atroce. Les articulations d'abord douloureuses s'immobilisent, le délire survient avec son cortège de spectres; puis le coma, et souvent la mort à courte échéance.

Benoît savait tout cela, il eut peur. Isolé aussi dans la forêt, blessé grièvement, sans autre compagnon que son chien, faisant vis-à-vis à un jaguar décapité, on conviendra qu'il y avait là de quoi émouvoir l'homme le plus vigoureusement trempé.

Une soif ardente le dévorait, et bien qu'il entendît à quelques pas le murmure d'une crique, il n'avait pu jusqu'à présent se traîner jusqu'aux bords.

Chose étrange et monstrueuse tout à la fois, il trouvait encore entre un blasphème et un cri arraché par la douleur la force de maudire]Robin, auquel il devait la vie et qu'il accusait de son malheur.

— Oh ! le gueux !... la vermine !... Dire que tout ça est de sa faute...

« Et ça fait le grand seigneur avec moi... Ça me pardonne !... Canaille !... si jamais je te trouve... je t'en administrerai un pardon.

« Silence donc, Fagot... bête de malheur... sauvage ! dit-il à son chien, qui aboyait bravement à cinq pas du jaguar pantelant.

« Oh que j'ai soif !... A boire !... sang-Dieu !... de l'eau !... A boire !... Et ces trois brutes que j'ai laissés là-bas, comme des canards empêtrés...

« Tas d'ânes... vont-ils avoir au moins l'instinct de suivre ma piste. »

Le surveillant, tordu par la soif, trouva dans la colère la force d'opérer quelques mouvements ; s'accrochant des mains aux herbes et aux racines, rampant sur les coudes et sur son genou valide, il put accomplir ce voyage de quelques mètres.

— Enfin ! dit-il en buvant avidement... Oh ! que c'est bon de boire... J'ai un volcan dans le corps.

« Ah ! Je me sens renaître. Je guérirai... Je ne veux pas mourir... Il me faut vivre... vivre pour ma vengeance.

« En attendant, je vais rester là comme une bête estropiée... J'ai de quoi manger, heureusement, ne fût-ce que le tigre [1] que l'autre a laissé là.

« J'ai de quoi me défendre aussi ; mon sabre... Joli sabre d'invalide... Ah ! mon pistolet. Il est en état. Ça va bien.

« Impossible de faire du feu !... oh !... Tonnerre de tonnerre ! Que je souffre ! C'est comme si une demi douzaine de chiens rongeaient ma cuisse.

« Pourvu qu'il ne prenne pas fantaisie à toutes les vermines des bois de se mettre après ma peau.

« Benoît, mon garçon, tu vas passer une fichue nuit. Bien certainement que mes clampins ne seront pas là avant demain... et encore.

« Tiens... où donc est Fagot ?... La sale bête. Il m'a quitté. Ces chiens, c'est ingrat comme des hommes !

« Encore un à qui je règlerai son compte... Allons, bon. Le soleil se couche... Il va faire une nuit de tous les diables... Ah ! non, la lune.

« Tiens, c'est drôle... d'être comme ça tout seul ici... Je me sens tout... chose ! »

Si les nuits sont interminables pour celui qui chemine lentement, combien elles sont affreuses pour celui qui souffre et qui attend. Imaginez-vous un malade, les yeux fixés sur le cadran d'une horloge, et forcé de regarder avancer les aiguilles pendant douze heures. Voyez-le assister au laborieux entassement des minutes, épier le mouvement circulaire de la grande aiguille, pendant que la petite semble ne s'avancer qu'à regret, et de quantités infinitésimales que son œil ne peut apprécier.

Imposez-lui ce supplice là-bas, sous les géants de l'équateur, au milieu des

---

[1] Que le lecteur ne s'étonne pas de nous voir employer indistinctement le mot de tigre en parlant du jaguar, du léopard ou du puma, de même que celui de biche pour tous les cerfs d'espèces et de sexes différents. C'est l'habitude à la Guyane. Nous aurons soin d'ailleurs, pour éviter toute erreur, de les désigner en principe par leurs noms véritables.

L. B.

insondables solitudes, et vous aurez à peine une idée des tortures endurées par le surveillant.

La lune avait accompli la moitié de sa course. Le blessé rongeait son frein, lorsqu'un tintamarre épouvantable retentit au-dessus de sa tête.

C'était comme un formidable rugissement, auquel nul bruit n'est comparable. Figurez-vous le vacarme produit par un train lancé à toute vitesse au moment où il s'engouffre sous un tunnel et auquel se mêlerait le cri aigu d'une douzaine de porcs qu'on égorge.

Ce tapage assourdissant commence brusquement, grave et aigu en même temps, comme un duo expectoré par je ne sais quels montres, roule, change de ton, monte, descend et s'arrête tout net pour recommencer.

— Allons ! bon, grogna pendant une accalmie Benoît, sans s'émouvoir de ce charivari sans nom, de la musique, maintenant...

« Satanés singes rouges ! Que le diable les emporte. »

Le surveillant ne s'était pas trompé. Un clan de singes hurleurs prenait ses ébats au haut de l'arbre sous lequel il était couché.

Il pouvait les apercevoir, à travers un rayon de lune, rangés en cercle autour de l'un d'eux, le chef de la bande, qui poussait ces atroces beuglements, et qui seul arrachait de son appareil vocal ces deux sons se répercutant à une distance de plus de cinq kilomètres.

Quand il avait bien hurlé, il s'arrêtait, et tous ses auditeurs, charmés sans doute, poussaient quelques rauques hon !... hon !... de contentement.

Un mot en passant sur ce singulier quadrumane. Le singe hurleur de la Guyane, *stentor seniculus*, appelé aussi singe rouge, et *alouate* par les naturels, mesure à peine un mètre quarante, du museau à l'extrémité de la queue. Son pelage est roux-écureuil, et noirâtre à reflets fauves aux pattes et à la queue.

L'examen de son appareil vocal permet de se rendre compte de cette curieuse propriété qu'il possède d'émettre simultanément des sons graves et des sons aigus.

J'ai pu disséquer un vieux mâle, et reconnaître tout d'abord que l'air qu'il aspire peut s'échapper directement par la glotte, ce qui donne naissance au son aigu. En outre, son os hyoïde (petit os situé chez l'homme entre la base de la langue et le larynx), au lieu d'avoir les modestes dimensions de la *pomme d'Adam*, est aussi gros qu'un œuf de dinde, et forme une cavité sonore comme un tuyau d'orgue. Quand il chante, sa gorge se gonfle et prend les proportions d'un gros goître. L'air qui passe par cette vaste cavité osseuse augmente d'une

Le vieux nègre, en dépit de la lèpre. (Page 48.)

manière incalculable l'intensité de la voix et produit le son grave, de façon que le singe rouge possède à lui seul la faculté de chanter un duo.

Enfin, c'est toujours le chef qui vocifère, à l'exclusion de ses humbles sujets.

Si l'un d'eux, emporté par l'ardeur, veut mêler sa note à la symphonie, le chanteur lui administre une verte correction qui le fait rentrer dans le silence.

L'auditoire a seulement le droit d'applaudir.

Benoît, peu sensible à cette mélodie de quadrumane, enrageait. Les *alouates* ne voulaient pas abandonner la place. Le clan des hurleurs était en liesse. Il les vit bientôt s'accrocher par la queue, se balancer comme des lustres, et pousser, la tête en bas, leurs hon !... hon !... approbateurs, pendant que le chef, également renversé, beuglait à crever le tympan à tous les habitants de la forêt.

— Que je suis donc bête, se dit-il, mais j'ai là de quoi les faire taire.

Et, armant son pistolet, il fit feu dans la direction de la bande qui s'éparpilla en un clin d'œil. A peine le silence était-il rétabli, qu'une faible détonation se fit entendre dans le lointain.

L'espoir revint soudain au blessé.

— Sacrebleu ! on me cherche... Feu à volonté, alors.

Il chargea son arme tout en sacrant et en geignant, puis il tira. Un nouveau coup de feu retentit, mais sensiblement rapproché.

— Allons, ça va bien. Dans un quart d'heure mes clampins seront ici. Avant peu, je serai sur pied, et alors gare à toi, Robin !...

Les prévisions du surveillant furent pleinement réalisées. Ses collègues, après s'être aperçus, mais trop tard, qu'ils lâchaient la proie pour l'ombre, arrivèrent, munis de torches fabriquées avec un bois résineux, et précédés du chien Fagot, qui se mit à gambader et à japper joyeusement en revoyant son maître.

Ils improvisèrent à la hâte un brancard, et ramenèrent, après des fatigues inouïes, leur camarade, repris de nouveau par le délire.

Ce diable d'homme avait réellement l'âme chevillée au corps.

Trente-six heures ne s'étaient pas écoulées, que l'Indien Atoucka arrivait au pénitencier et racontait à qui voulait l'entendre qu'il avait rencontré « tig' blanc » et qu'il se faisait fort, moyennant récompense, de mettre la force armée sur ses traces.

Benoît eut vent de l'affaire. Il fit venir l'Indien à son chevet, lui promit ce qu'il voulut, lui adjoignit deux compagnons de son choix, et les fit partir séance tenante, bien pourvus d'armes et de vivres, pour leur lugubre croisière.

En agissant de cette façon, à l'insu de son chef hiérarchique, le surveillant chef espérait bien se targuer de la découverte, ainsi que de la réintégration du fugitif, et détourner l'orage qui allait fondre sur lui après sa guérison.

Les chasseurs d'hommes, guidés par l'Indien, pour lequel la forêt n'avait pas de mystère, retrouvèrent bientôt la piste. Bien que Robin, lors de sa course désespérée, eût à peine laissé de traces, le Peau-Rouge, rivé à la voie comme un limier, savait reconnaître, à un brin d'herbe foulé, à une feuille tordue, à une liane froissée, que « tig' blanc » était passé par là.

Quatre jours après leur départ du pénitencier, ils trouvèrent dans les broussailles une large empreinte foulée comme par la chute d'un corps, puis une tache de sang qui brunissait une pointe de quartz.

Le déporté était tombé là. Une bête féroce l'avait-il dévoré ?

Atoucka secoua la tête. Il prit silencieusement les grands-devants, comme on dit en termes de vénerie, resta près d'une heure absent, et revint en posant un doigt sur ses lèvres.

— Ou qu'à vini, dit-il à voix basse.

Ses compagnons le suivirent sans mot dire. A cinq cents mètres à peine, ils trouvèrent une clairière, et aperçurent, au milieu, un petit carbet en feuilles de macoupi, de construction ancienne, mais bien clos, et de la toiture duquel s'échappait un mince filet de fumée.

— Ça tig' blanc, là, fit l'Indien joyeux.

— Kalina, mon garçon, dit un des hommes, c'est très bien. Benoît n'ira pas au clou, et tu as gagné la prime, car nous allons pincer notre homme.

CHAPITRE III

Le vampire. — Le lépreux de la vallée sans nom. — L'Eden du déshérité. — La compassion d'un malheureux. — Accès de fièvre pernicieuse.— Remèdes de bonne femme. — Concurrence à la cantharide et à la quinine. — Les fourmis-flamandes. — Au nom de la loi !... — Ce qu'un Peau-Rouge peut faire pour une bouteille de tafia.— Le serpent *aye-aye*. — Les gardes du corps du lépreux. — La force armée en déroute. — Désagréable entrevue d'un garde-chiourme et d'un trigonocéphale. — Le charmeur de serpents.— Lavage sans lessive.

Robin, hors d'haleine, affolé par la course, brisé par la fatigue, congestionné par la chaleur, avait roulé comme foudroyé sur le sol.

Son corps disparut dans les hautes herbes, qui l'enveloppèrent ainsi que d'un linceul de verdure. Étant données les circonstances accompagnant cette chute, la mort devait arriver à courte échéance.

L'infortuné expirerait sans même avoir repris connaissance.

Eh quoi ! se pouvait-il qu'un nouveau nom s'ajoutât au martyrologe de la déportation ! qu'un nouveau squelette blanchit dans le lugubre ossuaire de l'équateur !

L'épais tapis de végétaux amortit le choc, et le corps, semblable à un cadavre, resta de longues heures allongé sur les tiges flexibles. Nul jaguar en quête ne passa et les fourmis-manioc ne se montrèrent pas. Ce fut un hasard miraculeux.

Le fugitif s'éveilla lentement, après un temps dont il lui fut impossible d'apprécier la durée. Il était en proie à une prostration dont il ne put tout d'abord s'expliquer la cause, quoique les idées lui revinssent bientôt avec une rapidité singulière.

Phénomène incroyable, il ne sentait plus aucune pesanteur dans sa tête, l'étau qui lui serrait le crâne semblait desserré, ses oreilles ne tintaient plus, et percevaient distinctement le glapissement aigu de l'oiseau-moqueur, ses yeux s'ouvraient à la lumière, son pouls battait régulièrement, une respiration facile gonflait sa poitrine ; la fièvre avait disparu.

Mais telle était sa faiblesse, qu'il ne put tout d'abord se lever. Il lui semblait être de plomb. Il se sentait en outre comme inondé par un liquide tiède, exhalant une odeur fade et bien caractéristique.

Un regard jeté sur sa chemise la lui fit voir rouge écarlate.

— Mais je suis dans un bain de sang, murmura-t-il. Où suis-je ? Que s'est-il donc passé ?...

Il se tâta partout et finit par se dresser sur les genoux.

— Je ne suis pourtant pas blessé... mais ce sang... oh ! que je suis faible !

Il se trouvait dans une large vallée, encaissée par des collines boisées dont la hauteur ne dépassait pas cent cinquante mètres et qu'arrosait une crique peu profonde aux eaux claires et délicieusement fraîches.

Ces criques, abondantes en Guyane, sont d'ailleurs la seule compensation offerte par la nature aux tourments que l'on endure dans cet enfer.

Robin s'y traîna, but avidement, se dépouilla de ses habits lacérés, se plongea dans les eaux, et enleva les épais caillots souillant sa face et sa poitrine.

Ses ablutions terminées, il allait sortir du lit du petit ruisseau, quand la même sensation d'écoulement d'un liquide tiède vint l'intriguer de nouveau, non sans l'inquiéter. Il porta la main à son front et la retira rougie.

C'est en vain qu'il tâta de nouveau. Nulle plaie ne déchirait son épiderme. Il fallait pourtant se rendre compte de la cause de cette effusion de sang...

— Mon Dieu ! que l'homme dit civilisé est donc emprunté ici.

« Depuis cinq minutes un **nègre** ou un **Peau-Rouge** aurait déjà un miroir. Faisons comme eux. »

Il dit, et, malgré sa faiblesse qui allait toujours en augmentant, il avisa quelques larges feuilles vert brun appartenant à une variété de nénuphar très commun en Guyane.

Couper une de ces feuilles, l'enfoncer horizontalement dans l'eau et la maintenir à quelques centimètres de la surface fut pour lui l'affaire d'un moment.

Son image, réfléchie comme par un verre doublé d'une feuille d'étain, lui apparut aussi distinctement que s'il eut possédé la meilleure glace.

— Tiens, dit-il, après un moment d'attentives recherches et en apercevant au-dessus de son sourcil gauche, près de la tempe, une petite cicatrice. J'ai été **visité par un vampire**.

Puis, se rappelant enfin sa rencontre avec l'Indien, sa fuite vertigineuse, son délire et sa chute finale :

— Quelle étrange destinée est la mienne ! Poursuivi par les fauves, traqué par les hommes, il faut que la vorace gloutonnerie d'une hideuse bête me sauve la vie !

Robin ne se trompait pas. Il était perdu sans la bizarre intervention du vampire, qui l'avait littéralement saigné à blanc.

L'on sait que la chauve-souris vampire fait sa nourriture presque exclusive du sang des mammifères qu'elle surprend endormis, et qu'elle suce avec avidité.

Elle est pourvue à cet effet d'un suçoir, ou plutôt sa bouche se termine en un petit cornet formant ventouse et armé de papilles cornées à l'aide desquelles elle perfore lentement et sans douleur l'épiderme du bétail, des singes, des grands mammifères et de l'homme lui-même.

Elle s'approche de sa victime en agitant doucement ses longues ailes membraneuses, dont le mouvement continu procure un sentiment d'exquise fraîcheur et ajoute encore à son engourdissement. Puis, sa bouche répugnante se colle lentement au point qui lui semble propice, ses ailes papillottent toujours, la peau est bientôt percée et l'horrible goule se remplit peu à peu comme une ventouse vivante, puis s'envole repue en laissant la plaie ouverte.

Si les désordres causés par le vampire s'arrêtaient là, il n'y aurait que demi-mal. Les deux cents ou deux cent cinquante grammes prélevés pour son repas ne seraient pas absolument préjudiciables au « sujet », bien qu'il soit ordinairement affaibli par l'anémie.

Mais comme le réveil ne vient presque jamais après cette saignée, et que le sang coule une nuit entière par cette minuscule ouverture, le malheureux, pâle, livide, exsangue, a perdu toutes ses forces, sa vie est en péril si un régime exceptionnellement tonique et fortifiant ne répare pas au plus vite les ravages occasionnés par cette perte.

Combien de voyageurs, surpris dans leur hamac, sans avoir eu la précaution d'envelopper leurs pieds, leur gorge, ou leur tête, s'éveillent au jour dans un bain rouge et tiède !

Combien ont payé de leur existence ou tout au moins de cruelles maladies cet instant d'oubli ! Car bien peu possèdent, au milieu des bois, les ressources suffisantes pour restaurer leur organisme appauvri ; ils deviennent alors une proie trop facile sur laquelle viennent fondre ces terribles affections équatoriales auxquelles on ne peut résister qu'en étant dans un parfait équilibre.

Mais, a quelque chose malheur est bon parfois. Notre héros vient d'en faire l'expérience. Cette énorme saignée l'a sauvé pour le moment.

Il se rhabille lentement. Telle est sa faiblesse, qu'il peut à peine couper un bâton sur lequel il s'appuie péniblement. N'importe, pas plus aujourd'hui qu'hier son énergie de fer ne l'abandonne.

Puisqu'il faut marcher. Eh bien, en avant !

Tant de constance doit enfin avoir sa récompense.

— Voyons, dit-il bientôt... Est-ce que je rêve? Mais non. C'est impossible... Quoi ! Un bananier !... Mais cette clairière... C'est un abatis.

« Cette herbe drue qui court sur la terre, couverte de feuilles triangulaires... C'est la patate !

« Voici des cocotiers... des ananas... des calaloups... du manioc !

« Oh ! Je veux manger ! je meurs de faim. Suis-je donc dans un village d'Indiens? Quels que soient les propriétaires, il faut les trouver. Advienne que pourra ! »

Et, obéissant à un mouvement plus prompt que la pensée, il sabra une tige d'ananas, arracha la pulpe écailleuse du fruit, le mordit à pleine bouche, le pressura, le tordit, le but.

Puis, rafraîchi, un peu restauré par l'absorption de ce beau fruit, il saisit le bouquet feuillu qui le surmonte, pratiqua un trou dans le sol, l'y planta [1], rabattit la terre et se dirigea vers un petit carbet qu'il aperçut à cent mètres à peine.

Cette habitation solitaire était plutôt une case très confortable, couverte en feuilles de « waïe », un palmier presque indestructible formant une toiture pouvant durer une quinzaine d'années. Les murailles, formées de gaulettes entrelacées, étaient impénétrables à la pluie. La porte était hermétiquement close.

— C'est une case de noir, pensa Robin, en reconnaissant la forme spéciale des habitations de la race nègre. Le propriétaire ne doit pas être loin. Qui sait, c'est peut-être un fugitif comme moi. !

« Cet abatis est merveilleusement tenu. »

Il frappa à la porte et n'obtint pas de réponse.

Il frappa plus fort.

---

[1] Touchante coutume à laquelle ne manquent jamais les coureurs des bois. Quand ils ont mangé le fruit, ils replantent toujours le bouquet. Six mois après, il a pris racine, sa croissance est complète, tant est active la végétation; alors, il donne un fruit qui sauvera peut-être la vie à un autre voyageur.

L. B.

— Qué çà oulez ? (que voulez-vous) ? fit une voix cassée.
— Je suis blessé et j'ai faim.
— Ah ! pauv' moun à bon Gué ! (Ah ! pauvre homme du bon Dieu !) Ou cé pas pouvé entré dans case là non. (Vous ne pouvez pas entrer dans ma case.)
— Je vous en prie ! ouvrez-moi... Je vais mourir... articula péniblement le déporté qu'une subite faiblesse envahit soudain.
— Mo pas pouvé !... Mo pas pouvé (Je ne peux pas), articula la voix, comme entrecoupée par un sanglot. Ou prend' tout çà qué oulé (Prenez ce que vous voudrez). Ou qu'à pas touché rien di mo la case (Ne touchez à rien dans ma maison) ; ou qu'à mouri ! (vous mourriez !)
— A moi !... au secours !... râla l'infortuné en s'affaissant.
La voix cassée — une voix de vieillard sans doute — sanglotait toujours.
— Oh ! pauv' mouché blanc ! Oh !... saint bon Gué mo !... Oh !... Mo pas pouvé laissé mouri li, non.
La porte s'ouvrit enfin toute grande, et Robin, incapable de faire un mouvement, aperçut comme dans un cauchemar l'être le plus épouvantable dont jamais la vue ait hanté le cerveau d'un fiévreux.
Sur un front bossué de pustules luisantes, végétait une chevelure d'un blanc de neige, touffue par places comme la broussaille des bois, ou pelée comme une savane. Ici des verrues, avaient en se chevauchant bizarrement, creusé des sillons livides, étagé des mamelons inclinés, étalé des zones inflammatoires du plus hideux aspect.
Un œil bleuâtre, décomposé, sans regard, sortait de son orbite, comme un œuf de sa coque. La joue gauche n'était qu'une plaie, les cartilages des oreilles, se montraient comme des chairs blanches sous le haillon noir de l'épiderme en lambeaux.
La bouche tordue n'avait plus de dents, et les mains sans ongles, aux doigts pleins de rugosités, restaient crispées et rigides comme celles d'un mort.
Enfin, l'une des deux jambes, aussi grosse que le corps, informe, luisante, ronde comme un poteau, semblait près d'éclater sous l'effort de l'œdème qui la gonflait.
Le vieux nègre, en dépit de la lèpre qui le rongeait, de l'éléphantiasis qui immobilisait sa jambe comme celle d'un forçat rivée à un boulet, avait l'air triste et bon des déshérités.
Il allait, venait, tournait, en claudiquant sur sa jambe mutilée, levait ses doigts crochus, et n'osant pas toucher le moribond, poussait des cris désespérés...

« Ça bon... (Page 54.) »

— Mi maman!... oh!... Mi dédé!... To pas pouvé prend' li, pauv'
« kokobé... » Li mouri caba!... (Oh! ma mère... Je suis mort! Tu ne peux pas
le toucher, toi, pauvre lépreux; il en mourrait.)

« Mouché... criait-il anxieusement, Mouché... allons, bon mouché... ou vini
coté gran' z'arb' là... à l'omb' li. (Venez à l'ombre de cet arbre.)

Robin reprenait ses sens. La vue de l'infortuné lui produisit une impression d'immense pitié, mais, et il est inutile de le dire, exempte de dégoût.

— Merci, mon brave, dit-il d'une voix mal assurée, merci de toutes vos bontés, je me sens mieux. Je vais continuer ma route.

— Oh! mouché... ou pas parti caba... mo baïé ou morceau di l'eau, ou morceau cassave, morceau poisson... vié Casimir avé gain tout ça côté la case. (Oh! monsieur, ne partez pas encore. Je vous donnerai un peu d'eau, de la cassave, du poisson. Le vieux Casimir a tout cela dans sa case.)

— J'accepte, mon brave homme, j'accepte, murmura-t-il attendri. Pauvre créature déshéritée, dans laquelle se trouve une âme compatissante, comme une perle d'une incomparable pureté enfouie sous la fange.

Le vieux noir ne se sentait plus de joie. Il se démenait comme quatre, tout en prenant d'infinies précautions pour éviter à son hôte un contact qu'il croyait contagieux.

Il rentra dans sa case et en sortit bientôt, tenant un coui (moitié de calebasse) tout neuf, et qu'il portait au bout d'un morceau de bois fendu. Il passa le coui à la flamme de son feu, se rendit en trottinant à la crique, le rapporta plein d'eau et le tendit au malade qui but avidement.

Pendant ce temps, une bonne odeur de poisson grillé s'exhalait à travers le gauletage de la case. Casimir avait mis sur les charbons un morceau de koumarou boucané, et la chair de ce magnifique poisson fondait en grésillant, emplissant le réduit de succulentes effluves culinaires.

Partant de cet axiome que le feu purifie tout, Robin put se repaître sans crainte de contracter la lèpre. Le noir semblait ravi de la façon dont le nouveau venu faisait honneur à son hospitalité.

Loquace comme ceux de sa couleur, jaseur comme les gens habitués à vivre seuls, il se dédommageait amplement du silence imposé par sa solitude et des monologues d'antan.

Il n'avait pas été longtemps avant de s'apercevoir de la position sociale du nouveau venu. Peu lui importait, d'ailleurs. Le brave homme voyait un malheureux, cela lui suffisait. Ce malheureux frappait à sa porte, il lui devenait plus cher encore.

Puis, il aimait les blancs de tout son pauvre cœur. Les blancs avaient été si bons pour lui. Il était vieux !... mais vieux à ne pas savoir son âge. Il était né esclave, sur l'habitation de la Gabrielle, appartenant jadis à M. Favart et située sur la rivière de Roura.

— Oui, mouché, disait-il non sans orgueil, mô, neg' bitation. Mô savé cuisine, condui chival, planté girof' soigner roucou. (Oui, monsieur, je suis nègre d'habitation. Je sais la cuisine, conduire un cheval, soigner les plantations de girofle et de roucou.)

M. Favart était un bon maître. On ignorait à la Gabrielle ce que c'était que le fouet. Les noirs étaient les enfants de la maison. Ils étaient bien traités, on les regardait comme des hommes.

Casimir vécut là de longues années. Il y vieillit. Peu de temps avant 1840, il sentit les premières atteintes de la lèpre, ce mal terrible qui a désolé l'Europe au Moyen Age et qui est encore à ce point fréquent en Guyane que l'administration a dû fonder la léproserie d'Acarouany.

Le malade fut isolé. On lui bâtit une case non loin de l'habitation, on pourvut à ses besoins.

Puis, sonna l'heure mémorable où s'accomplit le grand acte de réparation qui s'appelle l'*abolition de l'esclavage !* Tous les noirs furent enfin libres... Tous les hommes furent égaux. Il n'y eut plus d'autre supériorité que celle du mérite et de l'intelligence.

L'industrie coloniale reçut un rude coup. Sa prospérité, injustement basée sur le travail non rétribué, sur l'exploitation gratuite des forces humaines, fut irrémédiablement atteinte. Les planteurs, habitués à de folles dépenses, se trouvaient la plupart sans avances et vivaient au jour le jour, une année poussant l'autre.

La plupart ne purent, de la veille au lendemain, faire face aux exigences du labeur salarié. Et quel salaire pour tant de peines !

Les noirs pourtant ne demandaient pas mieux que de travailler. Leurs forces n'étaient-elles pas décuplées par ce mot magique de liberté !

Quoi qu'il en soit, et faute de savoir s'organiser, les colons laissèrent aller en débâcle leurs habitations. Les noirs se retirèrent, reçurent des concessions, défrichèrent, plantèrent, travaillèrent pour eux et vécurent libres. Ce sont aujourd'hui des citoyens !

Mais, dès le début, un grand nombre restèrent attachés à la fortune de leurs maîtres, et travaillèrent comme par le passé, donnant gratuitement et de grand cœur leurs fatigues et leurs sueurs.

Tels furent ceux de la Gabrielle. Mais un jour vint où le maître partit. Le lien de commune affection et de communs besoins était rompu. Les noirs s'éparpillèrent. Casimir resta seul. Pour comble de malheur, son abattis fut ravagé par l'inondation. Dénué de ressources, incapable de vivre dans les villages, envahi par la lèpre, devenu pour tous un objet d'horreur, il partit, marcha longtemps, bien longtemps, et finit par arriver au point où il se trouvait présentement.

Le lieu était admirablement fertile. Il s'y installa, travailla comme quatre, attendant sans se plaindre le moment où son âme quitterait sa misérable enveloppe.

Il était le lépreux de la vallée sans nom.

Son **labeur** le rendait heureux.

Robin écoutait sans interrompre le **récit** du bonhomme. Pour la première fois depuis son départ de France il savourait, sans amertume, un instant de bonheur. Ses yeux ravis contemplaient l'Eden du déshérité. La voix cassée du vieillard résonnait avec des intonations affectueuses. Plus de bagne, plus de geôle, plus de blasphèmes...

Ah! qu'il eût voulu presser dans ses bras cet être humain dont une infortune plus cruelle encore que la sienne l'avait rapproché!...

— Qu'il ferait bon vivre ici, murmurait-il... Mais suis-je assez loin? N'importe je resterai... Je veux demeurer près de ce vieillard, l'aider dans ses travaux... l'aimer !

— Ami, dit-il au lépreux, le mal te ronge, tu souffres, tu es seul. Bientôt ton bras n'aura plus la force de soulever la pioche et de fouiller la terre. Tu auras faim ; si la mort vient, nul ne veillera près de toi, nul ne fermera tes yeux.

« Je suis, moi aussi, un déshérité. Je n'ai plus de patrie ; ai-je encore une famille ? Veux-tu que je vive près de toi ? Veux-tu que je m'associe, de corps et d'esprit, à tes joies comme à tes peines, comme à tes travaux ?

« Dis, le veux-tu ? »

Le vieillard, ravi, transporté, ne sachant s'il rêvait tout éveillé, riait et sanglotait en même temps.

— Ah ! mouché ! Ah ! maître ! Ah ! bon fils blanc à mo !

Puis, le sentiment de sa hideur l'envahissant tout à coup, il cacha sa face ravagée dans ses doigts crispés et tomba sur les genoux, la poitrine agitée de convulsifs soubresauts.

. . . .

Robin s'endormit sous un bananier. Son sommeil fut hanté par le cauchemar. A son réveil, la fièvre le reprit avec violence. Le délire survint.

Casimir ne perdit pas la tête. Il fallait à tout prix un abri pour son nouvel ami. Sa case était contaminée, croyait-il. Il fallait au plus vite l'approprier à sa nouvelle destination, et la rendre habitable pour le malade. Il saisit sa pioche, gratta profondément le sol, emporta au loin la terre, éparpilla sur le plancher des charbons ardents, puis recouvrit ce plancher de belles frondaisons de macoupi, qu'il coupa sans y toucher, et étala avec son sabre.

La couche du malade étant purifiée, il fit lever celui-ci en lui disant doucement :

— Allons, compé, ou vini couché là.

Robin obéit comme un enfant, entra dans la case, s'allongea sur le lit de verdure, et s'endormit d'un sommeil de plomb.

— Pauv' mouché, disait pendant ce temps le noir. Li bien mala... Li mouri si pas vini coté mo... Ah ! mais non, Casimir li pas oulé.

L'accès de fièvre arrivait rapide, presque foudroyant. Le blessé délira bientôt. Il éprouvait à l'occiput d'intolérables douleurs ; d'effroyables visions obsédaient sa vue ; sur ses yeux s'étendait comme un voile sanglant où se tordaient des milliers de reptiles plus hideux les uns que les autres.

Le noir connaissait heureusement de longue date l'accès pernicieux et aussi les remèdes indigènes employés souvent par les « bonnes femmes » du pays.

Son abattis, cultivé avec amour, contenait non seulement les plantes et les arbres utiles à l'alimentation, mais encore les végétaux dont la médecine créole fait un si fréquent et si salutaire usage.

Là, se trouvait le « calaloup » dont le fruit coupé en tranches est l'élément indispensable de la boisson rafraîchissante dite « rafraîchi » et qui, écrasé en bouillie, forme le plus émollient des cataplasmes. Puis, l' « yapana » ou thé de la Guyane, tonique et sudorifique, le « batôto », un arbuste aux feuilles atrocement amères, contenant un principe fébrifuge et antipériodique, analogue à la quinine ou la salicine, le « tamarin » purgatif, le « ricin », le « calaloup-diable », dont les graines, infusées dans le tafia, sont un spécifique contre la morsure du serpent, etc.

Mais le cas de Robin nécessitait l'usage immédiat d'une médication plus énergique. Casimir le comprit bien. En dépit de la saignée copieuse à laquelle le vampire avait soumis son compagnon, l'accès affectait la forme congestive. L'application d'un vésicatoire était urgente.

Un vésicatoire !... Par cinq degrés de latitude nord ! Le noir n'avait ni cantharides, ni ammoniaque, ni aucune substance pouvant produire la vésication.

Le vieux docteur *in partibus* ne semblait pourtant pas embarrassé.

— Pitit' minute... mouché. Mo allé... pis, vini.

Il prit son sabre, son coui, s'en alla claudiquant, et explora minutieusement les abords de la crique.

— Ah ! Ça bien bon, dit-il en se baissant..... Oui... oui, ça même...

Il se courba, ramassa quelque chose, mit ce quelque chose dans son vase végétal, et recommença à huit ou dix reprises. Puis il revint.

Son absence avait duré dix minutes.

Debout près du malade, l'air grave et recueilli, il saisit avec d'infinies précautions un insecte long d'un centimètre et demi, noir d'ébène, luisant, au fin corselet, à l'abdomen renflé et mobile. Tenant alors l'animal par la tête, il applique son autre extrémité derrière l'oreille du malade.

Un dard court et rigide surgit, s'implantant profondément dans l'épiderme.

— ... Hein! hein!... dit-il en nasonnant... ça bien bon...

Il jeta l'insecte, en prit un second, et lui fit opérer la même manœuvre derrière l'autre oreille. Puis un troisième, deux centimètres plus bas... puis un quatrième, un cinquième, puis un sixième...

Le malade hurlait, tant cette minuscule ponction le faisait souffrir.

— ... Hein! hein! disait toujours le noir... Ça même. Ça michant bête là, bon bon pou mouché. (Cette mauvaise bête est très bonne pour le monsieur.)

Excellente en effet. Un quart d'heure ne s'était pas écoulé, que deux énormes cloques, remplies de sérosité jaunâtre, soulevaient l'épiderme qu'elles bossuaient, produisant une vésication analogue à celle qui eût résulté au bout de douze heures de l'application du meilleur vésicatoire

Le malade semblait renaître; sa respiration rauque s'adoucissait. Ses pommettes enfiévrées pâlissaient. Un miracle, auquel la thérapeutique civilisée était étrangère s'accomplissait.

— Ça fourmi-flamand, bon bon, dit alors Casimir, qui, sans plus tarder, saisit une longue épine de « counanan » et perça les cloques, d'où jaillit un jet d'un liquide citrin. Il eût bien voulu appliquer sur la plaie une poignée de coton imbibée d'huile tirée du fruit du « bache », mais il n'osa pas, dans la crainte de communiquer sa lèpre.

— Ça bon... bon... même!

Robin reprit connaissance, ou plutôt, une douce somnolence succéda rapidement à son état comateux. Il put à peine balbutier un remerciement et s'endormit.

Le bon nègre avait opéré un véritable miracle. Les éléments de cette cure merveilleuse, dont le résultat avait été immédiat, étaient bien simples pourtant. Un vulgaire remède de bonne femme. La piqûre des fourmis-flamandes est horriblement douloureuse. Telle est en outre la propriété particulière du venin dont leur aiguillon est le véhicule, qu'elle amène séance tenante la vésication. Tel est aussi le résultat produit par la fourmi-eau-bouillante de l'Afrique équatoriale. L'épiderme se soulève instantanément comme sous une compresse d'eau à cent degrés. Les phénomènes sont absolument identiques à ceux qui résultent de l'application de cantharides.

Au réveil, une bonne infusion de feuilles de batoto, compléta cette médication tropicale dont l'effet fut à ce point satisfaisant, que vingt-quatre heures après, le malade, bien que horriblement faible, se trouvait hors de danger.

Qui donc avait enseigné au vieux nègre cette médecine qui se rapproche si singulièrement de celle qu'emploient nos praticiens, les dérivatifs et les antipériodiques? car, en somme, un vésicatoire produit par une fourmi, est-il inférieur à celui qui est formé par des cantharides, et l'absorption d'infusion de batoto, n'a-t-elle pas souvent guéri les coureurs des bois, aussi bien que la quinine?

N'est-ce pas là un merveilleux rapprochement à établir entre un résultat obtenu par des sauvages qui ont étudié le livre de la nature, et des savants qui ont pâli sur les ouvrages de pathologie!...

Le fugitif, enfin soustrait à l'influence de la malaria équatoriale, était sauvé. L'inclémence de la nature était vaincue, mais la haine des hommes veillait.

Quatre jours s'étaient à peine écoulés, que Casimir, absent depuis quelques heures, rentrait effaré en s'écriant:

— Compé mo!... Là-bas, michants mouns blancs qu'à vini côté nous...

— Ah!... dit Robin, dans l'œil duquel surgit comme un éclair... Des blancs... Des ennemis... N'y a-t-il pas un Indien avec eux?

— Ça même. Kalina qu'à vini.

— Bien! Je suis horriblement faible, mais je me défendrai. Ils n'auront que mon cadavre. Tu entends.

— Ça même. Mo pas oulé eux tué ou. Ou pas bougé... Ou resté là... sous feuilles macoupi. Vié Casimir joué oune bon tour à michants blancs.

Le fugitif s'arma de son sabre, trop lourd, hélas! pour son bras débilité; puis, connaissant les ressources que tenait en réserve son vieux compagnon, il se blottit sous les feuilles vertes et attendit.

Des pas rapides se firent bientôt entendre. Puis une voix rude retentit accompagnée du craquement bien connu d'un chien de fusil.

La formule employée par les arrivants, sinistre en pays civilisé, était à la fois lugubre et grotesque en pareil lieu:

— Au nom de la loi! ouvrez.

Le noir, sans attendre une seconde sommation, ouvrit doucement la porte, et montra sa face hideuse!

Sa vue produisait sur les blancs l'effet d'une tête de trigonocéphale. Quant à l'Indien, qui ne s'attendait pas à pareille rencontre, il resta un moment parfaitement ahuri.

Il y eut un silence.

— Entrez, dit Casimir en donnant à ses traits l'expression de la plus avenante cordialité, vaine tentative d'ailleurs qui aboutit à la plus atroce grimace.

— C'est un lépreux, dit un des nouveaux venus qui portait le costume des surveillants militaires. Plus souvent que j'entrerai dans la cabane, pour attraper des chiques, des tiques, et risquer de pincer le « pian » qui le ronge.

— Eh ! bé ou qu'à pas vini ?

— Jamais de la vie. Tout doit être pourri, là-dedans, ça suinte la lèpre. Jamais le « fagot » ne se serait réfugié là.

— Qui sait, reprit le second surveillant. Nous ne sommes pas venus ici pour retourner bredouille... En prenant quelques précautions... Voyons, nous ne sommes pas des enfants.

— A ton aise... moi, je bats en retraite... avec ça que j'ai les jambes encore trouées par les « malingres ». L'air seul de ce poulailler suffirait à les envenimer.

— Mò qu'allé, fit l'Indien en pensant à la prime et aux innombrables verres de tafia qui en seraient la conséquence.

— Moi aussi, parbleu, reprit le surveillant. Je n'en mourrai pas, après tout.

— Ça même, fit le noir radieux.

L'argousin, le sabre d'abattis à la main, pénétra le premier dans l'humble réduit à peine éclairé par quelques minces rayons filtrant à travers le gauletage.

Le Peau-Rouge suivit en marchant sur la pointe des orteils. Un hamac tendu en travers était le seul « meuble » de la case. A terre, quelques ustensiles grossiers, des couis, des gargoulettes, un grage à manioc, une couleuvre à passer la pulpe rapée, un mortier, un long pilon de bois noir, et une plaque circulaire en tôle.

Sur le sol, un lit épais de feuilles en macoupi ; dans un coin, plusieurs brassées d'épis de maïs et quelques galettes de cassave.

C'était tout.

— Et là-dessous, grogna le surveillant en désignant de la pointe de son sabre la litière de frondaisons, y a-t-il quelque chose ?

— Mo pas savé, fit le noir d'un air idiot.

— Ah ! to pas savé, eh bien, je vais voir.

Un serpent la gueule béante. (Page 58.)

Il dit, et leva le bras comme pour planter la pointe de son sabre à travers les folioles.

Un sifflement aigu, bien que peu intense, retentit, et le surveillant, terrifié, resta la main haute, la pointe basse, la jambe allongée, dans la position d'un maître d'armes qui porte un coup de seconde.

Il semblait pétrifié. L'Indien était déjà dehors. Il était épouvanté, lui aussi, le digne Peau-Rouge, et paraissait avoir absolument oublié les rasades de l'avenir.

— Aye-aye !... beuglait-il, aye-aye !... et son accent indiquait une folle terreur.

Le surveillant fut près d'une demi-minute avant de reprendre ses esprits. Le lépreux, immobile aussi, le regardait avec une expression diabolique.

— Pourquoi ou qu'a pas sersé (cherché).

Le son d'une voix humaine le fit sursauter.

— Aye-aye !... murmura-t-il d'une voix étranglée, c'est un aye-aye !... et son regard ne quittait pas deux points qui luisaient au milieu d'un petit paquet noirâtre, enroulé comme un bout de filin.

« Un brusque mouvement, et je suis mort.

« Allons, en retraite. »

Et doucement, bien doucement, avec d'infinies précautions, il ramena la jambe droite, retira la gauche, se cambra en arrière et chercha à gagner la porte.

Un second sifflement se fit entendre au-dessus de sa tête, au moment où il poussait un soupir de soulagement. Ses cheveux se dressèrent. Il lui sembla que la racine de chacun d'eux était une pointe rougie.

Puis, un objet long, mince, de la grosseur du col d'une carafe, glissa lentement d'une poutrelle, avec un susurrement d'écailles froissées.

Il leva la tête, et faillit tomber à la renverse, en voyant à quelques pouces de sa figure un serpent, la gueule béante, qui, accroché par la queue, allait se laisser tomber et lui planter en plein visage ses crocs empoisonnés.

Fou de terreur, il bondit en arrière, en envoyant à toute volée un coup de sabre sur le terrible ophidien. Heureusement pour lui, sa lame porta d'aplomb, et décapita net l'animal, qui s'abbatit sur le sol.

— Un grage !... hurla-t-il... Un grage !

La porte était, derrière lui, grande ouverte. Il la franchit avec la prestesse d'un clown traversant un cerceau de papier, non sans butter sur un troisième serpent qui rampait en agitant les anneaux cornés de sa queue.

Cette scène n'avait pas duré une minute. Le second surveillant, alarmé par les cris de l'Indien, restait interdit à la vue de son compagnon qui, pâle, trempé de sueur, la face contractée par la terreur, semblait près de tomber en défaillance.

— Eh bien ! interrogea-t-il brièvement, qu'y a-t-il ? allons, parle.

— C'est plein... de serpents... là-dedans, articula-t-il faiblement.

Le noir sortait en même temps de la case, avec autant de rapidité que pouvait le lui permettre sa jambe atteinte d'éléphantiasis.

Il paraissait également terrifié.

— Ah ! mouché. Serpents... là trop beaucoup. Plein mo la case.

— Mais tu ne l'habites donc pas, ta case?

— Si mouché, tit morceau (un peu).

— Comment se fait-il qu'elle pullule de serpents. Ordinairement, ils ne nichent que dans les carbets abandonnés.

— Mo pas savé.

— To pas savé !... To pas savé... Il me semble qu'il y a bien des choses que tu sais et que tu feins d'ignorer.

— Mo qu'a pas mis serpents là, non.

— Ça, je veux bien te croire. Aussi, pour qu'il ne t'arrive pas malheur pendant la nuit, je m'en vais flanquer le feu à ta niche. La garnison est trop dangereuse.

Le vieux nègre frémit. Si sa cabane brûlait, c'en était fait de son hôte. Aussi fût-ce avec un réel accent de douleur, qu'il implora la pitié des deux argousins. Il n'était qu'un pauvre homme, bien vieux, bien malade. Jamais il n'avait fait de mal à personne, sa case était son seul bien. Comment trouverait-il un abri désormais? Ses bras débiles ne pourraient plus en construire une autre.

— Après tout, il a raison, reprit celui qui était entré dans la case, et qui, ravi de la fin de son aventure, ne demandait pas mieux que de s'en aller.

« Il y a gros à parier que notre homme n'est pas caché avec de pareils camarades de lit. L'Indien s'est moqué de nous et, de deux choses l'une : ou Robin est bien loin à l'heure présente, ou il est mort. »

— Ma foi, cela me paraît juste, et nous avons raisonnablement fait notre possible.

— Si tu veux m'en croire, nous ne prendrons pas racine ici.

— C'est mon avis. Laissons le moricaud se débrouiller comme il l'entendra avec ses locataires, et filons.

— Tiens, mais, à propos, et l'Indien?...

— L'Indien, il nous a mis dedans comme des fantassins de deuxième classe il s'est donné de l'air.

— Si jamais il me tombe sous la main, il peut être bien sûr d'empoigner une de ces roulées...

Les surveillants, acceptant philosophiquement leur bredouille, reprirent leur trace et disparurent.

Casimir les regardait s'en aller en riant d'un rire de démon.

— Ah !... ah !... ah !... serpent « aye-aye », serpent « grage », « boïcinenga » !... tout ça bons pitits bêtes à mo.

Puis, il rentra dans la case en sifflottant doucement. Quelques frémissements imperceptibles agitèrent pendant quelques minutes la litière, puis tout bruit cessa.

Il n'y avait plus d'autre indice de la présence des reptiles qu'une forte odeur de musc bien caractéristique.

— Eh ! compé, dit-il joyeusement... Comment ou fika ? (Comment vous portez-vous ?)

La tête pâle du fugitif émergea lentement, puis le corps tout entier s'arracha péniblement du trou au fond duquel Robin venait d'endurer un quart d'heure de mortelle angoisse.

— Ils sont donc partis ?

— Oui, compé, eux partis... pas contents, li gain la peur... oh ! la peur ! (Ils ont eu peur, mais une peur !)

— Mais comment as-tu donc fait pour les mettre en fuite, je les ai entendus hurler de terreur... Puis, cette odeur de musc.

Le lépreux raconta alors à son hôte qu'il était charmeur de serpents. Il savait les appeler, les faire venir ; non seulement il pouvait impunément les toucher, mais encore il n'avait rien à craindre de leur morsure, au cas où ces sauvages visiteurs commettraient quelque écart de mâchoire.

Non seulement le *boïcinenga*, ou serpent à sonnettes, mais encore le redoutable *grage* et le terrible *aye-aye*, ainsi nommé parce que la personne mordue n'a que le temps de jeter ce cri entre le moment de la morsure et celui de la mort.

Quant à l'immunité de Casimir, elle s'expliquait parce qu'il avait été « lavé » pour le serpent par « mouché » Oleta, un blanc bien connu en Guyane, qui, au moyen de breuvages et d'inoculations, savait rendre absolument inoffensive la morsure de tous les reptiles.

— Mo qu'appelé serpents, quand blancs vini côté nous. Ça blancs là, pas « lavés ». Li soti qu'é allé. (J'ai appelé les serpents quand les blancs sont venus. Comme les blancs ne sont pas « lavés », ils sont sortis et se sont enfuis.)

— Mais si l'un d'eux m'avait mordu ?

— Oh ! pas danger. Mo qu'avé mis côté ou, z'herbes. Serpents pas contents z'herbes là [1]. Li pas vini côté ou.

---

[1] Plusieurs faits analogues m'ont été racontés par des témoins dignes de foi. Le suivant, entre autres, m'a été affirmé par un des plus hauts fonctionnaires de la Guyane, sous les

« A présent, ou pas sorti. Kalina parti, allé côté grands bois. Li pas content. Pas gain sous marqués, pas gain tafia... Li ouvri so z'œil côté ou. (Et maintenant, restez ici, l'Indien s'en est allé dans les grands bois. Il est furieux. Il n'aura pas de sous marqués — la prime — il n'aura pas de tafia, et il ouvrira l'œil de votre côté.)

Le bonhomme ne s'était pas trompé. Six heures à peine après l'algarade arrivée aux surveillants, et leur déroute précipitée, Atoucka vint rôder impudemment près de la case.

— Ou michant moun. Empêché mo prend' tig' blanc.

— Soti, mauvais Kalina, riposta Casimir en crachant dédaigneusement, chia !... (Va-t-en, mauvais Indien. Rien qui vaille!) Si to vini côté mo la case, to voué ça vié, kokobé, baïe to oun *piaye*... (Tu verras, le vieux lépreux te jettera un sort !)

A ce mot de *piaye*, l'Indien, superstitieux ainsi que ceux de sa race, s'enfuit éperdu, comme un kariakou poursuivi par le tigre.

yeux duquel il s'est passé à Cayenne. On venait de prendre vivants deux trigonocéphales énormes. M. Oleta, dont il est question un peu plus haut, vint à passer. L'occasion était superbe pour montrer l'efficacité de son spécifique. On lui amena deux chiens de moyenne taille. Tous deux furent mordus par les serpents.
— Lequel des deux voulez-vous me voir sauver? demanda Oleta.
On lui en désigna un. Il lui fit, séance tenante, absorber son breuvage, lui en inocula quelques gouttes sous la peau, et l'animal, au bout d'un quart d'heure, s'enfuyait parfaitement guéri, pendant que son compagnon expirait dans de terribles convulsions. Ce n'est pas tout. Oleta se laissa mordre par un des « grages » également désigné au hasard, et ne fut victime d'aucun accident. Cent cinquante personnes au moins assistaient à cette expérience, qui eut lieu rue de Choiseul. M. Oleta est mort, il y a une dizaine d'années, en laissant sa recette à son fils. J'ai vu ce dernier à Rémire. J'aurai occasion de parler de lui dans la suite. — L. B.

CHAPITRE IV

Projets insensés, mais réalisables. — La lèpre n'est pas contagieuse. — **Construction d'un canot.** — L'*Espérance*. — Reconnaissance d'un damné. — Le carnet du forçat. — Une perle dans la fange. — Une lettre de France. — Trop tard ! — A l'ouvrage ! — Ce qui se passait le 1er janvier 185. dans une mansarde de la rue Saint-Jacques. — La famille du proscrit. — Touchante pensée d'un ouvrier parisien. — Misère et fierté. — Des enfants qui pleurent comme des hommes. — Souvenir à l'exilé. — Souhaits de nouvel an. — Inquiétude, angoisses et mystère. — Les « Robinsons » en Guyane.

Robin, dans sa course aventureuse, n'avait, en cette série d'incidents divers, pas trop dévié de la direction qu'il s'était primitivement tracée.

Il ne voulait pas s'écarter du Maroni qui forme la limite des deux Guyanes, et avait à peu près réussi à se maintenir dans la direction Nord-Ouest, que ce fleuve affecte depuis son embouchure jusqu'au 5° degré de latitude nord.

Dépourvu de tout instrument de précision, il lui était impossible d'évaluer autrement que par à peu près et la distance parcourue et le point où il se trouvait. Il tenait surtout à se maintenir dans la ligne du Maroni, la grande artère navigable, qui tôt ou tard lui servirait de voie de communication avec les pays civilisés.

Son compagnon était incapable de le renseigner. Peu importait au pauvre homme qu'il fût ici ou là; l'essentiel était pour lui de subvenir à sa malheureuse existence. Il savait vaguement que le fleuve devait se trouver à trois ou quatre journées de marche vers le couchant, et c'était tout. Il ignorait jusqu'au nom de la crique dont les eaux fertilisaient la vallée.

Robin conjecturait qu'elle pourrait être la crique Sparwine. Si sa supposition était vraie, le séjour avec le lépreux ne lui offrait aucune sécurité. L'administration pénitenciaire venait d'établir à l'embouchure de cette rivière un chantier pour l'exploitation des bois. Une escouade de transportés y avait élu domicile. Qui sait si d'un moment à l'autre quelqu'un de ses anciens compagnons, ou même un surveillant, ne déboucherait pas inopinément dans la clairière ?

La vigueur lui était revenue, et, avec la force, un irrésistible besoin de conserver à tout prix cette liberté conquise après de si terribles souffrances.

Un mois s'était écoulé déjà depuis le jour où ses ennemis avaient été si rapidement mis en déroute par le corps d'armée de reptiles, dont Casimir était le commandant en chef. Il s'était bien vite habitué à cette vie tranquille, dont le calme profond reposait son âme et son corps de l'enfer du bagne.

Mais aussi la pensée des siens ne quittait plus son cerveau. Chaque jour, chaque heure était remplie du doux et triste souvenir des absents. Chaque nuit, son sommeil était hanté par ce cher et douloureux cauchemar.

Comment les prévenir que l'heure de la délivrance avait sonné ? Comment les revoir ? Comment leur donner un simple signe d'existence, sans s'exposer au plus cruel danger ?

Les idées les plus folles, les projets les plus irréalisables se présentaient à son esprit. Tantôt il voulait gagner la rive hollandaise, traverser la possession tout entière et arriver à Demerara, capitale de la Guyane anglaise. Là, il pourrait trouver de l'ouvrage pour subvenir à ses premiers besoins, puis prendre passage à bord d'un navire en partance pour l'Europe, et sur lequel il s'embarquerait comme matelot.

Mais les raisonnements de Casimir avaient bientôt réduit à néant ce chimérique projet. Il serait indubitablement arrêté par les Hollandais, et dans le cas contraire il n'avait aucune chance de gagner la colonie anglaise, avec laquelle la France n'a pas de traité d'extradition.

— Si d'autre part je remontais le Maroni, je suis sûr, d'après les cartes de Le Blond, que sa branche principale, l'*Aoua*, correspond avec le bassin de l'*Amazone*. Ne pourrais-je descendre le *Yarry*, ou tel autre affluent jusqu'au Brésil ?

— Ou pas prouvé caba (déjà), compé, répétait le noir. Ou qu'attendez morceau. (Attendez un peu).

— Oui, mon bon Casimir, j'attendrai... le plus longtemps possible. Nous ferons des provisions, un canot, puis nous partirons tous deux.

— Ça même.

Ce fut seulement après de longs débats que Robin consentit à associer le vieillard aux hasards de son entreprise. Non pas qu'il craignît outre mesure son contact et la contagion pouvant en résulter ; loin de là. Mais Casimir était bien vieux. Avait-il le droit de spéculer sur la profonde affection que lui témoigna dès le premier jour le déshérité, pour lui faire quitter l'Eden embelli par ses mains mutilées, ce confort de solitaire, ces chères habitudes de reclus, cette vie facile de grand air et de liberté !

Ah ! certes, Robin n'était pas égoïste. Il rendait de tout son cœur l'affection que lui témoignait le vieillard, et s'ingéniait à lui rendre agréable ce lambeau d'existence.

Mais Casimir avait tant et si bien insisté, que Robin avait dit oui. Le lépreux avait pleuré de joie et remercié à genoux son bon compé blanc.

D'un mouvement irréfléchi, d'un de ces gestes commandés par le cœur, le déporté l'avait relevé.

— Ah ! fit douloureusement le vieillard. Ou qu'a touché mo... Ou fika kokobé (vous deviendrez lépreux).

— Non, Casimir, n'aie aucune crainte. Je suis heureux d'avoir serré ta main, bonne et chère créature qui n'existes que pour le bien...

« Crois-moi, mon ami, ta maladie est bien moins contagieuse qu'on ne le croit généralement. J'ai beaucoup étudié en France. Eh bien ! des médecins, de grands savants affirment qu'elle ne se communique pas.

« Quelques-uns même qui exercent dans les pays où sévit la lèpre, prétendent qu'on peut en enrayer les progrès en s'éloignant des lieux où elle a été contractée.

« Ainsi, c'est un double motif pour que je t'emmène en quelque endroit que j'aille. »

Casimir n'avait compris qu'une chose, c'est que son blanc ne le quitterait pas. De plus, il lui avait serré la main. Depuis près de quinze ans, pareille chose ne lui était arrivée. Il serait donc inutile de décrire l'émotion dont il fut agité.

A dater de ce moment, leur résolution fut prise. Ils construiraient un canot bien léger, d'un faible tirant d'eau, et dans lequel on entasserait le plus de provisions possibles. Ces provisions se composeraient essentiellement de couac (farine de manioc) et de poisson séché.

Quand l'embarcation serait prête, on descendrait la crique pendant la nuit seulement. Pendant le jour, la pirogue serait dissimulée dans les lianes et les plantes encombrant les berges, et les deux hommes reposeraient sous les arbres.

Ils traverseraient le Maroni, remonteraient son cours jusqu'à ce qu'ils aient trouvé un affluent considérable coupant la pointe de la Guyane hollandaise

Il resta comme pétrifié. (Page 67.)

et communiquant avec le bassin de l'Esséquibo, le grand fleuve de la colonie anglaise.

Là ils seraient sauvés, car Georgetown ou Démérara se trouve près de l'embouchure de ce cours d'eau.

Tel était l'ensemble de ce projet colossal, sauf modifications ultérieures résultant des événements. Quant aux difficultés presque insurmontables, les deux hommes les avaient énumérées pour la forme, et pour qu'il n'en fût plus question.

Les provisions abondaient. Il suffirait de recueillir des produits végétaux et de les emmagasiner en temps et lieu. Restait la question de l'embarcation. Un canot d'écorce ne saurait suffire pour accomplir une semblable traversée. Son imperméabilité est loin d'être parfaite, et les provisions, la suprême ressource des fugitifs, seraient avariées. De plus, elle ne pourrait jamais résister aux chocs et aux soubresauts résultant d'une navigation à travers les rapides qui hérissent les fleuves et les criques des Guyanes.

Il fut résolu que la pirogue serait construite sur le modèle de celles des Bosh et des Bonis, d'une seule pièce, dans le tronc imputrescible et imperméable du bemba. Effilée, relevée et renforcée aux deux extrémités, elle serait susceptible de naviguer en avant comme en arrière. Les deux pointes aiguës laissées pleines jusqu'à cinquante centimètres, pouvant impunément heurter les roches. Elle aurait enfin cinq mètres de long, et porterait, indépendamment des deux canotiers, environ cinq cents kilos de provisions.

Il s'agissait tout d'abord de trouver un arbre réunissant toutes les qualités requises, c'est-à-dire ni trop gros ni trop petit, d'âge moyen, sans nœuds ni crevasses, et surtout à proximité de la crique et de l'abattis.

Il ne fallut pas moins de deux pénibles journées de recherches à travers ces arbres géants de la Guyane, qui, on le sait, ne vivent pas en famille et sont éparpillés de ci, de là, sur des zones immenses.

Le sujet fut enfin trouvé et déclaré « bon-bon » par Casimir, ingénieur en chef de la construction navale. On se mit incontinent à l'œuvre. Le travail, hélas ! n'avançait que bien lentement. Le vieux solitaire n'avait qu'une hache de petite dimension, dont le tranchant rebondissait sur les fibres tenaces du bemba, en ne pratiquant que de bien faibles entailles.

Heureusement, Casimir connaissait à fond toutes les ressources des habitants de la forêt. Puisque le fer était insuffisant, on demanderait au feu son secours. Un bûcher fut allumé à la base de l'arbre qui s'enflamma lentement, charbonna, brûla à l'étouffée pendant quarante-huit heures, et s'abattit enfin pendant la nuit avec un fracas terrible.

Casimir, éveillé en sursaut, s'agita dans son hamac et s'écria joyeusement :

— Compé, ou qu'a entendu... Boum... li tombé là... crac... crââââc !...

Robin, tout joyeux, ne put se rendormir.

— C'es' bien, voilà le commencement de notre délivrance. Nous manquons d'outils pour creuser le canot, mais...

— Oh ! interrompit le noir... neg' Bosh, neg' Boni, pas gain outils. Eux fabriquent canot avec feu...

— Oui, je sais cela ; ils creusent leurs pirogues avec le feu et les polissent ensuite avec leur sabre, ou même des pierres tranchantes, mais j'ai trouvé mieux que cela.

— Qué chose, ou qu'a trouvé ? compé.

— Tu as une pioche, n'est-ce pas, une bonne pioche, eh ! bien, je m'en vais l'affûter comme il faut, y ajuster un manche solide, cela nous fera une herminette parfaite. Avec un pareil outil, vois-tu, Casimir, je me fais fort de rendre la pirogue aussi unie qu'une feuille de barlourou, aussi bien à l'intérieur qu'à l'extérieur.

— Ça même, compé, ça même ! fit le nègre joyeux.

Ce qui fut dit fut fait, et les deux hommes, après avoir adapté la pioche à sa nouvelle destination, s'en allèrent à leur chantier.

Ils portaient chacun leur provision pour la journée, et s'avançaient en devisant gaiement.

— Vois-tu, Casimir, disait Robin devenu plus communicatif depuis que sa vie avait un but et que ce but allait se rapprocher, vois-tu, avant un mois, nous serons partis.

« Bientôt, nous serons loin. Dans un pays libre. Je ne serai plus une bête fauve qu'on poursuit, un forçat qu'on traque... Je ne serai plus le gibier des Indiens et des argousins... Je ne serai plus le *tigre blanc !*

— Ça même, compé... ça même, disait doucement le lépreux, heureux de la joie de son ami.

— Puis, songe donc... Je pourrai revoir ma femme, mes chers petits. Oublier dans un seul moment les tortures du passé... Effacer par un baiser le souvenir du bagne... Les presser dans mes bras... les voir... les entendre !...

« Ah ! tiens cet espoir me donne une force de géant. Il me semble que je mettrais la forêt en morceaux. Tu vas voir comme je fouillerai le canot... ce cher petit canot, mon espérance... Tiens ! nous l'appellerons de ce nom : *l'Espérance !*

Ils arrivaient à ce moment à la clairière formée par la chute du bemba, qui avait en tombant entraîné plusieurs autres arbres. Un large rayon de soleil trouait la voûte disloquée. La base de l'arbre fumait encore.

— Allons, à l'ouvrage !... 'mon...

Robin n'acheva pas sa phrase. Il resta comme pétrifié à la vue d'un homme armé d'un sabre d'abattis, revêtu de la lugubre livrée du bagne et qui se leva brusquement en prononçant ces simples mots :

— Tiens ! c'est vous, Robin. Du diable si je m'attendais à vous trouver là...

Robin, foudroyé par l'imprévu de cette rencontre, ne répondit pas. La vue de son ancien compagnon de bagne évoqua soudain tout un cauchemar de souvenirs lugubres.

Il vit d'un seul coup la geôle et ses hideurs !... Le conseil de guerre, la double chaîne. La réintégration au pénitencier. La pensée ne lui vint même pas que cet homme était peut-être un évadé aussi.

Ce forçat n'était pas, ne pouvait pas être seul. Là peut-être à deux pas, sous le couvert, se tenait le clan des maudits avec son escorte de surveillants.

Eh quoi ! tant de souffrances auraient-elles été endurées en pure perte ? Fallait-il dire adieu à cette liberté à peine entrevue ? Une fièvre étrange et terrible envahit l'ingénieur. Une fugitive pensée de meurtre traversa son cerveau. En somme, que lui importait ce bandit, dont la venue constituait pour lui le plus grave danger.

Il eut honte aussitôt de ce mouvement inconscient et redevint subitement maître de lui-même.

L'autre ne semblait pas s'apercevoir de ce trouble, ni s'étonner de ce silence. Il continua.

— Ah ! oui, je comprends, vous n'êtes guère causeur. C'est égal, je suis tout de même content de vous revoir.

— C'est vous, reprit-il enfin avec effort, Gondet...

— Gondet lui-même, en chair et en os... surtout en os. Voyez-vous, l'ordinaire ne s'est pas amélioré depuis votre départ et dame, avec la température et le métier qu'on nous fait faire, ça n'est pas le moyen de nous retaper.

— Mais, que faites-vous ici ?...

— A un autre que vous, je répondrais qu'il est trop curieux et que ça ne le regarde pas. Mais vous avez le droit de tout savoir.

« Je suis tout simplement chercheur de bois. »

— Chercheur de bois ?

— Mais, oui. Vous savez bien que dans chaque chantier l'administration détache un homme connaissant bien la forêt et les essences de bois. Il part un peu à l'aventure, découvre les plus beaux sujets, les marque, puis, quelque temps après, les « pensionnaires » de l'État les exploitent pour le compte de leur patron.

— Oui.

— Pour lorss' avant d'être « dans la peine » j'étais ébéniste, d'où le sobriquet de « P'tit ébéniste » que je porte depuis mon arrivée. J'ai été nommé chercheur avec quarante centimes de haute paye par jour. Et voilà pourquoi je tombe chez vous comme une corneille qui abat des noix.

« Mais, savez-vous que vous avez une fière mine. On voit bien que vous vivez de vos rentes. »

— Et les autres, où sont-ils?

— Oh! ils sont à plus de trois journées d'ici. Vous pouvez être tranquille pour le moment.

— Alors, vous n'êtes pas évadé?

— Pas si bête. Je n'ai plus que six mois à faire, plus mon doublage. Dans six mois, je serai en liberté provisoire mais résident forcé à Saint-Laurent et à la veille de devenir concessionnaire.

— Ah! vous n'êtes pas évadé?...

— Mais non, que je vous dis. On croirait que ça vous contrarie. Vous auriez préféré, pour être bien sûr de moi, que je ne retourne pas là-bas.

« Soyez tranquille. Voyez-vous, nous autres rien qui vaille, nous avons des idées comme ça. Jamais un « fagot » n'a dénoncé un copain évadé. »

Robin eut un brusque haut-le-corps.

— Oh! dit l'autre qui s'en aperçut, quand je dis copain faut pas vous fâcher... Je sais bien que vous ne l'étiez que pour la frime, notre copain.

« Eh bien! si vous voulez savoir la vérité, tout le monde a été ravi de vous avoir vu filer en douceur.

« Et Benoît! Benoît que les argousins ont rapporté tout démoli. En voilà un qui se fait un sang!... Oh! mais un sang.

« Mais, quoi, ça vous a la fressure si bien accrochée que ça rapporte sa peau de là où un autre laisserait jusqu'à ses os.

« C'est égal, vous êtes un rude homme. Vous n'êtes pas de chez nous, mais on vous « estime » tout de même.

— Et, pense-t-on à me poursuivre? demanda comme à regret Robin, gêné de prendre des renseignements à pareille source.

— Personne autre que Benoît... Vous êtes sa bête noire, soit dit sans vous offenser. Il jure du matin au soir, au point que les pauvres sœurs de l'hôpital en sont toutes sens dessus dessous. C'est après vous qu'il en a, naturellement.

« Pour moi, je suis sûr que quand il sera sur ses pattes, il essaiera de vous pincer. Mais, va-t-en voir s'ils viennent.

« Vous n'êtes pas un enfant, et je suis bien sûr que vous serez loin alors. D'ailleurs, on vous croira mort. »

Le chercheur de bois, loquace comme les forçats quand ils trouvent une occasion de parler avec d'autres que leurs compagnons habituels, ne tarissait pas.

— Savez-vous que vous avez eu une rude chance de rencontrer ce vieux « négro » qui est avec vous ! Il est laid à faire peur au diable lui-même. Mais il a dû vous être fièrement utile.

« Eh bien ! je n'aurais jamais pensé en trouvant ce matin le bemba par terre que c'était vous qui l'aviez abattu. Ça fera une crâne pirogue. Tiens, une idée. Ah ! elle est bien bonne. Je suis ici pour le compte de l'administration. J'ai une bonne hache, si je vous donnais un solide coup de main ?

— Non, dit presque brutalement le proscrit qui ne voulait pas d'un semblable auxiliaire.

Le forçat comprit sans doute le motif de ce refus et dut en sentir toute la portée. Il tressaillit, et son visage blême, aux traits hardis jusqu'à l'impudence, se contracta douloureusement.

— Ah ! c'est vrai, dit-il d'une voix triste. Nous ne pouvons rien donner aux honnêtes gens... nous autres.

« C'est dur, allez, d'avoir « fauté ». Il n'y a pas de régénération possible. Je le sais bien. Tenez, je suis d'une bonne famille. J'ai reçu une certaine éducation, mon père était un des premiers ébénistes de Lyon. Malheureusement je le perdis à dix-sept ans. Je fis de mauvaises connaissances. Le plaisir m'attira.

« Je me rappelle encore ma pauvre mère me disant : « Mon enfant, j'ai appris hier que des jeunes gens de la ville ont fait du tapage. Ils ont passé la nuit au poste. Si pareille chose t'arrivait, j'en mourrais de chagrin. »

« Deux ans après, je fis un faux. Et l'on me condamna à cinq ans de travaux forcés !

« Ma mère resta deux mois entre la vie et la mort. Elle a été folle deux ans. Ses cheveux ont blanchi. Elle n'a pas quarante-cinq ans, elle en paraissait soixante lors de mon départ.

« Je n'ai jamais volé depuis que je suis au bagne. Je ne suis ni pire ni meilleur que les autres, mais je suis un damné. Voyez, je ne puis même pas pleurer en parlant de ça.

« Vous, monsieur, le bagne vous a ennobli, moi, il m'a ravalé !... »

Robin, ému malgré lui, s'approcha et, pour faire diversion à cette scène pénible, offrit à l'homme la moitié de son repas.

— Je devrais vous refuser aussi, dit-il, mais je n'ai pas le droit de faire le fier, j'accepte. Vous êtes bien toujours le même... et ce n'est pas la première fois que je reçois de bons offices de vous.

— Comment cela? demanda Robin surpris.

— Oh ! parbleu, c'est bien simple. Vous m'avez retiré du Maroni, un jour que, emporté par le courant, j'allais bel et bien me noyer. Vous n'avez pas hésité à sacrifier votre vie pour conserver ma misérable existence de forçat.

« Voyez-vous, je ne puis que faire des vœux pour le résultat de votre entreprise, mais c'est de bon cœur, allez.

— Je me rappelle en effet, reprit le proscrit, et croyez que je vous suis obligé des sentiments que vous me témoignez.

— Ah ! bon Dieu, et moi qui oubliais l'essentiel.

« La lettre !

— Quelle lettre ?

— Voici : moins de quinze jours après votre fuite une lettre est venue pour vous de France ; naturellement, l'administration en a pris connaissance. Les chefs en ont parlé entre eux. Leurs propos nous ont été rapportés par le garçon qui les sert, un transporté. On disait comme ça que vous aviez là-bas des amis qui faisaient des démarches pour vous faire gracier. Que les affaires n'allaient pas vite, mais que si vous vouliez vous-même signer votre demande en grâce, vous pourriez l'obtenir.

— Jamais ! interrompit Robin, dont les pommettes s'empourprèrent. Et pourtant, ai-je bien le droit de priver ma famille du bras et de l'affection de son chef ? Faut-il donc me déshonorer pour assurer au mieux leur subsistance ?

« Et d'ailleurs, il est trop tard !

— C'est ce que disaient comme ça les chefs : « Il est trop tard. » D'autant plus que si vous n'obteniez pas votre grâce, il était question de vous faire concessionnaire, avec la faculté d'amener votre famille.

— Hein ! que dites-vous ?... Concessionnaire. Ma femme, mes enfants ici ! Dans cet enfer ?

— Dame, c'eût été peut-être le plus sûr moyen de les revoir. Puis, vous savez, tout ça, c'est des on-dit. C'est le contenu de la lettre qu'il faudrait connaître.

— Oh ! cette lettre !... Maudite soit ma folle précipitation. Que ne puis-je retourner là-bas, et payer de tous les supplices un trop court moment de bonheur.

— Tenez, laissez-moi vous dire deux mots, ça ne sera pas long. J'ai une idée, une vraie. Je suis à peu près libre ici. On ne se défie pas de moi, étant à la veille de ma libération, et l'on a raison. Je vais rentrer au chantier. Je me colle une fièvre de cheval. C'est mon affaire, nous avons des trucs pour ça. On me débarque de Sparwine à Saint-Laurent, j'entre à l'hôpital, et je me débrouille pour savoir le fin mot de l'affaire.

« Quand je suis au courant de tout, je guéris comme par enchantement, je reviens au chantier, j'accours ici et je vous conte la chose.

« Cela vous va-t-il ? C'est que, voyez-vous, j'ai contracté une rude dette vis-à-vis de vous et je serais bien aise de vous rendre service. »

Robin se taisait. Un terrible combat se livrait en lui. Il ne pouvait vaincre la répugnance qu'il éprouvait à employer un tel messager pour une chose aussi sacrée.

Le forçat le regardait d'un air suppliant.

— Je vous en prie. Laissez-moi faire une bonne action. Au nom de ma pauvre mère, la bonne et sainte femme qui me pardonnera peut-être... Au nom de vos petits enfants... sans père... Là-bas, dans une grande ville...

— Partez ! Oh ! oui, partez.

— Merci, monsieur, merci...

« Un mot encore : j'ai là un petit carnet, sur lequel je marque ma route et j'inscris mes arbres. Il m'appartient... loyalement. Je l'ai payé. Il y a encore quelques pages blanches. Si j'osais, je vous prierais d'y écrire quelques mots pour envoyer en France.

« Un navire hollandais chargé de bois se trouve en face l'habitation Kœppler. Il part incessamment en Europe. Je me charge de faire parvenir votre billet à bord. Il y aura un bon cœur qui ne refusera pas de l'envoyer à votre famille, surtout quand on saura que vous êtes un politique.

« Vous acceptez, n'est-ce pas ?

— Oui, donnez, murmura Robin.

Et, séance tenante, il couvrit d'une écriture fine et serrée deux feuillets détachés, y mit l'adresse, et rendit le tout au forçat.

— Maintenant, dit celui-ci, je pars. Ce soir j'aurai la fièvre. Surtout, cachez-vous bien. A bientôt !

— A bientôt, et puissiez-vous réussir !

Le transporté disparut aussitôt derrière les lianes épaisses.

Le vieux Casimir avait gardé le silence pendant toute cette scène, en partie inintelligible pour lui. Il fut stupéfait, à la vue de la transfiguration qui venait de s'opérer sur les traits de son ami.

Robin n'était plus reconnaissable. Ses yeux brillaient d'un feu inaccoutumé, sa figure pâle s'empourprait. A son habituelle taciturnité avait tout à coup

Ses yeux se tournèrent vers un grand portrait. (Page 75.)

succédé une incroyable loquacité. Il parlait... Il parlait avec volubilité, racontait à son compagnon ravi, ses travaux, ses luttes, ses espérances, ses déceptions.

Il lui expliqua la différence existant entre un criminel de droit commun et un condamné politique, et put faire apprécier à son interlocuteur la profondeur de l'abîme qui les séparait.

Le pauvre homme avait peine à comprendre l'implacable rigueur du châtiment, eu égard à la nature du délit.

— Maintenant, termina-t-il, que je suis presque rassuré sur le sort de mes chers absents, le manche de la hache brûle mes mains.

« A l'ouvrage ! Casimir, à l'ouvrage. Creusons, fouillons ce bois, sans trêve, sans relâche. Parachevons l'œuvre de la liberté, et que ce canot nous emporte au plus vite loin de ces rivages maudits.

— Ça même, dit doucement le noir.

Et ils se mirent à la besogne avec acharnement.

Quarante jours à peine avant l'évasion de Robin, une scène bien touchante, et que nous retracerons brièvement, se passait à Paris, rue Saint-Jacques. On était au 1ᵉʳ janvier. Il faisait un de ces froids durs, encore aiguisés par le vent du Nord, dont l'haleine glacée transformait la grande ville en un véritable coin de Sibérie.

Une femme en deuil, pâle, les yeux rougis par le froid, par les larmes peut-être, montait lentement l'escalier malpropre d'une de ces énormes maisons que l'on retrouve encore dans certaines parties du vieux Paris. Véritables casernes aux innombrables recoins, accessibles aux plus petites bourses, et où s'abritent tant bien que mal des légions de déshérités.

Cette femme avait grand air, sous ses pauvres vêtements de veuve dont la méticuleuse et touchante pauvreté attestait et des soins constants, et une misère vaillamment supportée.

Arrivée au sixième étage, elle s'arrêta un moment essoufflée, tira une clef de sa poche, et l'enfonça doucement dans la serrure. Au faible glissement de fer, répondit un concert de voix enfantines.

— C'est maman ! Voilà maman !...

La porte s'ouvrit, et quatre enfants, quatre gamins dont l'aîné avait dix ans, et le plus jeune à peine trois, s'élancèrent vers la nouvelle venue qu'ils couvrirent de caresses.

Elle les embrassa tous, nerveusement, avec ces mouvements de tendresse fébrile et passionnée, tenant à la fois de la joie et de la douleur.

— Eh bien ! mes chéris, vous avez été bien sages, n'est-ce pas ?

— Je c... ois bien, répondit l'aîné, déjà sérieux comme un petit homme, la preuve, maman, c'est que Charles a eu la croix de sagesse.

— La troix !... tite mère, dit en s'avançant avec la gravité de ses trois ans, le plus jeune, un adorable bébé, qui montrait de son tout petit doigt à fossette la croix accrochée par un ruban rouge à son vêtement de lainage gris.

— Bien! mes chers petits, très bien, reprit-elle en les embrassant encore.

A ce moment, elle aperçut dans le fond de la pièce un grand garçon de vingt à vingt-deux ans, vêtu d'une vareuse de molleton noir, qui tortillait dans ses grosses mains, d'un air embarrassé, son petit chapeau de feutre.

— C'est vous, mon brave Nicolas, bonsoir, mon ami, lui dit-elle affectueusement.

— Oui, madame, j'ai quitté l'atelier de bonne heure, afin de venir vous « la souhaiter bonne et heureuse », ainsi qu'aux enfants... ainsi qu'à... au patron... à monsieur... Robin, quoi!

Elle tressaillit. Son beau visage, amaigri par la souffrance, pâlit, ses yeux se tournèrent vers un grand portrait, dont le cadre d'or contrastait singulièrement avec les murailles nues de la mansarde et quelques meubles épars, derniers débris d'une ancienne aisance.

Un petit bouquet de pensées, une rareté à pareil moment, s'épanouissait dans un verre plein d'eau, devant cette toile, représentant un homme dans la force de l'âge, aux fines moustaches brunes, aux yeux luisants, aux traits pleins d'énergie et de distinction.

A la vue de cette touchante offrande faite par l'ouvrier parisien, à celui qui fut son bienfaiteur, de ce témoignage d'exquise délicatesse sorti du cœur d'un humble artisan, ses yeux se remplirent de larmes et un sanglot mal contenu déchira sa gorge.

Les enfants, debout devant le portrait de leur père, pleuraient silencieusement en voyant pleurer leur mère. La douleur du jeune âge est ordinairement bruyante. Les larmes silencieuses de ces quatre petits avaient quelque chose de poignant.

On sentait qu'ils avaient l'habitude du chagrin, comme ceux de leur âge ont l'habitude du rire.

C'était le jour de l'an pourtant. Les opulents magasins aussi bien que les humbles boutiques des marchands de joujoux avaient été mis au pillage. Paris en fête, flamboyait, des fusées de rire s'échappaient des hôtels et des mansardes. Les fils du proscrit sanglottaient.

Oh! ils ne demandaient pas de joujoux. Ils étaient depuis longtemps privés de ce bonheur du premier âge, et savaient déjà s'en passer. Et d'ailleurs peut-il y avoir des joies pour des enfants d'exilé? Que leur importait cette année qui venait de s'écouler morne et désespérée, que leur importait aussi celle qui commençait peut-être sans espoir?

La mère essuya ses larmes, tendit simplement la main à l'ouvrier et lui dit:

— Merci! merci pour lui et pour moi !

— Eh bien ! madame, demanda-t-il, est-ce qu'il y a quelque chose de nouveau?

— Rien encore. Et nos ressources s'épuisent. Mon travail devient insuffisant. Cette jeune Anglaise à laquelle je donnais des leçons de français est malade. Elle s'en va dans le Midi. Bientôt nous n'aurons plus que mes broderies, et mes yeux se fatiguent.

— Ah! madame, vous oubliez mon travail. Je ferai des heures supplémentaires. Puis, l'hiver ne durera pas toujours.

— Non, mon cher Nicolas, je n'oublie rien, ni votre bonté ni votre abnégation, ni l'amour que vous témoignez à mes chers enfants, mais je ne veux rien accepter.

— Oh! ça serait la moindre des choses. Est-ce que le patron ne m'a pas élevé, quand mon père a été tué par l'explosion de la machine. Qui donc a donné du pain à ma mère infirme? Et si la pauvre vieille a pu mourir tranquille, n'est-ce pas à vous et à lui que j'en dois la reconnaissance?

« Voyez-vous, madame, je suis de la famille.

— Et c'est pour cela que vous voudriez vous tuer de travail, quand vous avez à peine pour vivre.

— On a toujours de quoi vivre quand on a bon pied, bon œil et bon cœur à l'ouvrage. Pensez donc, mécanicien-ajusteur, et des heures de supplément, je me fais de vraies journées de contre-maître.

— Que vous voudriez nous donner en vous privant du nécessaire!...

— Mais, puisque je suis de la famille.

— Oui, mon enfant, vous en êtes... et pourtant je refuse. Je verrai plus tard... si la misère devenait trop grande, si la maladie s'abattait sur les enfants, si la faim... Oh! ce serait affreux. Non, nous n'en viendrons pas là. Croyez bien que je suis aussi touchée de votre offre que si je l'avais acceptée.

— Et... alors, on ne veut pas le ramener de là-bas? Il y en a pourtant un certain nombre qui sont arrivés de Belle-Isle et de Lambessa.

— Ils ont demandé leur grâce... Mon mari n'implorera jamais ceux qui l'ont condamné. Jamais il ne désavouera sa conduite, qui fut toujours celle d'un homme d'honneur

L'ouvrier baissa la tête et ne répondit pas.

— Du reste, continua Mme Robin d'une voix étouffée, je vais lui écrire, ou plutôt nous allons lui écrire sa troisième lettre du jour de l'an...

« N'est-ce pas, mes enfants ?

— Oh! oui, maman, dirent les aînés, pendant que le petit Charles, accroupi gravement dans un coin, s'escrimait sur un carré de papier qu'il tendit d'un air satisfait en disant:

— Tiens, ma lettre... pour papa!

La femme du proscrit, sachant en quelles mains devait passer sa lettre avant de parvenir à son mari, sachant aussi quelles mutilations on faisait subir à celles qui étaient spécialement destinées aux condamnés politiques, écrivit brièvement, de façon à tranquilliser Robin sur l'état de la famille, et en évitant rigoureusement tout commentaire de nature à soulever les rigueurs de la chiourme.

Ah! qu'il dut lui en coûter à cette noble mère, à cette vaillante épouse, d'atténuer les expressions de tendresse qui se pressaient sous sa plume! Mais elle avait la pudeur de son affection et de sa douleur.

« Mon cher Charles — écrivit-elle, —

« C'est aujourd'hui le premier janvier. L'année qui vient de finir a été bien
« triste pour nous, terrible pour toi. Celle qui commence apportera-t-elle un
« allègement à tes souffrances, une consolation à nos peines ? Nous l'espérons
« comme toi, cher et noble martyr, et cette espérance fait notre force.

« Je suis vaillante, va! Et nos braves enfants, de petits hommes, tes dignes
« fils. Henri grandit. Il étudie. Il est sérieux déjà. C'est tout toi. Edmond et
« Eugène deviennent de grands garçons. Ils sont plus rieurs, un peu étourdis,
« comme moi..... avant notre malheur. Quant à notre Charles, impossible de
« rêver pareil amour d'enfant. Un adorable bébé rose, joufflu, joli et intelli-
« gent!... Croirais-tu que tout à l'heure, quand il a entendu dire que je t'écri-
« vais, il m'a tendu un petit papier tout barbouillé qu'il a bien précieusement
« plié en disant : « Tiens, ma lettre pour papa! »

« Je travaille. Et je réussis toujours à subvenir à nos besoins. Tranquillise-
« toi de ce côté, mon bon Charles, et pense bien que si notre vie est affreuse
« sans toi, les exigences matérielles en sont à peu près remplies. Tes amis
« ont continué les démarches entreprises à ton intention. Aboutiront-elles ? On
« exige comme condition essentielle que tu signes un recours en grâce...

« A ce prix peut-être obtiendrais-tu ta liberté? Sinon, on nous affirme que tu
« pourrais devenir concessionnaire d'un terrain en Guyane. J'ignore en quoi

« cela consiste. Tout ce que je vois, c'est que je pourrais venir te rejoindre,
« avec les enfants. Rien ne m'effraye. Et la misère avec toi, là-bas, serait le
« bonheur!

« Dis-moi ce que je dois faire. Les moments sont précieux. Chaque minute
« qui s'écoule loin de toi, mon cher proscrit, est une minute d'angoisse, et nous
« pourrions encore être heureux dans ce pays du soleil.

« Courage, cher bien-aimé, nous t'envoyons nos souhaits les plus ardents,
« avec tous les baisers de notre cœur, et tout notre amour. »

Au-dessous, se lisaient avec le nom de la mère, la signature déjà virile de l'aîné, les noms d'Edmond et d'Eugène un peu tremblottés et très appliqués, puis un gros pâté commis par le petit Charles qui avait voulu que sa mère conduisît sa main.

Cette lettre était partie trois jours après par un voilier de Nantes qui faisait directement route pour la Guyane. Les communications, pour être moins régulières qu'aujourd'hui, grâce aux lignes transatlantiques, n'en étaient pas moins fréquentes, et Mme Robin avait toutes les cinq ou six semaines un mot de son mari.

Janvier et février s'étaient écoulés tout entiers sans nouvelles, mars commençait, rien encore! L'inquiétude de la pauvre femme se compliquait d'angoisses quand elle reçut un matin une lettre timbrée de Paris, dans laquelle on la priait de passer, pour une communication très-importante, chez un homme d'affaires qui lui était complètement inconnu.

Elle se rendit aussitôt à l'adresse indiquée, et trouva un homme jeune encore, mis avec une certaine recherche, de figure et de manières assez vulgaires, mais en somme parfaitement convenable.

Il se tenait dans un de ces bureaux à l'ameublement banal d'acajou, aux casiers multiples, dont l'aspect est bien connu. Il était seul.

Mme Robin se fit connaître. L'inconnu salua froidement.

— Vous avez, madame, l'invitation que j'ai eu l'honneur de vous expédier hier.

— La voici.

— Bien. J'ai reçu avant-hier de mon correspondant de Paramaribo des nouvelles de votre mari...

La pauvre femme se sentit le cœur tordu par une mortelle angoisse.

— Paramaribo... mon mari... Je... ne comprends pas.

— Paramaribo, ou Surinam, capitale de la Guyane hollandaise.

— Mais, mon mari ! Dites vite... Oh ! dites-moi ce que vous savez.

— Votre mari, madame, dit simplement l'homme, comme si c'était la chose la plus naturelle, vient de s'évader du pénitencier de Saint-Laurent.

La foudre tombant aux pieds de Mme Robin l'eût moins stupéfiée que cette nouvelle imprévue.

— Évadé... bégayait-elle... Évadé !...

— Comme je viens, madame, d'avoir l'honneur de vous le dire. Et vous m'en voyez sincèrement réjoui.

« J'ai d'ailleurs le plaisir de vous remettre un mot venant de lui, et que renfermait la lettre de mon correspondant.

« Le voici. »

Surprise, attérée presque par ce coup inattendu, Mme Robin sentait comme un brouillard devant ses yeux. Mais sa vaillante nature, réagissant aussitôt, elle put déchiffrer le billet au crayon, écrit par le proscrit sur la feuille détachée du carnet du forçat, près de la crique Sparwine.

C'était bien là l'écriture de son mari, sa signature, tout, jusqu'à quelques lignes en caractères cryptographiques dont elle avait seule la clef.

— Mais alors, il est libre !... Je puis le revoir !...

— Oui, madame. Je tiens à votre disposition des fonds, envoyés en une traite par mon correspondant. Mais vous concevez qu'il doit se cacher. Il n'a pas quitté les Guyanes, où il est plus en sûreté que partout ailleurs. J'estime qu'il serait préférable que vous allassiez le rejoindre.

« Vous partirez d'Amsterdam sur un navire hollandais, afin d'éviter les formalités de passeport. Vous débarquerez à Surinam, et mon correspondant vous mettra à même de retrouver votre mari, sans donner l'éveil à la police française.

— Mais, monsieur, expliquez-moi... cet argent, ce correspondant ?

— Mon Dieu, madame, je ne sais pas un mot de plus. Votre mari libre, son désir de vous revoir, des fonds envoyés à votre destination par mon entremise, et l'invitation pour moi de pourvoir à votre sécurité jusqu'à ce que vous soyez sur le navire hollandais.

— Eh bien ! soit. J'accepte. Je partirai. Avec mes enfants ?

— Oui, madame.

— Quand ?

— Le plus tôt sera le mieux.

Le mystérieux homme d'affaires employa si bien son temps que vingt-quatre neures après, Mᵐᵉ Robin quittait Paris avec les enfants et le brave Nicolas, qui n'avait pas voulu quitter sa bienfaitrice.

Ils débarquèrent tous les six à Surinam au bout de trente-cinq jours d'une heureuse traversée.

Il râpait à tour de bras. (Page 88.)

CHAPITRE V

Construction d'un canot. — Le bois à rames. — Souvenir au *Rowing-Club*. — Le retour du messager. — Une copie qui vaut bien l'original. — Une plante qui a beaucoup de noms latins n'en est pas moins très bonne à manger. — Ce qu'on entend par « *grager* » le manioc ». Le « *couac* » et la cassave. — Vénéneux mais alimentaire. — Dans la couleuvre. — Pirogue volée. — L'incendie. — Irréparable désastre. — Quel est le traître ? — Désespoir d'un vieillard. — Celui qu'on n'attendait plus. — La citadelle de verdure et son chemin couvert. — L'Atlantique plus large que la Seine à Saint-Ouen. — Drôle de pays. — Mystère et bienfaisance. — Le *Tropic-Bird*. — Le capitaine hollandais ne veut rien dire. — Les proscrits. — Plus de patrie. — C'est lui qu'on tue!...

Robin et le vieux nègre firent tant et si bien, s'escrimèrent d'une telle façon contre le tronc du bemba, qu'après avoir taillé, coupé, brûlé, rogné, creusé, poli, la pirogue se trouva prête.

Le gréement ne fut ni long ni difficile. Deux petits bancs, en bois de « génipa » très léger, très résistant, et facile à travailler, furent posés en travers de la coque, et encastrés, « à queue d'aronde », dans les deux plats-bords. Tous deux furent percés à jour d'un trou ayant environ cinq centimètres de diamètre, et pouvant au besoin permettre l'adaptation d'un petit mât de bambou.

Bien que les riverains du Maroni, nègres et Peaux-Rouges, aient l'habitude d'aller presque exclusivement à la pagaye, il n'est pas rare, quand ils naviguent sur les grands cours d'eau, de les voir hisser en guise de voile une natte de paille quand ils ont vent arrière. C'est leur unique façon de profiter de la brise, car ils ignorent absolument la manœuvre de la voile.

Quand ils n'ont pas de natte, et que le vent souffle, ils sautent à terre, coupent des branches de waïe, de macoupi, de bache ou de barlourou, et les dressent devant la brise. Voilure économique, très peu encombrante, et nécessitant une science nautique fort élémentaire.

Ces cas où le vent arrière peut servir d'adjuvant à la pagaye sont limités aux grands fleuves. Ils sont peu fréquents; car les Indiens et les Noirs habitent de préférence les lieux baignés par les petites criques, et encaissés entre deux murailles de verdure interceptant le moindre souffle de l'air.

Nos deux amis comptaient bien, le cas échéant, établir une voile avec le grand hamac de Casimir tissé par les Bonis en excellente toile de coton.

Restait la question des pagayes. Grave question. Il n'appartient pas au premier venu de fabriquer *secundum artem* cet indispensable engin de navigation. Elles sont de trois sortes. Les Indiens en emploient deux modèles. L'un figurant assez bien une bassinoire emmanchée, dont le récipient, aplati, ne serait pas plus épais que la main ; l'autre, semblable à une pelle de boulanger à manche très court.

Elles sont bien inférieures l'une et l'autre à la grande pagaye des Bonis et des Bosh, canotiers incomparables, qui peuvent, n'en déplaise aux lauréats du « Rowing-Club », nager pendant trente et quarante jours. Haute de deux mètres à deux mètres trente, cette pagaye a une belle forme lancéolée. Le manche, long d'un mètre, légèrement aplati à la base, se renfle au milieu, acquiert la grosseur d'un goulot de carafe, s'aplatit de nouveau, s'élargit doucement en une courbe gracieuse donnant naissance à la palette, qui n'a pas plus de douze centimètres de large sur un demi seulement d épaisseur et se termine enfin en une pointe analogue à celle des feuilles d'iris.

C'est à cette dernière forme que Casimir donna la préférence, tout en manifestant son profond mépris pour les pagayes indiennes, plus lourdes, moins maniables et moins jolies, en dépit de leurs curieux dessins au suc de génipa.

Le bois employé par excellence est le « *yaruri* », appelé pour cette raison, « bois à rames ». Le bonhomme voyait juste et loin, quoiqu'il n'eût qu'un œil. Il eut bientôt découvert un « yaruri » superbe, qui fut abattu par le procédé employé jadis pour jeter à terre le bemba.

Chose curieuse, et qui montre combien sont observateurs ceux que nous appelons des sauvages, ce bois se fend presque sans efforts, ou plutôt se décolle en planches d'une longueur indéfinie et seulement épaisses comme la main.

Il se travaille avec une incroyable facilité quand il vient d'être abattu, et acquiert en peu de jours par le séchage une dureté sans pareille, tout en conservant une grande élasticité.

Les doigts crochus du vieillard, insuffisants pour un travail de force, maniaient le sabre d'abattis avec une surprenante habileté. Il procédait par petits coups secs, bien mesurés, détachait de minces copeaux, tapotait toujours, n'enlevant jamais trop et finissant par donner à sa planche la gracieuse forme de la pagaye bonie.

Il mit quatre jours à en confectionner quatre, voulant en avoir au moins deux de réserve en cas d'accident.

Ces préparatifs achevés à la grande joie des deux solitaires, Robin aurait volontiers approvisionné séance tenante l'embarcation et serait parti sans désemparer, mais il attendait avec impatience le retour du forçat.

Gondet était bien longtemps à revenir. Plus de trois semaines s'étaient écoulées depuis son départ, et le proscrit, que ne distrayait plus l'écrasant labeur de chaque jour, trouvait aux heures une longueur interminable.

C'est en vain que le bon Casimir s'ingéniait de toutes façons, lui racontait toutes les belles histoires logées dans les impérissables casiers de son étonnante mémoire, qu'il l'emmenait à la chasse, lui apprenait le maniement de l'arc et l'initiait à toutes les subtilités de la vie sauvage. Un morne ennui rongeait le malheureux.

Qui sait ce que pouvait être devenu le chercheur de bois, au milieu de ces solitudes sans fin, peuplées de fauves, hérissées d'obstacles, parsemées d'invisibles abîmes, hantées par les maladies.

— Allons, disait-il en poussant un profond soupir, c'en est fait ! Nous partirons demain.

— Non, compé, répliquait invariablement le noir, ou qu'a pas gain patience... Tendez pitit morceau... Li pas gain oun sô, temps allé vini. (Vous n'avez pas de patience, attendez un peu. Il n'a pas eu seulement le temps d'aller et de revenir.)

Le lendemain arrivait sans rien changer à la situation.

On avait essayé la pirogue. Sa stabilité, en dépit de son faible tirant d'eau, était parfaite. Elle évoluait admirablement sous l'impulsion de Robin, qui avait rapidement acquis le tour de main particulier nécessité par la difficile manœuvre de la pagaye.

Casimir se tenait à l'arrière. Il barrait et pagayait. Ce poste demande une moindre dépense de force et exige une grande habileté. En effet, les canots indigènes, de simples coques, sans quilles, rondes en dessous, chavirent avec une extrême facilité, et obéissent à la moindre pression.

Disons tout d'abord que la pagaye est moins rapide que la rame mais que l'emploi de cette dernière est impossible dans les criques, eu égard à leur peu de largeur. Comment, en effet, « nager » avec des avirons d'au moins deux mètres, ce qui donne un développement de près de six mètres, dans les cours d'eau souvent larges de quatre ou cinq, et dont les berges disparaissent sous un inextricable enchevêtrement de lianes et de plantes aquatiques !

Avec la pagaye, au contraire, on peut circuler à l'aise dans une crique de moins de deux mètres. L'homme prend son point d'appui sur les bras, et non pas sur le bord de l'embarcation. Il saisit à cet effet, le manche de son instrument des deux mains, la gauche en haut quand il nage à tribord, la droite en haut quand il nage à bâbord, en laissant entre ses poings un espace d'environ cinquante centimètres.

Il enfonce alors verticalement dans l'eau, le long de la coque et en évitant de la toucher, la pagaye jusqu'à ce que la palette disparaisse ; il appuie la main placée en haut en opérant une poussée sur le sommet du manche, pendant que la main placée en bas, au ras de la palette, opère un mouvement de traction et sert de point d'appui. C'est un simple levier.

Le canot, sollicité en avant, glisse sur l'eau ; et avance assez rapidement. Les pagayeurs opèrent tous la même manœuvre, y compris le barreur, qui doit de plus, pour imprimer la direction, donner de temps à autre à la pagaye des mouvements de godille. Un autre avantage, c'est qu'à l'inverse des bâtiments à rames, l'équipage d'une pirogue a le visage tourné à l'avant.

Casimir, pour faire patienter son compé, l'avait minutieusement rompu à ces manœuvres. L'élève était maintenant passé maître, et sa vigueur herculéenne ainsi que son énergie, devaient lui permettre de tenir presque indéfiniment.

Cinq semaines s'étaient écoulées depuis le départ de Gondet.

Robin, complètement désespéré, allait quitter la paisible demeure du lépreux, quand la veille même du jour irrévocablement fixé pour le départ, le transporté, pâle, maigre, se soutenant à peine, fit son apparition dans l'abattis.

Deux exclamations de joie accueillirent son arrivée.

— Enfin ! Ah mon pauvre garçon, que vous est-il donc arrivé ? demanda le proscrit en le voyant dans un pareil état.

— Ne m'en veuillez pas d'avoir autant tardé, dit-il d'une voix éteinte. Mais j'ai cru mourir. Je n'ai pas été reconnu malade par le docteur, et Benoît, qui peut à peine se traîner, m'a roué de coups...

« On m'a mis alors à l'hôpital... et pour tout de bon, allez ; mais Benoît me le paiera.

— La lettre... demanda anxieusement Robin... La lettre ?...

— Bonnes nouvelles. J'ai eu mieux que je n'espérais.

— Parlez !... Dites... Oh ! dites-moi vite ce que vous savez.

Le transporté se laissa tomber, plutôt qu'il ne s'assit, sur un tronc renversé, tira de sa poche son petit carnet, et en sortit un morceau de papier qu'il tendit à Robin.

C'était la lettre écrite par sa femme le 1ᵉʳ janvier dans la mansarde de la rue Saint-Jacques. Ou plutôt, c'était la copie de cette lettre.

Il lut avidement, d'un trait, d'un regard, puis recommença. Un tremblement convulsif agitait ses mains, puis ses yeux s'obscurcirent, un rauque sanglot déchira sa gorge...

Cet homme de fer pleura comme un enfant. Larmes de bonheur, rosée bénie, seule manifestation de la joie chez ceux qui ont trop souffert.

Le noir, inquiet, n'osait interroger. Robin ne voyait plus, n'entendait plus. Il relisait à haute voix, maintenant ; répétant à satiété les noms chéris de ses enfants, se retraçant par la pensée la scène qui avait précédé la rédaction de la lettre, vivant un moment au milieu des bien-aimés absents.

Casimir écoutait, les mains jointes, pleurant aussi.

— Ça bon... murmurait-il... bonne madame... gentils pitits mouns... mo content..

Robin s'arracha enfin à son extase, et se tournant vers le forçat, lui dit doucement :

— Vous avez fait là une bonne action, Gondet. Je vous remercie... de tout mon cœur.

Le malheureux, secoué par la fièvre, balbutiait :

— Oh ! ça n'est vraiment pas la peine. Vous m'avez bien sauvé la vie, vous. Puis, vous m'avez parlé comme à un homme... à moi tombé si bas. Vous m'avez montré comment on supporte héroïquement une infortune imméritée.

« Quel exemple pour un coupable !... J'ai appris le repentir...

— Bien, cela, continuez... Et surtout, pas de vengeance contre celui qui vous a frappé. Vous serez d'autant plus fort dans vos résolutions.

Le transporté baissa la tête et ne répondit pas.

— Mais cette lettre, comment avez-vous pu vous la procurer ?

— Ça a été tout simple. Ces gens de police sont bien les plus naïfs qu'on puisse voir. On l'avait tout bêtement mise avec votre dossier. Le garçon de bureau n'a eu qu'à l'enlever pour un moment, il me l'a apportée, j'en ai pris copie, puis il l'a remise en place. Et c'est tout.

« J'aurais bien pris l'original, mais vous n'auriez peut-être pas voulu d'une chose volée, bien qu'elle vous appartînt. Et d'ailleurs, la soustraction de ce papier eût attiré l'attention sur vous. Vous seul y aviez intérêt.

« Car, il faut bien vous le dire, votre évasion a mis tout le pénitencier sens dessus dessous. On a parlé du renvoi de Benoît. Il y a eu enquête sur enquête.. Heureusement que l'on commence à vous croire mort... sauf peut-être ce surveillant de malheur.

« Aussi, cachez-vous bien !

— Me cacher ! J'ai mieux que cela à faire maintenant. Rien ne m'attache plus à ce sol maudit. Je veux fuir bien loin, dire adieu pour jamais à cet enfer. Dès demain nous partons !... Tu entends, Casimir.

— Ça même, fit le noir.

— Mais, reprit vivement le forçat, vous ne le pouvez pas en ce moment, du moins dans votre canot. L'embouchure de la crique est encombrée de travailleurs, et les surveillants redoublent de vigilance.

« Attendez au moins que je trouve d'autres essences de bois à exploiter, que le chantier se déplace un peu.

— Nous partons quand même, vous dis-je.

— C'est impossible. Écoutez-moi. Patientez une semaine.

— Vous ne voyez donc pas que je meurs ici minute par minute. Qu'il faut à tout prix sortir, fût-ce par la force...

— Mais vous êtes sans armes... sans argent pour faire face à vos dépenses en pays civilisé.

— Ah ! faut-il être si près du but, sans pouvoir briser les dernières entraves
« Eh bien ! soit, nous attendrons.

— A la bonne heure, dit avec empressement le forçat, qui se préparait à rentrer au chantier.

— Non, ou qu'a pas aller caba, ou mangé.

— Oh ! je n'ai pas besoin de grand'chose, avec la fièvre qui me ronge, surtout...

— Ou qu'à prend oun so tit morceau batoto. (Prenez seulement un peu de batoto.) Ça bon bon pour couper fièvre passé coup de sabre. (Ça vous coupe la fièvre comme d'un coup de sabre.)

Robin vit que les refus du pauvre diable provenaient de l'insurmontable dégoût que lui causait l'idée du contact, même indirect, du lépreux avec les ustensiles du ménage.

— Allons, venez, il ne serait pas prudent de vous mettre en route pendant l'accès. Je vous préparerai l'infusion.

Il accepta alors de grand cœur, avala avec force grimaces l'horrible et salutaire breuvage ; puis, il partit en emportant une bonne provision de feuilles, et non sans renouveler aux deux solitaires, avec une insistance toute particulière, sa recommandation de retarder leur départ.

Il fallait, d'ailleurs, une semaine au moins pour préparer l'approvisionnement. Nous l'avons dit déjà, les voyageurs ne doivent pas compter sur ce qu'ils pourront rencontrer en route, mais uniquement sur ce qu'ils emportent. Robin en avait fait la cruelle expérience. Heureusement que l'abattis du vieux nègre était là. Ses produits constituaient une incomparable ressource.

Il était urgent de fabriquer tout d'abord le « couac » ou farine de manioc, qui devait être l'élément essentiel de l'approvisionnement. On verrait ensuite à prendre le poisson et à le boucaner.

Le proscrit n'avait sur la plante et sur son emploi que des notions vagues d'homme civilisé. Autant dire nulles. L'alimentation des forçats se composant de farine et de légumes secs arrivés d'Europe, il n'avait mangé le couac et la cassave que depuis sa cohabitation avec le lépreux, et comme la manipulation de ce produit ne s'opère que de loin en loin, il en ignorait le procédé, et surtout les lenteurs qu'il comporte

Heureusement que l'homme de la nature était là, avec son matériel.

— Eh ben ! compé, nous qu a *gragé* manioc, caba. (Nous allons d'abord *grager* le manioc.)

Grager!... qu'est-ce que cela pouvait bien être?

On avait arraché la veille et l'avant-veille une ample provision de racines de manioc, et les grosses masses tuberculeuses, dont quelques-unes atteignaient le volume du mollet, formaient sous le hangar un monceau respectable.

Le vieillard prit dans un coin un morceau de bois de fer, long de cinquante centimètres, large de dix, et pourvu sur une de ses faces de dents écailleuses, sculptées au couteau et figurant une râpe.

— Ça, grage. (Voici le grage¹.)

— Très bien, et que me faut-il faire?

— Grager racines, pour gain farine.

— Mais, reprit Robin en saisissant d'une main l'instrument et de l'autre une racine, si c'est le seul procédé, j'en aurai bien pour un mois.

— Pa'ce que ou pas savez.

Et le bonhomme, ravi de pratiquer *ex professo*, arc-bouta le grage sur la poitrine de son élève et sur un des montants de la case, lui mit, après l'avoir pelée, une racine entre les deux mains, et lui dit :

— Allons, ou qu'a gragé.

Et Robin fit énergiquement glisser sur sa râpe le tubercule farineux, qui s'émietta facilement, et tomba sur le sol recouvert de larges feuilles comme de la sciure de bois mouillée.

— Ça même... reprit Casimir en lui en passant encore une, dont il enleva la peau avec son couteau.

L'apprenti, qui possédait indépendamment d'une grande vigueur une égale bonne volonté, fit en quelques minutes des progrès surprenants. Il râpait à tour de bras, et la pulpe humide forma bientôt à ses pieds un amas considérable.

Casimir devait de temps en temps modérer son ardeur, dans la crainte qu'un faux mouvement ne fît porter ses mains sur les dents du grage. Une écorchure en fût aussitôt résultée, et le contact du suc laiteux s'écoulant de la pulpe, eût produit de graves accidents.

— Ou mouri, compé, si li touché bobo la main.

— Sois tranquille, mon brave... Puis il ajouta en a parté :

« Si je suis novice en pratique, je suis ferré sur la théorie. Je n'ignore pas que

---

¹ On donne en Guyane le nom de *serpent grage* au trigonocéphale, à cause de la ressemblance de ses écailles avec celles de l'instrument à râper le manioc. Sa morsure est extrêmement dangereuse.

Du courage, mon ami. (Page 95.)

le manioc frais contient un suc volatil très vénéneux. Des chimistes l'ont distillé, et en ont tiré un liquide dont quelques gouttes appliquées sur la langue d'un chien ont amené en trois minutes la mort de l'animal.

« Boutron et Henry, si je ne me trompe, prétendent que c'est l'acide cyanhydrique.

« C'est égal, je serais curieux de savoir quel procédé tu vas employer pour débarrasser notre farine de cet hôte incommode. »

Ce ne fut ni long ni difficile. Un long instrument d'apparence bizarre, ouvert en haut, fermé en bas et rappelant assez bien un gros serpent, ou plutôt la peau d'un serpent, était accroché à une des solives de la case.

Cet engin, finement tressé en fibres corticales d'arouma (*maranta arundinacæa*), d'une solidité à toute épreuve, avait au moins deux mètres, et sa perméabilité aux liquides était parfaite.

Robin avait plusieurs fois demandé à son hôte ce que c'était, et Casimir avait invariablement répondu :

— Ça bête-là, *couleuvre à manioc* [1].

Les explications qui avaient suivi furent tellement embrouillées, que Robin n'y avait rien compris. Il allait donc apprendre l'usage à « ça bête-là ».

— Ou prend' farine, mettre li dans bagage-là. (Prenez la farine et mettez-la dans cette machine-là.)

Il obéit, et entonna la pulpe humide jusqu'à ce qu'elle affleurât à l'orifice supérieur. La couleuvre, gonflée à éclater, avait des attitudes de boa repu, qui serait resté suspendu par les crocs pendant le laborieux travail de la digestion.

A la partie inférieure, on voyait une anse également en arouma, dont le proscrit comprit bien vite la destination.

Sans même demander avis au noir, il passa dans cette anse un long et dur morceau de bois, appuya l'un des bouts sous un des montants de la case, pesa sur l'autre bout en formant un levier puissant et l'amarra solidement.

Sous cette énergique pression, le liquide vénéneux perla de tous côtés à travers les tresses et coula bientôt en un filet continu. Casimir était positivement ravi.

— Oh ! compé... compé.., ça bon bon. Ou fika neg' oui ! (C'est très bien, vous voilà passé nègre.)

Robin, sensible à cet éloge renfermant le *summum* de considération qu'un blanc puisse acquérir, reprit son grage et recommença de plus belle.

Le liquide cessa bientôt de couler de la couleuvre, et le bonhomme, qui ne restait pas non plus inactif, retira la farine qui formait comme un bloc tant la pression avait été énergique.

Il étala en plein soleil sur des feuilles cette belle farine, aussi blanche que celle qui est produite par le froment, mais aussi grosse que de la sciure de bois.

Elle était après deux heures d'exposition, sèche comme de l'amadou. Pendant que son compagnon grageait toujours avec ardeur le noir prit un tamis de moyenne grandeur, appelé « *manaret* », également en arouma, et passa sa provision tout entière, afin d'extraire les débris de pulpe qui s'y trouvaient mêlés.

Le travail ainsi commencé, les rôles ainsi distribués, la besogne continua les jours suivants, mais avec variantes, la préparation de cette manne équatoriale exigeant encore d'autres manœuvres.

Robin grageait toujours, et mettait la couleuvre en pression, pendant que Casimir, après avoir séché et tamisé la farine, étendait celle-ci sur une large plaque de tôle, chauffée en-dessous par un feu doux et l'agitait sans cesse avec une palette de bois. De cette façon, non seulement les dernières molécules du suc vénéneux étaient volatilisées, mais encore l'eau interposée se vaporisait. La substance alimentaire parfaitement pure, restait à l'état de granules irréguliers, durs, secs et absolument inaltérables quand on les conserve en vase bien clos.

C'est ce que l'on nomme le « *couac* », qui forme avec la cassave la base de la nourriture de toutes les peuplades de la zone torride américaine. Il se mange en guise de pain. Il suffit de le délayer avec un peu d'eau dans un coui, et l'on a une bouillie jaunâtre, épaisse, savoureuse, très nourrissante, à laquelle les Européens s'habituent bien vite.

La cassave diffère du couac tant par l'aspect que par le dernier tour de main. Au lieu de remuer la farine avec une palette, on entoure la plaque nommée platine d'un rebord circulaire de trois centimètres de hauteur, on le remplit de farine qu'on laisse prendre comme une crêpe. On retire alors le moule, et l'on déplace sans cesse la galette pour l'empêcher de brûler ou de s'attacher. Quand elle est cuite des deux côtés, on l'expose au soleil. On en empile l'une sur l'autre usqu'à cinq ou six douzaines.

Ce travail, on le voit, est le plus essentiel de tous, le seul peut-être auquel les bons sauvages, paresseux avec délices, ne peuvent se soustraire. Aussi, dans leurs inexplicables et fréquentes migrations, le bagage par excellence est-il le grage, la couleuvre et surtout la platine de tôle, importée de temps immémoriaux par les Européens, qui constitue un objet d'échange très recherché, et qu'ils se lèguent de génération en génération.

La possession d'une platine est une fortune ; sa perte équivaut à une calamité. Certains villages, renfermant trente à quarante individus, n'en possèdent souvent qu'une seule, rappelant assez bien le four banal du Moyen Age

Les deux compagnons mettaient à la préparation de leurs aliments un acharnement analogue à celui qu'ils avaient déployé lors de la fabrication du canot. C'est qu'ils en sentaient l'importance. Rien, en effet, ne saurait remplacer le couac. On sait que le froment ne pousse pas sous l'équateur, ou plutôt sa croissance est tellement activée par le soleil, que le grain ne peut se former. Le blé n'est qu'une sorte de chiendent stérile.

La ration d'un homme valide étant calculée par jour à sept cent cinquante grammes, c'était un kilo et demi que les deux solitaires devaient emmagasiner. Leur voyage durerait au moins trois mois. Il leur fallait donc un minimum de cent trente-cinq kilos. La prudence leur conseillait d'en préparer cent soixante pour les besoins imprévus.

C'était, on le voit, une rude besogne qui leur prit, en dépit de la fiévreuse activité de Robin, près de quinze jours. L'abattis du lépreux était presque entièrement moissonné. Une catastrophe imprévue eût fatalement amené la famine.

Cependant le couac, bien enfermé dans de vastes jarres de terre, échangées jadis par le vieillard avec les Indiens, n'attendit bientôt plus que l'arrimage dans le canot. Les galettes de cassave, parfaitement séchées, étaient enveloppées dans des feuilles imperméables, qui en garantissaient la parfaite conservation.

Restait la question de l'approvisionnement du poisson boucané. Elle allait être sous peu résolue.

Depuis que ces travaux étaient commencés, Gondet n'avait pas reparu. Son absence inquiétait Robin. Le pauvre diable était-il malade? Mort peut-être. En Guyane, il faut s'attendre à tout.

Avait-il réussi à déplacer le chantier et à dégager l'embouchure de la crique?

Le lendemain du jour où la préparation du manioc fut terminée, le proscrit eut envie de revoir la pirogue, qui avait été habilement dissimulée dans une petite anse, sous des lianes et des feuilles.

Ce lieu se trouvait à peine à trois heures de marche : une promenade. Il emporta quelques provisions, prit son sabre, s'arma d'un solide bâton, et partit au petit jour, avec son inséparable Casimir, ravi comme un écolier en vacances.

Ils s'avançaient en devisant presque gaîment, parlant de l'avenir, faisant des projets dont la réalisation était prochaine. C'est ainsi qu'ils atteignirent l'endroit détourné où ils avaient caché la barque, afin de la soustraire aux yeux indiscrets.

Casimir proposa une petite course sur la crique, et Robin ne crut pas devoir priver le vieillard de cette légère satisfaction.

Ils atteignent l'épais entrelacement de lianes et de plantes, au milieu desquelles la pirogue est maintenue par une forte liane.

Le proscrit met la main sur l'amarre fixée à une racine et hâle dessus pour faire aborder l'avant. Il ne sent aucune résistance, la liane obéit doucement. Une sueur froide l'envahit soudain, en voyant l'extrémité tranchée comme d'un coup de couteau.

Appréhendant une irréparable catastrophe, il s'élance à corps perdu au milieu des végétaux et les sabre furieusement.

Un large périmètre est bientôt déblayé. Rien encore. Qui sait, les pluies ont sans doute empli l'embarcation, elle aura coulé et doit reposer sur le fond de la crique. Il est même préférable qu'il en soit ainsi, les alternatives de pluie et de soleil n'auront pu la gercer.

Robin plonge, cherche, tâtonne, regarde, remonte et plonge de nouveau. Rien ! Quelques caïmans s'enfuient effrayés. Le noir fait retentir l'air de cris désespérés ; il s'agite sur la berge, va, vient, écarte les lianes, se glisse sous les basses branches et ne trouve aucune trace.

Plus de doute, et le proscrit désolé, mais non abattu, acquiert la triste certitude que la pirogue a été volée.

— Courage, ami, dit-il au vieillard... courage ; nous en ferons une autre. Ce sera trois semaines de retard... Heureusement que nos provisions sont prêtes et en sûreté.

Le retour fut triste. Il s'effectua rapidement. Sans savoir pourquoi, les deux hommes éprouvaient un impérieux besoin d'être chez eux. Dans quelques minutes, ils seront à l'habitation.

Mais quelle nouvelle et terrible surprise leur ménage la fatalité ? Quelle irréparable catastrophe va fondre sur eux ?

Une âcre fumée flotte lourdement sur l'abattis, une insupportable odeur de roussi les prend à la gorge...

Robin, d'un bond, se précipite vers la case, enfouie sous les bananiers.

Elle n'existe plus !... Un monceau de cendres encore fumantes en marque seul la place. Les instruments, les outils, les provisions patiemment emmagasinées, tout a disparu... L'incendie a tout consumé.

. . . .

Robin avait dit quelques heures auparavant, lorsqu'il constata la disparition du canot :

— Heureusement que nos provisions sont prêtes et en sûreté !

Quel ironique et cruel démenti lui donnait tout à coup la fatalité ! Jamais il n'avait été si rapproché du but, jamais, depuis le jour de son évasion, il n'avait touché de si près le moment de la liberté sans entraves...

Et maintenant tout était perdu, disparu, anéanti ! Il avait suffi à une étincelle envolée sans doute du foyer mal éteint pour dévorer en quelques moments le fruit de tant de peines. Non seulement il ne fallait pas penser à quitter de longtemps la colonie, mais encore le premier résultat de cette catastrophe était à courte échéance, l'évocation du spectre de la famine.

Le pauvre vieux noir était tombé du coup dans une prostration profonde. Sa douleur était navrante. Il regardait, hébété, ce monceau de cendres, seul reste de ce qui avait été l'abri de sa triste vieillesse, ces tronçons charbonnés qui étaient les poteaux élevés par ses mains mutilées, ces débris de poteries noircies, renfermant les provisions, ses outils, fidèles auxiliaires de son travail de solitaire...

Il regardait... et ne trouvait ni une plainte, ni une larme.

Toute autre était l'attitude du blanc. Sa vaillante nature était bien celle d'un homme bâti pour toutes les luttes.

Il tressaillit à la vue du désastre, pâlit légèrement, et ce fut tout.

Chose étrange et pourtant naturelle. L'embrasement du carbet ne lui produisit pas, à beaucoup près, autant d'impression que l'enlèvement de la pirogue. C'est que l'incendie pouvait, devait même n'être que l'effet d'un hasard malheureux, tandis qu'il fallait attribuer à une main ennemie l'absence de l'embarcation.

Toute la série des suppositions les plus alarmantes s'offrait à son esprit, et quelque peu pessimiste qu'il fût, Robin se trouvait en face de ce double point d'interrogation : Qui a commis le vol? Dans quel but?

Le surveillant était encore au pénitencier et d'ailleurs, s'il eût été averti de la présence du fugitif dans le bassin de la crique, il fût arrivé avec une escouade et eût arrêté l'homme sans autres formalités.

Le transporté Gondet, qui n'avait pas donné signe de vie depuis l'épisode de la lettre... Mais non. Cette supposition était absurde. Il était sincère, ses preuves de repentir ne pouvaient être mensongères, non plus que l'expression de sa reconnaissance.

Mais son insistance à empêcher les deux hommes de quitter leur habitation... N'était-elle pas, sinon compromettante, du moins un peu exagérée ?

Robin se disait qu'il était trop défiant. En somme, le forçat devait être de bonne foi. Les preuves abondaient.

Ah ! l'Indien !

Le misérable Peau-Rouge pouvait être seul coupable de ce double attentat. Son ignoble passion pour l'alcool, déçue tout d'abord, voulait être assouvie.

Son plan était tout simple : immobiliser le proscrit dans la vallée, puis l'affamer. Alors quand le *tigre blanc*, au bras terrible, serait affaibli par les privations, quand la case du vieux nègre, cette forteresse défendue par les serpents, serait en cendres, le bon Atoucka s'en viendrait avec les « mouché di Bonaparté » (les hommes de la pointe Bonaparte), le *tigre blanc* serait de bonne prise, et le « Kalina » s'offrirait une ces lampées de tafia comme jamais estomac équatorial n'en a ingurgité.

Ces suppositions devaient être vraies comme les choses simples.

Il fallait agir. Les regrets étaient superflus, les plaintes stériles. Robin était homme d'énergie et d'action, on a pu s'en convaincre. Ces réflexions, longues à écrire, avaient traversé son cerveau comme un trait de lumière.

Son plan fut bientôt tracé.

— Casimir, dit-il doucement au lépreux, pâle à la façon des nègres, c'est-à-dire gris de cendre..., Casimir...

Le son d'une voix humaine arracha le pauvre homme à sa torpeur. Il gémit plaintivement comme un enfant qui souffre.

— Ah... ah! mo malade!... la... massa bon Gué. La... mo mouri!...

— Du courage, encore une fois du courage, mon ami...

— Mo... pas pouvé..., blanc, cher blanc, mo... Casimir..., mouri là..., côté so la case... (Je ne peux pas, mon cher blanc; Casimir va mourir là où était sa case.)

— Viens..., je vais emporter nos outils. Les manches sont brûlés, j'en mettrai de neufs... Je te construirai un carbet. Tu seras à l'abri de la pluie qui recommence à tomber. Je te donnerai à manger... Viens, mon pauvre vieil enfant.

— Mo pas pouvé..., répétait-il plaintivement..., mo pas pouvé..., mi dédé caba..., mi maman, oh!... (Je suis mort déjà... oh! maman.)

— Allons, reprit-il avec une douceur qui n'était pas exempte de fermeté, tes plaintes ne sont, hélas! que trop légitimes; mais ne restons pas ici, il y a un danger réel.

— Ou qu'à oulé allé, caba... Pauv' kokobé, li pas pouvé soti... (Où voulez-vous aller déjà? Le pauvre lépreux ne peut pas sortir.)

— Je te porterai s'il le faut, mais encore une fois, partons.

— Oui, mo qué allé..., reprit-il en trébuchant.

— Pauvre bonne créature. Il y a vraiment de la cruauté de ma part à le pousser ainsi.

« Ecoute, je vais te faire pour cette nuit un carbet de feuilles, et demain nous irons nous établir dans la forêt, un peu plus loin, mais à proximité de l'abattis. Nous vivrons tant bien que mal avec les ignames, les patates, les bananes et le peu de manioc que nous avons sur pied... Je viendrai aux provisions.

— Ça même..., ou bon comme bon Gué!...

— A la bonne heure...; va, mon brave, je travaillerai comme deux, j'ai bon courage et je suis fort, rien n'est perdu.

— Non, rien n'est perdu, dit une voix derrière eux, mais il faut convenir qu'il y a de fières canailles sur la terre.

Robin se retourna brusquement et reconnut **Gondet**.

— Je vois le malheur qui vous frappe. Votre canot disparu. Je me suis aperçu de ça en longeant la crique. Votre abattis ruiné, votre case brûlée. C'est d'autant plus malheureux que la voie est libre.

— Vous avez réussi !

— Comme je n'aurais jamais osé l'espérer. J'ai trouvé une vraie forêt de bois de rose mâles et femelles, avec des angéliques.

— Quel malheur !

— Oh ! tranquillisez-vous, ils en ont pour plus de trois mois, et dans trois mois... vous serez loin.

— Puissiez-vous dire vrai !

— J'en suis sûr. Eh ! bien mieux que ça, j'ai idée que toutes ces calamités vous seront plus utiles que nuisibles.

— Qu'entendez-vous par là ?

— Que la saison des pluies va finir pour six semaines à deux mois, que le petit été de mars va commencer, que les Bosh et les Bonis vont descendre, que vous trouverez des canotiers, et que pour une pirogue perdue vous en aurez dix.

— Quelle confiance puis-je avoir en ces hommes, quand je vois l'indien Atoucka, mon hôte d'une heure, qui veut me vendre pour une bouteille de tafia.

— Les Bonis et les Bosh sont des noirs. Ils ne sont pas traîtres, comme ces vermines de Peaux-Rouges. De plus, ils ne sont pas ivrognes comme eux. A peine s'ils boivent l'alcool des blancs ; de plus, quand vous serez à bord d'un de leurs canots, vous serez en sûreté. Ce sont de braves gens, très fidèles, ne livrant jamais celui auquel ils donnent l'hospitalité.

— Ça même, dit Casimir. Li parlé bon bon.

— Alors votre avis est d'attendre encore quelques semaines ici ?

— Non pas ici même, mais à quelques centaines ou milliers de mètres. Vous n'avez qu'à construire un carbet en plein bois, à ne pas laisser de traces de votre passage... Pas le moindre coup de sabre surtout. Ces Indiens sont malins comme de vrais singes. Je vous garantis qu'à moins de tomber de la lune, ou d'être le diable, ils ne vous trouveront pas.

— Mais le prix de notre passage dans un canot boni ?

— Vous avez encore en terre et sur les arbres de quoi nourrir vingt personnes pendant un mois. Après la saison des pluies, les nègres du Maroni ont épuisé toutes leurs provisions. Ils sont maigres comme des clous. Vous en ferez tout ce que vous voudrez en leur donnant des vivres.

Livrait à la nausée un inutile combat.

— C'est bien, d'autant plus que je ne vois pas pour le moment d'autre parti à prendre.

— Si je puis vous être bon à quelque chose, disposez de moi. Vous savez bien que je vous suis tout dévoué.

— Oui, je le sais, Gondet, et je me fie tout à vous.

— Et vous faites bien, allez... Voyez-vous, nous autres, c'est **ou tout bon** ou tout mauvais. Une fois la route tracée, on va jusqu'au bout. Grâce à vous, j ai pris la bonne. Vaut mieux tard que jamais.

« À propos, il y a là-bas, non loin de l'endroit où vous aviez caché votre canot, sur la rive droite de la crique, un taillis immense. C'est fourré à n'y pas laisser tomber une épingle. Impossible d'y tracer un chemin. C'est entouré de milliers d'aouaras, dont les épines se dressent comme des millions de cheveux de frise.

« On n'y peut arriver qu'en suivant le lit d'un petit affluent de la crique ; un mètre de profondeur et autant de largeur. Ce ruisseau se perd dans une savane tremblante; derrière la savane on trouve l'endroit dont je vous parle.

— Mais cette savane, comment la traverser ?

— Ah ! voilà : j'ai fini par trouver sous les herbes et sous la vase un petit chenal solide. Ça doit être de la roche, c'est large comme une lame de couteau. Mais avec un peu de volonté et un solide bâton, on peut s'y tenir.

« Une fois chez vous, c'est-à-dire au milieu de ce fouillis d'herbes, de lianes et d'arbres, c'est bien le diable si l'on vient vous y dénicher.

— C'est parfait. D'autant plus que nos courses dans le lit du ruisseau ne laisseront aucune trace. Entendu. Nous partons demain.

— Oui, demain, reprit comme un docile écho Casimir, que la confiance et le sang-froid de son compagnon avaient déjà rasséréné.

— Je vous conduirai, dit le forçat en hésitant un peu. Vous m'autorisez à rester avec vous, n'est-ce-pas ? termina-t-il avec un accent de prière.

— Restez.

Le lendemain, les trois hommes quittaient la vallée sans nom.

— Bon Gué pas oulé oun so mo mouri côté là, dit en soupirant le vieux nègre. (Le bon Dieu n'a pas voulu que je meure là.)

. . . .

— Pour être un drôle de pays, vrai de vrai, c'est tout de même un drôle de pays. Des négros en veux-tu, en voilà, des arbres sans branches, avec des feuilles en zinc comme la cheminée des bains de la *Samaritaine*, des maisons bâties avec des persiennes, des petites bêtes qui vous lardent du matin au soir, un soleil qui ne donne pas d'ombre, une température de four à plâtre, des fruits... oh ! des fruits qu'on dirait des conserves à l'essence de thérében'ine...

« J'avais des engelures il y a un mois, aujourd'hui mes oreilles pèlent et je vais quitter la peau de mon nez.

« Drôle de pays ! »

Une femme en grand deuil, au teint pâle, aux traits fatigués, écoutait en souriant tristement, cette boutade, envoyée tout d'une haleine, par un grand garçon d'une vingtaine d'années, dont l'inimitable accent trahissait un vrai Parisien du faubourg.

— Et avec ça, continua le jeune homme, des singes et des perroquets dans toutes les maisons, ça braille ou ça dépèce tout. Quant à la langue des indigènes du cru... on croirait entendre un paquet d'Auvergnats parlant du pays, fouchtra. « Taki » « lougou » « lougou » « taki », on n'entend que ça. Mais pour comprendre, c'est autre chose. Et la nourriture, du poisson sec comme des semelles de bottes, avec de la bouillie, une espèce de purée, qu'on frémit en la voyant.

« Pourtant, tout ça c'est du vrai nanan, en comparaison du bonheur que nous a procuré le voyage.

« Que d'eau ! bon Dieu ! Que d'eau ! Moi qui n'avais jamais passé le parc de Saint-Maur dans la belle saison, et qui ne connaissais que la Seine à Saint-Ouen !...

« On dit que les voyages forment la jeunesse. J'espère que voilà de quoi former la mienne, de jeunesse.

« Mais, je bavarde comme ce grand perroquet avec lequel j'ai voulu jouer ce matin à « pigeon vole » et qui m'a croqué le bout du doigt. Tout ça, ça n'avance à rien, et je vais réveiller les enfants qui ont l'air de dormir pour tout de bon dans ces drôles de machines qu'ils appellent des hamacs.

— Mais, je ne dors pas, Nicolas, dit une voix d'enfant sortant d'un hamac enveloppé d'une moustiquaire.

— Tu ne dors pas, mon petit Henri, reprit Nicolas...

— Moi non plus, dit une autre voix.

— Faut dormir, Edmond. Tu sais bien qu'on dit qu'il faut rester au lit dans le jour, parce que sans ça on a des coups e soleil.

— Moi, je voudrais m'en aller voir papa. Je m'ennuie d'être toujours couché.

— Soyez sages, mes enfants, dit à son tour l'inconnue. Nous partons demain.

— Oh ! bien vrai, petite mère, que je suis donc content !

— Est-ce qu'on ira encore sur l'eau, dis ?

— Hélas ! oui, mon cher petit.

— Alors, j'aurai encore mal au cœur... Mais, après, je verrai papa.

— Comme ça c'est décidé, pas vrai, madame Robin ? Nous quittons demain ce pays de négros qu'on appelle chez nous Surinam, parce que les gens du pays le nomment Paramaribo.

« Eh bien, ils ne s'amusent guère en route, nos postillons d'eau salée. Nous partions de Hollande il y a un peu plus d'un mois. A peine sommes-nous ici depuis quatre jours, que rac... appareillage pour... voir le patron.

« Ça me va assez de quitter ce pays-ci. Celui où nous allons ne vaut peut-être pas mieux, mais, au moins, nous serons en famille.

« Alors, madame, vous ne savez toujours rien.

— Rien, mon enfant. Vraiment il me semble rêver, tant cette rapide succession d'événements a été inattendue. Voyez d'ailleurs comme ces mystérieux amis ont rempli toutes leurs promesses.

« Nous étions attendus ici, comme à Amsterdam. Combien eussions-nous été éperdus dans ce pays dont nous ignorons même la langue, sans leur intervention.

« Le correspondant, qui nous a reçus à l'arrivée du navire du Hollandais, a pourvu à tous nos besoins, et demain nous partons.

« Je ne sais rien autre chose. Ces inconnus, polis sans empressement, froids comme des hommes d'affaire, sont ponctuels comme une consigne. On dirait qu'ils obéissent à un mot d'ordre.

— Ah! oui, ceci est à l'adresse du correspondant qui a des lunettes et une tête de bélier, M. van des... des... ma foi je ne sais plus.

« Il ne s'emporte pas, celui-là, mais il est débrouillard comme un vrai juif qu'il est.

« Enfin, jusqu'à présent, nous n'avons pas eu à nous plaindre d'eux. Nous avons voyagé comme des ambassadeurs. La fin fera le reste.

« C'est égal, remonter encore sur un bateau, jouer à la balançoire russe sans pouvoir s'arrêter, sentir sa pauvre personne secouée comme un panier à salade... ça va encore être gai.

— Allons, courage, dit en souriant malgré elle Mme Robin, que ces boutades amusaient. Dans trois jours nous serons arrivés.

— Oh! ce que j'en dis c'est manière de parler. D'autant plus que vous et les enfants vous supportez assez bien tout ce traintrain, et c'est l'essentiel.

Le lendemain, en effet, les six passagers s'embarquaient à bord du *Tropic-Bird*, un joli cotre de quatre-vingts tonneaux qui deux fois par mois fait le service de la côte hollandaise, communique avec les habitations de la rivière de Surinam, ravitaille les hommes stationnant sur le *Light-Ship*, littéralement *bateau-feu*, servant de phare et ancré à l'embouchure de la rivière.

Le correspondant, nous savons seulement qu'il est un des plus riches négociants israélites de la colonie, a présidé à l'embarquement. Les enfants, vêtus de flanelles légères, sont coiffés de petits salaccos destinés à préserver leurs têtes des implacables ardeurs du soleil équatorial. Nicolas lui-même a inauguré cette coiffure exotique, sous laquelle il ressemble à un mandarin de la foire aux pains d'épices.

Le capitaine reçoit en personne ses passagers, le correspondant échange avec lui quelques mots en hollandais, puis il salue respectueusement Mme Robin et descend dans le canot. L'ancre est dérapée, la marée est étale, dans quelques minutes, le « perdant » commencera. *L'Oiseau-du-Tropique* s'incline gracieusement sur sa hanche de tribord, les voiles frémissent, on part...

Il est six heures du matin. Le soleil rougeoie tout à coup comme une pièce d'artifice qui s'allume au-dessus des rideaux de palétuviers bordant les rives.

La ville qui s'éloigne, l'eau qui bouillonne sous l'étrave, les mangliers immobiles sur leur piédestal de racines enchevêtrées, semblent flamboyer.

Les oiseaux, surpris pour ainsi dire par cette incandescence, s'envolent à tire-d'ailes. Aigrettes à panaches, sawacous solitaires, perroquets jaseurs, flamants rouges au plumage sanglant, mouëttes criardes, frégates rapides, tourbillonnent au-dessus du navire et semblent lui faire une conduite accompagnée de souhaits de bon voyage, formulés sur tous les tons et dans toutes les gammes.

Le fort d'Amsterdam, avec ses talus gazonnés et ses canons sombres, allongés dans les herbes comme de gros reptiles, disparaît. Les habitations se succèdent avec leurs longues cheminées d'usine qu'empanache un nuage d'opaque fumée. Les champs de canne à sucre, unis comme un tapis de billard, s'étalent à l'entour avec des tons vert-tendre d'une douceur infinie. Des nègres, que l'éloignement fait paraître tout petits, regardent passer le *Tropic-Bird* et semblent de grands points d'exclamation.

Voici la Résolution, une admirable plantation sur laquelle travaillent plus de cinq cents esclaves. Voici le *Light-Ship*, avec son équipage noir et son mât surmonté d'un puissant réflecteur. Le pilote descend, reprend sa place sur le bateau-feu jusqu'à ce qu'un autre navire soit en vue. Voici enfin l'Océan, avec ses eaux jaunâtres, sales, vaseuses, aux lames courtes et dures, sur lesquelles le cotre se met aussitôt à danser.

Le voyage de la Guyane française à la Guyane hollandaise s'opère avec une grande facilité, grâce au courant d'Est-Nord-Ouest, qui éloigne tout naturellement les bâtiments de la région équatoriale. La traversée du Maroni à la rivière de Surinam s'accomplit souvent au retour en vingt-quatre heures. On comprend sans peine que ce courant contrarie singulièrement la marche à l'aller. On a vu des

navires n'ayant pas le vent favorable rester huit ou dix jours et plus en mer sans pouvoir presque avancer.

Tel est l'inconvénient dont sont menacés nos passagers. Le courant a un nœud et demi de vitesse, soit deux mille sept cent soixante-dix-huit mètres à l'heure, le nœud étant de mille huit cent cinquante-deux mètres.

Heureusement qu'une brise s'élève bientôt, une brise de l'arrière — cas tout à fait exceptionnel — qui permet au cotre de prendre le courant debout, et de faire, sous cette allure, environ quatre nœuds.

La femme du proscrit, assise avec ses enfants sous la tente de l'arrière, regardait d'un œil distrait le sillage du navire, insensible au tangage, au soleil même, comptant les minutes, franchissant par la pensée le court espace qui lui restait à parcourir. Les quatre petits supportaient assez bien la mer.

Il n'en était pas de même du pauvre Nicolas, qui, pâle, livide, exsangue, les narines pincées, allongé sur un paquet de cordages, livrait à la nausée un inutile combat.

Le léger bâtiment, bien appuyé par sa voilure, ne roulait pas, mais il tanguait rudement sur les lames courtes, et le Parisien, que ce mouvement abrutissait littéralement, se croyait à chaque instant sur le point de rendre l'âme.

Une voix arracha Mme Robin à sa méditation. C'était celle du capitaine. Il se tenait debout près d'elle, son chapeau à coiffe blanche à la main, dans l'attitude du plus profond respect.

— Vous portez bonheur au *Tropic-Bird*, madame ; car jamais traversée ne s'est aussi heureusement annoncée.

— Mais vous êtes Français, dit-elle, non moins stupéfaite de la correction de cette phrase que de l'accent de celui qui la prononçait.

— Je suis capitaine d'un navire hollandais, reprit l'officier en évitant de répondre à la question. Dans notre métier, il faut savoir plusieurs langues. D'ailleurs, je n'ai aucun mérite à parler l'idiome de votre pays : mes parents sont Français.

— Oh ! monsieur, puisque je trouve en vous un compatriote, puisque je parcours depuis de longs jours en aveugle cette route si mystérieusement tracée, dites-moi quelque chose... dites-moi comment je dois retrouver celui que je pleure et à qui je devrai ce bonheur ? Que me reste-t-il à faire ? Où me conduisez-vous ?

— Madame, j'ignore d'où viennent les ordres auxquels je suis heureux d'obéir. Je m'en doute bien un peu, mais ce secret n'est pas le mien.

« Tout ce que je puis vous dire, à vous, la vaillante épouse d'un proscrit, c'est que ce n'est pas sans motif que je commande ici, et que votre mari n'est pas le premier condamné politique qui se soit évadé.

« Malheureusement, le gouvernement hollandais qui, jadis, fermait les yeux sur les évasions, affecte aujourd'hui, dans la crainte sans doute de complications diplomatiques, de confondre avec les criminels de droit commun les condamnés politiques. Il les rend à l'administration française.

« Nous sommes, en conséquence, tenus à la plus excessive réserve et à d'incroyables précautions. Votre mari, madame, devrait être depuis longtemps à Paramaribo, tandis qu'il vous faut remonter le cours du Maroni, bien au delà des établissements civilisés, attendre patiemment son arrivée, et cela dans de bien difficiles conditions.

— Oh! la misère m'importe peu. Je suis forte. Mes enfants n'ont plus de patrie, ils vivront là où est leur père. Mieux vaut ce pays déshérité que la France qui nous chasse et que j'ai quittée pourtant les larmes aux yeux.

— Entre autres précautions indispensables, ajouta le capitaine, ému malgré sa froideur et d'un ton un peu embarrassé, je vous prierai, madame, d'user d'un subterfuge destiné à tromper vos compatriotes, au cas où nous serions obligés d'aborder à la côte française.

— Dites, que faut-il faire ? Je suis prête.

— On s'étonnerait, et à bon droit, de vous voir en pareil lieu avec vos enfants... Il serait urgent, le cas échéant, que je passasse un moment... pour leur père...

« Parlez-vous anglais ?

— Comme ma langue maternelle.

— C'est parfait. Vous ne direz pas un mot de français. Si l'on vous parle, si par hasard l'on vous interroge, répondez invariablement en anglais. Quant aux enfants... votre fils aîné parle-t-il également anglais ?

— Oui.

— Nous tâcherons que l'on ne voie pas les autres. Mon navire s'arrête à Albina, devant la factorerie fondée par un négociant hollandais. Sous prétexte d'emmener ma famille en partie de plaisir, voir, par exemple, le Saint-Hermina, je vous confierai à deux hommes de mon équipage, deux noirs dont je suis absolument sûr.

« Ils vous débarqueront sur un îlot situé à trois quarts d'heure des rapides et pourvoiront à vos besoins. Je ne quitterai mon poste qu'après leur retour, et après une affirmation écrite que vous avez retrouvé votre mari.

— Bien, monsieur. J'ai compris ; je souscris à tout de grand cœur. Quoi qu'il advienne, je ne faiblirai pas. J'ai depuis longtemps dit adieu à la vie civilisée. Elle m'a ravi le bonheur. Puisse la vie sauvage que nous allons mener apporter un soulagement à nos maux, un dédommagement à nos peines !

« Dans tous les cas, croyez-bien, monsieur, vous la personnification de nos bienfaiteurs inconnus, que ma reconnaissance est profonde, inaltérable. Où que vous soyez, quel que soit le sort que l'avenir nous réserve à tous, celui qui souffre et qui attend vous bénira, et ces pauvres petits exilés s'uniront toujours à lui dans cette pensée de gratitude. »

Les proscrits avaient, comme le disait le mystérieux capitaine, porté bonheur au *Tropic-Bird*. Jamais peut-être, de mémoire de matelot guyanais, traversée ne fut plus rapide. Le cotre fila d'une telle allure, que trente-six heures après avoir quitté la rivière de Surinam, on signalait l'île Clotilde située à l'extrémité de la pointe Galibi, qui forme un côté de l'embouchure du Maroni.

Telle est la largeur du fleuve, que l'on apercevait à peine la rive française. Le bâtiment, son pavillon à l'arrière, s'engagea dans la passe, franchit la barre, longea au plus près la rive hollandaise, et jeta l'ancre en face le poste d'Albina sans avoir atterri au pénitencier français.

Cet ennui une fois évité, le capitaine se mit aussitôt en quête d'une embarcation indigène. Il la fit recouvrir à la partie médiane d'une sorte de dais en feuilles de palmier qui devait protéger les passagers contre l'insolation, et l'approvisionna largement. Par bonheur, un nègre boni qui se trouvait à l'habitation allait remonter dans son village situé à quinze jours de canotage dans le haut du fleuve. Il consentit, moyennant quelques bibelots d'exportation, à s'adjoindre aux deux matelots. Cet appoint d'un homme rompu à la navigation fluviale était une bonne fortune inespérée.

Au lieu de vingt heures, on n'en mettrait que douze pour arriver au saut Hermina.

Pour plus de sûreté, le voyage s'effectua la nuit. Il s'accomplit avec non moins de bonheur que le précédent.

Mme Robin et ses enfants, encore tout étourdis de cette fantastique succession d'événements, habitaient depuis quelques heures un minuscule continent à peu près circulaire, de cent mètres à peine de diamètre. Un véritable bouquet feuillu, ayant sa petite plage de sable fin et sa roche granitique.

Les petits Robinsons, ravis, emplissaient l'air de cris joyeux. Nicolas, soustrait au mal de mer, trouvait que la vie est une excellente chose. Le campement était installé. Le Boni avait déjà pêché un aïmara superbe, qui grésillait sur un brasier. On allait prendre le premier repas, quand là-bas, bien loin sur la rive

Lui!... c'est lui... qu'on tue!... (Page 106.)

française éloignée de près de deux kilomètres, surgit un léger flocon de fumée, suivi à un long intervalle d'une faible détonation. Un point noir, qui ne pouvait être qu'un canot, se détacha du rivage et gagna rapidement le milieu du fleuve. Une autre détonation se fit entendre, et une seconde embarcation s'élança à la poursuite de la première, dont elle n'était séparée que de trois à quatre cents mètres.

En pareil lieu, le moindre incident possède une signification. Celui-là prenait aussitôt les proportions d'un événement. Il y avait des fugitifs qu'il importait de reprendre à tout prix, puisque les poursuivants n'hésitaient pas à se servir de leurs armes.

Le premier canot grandissait. Il gagnait sur l'autre, mais si peu. Il allait en diagonale vers la rive hollandaise. On vit bientôt qu'il était monté par deux hommes pagayant furieusement. L'autre portait quatre passagers, dont deux armés de fusils.

Les fugitifs allaient tenter d'interposer l'îlot entre eux et leurs ennemis. C'était la seule manœuvre possible.

Mme Robin sentit son cœur se serrer. A quel drame allait-elle assister, sur cette terre maudite de la transportation qu'elle foulait depuis quelques heures à peine ?

Les enfants se taisaient effrayés. Nicolas tourmentait, assez maladroitement d'ailleurs, les batteries d'un fusil à deux coups, présent de l'officier hollandais.

Les poursuivants, devinant le dessein des fugitifs, tentèrent de leur couper la route. Ils tiraillaient toujours. Leurs armes devaient avoir une portée exceptionnelle, car, à plusieurs reprises, les spectateurs épouvantés de cette scène sauvage virent l'eau jaillir près de la pirogue.

Elle n'était plus qu'à cent mètres à peine de l'île. Une balle mieux dirigée cassa net le manche de la pagaye du premier des canotiers. Il en saisit une autre aussitôt et recommença de plus belle.

Si rapide qu'eût été son mouvement, on put voir que c'était un blanc. A l'arrière se tenait un nègre tête nue.

Mme Robin vit s'élever comme un brouillard devant ses yeux. Il lui sembla que la voûte du ciel, chauffée jusqu'à l'incandescence, l'écrasait sous son poids.

Elle fit quelques pas en chancelant, les yeux hagards, la bouche ouverte, les doigts crispés. Un cri terrible, étranglé, affolé, lui échappa

— Lui !... C'est lui... qu'on tue !...

Et elle tomba comme foudroyée sur le sable.

CHAPITRE VI

Paysages de la zone torride. — Retour de l'*Espérance*. — Coups de feu inutiles. — Habile manœuvre. — Réunis !... — Passage d'un rapide. — Le saut Hermina. — Habileté des bateliers du Maroni. — Père !... j'ai faim. — L'arbre à lait. — Effarements d'un naturel de Saint-Ouen. — Jaune d'œuf végétal. — Poissons ivres-morts. — Le « *Robinia-Nikou* » ou Bois-Enivré. — Pêche miraculeuse. — L'Anguille-Electrique. — Les Robinsons devenus boucaniers. — A qui doivent-ils le bonheur ? — Aventure d'un tigre qui mange la pimentade. — Le tyran des grands bois a la colique.

Littéralement enfouis sous un impénétrable monceau de verdure, le proscrit et le vieux nègre attendirent longtemps le moment de la délivrance.

Cette idée d'enfouissement, évoquant l'image de mineurs disparus dans les ténébreuses galeries d'une houillère, pourrait tout d'abord paraître bizarre, appliquée à un séjour en forêt. Le mot et l'idée n'ont pourtant rien de bien exagéré.

C'est que les expressions les plus hyperboliques entassées comme à loisir, les métaphores les plus audacieuses, les qualificatifs les plus énergiques, sont à peine suffisants pour exprimer l'impression d'écrasante stupeur, d'implacable isolement produit par certains coins de ces solitudes.

Imaginez-vous des zones feuillues se stratifiant à l'infini, au point de former des montagnes, des plans de troncs énormes se doublant, se décuplant, se centuplant et devenant des murailles, des lianes accrochées à tout cela comme la trame d'une draperie sans fin, et vous ne pourrez rêver d'abîme insondable, de galerie de mine sans lumière, de souterrain humide qui puisse rivaliser avec ce décor élaboré par la nature équatoriale, féconde jusqu'à la monstruosité, et qui s'appelle la *Forêt-Vierge !*

Connaissez-vous ces ruelles sombres du vieux Paris, aux maisons lépreuses, au pavé gluant, à l'atmosphère fade, qui s'appellent la rue Maubuée, la rue de

Venise, ou la rue de Brantôme? Jamais le soleil ne sèche leurs ruisseaux fangeux, jamais le roulement d'une voiture ne s'y fait entendre ; la nuit, les réverbères semblent y agoniser.

Votre œil a-t-il plongé, du haut d'une maison dans ces cours étroites, noires comme des puits, au fond desquelles s'agitent confusément des êtres dont on ne peut que deviner la forme, sans la distinguer ?

Et pourtant à quelques pas de ces cloaques circulent à flots l'air et la lumière, et les splendeurs de la grande ville s'étalent dans un perpétuel flamboiement.

Tels les grands bois de la Guyane, qui recèlent au milieu d'incomparables merveilles végétales des coins perdus, non moins obscurs, non moins désolés, plus lugubres encore.

C'est que deux forces créatrices d'une incommensurable intensité se trouvent en présence. D'un côté, le soleil de l'équateur dont les implacables rayons surchauffent cette zone torride, la bien nommée; de l'autre, un terrain gras, humide, formé de séculaires débris organiques et saturé jusqu'à la plétore de principes nutritifs.

La graine, humble embryon de colosse, germe en un moment dans cet humus productif jusqu'à la prodigalité. Elle se développe à vue d'œil dans cette immense serre-chaude et devient arbre en quelques mois. Sa cime s'allonge, son tronc grêle et rigide monte comme un tuyau d'appel, par lequel le soleil semble aspirer les sucs de la terre.

Le jeune arbre veut de l'air. Il lui faut de la lumière. Ses feuilles pâles, anémiques comme celles qui végètent dans les souterrains, ont besoin de cette « chlorophylle » qui est leur matière colorante, comme « l'hématosine » est celle du sang. Le soleil peut seul la leur fournir. Aussi, leur unique fonction est-elle de monter toujours afin d'aller chercher ses ardents baisers. Nulle force ne saurait arrêter cet élan. Elles trouent l'opaque voûte de feuillages et ajoutent une nouvelle goutte à cet océan.

Ces phénomènes de végétation sont étranges, stupéfiants. Il faut, pour s'en faire une idée, avoir erré sous ces vastes rameaux qui font corps ensemble, là haut, près des nuages, et avoir escaladé ou contourné ces monstrueuses racines où s'élabore sans cesse le mystérieux enfantement de la vie.

Ah! combien est petit l'homme qui se meut péniblement dans ce formidable fouillis ! Comme sa marche est lente à travers ces colosses ! Et pourtant, il s'avance, la boussole d'une main, le sabre d'abattis de l'autre, évoquant, par son travail de sape, la pensée d'une fourmi qui réussirait à percer de son aiguillon le flanc d'une montagne.

C'est dans ces catacombes végétales que vécurent, presque sans avoir la notion du temps, nos deux héros, après le double malheur dont ils furent frappés. L'air et la lumière leur manquaient aussi. Nul chant d'oiseau ne troublait ce silence de tombeau. Les hôtes ailés de la forêt ne s'aventurent pas dans de semblables cavernes, redoutées des fauves eux-mêmes. Pas d'herbes, encore moins de fleurs sur ces racines qui suintent comme la base des piliers de cathédrales gothiques; mais des mousses glissantes, verdâtres, gonflées ainsi que des éponges, et sous lesquelles grouille tout un monde de serpents, de lézards, de crapauds, de scolopendres, d'araignées-crabes et de scorpions.

Ils demeurèrent près d'un mois dans cet antre de la fièvre où la vie semblait impossible, car c'est à peine si la flamme de leur foyer trouvait assez d'oxygène dans cette athmosphère appauvrie.

Ils existèrent à la façon d'un brasier qui se consume à l'étouffée.

De deux en deux jours, Robin allait aux provisions et rapportait de l'abattis des ignames, des patates, du maïs et des bananes. Triste restauration, en vérité, suffisante à peine pour empêcher la douloureuse torsion de leurs viscères, pour entraver l'œuvre mortelle de la faim. Heureusement que l'existence humaine possède parfois d'étonnantes ressources.

Les deux reclus attendaient vainement d'heure en heure un signal, quand un beau matin, Robin, qui pour la quinzième fois suivait le cours vaseux du ruisselet, sursauta comme à la vue d'un reptile. Un léger canot, armé de quatre pagayes, flottait devant lui, amarré à une grosse racine. Plus de doute. C'était bien cette pirogue, construite par lui et Casimir, qu'il avait nommée l'*Espérance*, et qui avait si singulièrement disparu.

Par quel mystérieux concours de circonstances se trouvait-elle si bien à point et toute parée à partir ? Un gros régime de bananes bien mûres l'emplissait au centre. Quelques ignames et des patates cuites sous la cendre, et, chose plus étonnante encore, une douzaine de biscuits, avec un flacon de genièvre complétaient cet approvisionnement. L'embarcation devait avoir été submergée depuis le jour de sa disparition, car ses parois humides et encore vaseuses se couvraient par places d'une légère couche de végétaux aquatiques.

Sans s'arrêter à ce que ce fait avait d'insolite, le proscrit, préparé à tout, ne songea qu'à sortir de son humide réduit, quitte à chercher plus tard le mot de l'énigme.

Il revint en courant.

— Casimir !... Nous partons !

— Qué côté ça, compé, nous qu'allé ? (De quel côté allons-nous, compère ?)

— La pirogue est retrouvée. Elle est là, tout près. Cela veut dire, à n'en pas douter, que la crique est libre, que nous pouvons quitter cette terre maudite, que nous pouvons enfin nous élancer sur le Maroni.

— Ça bon. Mo qué allé côté ou. (C'est bon, je vais avec vous.)

Raconter la série d'interjections, de formules d'étonnement patoisée par le bonhomme serait superflu. Mais s'il parlait beaucoup, il agissait de même. Sa jambe éléphantiasique semblait ne pas peser plus que l'autre. Il trottinait, le pauvre « Kokobé »; il fit tant et si bien qu'il réussit à embarquer en même temps que son compère.

Une joie d'enfant se peignit sur son visage atrocement fouillé, quand il put assurer dans ses doigts ergotés le manche d'une pagaye. L'esquif, sollicité par les deux hommes, glissa lentement entre les herbes qu'il frôla légèrement, et descendit jusqu'à la grande crique.

Rien de suspect n'entravait leur manœuvre silencieuse. Ils revoyaient aussi la lumière. Les yeux bien ouverts, les muscles tendus, l'oreille au guet, ils avançaient en enfonçant doucement leurs pagayes, évitant de heurter la coque et de faire clapoter l'eau.

Ils passèrent près d'un chantier en exploitation, mais que les travailleurs semblaient avoir momentanément déserté. La pirogue cotoya d'énormes pièces de bois, flottant amarrées à des futailles vides, et s'en allant, seules, au gré des flots, vers le Maroni. Tout était pour le mieux. Dans quelques minutes la passe dangereuse serait franchie; la Sparwine s'élargissait en estuaire. On apercevait le fleuve.

Les fugitifs stoppèrent un moment, regardèrent de tous côtés, inventorièrent minutieusement les moindres anfractuosités formées par les terres, les racines et les troncs. Rien de suspect ne leur apparut.

— En avant donc et à toute vitesse ! dit à voix basse Robin.

Le batelet fila comme une flèche sur les eaux du Maroni, dont l'autre rive apparut aussitôt, éloignée de près de trois kilomètres.

Les deux compagnons commençaient à se croire enfin en sûreté. Quatre cents mètres environ les séparaient déjà de cette terre inhospitalière, quand des cris de rage mêlés à des imprécations retentirent derrière eux.

Puis, un coup de feu. La balle, mal dirigée, fit jaillir l'eau à plus de vingt mètres.

— En avant !... Casimir ! en avant ! siffla Robin en se courbant sur sa pagaye, qui plia.

Les cris repercutés sur la surface liquide arrivaient distinctement aux oreilles des canotiers :

— Arrête !... Arrête !... Aux armes !... Aux armes !...

Un second coup de feu, puis un troisième ponctuèrent cette brutale injonction.

Le proscrit tourna la tête, et vit un canot armé de quatre avirons se détacher de la rive et prendre la chasse.

— Courage !... ami !... courage !... Nous gagnons sur eux. Oh ! les bandits ! Ils ne nous tiennent pas encore. D'ailleurs ils ne m'auront pas vivant.

— Ça même !... Mo qu'allé ; ça michant mouns, qu'a pas tini nous, non. (C'est ça. Je vais aussi ; ces méchants hommes là ne nous tiennent pas, non.)

— Gouverne sur l'îlot, là, en face... comme si nous voulions aborder.

— Oui compé. Ou qu'a parlé bon bon.

— Quand nous le toucherons, nous obliquerons, puis nous passerons derrière. Nous serons au moins pour un moment à l'abri des balles.

La distance entre l'*Espérance* et l'îlot diminuait rapidement, en raison d'ailleurs de l'intensité de la poursuite, qui continuait toujours acharnée, implacable. Les détonations d'armes à feu se succédaient sans grand succès jusqu'au moment où la pagaye de Robin fut fracassée par une balle.

Il étouffa un cri de rage, saisit une pagaye de rechange et leva la tête. A son exclamation répondit l'appel désespéré qui jaillit de la gorge de sa femme quand elle le reconnut.

Il vit une forme noire s'abattre sur le sable, des enfants s'agiter éperdus, des nègres gesticuler... Un homme vêtu à l'européenne s'élança...

Ceux-là n'étaient pas des ennemis. Cette plainte déchirante n'était pas une menace.

Mais cette femme... ces enfants, en pareil lieu !...

Grands dieux !...

L'*Espérance* n'était plus qu'à quatre-vingts mètres. Le fugitif, rigide comme une barre d'acier, les muscles contractés jusqu'à la catalepsie, produisit un de ces terribles efforts sous lesquels un organisme humain se brise quand l'obstacle résiste.

La pirogue vola sur la vague. Sa coque érailla le sable dans lequel son avant s'enfonça profondément. D'un élan de tigre, Robin bondit sur le sol, souleva sa femme inanimée, contempla, de ses yeux dilatés par l'épouvante, les enfants muets et terrifiés !...

L'ennemi avançait rapidement. Le proscrit aperçut du même coup Nicolas qu'il reconnut, le nègre boni appuyé sur son fusil, et le grand canot recouvert de son abri de feuilles.

— Monsieur Robin !... hurla le Parisien.

— Nicolas !... à moi !... au canot !... Tiens bon, vous autres, et restez-là !... cria-t-il aux matelots hollandais.

Il dit, et tenant sous son bras gauche sa femme inerte, saisit à pleine main son plus jeune fils par ses vêtements, s'élance vers l'autre pirogue, les y couche, pendant que Nicolas accourt avec les trois autres, suivi du vieux Casimir.

— Embarque !... dit-il d'une voix brève.

Le Boni obéit également, sans mot dire.

— Les pagayes...

Un matelot hollandais les lui tend. Casimir prend place à l'avant, Robin s'installe sur le second banc, le Boni s'arc-boute à l'arrière.

— Pousse !...

Le canot démarre pendant que les deux nègres de Surinam, stupéfiés par cette scène étrange, restent sur l'îlot avec l'*Espérance* échouée.

Le Boni comprend la manœuvre. Il vire aussitôt, et contourne l'île. Les assaillants disparaissent. Robin a heureusement reconquis son avance au moment où les garde-chiourmes s'aperçoivent que les deux hommes du *Tropic-Bird* sont seuls.

La poursuite recommença bientôt, mais sans grande chance de succès. La pirogue, il est vrai, était plus pesamment chargée que jadis l'embarcation des fugitifs, mais la présence du nègre boni était un rude appoint. Il valait à lui seul un équipage.

Malheureusement, ils n'étaient pas hors de la portée des carabines, et Robin, l'homme intrépide que le péril ne pouvait émouvoir, tremblait à la pensée des êtres chéris qu'il venait de retrouver si miraculeusement. Courbé sur sa pagaye, concentrant toutes ses facultés dans la manœuvre qui devait assurer le salut commun, le pauvre père pouvait à peine jeter à la dérobée un regard de tendresse sur les petits tout frissonnant de peur.

Leur mère reprenait lentement ses sens, grâce aux affusions d'eau froide que Nicolas, plus zélé qu'habile, faisait sans interruption.

— Sauvé !... Il est sauvé !... balbutia-t-elle enfin.

— Père !. . père !... cria l'aîné des fils, Henri, ils vont tirer encore.

L'enfant n'avait pas achevé, qu'une balle frôlait la coque et faisait jaillir ne pluie l'eau du fleuve.

Mais c'est du lait, du vrai lait! (Page 117.)

Alors, Robin, qui n'avait pu encore serrer dans ses bras cette femme héroïque qui avait tout bravé, ces petits êtres que son cœur appelait depuis si longtemps, se sentit envahit par une colère terrible contre ceux que le plus élémentaire sentiment d'humanité ne pouvait apaiser. Il avait pardonné à Benoît son bourreau. Il l'avait sauvé. Lui seul était en cause. Mais aujourd'hui, l'on menaçait les siens. Une balle pouvait les frapper là... devant lui!

Un nuage de sang s'étendit sur ses yeux. Une fièvre de meurtre lui monta au visage. Au risque d'entraver la fuite, il saisit le long fusil du Boni. L'arme était chargée à plomb. Le noir, devinant sa pensée, sortit de sa bouche deux balles qu'il mâchonnait, et les fit glisser dans les canons.

— Bandits sans cœur et sans entrailles! cria le proscrit. N'avancez pas, ou je vous tue!

Les argousins dominés par son attitude, et craignant tout du désespoir d'un tel homme, abaissèrent leurs armes. Ils allaient d'ailleurs bon gré mal gré être forcés d'interrompre leur chasse, car les bouillonnements de l'eau annonçaient la présence d'un rapide.

La pirogue était en vue du saut Hermina.

Le Boni Angosso était seul capable de remonter cette barre de récifs sur lesquels le flot se brise et roule en cascades écumantes. En deux coups de pagaye, il vira sur place et se trouva à l'avant.

Casimir et Robin se retournèrent sur leurs bancs pour nager de l'avant, et l'heureux père put enfin voir ses chers enfants et leur vaillante mère.

Le petit Charles, inconscient du danger, battait des mains et paraissait ravi.

Laissons les un moment au bonheur du premier épanchement, et expliquons en quelques mots comment Robin et le lépreux se trouvaient au saut Hermina, quand en réalité ils eussent dû l'atteindre seulement quatre heures au moins après leur sortie de la crique.

C'était grâce à une confusion de nom que l'ignorance du proscrit relativement à la région géographique rendait suffisamment admissible. Le transporté Gondet avait été de bonne foi quand il lui avait dit que le cours d'eau était bien la crique Sparwine, mais il se trompait. Le chantier où il travaillait en qualité de chercheur de bois était détaché du pénitencier et situé à quinze kilomètres plus haut. Comme les hommes chargés de ces deux exploitations n'avaient entre eux que de rares communications, Gondet ignorait jusqu'alors l'existence de la première. Le petit chantier portant également le nom de Sparwine, le transporté en avait conclu qu'il tirait son nom de la rivière qui le traverse et qui s'appelle en réalité la crique de Sakoura.

De là son erreur quant à la proximité du rapide. L'îlot qui porte le nom de Sointi-Kazaba se trouve à quinze kilomètres de la Sparwine et émerge en regard d'un autre cours d'eau situé sur la rive hollandaise. Ce cours d'eau était encore inconnu à cette époque, il a été dénommé seulement en 1879 crique Ruyter, par MM. Cazals et Labourdette, deux Français qui exploitent les terrains aurifères de la rive gauche du Maroni.

La marée, qui se fait sentir jusqu'à ce point éloigné de quatre-vingt-quinze kilomètres du littoral, poussait les fugitifs vers le saut Hermina. Les surveillants ne pouvaient raisonnablement espérer le remonter avec leur embarcation à quille et à gouvernail. Ils se fussent fatalement échoués dès le début. Ils durent se contenter de suivre d'un œil d'envie et non sans pousser d'inutiles imprécations, la légère pirogue qui s'avançait avec la vélocité d'un poisson.

Le saut Hermina est de tous les rapides du Maroni le moins difficile à franchir. En effet, la barre rocheuse qui forme une sorte d'écluse naturelle a environ huit à neuf cents mètres de largeur, et la différence de niveau n'est que de cinq mètres. La pente est donc insignifiante. Il n'en faut pas moins une extrême habileté, et un canot spécial, sans quille, sans gouvernail, relevé à l'avant et à l'arrière, pour opérer sans encombre la traversée.

Le Boni Angosso, familiarisé depuis l'enfance avec cette difficile manœuvre, contournait les pointes aiguës de roches sombres, choisissait tel ou tel chenal, et n'engageait jamais la pirogue sans s'être assuré du passage. De temps en temps, le remous secouait comme un fétu la frêle embarcation qui menaçait de s'en aller à la dérive au grand effroi des enfants, mais un coup de pagaye la remettait en bonne route.

Angosso, qui patoisait un peu le créole, expliquait à Robin, qui l'écoutait distraitement, que là-haut il y avait des rapides bien autrement redoutables, le haut *Singa-Tetey* entre autres, situé un peu au-dessous du point où la réunion de l'Awa et du Tapanahoni forme le Maroni. La descente surtout est terrible. Les eaux, resserrées entre les roches, s'élancent en mugissant des chenaux trop étroits, se tordent en écumant, roulent en cascades bruyantes, et s'engouffrent dans d'autres défilés pour en sortir en épais tourbillons et en produisant un tapage infernal.

Cette descente du *Singa-Tetey*, dont le nom signifie en boni : « L'homme-est-mort », est donc particulièrement périlleuse. Les canotiers abandonnent leurs pagayes. Deux seulement manœuvrent, l'un à l'avant, l'autre à l'arrière. Ils saisissent chacun une longue et solide perche, nommée *tacari*, dont ils appuient une extrémité sur leur poitrine.

Le canot, emporté comme une plume, vole sur la crête d'une lame. Des torrents de poussières diamantées, produites par l'eau qui se pulvérise sur les brisants, aveuglent les passagers couchés et cramponnés des deux mains aux bordages. La frêle embarcation projetée sur une pointe de récif par l'irrésistible courant va se briser. L'homme de l'avant s'arc-boute, pose l'extrémité antérieure de son « tacari » sur le roc, et reçoit sans broncher le choc sur sa poitrine qui sonne comme un tam-tam. Le péril est conjuré pour une minute. La manœuvre recommence, exécutée tantôt par l'un ou par l'autre des deux compagnons, et généralement avec un égal succès. Enfin, après cinq ou six minutes de véritables angoisses, le voyageur, trempé, assourdi, crispé, respire à l'aise sur une eau tranquille, et conserve pour la vie un ineffaçable souvenir de cette course vertigineuse, ponctuée à chaque instant des coups sourds du tacari contre la poitrine de ses guides.

Mais le moment n'était pas encore venu pour Angosso d'utiliser ses talents de canotier-gymnaste. La pagaye suffisait. Tout en fouillant de son œil d'enfant de la nature le fond des eaux tourmentées, le brave garçon apercevait de temps à autre quelque superbe koumarou qui se jouait dans le courant, et il se disait que cet admirable poisson, à la chair exquise et fondante, à la graisse parfumée, serait de bonne prise. Il jetait un regard d'envie sur son grand arc en « bois de lettre » long de plus de deux mètres, avec lequel il décochait si bien une immense flèche à trois pointes, qui ne manquait jamais son but.

— Hélas! mouché blanc, madame li, pitits mouns blancs, contents parti caba. Li pressés trop beaucoup, et Angosso pas pouvé flécher Koumarou!

La chaleur était accablante. Pour comble de malchance, la marmite avait été renversée lors de la brusque apparition de Robin sur l'îlot, et telle fut la précipitation avec laquelle s'opéra l'embarquement, qu'il n'y avait pas à bord un gramme de substance alimentaire.

La loquacité de Nicolas était bientôt tombée. Son estomac criait famine. Les enfants, engourdis au fond du canot, à demi suffoqués, poussaient de plaintifs gémissements. Les pauvres petits n'avaient pas mangé depuis longtemps. Et rien!... rien qu'un peu d'eau tiède puisée dans le fleuve, dont l'absorption excitait leur soif plutôt que de la calmer.

Leurs souffrances devenaient intolérables. Il fallait aborder, d'autant plus que le rapide était bien loin, et que les argousins avaient depuis longtemps disparu.

Les Robinsons de la Guyane n'avaient plus rien à craindre des hommes; en revanche, ils se trouvaient déjà exposés à toutes les horreurs de la disette.

Enfin, n'y tenant plus, brisés de fatigue, sans souffle, haletants dans cette fournaise, les entrailles tordues, ils se prirent à pleurer, et le plus jeune laissa sortir de ses petites lèvres desséchées, ce cri lugubre:

— Père!... père!... j'ai faim!...

Ce cri douloureux articulé par le plus faible fit frémir Robin. La mère, épuisée elle aussi par les secousses morales et le besoin, regarda son mari d'un air soucieux.

Il fallait en finir au plus vite, sous peine d'un danger immédiat et mortel.

— Casimir, dit brusquement le proscrit, nous allons rallier la côte. Il nous est interdit d'aller plus loin. Ces enfants demandent à manger. Dis, que faut-il faire? Je suis prêt à tout. La fatigue importe peu. Je réaliserai l'impossible.

— Nous qu'allé caba, répondit le vieillard après un rapide colloque avec Angosso.

La pirogue obliqua en formant avec la rive droite un angle aigu, et aborda au bout d'une demi-heure à une petite anse perdue au milieu des grands arbres, et à laquelle donnait accès un imperceptible chenal d'un mètre à peine de large.

— Oh! compé, mo content. Mo baïe pitits mouns morceau di lait avec jaune d'œuf! (Je vais donner aux enfants du lait et des jaunes d'œufs.)

Robin regarda son compagnon avec inquiétude. Il crut qu'il perdait la tête. Quant à Nicolas, qui n'entendait rien au patois créole, il avait saisi deux mots: « lait, jaune d'œuf. »

— Le pauvre vieux déménage, je ne vois ni oiseaux, ni chèvres, ni vaches, et à moins que ces arbres ne soient des poules pondeuses, ou des vaches laitières, je me demande comment il va se tirer d'affaire.

En quelques coups de sabre, envoyés avec la dextérité d'un maître de contre-pointe, le Boni avait jeté sur le sol une épaisse jonchée de feuilles de maripa et de waïe. Planter en terre deux pieux, les joindre par une traverse, appuyer sur celle-ci, en auvent, les plus longues et les plus épaisses, fut pour lui l'affaire d'un moment. En trois minutes, un *ajoupa* était construit pour la mère et les enfants, qui s'étendirent sur un bon matelas de fraîches frondaisons.

Robin piétinait d'impatience, malgré la rapidité des évolutions du noir. Ce dernier tira de sa pirogue deux couis bien imperméabilisés avec une couche de goudron végétal, nommé « *mani* » et tiré du *moronobœa coccinea*. Puis, avisant deux arbres magnifiques, au tronc lisse, roussâtre, hauts de plus de trente mètres, il entailla en biais l'écorce, à quelques centimètres du sol.

O merveille, qui stupéfie positivement le brave Nicolas, les plaies se couvrent instantanément de gouttes larges, épaisses, blanches, qui se réunissent et s'écoulent en deux filets jusque dans les vases, où les conduit la déclivité de la coupure.

— Mais, c'est du lait!... Du vrai lait. Oh! par exemple, qui se serait douté d'une chose pareille! dit-il en s'emparant d'un coui.

« Tiens, mon petit Charles, bois du bon lait, tout frais tiré. »

L'enfant porta avidement le vase à sa bouche, et but à longs traits la bienfaisante liqueur.

— C'est bien bon, n'est-ce pas, mon chéri?

— Oh! oui, dit le bébé d'un air convaincu, donne aussi à maman, puis à Eugène, puis à Édouard, aussi à Henri.

L'autre récipient débordait déjà. La distribution continua, et quand tous furent bien désaltérés et un peu restaurés, Nicolas but à son tour avec une expression si comiquement heureuse, que chacun, y compris Robin, se mit à rire, mais à rire de tout cœur.

C'était la première fois depuis bien longtemps!

— Savez-vous bien, patron, que je n'ai jamais rien goûté de pareil! Du lait d'arbre! On n'a pas idée de ça à Paris, où l'on fabrique du lait avec de la cervelle, de l'amidon, de blanc de Meudon, et de l'eau, pas toujours très propre.

« Ma foi, je vous avouerai, entre nous, que je commence à croire qu'ils vont nous trouver des œufs. Eh bien! voici un arbre que je reconnaîtrai. Je voudrais bien savoir son nom, par exemple. On ne m'a pas appris beaucoup de botanique, à l'école primaire.

— Ça, balata, dit Casimir.

— Comment, interrompit Robin, c'est le balata, l'arbre à lait, le *mimosops balata*. Je serais passé bien souvent près de lui sans le reconnaître. Vois-tu, Nicolas, il ne suffit pas d'étudier uniquement dans les livres.

— Ça, c'est vrai. Il faut la pratique. La pratique, voyez-vous...

Il s'interrompit brusquement, et pour cause. Un objet rond, de la grosseur d'une prune de reine-claude, s'était détaché de l'arbre sous lequel il se trouvait et était tombé juste sur son salacco.

Il leva la tête, et vit Angosso, qui, perché sur une des maîtresses branches, riait jusqu'aux oreilles de la bonne farce qu'il venait de faire.

— Le jaune d'œuf! s'écria-t-il joyeux, en ramassant l'objet en question, rond comme une boule, ferme et d'une belle couleur orange.

— Ou qu'a mangé, dit Casimir. Li bon bon.

— Ça ne sera pas de refus. D'autant plus qu'il y en aura largement pour bien le monde. On peut au moins être sûr qu'il n'est pas couvé, celui-là.

Et le brave garçon mordit à pleine bouche dans la pulpe, qu'il croyait pouvoir avaler d'une bouchée.

— Aïe!... fit-il avec une grimace, il y a le poulet dedans.

— Comment, le poulet!

— Manière de parler. Le petit de cette poule couveuse de cent pieds de haut, est un noyau, et un dur, je vous assure. J'ai cru que mes dents allaient y rester.

« Tiens, c'est drôle; ce noyau n'est pas pareil des deux côtés. Une de ses faces est lisse comme l'ivoire et toute miroitante, tandis que l'autre est pleine de petites aspérités très curieuses. On dirait que c'est travaillé à la main.

— Est-ce mangeable, au moins ?

— Ça n'est pas plus mauvais qu'autre chose ; c'est un peu sec, friable, mais savoureux ; ma foi, si ça ne vaut peut-être pas un véritable jaune d'œuf, mon estomac s'en accomode fort bien. Et d'ailleurs, vous allez pouvoir vous en assurer vous-même, termina-t-il en se sauvant pour éviter l'averse que le Boni faisait dégringoler.

Le *jaune d'œuf* (c'est le nom sous lequel on le désigne en Guyane) fut déclaré excellent par tous les membres de la petite colonie, qui s'endormirent bientôt — nous parlons des enfants — d'un profond sommeil.

Robin, à peu près restauré par l'ingestion de ce bizarre repas, envisageait le lendemain avec inquiétude. Il savait que cette nourriture, bonne pour apaiser un moment la faim, serait bientôt insuffisante. Les enfants et leur mère avaient besoin d'aliments toniques, surtout sous cette latitude où l'anémie règne en maîtresse souveraine.

Angosso, la providence du jour, le tira de sa préoccupation.

— Mô qué enivré crique, dit-il sans préambule.

— Comment dis-tu ? interrogea le proscrit, qui crut avoir mal entendu.

— Mo qué enivré crique, pour gain poisson. Enivré avec nikou ; nikou là, trop beaucoup. (Je vais enivrer la crique, pour avoir du poisson, avec du nikou. Il y en a beaucoup ici.)

— Ça même, renchérit Casimir. Posson content nikou. Li boire, et puis li saoul passé Indien. (C'est ça. Le poisson aime le nikou, il boit, puis il est plus ivre qu'un Indien.)

— Et après ?

— Nous prend' li, boucaner li, tout mouns mangé li.

— Je ne sais ce que tu veux dire, enivre donc ta crique, mon cher, et fais pour le mieux. Puis-je être bon à quelque chose ?

— Ou fika côté madame, côté pitits mouns, Boni chercher nikou, caba. (Restez avec madame et les enfants, le Boni va chercher le nikou.

L'absence du noir dura une heure au moins, et Robin commençait à trouver le temps bien long, quand Angosso apparut, chargé comme un mulet de contrebandier.

Mais, à l'encontre de ce solipède aimable auquel on fait une injuste réputation d'entêtement et qui porte son fardeau sur l'échine, le bimane équatorial tenait sur sa tête un énorme monceau de lianes fraîchement coupées.

Il y avait bien quarante kilos de tiges sarmenteuses, à l'écorce brune, sectionnées en tronçons de cinquante centimètres, et réunies en bottelettes analogues à celles que confectionnent nos vignerons avec le plant de vigne. Il tenait en outre à la main un petit bouquet de feuilles et de fleurs jaunes que Robin, botaniste de la veille, reconnut aussitôt.

— Ça bois enivré, dit-il en laissant tomber sa charge et en poussant un profond soupir de soulagement.

— Nikou, renchérit Casimir joyeux.

L'aîné des enfants s'éveillait à ce moment, et avançait curieusement la tête. Son père l'appela.

— Tiens, mon petit Henri, voici une occasion doublement favorable pour étudier la botanique. Nous allons sans doute passer ici bien des jours, peut être de longues années, demandant à la nature seule notre subsistance. Il nous faudra bientôt la connaître à fond, afin d'en pouvoir utiliser fructueusement les ressources.

« Le besoin de vivre activera encore le désir de nous instruire. Tu me comprends bien, n'est-ce pas, mon enfant?

— Oui père, répondit-il en fixant sur ceux du proscrit ses yeux intelligents et doux.

— A l'aide de cette plante, dont je reconnais l'espèce et la famille, mais dont j'ignorais jusqu'à présent les propriétés, nos compagnons prétendent nous procurer une grande quantité de poissons. C'est là une précieuse ressource dont nous devons apprendre à tirer parti pour l'avenir.

« Ces fleurs et ces feuilles, tu les reconnaîtras bien... »

L'enfant prit le bouquet des mains d'Angosso, regarda attentivement, fit comme un effort pour fixer dans sa mémoire les formes et les nuances. Robin continua :

— C'est une légumineuse, dont l'accacia est l'un des types. Par un bien singulier hasard, cette plante qui va assurer notre vie, porte notre nom. C'est le *robinia nikou*, ainsi appelée par mon homonyme Robin, jardinier de Henri IV, qui donna son nom à la famille des robiniers. Le mot indigène de *nikou* a été ajouté, par Aublet, je crois, pour désigner la variété que nous avons devant les yeux.

« Tu as bien compris, et tu te souviendras?

— Oui père, je reconnaîtrai toujours le « robinia nikou ».

— Mouché, ou qu'a vini, interrompit Angosso qui, pendant ce colloque, avait coupé le courant d'un léger barrage formé de branches feuillues.

Le Boni avait déposé dans le canot ses paquets de lianes. Il fit embarquer le

Il enfonça d'abord dans le sol. (Page 126.)

père, la mère et les quatre enfants avec Casimir et Nicolas ; il saisit la pagaye et traversa rapidement l'anse formée par l'embouchure de la crique et que celle-ci traversait comme le Rhône le lac de Genève. Puis, il vint aborder de l'autre côté dans le lit du ruisseau qui remontait en pleine forêt.

Un nouveau carbet de feuilles fut aussitôt construit en quelques minutes, puis, cet indispensable préliminaire de toute halte en forêt étant terminé,

Angosso se mit en devoir d'enivrer la crique. Quelques roches rougeâtres, criblées comme des éponges, appelées ici *roches à ravets*, émergeaient sur une des rives. Il s'accroupit sur l'une d'elles, saisit une botte de nikou, la trempa dans l'eau, l'assujettit sur une autre roche, et de sa main droite, armée d'un court et solide gourdin, frappa comme un sourd sur les sarments qui furent bientôt réduits en bouillie.

La sève se répandit de tous côtés, et teignit les eaux en une belle couleur d'opale.

— C'est tout? fit Robin.

— Oui, mouché, reprit l'homme en continuant rapidement sa besogne.

— Alors je puis t'aider, si ce n'est pas plus difficile que cela.

Et, joignant l'acte à la parole, le proscrit s'empressa d'imiter son sauvage précepteur. Toute la provision y passa. Les eaux de la crique, devenues laiteuses, se mêlèrent bientôt en tournoyant lentement à celles du petit lac. Elles devinrent nacrées à leur tour.

— Ah ! ça bon bon. Nous qu'attendé morceau, caba. (C'est très bien, attendons un peu maintenant.)

Le Boni, avec la sagacité particulière aux hommes de sa race, avait admirablement choisi son endroit. Telle était la configuration de son quartier de pêche, qu'il devait infailliblement trouver dans le lac, non seulement les poissons des eaux courantes, vivant dans la crique, mais encore ceux des savanes, ceux du Maroni et même quelques espèces habitant la mer, et que la marée amène jusqu'à ce point éloigné de près de vingt cinq lieues de l'Océan ; c'est-à-dire presque toutes les variétés de la Guyane.

L'attente fut courte. Angosso, de son œil émerillonné, aperçut bientôt quelques points indécis, flottant au centre du lac, agité de légers remous.

— Ça même... ou qu'à vini côté barrage.

Robin voulait y aller seul et laisser sa femme et ses enfants à la garde de Casimir et de Nicolas, mais ils insistèrent avec tant de chaleur qu'il les emmena tous. Comme la forêt était impraticable, ils montèrent dans la pirogue.

Quel singulier spectacle s'offre tout à coup à leurs regards. De tous côtés, le lac bouillonne. A l'avant, à l'arrière, à droite, à gauche du canot, des poissons de toute couleur, de toute nuance, de toute grosseur, montent du fond à la surface, s'éclipsent un moment pour remonter le ventre en l'air et flotter comme s'ils étaient morts. Ils ne sont qu'étourdis, enivrés par le nikou, incapables de fuir, de se cacher, de se défendre.

Ils sont là, par milliers, ouvrant la gueule, dilatant leurs ouïes, battant l'eau de leurs nageoires paralysées, avec des gestes incohérents d'ivrognes. Les uns ont dix centimètres, les autres jusqu'à un mètre cinquante.

L'embarcation se dirige vers le barrage où tous arriveront infailliblement poussés par le courant. Angosso, pour ne pas perdre de temps, assomme au passage d'un coup de sabre quelque aïmara récalcitrant, ou quelque requin-marteau, méchant animal auquel il en veut particulièrement.

Plus on approche du barrage, plus le fourmillement devient épais.

Les enfants, ravis, battent des mains. Les cris de joie retentissent. Le canot peut à peine passer, son étrave vient butter sur ce banc qu'Angosso entr'ouvre à grands coups de pagaie. C'est une fièvre, un délire, une véritable pêche miraculeuse.

On aborde enfin, après une formelle recommandation de Robin, qui enjoint à ses fils de ne toucher aucun poisson, car un grand nombre sont dangereux, la piqûre de quelques-uns est mortelle.

Il y a devant le barrage, plus de cinq cents kilos de poissons ivre-morts. Comment s'en emparer? Telle est la question adressée au Boni par Robin, car il ne faut pas penser à descendre dans la crique, au risque de mettre le pied sur une raie épineuse, ou d'être happé par un piraïe.

Angosso sourit d'un air entendu, et déroule sans mot dire son grand hamac, tressé en coton par les Indiens Roucouyennes, aux larges mailles, aux rabans solides, dans lesquels sont passées deux longues amarres également en coton.

Il le leste avec une pierre, le fait descendre au fond de la crique, tient une des amarres dans sa main, confie l'autre à Robin qui comprend du coup, puis tous deux, réunissant leurs forces, tirent jusque sur la rive le hamac transformé en filet et plein à éclater de tous les échantillons de la faune aquatique de la Guyane.

Les plus gros sont régulièrement assommés à coups de sabre au moment où ils quittent leur élément, et passent de vie à trépas comme les sectaires du Vieux de la Montagne après une copieuse absorption de haschisch. Le hamac-filet à peine vidé revient bientôt plein, et un véritable monceau s'élève, en dépit des protestations de Robin, qui dit que c'est assez.

Poissons plats, poissons ronds, avec ou sans écailles, à la gueule hérissée ou aux mâchoires lisses, aux dards empoisonnés, aux anneaux de serpent, aux formes étranges, glissent, roulent, soubresautent. Parassis (*mugil alba*), vieilles, louvines, mulets, turbots même qui ont remonté le fleuve, ainsi que le superbe machoiran-jaune (*silurus mystus*) aux reflets d'or, pesant dix kilos, aïmaras à la tête énorme, exquis en pimentade, koumarous à la graisse savoureuse, piraïes voraces, raies d'eau-douce, aux trois ou quatre paires d'yeux couleur de brique, aux piquants redoutables, counamis, massorons, carpes blanches, coulimatas, lunes, occarons, barbes-à-roches, véritables ventouses qui s'accrochent aux rochers, monstreux, bizarres, mais exquis, s'entassent mêlés à je ne sais combien d'espèces dont le nom ne figure dans aucun traité d'icthyologie, et qu'il faut désigner sous les noms que leur ont donnés les natifs.

Tels, le koulan, le poisson-agouti, à la tête évidée, ramassé à l'arrière, presque sans nageoire caudale, jaune roux comme l'agouti dont il rappelle la forme, le poisson-madame, petit, tacheté comme la truite, le poisson-crapaud, à la tête monstrueuse de batracien, à la peau brunâtre verruqueuse, délicieux, en dépit de l'horreur qu'inspire sa vue, la langue-morte, le patagaïe, le gorret, le papou, le prapra, l'ayaya, habitant les vases, le koulan particulier aux eaux douces, le kroupia, le zappat, ainsi nommé par les noirs, parce qu'il sert d'appât, analogue à l'éperlan, etc.

Parmi les espèces connues et souvent décrites, le gros-yeux (*cattus galbio*), vivipare long de douze à vingt centimètres, sans écailles, aux yeux énormes et saillants, d'une agilité prodigieuse; il s'élance hors de l'eau et parcourt en une dizaine de bonds successifs jusqu'à trente et quarante mètres. Il affectionne les rives plates et il est tellement abondant sur certains points, qu'on en tue souvent deux ou trois douzaines d'un coup de fusil chargé à plomb. C'est un manger sans pareil, ainsi que l'atipa et le gorret, qui sont pourvus d'une cuirasse analogue à celle du tatou, et d'où ils ne peuvent être retirés qu'après la cuisson. Enfin, pour clore cette longue et pourtant bien incomplète nomenclature, mentionnons un poisson bizarre entre tous, de la famille des silures et nommé le pémécrou.

Le Boni venait de fendre la tête à l'un d'eux, d'une taille colossale. Au grand étonnement de Robin, tout un clan de petits pémécrous, longs et gros comme une cigarette, s'échappèrent de ses branchies aux feuillets hypertrophiés, au point de former un gros bourrelet sous les ouïes.

Comme il manifestait toute sa surprise, Casimir lui fit une courte description des mœurs de ce curieux poisson. Le pémécrou, au moment de la ponte, recueille les œufs de la femelle et les loge dans les interstices semblables aux dents d'un peigne, dont la réunion constitue les branchies. Les petits éclosent et ne quittent pas, pendant les premiers jours, cet asile protecteur. Peu à peu, ils grossissent, et sortent sans s'éloigner de leur père, avec lequel ils marchent toujours de conserve. Au moindre danger, ce dernier ouvre ses ouïes comme une poule ses ailes, et tous les petits effarés viennent s'y blottir.

—Ça, bon papa, mouché, termina le noir, li quitter pitits, quand pitits fika forts. (Il quitte ses petits quand ils sont devenus forts.)

Et comme Robin avançait la main pour saisir l'un d'eux et l'examiner de plus près :

— Non, pas touché ça bête-là, compé. Li méchant, li piqué passé raie. (Ne touchez pas, compère ; il est méchant et sa piqûre est aussi dangereuse que celle de la raie.)

Angosso continuait toujours sa manœuvre, bien qu'il y eût là du poisson en quantité suffisante pour rassasier cent cinquante personnes. Mais le brave garçon ayant enivré une crique, il voulait que tous les habitants lui passassent par les mains. La seule concession qu'il put faire, fut de rejeter les plus petits. Ce monceau de victuailles l'affriandait. Il allait manger pendant trois ou quatre jours, gaspiller, gâcher sans besoin, pour endurer la faim peut-être la semaine suivante.

Qu'importe. Les Noirs comme les Peaux-Rouges ignorent l'économie. Quand on tue un maïpouri (tapir), la tribu tout entière, nombreuse ou non, s'attable devant cinq à six cents kilos de chair, et tous, grands et petits, jeunes ou vieux, se bourrent jusqu'à l'indigestion inclusivement.

Il s'arrêta pourtant un moment à la vue d'une grosse anguille, longue d'un mètre cinquante, et qui, moins ivre que les autres habitants de la rivière, ou peut-être déjà soustraite à l'influence du nikou, frétillait entre les herbes Robin leva son sabre.

— Pas coupé li, mouché, s'écria-t-il brusquement.

Trop tard, la lame s'abattit sur la tête du malacoptérigien ; mais, phénomène étrange, le sabre échappa soudain à la main du proscrit, et celui-ci ne put retenir un cri de surprise, presque de douleur.

— Ça, anguille-tremblante, dit Casimir. Michant bête-là.

— Oh ! papa, s'écrièrent les enfants. Cela t'a fait mal, dis ?

— Non, mes chers petits, répondit-il en souriant, non, ce n'est rien.

— Qu'est-ce que c'est, alors, qui t'a fait mal ?

— Une anguille électrique.

— Oh ! dit étourdiment Eugène, une anguille électrique, comme un télégraphe.

— Mais non, rectifia doucement Henri. Je vais te dire ce que c'est. Je le sais bien, je l'ai lu. C'est un poisson qui produit de l'électricité comme quand on tourne très vite la roue de verre d'une machine électrique entre les deux coussins. Alors, quand on y met un doigt, cela donne une grande secousse. Eh ! bien l'anguille donne aussi une secousse, comme si elle avait une machine électrique dans la tête.

« N'est-ce pas, papa, que c'est vrai ? »

— A peu près, mon enfant, et ta petite définition ne manque ni de justesse ni d'à-propos. Elle est bien incomplète, mais suffisante pour le moment. Nous aurons l'occasion d'étudier plus tard à loisir ce singulier animal. Sachez seulement que son contact est très dangereux, et que sa décharge électrique constitue pour lui un moyen d'attaque et de défense presque aussi terrible que la dent empoisonnée des reptiles.

« Soyez donc bien prudents, et ne touchez jamais à un animal ou à un insecte quel qu'il soit, sans que je sois près de vous.

— Anguille-tremblante, li bon, quand li boucanée, dit à son tour Casimir.

— Tiens, c'est vrai. J'avais oublié le boucanage. Mais je vois que si Angosso ne dit rien, il n'en travaille pas moins.

— Il nous prépare à manger, dit à son tour Mme Robin, et nous ne pouvons même pas l'aider. Comme notre civilisation est maladroite, comparée à leur prétendue sauvagerie.

— Nous sommes réunis depuis si peu de temps ! Et d'ailleurs, nous savons déjà enivrer une crique ; dans peu d'instants, nous aurons appris à boucaner non seulement le poisson, mais encore toutes les variétés d'animaux comestibles.

« L'adresse de ce Boni est vraiment surprenante. Quel incomparable bûcheron ! »

Angosso se démenait comme quatre. C'est que le brave garçon savait bien que tous les blancs avaient grand faim, que les tiraillements de leur estomac, un instant apaisés par les jaunes-d'œuf et le suc du balata, allaient recommencer plus douloureux que jamais.

Il enfonça d'abord dans le sol quatre pieux fourchus, qu'il réunit l'un à l'autre par quatre perches, de façon à posséder un carré parfait de quatre mètres, s'élevant de cinquante centimètres au-dessus de la surface de la terre. Vingt à vingt-cinq gaules, d'égale longueur, furent simplement posées sur cette légère charpente qui devint aussitôt un gril, — conservons-lui son nom de *boucané* — de dimensions respectables.

Les feuilles et les menues branches furent déposées sous ces barreaux parallèles. Puis, le Boni saisit un à un les poissons morts et les aligna dessus. Les enfants et leur mère voulaient l'aider dans cette facile besogne. Il s'y refusa énergiquement, et pour cause. On ne manipule pas impunément de pareilles bêtes. Tantôt, c'était la large mâchoire d'un aïmara agonisant qui se refermait brusquement, et dont Angosso évitait adroitement l'atteinte, tantôt c'était une raie qu'il saisissait délicatement et dont il enlevait les épines d'un coup de revers, tantôt enfin une anguille-tremblante qu'il décapitait.

Le boucané était garni. Le noir alluma le monceau de feuilles et de branchages verts d'où se dégagea une épaisse fumée. Moins d'une demi-heure après, deux autres grils de mêmes dimensions fumaient comme des fourneaux de charbonnage, pendant que l'air s'emplissait d'effluves très appétissantes, ma foi, s'échappant de ces primitifs et commodes appareils.

Ce n'est pas tout. Le boucanage, on le comprend facilement, est institué dans le but de conserver les aliments en les desséchant et en les imprégnant de fumée. Les viandes ne doivent pas être cuites, ni même grillées, mais simplement séchées. Aussi, cette opération est-elle fort longue et assez difficile. Elle exige près de douze heures de soins assidus. Si le feu ne doit pas être trop vif, il faut éviter de le laisser tomber. Le brasier ne doit être ni trop près, ni trop loin de la viande. On peut dire du boucanier ce que je ne sais plus quel Grimod de la Reynière disait du bon rôtisseur :

On devient cuisinier, mais on naît rôtisseur.

Il faut naître boucanier, sous peine de rôtir sans retour tout une fournée.

Aussi Angosso, tout en surveillant attentivement ses trois boucans, avait-il installé un petit brasier sur lequel crépitait en grésillant un superbe aïmara, en compagnie de deux douzaines d'atipas et d'une plantureuse raie épineuse.

Le premier dîner de famille des Robinsons allait être un repas d'icthyophages, auquel manquerait et le pain et le sel. Il n'en fut pas moins gai en dépit, ou plutôt à cause des protestations de Nicolas, qui, pendant toute cette succession d'incidents bizarres et imprévus, avait gardé un silence complètement inusité.

Nicolas voulait du pain. Il ne lui semblait pas plus difficile de trouver sur les arbres un pain de munition ou même un simple biscuit, puisque les uns fournissaient du lait et les autres des œufs durs. Et d'ailleurs, si le petit Henri avait lu dans les livres la description des anguilles électriques, lui, Nicolas, se rappelait parfaitement qu'on parlait d'arbres-à-pain. Tous les naufragés en avaient mangé. C'était imprimé. Tous les Robinsons possibles s'étaient nourris du fruit de l'arbre-à-pain. Il voulait, en sa qualité de Robinson de la Guyane, adopter le genre de nourriture habituel à ses collègues et devanciers. Il ne sortait pas de là, à la grande joie de ses amis, petits et grands, qui trouvaient que le poisson, quand on a bien faim, est une excellente chose.

— Mais, mon pauvre Nicolas, je vois que vos idées relativement aux produits de la zone torride américaine ont été déplorablement faussées. Vous vous imaginez que le *jacquier*, appelé par les naturalistes *artocarpus incisa*, ce qui vous laisse pour le moment bien indifférent, croît ici à l'état sauvage.

« Détrompez-vous, mon ami. Il est originaire de l'Océanie. On l'a introduit aux Antilles et à la Guyane, mais il faut le cultiver, ou tout au moins le planter. Si l'on en trouve par place dans les forêts, c'est sur d'anciens abattis abandonnés.

— Alors il faudra nous passer de pain, jusqu'à... plus faim.

— Calmez vos inquiétudes, nous aurons avant peu du manioc, et vous ferez alors connaissance avec la cassave et le tapioca.

— Oh! ce que j'en dis, c'est plutôt pour les enfants et pour leur mère que pour moi.

— Je n'en doute pas, mon ami, et je connais bien votre excellent cœur. Nous vivrons préalablement de poissons. D'autres l'ont fait souvent. Avant que nos provisions soient épuisées, nous aurons, je pense, assuré notre subsistance pour l'avenir.

Brusquement le soleil s'éteignit. La clairière où campaient les Robinsons ne fut plus éclairée que par les feux rougeâtres des boucans, sur lesquels crépitaient toujours les poissons; points lumineux perdus dans l'immensité, semblables à des lucioles immobiles.

Jusqu'à présent, les proscrits, pressés d'échapper aux dangers de toute sorte et à la faim, avaient à peine trouvé le moment d'échanger quelques pensées. Quand il est à ce point malheureux qu'il a perdu tout espoir, quand un péril immédiat et mortel le menace, quand il dispute à chaque seconde un lambeau d'existence à la mort, l'homme n'est plus surpris de rien. Les événements les plus imprévus, heureux ou malheureux, le trouvent impassible, et les faits les plus invraisemblables rentrent pour lui dans le domaine de la vie réelle.

Tel Robin. Il avait si souvent rêvé la liberté. Il avait depuis si longtemps escompté par la pensée la joie d'être réuni aux siens, que tout en goûtant un bonheur surhumain, dont nulle expression ne saurait donner une idée, il n'éprouvait qu'une surprise relative. Son rêve le plus ardent avait pris une forme palpable, son vœu le plus cher était exaucé, il ignorait pourquoi et comment, et il éprouvait à peine le besoin de le savoir, tant son âme était remplie.

Les enfants dormaient déjà, Henri et Edmond reposaient dans le hamac du

On l'entendit rugir près de la crique. (Page 131.)

Boni. Dix minutes d'exposition au soleil avaient suffi pour sécher cette couche transformée en engin de pêche. Mme Robin, assise près de son mari, tenait son jeune fils Charles endormi sur ses genoux, Robin regardait avec attendrissement le petit Eugène, que le sommeil avait surpris les deux bras noués au col de son père.

Le mari racontait son évasion à sa femme qui frissonnait, malgré sa vaillance, au récit des périls courus, des fatigues endurées. Elle détaillait à son tour les horreurs de la vie de misère subie à Paris, rappelait l'épisode de la lettre mystérieuse, les soins empressés et discrets tout à la fois dont elle avait été l'objet de la part d'inconnus, le voyage en Hollande, la traversée de l'Atlantique, l'arrivée à Surinam, les attentions respectueuses du capitaine hollandais qui parlait si bien le français.

Robin écoutait ému non moins qu'intrigué. Quels pouvaient bien être ces bienfaiteurs? Pourquoi ces précautions? Pourquoi dissimulaient-ils comme une mauvaise action cet immense service? Mme Robin ne trouvait pas davantage d'explication plausible. Elle avait encore en sa possession la lettre de l'homme d'affaires de Paris; l'écriture ne leur révéla rien.

L'ingénieur pensait, et non sans quelque raison sans doute, que des exilés, échappés aux commissions mixtes, avaient consacré leur temps et leur fortune au soulagement de leurs frères qui pliaient sous la chaîne du bagne. Un proscrit, célèbre entre tous, A... B..., avait pu se réfugier à la Haye; peut-être y avait-il lieu de reconnaître son intervention dans l'évasion de Robin. Quant au capitaine du cotre, sa stature d'athlète, son urbanité, sa bonté, tout semblait le désigner au fugitif comme étant C..., un officier de la marine française, qui avait réussi à quitter Paris dans des circonstances dramatiques. C... avait pris du service dans la marine marchande de la Hollande. Il croisait, à n'en pas douter, en vue des côtes de la Guyane, épiant une occasion favorable de venir en aide à ses coreligionnaires politiques.

Cette hypothèse était raisonnable entre toutes. Les deux époux l'admirent sans peine, tout en bénissant les auteurs de leur bonheur quels qu'ils fussent. Ce doux épanchement continuait, sans qu'ils eussent la moindre notion des heures écoulées. Les enfants dormaient, le Boni, attentif au boucanage, tronçonnait des branches et les jetait sur ses foyers quand ils pâlissaient.

Cet homme semblait charpenté en bois de fer. Ni les fatigues de la journée, ni les recherches du bois-enivré, ni la manœuvre de la pagaye, ni la construction des carbets et des boucanés, rien enfin ne paraissait avoir de prise sur son organisme. Tout en continuant sa besogne, [il jetait de rapides regards, sous les sombres voûtes qu'ensanglantaient les brasiers; il semblait inquiet, tourmenté.

Un grondement sourd, accompagné d'un souffle puissant, lui fit dresser la tête. Ce bruit rappelait le ronron d'un chat, mais cent fois plus fort. Puis deux points surgirent des herbes bordant la clairière, et fixèrent les bou-
·ans.

Robin l'interrogea à voix basse et apprit que ces deux lumières étaient produites par le rayonnement des yeux d'un tigre, à jeun sans doute, et qu'attirait l'odeur du poisson grillé. L'animal ne semblait pas d'ailleurs autrement pressé d'attaquer. A en juger par son ronron de matou en belle humeur, il était permis de penser qu'il avait le caractère assez débonnaire. Pourtant, ce voisinage inquiétait visiblement Robin; il saisit le fusil du Boni, et se prépara à envoyer un lingot de plomb à l'indiscret visiteur.

— Oh ! mouché, pas besoin fusil, dit doucement Angosso, coup fusil réveiller z'enfants. Mo fika (faire) bonne malice à tig' là.

Le noir avait une bonne provision de piment, de ce fameux poivre de Cayenne avec lequel on assaisonne, faute de sel, les ragoûts équatoriaux. Une parcelle suffit pour donner à la ration d'un homme une saveur âcre, mordante, à laquelle on s'habitue peu à peu.

Angosso, riant à la perspective de la bonne charge qu'il allait faire, prit un gros poisson à peu près desséché, pratiqua plusieurs trous dans la chair, et y introduisit une demi-douzaine de baies de piment, puis, il jeta à toute volée le poisson dans la direction où se tenait, comme un gros chat poltron, le tigre famélique.

— Tiens, michant bête, gourmand, dit-il en riant de plus belle.

Robin opinait toujours pour le coup de fusil, mais si l'animal était seulement blessé, que deviendraient les enfants exposés à sa fureur ? Du reste, à peine le poisson farci de piment avait-il touché la terre, que le félin l'enleva d'un coup de griffe, s'enfuit et disparut. Il dut l'avaler comme une fraise, bien qu'il pesât plus de deux kilos.

Moins d'un quart d'heure après, on entendit rugir près de la crique. Le Boni se tordait littéralement, sans que le proscrit, qui ignorait l'assaisonnement du souper, pût soupçonner la cause de cette joie.

Robin s'enquit du motif de cette hilarité, et son compagnon ne fit aucune difficulté pour le lui exposer.

— Tig' là gourmand passé (plus que) Indien. Li mangé poisson avec piment, piment chauffé stomac; et stomac tig' fika sec passé fer-blanc. (Le piment ronge l'estomac du tigre, et le rend plus sec que du fer-blanc). Tig' bu morceau di l'eau la crique. (Le tigre a bu de l'eau de la crique.)

— Et alors, il va être enivré comme le poisson ?

— Non, nikou enivré poisson oun sò (seulement). Li baïe colique trop beaucoup à tout moun, à tout bête. (Il donne de grandes coliques aux hommes et aux animaux.)

— Entendez; li pas content, non !

Le félin, en effet, semblait très mal à son aise ; il poussait des cris plaintifs, soufflait, geignait et grondait comme un chat malade. Puis, désespérant sans doute d'éteindre avec cette eau purgative le volcan qui flambait dans ses entrailles, il s'enfuit avec un grand bruit de branches froissées.

Le campement des Robinsons redevint calme et silencieux.

CHAPITRE VII

L'argent monnayé ne perd pas sa valeur sous l'équateur. — Situation sauvée pour vingt francs. — Les sous marqués font des « rouleaux », et les rouleaux deviennent des pièces de cinq francs. — Splendeurs mortelles. — Filles de la fièvre et des miasmes. — Le saut de l'Iguane. — Périlleuse manœuvre. — Le premier canotier du monde. — La barrière de récifs. — L'Abattis abandonné. — Après la disette, l'abondance. — L'*anse aux Cocotiers*. — La géographie des Robinsons. — L'habitation de *la Bonne-Mère*. — Architecture qui n'a pas été étudiée dans Vitruve. — Casse-cou ! — A travers bois. — Maison sans meubles. — La vaisselle ronde. — Poterie végétale. — Nicolas contemple à son grand étonnement des arbres nommés : l'*arbre à beurre,* l'*arbre à chandelles,* l'*avocatier,* le *fromager,* etc. — Echange de présents. — Les adieux du Boni.

La subsistance des Robinsons était donc assurée pour plusieurs jours, à la condition toutefois de suivre un régime presque exclusivement icthyophagique, de faire le carême, disait plaisamment Nicolas en s'éveillant. Bien qu'ils eussent lieu de se croire en sûreté, ils tinrent conseil dès l'aube, pour ne pas perdre de temps.

Il ne fallait pas songer à remonter le Maroni afin de pénétrer dans la haute Guyane. Non pas qu'il y eût quoi que ce fut à redouter de la part des Bonis ou des Indiens, mais l'arrivée des Européens ne manquerait pas de produire quelque sensation, la nouvelle ne tarderait pas à se propager jusqu'au pénitencier, sans mauvaise intention ; mais cette indiscrétion pourrait coûter à Robin cette liberté si chèrement achetée. On continuerait à s'enfoncer en plein bois. La crique semblait se diriger à l'Ouest. On irait donc à l'Ouest, en suivant le « chemin qui marche ». On s'arrêterait non loin de la source, autant que possible sur un point un peu élevé, découvert et éloigné des marais. Puis, comme disent les marins, on se débrouillerait afin de pourvoir à la subsistance de tous.

Malheureusement, ils étaient au moment de perdre leur plus puissant auxiliaire. Angosso avait rempli toutes ses promesses. Il parlait de retourner à son village et, comme il était le légitime propriétaire de la pirogue, son départ constituerait pour nos amis un véritable désastre. Il fallait le décider à pousser en avant, et ce n'était pas chose facile.

Nos pauvres Robinsons, vu leur dénûment complet, n'avaient rien à lui offrir pouvant exciter sa convoitise de sauvage. Pourvu d'un assortiment complet de couteaux à six sous, de colliers, de perles et de cotonnades, échangés à la factorerie d'Albina, Angosso était pour le moment un capitaliste désireux d'étaler ses trésors aux yeux de ses compatriotes.

Il résistait doucement, mais avec fermeté, à toutes les prières, et Robin constatait non sans angoisse qu'il ne pourrait peut-être pas le fléchir, quand, par le plus grand hasard, Nicolas sauva la situation. Il n'entendait pas un traître mot au patois nègre, il comprenait pourtant à la pantomime du proscrit que les affaires n'allaient pas.

— Est-il long à se décider, celui-là. Voyons, dit-il en interpellant le Boni vous êtes un bon garçon, n'est-ce pas, moi aussi. Entre braves gens, il y a toujours moyen de s'entendre.

Angosso, impassible comme un manitou d'ébène, écoutait sans interrompre et sans comprendre.

— A Paris, on pourrait à la rigueur trouver du crédit en souscrivant des billets, mais c'est une monnaie qui n'a pas cours ici, car je crois que les endosseurs sont rares. Si pourtant vous vouliez accepter un paiement en argent.. Ma foi, je paierais bien la course, et je donnerais un pourboire raisonnable.

— De l'argent... interrompit Robin, vous avez de l'argent ?

— Ma foi, oui, quelques vieilles pièces de cent sous qui se promènent dans ma poche... Tenez, dit-il au Boni en lui montrant cinq francs, connaissez-vous ces médailles-là, monsieur le sauvage ?

— Oh ! s'écria Angosso radieux, les yeux ouverts jusqu'aux tempes, les narines aplaties sur les joues, la bouche béante, ça, rouleau !...

— Tiens ! il connaît notre métal blanc, le naïf enfant de la nature. Bonne affaire alors. Il appelle ça un rouleau dans son patois ; au fait, les philosophes de la langue-verte les nomment bien des roues de derrière.

« Oui, estimable canotier, un rouleau, deux rouleaux, trois et même quatre rouleaux... Une fortune, en échange de votre péniche et de vos bons soins. Cela vous va-t-il ?

— Mouché, disait Casimir... mouché, ou gain sous marqués. (Vous avez des sous marqués.) Ou baïe deux rouleaux à Boni, li vini caba. (Donnez deux rouleaux au Boni, il viendra aussitôt.)

— Voyons, patron, vous qui connaissez le langage de ces insulaires, ayez donc l'obligeance de m'expliquer un peu ce qu'ils entendent avec leurs rouleaux et leurs sous marqués.

— C'est bien simple. L'unité monétaire, en Guyane, est le décime, mais ce décime n'est pas la grosse pièce de dix centimes qui a cours en Europe, c'est l'ancien liard de France en cuivre auquel on a donné arbitrairement la valeur de deux sous. On appelle cela des sous marqués. On les empile en rouleaux de cinquante comme des louis, de là le nom de rouleau donné à votre pièce de cinq francs par Angosso.

— Ou qu'à baïe mo rouleaux, dit-il enfin... mo qu'à vini. (Donnez-moi vos rouleaux, et je viens.)

— Mais certainement, mon brave homme, que je vais vous les bailler, avec joie. Entendons-nous, pourtant. Deux comptant, les voici, et les deux autres quand nous serons à destination. Voilà comment j'entends les affaires. Ça vous va, tope là !

Robin traduisit la proposition de Nicolas. Le Boni aurait bien voulu les quatre rouleaux, mais le Parisien fut inflexible.

— Mon garçon, quand je prends un sapin, je paie l'heure ou la course après, jamais avant. Et voilà.

Angosso maquignonna quelques moments encore, discuta pour la forme, puis consentit. Il prit avec une joie d'enfant les deux pièces, les fit sonner, les tourna, les examina, et finalement les noua dans un des coins de son calimbé.

— Pas bête, le voisin, termina Nicolas en manière de péroraison. Il prend son caleçon de bain pour porte-monnaie.

Rendons à Angosso cette justice, qu'aussitôt son engagement pris il se mit en devoir de le remplir. Il se hâta d'empaqueter les poissons dans de larges feuilles et de les déposer au milieu du canot, recouvrit de branchages verts cette cambuse improvisée, enroula son hamac, prit sa pagaye et s'installa à l'arrière en tâtant le coin d'étoffe qui recélait son trésor.

— Nous parti caba ? interrogea-t-il.

— Partons, répondit Robin après avoir installé sa femme et ses enfants aussi commodément que le permettait l'aménagement de l'embarcation.

Les ressources de cette intéressante famille étaient, hélas ! fort précaires, et la nomenclature en sera bien courte. Ils ne possédaient pas, comme leurs confrères et devanciers, les Robinsons des légendes, un vaisseau à leur portée échoué sur des récifs et dans lequel se trouvent tous les objets indispensables à la vie. Un navire est un monde. Il recèle tout, et les richesses qu'il renferme constituent une fortune pour des naufragés.

Mais combien est terrible la situation de ceux qui, dans un tel pays, manquent des choses les plus élémentaires, et se trouvent plus dénués encore que les hommes des époques préhistoriques, avec leurs armes et leurs engins primitifs. N'oubliez pas que sur ces huit fugitifs il y avait quatre enfants en bas-âge et une femme, plus un invalide : le pauvre vieux noir. Comme objet de première nécessité, deux petites caisses contenant quelques effets et un peu de linge, deux sabres d'abattis, une hache et une pioche sans manche, derniers débris échappés à l'incendie de la case, plus un fusil à deux coups, présent du capitaine hollandais. Comme munition, deux kilogrammes de poudre, quatre cents charges environ, et un peu de plomb.

Il faudrait donc tout inventer, tout fabriquer. Robin était plein d'espoir. Quant à Nicolas, il ne doutait de rien. La situation n'en était pas moins fort critique.

L'embarcation glissait vivement sur les eaux tranquilles, entre deux murailles de verdure, au fond desquelles serpentait, comme encaissée, la petite crique. De temps à autre, un gros martin-pêcheur, de la taille d'un pigeon, s'enfuyait en poussant son cri bref et saccadé ; des oiseaux-mouches, en quête d'insectes, bourdonnaient et rutilaient comme des écrins au soleil, pendant que des oiseaux-diables, jaseurs et familiers ainsi que des pies, mais aussi noirs que des merles, voletaient en piaillant. Puis une grosse houppe de plumes multicolores traversait lourdement la brèche en poussant d'assourdissantes clameurs : ara !... ara !... arrrra !... Le cri nous dispense de nommer l'oiseau. L'honoré solitaire chantait ses quatre notes : do, mi, sol, do, avec une incroyable justesse d'intonation, le cassique jetait son joyeux appel, le moqueur lançait son éclat de rire sarcastique, des macaques et des sapajous grimaçaient en se balançant par la queue, pendant que tout un monde de cigales, de criquets, de grillons, de sauterelles, grattaient furieusement leurs élythres.

A droite et à gauche, s'étalaient les merveilles de la flore tropicale. Il y avait de l'air et de la lumière, les fleurs surabondaient. Sur les longues et larges feuilles du barlourou, dont les tiges couvraient la berge, se détachaient les admirables fleurs de l'héliconia, aux pétales alternées, aux reflets de pourpre ; le cacaoyer sauvage, le splendide *padura aquatica*, ainsi nommé à cause de la ressemblance de son fruit avec celui du cacaoyer, émergeait des eaux légèrement saumâtres encore. Les voyageurs ne pouvaient se lasser de contempler ces admirables fleurs, dont les étamines nombreuses, veloutées, soyeuses,

Avec une vigueur et une adresse. (Page 142.)

fines, impalpable duvet, longues de plus de trente centimètres, se dressent en aigrettes d'argent et de corail. Et ces colosses, comme le wapa aux fleurs rouges disposées en panicules flamboyant ainsi que des panaches, l'ébène verte, couverte de pétales d'or, sous lesquels disparaissaient les feuilles, comme la chevelure d'une bayadère sous les sequins étincelants, le gayac, à la fève odorante, le mincouart au tronc percé à jour, et semblable à un faisceau de maillons de chaîne, l'iciquier, aux effluves balsamiques, le couraiari (*courataria guyanensis*), à la cime gracieusement arrondie, aux grandes fleurs argentées lavées de pourpre, disposées en épis axillaires, aux fruits ligneux, pointus, à l'opercule évasé, formant une tête, longs de quinze centimètres, dont la bizarre conformation rappelle un grand clou,— d'où le nom populaire de clou de Jésus-Christ. Le panacoco, aux « arcabas » gigantesques, les cèdres, les acajous, les sassafras, les simaroubas, les grignons, les wacapons, les bois de rose, les bois-violet, les carapas, les coupis, les courbarils, les génipas, les mahots, les boccos, les angéliques, les lettres-mouchetés, les satinés, les bagots, les moutouchis, les maria-congo, les canari-macaque, etc..., que sais-je encore !

Tous ces merveilleux végétaux, serrés à la base, confondus à la cime, enlacés par les lianes, couverts par les plantes parasitaires, semblaient plier sous la végétation supplémentaire qui les envahissait. Orchidées, broméliacées aroïdées[1], accrochées aux branches, étalées sur les troncs, incrustées aux écorces, exposaient les fantastiques nuances de leur inépuisable écrin. Coryanthes aux touffes pendantes, gynopétalons aux fleurs violettes à reflets bleuâtres, méléagria qui entourent les troncs de gracieuses collerettes feuillues, pendant que les fleurs portées sur de longs pédoncules, retombent jusque sur les racines, comme d'interminables queues d'oiseau de paradis.

Et les gongora, les stanhopœa, les brassia, les maxillaria, les brassavola, qui toutes rivalisent de grâce, d'éclat et de fraîcheur. Et les bromélia karatas, aux feuilles de plus de deux mètres, aux longues épines en crochets, véritables chevaux-de-frise aériens, les barbacenia houretia, aux fleurs multicolores comme un bouquet d'artifice, les tillandria aux épis garnis de belles bractées roses...

Le proscrit pouvait à peine les citer au passage et jeter aux enfants ravis et curieux, les noms de ces incomparables merveilles. A chaque instant il eût fallu descendre et rapporter quelques échantillons, mais Casimir et Angosso ne l'entendaient pas ainsi. Courbés sur leurs pagayes, ils nageaient avec énergie, comme s'ils avaient voulu fuir au plus vite ce spectacle enchanteur. Questions, prières, rien n'y faisait.

— Nous ké allé, grognait Angosso, dont la peau fumait comme une chaudière.

— Nous ké allé caba, vite, passé kariakou, renchérissait le lépreux. (Allons encore, plus vite qu'un kariakou.)

— Mais pourquoi? Sommes-nous en danger? Qu'y a-t-il? Parle, mon vieil ami.

[1] Seules dans le règne végétal, les aroïdées possèdent la curieuse propriété de dégager pendant leur floraison une chaleur appréciable au thermomètre.

— Ah ! compé. Nous gain la fièvre, si nous pas allé. Ça michant pays. Tout mouni, mouri caba côté nous fika. (Nous aurons la fièvre si nous ne fuyons pas. Ce pays est malsain. Tout le monde mourrait au lieu où nous sommes.)

Robin frémit. Il savait bien, qu'en certains points, la malignité des effluves marécageuses est telle, qu'il suffit d'y séjourner quelques heures pour contracter l'accès pernicieux.

Il lui semblait en effet [respirer je ne sais quelle odeur fade, douceâtre et écœurante de végétaux en dissolution. D'invisibles vapeurs de vases flottaient dans l'atmosphère épaisse que la brise ne renouvelle jamais, de ces vapeurs qui tuent les hommes et vivifient les fleurs. Cette terre putride, qui distillait à la fois des miasmes et des parfums, transsudait la mort.

La pirogue volait sur les flots lourds, stagnants comme ceux d'un lac asphaltite et saturés aussi d'impalpables détritus.

Trop juste et trop légitime, dit éloquemment l'admirable Michelet [1], l'hésitation du voyageur à l'entrée des redoutables forêts où la nature tropicale, sous des formes souvent charmantes, fait son plus âpre combat.

..... Le danger est plus grand peut-être dans ces forêts vierges, où tout vous parle de vie, où fermente éternellement le bouillonnant creuset de la nature.

Ici et là, leurs vivantes ténèbres s'épaississent d'une triple voûte, et par des arbres géants et par des enlacements de lianes, et par des herbes de trente pieds à larges et superbes feuilles. Par places, ces herbes plongent dans le vieux limon primitif tandis qu'à cent pieds plus haut, par-dessus la grande nuit, des fleurs altières et puissantes se mirent dans le brûlant soleil.

Aux clairières, aux étroits passages où pénètrent ses rayons, c'est une scintillation, un bourdonnement éternel, des scarabées, papillons, oiseaux-mouches et colibris, pierres animées et mobiles qui s'agitent sans repos. La nuit, scène plus étonnante, commence l'illumination féerique des mouches luisantes, et qui, par milliards de millions, font des arabesques fantastiques, des fantaisies effrayantes de lumière, des grimoires de feu.

Avec toute cette splendeur, aux parties basses clapote un peuple obscur, un monde sale de caïmans, de serpents d'eau. Aux troncs des arbres énormes, les fantastiques orchidées, filles aimées de la fièvre, enfants de l'air corrompu, bizarres papillons végétaux se suspendent et semblent voler. Dans ces meur-

[1] *L'Oiseau*, par Michelet. Lib. Hachette.

trières solitudes, elles se délectent et se baignent dans les miasmes putrides, boivent la mort qui fait leur vie, et traduisent par le caprice de leurs couleurs inouïes, l'ivresse de la nature.

N'y cédez pas, défendez-vous, ne vous laissez point gagner au charme de votre tête appesantie. Debout! debout! Sous cent formes le danger vous environne. La fièvre jaune est sous ces fleurs et le *vomito negro;* à vos pieds traînent les reptiles. Si vous cédiez à la fatigue, une armée silencieuse d'anatomistes implacables prendrait possession de vous, et d'un million de lancettes, ferait de vos tissus une admirable dentelle, une gaze, un souffle, un néant...

Les voyageurs accéléraient encore leur course. Il leur fallait à tout prix franchir cette zone marécageuse avant la nuit. Il leur eût été à peu près impossible d'atterrir et de se frayer un chemin à travers les broussailles. Du terrain humide et mou, susceptible d'engloutir un campement, s'élèverait aux heures sombres l'opaque brouillard dont les mortelles émanations ont reçu le nom de *Linceul des Européens.*

Après avoir évité les hommes, il était urgent d'échapper aux miasmes. Qu'elles sont longues et douloureuses, ces heures passées entre deux murailles végétales surchauffées, sur une rivière qui semble bouillir, sous un ciel bleu pâle que calcine le soleil de l'équateur. La bouche se parchemine, la gorge devient brûlante, le poumon ne peut plus aspirer cet air de haut-fourneau ; une dyspnée douloureuse survient, les oreilles tintent, les yeux s'obscurcissent. En dépit de l'immobilité la plus complète, une sueur dont on ne peut concevoir l'abondance, enveloppe le corps, coule en nappe du front dans les yeux, dans la bouche, roule sur le tronc, sur les membres, imprègne les vêtements, et tombe en pluie, pour s'évaporer bientôt.

Ce n'est pas sans une sorte de terreur, que l'homme le plus aguerri assiste impuissant à cette annihilation, à cette vaporisation de son être. Il sent ses forces diminuer. Il a conscience de cette rapide usure de son organisme. Ses traits se creusent, sa peau devient livide, ses oreilles jaunissent, l'anémie arrive foudroyante. Vienne la fièvre portée sur son invisible nuage de mycodermes, quelle proie facile pour elle!

Les Robinsons, grands et petits, supportèrent vaillamment cette épreuve. Il n'est pas besoin de dire que le Boni et Casimir, jouissant tous deux des immunités particulières à la race noire, semblaient ne pas s'apercevoir de la chaleur; ils évoluaient dans cette étuve comme deux salamandres humaines. En dépit de sa vigueur, Robin avait dû renoncer à la pagaye. Une pluie copieuse vint heureusement rafraîchir l'atmosphère. Les couches d'air fouettées par le grain devinrent bientôt respirables. Un long soupir de soulagement s'exhala de toutes les poitrines.

La crique s'enfonçait toujours dans l'Ouest. La nature des terrains se modifiait, et naturellement les essences végétales changeaient. Aux berges plates, molles, envahies par les plantes aquatiques, succédaient des bandes d'argiles mêlées de grès ferrugineux, de sables granitiques, et que déchiraient çà et là des roches dioritiques. Les eaux qui charriaient en abondance de l'oxyde de fer étaient vivement colorées en rouge. Des interstices des roches, s'élançaient droites et rigides, les longues tiges quadrangulaires de l'*euphorbe cactiforme* hérissées d'épines, l'immense panache de l'*agavé*, aux fleurs jaune-verdâtre, qui surgissent d'un monceau de feuilles larges, épaisses, charnues, longues de plus de deux mètres, et que terminent de véritables javelots. Là s'étageaient bizarrement les « articles » ovales et aplatis des *cactus nopals*, connus vulgairement sous le nom de *raquettes*, et couverts de fruits pulpeux appelés figues de Barbarie. Quelques iguanes gigantesques aux flancs d'émeraude bâillaient immobiles sur les rocs, regardaient passer d'un œil morne l'équipage de l'*Espérance*.

Angosso lâcha sa pagaie, saisit son arc, un sifflement aigu retentit, et un de ces inoffensifs sauriens, roula sur le dos, troué par le triple dard d'une longue flèche à hampe de *gynerium*.

Cette prouesse de l'adroit chasseur rompit le charme. Chacun sembla s'éveiller. Les enfants battirent des mains. Nicolas cria bravo !

— Ça, c'est enlevé; et lestement. Oh! la vilaine bête.

— Vilaine, mais délicieuse à manger.

— Oh! papa, dit Henri, on mange donc les crocodiles?

— Ce n'est pas un crocodile, mon enfant. Mais un iguane, une espèce de gros lézard inoffensif, à la chair excellente, et dont nous nous régalerons ce soir. N'est-ce pas, Angosso?

— Oui mouché, répondit le noir en sautant lestement sur le roc, ça bête là, li bon grillé.

— Si nous nous arrêtions ici pour camper, qu'en dis-tu ?

— Oh! mouché, ou qu'à vini morceau, dit-il, sans répondre à la question.

Robin prit pied à son tour sur le rocher, et regarda de tous côtés. La rivière faisait un brusque crochet et filait presque à angle droit vers le Nord. De ce point élevé de quelques mètres au-dessus du niveau de l'eau, le proscrit aperçut à travers une échancrure formée par un caprice du courant une colline bleuâtre éloignée de plusieurs lieues. En prêtant attentivement l'oreille, il lui sembla entendre un sourd murmure de cascade.

— Oh ! ce serait trop de bonheur ! Une montagne dont le sommet est inaccessible aux miasmes, que rafraîchit la brise, et un torrent qui coule le long de ses flancs ! Mes enfants, nous sommes sauvés ! Avant deux jours nous serons au terme de nos souffrances.

La crique s'élargissait pour la seconde fois, formant un lac encore plus étendu que celui où avait eu lieu la pêche miraculeuse. Une longue barre de rochers la coupait en biais. Les flots se brisaient avec un sourd frémissement sur les pointes aiguës, et roulaient sur les croupes noirâtres qu'elles lavaient sans relâche. Çà et là émergeaient de grosses masses sombres, aux flancs pommelés d'écume, drapés de mousses, hérissés de plantes grasses.

Cette barre se dressait comme une infranchissable muraille, d'au moins trois cents mètres de largeur, sur quatre mètres de hauteur moyenne. De chaque côté, s'étendaient à une distance incalculable des *pripris*, ou savanes noyées, à l'insondable fond de vase molle, aux herbes géantes, aux eaux moirées, peuplées de serpents d'eau, de caïmans et d'anguilles électriques.

Toute communication semblait interceptée entre le haut et le bas de la crique. Muraille ou cascade, l'obstacle était continu, sauf en un point, où il était coupé par une brèche large d'un mètre, et où se précipitaient les eaux avec une folle impétuosité.

— Si nous réussissons à franchir cette fortification, nous serons préservés de toute visite intempestive, dit après un moment de réflexion Robin, qui examina attentivement cette curieuse disposition. Mais pouvons-nous passer ?

— Nous passer bon bon (très bien), répondit avec assurance le Boni. Angosso passer partout.

— Mais, comment feras-tu ?

— Ça, mo z'affaire, mouché. Où qu'a passé, madame qu'a passé, ça mouché blanc là, — il désignait Nicolas, — pitits mouns, vié kokobé passé... Ou qu'a pas parlé caba...

Angosso, pour donner plus de solennité à son opération, demandait le silence ; chacun se tut. Il y avait un réel péril à tenter une semblable aventure. Seul parmi les habitants du Maroni, le Boni était peut-être capable de la mener à bien. Le canot, rangea au plus près le rapide, puis Robin, aidé de Nicolas et de Casimir, s'arc-boutèrent à des pointes de roc, et le maintinrent au bas de la muraille granitique.

Angosso, sans dire un mot, après avoir enroulé son hamac autour de ses reins, se hissa lentement, avec une vigueur et une adresse qui eussent fait l'envie d'un gymnaste. S'accrochant des pieds, des mains, des ongles aux racines, aux anfractuosités, il arriva sur la crête après un quart d'heure de travail surhumain.

Sans perdre un moment, sans même étancher le sang qui perlait en gouttes rouges de son torse et de ses membres déchirés, il déroula son hamac, aux rabans noircis avec le suc du *mani*, aux longues et solides amarres de coton. Il fixa ces amarres à une crête rocheuse et laissa pendre le hamac dans le vide.

— Ou qu'a monté, dit-il à Nicolas, en lui désignant le lourd et épais tissu de coton, qui ressemblait assez bien à une fronde immense.

— Ah! c'est moi qui vais essayer l'appareil, fit le Parisien. Ça me va. Une et deusse... en douceur, et du nerf...

Il n'avait pas achevé sa phrase, qu'à la grande stupéfaction du noir, il s'était en trois temps hissé, avec la prestesse d'un quadrumane, et avait pris place près de lui sur le roc.

— Voilà comment nous sommes, nous autres, dit-il en se rengorgeant. Avec deux sous de ficelle on grimperait aux tours Notre-Dame... à vous, patron.

— Non, pas *tig' blanc*. Li qu'a metté madame dans z'hamac. Là... ça même...

Mme Robin fut enlevée doucement par les deux hommes, qui réunirent leurs efforts, et une demi-minute après elle se trouvait aussi sur la barre de récifs. Ce fut ensuite le tour de chacun des enfants. Robin ne pouvait suivre la même voie. Ses forces, combinées à celles de Casimir, suffisaient à peine à maintenir l'embarcation chargée de provisions et que le courant menaçait à chaque instant d'entraîner. Angosso descendit, reprit sa place à l'avant de la pirogue, pria Robin de monter rejoindre les siens, et de hisser à son tour le vieillard.

Ils étaient enfin réunis sur cet étroit espace, environnés de tous côtés par les flots hurlant, attendant anxieux que le Boni terminât sa manœuvre. Ce dernier, cramponné d'une main à la barque, de l'autre à une racine, luttait énergiquement contre le courant.

— Baïe mo cord'là, z'hamac. (Jetez moi les cordes du hamac.)

Robin comprit, il fit glisser les deux amarres des rabans, les noua bout à bout, lança au noir une des extrémités et retint l'autre dans sa main.

— Tiens bon, Nicolas; il y va de notre vie.

— As pas peur, patron. Faudrait m'arracher le bras plutôt que de me déraciner de là...

Angosso fixa en un tour de main la corde à l'embarcation, et tenta d'engager le frêle esquif dans l'étroit chenal. Les deux blancs, debout à l'extrême rebord de la coupure, hâlaient doucement, pendant que le noir, impassible, fouillait de son « tacari » les flots furieux qui menaçaient à chaque instant de l'engloutir. Un faux coup de son instrument, une demi-seconde d'hésitation, et c'en était fait. L'amarre, tendue à se rompre, craquait... Le Boni voit le péril. Dût sa poitrine être écrasée par le tacari sous la poussée du flot, il passera. Le brave garçon, concentrant son incomparable vigueur dans un dernier et formidable effort, se cambre en arrière, se jette à corps perdu sur ce morceau de bois qui plie comme un arc sous la main du chasseur.

Au risque de briser l'amarre, les deux blancs impriment une brusque secousse. Le tacari se détend sans que le torse de l'athlète noir fléchisse ; la barque, lancée en avant par cette irrésistible poussée, vole sur le flot en fureur, disparaît un moment dans un tourbillon d'écume, pour reparaître bientôt, après avoir en quelque sorte troué la cascade.

Cinq secondes après, le brave Angosso abordait près de nos amis en poussant un long cri de triomphe. Il venait d'accomplir un de ces tours de force dont les seuls noirs de la haute Guyane sont susceptibles. Pour bien comprendre la difficulté presque insurmontable d'une telle entreprise, qu'il suffise au lecteur de savoir que la barre n'avait pas plus de cinq mètres de largeur, et que sa hauteur dépassait trois mètres !

Le soleil déclinait. Il fut décidé que l'on passerait la nuit sur les rochers. On fit choix d'une place bien nette, sur laquelle furent étalées les feuilles formant la toiture recouvrant l'*Espérance*, et chacun s'endormit après avoir absorbé un bon morceau de poisson boucané.

Le lendemain, dès l'aube, on mit le cap sur la montagne aperçue la veille dans les brumes du lointain, le lac fut franchi, la côte se rapprocha bientôt tant la proximité du but donnait d'ardeur aux pagayeurs.

Phénomène singulier, la végétation subissait encore une deuxième transformation. Au fond d'une petite anse s'élevaient de grands palmiers qui semblaient être des cocotiers. Quelques bananiers montraient également leur panache aux feuilles immenses, puis d'autres arbres bien distincts comme forme de ceux que l'on trouve habituellement dans les forêts, étalaient presque jusqu'à terre leurs branches portées sur des troncs bas et trapus. On eût dit des manguiers.

Une folle profusion de végétaux parasitaires, herbes géantes, lianes inextricables, plantes vertes, épaisses comme une muraille, drues et serrées comme des tiges de blé, couvrait le sol, et ne laissait apercevoir que la partie supérieure des arbres entrevus par les voyageurs.

Enfin, une brèche immense, affectant de la forme d'un triangle isocèle dont le sommet s'appuyait au sommet de la colline et la base sur la petite anse où

Casimir s'avance le premier. (Page 149.)

flottait l'*Espérance*, semblait pratiquée à travers les géants séculaires de la forêt vierge. Des plantes, dont il était impossible, vu l'éloignement, de déterminer l'espèce, s'étendaient sur ce versant en un tapis offrant à l'œil tous les tons de verdure, depuis le vert pâle de la canne à sucre jusqu'au vert épais et foncé du manioc.

— Mon Dieu, dit Robin, je crains de me tromper... Pourtant, ces arbres que l'on trouve seulement dans les grands bois quand ils ont été apportés par l'homme, cet envahissement par les parasites d'un terrain jadis déblayé, ce pan de forêt abattu... Tout semble indiquer que ce lieu n'a pas toujours été désert.

« Casimir!... Ne sommes-nous pas en face d'un ancien abatis?

— Oui, compé ; ça même, vié z'abatis.

— Chère femme, chers petits, je ne m'étais pas trompé hier, avant de franchir le rapide. Ce coin perdu a été habité jadis, il y a bien longtemps sans doute, par des hommes comprenant merveilleusement la culture. Il est maintenant abandonné ; à nous de tirer parti des richesses qu'il contient.

La pirogue aborda bientôt sur une petite plage ombragée de splendides cocotiers, et dont par bonheur le sol avait été respecté par les plantes vivaces.

Angosso, aidé de Robin et de Nicolas, se hâta de fabriquer deux carbets dont l'un devait servir d'abri provisoire à la famille, et l'autre de magasin à provisions. On y déposa le poisson séché, puis on tint conseil sur l'urgence des travaux à exécuter. Ce conseil débuta par une interpellation d'Henri.

— Père, dit l'enfant, qu'est-ce donc qu'un abatis?

— Depuis que tu es un gentil Robinson et un vaillant coureur des bois, tu as remarqué, n'est-ce pas, mon cher fils, que tous ces grands et beaux arbres de la forêt vierge ne produisent pas de fruits alimentaires et qu'il est impossible de planter ou de semer quoi que ce soit dans le sol qui les porte.

— Oui, père, puisque les plantes n'auraient pas de soleil.

— C'est parfait. Que fait l'homme poursuivi toujours par l'impérieux besoin de manger? Il s'arme d'une hache, renverse tous ces géants, fait place nette, en un mot. Au bout de trois mois, ce bois est sec, il y met le feu, et le sol à peine refroidi est propre à recevoir l'arbre fruitier ou la graine alimentaire.

— Ah! bon, je comprends. On appelle ces champs-là des *abatis*, parce qu'il a fallu d'abord abattre les arbres qui s'y trouvaient.

— Tout simplement ; l'action désignée par le verbe a subsisté et a servi d'appellation non seulement au sol débarrassé, mais encore au champ ensemencé et planté.

— Mais, savez-vous-bien, patron, que la culture ne me paraît ni bien difficile, ni bien pénible ici, dit à son tour Nicolas. On n'a nullement besoin, à ce que je vois, de charrues, de herses, d'engrais, ni même de pioche. Il suffit d'un morceau de bois pointu, d'un trou dans le sol ; la pluie et le soleil se chargent du reste.

— Vous oubliez les difficultés résultant de l'abattage des arbres.

— Peuh ! avec une bonne hache, on joue sa partie de quilles là-dedans, et ça doit dégringoler à plaisir.

— Vous m'en direz des nouvelles dans quelques jours. Et notez bien que nous n'aurons qu'une besogne relativement minime qui consistera à reconquérir sur les plantes sauvages cet abatis abandonné depuis dix ans au moins.

« Savez-vous, mes chers amis, que notre nouvelle propriété est admirablement située, et fort judicieusement plantée, continua le proscrit en inventoriant d'un rapide regard les végétaux épars de tous côtés.

— Y a-t-il des arbres à pain ? demanda Nicolas qui, on s'en souvient, avait une prédilection toute particulière pour les fruits bizarres constituant à eux seuls un mets tout entier.

— Il y a des arbres à pain, reprit en souriant Robin, j'aperçois aussi des goyaviers, des passiflores quadrangulaires ou barbadiniers, des coumiers ou poiriers de la Guyane, des sapotilliers, des poivriers, des muscadiers, des pommiers-cythère, des orangers,... des citronniers.....

— Mais, c'est un paradis... Un paradis terrestre, s'écria le brave garçon enthousiasmé.

— Tu oublies le cotonnier, dit à son mari Mme Robin, qui effilait entre ses doigts une houppe soyeuse enlevée à un arbrisseau de sept à huit pieds, portant en même temps des fleurs jaune pâle, à taches pourpres près de l'onglet.

— Du coton !... Ta découverte, ma chère femme, est un trésor. Nous sommes assurés d'avoir des vêtements. Cet échantillon est admirable. C'est le *gossypium herbacœum*, une des espèces les plus robustes et dont la croissance est la plus rapide.

« Voyons, il s'agit de ne pas perdre de temps et profiter de la présence d'Angosso. Nous allons partir en exploration avec Casimir. Vous, Nicolas, vous resterez avec les enfants et leur mère. Bien qu'il n'y ait aucun danger, ne les quittez pas d'une minute. Vous avez d'ailleurs un fusil. Et maintenant, mes chéris, ne vous écartez pas. Il y a peut-être non loin d'ici quelque vilain serpent dont la rencontre serait terrible.

— Patron, comptez sur moi. Je garde la faction jusqu'à ce que vous m'en ayez relevé.

Les trois hommes s'armèrent chacun de leur sabre. Le Boni prit en outre sa hache. Le proscrit embrassa sa femme et ses enfants, serra la main du Parisien, puis ils pénétrèrent rapidement dans l'épais taillis en s'ouvrant un chemin à coups de sabre.

La journée se passa sans encombre, et le soleil allait disparaître quand ils revinrent harassés, la face et les mains lacérées, mais radieux. Vous dire si l'on fit fête au poisson boucané, aux bananes, aux patates et aux ignames rapportées de l'expédition, serait superflu. Nicolas connut enfin les joies de l'arbre à pain. Le brave garçon éprouva pourtant un mécompte. Il s'attendait à mieux. Non pas qu'il trouvât que ce fut mauvais, mais cela vous avait un petit goût...

— Eh bien! demanda Robin, quand la faim fut un peu apaisée, comment se sont comportés nos Robinsons?

— Nos Robinsons, répondit la mère, ont été charmants. Ils ont étudié! Oui, mon ami, étudié. Ils ne veulent pas être des ignorants, de petits sauvages blancs.

— Et qu'ont fait nos petits savants?

— Ils ont fait « une » géographie.

— De la géographie, veux-tu dire..

— Non, mon ami. Je maintiens le mot. Une géographie. A tout seigneur tout honneur. Henri, pouvant revendiquer la paternité de l'idée, parlera le premier. Henri, comment s'appelle la crique où nous avons abordé après avoir franchi le saut Hermina?

— Elle s'appelle la *crique Nikou*, en souvenir du Robinia Nikou.

— Edmond, quel nom as-tu donné au lac qu'elle traverse?

— Le *lac Balata*... en souvenir du bon lait que nous avons bu.

— Edmond a la reconnaissance de l'estomac.

— Moi, interrompit vivement le petit Eugène, j'ai appelé les vilains rochers...

— C'est un rapide, un saut, mon enfant, continua gravement la mère.

— ... Le *saut de l'Iguane*... c'est Iguane, qu'on dit, n'est-ce pas, maman?

— Oui, mon cher enfant. Quant au point où nous sommes présentement, nous l'avons nommé, sauf avis contraire, l'*anse aux Cocotiers*. Tu vois, mon ami, que nous avons tous collaboré à cette nomenclature qui a le double mérite d'être simple et de perpétuer nos souvenirs.

— Mais, c'est parfait, c'est charmant, fit l'heureux père attendri. Et toi, mon petit Charles, tu n'as rien ajouté à cet important travail?

— Moi, je suis trop petit... quand je serai grand, tu verras, dit le bébé en se dressant sur la pointe des pieds.

— Et vous, demanda M™° Robin, qu'avez-vous trouvé? Etes-vous contents?

Le résultat a-t-il répondu à vos espérances ? Il me semble, en voyant les traces des épines, que vous avez dû enlever des taillis d'assaut.

— La bataille a été rude, mais le succès complet. Nous nous sommes pour aujourd'hui imposé la plus extrême discrétion... Ne m'en demande pas davantage.

— Alors il y aura une surprise.

— Dont je te prie de me laisser toute la joie.

L'attente ne fut pas longue. Le proscrit et ses deux compagnons firent encore deux absences d'égale durée, puis, le soir du troisième jour, les habitants de l'anse aux Cocotiers tressaillirent de joie en entendant ces simples mots :

— Nous partons demain matin.

La distance n'était pas considérable, mais quel chemin ! Si toutefois l'on peut donner ce nom à un sentier à peine tracé au sabre d'abatis, au milieu d'un inextricable fouillis de végétaux de toute sorte, hérissé de tiges tranchées en biseau à hauteur du genou, et parsemé de racines en formes de petites ogives, assez semblables à des étriers, et que les naturels appellent « z'oreilles-chien ». Cet ingénieux casse-cou est admirablement construit pour faire tomber à chaque pas le voyageur. S'il n'a pas la précaution de bien lever la jambe, son pied s'engage dans l'anse, et il s'en va donner de la face sur la terre avec une intensité proportionnelle à la rapidité de sa marche.

Nous ne parlons que pour mémoire de la rencontre des serpents. D'autant plus que Casimir s'avance le premier et qu'il frappe de droite et de gauche les taillis avec une longue perche feuillue. Nicolas portant le petit Charles lui emboîte le pas. Vient ensuite Mme Robin, appuyée sur une tige de « counanan », puis Robin tenant sur ses robustes épaules Eugène et Edmond, puis Henri qui marche comme un homme. Enfin, Augosso, armé du fusil, forme l'arrière-garde.

Le sentier, tracé en ligne droite, monte au bout de trois cents mètres environ. Bien que la pente soit très douce, la marche est horriblement pénible. N'importe ; nul ne dit un mot, les enfants eux-mêmes ne laissent échapper aucune plainte.

Enfin, après une course de deux heures coupée d'une halte, la petite troupe débouche dans une vaste clairière située à mi-côte de la colline, et sur une sorte d'esplanade large de plus de deux cents mètres.

Une exclamation de bonheur échappe à Mme Robin, à la vue d'une grande case qui se dresse gracieusement au milieu de l'espace découvert. Les enfants oublient leurs fatigues et s'élancent en poussant des cris de joie.

— Moi aussi, ma chère et vaillante femme, dit avec une profonde émotion Robin, dont la voix tremble légèrement, j'ai fait un peu de géographie pendant ton absence. J'ai donné à cette habitation le nom de la *Bonne-Mère*.

« Cette appellation te convient-elle?

— Oh! mon ami, combien je suis heureuse! comme je te remercie!

— Eh bien! entrons donc à la Bonne-Mère.

Les trois hommes avaient réalisé un tour de force. Il est vrai que le Boni était passé maître ès architecture coloniale, que les doigts du pauvre lépreux possédaient encore une dextérité sans pareille, et que les travaux du pénitencier avaient, hélas! fait de l'ingénieur un charpentier sans égal. Aussi, cette case dans la confection de laquelle ne sont, et pour cause, entrés ni un clou ni une cheville, est une véritable merveille. Elle ne mesure pas moins de quinze mètres de longueur, sur cinq de largeur, et trois cinquante de hauteur jusqu'à la toiture. Les murailles légères, tressées en fins gauletages perméables à l'air, mais non à la pluie, sont percées de quatre fenêtres et d'une porte.

Elle peut impunément braver la rafale, car les quatre piliers, formant le gros œuvre de la construction, sont quatre arbres vigoureux, solidement implantés dans le sol par de profondes racines, et dont le tronc a été coupé au niveau de la base du toit. Ces arbres ont été réunis entre eux par quatre poutrelles attachées avec des fibres d'*arouma arundinacœa*, consolidées elles-mêmes par des lianes de *bignone-osier*. Les chevilles cèdent quelquefois, les mortaises éclatent souvent, ces lianes indestructibles valent mieux que le fil de fer galvanisé.

Sur ce rectangle a été dressée une toiture en feuilles de *waïe* dont les chevrons en *bois-canon*, extrêmement léger, sont reliés à leurs extrémités par le même procédé. Nous avons déjà parlé du *waïe*. C'est un beau palmiste à tige très courte, formant un énorme bouquet plutôt qu'un arbre. Ses feuilles sont composées. La nervure médiane a souvent quatre mètres de longueur, et les folioles atteignent jusqu'à cinquante et soixante centimètres. Elles s'insèrent des deux côtés comme les barbes d'une plume. L'ouvrier qui veut en faire une toiture rabat sur celles qui leur sont opposées les folioles insérées de l'autre côté, les tresse à la base à la façon des paillassons des maraîchers. Il possède de la sorte une surface plane de quatre mètres de long sur cinquante centimètres de large, qu'il pose sur les chevrons, et immobilise comme les poutres avec les fibres de l'*arouma*. Ces folioles tressées, mises bout à bout en longueur, superposées et imbriquées en largeur, forment bientôt un toit absolument imperméable qui dure plus de quinze ans, et que ne peuvent détériorer ni le vent, ni le soleil, ni la pluie. Les feuilles, d'abord vert tendre, prennent en vieillissant une belle nuance maïs du plus agréable aspect.

Les chevrons dépassent sur chaque façade la muraille de plus de deux mètres de façon à former une large galerie couverte. La case enfin est séparée en trois parties. L'une forme le dortoir commun de la mère et des enfants, celle du milieu servira de salle à manger; on pourra en outre y tendre aussi des hamacs pour Nicolas et Robin. La troisième sera le magasin, confié à la garde de Casimir.

Le sol, purifié par le feu, ne recèle plus les hôtes incommodes qui avaient jadis élu domicile parmi les herbes et les racines. Les abords sont entièrement dégagés; partout circulent l'air et la lumière. Deux beaux manguiers, deux arbres à pain, plusieurs calebassiers ombragent agréablement la case, et une épaisse broussaille, hérissée d'épines, mais chargée littéralement de ces petits citrons de la Guyane à l'écorce aussi mince que l'ongle, s'étend comme une haie derrière la partie réservée aux enfants.

Robin fit visiter non sans orgueil cette belle habitation aux nouveaux venus. Les enfants et leur mère étaient radieux. Chez Nicolas, la joie se compliquait d'une forte dose d'étonnement.

— Savez-vous bien, patron, que nous allons être logés comme de véritables ambassadeurs.

— Calmez votre enthousiasme, mon cher enfant. Les ambassadeurs ont des tables, des lits, des meubles, des ustensiles de cuisine, de la vaisselle, et nous n'avons même pas une assiette ni une bouteille.

— Tiens, c'est vrai, fit le Parisien un peu refroidi... Nous coucherons par terre, nous mangerons avec nos doigts et nous boirons dans des feuilles roulées en cornet. Ça peut être drôle pour un moment; je vous avouerai, entre nous, que je ne serais pas fâché d'avoir un peu de vaisselle plate.

— Nous en ferons, Nicolas. Tranquillisez-vous, mon ami. Je vous dirai tout d'abord que nous avons des arbres qui portent une superbe batterie de cuisine.

— A un autre que vous, patron, je dirais : Quelle plaisanterie. Mais du moment que vous me l'affirmez... J'ai d'ailleurs vu de si drôles de choses.

— Et vous en verrez bien d'autres, mon cher. Votre désir relativement à la vaisselle va être promptement exaucé. Ce ne sera pas de la vaisselle plate, mais nous serons forcés quant à présent de nous en contenter.

« Vous voyez cet arbre qui porte de gros fruits verts, assez semblables à des citrouilles ?

— Je l'ai remarqué tout d'abord, et j'ai pensé que si le paysan de la fable avait reçu un gland de ce calibre-là sur le nez, il ne serait pas rentré chez lui en trouvant que tout était pour le mieux.

— Eh bien ! voici nos assiettes et nos plats.

— Tiens, c'est vrai. Ils appellent ça ici des « couïs », si je ne me trompe.

— Vous avez raison. Faisons comme eux.

— Cela ne doit pas être bien difficile.

— Essayez. Je vous préviens pourtant que vous ne réussirez pas tout d'abord si vous ne possédez pas le secret de la fabrication.

— Vous allez voir.

Le brave garçon, sans perdre un moment, se haussa sur la pointe des pieds, saisit à deux mains une courge grosse comme la tête accrochée à une petite branche du volume d'un manche de porte-plume, et qui pliait à se rompre. Il prit son couteau, et chercha à entamer l'écorce luisante et polie. Peine inutile, la lame glissait, tailladait en zigzags la mince pulpe verte. Nicolas crut faire un coup de maître en enfonçant la pointe, comme s'il voulait trancher un melon.

Crac !... et voici la calebasse éclatée en cinq ou six morceaux informes. Et chacun de rire, comme bien vous pensez. Une seconde tentative eut un même résultat, une troisième allait amener un nouvel échec quand Mme Robin intervint.

— Ecoutez-moi, Nicolas, dit-elle. Je me souviens d'avoir lu jadis que les sauvages séparaient fort adroitement les calebasses en deux parties égales, en les serrant fortement avec une ficelle ; si vous essayiez avec une liane ?

— Merci, madame, de votre avis, il doit être bon. Mais je suis si maladroit que je n'ose pas.

— A mon tour alors, répartit Robin, qui, pendant que le Parisien s'escrimait vainement, avait employé le procédé qu'il connaissait fort bien aussi.

La liane avait par sa pression tracé un mince sillon dans la carapace végétale, et l'ingénieur n'eut plus qu'à passer légèrement la pointe d'un couteau pour obtenir deux hémisphères, dans lesquels n'existait pas la moindre fêlure.

— Ce n'est pas plus difficile que cela.

— Que je suis donc bête, reprit le brave garçon tout confus. C'est tout à fait comme si je voulais couper un morceau de verre sans diamant.

— Votre comparaison est parfaitement juste, mon ami. Il nous reste à sec-

Oh! murmura-t-il, li beau! (Page 156.)

tionner une douzaine de calebasses, puis nous arracherons la pulpe qui les remplit...

— Puis nous les mettrons sécher au soleil et...

— ... Et elles éclateront tout net, si vous n'avez pas la précaution de les remplir de sable bien sec. Nous pourrons par la même occasion nous offrir une douzaine de cuillers. Quant aux fourchettes, on verra plus tard.

— En vérité, je vous assure, patron, qu'en nous voyant encore il y a quelques jours si dénués de tout, je n'aurais jamais osé espérer un changement aussi rapide. C'est vraiment prodigieux.

« Ce qui me surpasse, c'est qu'ici, toutes les choses indispensables à la vie croissent sur les arbres. Il n'y a qu'à se baisser et à en prendre.

— Vous voulez dire à se hausser... Si ces arbres vivaient en famille, s'ils se rencontraient dans les bois à l'état sauvage, la zone équinoxiale serait, comme vous le disiez tout à l'heure, un paradis terrestre. Mais, hélas ! il n'en est pas ainsi. Qui sait au prix de quelles fatigues cet abatis, que les hasards de notre destinée nous ont fait trouver, a été ainsi agencé ? Combien de patientes recherches, guidées par une merveilleuse entente de la colonisation, n'a-t-il pas fallu pour réunir ici la plupart des végétaux utiles, originaires du pays, et ceux qui ont été introduits depuis la découverte du Nouveau-Monde ?

« Je le répète, la destinée, jadis si cruelle à notre égard, nous a traités en enfants gâtés. Que fussions-nous devenus dans cet incommensurable désert de plantes stériles, sans abri, sans vivres, presque sans instruments ?

« Le gibier est peu abondant, et la chasse demande des armes et une aptitude toute spéciale. La pêche !... Nous connaissons le Nikou depuis quelques jours seulement.

« La terre sera donc notre unique ressource. Nous trouverons des aliments sains et abondants sur les arbres et dans le sol.

— Oui, les arbres... dit en aparté Nicolas, songeur. On trouve de tout, sur ces arbres, quand on a la chance de les rencontrer.

— Je vous disais tout à l'heure que vous en verriez bien d'autres. Ce sera avant peu ; quand nous aurons pourvu aux plus pressants besoins de notre installation. J'ai trouvé en quelques heures des trésors inestimables. Il y a sur le haut de la colline des cacaoyers et des caféiers. Cette découverte a bien son importance.

« Que dites-vous de l'*arbre-à-beurre* ?... et de l'*arbre-à-chandelles* ? et du *savonnier* ? »

Nicolas, qui voulait connaître des arbres aux produits tout à fait inusités, passait de l'étonnement à la stupeur.

— Ce n'est pas tout, et je ne vous parle que pour mémoire du *roucouyer*, du *cannelier*, du *giroflier*, du *muscadier* et du *poivrier ;* mais l'*avocatier* méritera votre attention.

— Un arbre sur lequel poussent des *avocats* !...

— Oui, des avocats...

— Et ça se mange ?

— Ça se mange.

— Ah !... fit-il effaré.

— Passons, si vous le voulez bien, sur l'ipécacuanha, le caoutchouc et le ricin, et arrivons au *fromager*.

— M'sieu Robin, je vous regarde comme un homme sérieux, et vous ne voudriez pas vous moquer d'un pauvre garçon comme moi. Mais avouez entre nous que c'est raide. Voilà maintenant un arbre sur lequel poussent des gruyère, des mont-dore, des roquefort ou des camembert...

— Non. Vous n'y êtes plus. Le fromager ne produit pas de fromage.

— Pourquoi alors lui donner ce nom qui me met la double crème à la bouche ?

— Parce que le bois du *bombax* — bombax est son nom scientifique — est blanc, mou, poreux, et assez semblable à du fromage. Ses fruits et sa gomme ne sont pour nous d'aucune utilité. Mais il porte de longues épines aussi dures que le fer. Ces épines nous serviront de clous. Quant au duvet si fin, si soyeux, qui entoure ses graines, nous l'utiliserons en guise d'amadou.

« Eh bien ! êtes-vous content de cette leçon à bâtons rompus de botanique équinoxiale ?

— Je suis ravi, enchanté. Du moment que la nature remplit si bien sa fonction de mère-nourrice, à moi de recueillir ses produits...

— Dites : à nous, mon cher enfant.

— C'est manière de dire, monsieur Robin. Voyez-vous, je compte travailler comme quatre, employer mon temps, mettre tout ça en ordre, fabriquer des ustensiles, faire la récolte, enfin devenir un véritable Robinson, tel qu'il n'y en a jamais eu dans les livres.

— Je ne doute pas de votre bonne volonté, mon ami. Je connais votre vaillance. Nous allons dès demain entreprendre une lourde tâche. Les enfants ne pourront pas de longtemps prendre part à nos travaux. Il nous faudra pourvoir à leur subsistance, à celle de leur mère. Mon vieux Casimir, en dépit de son courage, est bien affaibli par l'âge et la maladie.

« C'est sur nous deux que repose presque exclusivement le souci de l'approvisionnement. Le brave Angosso va nous quitter.

— Tiens, c'est vrai. Ce bon sauvage... Quand je dis sauvage, cela signifie, sans mauvaise intention, un particulier qui n'a jamais vu la colonne de Juillet. Je m'étais attaché à lui. Ce que c'est que de nous ! Autrefois, les nègres me produisaient un drôle d'effet, tandis qu'aujourd'hui je vois qu'il y a de bien bonnes gens parmi eux.

« A propos, vous me rappelez que j'ai de l'argent à lui donner. Il faut qu'il passe à la caisse...

« Hé ! Angosso !... Angosso !

— Qué ça oulé, mouché, fit le noir.

— ... Ça oulé... ça oulé... Je veux te donner tes deux pièces de cent sous, tes sous marqués ; les rouleaux, quoi.

— Ah ! oui. Mo content.

— Moi aussi, je suis content. Nous sommes tous enchantés de tes services. Voici la somme, mon camarade, termina-t-il en lui remettant ses deux pièces de cinq francs.

Le noir, après avoir reçu son salaire, resta un moment bouche béante devant le Parisien. Ses deux gros yeux de porcelaine contemplaient avec une ardente fixité la chaîne d'argent aux « coulants » de jade vert, à laquelle était attachée la montre de Nicolas.

— Oh ! murmura-t-il, li beau !

— Vingt-trois francs trente, à la foire aux pains d'épices. C'est pour rien.

— Li beau trop beaucoup !

— Peuh ! un pauvre petit article de Paris. Tiens, dites donc, m'sieu le Boni, si le cœur vous en dit, l'objet est à votre service. Vous vous êtes assez gentiment conduit à notre égard pour qu'on vous procure un petit plaisir.

« Et voilà ! estimable canotier, dit-il après avoir décroché la chaîne. »

Angosso pâlit de bonheur en la recevant du bout des doigts avec une joie craintive.

— Ça bagage-là pou mô ? demanda-t-il anxieusement.

— Ça bagage-là pou tô, riposta Nicolas, ravi de placer un mot de créole.

Le Boni demeura un instant comme écrasé par ce bonheur inespéré.

Sans dire un mot, il bondit vers son « pagara », sur lequel était enroulé son hamac, un de ces admirables tissus filés par les femmes de son pays, le déplia, et l'apporta en disant :

— Ou compé Angosso. Angosso content bon bon. Li baïe z'hamac pour pitits mouns, li baïe sab' la pour compé blanc. (Vous êtes le compère d'Angosso. Angosso est très content. Il donne son hamac pour les enfants ; il fait cadeau de son sabre à son compère blanc.)

— Mais non, ce n'est pas la peine. Que diable, je ne vous ai pas fait un cadeau intéressé.

— Acceptez, mon cher Nicolas, intervint Robin. Acceptez. Vous lui occasionneriez un véritable chagrin en refusant son présent. Et maintenant, mon brave Angosso, va, retourne dans ta famille. Si jamais tu manquais de provisions, s' la famine sévissait chez toi, viens ici avec les tiens, tu seras reçu à bras ouverts. Tu bâtiras un carbet près du mien. Nous partagerons les vivres.

— Oui, mouché. Angosso vini côté tig' blanc si li pas gain manioc, ni li pas gain posson.

Puis, il prit congé des Robinsons à la façon des nègres de la Guyane, c'est-à-dire en saluant individuellement chacun d'eux :

— Bonjou tig' blanc, bonjou madame, bonjou compé, bonjou pitits mouns — répété quatre fois — bonjou Casimi ! Mo parti caba.

— Surtout, dit Robin en lui serrant une dernière fois la main, ne dis jamais qu'il y a des blancs ici. N'oublie pas non plus que tu seras toujours le bienvenu chez nous, toi, et tous les Bonis.

— Oui, mouché, Angosso compé à tout mouns à tig 'blanc. Li pas parlé passé posson. (Oui, monsieur, Angosso est le compère à toute la famille du tigre blanc; il sera plus muet qu'un poisson.)

CHAPITRE VIII

Il faut manger. — Premiers travaux. — Il faut aussi une platine. — Essais de céramique. — Le « bois-canon ». — Le « paresseux ». — Un enragé dormeur. — Le premier pensionnaire d'une ménagerie. — Appréhensions. — Si vis pacem, para bellum. — Forteresse improvisée. — Casimir chef d'état-major du génie. — La garnison du poste-avancé. — Les « fourmis voyageuses ». — Le déjeuner d'un tamanoir. — Marmite renversée. — Duel d'un jaguar et d'un grand fourmilier. — ...... Et le combat finit, faute de combattants. — Un orphelin. — Encore un orphelin. — Adoption. — Nouveaux pensionnaires. — M. Michaud et son camarade Cat.

L'existence des Robinsons de la Guyane fut tout d'abord matérielle, si toutefois il est permis de qualifier ainsi l'adaptation presque exclusive des facultés intellectuelles au fonctionnement de la vie organique.

Si d'une part, la solution de ce problème est fort complexe et souvent difficile à trouver au milieu de notre civilisation contemporaine, la rétribution d'un travail quelconque, de l'emploi de forces humaines appliquées à telle ou telle fonction, peut d'autre part, en remplir totalement ou particiellement les multiples exigences. Le salaire d'un homme doit, en principe, lui suffire pour se procurer en nature les objets indispensables à l'existence des siens. Il va sans dire qu'un chef de famille ne pourrait, tout en donnant à sa femme et à ses enfants le pain quotidien, leur tisser des vêtements dont il aurait recueilli la matière première, leur fabriquer des chaussures, leur bâtir des maisons, les instruire, etc.

La répartition du paiement de son labeur affecté à différents produits industriels, lui permet de les faire vivre d'une façon plus ou moins abondante, mais, en somme, généralement suffisante. C'est sur cette solidarité, amenée par de mutuels et identiques besoins, qu'est basée notre société actuelle. Produire pour consommer en échangeant. L'effort constant du corps et de l'esprit d'un seul peut donc, en s'opérant sur un point unique, assurer la subsistance de plusieurs.

Les proscrits, au contraire, manquant de tout, même des instruments de première nécessité, devaient créer de toutes pièces les choses indispensables à la vie. Il leur fallait manger et se vêtir, tirer, en un mot, des productions de la nature tous les éléments de l'existence. Un chapeau, une aiguille, un bouton, une feuille de papier, un couteau, sont des objets que l'on trouve partout et à peu de frais. Mais, à quelles difficultés presque insurmontables se heurtera l'homme isolé, perdu dans l'immensité, quand il sera forcé de confectionner ces menus bibelots. L'outillage indispensable à leur fabrication ne nécessite-t-il pas préalablement le fonctionnement de plusieurs industries?

Robin ne désespéra pas une minute. Il avait en Nicolas un auxiliaire adroit, intelligent et zélé. Quant au lépreux, grâce à sa vieille expérience d'homme des bois, il était, par bonheur, un précieux appoint. Les trois hommes se mirent incontinent à l'ouvrage après le départ d'Angosso.

Telle est l'incomparable fécondité de la terre équatoriale, qu'un abatis, abandonné quelques années à lui-même, est bientôt envahi par un inextricable enchevêtrement de lianes, d'arbres et d'herbes géantes. Les plantes alimentaires se mêlent aux végétaux parasitaires. Les uns et les autres se confondent, acquièrent un développement énorme, sans se faire le moindre tort d'ailleurs, mais en couvrant le sol, de façon que l'homme, submergé dans cette mer de ligas, de feuilles et de fleurs, ne peut ni faire un pas, ni cueillir un fruit.

Il faut donc procéder avec méthode, sabrer, émonder, abattre, éclaircir, enlever non seulement les végétaux improductifs, mais encore choisir parmi le plantes utiles les plus beaux sujets et sacrifier leurs congénères dont la surabondance amène fatalement la stérilité.

C'est en somme un nouveau travail de défrichement. S'il est bien moins pénible que celui qui consiste à tailler un domaine en pleine forêt, il n'en demande pas moins de patience que d'habileté. Les deux blancs et le noir commencèrent donc par « débrousser » en grand. Nous conservons à dessein ce mot débrousser, employé par les colons guyanais, et qui implique parfaitement cette idée de nouvelle conquête opérée sur la broussaille.

La petite colonie ne pouvait vivre indéfiniment de poissons boucanés, de bananes grillées ou de fruits de l'arbre à pain. L'usage trop fréquent de la banane surtout produit des troubles intestinaux se traduisant par un ballonnement du ventre et une rapide déperdition de forces. Le seul aliment pouvant remplacer le pain de froment est le manioc.

Par bonheur, Casimir avait trouvé sur le versant de la coline une vaste plantation de manioc. Telle était la nature et la configuration du terrain, que le champ n'avait pas été envahi comme les autres points de l'habitation. Seuls les bois-canon, *cecropia-peltata*, les végétaux par excellence des défrichements, avaient poussé leurs branches gourmandes. Leurs troncs lisses, d'un blanc éclatant, creux, remplis de moelle, d'où leur nom vulgaire de *bois-canon*, se dressaient comme des colonettes d'argent, au milieu du tapis vert sombre formé par les feuilles de manioc.

On recueillit en quelques heures une ample provision de racines. Un *grage* fut improvisé, une couleuvre fut tressée, mais un obstacle presque insurmontable se dressa aussitôt devant les colons. Ils n'avaient pas de platine pour cuire leur farine, et faire évaporer le suc vénéneux contenu dans la pulpe, même après qu'elle a été vigoureusement exprimée.

Casimir n'avait pas l'esprit inventif. Rien ne savait pour lui remplacer la plaque de tôle sur laquelle il avait toujours vu préparer le couac et la cassave. Nicolas aurait, disait-il, donné un de ses yeux pour avoir une poêle !... Robin resta songeur quelques minutes.

Il tisonnait machinalement le foyer où cuisait le souper, avec un morceau de bois pointu, quand il aperçut entre les charbons quelque chose de brun rougeâtre, paraissant solide.

— Tiens, dit-il surpris, qu'est-ce que cela?

Mᵐᵉ Robin s'approcha. Les enfants firent cercle. L'ingénieur poussa l'objet en question. C'était une grossière figurine de terre travaillée par la main d'un artiste plein de bonne volonté peut-être, mais, à coup sûr, fort ignorant des lois de la statuaire. Robin ne se préoccupa guère de la forme, mais la matière l'intéressa.

— Tiens, de la terre cuite!

— Oui, père, répondit le petit Eugène. J'ai fait un bonhomme, et puis je l'ai mis cuire... C'est pour jouer avec Charles.

— Et où as-tu trouvé cette terre, mon cher petit artiste?

— Mais, là, dans la maison. Tiens, regarde. J'ai un peu fouillé avec un morceau de bois, j'ai mouillé ma terre, et alors j'ai fait mon bonhomme.

Robin se baissa, examina la petite ouverture, gratta le fond avec un sabre, et ramena un échantillon de terre grasse au toucher, molle, un peu colorée en rouge par l'oxyde de fer.

C'était de l'argile.

Après douze heures de cuisson. (Page 162.)

— Mes enfants, dit-il joyeux, vous aurez, demain à midi, chacun une belle galette de cassave.
— Oh! quel bonheur, de la cassave! s'écrièrent en chœur les quatre gamins, ravis de ne plus manger de bananes. Et comment feras-tu, dis, père? reprit le petit espiègle d'Eugène. Est-ce que c'est mon petit bonhomme qui la fabriquera?

— Non, mon cher fils, mais il sera la cause immédiate de cette amélioration dans notre ordinaire.

« Tiens, regarde à ton tour. »

Et sans perdre un moment, le proscrit fouilla profondément le sol, retira une grosse masse d'argile très pure, la pétrit, l'humecta légèrement, la tritura quelque temps, puis l'étala en forme de disque, après l'avoir tant bien que mal aplanie sous sa main mouillée.

— Maintenant, du bois, et chauffons ferme. J'aurais voulu faire sécher au soleil mon plateau qui peut-être se fendillera sous l'effet de la chaleur, mais si ce léger incident se produit, nous recommencerons demain.

— J'ai deviné ! Patron, j'ai deviné ! s'écria Nicolas en entassant à quelques pas de la case plusieurs brassées de bois. Vous avez fabriqué une *platine* en terre. Est-ce vrai?

— C'est exact, et mon instrument remplira parfaitement son but. Je m'étonne vraiment que les noirs et les Peaux-Rouges n'aient jamais pensé à ce procédé si simple pour remplacer ainsi ces plaques de tôle dont ils sont si souvent privés.

Casimir, stupéfait, écarquillait son œil unique en murmurant :

— Oh ! ça blancs-là, jamais embarrassés, non ; li trouver toujours toutes chevilles pour trous. (Ils trouvent toujours autant de chevilles que de trous.)

Après douze heures de cuisson sur un feu d'abord très doux, dont l'intensité fut peu à peu augmentée, la platine, légèrement fendillée et moins plane peut-être que la surface des eaux tranquilles, mais bien dure, et complètement cuite, fumait sous une bonne et affriolante galette.

Cette première victoire, remportée sur le besoin, fut accueillie avec toute la satisfaction que l'on peut imaginer. C'était bien une véritable conquête, autour de laquelle il serait possible d'opérer un groupement de toutes les choses de première nécessité, et qui, d'abord informes, seraient susceptibles de toutes sortes de perfectionnements.

On fabriquerait bientôt des poteries avec cette argile excellente, puis des briques, un fourneau... que sais-je encore ? En attendant ce moment, Mme Robin, aidée de son fils aîné, procéda, sous la direction de Casimir, grand-pannetier honoraire, à la confection de cette manne, qui, sous les deux aspects de couac et de cassave, constitue la principale ressource alimentaire des peuplades de la zone torride.

Entre temps, on débroussait avec ardeur. Les abords de la maison étaient parfaitement éclaircis. On parlait de recueillir un peu de cacao et de café. Il était même question de fabriquer un enclos palissadé attenant à la maison, et dans lequel seraient enfermés quelques oiseaux et quadrupèdes facilement domesticables, dont Casimir se faisait fort d'opérer sous peu la capture.

Le premier pensionnaire de cette future basse-cour fit son apparition avant même qu'un pieu fut planté. Nul ne s'attendait à l'arrivée d'un animal aussi bizarre, qui ne peut être d'aucune utilité, mais dont l'aspect est tellement baroque et les habitudes si extraordinaires, que les enfants réclamèrent à grands cris le droit de cité pour lui. Cette innocente fantaisie leur fut, comme bien vous pensez, octroyé sans la moindre difficulté.

Voici comment s'opéra cette nouvelle conquête dont Nicolas fut le héros. Le Parisien était parti un matin au champ de manioc. Il était seul. Robin, resté à la case, était occupé à la confection d'une hotte en fibres d'arouma, à l'aide de laquelle devrait s'effectuer, en attendant mieux, le transport des denrées alimentaires.

Nicolas, dont l'œil fureteur toujours aux aguets inventoriait minutieusement l'horizon le plus rapproché, aperçut bientôt, sur la cime d'un bois-canon, une masse grise immobile.

— Ce n'est pas un singe. Il aurait depuis longtemps déménagé ; ça ne remue pas plus qu'une souche. C'est drôle. Pourtant, continua-t-il en approchant, c'est un animal.

Le bois-canon avait à peine sept ou huit mètres de hauteur; son bouquet, composé de larges feuilles rares, blanches en dessous, n'avait pas plus de deux mètres de diamètre. L'animal apparut alors distinctement. Il embrassait étroitement de ses quatre pattes une branche, et paraissait dormir. Nicolas agita légèrement le tronc flexible, un peu plus gros que le bras. L'animal resta immobile. Il secoua plus fort, puis se mit à tirailler à tour de bras l'arbre qui décrivit de vastes oscillations, sans que l'enragé dormeur parut même se douter de sa présence.

— Ça, par exemple, dit-il, c'est un peu fort. On dirait vraiment qu'il est empaillé là-haut, et accroché avec des fils de fer. Eh bien ! attends un peu

Quelques coups de sabre vigoureusement appliqués sur le tronc, suffirent à faire dégringoler le bois-canon qui s'abattit sur le sol, sans que pourtant le mystérieux quadrupède lâchât prise. D'un bond Nicolas fut près de lui, prêt à l'assommer, ou tout au moins à lui couper la retraite. Peine inutile. La pauvre bête laissa échapper, à son aspect, un gémissement plaintif : « Ha-ii ! ha-iii ! » et se cramponna de plus belle.

Le Parisien coupa tout simplement la branche du cecropia, la transforma en traîneau, s'y attela et reprit incontinent le chemin de la case. L'animal poussait de temps en temps son cri plaintif, et se cramponnait de plus belle. Aussi loin qu'il aperçut ses petits amis, Nicolas s'écria :

— Henri ! Édouard ! Eugène, accourez! Si vous saviez qu'elle drôle de bête j'ai trouvée!

Une explosion de rires et de cris de joie accueillit son arrivée. Robin quitta un instant son travail et s'approcha, suivi de Casimir.

— Que diable nous apportez-vous là ? mon cher Nicolas.

— Ça, *parsoux-mouton* (mouton paresseux), fit le noir.

— En effet, c'est bien là le fameux *paresseux*, l'aï, qui se nourrit exclusivement des feuilles du bois-canon, qui ne met pas moins d'une journée à grimper sur l'arbre, et y séjourne jusqu'à ce qu'il ait dévoré même l'écorce.

— Ça même.

— Ah ! dit Nicolas, fier de sa capture, ce particulier-là s'appelle le *paresseux*. Je vous assure qu'il n'a pas volé son nom. En voilà un qui n'aime guère changer de place !

— Père, s'écrièrent en chœur les enfants, « raconte-nous » le paresseux.

— Bien volontiers, d'autant plus que cette leçon d'histoire naturelle vous sera très profitable.

« Ce singulier animal appartient à la tribu des *tardigrades*, — expression tirée de deux mots latins, signifiant qui a la démarche lente, — de la famille des *édentés*, de l'ordre des *bradypes*. Bradype est formé des mots grecs : *pous*, pied, et *bradus*, lent. »

Nicolas écoutait aussi de toutes ses oreilles.

— Savez-vous bien, patron, que les naturalistes qui se sont mis en frais de noms très compliqués pour indiquer la lenteur de notre paresseux n'ont pas eu tout à fait tort !

— Cet ordre comprend deux genres, continua Robin sans s'arrêter à cette réflexion non moins exacte qu'inopportune : l'aï et l'unau. Ce dernier n'a que deux ongles à chaque pied, il ne possède pas le moindre rudiment de queue.

— Alors, dit Henri, celui-ci est un aï puisqu'il porte trois griffes, et une toute petite queue que l'on voit à peine.

— Très bien, mon enfant. Il se distingue également de l'unau par sa taille un peu inférieure, qui atteint à peine soixante-dix centimètres, tandis que celle de l'unau peut dépasser un mètre. Un autre signe distinctif, est cette tache noire d'ébène, longue de dix centimètres, semblable à un point d'exclamation, bordée de jaune, qui s'étend entre les deux épaules, et forme une véritable dépression au milieu de ses longs poils de couleur bise, secs et grossiers comme du chiendent.

« Oh, tu peux toucher ; cette tache, formée de poils doux, soyeux et très épais, produit au doigt l'impression du satin.

— Il ne me fera pas de mal, n'est-ce pas ?

— Lui !... le pauvre animal, est bien l'être le plus inoffensif.

« Et d'ailleurs, avant qu'il puisse même ébaucher un mouvement, tu aurais largement le temps de faire un véritable voyage. »

Le brave paresseux, ne se sentant plus secoué ni rudement traîné sur sa branche, commence à évoluer à la grande joie de la colonie. Il lâche son point d'appui et glisse lentement sur le dos. Il rappelle assez bien, dans cette position, une grosse tortue, moins la carapace. Il croise et décroise avec une sorte d'inquiétude mollasse, ses quatre pattes à la recherche de ce point d'appui. Ses jambes de devant sont beaucoup plus longues que celles de derrière, toutes les quatre sont armées de grandes griffes, accolées par trois, jaunâtres, recourbées, et présentant un développement de cinq centimètres.

Mais, quelle tête ! quel masque béat immobilisé dans un stupide rictus. Une tête, une poire plutôt, sans front ni menton, et dont le museau déprimé figure assez bien la pointe. En guise d'yeux, deux petits points ronds, effarés, idiots, troués en vrille, et dont l'expression ajoute encore à l'inepte physionomie de ce masque, couverts de petits poils jaunâtres. On ne voit aucune trace d'oreille. La gueule, aux lèvres noires, minces, filiformes, s'entrouve de temps en temps. Un petit sifflement poussif sort des dents noirâtres. Les yeux clignent lentement comme si les paupières fonctionnaient mal.

Nicolas le retourne et le met sur ses quatre pieds. Le paresseux s'aplatit, se traîne sur le ventre, en allongeant latéralement ses jambes qui ne peuvent supporter le poids du corps. Il arrive après un véritable voyage d'un mètre, près d'un montant de la case. Il pose tout doucement une de ses griffes sur ce montant, puis il se hisse de deux centimètres. C'est maintenant le tour de l'autre patte, qui s'élève avec un grand mouvement déhanché d'une interminable longueur, et vient s'appliquer un peu au-dessus de la première. On dirait un cric que l'on monte à raison d'un tour de manivelle par minute.

Les enfants trépignent sur place, à la vue de cette incomparable lenteur. L'animal s'éleva d'un mètre et demi en un quart d'heure.

— Paresseux !... monte, paresseux, criaient-ils... Aï !... aï !...

— Rendons pourtant au paresseux cette justice, dit le père en reprenant le cours de sa monographie, que quand il est accroché quelque part nulle force ne peut l'en enlever.

« Nicolas, essayez de l'arracher du poteau. »

Le Parisien empoigna de chaque main les épaules de l'aï, et tira de toutes ses forces, sans même l'ébranler. Il se suspendit et pesa de tout son poids, rien n'y fit. Le bradype semblait faire corps avec le madrier qu'il étreignait avec l'énergie désespérée d'un noyé.

— Quelle poigne ! mes enfants, quelle poigne !

« Ce n'est pas tout, continua Robin. L'instinct de la conservation est à ce point développé chez lui, qu'il lui tient lieu d'intelligence. Si d'une part, quand des chasseurs le surprennent au milieu d'une clairière, il se laisse cribler de projectiles sans lâcher prise, il élit de préférence et pour cause, son domicile sur des arbres surplombant des rivières.

« Quand il se sent menacé, il lâche subitement son point d'appui, dégringole dans l'eau, tire incontinent sa coupe, et réussit généralement à s'échapper.

— Nous pouvons le garder et l'apprivoiser ? demanda Eugène.

— Certainement, mon cher enfant. Il est susceptible d'éducation. Oh! entendons-nous, d'une éducation très rudimentaire. Pourtant, je puis t'affirmer que si tu lui apportes chaque jour une petite provision de feuilles fraîches de boiscanon, il ne tardera pas à te reconnaître.

« Il n'est pas difficile, et sa sobriété égale sa paresse. Cinq ou six feuilles par vingt-quatre heures lui suffiront largement.

— Alors, il est à moi.

— Il est à toi, si Nicolas n'élève aucune prétention à l'endroit de sa possession.

— Oh! vous plaisantez, Monsieur Robin. Je suis si heureux d'être agréable à Eugène !

— Je vais lui donner à manger, dit l'enfant en arrachant une feuille de la branche qui avait servi de véhicule.

« Tiens, aï !... aï... Tiens donc. »

Le paresseux, épuisé sans doute par les efforts et les émotions de la journée, dormait, accroché par une patte au rebord de la galerie.

Grâce à l'énergie de tous, grands et petits, l'existence de la colonie semblait devoir être prospère. Les commencements avaient été bien durs. Le chef de la famille et sa vaillante compagne ne se rappelaient pas sans frémir les incidents terribles qui avaient accompagné leur réunion. Si l'abondance ne régnait pas encore, les besoins les plus urgents étaient satisfaits. Robin eut en comme été parfaitement heureux, si le lugubre souvenir du passé ne fût venu de temps en temps attrister son esprit et lui causer aussi de vives appréhensions.

Il était libre depuis trop peu de temps, pour avoir oublié les horreurs de la chiourme, les travaux écrasants du chantier, l'infâme promiscuité du bagne. Il avait reconquis son indépendance, il avait pu pourvoir à la subsistance de la famille et assurer le lendemain ; il était urgent de mettre son habitation à l'abri d'un coup de main, au cas où le hasard signalerait sa présence à ses ennemis.

Il avait ménagé avec la parcimonie d'un avare les munitions que Nicolas tenait du capitaine hollandais, et si, de temps à autre, il avait fait « parler la poudre » c'était pour procurer un peu de viande fraîche aux Européens à peine acclimatés. Son fusil constituait un engin de défense dont il se fût servi à la dernière extrémité, mais sans hésitation aucune, pour sauvegarder cette liberté sur laquelle reposait le salut commun. Mais il considérait, et avec raison, cette arme comme insuffisante pour lui permettre d'engager, le cas échéant, une lutte dont il importait de ne pas courir les risques.

Mieux valait rendre l'habitation inabordable, et fortifier le seul point faible par lequel pourrait pénétrer l'ennemi. Il n'était aucunement question, bien entendu, des systèmes de défense en usage dans les pays civilisés, la stratégie étant chose inutile aux coureurs des bois, et d'ailleurs, parfaitement inapplicable.

La *Bonne-Mère*, située à mi-côte, sur le versant d'une colline boisée, était inaccessible du côté ouest. Au nord et au sud s'étendaient des pri-pris sans fin, au fond vaseux, où nul pied humain n'eût pu se poser. Mais, l'est était découvert, et le chemin conduisant de l'anse aux Cocotiers à la case était d'un facile accès. Là était le point faible.

L'ingénieur, qui eût mis facilement une place en état de défense, était incapable de fermer ce défilé, ouvert sur la crique. Le saut de l'Iguane lui semblait une ligne insuffisante. Il s'en ouvrit à Casimir et lui demanda son avis. Le bonhomme, qui ignorait absolument ce que pouvait bien être un bastion, une courtine, un redan ou une demi-lune, trouva pourtant la chose toute simple.

Une grimace, susceptible à l'occasion de représenter un sourire, contracta sa pauvre bonne vieille face, à l'idée du tour qu'il pourrait jouer aux « michants mouns » de là-bas, s'il leur prenait fantaisie de s'attaquer à son compé, à ses chers pitits mouns et à bonne madame.

— Mo savé. Nous fika chose la caba. Ou vini ké mo, ké Nicolas. (Je sais. Nous allons faire cela immédiatement, venez avec moi et Nicolas.)

— Mais, que veux-tu faire ?

— Tendez oun sô pitit morceau, ou voué. (Attendez seulement un peu, et vous allez voir.)

Impossible d'en tirer autre chose. Les trois hommes, armés de leurs sabres partirent sans plus tarder pour l'anse aux Cocotiers. Le point à défendre avait à peine soixante mètres de large. Le vieillard se fit fort de le rendre inabordable en moins de trois heures.

— Faites comme moi, compère, dit-il dans son patois, et en creusant avec la pointe de son sabre un trou profond à peine de quinze centimètres.

Trois secondes suffirent aux deux hommes pour pratiquer, dans le terrain friable, chacun une petite excavation éloignée l'une de l'autre d'environ trente centimètres.

— Encore... Là... continuons.

Une première ligne de trous fut exécutée en moins d'un quart d'heure, puis une seconde, puis une troisième, à peu près parallèles les unes aux autres, et perpendiculaires à l'habitation.

— Que diable veut-il planter là-dedans, des choux ou des artichauds? demanda Nicolas, trempé de sueur, bien que ce travail n'eût en somme rien de pénible.

— Tiens, dit Robin, j'y pense. Ce ne serait pas si naïf... Non pas des choux, mais des aloës, des nopals, des agaves et des Euphorbes.

— Ça même, reprit le bonhomme. On comprend tout, compé.

— Mais c'est tout simple. Nous allons couper des boutures sur ces énormes végétaux qui croissent ici à profusion, planter deux cents cinquante à trois cents de ces boutures, et dans deux mois, il y aura ici une formidable futaie d'épines et de chevaux de frise à faire reculer un corps d'armée.

« C'est la clôture par excellence employée par les Espagnols à Cuba, par les Français en Algérie, et aussi par les Brésiliens.

— Je ne dis pas que ce ne soit une très bonne chose, objecta Nicolas; si pourtant on s'avisait avec le temps de s'ouvrir un chemin au sabre d'abatis.

— Jamais mouns blancs pouvé passé là, reprit avec un accent de menace le lépreux. Ce bagage-là, quand li poussé li plein *aye-aye*, plein *grage*, plein *boïcinenga*. (Jamais les blancs ne pourront passer par là. Quand ces plantes-là seront poussées elles fourmilleront d'aye-aye, de grages et de serpents à sonnettes.)

Concentrant dans le sens de l'audition. (Page 170.)

— Mais, nous ne pourrons jamais sortir.

Casimir sourit.

— Vié neg' pouvé appelé serpent, pouvé envoyé même. Li disé : Serpent ou qu'à vini. Tout' serpent couri côté li caba. Li disé : Serpent ou qué allé. Tout serpent soti ! (Le vieux nègre peut faire venir ou chasser les serpents. Il n'a qu'à leur dire : Venez, et ils accourent ; — Allez-vous-en, et ils s'enfuient.)

Nicolas hochait la tête d'un air de doute, en murmurant :

— Je ne dis pas qu'ils ne viendront pas, mais ce sera un mauvais voisinage.

Robin le rassura en lui racontant la façon dont la chiourme avait été mise en déroute jadis par les alliés de Casimir.

— Alors, vous croyez à ça, vous, patron ?

— Je crois à ce que j'ai entendu et vu.

— J'aurais mauvaise grâce à ne pas m'en rapporter à vous, tout en vous déclarant que ça me semble fort. Mais, il se passe ici des choses tellement étonnantes !

Les trois compagnons reprirent le chemin de la *Bonne-Mère*, se réservant de revenir en temps et lieu inspecter le retranchement qui devait s'élever tout seul, et savoir si la garnison attendue y avait élu domicile.

Ils marchaient lentement, en file indienne comme toujours, et causaient à voix basse. Un léger bruit les fit s'arrêter soudain.

Dans ces forêts peuplées d'êtres étranges et terribles, repaires de fauves et de reptiles, où un pan de verdure sert d'embuscade à l'infiniment grand dont la griffe déchire, dont l'anneau enlace, où la feuille dissimule l'infiniment petit, dont l'invisible dard tue, un danger mortel menace toujours le voyageur sous une multiple forme. Aussi ses sens toujours en éveil, ne tardent-ils pas à acquérir une incroyable subtilité. Non seulement le sauvage habitant du pays de l'éternelle verdure, mais encore l'Européen, sait-il bientôt démêler instantanément tous les murmures de la nature, leur assigner une cause, en trouver même la direction, et arriver à en prévoir les effets.

En dépit de son habileté, Robin assez perplexe ne savait que faire, et surtout que répondre à Nicolas, ignorant comme un Parisien des Batignolles, de tout ce qui avait trait à la vie sauvage. Casimir se taisait, concentrant dans le sens de l'audition toutes ses facultés d'homme de la nature.

Le bruit continuait, vague, peu intense, ininterrompu, comme le bruissement d'une pluie fine sur les feuilles élevées, auquel se serait mêlé un imperceptible crépitement. Ce n'était ni le susurrement des écailles dans les tiges, ni le murmure de l'eau qui monte, ni le ronflement d'une bande de patiras s'ébattant au loin. Peut-être eût-on trouvé quelque analogie avec le brouhaha bien connu produit par un nuage de sauterelles. En effet, c'est à peu près cela. Mais ce bruit, causé peut-être par la marche de milliards d'insectes dans les herbes, est plus aigu, en quelque sorte plus sec ; on dirait qu'il s'y mêle comme l'imperceptible craquement d'innombrables et microscopiques cisailles.

— Ça fourmis, dit enfin le vieux noir, qui semble vivement contrarié.

— Des fourmis qui émigrent, continua Robin alarmé. Si elles se dirigent du côté de la case !... Ma femme, mes enfants... Oh ! mon Dieu, courons !...

— Eh ben ! quoi, des fourmis, ça n'est pas des éléphants, fit à son tour Nicolas. Quand il y en aurait des douzaines et des centaines, on met le pied dessus, et tout est dit.

Sans même honorer d'un mot cette réflexion qui accusait chez son auteur la plus profonde ignorance du péril, les deux hommes s'avancèrent rapidement. Le murmure devenait de plus en plus distinct. On était à moitié chemin de l'habitation. Le lépreux, qui marchait en tête, s'arrêta brusquement, et un soupir de soulagement dégonfla sa poitrine.

— Ça, michants bêtes-là, li pas passé côté la case, non.

Les fourmis traversaient en effet le chemin, à moins de trente mètres des trois amis, et le coupaient à angle droit, suivant par conséquent une direction parallèle à la maison. La pente était assez rapide, et cette disposition du terrain leur permettait de voir l'armée des phénicoptères rouler comme un torrent que rien n'arrêtait. Cette masse de corselets et d'abdomens, noirs d'ébène, luisants, serrés, avait les lentes et capricieuses ondulations de la lave en fusion. Elle en avait aussi les propriétés dévastatrices. Des milliards de mandibules, piquaient, trouaient, mordaient, tenaillaient au passage les végétaux grands et petits. Les herbes disparaissaient, les broussailles s'éclaircissaient, les troncs eux-mêmes semblaient se fondre. Le bruit qui s'échappait de cette horde de petits rapaces était bien distinct maintenant. Le murmure était plus compact, le crépitement plus accentué. Les émigrants appartenaient à l'espèce dite « fourmi-flamande », dont Casimir avait précédemment utilisé la piqûre pour produire à la tête du proscrit agonisant cette vésication qui l'avait sauvé.

Nicolas, à la vue d'une semblable dévastation, paraissait moins triomphant que tout à l'heure. Il frémissait en voyant des arbres énormes, dépouillés en un clin d'œil de leur écorce, et montrer leur cœur indestructible, privé de son enveloppe, comme un os, de la chair et de la peau. La retraite était, pour un temps plus ou moins long, interceptée aux trois amis. Ils allaient attendre, et si les flamandes ne se pressaient pas, on couperait leur corps d'armée en incendiant les herbes.

Ils allaient, de guerre lasse, mettre ce projet à exécution, quand un incident bizarre le leur fit différer un moment. Depuis quelques instants, Robin regardait curieusement une grosse masse brune accroupie, aplatie plutôt, au milieu du sentier, de façon à toucher un des côtés de la zone envahie par les insectes. De temps en temps, une sorte de vaste panache également brun, se relevait, puis s'abaissait spasmodiquement, pour recommencer sans interruption. A l'autre extrémité, un objet rougeâtre, violacé, dont l'éloignement ne permettait pas de préciser la nature, sortait, long, droit, rigide, puis rendrait, comme la tige d'un piston de machine à vapeur, puis s'élançait au milieu des fourmis, pour disparaître et reparaître encore. Il n'y avait là rien de mystérieux, et le proscrit le comprit aussitôt. La masse brune était tout simplement un honnête fourmilier qui s'offrait un plantureux régal. L'objet rougeâtre, sa longue langue visqueuse qu'il dardait à travers les insectes, le panache, son immense queue, dont les mouvements de va-et-vient trahissaient la jubilation de son heureux propriétaire.

Tout entier à sa fonction gastronomique, l'animal ne soupçonnait même pas la présence des trois hommes que son manège intéressait vivement. Cette quiétude, hélas! n'allait pourtant pas être de longue durée. Le déjeuner du fourmilier avait un quatrième témoin. Celui-là semblait endurer un véritable supplice de Tantale. Disons bien vite que c'était un jaguar du plus superbe et du plus farouche aspect. Un vrai bandit des grands bois. L'armée des fourmis, large de plus de vingt mètres, s'étendait entre les deux quadrupèdes, et, c'est en vain que le jaguar, avançait la patte avec ces gestes épeurés d'un chat pêchant une grenouille, et auquel le contact de l'eau produit une horrible appréhension. Les flamandes, l'aiguillon en l'air, serrées comme les soldats de la phalange macédonienne, le lardaient à qui mieux mieux, et formaient, entre lui et le fourmilier objet de sa convoitise, une infranchissable barrière.

Il fallait se décider, prendre un parti désespéré peut-être, mais un jaguar affamé ne raisonne plus. Un arbre s'élevait au milieu à peu près de la phalange. Il s'agissait de l'atteindre. C'était un bond de dix mètres à opérer. Le félin, sans se donner la peine de compter jusqu'à trois, s'élance, et réussit comme un gymnaste consommé. La moitié de la besogne étant faite, il s'agit de bien prendre ses mesures, pour tomber d'aplomb sur le brave fourmilier, et non pas au milieu de la horde grouillante dont il fait ses délices.

Ce dernier a vu la manœuvre de son ennemi et tout en ouvrant l'œil de son côté, il accélère encore le mouvement de piston de sa langue et entasse rapidement les copieuses bouchées de la fin.

Casimir rit de son vaste rire de nègre, Nicolas écarquilla les yeux, Robin est vivement intéressé. Cette bataille de fauves va être dramatique. Le carnassier a des ongles solides et acérés, sa mâchoire est garnie de crocs énormes. Le mangeur de fourmis n'a que ses griffes, mais quelles griffes! de véritables crampons longs de dix centimètres, et aussi durs que l'acier le mieux trempé.

Le jaguar, estimant que le moment est venu, s'élance une seconde fois, la gueule grande ouverte, les griffes allongées, la queue droite. Il décrit en un moment une vertigineuse parabole, et s'abat... juste à la place occupée une demi-seconde avant par l'impassible dîneur.

Le fourmilier, sans se départir de son sang-froid, avait opéré une simple retraite de corps, et se trouvait en face de son brutal antagoniste, ramassé sur les pieds de derrière, ceux de devant levés à la hauteur de la tête, dans la position d'un boxeur.

Cette manœuvre ne semble pas du goût du jaguar, qui souffle et gronde furieusement. Partant de ce principe bien connu des duellistes et des boxeurs, que dans un combat il importe de porter le premier coup, il allonge une patte, fait une feinte rapide et tente de pénétrer dans la ligne basse qui lui semble imparfaitement protégée.

Le fourmilier répond par une formidable gifle, si bien appliquée, que toute la peau recouvrant la partie gauche de la face du félin est arrachée du coup. Le blessé laisse échapper un hurlement de rage et de douleur. Son sang-froid l'abandonne, il perd toute mesure. Le sang qui l'aveugle ruisselle en pluie sur les herbes. Il s'élance à corps perdu sur son ennemi, qui se laisse aller mollement sur le sol en baissant la tête et en étendant les pattes.

En un clin d'œil, le jaguar est « ceinturé », comme disent les lutteurs. Les griffes du fourmilier s'implantent comme des dents de fourche dans son corps qui craque sous sa puissante étreinte. Il se débat désespérément. Les deux corps étroitement enlacés roulent, se tordent. Les trois hommes témoins de cette lutte sauvage ne distinguent plus rien. Cela dure deux interminables minutes. Puis ils entendent un bruit sec d'os rompus, puis un râle. L'étreinte du fourmilier se desserre, il reste étendu sans mouvement, l'échine fracassée, près du jaguar éventré, secoué par les derniers soubresauts de l'agonie.

Robin, Casimir et Nicolas, ravis de l'issue de cette rencontre, s'avancèrent avec précaution près des cadavres pantelants.

—Tout est bien qui fini de même, dit sentencieusement Nicolas; cet excellent fourmilier, comme vous l'appelez, patron, s'est trouvé là bien à point. Pensez-donc, si le jaguar avait eu la fantaisie de s'adresser à nous !

Le proscrit sourit et brandit son sabre.

— Et ce ne serait pas le premier, ajouta-t-il froidement. En somme, voici des gaillards qu'il s'agit de déshabiller proprement. Leurs peaux formeront pour la case deux superbes tapis. Allons, à l'œuvre, car les fourmis n'en laisseraient que les os.

— Tiens, reprit le Parisien, à la vue d'un petit animal de la grosseur d'un lapin, et qui se tenait blotti entre deux arcabas, qu'est-ce que c'est que ça ?

— Ça pitit « tamandou » (fourmilier) dit Casimir.

— Pas possible ! Oh ! le pauvre petit, il a l'air tout éperdu. Patron, une idée. Puisqu'il est orphelin, si je l'emmenais à la case, pour les enfants... qu'en dites-vous ?

— Mais de grand cœur, mon cher ; nous l'apprivoiserons, et ce sera un agréable compagnon.

Pendant que Robin dépouillait prestement le jaguar, le Parisien attachait à un arbre le petit fourmilier, qui se laissait faire sans protestation d'ailleurs et avec une douceur attestant un excellent caractère.

— Quel drôle d'animal, dit-il en examinant attentivement le cadavre. Comment, c'est ça qui est sa tête ? Mais, il n'a pas de bouche.

— Comment, pas de bouche ?

— C'est-à-dire, que je ne vois au bout de son museau qu'un petit trou, par lequel passe encore un bout de sa langue, et c'est ce petit trou qui est sa bouche ?

— Je ne lui en connais pas d'autre. Et d'ailleurs, il n'en a nullement besoin, étant donné son genre d'alimentation. Ses mâchoires sont soudées ensemble, et forment une sorte de tube dans lequel se meut comme vous l'avez vu tout à l'heure, sa longue langue visqueuse, qu'il darde au milieu des fourmis, et qu'il retire pour la projeter de nouveau.

— Et cette seule nourriture lui suffit ?

— Absolument. C'est pour cette raison qu'on lui a donné, en histoire naturelle, le nom de *myrmecophaga*, de deux mots grecs signifiant : mangeur de fourmis. On l'appelle aussi *tamanoir*.

— Il est vraiment extraordinaire, qu'un animal énorme comme celui-ci puisse s'accommoder d'un pareil régime.

— J'en suis étonné comme vous. Si sa conformation se rapporte exactement aux descriptions que j'ai lues jadis, ses dimensions sont bien supérieures à celles qu'on lui accorde généralement. Celui-ci, depuis le museau jusqu'à l'extrémité de la queue, a au moins deux mètres vingt centimètres.

« Après tout, nous avons peut-être devant nous un des géants de l'espèce. Qu'en dis-tu, Casimir ?

— Moi vu beaucoup « tamandous » gros passé li. (J'ai vu beaucoup de tamanoirs plus gros que lui [1].)

— Sa tête, mince, étroite, busquée, longue, arrondie, sans poils, rappelle plutôt le bec d'un oiseau que la face d'un mammifère. Quant à sa queue, aux poils épais, rudes et secs, on dirait véritablement du crin végétal. Cette longue bande triangulaire, noire bordée de blanc, qui s'étend obliquement du poitrail à l'épine dorsale, est bien curieuse aussi.

— Et ses griffes, patron, parlons un peu de ses griffes. Sapristi, je ne m'étonne plus, s'il a si proprement décousu le jaguar. Tiens, comme elles sont aiguës. Il ne peut pourtant pas les rentrer comme les chats, car elles ont bien huit à neuf centimètres.

— C'est qu'il en prend grand soin. Au lieu de les appuyer sur le sol en marchant, il les replie au-dedans sur la plante du pied.

— Ah ! bon, je comprends, ça fait l'effet d'un couteau fermé.

— Avez-vous remarqué qu'il n'en porte que quatre en avant, tandis que les pieds de derrière en ont cinq. Ces dernières, d'ailleurs, parfaitement émoussées, car elles lui sont inutiles tant pour se défendre que pour démolir les fourmilières.

— A propos de fourmilières, et l'armée des fourmis ? Nous sommes tellement occupés depuis une demi-heure que nous n'y pensons plus.

— Fourmis allées toutes loin, dit Casimir.

— Tiens, c'est vrai, la route est libre. Nous allons rentrer en emportant les dépouilles des combattants, sans oublier notre pensionnaire.

Il était dit que nos amis n'arriveraient pas à la case sans avoir épuisé toute la série des aventures. Ils marchaient depuis quelques minutes à peine, qu'un miaulement désespéré sortit d'un gros bouquet d'herbes, et qu'un gracieux animal de la grosseur d'un chat, s'en vint, avec la naïve confiance du jeune âge, donner dans les jambes de Nicolas.

Le Parisien leva son sabre. Robin l'arrêta.

— Second orphelin qui sollicite l'adoption, dit-il en plaisantant. Celui-là

---

[1] Le vieux noir a parfaitement raison. Je possède une peau de *myrmecophaga jubata*, (tamanoir à crinière). Sa longueur totale est de 2,15, la queue a 68 centimètres et les griffes 7 1/2. Sa hauteur est de 66 centimètres. J'ai vu, en outre, au Maroni un tamanoir qui atteignait trois mètres.

Je suis donc étonné des dimensions que lui donnent certains auteurs, d'après lesquels sa longueur maximum ne serait que de 1,50. et sa hauteur de 0,30 à 0,35. Je citerai, entre autres, le dictionnaire de Pierre Larousse, une autorité pourtant, et M. A. Mangin, un écrivain consciencieux et un véritable savant.

L. B.

sera mon élève. Je me charge de son éducation. J'en ferai plus tard un compagnon de chasse dont les services ne seront pas à dédaigner.

— C'est le petit du jaguar ? demanda Nicolas.

— Vous l'avez dit. Il est tout jeune, j'espère l'apprivoiser. Comme il pourrait se livrer à quelques écarts de griffes sur les enfants, je lui rognerai les ongles pendant les premiers mois de son éducation. Vous verrez qu'il me fera honneur.

Une explosion de rires et de cris de joie accueillit la rentrée des trois compagnons. Il fallut raconter, par le menu, le dramatique épisode grâce auquel la colonie s'augmentait de deux nouveaux membres. Les petits orphelins ne semblaient pas trop dépaysés. A peine détachés, ils se mirent à jouer ensemble et à cabrioler avec une joie qui témoignait de leur inconscience relativement à la haine de leurs parents et à la catastrophe qui en résulta.

Les peaux furent dépliées, frottées de cendres, et étendues sur des troncs où elles furent fixées avec des épines de « fromager ». Au moment où l'ingénieur s'apprêtait à terminer la dissection de la tête, un fou rire échappa à Henri qui l'observait curieusement.

— Oh ! papa !... si tu savais... Comme il est drôle, ton tamanoir, sais-tu à qui il ressemble ?... Tiens, maman, regarde... Si on lui mettait des lunettes.

— Que veux-tu dire, mon petit espiègle ?

— Qu'il ressemble à mon professeur d'écriture, M. Michaud...

Le gamin fut repris de plus belle par son rire qui se communiqua à ses frères, et tous, jusqu'au plus jeune, se mirent à crier : « C'est M. Michaud !... M. Michaud ! ». Tant et si bien que le nom de Michaud resta au petit tamanoir.

Quant au jeune jaguar, il fut à son tour bientôt pourvu d'un état civil ; sa grande ressemblance avec le chat, lui valut séance tenante le nom de « *Cat* », qui lui fut donné par Henri.

C'est l'avenir de notre basse-cour. (Page 182.)

CHAPITRE IX

Dangers de l'acclimatement. — L'anémie. — Coups de soleil et coups de... lune. — Les Robinsons paient le tribut à la Guyane. — Les hoccos de la basse-cour. — Viande fraîche pour l'avenir. — Calomnie et réhabilitation du hocco. — Les cigarettes du Parisien. — L'« arbre à papier ». — Assassinat d'une mère de famille. — Des plumes et de l'encre. — L'oiseau-trompette. — L'*agami* pourrait s'appeler l'oiseau-chien. — Première rédaction d'un cours d'histoire naturelle. — Paradis équinoxial. — Le petit Charles veut un singe. — Cassiques et *mouches à dague*. — Exploits d'un macaque.

L'homme des latitudes tempérées ne peut impunément habiter, sans acclimatation préalable, ni le pays des frimas éternels, ni la zone que calcine toujours le soleil de l'équateur. Tôt ou tard, la nature, un instant violentée, recouvre ses droits, et de dangereuses perturbations organiques apportent de trop fréquents et douloureux enseignements. Si l'on devait pourtant établir une comparaison entre les facilités que présente la rapide adaptation d'un tempérament européen à l'extrême chaleur ou au froid excessif, l'avantage serait incontestablement pour ce dernier.

Il n'est pas besoin de démontrer que l'Européen supporte mieux le froid que la chaleur. Le froid n'est pas un ennemi invincible. Une alimentation judicieuse, le vêtement, l'exercice, et enfin le feu, servent à le combattre efficacement. Il importe, avant tout, d'empêcher la déperdition du calorique et de favoriser l'emmagasinage de nouvelles provisions. La réalisation de ce double problème ne présente pas d'insurmontables difficultés, d'autant plus que les zones froides sont généralement exemptes de miasmes.

La chaleur est, au contraire, un terrible ennemi. Comment, en effet, lutter contre cette température sous laquelle râlent et se tordent jour et nuit les hommes et les animaux suffoqués? Comment éviter les rayons de cet astre implacable dont le contact tue aussi sûrement que la griffe du fauve, ou la dent empoisonnée du reptile.

Le soleil est pour l'Européen un ennemi aussi dangereux que la faim. S'il peut à l'occasion se préserver des atteintes des animaux, triompher des intempéries et vivre au milieu des miasmes, il ne peut impunément braver le soleil. L'ombre, quelle que soit son opacité, ne lui procure aucune fraîcheur. Il règne perpétuellement sous les grands arbres une température de serre chaude que ne traverse jamais la brise. La nuit est à peine moins brûlante que le jour, car la terre restitue, quand le soleil a disparu, tout le calorique absorbé. Le temps est-il couvert? La chaleur est plus suffocante encore et la radiation solaire plus dangereuse peut-être.

Alors le poumon, las d'aspirer toujours cet air brûlant, ne fonctionne plus qu'imparfaitement et avec une sorte de dégoût, comparable à celui qu'éprouverait un estomac contraint à une perpétuelle absorption d'eau chaude. A cette cause d'épuisement, il faut avant tout ajouter ces sueurs profuses dont rien ne saurait indiquer l'abondance. C'est un perpétuel écoulement en nappe qui s'étend de la racine des cheveux à la plante des pieds, et dans lequel le corps se trouve comme au milieu d'un bain continuel. Les vêtements sont littéralement trempés et susceptibles d'être tordus ; de la face et des mains s'échappent sans cesse de grosses gouttes, qui roulent sur la peau et ruissellent à terre.

Loin d'être, comme dans les pays froids, avantageux pour supporter le climat, un tempérament vigoureux augmente au contraire la somme de dangers. Toutes les maladies, la fièvre jaune en tête, s'abattront de préférence sur l'Européen doué d'une santé florissante. Mentionnons pour mémoire les furoncles et les anthrax dont il sera littéralement criblé, les fièvres à forme congestive qui le saisiront au moindre excès de fatigue, et aussi cette éruption tenace, douloureuse, qui se traduit par d'intolérables démangeaisons, bien connue aux colonies sous le nom de *bourbouilles*.

Les bourbouilles couvrent le corps tout entier, qu'ils envahissent comme une sorte de rougeole, ou mieux encore de « suette miliaire ». Ce sont des « sudamina » produits par la trop grande richesse du sang, et dont l'anémie seule ou le retour en Europe amènent la disparition. En somme, l'Européen ne peut se considérer comme acclimaté, que quand il n'a plus de forces, que quand l'anémie a pâli sa face, et que ses muscles, gorgés d'un sang généreux, ont perdu leur vigueur primitive.

Il faut, pour vivre sous l'équateur, se contenter de n'exister qu'à moitié et prendre, comme on dit là-bas, « le pas colonial ».

Aussi, quand il se plaint de toutes ses misères, l'homme de la métropole s'entend-il dire à chaque instant par les créoles, ou ceux qu'un long séjour a adaptés à cette énervante existence : « Oh ! c'est la richesse de votre sang qui cause tout cela. Attendez quelques mois. *Quand vous serez anémique, tout ira très bien*. »

Faut-il, après cela, s'étonner de la faible somme de travail produite aux colonies par les ouvriers, quand on songe que le désir de chacun est d'acquérir cet état d'anémie que l'on combat ici à grands renforts de toniques !

Un mot encore relativement aux insolations, pour terminer ce rapide et bien incomplet tableau des difficultés de l'acclimatation. L'insolation, le vulgaire coup de soleil, presque toujours mortel en Cochinchine, est particulièrement dangereux en Guyane. Il n'est pas toujours foudroyant comme à Saïgon[1], mais les ravages qu'il opère ne sont guère moins terribles. Il ne faut pas oublier que

---

[1] En Cochinchine, les soldats sont consignés dans les casernes de neuf heures du matin à trois heures après-midi. Il leur est formellement interdit de traverser les cours, et même de se mettre aux fenêtres, ne fût-ce qu'une seconde, sous peine de prison. La retraite est sonnée à neuf heures et le réveil à trois heures. Ce luxe de précautions ne saurait être inutile, et l'on a vu trop souvent de malheureux imprudents tomber morts après quelques secondes d'oubli.

L. B.

l'exposition de la tête nue, au soleil de midi, pendant quinze à vingt-cinq secondes, peut amener une congestion *immédiate* et souvent *mortelle.*

Un chapeau de paille ou de feutre n'offre aucune sécurité, au moins pendant les premiers mois de séjour. Le parasol est indispensable. Un appartement bien clos n'est pas toujours un abri suffisant. Un rayon de soleil, filtrant sournoisement par une ouverture du volume du doigt, et tombant sur la tête nue, produit également une dangereuse insolation. Autant vaudrait être frappé d'une balle. Ce n'est pas tout. N'allez pas croire qu'un léger nuage, placé comme un écran devant l'astre équatorial, soit un préservatif. Ce nuage arrête les rayons lumineux, mais les rayons caloriques le traversent, en conservant leur implacable et mortelle intensité. Il importe donc de se préserver à tout prix de ce contact, de dix heures à deux heures. Aussi, les cités coloniales ressemblent-elles chaque jour, pendant ce laps de temps, à de véritables nécropoles, avec leurs rues désertes, leurs maisons closes, leurs magasins hermétiquement fermés.

Enfin, il n'est pas jusqu'à la lune dont l'influence ne soit également pernicieuse. Aussi, le chasseur, le mineur, le colon, le bûcheron ou le marin évitent-ils avec un soin égal et l'ardent baiser de l'astre du jour et le pâle sourire de la reine des nuits. De terribles ophtalmies sont la fatale conséquence d'un oubli, et l'homme qui s'endort sous un rayon de lune court grand risque de s'éveiller aveugle. Les nourrices et les mères de famille connaissent bien cette particularité, et il n'en est pas une qui consentirait à sortir avec un bébé pendant la nuit, si l'enfant n'est abrité sous un vaste parasol.

Les Robinsons de la Guyane, après avoir heureusement pourvu aux dangers de la faim et assuré leur subsistance, payèrent leur tribut à cette cruelle exigence de la première heure. Les enfants s'adaptèrent les premiers et avec une facilité relative. Leurs souffrances furent moindres que celles de leur mère. La pauvre vaillante femme perdit bientôt l'appétit. A son élégante pâleur de Parisienne, succéda cette teinte grise, maladive, qui envahit, quoi qu'elles fassent, le teint de toutes les Européennes. Les anthrax, après avoir douloureusement troué sa chair, laissèrent, comme témoignage indestructible de leur passage, de nombreuses cicatrices livides. Elle guérit, grâce à son indomptable énergie, grâce aux excellents soins dont elle fut entourée, grâce aussi aux infaillibles prescriptions de l'hygiène équatoriale et aux remèdes créoles. Elle pouvait dorénavant braver les intempéries de la zone torride.

Le pauvre Nicolas subit de véritables tortures. Le brave Parisien, robuste et sanguin comme un fils de Bourguignon, était, bien malgré lui, réfractaire à toute acclimatation. Les « bourbouilles » le rongeaient, et comme il ne put, dans un moment de fièvre, résister à la démangeaison, il se gratta avec une telle fureur qu'il contracta une maladie grave dont la guérison se fit longtemps attendre. Pour comble de malheur, il fut un jour frappé d'un accès aigu de fièvre paludéenne qui faillit l'emporter. Il resta huit jours entiers entre la vie et la mort.

Inutile de dire que Robin, familiarisé depuis longtemps avec ce climat terrible, supportait admirablement sa nouvelle position. Le contentement moral et le bonheur physique semblaient l'avoir rajeuni de dix ans.

Il n'est pas, enfin, jusqu'au bon vieux Casimir qui n'eût subi une complète métamorphose. Robin lui avait dit autrefois que certains cas de lèpre invétérée s'étaient spontanément guéris grâce à un changement de climat et d'habitudes; son affirmation s'était pleinement réalisée. Le séjour dans l'habitation située à mi-côte, parfaitement saine, bien sèche, une vie active de grand air, et aussi une abondante absorption de salsepareille, l'avaient complètement guéri. Ses plaies s'étaient cicatrisées, à peine si l'on apercevait encore quelques squammes blanchâtres aux points envahis primitivement par ce mal horrible. Ses doigts encore ankylosés n'avaient pas recouvré leur élasticité première, sa jambe était toujours éléphantiasique, mais, en somme, il n'était plus répugnant comme avant, en dépit de l'inépuisable bonté de son excellent cœur.

Aussi, fallait-il le voir, tontonner allègrement sur sa jambe piédestal, autour des enfants qu'il adorait et qui le lui rendaient bien, les initier à toutes les subtilités de la vie sauvage, leur apprendre à manier les outils, à façonner le bois, à tresser les joncs ou les lianes, à filer le coton, ou imiter les cris des animaux de la forêt.

Les petits Robinsons étaient dignes d'un tel maître. Mais, si d'une part, leur éducation matérielle ne laissait rien à désirer, leur instruction morale avançait rapidement. Les livres manquaient, il est vrai, mais n'avaient-ils pas le grand et superbe livre de la nature que leur père feuilletait sans cesse avec eux! Ce savant n'avait-il pas tout ce qu'il fallait pour faire le meilleur professeur! N'était-il pas merveilleusement secondé par sa femme, cette admirable créature qui, à la vaste érudition d'une incomparable institutrice, joignait toutes les ingénieuses tendresses d'une mère!

Aussi, la classe des Robinsons était-elle une classe bien tenue. La discipline était parfaite et les progrès étonnants. L'étude des langues vivantes était activement poussée. On parlait couramment le français, l'anglais et l'espagnol, sans compter le cayennais, que les enfants patoisaient mieux que père et mère, à la profonde jubilation de Casimir.

Les cahiers d'écriture... je dis les *cahiers d'écriture*, étaient superbes. Mais avant de continuer la nomenclature des perfections de nos petits amis, expliquons la façon dont à force de patience, de travail et d'industrie, ils ont pu en moins d'une année, obtenir de pareils résultats. C'était quelque temps après l'adoption du jeune tamanoir et du petit jaguar. Les deux orphelins s'étaient bien vite attachés à leurs maîtres. *Cat* et *Michaud* grandissaient. Ils manifestaient une vive intelligence et se conduisaient fort bien.

Casimir revint un jour, en proie à une gaîté folle. Il portait sur sa tête un énorme panier analogue aux cages servant dans les basses-cours à l'élevage des poulets. Dans cette cage piaulait une jeune famille de volatiles qui protestaient par leurs cris plaintifs contre cette claustration arbitraire. Ils étaient bien une douzaine, déjà gros comme le poing. Leurs plumes claires, striées de noir et de blanc, leur hupe encore rigide et leur bec à peine teinté de jaune à la base, les faisaient reconnaître pour de jeunes hoccos âgés d'environ un mois.

Le vieux noir tenait en outre, solidement amarré par les pattes, un magnifique oiseau de la taille d'un dindon, au plumage noir-bleu sur le dos, au ventre taché de blanc, casqué d'une belle aigrette frisée, pourvu d'un bec court, solide, légèrement aquilin comme celui d'un coq, et semblant enchâssé dans une armature d'or.

L'arrivée du bonhomme, parti depuis plus de huit heures, fut saluée, comme toujours, d'une cordiale bienvenue. Robin, occupé à nouer les rubans d'un grand hamac, filé et tissé par sa femme, avec le coton recueilli les semaines précédentes, interrompit sa besogne, vint à sa rencontre et lui dit gaîment :

— Eh! compé, tu as fait une bonne chasse, que nous apportes-tu là?

— Ça, pitis hoccos. Ça maman hocco.

— Mais, c'est un trésor! C'est l'avenir de notre basse-cour. C'est du gibier, de la viande fraîche...

Les enfants et leur mère sortirent précipitamment de la case et vinrent féliciter Casimir, qui se rengorgeait fièrement.

— Une famille de hoccos, dit le proscrit à sa femme émerveillée. Voici des habitants pour ce grand enclos palissadé que nous avons eu tant de peine à élever dernièrement, et dont notre vieil ami pressait si fort l'achèvement.

— Ça même, répondit le noir enchanté. Mo trouvé nid, attendé maman hocco pondé. Attendé li couvé. Attendé so pitis fika bons bons, mo ké apporté li caba.

— Et, pendant ce temps, tu nous faisais bâtir un abri pour eux.

— Cela s'appelle acheter la corde avant le veau, interrompit Nicolas sentencieusement... Heureusement que le proverbe n'a pas eu les conséquen es qu'on lui prête.

— Allons, dit Mme Robin, hâtons-nous vite de leur donner la liberté relative dont ils vont jouir près de nous. Retirons-les de leur cage, et mettons-les dans leur nouvelle demeure.

— Ne crains-tu pas que la mère ne cherche à s'échapper? demanda Henri.

— Je ne le crois pas, mon enfant. Le hocco s'apprivoise très facilement, à la condition de ne pas être enfermé dans un réduit trop étroit. Il s'attache volontiers, va, vient familièrement, fait de longues échappées en forêt, et rentre généralement à l'habitation.

« Et d'ailleurs, cette pauvre mère ne cherchera pas à abandonner ses petits.

— Le bel oiseau! répétait à satiété Nicolas. Il pèse au moins quatre kilogrammes. Est-ce bon à manger?

— Gourmand! le bifteck de hocco est peut-être le meilleur mets de la zone torride.

— Ça se mange en biftecks? un oiseau...

— Oui, Nicolas: en biftecks. Le poitrail est à ce point charnu, que l'on peut facilement prendre dans le sens de la largeur une dizaine de biftecks succulents auxquels nulle chair n'est comparable.

Les petits, qui venaient d'être lâchés dans l'enclos, se disputaient avidement quelques graines, lancées à la volée par les enfants, et couraient, le cou tendu, à la recherche de morceaux de cassave dont ils se montraient très friands. La mère, encore épeurée, secouait ses ailes, trottait dans l'enceinte, et poussait des cris sourds qu'on eût dit arrachés du gosier d'un ventriloque.

La pauvre bête ne tenta pas pourtant de franchir la palissade. Elle se rassura peu à peu en voyant la confiance de ses petits, et se hasarda même à picorer aussi, avec de grands gestes déhanchés, encore un peu craintifs, mais exempts d'effarement.

— Oh! papa, on dirait qu'elle nous connaît déjà, fit Edmond. Est-ce que nous pourrons l'approcher bientôt?

— Dans deux ou trois jours elle viendra manger dans ta main, mon enfant. Ce bel oiseau est tellement doux, confiant et paisible, que sa domestication s'opère presque du jour au lendemain.

« Ces qualités si rares chez un animal absolument sauvage, et qui se trouve seulement sous notre latitude, lui ont même fait attribuer par certains auteurs une injuste réputation de stupidité.

« Il semble, dit Buffon, s'oublier lui-même et s'intéresser à peine à sa propre existence. On dirait qu'il ne voit point le danger, ou du moins qu'il ne fait rien pour l'éviter. Il est complètement inoffensif; sa douceur, ou plutôt son indolence est telle, qu'il songe à peine à fuir, lors même que quelques-uns de ses compagnons viennent d'être atteints par le plomb des chasseurs. Il se sauve d'arbre en arbre et semble à peine avoir conscience du péril qui le menace. Aublet en a tué jusqu'à neuf de la même bande avec le même fusil qu'il rechargea autant de fois qu'il fut nécessaire.

« Toutefois, la présence souvent répétée d'un ennemi peut changer ce naturel et le rendre inquiet, farouche et ombrageux. »

— Comme tu disais tout à l'heure, père, on l'a calomnié, dit Henri qui écoutait toujours avec la plus grande attention les leçons du proscrit. Il ne s'ensuit pas forcément qu'il soit stupide parce qu'il est bon.

— Tu as absolument raison, mon cher fils. Vous avez tous remarqué, d'ailleurs, que les animaux vivant à l'état sauvage aux environs de l'habitation, voyant que nous ne leur faisions aucun mal, se sont peu à peu rapprochés, au point de venir familièrement nous rendre de fréquentes visites.

« Voyez cette colonie de cassiques, dont les nids pendent à cent mètres à peine d'ici, comme de longues bourses à l'extrémité des branches de ce grand « bâche »; et ces agoutis, ordinairement si craintifs, qui s'ébattent chaque jour dans les patates, les petits effrontés ; et ces perroquets jaseurs, ces aras criards, qui viennent chanter, siffler, jacasser jusque sur la toiture de la maison. Il n'est pas jusqu'aux singes, qui ne s'enhardissent jusqu'à cabrioler au milieu de nous, sans la moindre appréhension.

« Nous allons donc élever ces jeunes hoccos, leur donner à manger, puis quand ils seront plus forts, ils iront où bon leur semblera; et, soyez tranquilles, ils reviendront fidèlement chaque soir.

— Ici!... *Cat!*... Ici, monsieur ! cria tout à coup Henri, en voyant le jaguar, qui avait atteint déjà la taille d'un gros chien, se glisser hypocritement le long de la palissade, au grand effroi de la mère des hoccos.

— Tu vois bien que sa réputation de stupidité est une calomnie. La pauvre bête n'ignore pas le danger, au contraire.

Et comme *Cat* n'obtempérait pas assez vite aux ordres de son jeune maître, et qu'il mordillait à belles dents la palissade, un coup d'une fine baguette, appliqué à tour de bras par l'enfant, lui fit bientôt prendre la fuite.

C'est sur ces entrefaites que Robin parvint à suppléer au manque d'une substance bien indispensable, et qu'il désespérait jusqu'alors de pouvoir se procurer. S'il ne négligeait aucune occasion d'instruire les enfants, et de grouper, au fur et à mesure que se développait leur intelligence, de nouvelles connaissances autour des anciennes, il était désolé de ne pouvoir les faire lire et écrire

Bien des années se passeraient encore avant que ses fils pussent prendre une

S'entoura d'un nuage odorant. (Page 186.)

part active aux travaux de la colonie, et il importait de ne pas laisser passer ce temps, après lequel il est si difficile de se rompre au maniement de la plume et à la gymnastique de la lecture.

Ses tentatives avaient été jusqu'alors infructueuses. C'est, comme le disait avec chagrin Nicolas, que les rames de papier ne poussent pas aux arbres ; ce en quoi, il se trompait grossièrement d'ailleurs. Les essais continuaient toujours vainement, quand une fantaisie du Parisien fut l'occasion d'une véritable trouvaille.

Nicolas était jadis un fumeur enragé: Le pauvre garçon avait été contraint de renoncer à sa passion favorite, depuis le moment où il avait dit adieu au *Tropic-Bird*. Il aurait donné un de ses doigts pour un simple paquet de caporal ou une douzaine de cigares à un sou.

Casimir, heureux d'être agréable à compé Nicolas, avait promis de se mettre en quête de tabac. Dans les abattis des noirs ou des Indiens, un coin quelconque est toujours réservé à cette plante, pour laquelle ils éprouvent une passion non moins vive que les Européens. Il était à supposer que la Bonne-Mère devait en posséder. Les recherches du vieillard furent longues, mais elles obtinrent un succès complet, grâce à son inaltérable patience. Un beau matin, Nicolas ravi, reçut un paquet de cigarettes, longues de près de trente centimètres, composées chacune d'une feuille de tabac bien sèche, et roulée à la manière indienne dans une substance mince, tenace, solide et d'une belle couleur cannelle.

Le Parisien, après un remerciement dont les fumeurs comprendront sans peine la vivacité, s'entoura d'un nuage odorant. Robin prit une cigarette, et l'examina curieusement. La vue de l'enveloppe remplaçant le papier lui suggéra l'idée de l'appliquer à un tout autre emploi.

— Qu'est-ce que cela? demanda-t-il au noir.

— Ça, écorce mahot, répondit-il.

— Où l'as-tu trouvé?

— Là-bas. Côté champ manioc.

— Viens avec moi. Nous allons en chercher une provision.

Après une demi-heure de marche, les deux hommes se trouvaient devant un bouquet de beaux arbres, aux immenses feuilles, vertes en dessus, pâles en dessous, et couvertes d'un fin duvet roussâtre. Ils portaient des fleurs blanches et jaunes, pour fruits de longues capsules cannelées, jaunes, renfermant des graines blanchâtres, entourées d'un duvet analogue à celui des feuilles. Leur écorce, fine, lisse, de la nuance des cigarettes de Nicolas, ne présentait aucune aspérité.

L'ingénieur reconnut en effet le *mahot franc*, un arbre voisin des cotonniers, employé aux colonies à de multiples usages. Son bois tendre, blanc, léger, facile à fendre, est excellent pour allumer du feu par le frottement. Il flotte comme le liège. Son écorce fibreuse, très résistante, coupée en lanière, sert à faire d'excellentes cordes, absolument imputrescibles, et aussi à calfater les pirogues. Enfin, les riverains de certains fleuves de la zone équinoxiale fabriquent avec son liber[1], des hamacs, des filets, etc.

Le génie inventif du proscrit allait donner une autre destination à cette partie de la substance corticale. Sans perdre une minute, il en détacha de larges morceaux, et décolla en quelque sorte une quinzaine de minces plaques concentriques, avec la même facilité qu'il eût séparé les feuillets d'un livre mouillé. Cette manœuvre s'opéra sans déchirure et avec une grande rapidité.

— Je tiens mon papier ! s'écria-t-il joyeux. Pourvu qu'il ne « boive » pas quand il sera sec.

Casimir ne savait pas ce que cela signifiait. Il comprit seulement que son ami voulait des feuilles sèches. Il lui en montra quelques-unes qu'il avait mises de côté, sur des lambeaux d'écorce, et qui, en séchant à l'ombre, étaient bien planes, sans la moindre gerçure.

— L'encre sera facile à trouver. Un peu de *mani*; mieux encore, du suc de *génipa*. Quant aux plumes, le hocco va m'en fournir.

Ils revinrent à l'habitation, et l'heureux père, sans dire un mot de sa découverte, se dirigea vers l'enclos palissadé dans lequel s'ébattait depuis une semaine la petite famille des hoccos.

Il retint à grand'peine un cri de colère et de douleur, à la vue des petits blottis effarés dans un coin, et de la mère déchirée en lambeaux, dont le cadavre n'était plus qu'une masse informe de chairs pantelantes, mêlées à des plumes froissées.

Au bruit de ses pas, le jaguar, les lèvres rouges, s'enfuit la queue basse, comme s'il avait conscience de son méfait, et disparut par une large ouverture pratiquée dans la palissade.

L'ingénieur ne voulut pas attrister les enfants en leur racontant l'incartade de leur favori, auquel il se promit d'administrer en temps et lieu une solide correction. Le jour allait avant peu finir, il remit au lendemain l'annonce de la mauvaise nouvelle, ramassa quelques plumes de la pauvre défunte mère répara la palissade et pénétra dans la case

— Mes chéris, dit-il, soyez heureux : voici du papier, des plumes et de l'encre. Nous allons tenter un essai, qui, j'ai tout lieu de le croire, sera couronné de succès

Il tailla sans plus tarder une des plumes, à l'aide d'un petit canif de toilette que sa femme avait apporté par hasard et dont on prenait un soin minutieux. Quelques gouttes de suc de génipa noircissaient au fond d'une écuelle de terre ; il y trempa la plume, et d'une écriture ferme, bien arrondie, semblable à celle

---

[1] Le *liber* est la partie intérieure et vivante de l'écorce. Il se compose de minces couches superposées.

des vieux parchemins, traça en quelques lignes la monographie du *mahot franc* et raconta l'origine du papier

Ce ne fut pas sans une vive émotion qu'il passa la feuille à son fils Henri, qui lut comme de l'imprimé le manuscrit, à la grande joie de ses frères et de sa mère. Cette découverte avait pour les Robinsons de la Guyane une importance capitale. Le proscrit avait jusqu'à ce jour appréhendé l'ignorance pour ses fils. La pensée qu'ils ne seraient peut-être que de petits sauvages blancs avait souvent attristé son esprit. Quelle que soit en outre la grande utilité pratique des études orales, rien ne peut remplacer pour de très jeunes enfants les leçons écrites. L'étude de l'arithmétique, des mathématiques, et de la géographie entre autres, serait absolument impossible.

Aussi, tous les membres de la colonie, grands et petits, voulurent-ils, à tour de rôle, écrire quelques mots sur ces belles feuilles, dont la couleur fauve s'harmonisait si bien avec la teinte marron foncé de l' « encre » de génipa. Chacun eût voulu avoir une plume et barbouiller à son aise. La manifestation de ce désir rappela au proscrit la fin malheureuse de la pauvre mère des hoccos. *Cat* n'avait pas reparu, espérant sans doute qu'après avoir passé la nuit à la belle étoile, le souvenir de sa méchante action serait oublié. Le féroce gourmand se trompait ; car Henri, indigné au récit de son méfait, se jura de lui administrer concurremment avec son père, la volée que celui-ci lui avait promise et dont le souvenir ne s'effacerait pas de longtemps.

L'acte de voracité du jaguar pouvait aussi porter un grave préjudice à l'élevage des poussins, trop jeunes encore pour se passer de leur mère. Mme Robin, surtout, était d'autant plus inquiète, que des grains abondants, précurseurs de la saison des pluies, tombaient plusieurs fois par jour.

Le lendemain chacun fut sur pied dès l'aube. La porte était à peine ouverte qu'un cri sonore, semblable à un appel de cor de chasse, retentit à quelques pas de la case, dans la direction de l'enclos

— Qu'est-ce encore ? s'écria Robin en saisissant son fusil, chose qu'il ne faisait que dans les grandes occasions

Casimir sortit clopin-clopant, et rentra en riant à se tordre

— Laissez-ça fusil là, compé. Ou qu'à vini côté pitits hoccos. Oh ! mi maman !... Ça bien drôle !... Mo content

Au moment où ils arrivent à la palissade, un spectacle original s'offre en effet à leurs regards. Un bel oiseau de la taille d'un gros coq, mais monté sur de longues jambes, s'avance gravement au milieu des jeunes hoccos, les surveille d'un œil vigilant, les groupe autour de lui, gratte la terre, fouille les herbes, et cherche à découvrir pour eux des graines ou des larves. Leur mère n'eût pas témoigné plus de zèle ni plus d'attentions. De temps en temps, il se dresse sur ses ergots, et lance son appel sonore. Il porte haut sa belle tête intelligente, au long bec aquilin, et couverte d'un fin duvet court et légèrement crépu. Son plumage, d'un beau noir sur le cou, les ailes et le ventre, a des reflets irisés. Une bande d'un rouge ocreux, qui tranche sur ce fond noir, l'entoure comme une ceinture, passe sur le dos qu'elle sépare en deux parties à peu près égales, et sur les ailes, dont les « petites couvertures [1] » se dorent d'un fauve éclatant.

Il ne semble aucunement gêné de la présence des nouveaux arrivants, que son manège intéresse vivement. On lui jette des graines et du couac, et, loin de se précipiter goulûment, il appelle les poussins avec ces petits gloussements affectueux habituels aux poules mères.

— Ça, agami. Bon z'oiseau. Camarade à tout'mouns.

— Oh ! je le reconnais parfaitement. Depuis quelque temps, je le vois tourner autour de l'habitation. Je pensais bien qu'un jour ou l'autre il se rapprocherait de nous.

— Quel bonheur ! s'écrie le petit Eugène, qui adore les oiseaux.

« Est-ce qu'il va rester ici ?

— Oui, mon enfant. Il ne quittera plus ces petits orphelins, qu'il a adoptés déjà et auxquels il témoigne un amour de mère.

— Qu'il est beau ! reprit l'enfant.

— Il est aussi bon que beau, et il n'existe peut-être pas d'animal aussi affectueux que lui. Croiriez-vous, mes chéris, que non seulement il sait reconnaître celui qui le soigne et se prend pour lui d'une vive affection, mais encore il obéit à sa voix, répond à ses caresses, et en sollicite de nouvelles, jusqu'à l'importunité ! Il fête sa présence par des transports de joie, devient triste quand il le voit partir, et accueille son retour par des bonds et des battements d'ailes.

« Il est très constant dans ses affections. S'il est libre de son attachement, il le donne à celui qui lui témoigne le premier de la bienveillance.

— Papa, interrompit Eugène, veux-tu me le donner ? Je l'aimerai beaucoup et il m'aimera aussi. Il ne connaît encore personne. Je voudrais qu'il s'attache à moi.

— Accordé, mon cher fils. Ton frère Henri possède un jaguar. Edmond un

---

[1] Les plumes qui naissent au bord supérieur de l'aile, soit en dessous, soit en dessus, se nomment *tectrices* ou *couvertures*. Elles sont, par conséquent, divisées en *supérieures* et *inférieures*. Ces dernières se divisent à leur tour en couvertures *petites*, *moyennes* et *grandes*.

tamanoir, à toi l'agami. Tu ne seras pas le plus mal partagé sous le rapport de l'amitié, au contraire.

« Quand les hoccos devenus grands n'auront plus besoin de ses soins, il te suivra partout comme un chien.

— Mais, demanda Mme Robin, est-ce qu'il se comporte toujours ainsi vis-à-vis des animaux de basse-cour?

— Je le crois volontiers. On lui accorde l'intelligence des chiens de berger. Il exerce sur les volatiles domestiques le même empire, la même surveillance que les chiens sur les moutons.

L'agami lançait de temps en temps son cri, qui devait s'entendre fort loin. Cri bizarre qu'il pousse sans ouvrir le bec, et qui lui a valu le nom d'*oiseau-trompette* chez les créoles. Il accueillit d'une façon particulièrement affectueuse les avances d'Eugène; il s'enhardit bientôt, et vint, à la grande joie de la famille, prendre dans la main du petit homme les morceaux de cassave que celui-ci lui tendait.

— Maintenant, c'est fini, dit la mère à son fils enchanté : vous voilà amis pour la vie.

— Te rappelles-tu bien, Henri, tout ce que j'ai raconté sur l'agami? demanda Robin.

— Oui père, je me rappelle tout... Je devine ce que tu vas me dire.

— Parle, mon cher petit devin.

— Puisque nous avons de quoi écrire, tu désires que je rédige la leçon que tu viens de nous faire.

— Et que tu l'enseignes ensuite à tes frères, termina l'heureux père en l'embrassant.

L'épilogue de cette aventure, fut une rude correction appliquée, près de l'enclos, sur l'échine de Cat, par la main vigoureuse de Robin. Le jaguar, honteux comme un renard qu'une poule aurait pris, n'approcha plus de longtemps l'enceinte au milieu de laquelle grandirent sous la surveillance de l'agami les jeunes hoccos, qui, parvenus à l'âge adulte, ne quittèrent plus l'habitation.

Peu à peu, les oiseaux et les quadrupèdes sauvages, enhardis par l'exemple, se rapprochaient et vivaient dans une demi-familiarité avec les Robinsons, qui semblaient véritablement les rois de cet Éden. L'abatis, au lieu d'être déserté par les habitants de la forêt qui fuient toujours l'homme aux instincts destructeurs, semblait un lieu de réunion où venaient fraternellement s'ébattre les êtres les plus disparates. La plantation, qui aurait largement suffi à nourrir trente familles, alimentait aussi les animaux. Rien n'était touchant et gracieux tout à la fois, comme la vue de cette colonie dont tous les membres semblaient goûter un bonheur si vaillamment conquis.

Une légère tache obscurcissait pourtant l'horizon de l'un deux. La joie du petit Charles n'était pas complète. Ses trois frères avaient chacun un compagnon qui était sa propriété exclusive. Charles n'ambitionnait pas un jaguar, ni un fourmilier, ni même un agami, mais il voulait un singe. Les sapajous, les macaques, les tamarins, les coatas, les alouates eux-mêmes, venaient bien de temps en temps exécuter, à quelques pas de la maison, leurs fantastiques cabrioles, mais ils ne se laissaient jamais toucher, et le petit Charles était désolé.

A cent mètres environ de la case, une bâche colossale dressait, on se le rappelle, ses palmes admirables, à l'extrémité desquelles un clan de cassiques avait élu domicile. Ces oiseaux, de la grosseur de notre loriot de France, jaunes comme lui, avec les ailes et la tête noires, ont l'habitude de vivre en nombreuse compagnie. Ils construisent sur le même arbre, quinze, vingt, trente nids, extrêmement curieux, semblables à de longues bourses, pourvus d'une ouverture latérale, et suspendus par quelques joncs à l'extrême pointe des feuilles. Si, d'une part, ces poches, longues d'un mètre et larges à la base de près de trente centimètres, ont un aspect original, elles offrent d'autre part un abri des plus sûrs à l'intelligent volatile qui les bâtit. Il n'est pas en effet de rôdeur si petit qu'il soit, rat-palmiste, ou sapajou, en quête d'œufs frais, qui pourrait s'aventurer à l'extrémité des folioles ténues auxquelles sont amarrées par des fils plus ténus encore ces habitations aériennes.

Pour plus de sûreté encore, les cassiques accrochent toujours leur nid à des arbres sur lesquels les *mouches à dague*, ces terribles guêpes de la Guyane, ont élu domicile. Ces hyménoptères sont appelées aussi « mouches-carton », à cause de la substance semblable à du carton qui leur sert à bâtir leur nid et qu'elles tirent des fibres végétales agglutinées avec une sorte de gomme qu'elles sécrètent. Ce nid, qui a souvent plus de quarante centimètres de diamètre, est pourvu d'une ouverture unique, pouvant livrer passage à une seule mouche. Chose curieuse, les « mouches à dague », et les cassiques vivent en parfaite intelligence, et, loin de s'attaquer jamais, s'unissent pour repousser leurs mutuels ennemis.

La bâche de l'habitation de la Bonne-Mère avait donc aussi son nid de mouches à dague. Un beau matin, un joli macaque fort friand de ces mouches, s'avisa de leur déclarer la guerre. C'était avant le lever du soleil. Les insectes encore endormis allaient bientôt sortir. En dépit des clameurs assourdissantes des cassiques, le macaque s'installa commodément près du nid, posa son petit à cheval sur ses épaules, et attendit leur réveil. Comme il ne voyait rien venir, notre gourmand s'impatienta, frappa de sa main gauche quelques coups secs sur la paroi sonore du nid, pendant qu'il appliquait l'index de son autre main sur l'ouverture.

Un léger bourdonnement l'avertit que la colonie s'éveillait; il retira son doigt, une mouche montra la tête... crac, les deux petits doigts noirs saisirent l'insecte au passage, écrasèrent son abdomen, l'aiguillon surgit inoffensif, et la mouche fut incontinent avalée avec une superbe grimace de contentement. Une seconde suivit et eut le même sort, puis une troisième, et ainsi de suite indéfiniment. Comme la sortie des guêpes pouvait devenir plus rapide que leur absorption par le quadrumane, il régularisait cette sortie en bouchant l'ouverture avec le doigt de la main gauche, pendant que la droite opérait sans relâche le transport du nid à sa bouche. Ce mouvement bi-automatique s'accomplissait avec une régularité mécanique depuis près d'une demi-heure, sans une seule hésitation. L'enragé gourmand n'en avait jamais assez, il croquait toujours et semblait vouloir continuer indéfiniment, au grand désespoir d'un de ses congénères qui s'était avancé sans bruit, et contemplait d'un œil d'envie ce régal auquel il ne pouvait prendre part.

Le premier arrivant semblait ne pas vouloir quitter la place, et la conquête en était trop difficile pour être tentée par la force. Si le petit doigt obturateur était en retard d'une demi-seconde, les deux singes auraient aussitôt à leurs trousses un essaim de guêpes irritées dont les piqûres sont horriblement douloureuses, et souvent mortelles pour les animaux de moyenne taille.

De guerre lasse enfin, le nouveau venu parut renoncer à toute compétition. Il monta sans bruit au haut du bâche, s'accrocha par la queue, la tête en bas, et se balança pendant quelques minutes avec frénésie. Bien que cette position n'ait en soi rien de méditatif, elle avait sans doute fait affluer les idées dans le cerveau du macaque. Il avisa un gros régime de fruits mûrs, pesant ensemble plus de vingt livres, accroché à deux mètres au-dessus de l'amateur de mouches à dague. Il mesura de l'œil la distance le séparant du sol, pouffa de rire, se gratta, puis se mit sans plus tarder à ronger à belles dents le pédoncule charnu qui pliait à se rompre, et qui dégringola bientôt avec fracas, entraînant pêle-mêle la moitié du nid, et le petit égoïste qui s'aplatit sur le sol, l'échine rompue.

L'auteur de cette farce lugubre, ravi de son escapade, comptait bien se mettre en quelques secondes à l'abri de l'aiguillon des mouches irritées. Il avait compté sans les cassiques. Ceux-ci, à la vue de l'attentat dont leurs alliées

Il prit le cadavre du macaque. (Page 194.)

venaient d'être victimes, redoublèrent de cris, en formant un cercle menaçant. C'est en vain qu'il bondissait de branche en branche, et cherchait à s'éloigner ; les mouches, guidées par les oiseaux, se jetèrent sur lui, le lardèrent à qui mieux mieux, jusqu'à ce que gonflé comme une outre, il vint en tombant s'écraser sur une racine.

Les Robinsons avaient assisté à ce petit drame aérien qui les avait vivement intéressés. Casimir, sans prononcer un mot, s'était avancé doucement, sans faire de grands mouvements, dans la crainte d'attirer l'attention des guêpes occupées déjà à réparer les désastres de leur habitation. Il prit le cadavre du maraque étroitement enlacé par le petit et le rapporta triomphalement à la case.

Charles n'avait plus rien à envier à ses frères, son souhait était exaucé, il possédait son singe.

. . . .

. . . .

Une année s'est écoulée, avons-nous dit, depuis le moment où la vaillante famille du proscrit a pu rejoindre son chef. La saison des pluies vient de commencer. Grâce à leur activité prodigieuse, les Robinsons de la Guyane peuvent braver la faim et résister aux intempéries. La case commune est en parfait état. Les provisions de toutes sortes sont emmagasinées dans de vastes abris bien couverts et parfaitement aérés. Une toiture a été adaptée à un coin de la basse-cour. L'élevage des hoccos a fait merveille. Des marayes *(penelope leucolophos)*, des perdrix grand-bois *(tetrao montanus)*, aussi grosses qu'un dindon, des toccros *(tetrao guyanensis)*, des parraquas, des pintades, se sont joints à eux, et vivent tous en parfaite intelligence.

Un certain nombre de tortues de terre, appelées par Casimir « *tôti-la-te* », savoureux potages de l'avenir, sont parquées près de la basse-cour, en compagnie de jeunes pécaris que leur mère allaite encore. La vie matérielle est donc assurée.

Pendant cette énervante saison de l'hivernage, les distractions de toute sorte ne manqueront pas aux membres de la colonie. La garde-robe a besoin d'être renouvelée. Aussi, une ample provision de coton a-t-elle été recueillie en temps et lieu. Un métier à tisser, très simple, bien rudimentaire, suffisant en somme, a été installé par Robin et Nicolas. Il fonctionne d'une manière convenable et donne une étoffe excellente. Chacun, sauf Casimir qui marche pieds nus, est pourvu de chaussures souples, légères, et très commodes, analogues aux mocassins des Indiens de l'Amérique du Nord. Le salacco restera, sauf modifications ultérieures, la coiffure obligatoire. Les fibres d'arouma en forment la matière première.

Enfin, une grande quantité de papier-mahot, bien sec, bien luisant, est à la disposition de tous. Ces longues journées de pluie ne seront pas stériles. L'esprit des enfants se développe à merveille. Les *Robinsons de la Guyane* ne seront pas de petits sauvages. Ils feront honneur aux FRANÇAIS DE L'ÉQUATEUR!

FIN DE LA PREMIÈRE PARTIE

LES ROBINSONS DE LA GUYANE

2ᵐᵉ PARTIE

LE SECRET DE L'OR

CHAPITRE PREMIER

Les chauffeurs et l'Indien prisonnier. — Dialogue d'oiseaux. — Le toucan et l'honoré. — Serait-ce un signal ? — Écroulement d'un pan de forêt. — Campement sur un rapide. — Le « palaïca ». — L'évasion. — Mystérieux ennemis. — La flèche d'or !... — La légende d'El-Dorado. — Le trésor des fils du Soleil. — Les aventuriers au pays de l'or. — Gouverneur et Peau-Rouge. — Manoël Vicente et Paoline. — Le Secret de l'or. — Le premier grain d'or recueilli par un français le 13 août 1856. — Le secret qui tue. — Enlèvement. — Les complices.

— Passe-moi le Peau-Rouge.
— Attends... Une minute.
— Est-t-il bien ficelé, au moins ?
— Trop bien, j'en ai peur. Il ne remue plus

— Il n'est pas mort!...

— Hum!...

— Pas de bêtises. Il représente un capital. Notre fortune à tous..... Des millions.

— Faut-il desserrer?

— S'il nous échappe!

— Mais.... s'il étouffe

— Tu as raison. Il ne faut pas tuer la poule aux œufs d'or. Largue un peu les amarres, reprend le premier interlocuteur, qui à une légère teinture littéraire semble joindre quelque connaissance des vocables maritimes.

« Allons, dépêchons.

L'Indien inerte est enlevé sans efforts.

— Voilà qui est fait.

— Eh bien?

— Il ne bouge ni pieds ni pattes.

— Tonnerre!... Nous voilà jolis garçons, s'il a avalé sa langue.

— Dame...

— Dame... quoi? Je te confie ce particulier-là. Tu m'en réponds. Tu sais ce qu'il vaut, n'est-ce pas. Tu te charges d'avoir l'œil sur lui, de l'empêcher de se donner de l'air..... et....

— Et le meilleur moyen de lui en ôter l'envie étant de le ficeler, je l'ai habillé avec quinze brasses de bitord première qualité.

— C'est pas une raison pour l'étriper.

— Tu en parles à ton aise, toi. Depuis huit jours que nous trimballons ce cadet là, il nous aurait joué le tour si je n'avais pas pris toutes mes précautions.

— Voyons.... Une fois... deux fois..... Est-il mort, oui ou non?

— S'il est mort, il ne vaut pas un chien en vie; et nous.... eh bien! nous sommes f....ichus.

— Et le secret de l'or avec nous!... Alors, mon camarade, je te déclare que tu paieras pour lui. Je t'arracherai morceau par morceau la peau de dessus les os, je te.....

— T'es bête. Un Peau-Rouge ne meurt pas comme ça. Ces vermines-là, ça vous a l'âme chevillée aux flancs. Attends un peu. Tu vas voir.

Le second interlocuteur tire aussitôt de la poche de son pantalon de grosse toile, un petit briquet et une de ces longues mèches jaunes employées par les fumeurs. Deux coups secs font jaillir d'un silex des gerbes d'étincelles, la mèche s'enflamme. L'homme détache les poignets de l'Indien toujours inerte, et autour desquels la corde goudronnée a tracé deux sillons livides. Il rapproche les pouces et les serre violemment après avoir glissé entre eux la mèche incandescente.

La chair pétille. Une écœurante odeur de grillé se répand dans l'atmosphère. La poitrine du Peau-Rouge se soulève légèrement. Un soupir douloureux s'échappe de sa gorge. Il semble reprendre lentement ses sens sous le contact du feu qui mord et calcine ses chairs.

— Petit bonhomme vit encore, reprend avec un gros rire le bourreau qui semble ravi de l'infamie qu'il vient de commettre.

— A la bonne heure. Accroche-le solidement sous les bras

— Voilà. C'est paré. Surtout, ne le laisse pas tomber à l'eau. Veillez aux pagayes, vous autres.

— Oh !... Hisse.....

Le malheureux Indien, dont la peau fume encore, est enlevé comme un ballot de linge par l'homme, qui semble doué d'une vigueur athlétique, et qui, ce tour de force accompli, le dépose près de lui sur le roc nu.

— Allons, vous autres, à votre tour. Et de l'ordre.

Quatre hommes s'apprêtent à franchir une de ces murailles rocheuses, qui coupent fréquemment les cours d'eau de la Guyane et qui sont connus sous le nom de « rapides ». Il y a près de quatre mètres de contre-bas. L'un d'eux, celui entre les mains duquel se trouve l'amarre ayant servi à hisser l'Indien, a escaladé le premier la barre. Il se tient sur un îlot granitique de trois mètres de diamètre. A droite et à gauche, les eaux de la rivière se précipitent en cascades écumantes.

La pirogue amarrée au bas de cette roche, oscille au milieu du remous. Les vivres prennent le même chemin que le prisonnier. Barils de « couac », caisses de biscuits, tonneaux de petit-salé et de bacaliau, l'approvisionnement est abondant, sans oublier les armes, les munitions et les outils.

C'est ensuite le tour des hommes. Puis les amarres de la pirogue sont doublées. Les quatre canotiers réunissent leurs efforts, l'embarcation, soulevée par leurs bras comme par un palan, s'élève lentement, et vient poser sa quille sur la petite plate-forme, encombrée de fusils de chasse, de pics, de pioches, de haches, et de ballots de toute sorte.

L'Indien, allongé sur le roc nu, chauffé par le soleil, reste toujours immobile. On le croirait évanoui, n'était le léger mouvement de sa poitrine, n'était aussi le regard de haine farouche que darde son œil noir un peu bridé aux tempes, sur les quatre hommes quand ils ont le dos tourné. Il est tout jeune, vingt-deux ans à peine, de taille moyenne, mais bien pris. Il est simplement vêtu d'un calimbé, et ne porte pas de ces peintures au suc de génipa, dont ses compatriotes ont l'habitude de barioler leur corps et leur face. Sa peau n'est même pas enduite de roucou. Elle est couleur café au lait, et à peine aussi foncée que celle des inconnus qui le tiennent en leur pouvoir.

Ceux-ci sont des Européens. Trois sont en bras de chemise, leurs manches relevées au dessus du coude, et leurs pantalons, retroussés jusqu'aux genoux, laissent apercevoir des jambes sèches, couturées de cicatrices plus ou moins anciennes. Leurs figures, maigres, pâlies, à l'expression dure et cruelle, sont abritées par des chapeaux à bords plats, en paille grossièrement tressée. Détail particulier, leurs barbes longues à peine de deux mois, ajoutent encore à la dureté de leurs traits. Impossible de leur assigner un âge exact. Nul parmi eux ne semble pourtant avoir dépassé la trentaine.

Le quatrième, celui qui semble le chef, a les épaules démesurément larges. Son torse d'athlète a comme un dandinement d'ours, sur ses deux jambes arquées, aux muscles énormes. Il est chaussé de ces souliers lacés, bas de quartiers, appelés « godillots » en usage dans l'armée, coiffé d'une casquette blanche à couvre-nuque, et vêtu d'une chemise de laine rouge. Une immense barbe noire, semée de fils blancs, lui couvre la face. C'est un homme d'environ quarante cinq ans.

Bien qu'il commande toutes les manœuvres, et que les autres les exécutent sans observation, on voit qu'ils vivent sur un pied de parfaite égalité, et que cette égalité est basée sur de mutuelles nécessités, de mutuelles espérances. Il n'est en outre nullement besoin d'avoir été témoin des traitements infâmes infligés au jeune Indien, pour comprendre que leur solidarité n'emprunte rien à l'accomplissement d'un devoir, mais qu'elle est produite par des appétits désordonnés, dont la satisfaction peut être empruntée au crime lui-même.

En somme, le jugement qu'un spectateur désintéressé eût porté de prime abord sur cette équipe se fût résumé dans ces cinq mots: « La superbe collection de gredins ! »

Ils semblent d'ailleurs tout à fait à l'aise, en dépit du soleil qui darde sur la crique des rayons brûlants, et complétement adaptés à ce climat sous lequel eût infailliblement succombé un Européen non acclimaté. La facilité avec laquelle ils ont accompli ces différentes manœuvres indique des hommes depuis longtemps habitués à des travaux de force.

— Dis-donc « chef », s'écrie familièrement l'un d'eux, si nous cassions une croûte?

— Quand le canot sera paré.

Comme les figures des affamés trahissent une sorte de mécontentement, le « chef » reprend rudement, non sans une légère pointe de narquoiserie :

— Allons, mes agneaux, embarque les provisions et tout le bibelot.

« Vous savez bien que je mets la main à la pâte comme pas un, et que j'ai aussi un beau coup de fourchette. Eh bien! je vais comme toujours prêcher d'exemple.

Et joignant l'effet à la parole, il saisit un baril de couac, pouvant peser cinquante kilos, et le dépose doucement, sans effort apparent, dans l'embarcation qui se balance mollement en amont de la barre. L'arrimage est l'affaire d'un quart-d'heure.

Les quatre hommes commencèrent alors leur frugal repas. Quelques poignées de couac délayées dans un peu d'eau, avec un morceau de petit salé cuit de la veille, composèrent tout le menu. Le jeune Peau-Rouge avait peu à peu repris connaissance, ou plutôt il n'affectait plus cette immobilité plutôt simulée que réelle, depuis l'emploi du traitement révoltant infligé par un des aventuriers. Il absorbait lentement quelques maigres bouchées, et semblait ne rien voir, ne rien entendre.

Un cri bizarre, aigre, ressemblant au grincement d'une poulie mal graissée, mieux encore d'une roue de charrette adaptée à un essieu de bois, retentit sous la feuillée, non loin du rapide. Nul n'y fit attention pourtant, sauf l'Indien, dont l'oreille infaillible savait démêler peut-être d'imperceptibles modulations dans cet appel bruyant, jovial, qui signale la présence du *toucan* appelé aussi *grosbec* par les créoles guyanais.

Une fugitive expression de curiosité, d'espérance peut-être, anima pendant une seconde son visage, qui reprit aussitôt son masque de morne impassibilité. Puis, une voix pleine, sonore, bien timbrée, s'éleva : et les quatre notes : Do... Mi... Sol... Do!... que l'on eût dit poussées par le larynx d'un baryton de l'opéra, vibrèrent longuement, avec une incroyable justesse d'intonation.

Le Peau-Rouge fit un brusque mouvement qui faillit le trahir.

— Eh bien! qu'est-ce qui te prend, Kalina? fit brutalement l'homme à la longue barbe, que les autres appelaient le « chef ». Est-ce que la musique te fait mal aux nerfs? C'est le toucan qui s'amuse, et l'honoré [1] qui lui répond.

---

[1] L'Honoré est le *Botorus-Tigrinus* des naturalistes.

« Il est vraiment curieux, avec ses quatre notes, cet oiseau. On parierait que c'est un homme.

La voix du toucan grinça de nouveau. Do, mi, sol, do! reprit « l'honoré ». Puis, l'impénétrable forêt rentra dans le silence.

— Drôle d'idée qu'ils ont de chanter ainsi en plein midi. Je n'ai jamais vu ça.

— Dis-donc, chef, si c'était un signal, dit un des pagayeurs.

— Un signal de qui, imbécile; et adressé à qui?

— Est-ce que je sais, moi? Est-ce que nous ne correspondions pas de la même façon, là-bas? Est-ce que les imbéciles comme toi y voyaient quelque chose?

Les deux autres, silencieux jusqu'alors, eurent un gros rire approbateur.

— Qui te dit qu'il n'y a pas là, dans les herbes, sous la feuillée, derrière les arbres, quelques paires d'yeux grands ouverts sur nous. Est-ce bien sûr que ce cri de toucan, suivi du chant de l'honoré, n'ait pas une signification qui nous échappe?

« C'est d'autant plus extraordinaire que, comme tu viens de le dire, il est midi. Les oiseaux, sauf le moqueur, ne chantent pas à pareille heure. J'ai beau écarquiller les yeux, je ne vois pas le toucan. Son cri a pourtant retenti assez près de nous.

Le même phénomène, puisque cet incident futile en apparence semblait prendre les proportions d'un évènement, se reproduisit, mais en sens inverse. Ce fut l'honoré qui commença, et le toucan qui répondit aussitôt.

Les quatre hommes dévisagèrent l'Indien, toujours muet et impassible.

— Si je savais, gronda le « chef », que cet appel s'adresse à lui, je le baillonnerais d'une paire de gifles.....

— Tu serais bien plus avancé. Ce ne serait pas le moyen de le faire parler. Ces animaux-là, c'est plus entêté que des bourriques. Quand une fois ça a mis quelque chose dans sa cervelle, du diable si on peut l'en déloger.

— Laisse faire. Je m'en charge. Nous sommes bientôt arrivés à notre but, ou plutôt, nous touchons au moment où il nous sera impossible de nous diriger. Lui seul connaît la route, et s'il ne veut rien dire..... Quand je devrais lui griller les jambes jusqu'au ventre, et les bras jusqu'aux épaules, il nous conduira.

— A la bonne heure. Voilà qui est parler. Tu as entendu, Kalina.

L'Indien ne lui fit même pas l'aumône d'un regard.

— Allons, en route, reprit d'une voix rude le chef.

Les quatre hommes reprirent leur place dans l'embarcation, placèrent

La superbe collection de gredins! (Page 198.)

l'Indien, toujours garrotté, au centre, et se mirent à pagayer vigoureusement.

La crique, resserrée à la hauteur de la barre, allait s'élargissant graduellement.

— Côtoyons la rive gauche, dit le chef. N'apercevez-vous pas une montagne, là-bas, ou cette tache sombre n'est-elle qu'un nuage?

— C'est une montagne.

— Bon, je gouverne dessus. Je crois que nous approchons. Pour la quatrième fois, le cri du toucan retentit, mais avec une telle intensité, que les quatre hommes relevèrent simultanément la tête, comme si l'oiseau se fût tenu à quelques mètres au-dessus d'eux.

— Le chef étouffa un juron, saisit son fusil et l'arma précipitamment. La pirogue rasait la berge. On entendit comme un imperceptible bruit de branches froissées, auquel succéda soudain une détonation. Le patron du canot avait fait feu au juger, à travers les broussailles, à hauteur d'homme. Les feuilles tombèrent hachées par le plomb, mais le toucan ne poussa pas ce cri effarouché qui lui est habituel quand il est surpris.

— Tu avais raison. C'est un signal. Le proverbe dit qu'un homme averti en vaut deux, nous en valons bien huit à nous quatre. Je crois que, avant peu, nous allons avoir à batailler.

« Je vais continuer à raser la côte, puis nous allons atterrir sur un point favorable.

Ce plan, qu'on eût dit d'exécution si facile, ne put être mis à exécution. L'homme avait à peine déposé dans le canot son fusil encore fumant, et repris sa pagaye, qu'un arbre immense, complètement desséché, paraissant mort depuis longtemps, mais maintenu de tous côtés par des lianes, oscilla violemment, puis s'abattit avec un fracas terrible dans les eaux qui rejaillirent en poussières irisées.

Fort heureusement pour les aventuriers, cette chute avait eu lieu à près de cent mètres en avant de l'embarcation. Cinq minutes plus tard elle était broyée net. Il leur fallut prendre du large et passer en frôlant l'autre rive, pour éviter cette barricade qui venait de s'interposer si malencontreusement.

— Sacrebleu ! nous venons de l'échapper belle. Si ce « wacapou » était plus long de deux mètres, je me demande comment nous passerions.

« Allons, voilà qui est fait. Nous allons reprendre notre route et tâcher de trouver un point favorable au débarquement. Surtout ouvre l'œil pour éviter la chute de ces arbres morts qui s'élèvent encore çà et là sur la berge.

— Tu ne voudrais pas que ça recommence. C'est bon une fois, et d'ailleurs, ils n'attendent pas notre passage pour nous tomber dessus.

— Mille millions de tonnerres !... hurla le chef.

Trois autres imprécations retentirent en même temps, poussées par les canotiers terrifiés à la vue d'un phénomène absolument inusité.

— Du calme, ou nous sommes perdus. Nage ferme. A la côte. Veille à l'Indien.

Ces cris et ces commandements furent couverts par un bruit formidable. Un pan tout entier de forêt sembla s'écrouler soudain. Cinq ou six géants végétaux éloignés l'un de l'autre de vingt à vingt-cinq mètres, desséchés comme celui qui venait de tomber, avaient, comme lui tout à l'heure, oscillé. Il semblait qu'une invisible main venait tout à coup de les couper. Une série de craquements sonores se fit entendre, les colosses s'inclinèrent lentement d'abord du côté de la rivière, soutenus encore par leur chevelure de lianes inextricablement enlacées à leurs voisins. Les amarres, tendues à éclater, tinrent bon. Les arbres vivants, entraînés, déracinés par les morts, s'inclinèrent à leur tour et s'effondrèrent avec un fracas dont rien ne saurait égaler l'intensité. Puis, la trombe de verdure roula dans la crique, dont les eaux disparurent sous un indescriptible pêle-mêle de branches, de feuilles et de fleurs.

Pâles, stupides d'épouvante, les quatre hommes se taisaient, affolés par ce phénomène inexplicable et terrifiant. C'est à peine s'ils pensaient à maintenir en équilibre la pirogue, qui dansait follement sur les vagues produites par cette subite dislocation de la couche liquide.

Devaient-ils attribuer à une cause purement accidentelle ce cataclysme dans lequel ils pouvaient être anéantis? N'y avait-il que l'inconsciente révolte de cette terre encore mystérieuse, aux futaies inexplorées, contre l'invasion de ces infiniment petits qui osaient arracher son voile de vierge? Quels Titans eussent pu d'ailleurs culbuter ainsi ces arbres plusieurs fois centenaires, et les fracasser, comme les mâts d'un navire emporté par l'ouragan?

Le lit de la crique était complètement obstrué. Les quatre aventuriers ne pouvaient ni remonter le courant, ni aborder où ils en avaient d'abord l'intention. Ils tentèrent vainement de toucher à la rive opposée. Une savane noyée, repaire insondable de couleuvres géantes et d'anguilles tremblantes, s'étendait à perte de vue. Le seul plan praticable était de s'ouvrir un chemin à travers ces branches et ces troncs broyés. Il fallait jouer de la hache, de la scie et du sabre d'abatis, pour pratiquer un chenal; travail écrasant qui nécessiterait au moins trois ou quatre jours.

Inutile de dire qu'ils ne pensaient pas à reculer. Ces gredins avaient des ténacités d'honnêtes gens. Ils avaient des vivres en abondance, pour plusieurs mois, et ne prétendaient pas s'arrêter aux incidents de la première heure. Le remous des flots était à peine apaisé, que leur décision était prise, leur plan tracé.

— Eh bien ! chef, qu'est-ce que tu dis de ça?

— Je dis... je dis que je n'y comprends rien

— Prétendras-tu encore que ces cris d'oiseau ne signifiaient rien?

— C'est bien possible, après tout. Pourtant, s'il y avait dans le bois une troupe de Peaux-Rouges, il est a supposer que, au lieu de s'amuser à couper ces arbres, pour barrer la crique, ils nous auraient simplement envoyé à chacun une bonne flèche de deux mètres de long à travers les côtelettes.

« Nous étions si près du rivage, et ils sont si sûrs de leur coup !

« C'est à n'y rien comprendre, d'autant plus que ces arbres morts devaient être depuis longtemps coupés sur pied.

— C'est peut-être la première ligne de fortifications défendant le *Pays de l'Or!*

— Nous la franchirons, elle et les autres, continua le chef d'un ton bref. Et maintenant, à l'ouvrage.

— Dis-donc, chef, une idée. Nous ne pouvons raisonnablement camper dans la pirogue. D'autre part, il nous est impossible d'accrocher nos hamacs aux arbres qui bordent la savane; si nous redescendions à la barre? Nous pourrions décharger les provisions sur la roche, et élever un « *patawa* ».

— Ton idée est parfaite, mon fils, et nous allons la mettre à exécution. Nous installerons bien gentiment dans un hamac ce brave Peau-Rouge, que nous amarrerons solidement, pour lui enlever toute idée de fuite. Nous sabrerons ensuite à travers ce fouillis, et alors, au petit bonheur.

La pirogue rallia les roches, puis deux des canotiers gagnèrent la rive, abattirent rapidement trois arbres de la grosseur de la jambe, et les ébranchèrent, pendant que leurs compagnons s'empressaient de décharger de nouveau la cargaison.

Ces deux opérations furent achevées en même temps. Les trois arbres furent apportés sur le rocher, on les amarra solidement au sommet, puis, trois hommes en saisirent chacun un, les dressèrent simultanément d'un mouvement rapide en les écartant à la base, de façon à former un triangle isocèle d'environ trois mètres cinquante de côté.

L'appareil resta debout tout naturellement, et trois hamacs en occupèrent bientôt les trois côtés. Cette installation si simple, si commode, et d'un usage fréquent chez les noirs et les Peaux-Rouges de la région équinoxiale, se nomme *patawa*. Le *patawa* rend de grands services en ce qu'il procure un coucher parfait dans les lieux humides et dépourvus d'arbres. Car en Guyane, il est impossible de reposer sur la terre, sous peine d'être exposé aux désagréables et souvent dangereuses visites des hôtes de la forêt : scorpions, mille-pattes, araignées-crabes, fourmis, etc.

Le chef, après avoir minutieusement examiné les entraves de l'Indien prisonnier, le déposa comme un enfant dans un hamac. Comme le soleil dardait sur cet étroit espace des rayons brûlants contre lesquels rien ne le défendait, l'aventurier coupa quelques larges feuilles de « barlourou », les attacha ensemble, en fit une sorte d'écran qu'il étala au-dessus de sa tête. Le malheureux n'avait, de cette façon, rien à redouter de l'insolation.

— Une ombrelle... Une ombrelle à cet enfant, ricana le misérable. Je suis un père pour toi, n'est-ce pas, un vrai père.

« Ne t'imagine pas que c'est pour tes beaux yeux, va, mon chérubin, si tu ne représentais pas pour nous un capital, et un sérieux, il y a beau temps que je t'aurais envoyé chez « *Gadou* »[1], le bon Dieu des bonshommes noirs et rouges.

« Au revoir et porte-toi bien ; moi, je m'en vais bûcher. N'oublie pas surtout que j'ai l'œil sur toi.

Les quatre coquins remontèrent incontinent vers le barrage végétal qu'ils attaquèrent avec une sorte d'énergie farouche, à grands coups de sabre et de hache. La besogne était dure, et avançait bien lentement; mais, en somme, leurs peines n'étaient pas perdues. Ils pouvaient même prévoir qu'après quarante-huit heures d'efforts, ils sortiraient de cette impasse. Ainsi, quand le soleil déclina, ils revinrent au *patawa* en chantant gaiement comme de braves ouvriers auxquels le labeur du jour a été agréable.

La dernière note du joyeux refrain se perdit dans un hurlement de rage, à la vue du hamac vide. Le Peau-Rouge, si bien ficelé par le chef, avait brisé ses liens. Il avait disparu.

Il n'y avait pourtant rien de mystérieux dans cette absence, bien qu'elle semblât le résultat d'un véritable escamotage. Le jeune Indien, voyant ses bourreaux occupés à se frayer une route, songea à profiter de ce premier moment de répit. Il se mit incontinent à ronger les cordes qui enserraient ses poignets ; ses dents blanches, aigües comme celles d'un paque, travaillèrent tant et si bien, qu'après une heure d'efforts surhumains il avait pu couper la dure tresse de bitord.

La première partie de la besogne était achevée. C'était malheureusement celle qui offrait le moins de difficultés. Il lui fallait maintenant se débarrasser non seulement des entraves qui bleuissaient ses jarrets, mais encore ses genoux.

---

[1] *Gadou*, ou plutôt *Massa Gadou*, « monsieur Dieu », est en effet le nom que les sauvages de la Guyane donnent à leur divinité. Leurs croyances religieuses se bornent d'ailleurs à une sorte de manichéisme grossier, qu'ils accommodent à leurs besoins avec la plus franche désinvolture. Ils sont surtout indifférents, et craignent beaucoup plus le diable qu'ils n'honorent le bon Dieu.

Il était aussi industrieux que brave et possédait au suprême degré cette inaltérable patience qui, trop souvent chez les siens dégénère en apathie.

Il portait un petit collier en dents de « *patira*[1] », de ces dents pointues, à arêtes tranchantes, avec lesquelles ces animaux fouillent à d'incroyables profondeurs, et coupent des racines énormes. Il cassa le fil d'aloès qui les traversait à la base, en saisit une et se mit incontinent à scier, ou plutôt à user fil par fil les brins de bitord.

De temps en temps, il lançait à la dérobée, à travers les tresses du hamac, un regard à ses bourreaux toujours occupés à leur travail de sape. Ceux-ci, de leur côté, avaient à chaque instant l'œil ouvert sur lui, mais il sut si bien, tout en activant l'œuvre de sa libération, conserver une apparente immobilité, qu'ils ne se doutèrent de rien. Il touchait enfin au moment suprême. Ses jambes étaient dégagées. Il s'allongea voluptueusement dans le hamac, se reposa près d'un quart d'heure, frotta doucement ses membres endoloris pour leur rendre l'élasticité, puis, profitant d'un moment où les quatre hommes avaient le dos tourné, il s'accroupit au bord du hamac, bondit sur le roc, et se précipita la tête la première du haut de la barre au beau milieu du rapide.

Après avoir franchi, sans remonter à la surface de l'eau, l'espace qui le séparait du rivage, vingt-cinq mètres environ, il prit pied au milieu des « Héliconias » aux fleurs de pourpre et disparut dans l'épaisse forêt.

La fureur des aventuriers ne connut plus de bornes. Bien que la poursuite fût une chose folle, impraticable, ils la tentèrent. A droite et à gauche de la crique s'étendaient des savanes noyées ; le terrain solide qui donnait accès à la forêt n'avait pas plus de cent-cinquante mètres de large et formait comme une chaussée entre les deux savanes. C'est sur cette partie, bordant la rivière, que les arbres, culbutés par une force mystérieuse, venaient de s'abattre.

Le chef et trois hommes s'élancèrent sur les troncs aux trois quarts submergés, et tentèrent d'aborder, pendant que le quatrième restait à la garde des provisions. Ils étaient près de toucher terre, quand un sifflement aigu retentit, aussitôt suivi d'un cri d'angoisse et de douleur, poussé par celui qui se trouvait le premier.

Une longue flèche, à hampe de gynérium, empennée de noir, et partie du fourré, venait de lui traverser la cuisse de part en part. En dépit de l'atroce douleur qui le terrassait, le blessé essaya, mais vainement, de l'arracher.

[1] Mammifère pachyderme, du genre cochon, très-nombreux en Guyane.

— Laisse, fit le chef, puisqu'elle a traversé, je vais casser la pointe de l'autre côté.

L'opération fut bientôt accomplie, et l'aventurier regardait curieusement cette pointe longue de près de cinq centimètres, barbelée d'un côté, et qui, malgré le sang qui la rougissait, lançait de fauves reflets. Il l'essuya machinalement sur sa manche...

— Mais!... c'est de l'or!... s'écria-t-il stupéfait.

. . . .

Depuis la découverte du Nouveau-Monde, une fièvre ardente s'était emparée de l'Europe entière aux récits merveilleux des premiers navigateurs. Après l'illustre Colomb (1492) et ses intrépides successeurs, Jean et Sébastien Cabot (1497-1498), Améric Vespuce (1499), Vincent Pinçon (1500) qui furent eux du moins des conquérants pacifiques, la troupe des aventuriers **se rua** sur cette terre opulente, comme une bande de vautours à la curée.

Sans parler des Fernand Cortez (1519) ou des François Pizarre (1531), **aventuriers de large envergure, et qui savaient « faire grand » en opérant leurs conquêtes**, c'est-à-dire en ravageant, le premier, le Mexique, le second, le Pérou, pour la plus grande gloire et le meilleur profit de leur royal maître, arrivons d'emblée à ceux qui, les premiers, explorèrent la partie Est de l'Amérique équatoriale.

François Pizarre avait péri en 1544, assassiné, à Cuzco. Un de ses lieutenants, Orellana, rêvant des pays plus riches encore, et où l'or devait être aussi commun que chez nous les métaux les plus vulgaires, descendit l'Amazone jusqu'à son embouchure, et fouilla la côte depuis l'Équateur jusqu'à l'Orénoque.

Orellana fut-il de bonne foi? Prit-il pour une réalité sa chimère longtemps caressée? Entrevit-il un coin de cette terre fortunée dont sa relation trace un tableau si enchanteur?... Toujours est-il, que vers l'an 1548, le mot magique d'*El-Dorado* sonnait dans toutes les bouches, comme une opulente onomatopée.

En traversant les mers, en volant de bouche en bouche, le récit s'altéra, se grossit. Le point géographique du Paradis de l'or subit en outre de nombreuses et souvent considérables variations. S'agissait-il de la Guyane ou de la Nouvelle-Grenade, alors si peu connues? On chercha à travers les solitudes immenses; du Nord au Sud, de l'Est à l'Ouest, la région équatoriale fut fouillée par les **assoiffés d'or dont les cadavres jonchèrent la terre.** De déception en déception, **on tomba enfin d'accord.** C'est dans la Guyane que se trouvait l'*El-Dorado*, le fabuleux trésor des Fils du Soleil. On précisa, et quelques-uns s'en allèrent jusqu'à dire que, après la chute des Incas, le plus jeune frère d'Atabalépa s'empara des trésors, et descendit jusqu'à l'Amazone, non loin des sources de l'Oyapock.

Ce monarque de l'or s'appela le grand Paytité, le grand Moxo, le grand Parou.

On prétendit l'avoir vu. Walter Raleigh, le favori d'Elisabeth, entre autres, poussé sans doute par des motifs personnels ou même d'un ordre plus élevé, attesta à la reine d'Angleterre la réalité de ces fables. L'Espagnol Martinez alla plus loin. Il déclara avoir passé sept mois à *Manou*, la capitale de ce royaume imaginaire. La description qu'il en donne est trop extraordinaire pour ne pas en fournir un extrait : « La ville est immense, la population innombrable. La rue des Orfèvres ne compte pas moins de trois mille ouvriers. Le palais de l'empereur, construit en marbre blanc, se dresse dans une île verdoyante et se réfléchit dans un lac aux eaux plus transparentes que le cristal. Trois montagnes l'environnent, l'une en or massif, la seconde en argent, la troisième en sel. Il est supporté sur des colonnes d'albâtre et de porphyre, et entouré de galeries d'ébène et de cèdre aux innombrables incrustations de pierreries. Deux tours en gardent l'entrée. Elles sont appuyées chacune sur une colonne de vingt-cinq pieds, et surmontées d'immenses lunes d'argent. Deux lions vivants sont attachés aux fûts par des chaînes d'or ; au milieu, se trouve une grande cour carrée, ornée de fontaines aux vasques d'argent et dans lesquelles l'eau s'écoule par quatre tuyaux d'or. Une petite porte de cuivre (pourquoi seulement de cuivre ?) creusée dans le roc cachait l'intérieur du palais dont les splendeurs dépassent toute description.

« Le maître s'appelle *El-Dorado*, mot à mot, *Le Doré*, à cause de la splendeur de son costume. Son corps nu était chaque matin frotté d'une gomme précieuse, puis, enduit d'or jusqu'à ce qu'il présentât l'aspect d'une statue d'or », etc., etc.

Sans nous arrêter plus longtemps à ces puérilités, expliquons en deux mots ce qui, d'après Humboldt, a pu donner lieu à cette dernière fable. On sait que dans la Guyane, la peinture remplace le tatouage. Les indiens de certaines tribus, aujourd'hui décimées par l'alcool, ont conservé l'habitude de s'oindre de graisse de tortue, puis ils se couvrent de paillettes de mica, dont l'éclat métallique a les miroitements de l'or et de l'argent. Cette parure élémentaire semble effectivement les habiller de vêtements tissés en fils d'or et d'argent.

Quel que soit le motif qui l'ait fait agir, Walter Raleigh, fatigué des réalités moroses du vieux monde, n'hésita pas à poursuivre sa chimère au delà de l'Océan immense, et partit en 1595 à la conquête de l'idéal rêvé. De 1595 à 1597,

Se précipita la tête la première. (Page 206.)

Il ne fit pas moins de quatre voyages, et fouilla, mais inutilement, tous les recoins encore inexplorés. L'El-Dorado fuyait toujours devant lui.

Plus de vingt expéditions tentées dans le même but n'eurent pas plus de succès, et pour cause. Enfin quelque incroyable que paraisse le fait, la dernière fut sérieusement organisée en 1775 ! Tant était robuste la foi en cette région imaginaire.

Bien que fertile en déboires, la fiction d'El-Dorado fut féconde en résultats, comme la recherche de la pierre-philosophale. Elle permit de connaître la Guyane et ses véritables richesses. C'est ainsi, qu'en 1604, quelques Français, sous la conduite de la Rivardière, se fixèrent dans l'île de Cayenne.

Chose étonnante et pourtant admissible, la légende d'El-Dorado s'est perpétuée chez les Indiens de la Guyane française entre autres, avec une incroyable intensité. Cette tradition a-t-elle pris naissance grâce aux récits des explorateurs européens, a-t-elle pris cette consistance à la suite des recherches acharnées qui en furent la conséquence, les Indiens avaient-ils rêvé l'El-Dorado avant leurs conquérants ? C'est ce que nul ne saura jamais.

Mais si le fabuleux trésor des Incas n'était pas, ne pouvait pas se trouver en Guyane, il n'en était pas moins vrai que les colonies guyanaises, touchant au Brésil, au Pérou et au Vénézuéla, devaient, comme ces contrées, renfermer des mines d'or. C'est dans l'espoir de découvrir des gisements, que les Anglais et les Hollandais s'emparèrent de la Guyane au XVIIe siècle. Le fait est constaté par une correspondance déposée aux archives du gouvernement. En 1725, un moine portugais du pays des mines du Brésil vint s'offrir aux autorités de Cayenne, leur promettant de trouver les terres aurifères, mais il fut éconduit.

Enfin, bizarrerie plus étonnante encore peut-être que l'aveugle crédulité des rêveurs d'El-Dorado, les descendants de ces derniers ne voulurent plus entendre parler d'or. On trouvait partout de l'or dans la Guyane française, et on nia même l'évidence ! A l'excessive crédulité, succéda l'extrême scepticisme.

En 1848, la question de l'or eut comme un regain d'actualité. Le gouverneur de la Guyane M. Pariset, contrôleur en chef de la marine, se trouvait en inspection au bourg de Mana. On lui amena un Indien de l'Oyapock qui était venu se fixer depuis quelques années à Mana. C'était un homme actif, intelligent. Il était devenu le chef du village indien. On disait qu'il connaissait un gisement aurifère très riche.

Le gouverneur l'interrogea. Le rusé Peau-Rouge, flairant une bombance de tafia, ne voulut rien dire tout d'abord. Mais sa discrétion ne put tenir devant une bouteille qu'il absorba délibérément. Après de nombreuses circonlocutions et de multiples réticences, il finit par dire :

— Oui, je connais le secret de l'or.

Puis, regrettant tout aussitôt ce premier aveu, il essaya bien vite de le démentir, malgré son ivresse.

— Tu m'as menti, dit alors le gouverneur avec une feinte colère. Il n'y a pas d'or. Et s'il en existe, tu ne sais pas où il est.

L'Indien piqué au jeu riposta :

— Ah ! tu dis que j'ai menti ; Eh bien ! attends-moi ici sept jours et tu verras.

Puis, il partit au milieu de la nuit. Le gouverneur patienta une semaine entière. Le chef ne revenait pas. Il resta vingt-quatre heures de plus. De guerre lasse, il était déjà remonté sur la goëlette qui devait le ramener à Cayenne, quand le canot fut signalé.

Le Peau-Rouge descendit de sa pirogue, grave, impassible, et s'avança vers M. Pariset. Puis, sans mot dire, il décrocha son calimbé attaché par une liane à sa ceinture. Un petit paquet enveloppé d'une feuille tomba avec un bruit mat sur le pont du bâtiment. C'était une pépite d'or absolument pur, et pouvant peser vingt-cinq à trente grammes.

A toutes les questions que lui posa le gouverneur, relativement à sa découverte, l'Indien répondit ces simples mots :

— Tu as dis que j'étais un menteur. Jamais je ne te révèlerai le secret de l'Or.

Les promesses les plus brillantes ne purent le fléchir. Il se retira sans ajouter une parole.

La question fut encore une fois enterrée, jusqu'en 1851, époque où un Indien portugais nommé Manoël Vicente, qui connaissait M. Lagrange, commissaire-commandant du quartier d'Approuague, vint lui affirmer un jour qu'il y avait de l'or dans le haut de la rivière. Il avait travaillé aux mines du Brésil et il avait fabriqué avec du « bâche » des instruments propres à l'exploitation et analogues à ceux dont on se sert dans son pays. Il priait M. Lagrange d'en faire construire de pareils, et de traiter sans plus tarder les alluvions.

M. Lagrange parla de cette révélation à deux propriétaires d'Approuague, MM. Couy et Ursleur père. Ceux-ci lui dirent que l'Indien n'avait d'autre but que d'exploiter sa crédulité, et la déclaration de Vicente demeura sans résultat.

A la fin de l'année 1854, le même Manoël Vicente partit au Brésil. Il y vit M. de Jardin à qui il renouvela la confidence, faite trois années auparavant à M. Lagrange. M. de Jardin fréta aussitôt une goëlette montée par six hommes, parmi lesquels l'Indien Paoline, réputé comme un excellent chercheur d'or. Il débarqua à Approuague, vit M. Couy à son habitation de la Ressource, et lui cacha le but de son voyage. Il partit bientôt pour le haut de la rivière, et s'installa en plein pays perdu, dans le carbet de l'Indien portugais Juan Patawa, beau-père de Manoël Vicente. M. de Jardin trouva de l'or. Malheureusement il fut atteint de la dyssenterie au bout de quelques jours, et il dut rester couché près de trois semaines. Quand il put se lever, son premier soin fut d'aller à son bateau. Il constata avec désespoir que toutes ses provisions et ses marchandises avaient été volées. Il fallait revenir au plus vite sous peine de mourir de faim.

Ses hommes lui ayant dit que le coupable était Paoline, il s'embarqua pour retourner aux provisions, abandonna le voleur et partit en emportant son secret. Sa santé ne lui permettant pas de revenir continuer l'exploitation, il dut rester au Brésil pendant plus de six mois.

Si l'auteur insiste de la sorte sur tous ces détails, c'est qu'ils ont une grande importance, tant au point de vue historique qu'au point de vue philosophique. L'histoire de la découverte de l'or dans notre colonie est à peine connue, et *nul ne l'a encore écrite* depuis 1848 jusqu'à nos jours [1]. Quant à la morale que l'on peut en tirer, toutes ces fins de non recevoir opposées il y a trente ans et moins aux plus formelles affirmations, aux plus évidentes certitudes, ne sont-elles pas étranges, comparées à la furie des recherches opérées jadis, alors que la découverte du précieux métal n'existait qu'à l'état d'irréalisable utopie ?

Nous touchons au dénouement. En 1855, le même Paoline s'adjoignit l'Indien portugais Théodose, Nicolas son beau-père, et sa sœur, la femme de ce dernier. Ils remontèrent l'Approuague, jusqu'à un affluent nommé l'*Arataye*, et lavèrent les terres à l'endroit appelé *Aïcoupaïe*. Ils trouvèrent quelques grammes d'or, revinrent à Cayenne, et montrèrent leurs échantillons à M. Chaton, consul brésilien. L'analyse démontra que c'était bien de l'or.

M. Chaton douta pourtant encore. Mais M. Couy, averti de cet évènement, se rappela les confidences faites antérieurement par M. Lagrange. Il fit un rapport à M. Favard, directeur de l'Intérieur, obtint un subside de 3,000 francs, partit avec dix-sept hommes et trois canots, nomma chef de l'expédition M. Louvrier Saint-Mary, et le 12 avril 1856, la troupe arrivait à cinq heures du soir à Aïcoupaïe. Le lendemain matin Paoline se mettait à l'œuvre et lavait plusieurs *battées* contenant de la poudre d'or. Le chef de l'expédition essaya de l'imiter, en dépit des protestations de l'Indien qui, appréhendant son inexpérience, lui disait : « Laissé-çà. L'or li parti marron ».

A huit heures du matin, les premiers grains d'or recueillis pour la première

[1]. Tous ces détails, absolument inédits, ont été recueillis par moi, de la bouche de M. Louvrier Saint-Mary.

L. B.

fois en Guyane par un Français, se trouvaient au fond de la *battée*[2] de M. Louvrier Saint-Mary.

La Guyane française n'avait plus rien à envier à la Californie et à l'Australie

. . . .

La découverte de l'or en Guyane passa presque inaperçue. L'ancien monde ne ressentit aucun de ces tressaillements qui l'agitèrent quand il apprit que les fleuves de la Californie et de l'Australie charriaient le précieux métal. La fièvre de l'or fut inconnue dans notre colonie, qui végéta comme par le passé. On laissa dormir les opulents gisements de la région équinoxiale. La métropole ne fit rien pour tirer parti de ces richesses dont la majorité du public en France ignora et ignore encore même aujourd'hui l'existence.

Les premiers concessionnaires de terrains exploitèrent bien modestement leurs placers, trop heureux, quand la production atteignait un maximum de quelques kilos d'or par mois. L'apathie de tous fut telle, que cette production totale n'était que de 132 kilos pour l'année 1863. En 1872 elle monta à 725 kilos, et enfin, grâce aux ressources de l'industrie privée, elle atteignait en 1880 le chiffre officiel de 1,800 kilos. Comme l'or doit payer à la sortie de la colonie un droit de 8 p. 100, la contrebande est très active. Il convient, en conséquence, d'augmenter d'un quart ce chiffre relevé au budget des recettes de la colonie, soit 2,250 kilos d'or représentant la somme brute de *six millions sept cents cinquante mille francs*. (6,750,000 fr.)

Un mot encore avant de reprendre notre récit. L'or recueilli en Guyane, est l'or alluvionnaire, provenant des lavages; les filons, nombreux et très-riches, ne sont pas encore exploités en 1881 !

En l'an 186., époque où se passe le drame au prologue duquel nous venons d'assister, l'exploitation était limitée aux rivières d'Approuague de Sinnamarie et de Mana. Le bassin du Maroni n'avait pas encore été exploré; on racontait tout naturellement des choses merveilleuses relativement à sa fécondité. L'Eldorado semblait s'être déplacé. De vagues rumeurs circulaient dans le public, un évènement imprévu vint bientôt leur donner plus de consistance. Vingt-deux ans auparavant, le docteur V..., résidant au bourg de Mana, rencontra au bord de la rivière un Indien tenant entre ses bras un enfant moribond. Il s'approcha et demanda à l'Indien où il allait.

— Je vais, répondit-il, jeter à l'eau cet enfant qui m'embarrasse !...

---

[2] On nomme « *battée* » le plat de bois, servant à laver les terres aurifères. Il a environ quarante centimètres de diamètre, sa forme rappelle assez bien celle d'un abat-jour très évasé, et dont le sommet n'aurait pas d'ouverture.

Et comme le docteur se récriait, l'Indien reprit :

— Sa mère vient de mourir. Je n'ai pas de lait à lui donner, moi. Que veux-tu que j'en fasse? Il vaut bien mieux lui attacher une pierre au cou. Les aïmaras lui enlèveront les soucis de la vie.

— Veux-tu me le donner? Je l'élèverai.

— Tiens.

Le Peau-Rouge disparut. Le docteur confia l'enfant à une négresse. Il grandit. Son père adoptif l'instruisit autant que le permit la nature du petit sauvage. Quinze ans après, son père revint, le réclama et l'emmena. Le jeune homme qui adorait son bienfaiteur, mais que le mystérieux besoin de la vie nomade sollicitait depuis longtemps, ne passait jamais plus de trois mois sans revenir à Mana. Il atteignit l'âge de vingt ans, et épousa la fille du chef de sa tribu qui passait aussi pour connaître le secret de l'or. Le docteur V... quitta sur ces entrefaites le bourg de Mana et vint se fixer à Saint-Laurent. Jacques, c'est le nom qu'il avait donné à son fils d'adoption, désirant prouver sa reconnaissance à son bienfaiteur, lui avoua, au cours de sa dernière visite, en 186., qu'il connaissait enfin, lui aussi, ce fameux secret de l'or.

Le docteur accueillit avec réserve cette confidence et voulut, avant d'avoir des détails, en conférer avec son ami le commandant du pénitencier. Il amena un soir Jacques avec lui ; mais le jeune homme, comme jadis l'indien de M. Pariset, chercha à se rétracter. Le commandant le traita de menteur et le mit au défi de rapporter une parcelle d'or.

Alors, Jacques, honteux de voir suspecter sa véracité, s'écria :

— Non ! Je n'ai pas menti. Vous savez, commandant, quelle vénération j'ai pour mon père adoptif. Eh bien ! Je vous le jure sur sa tête, avant un mois, je veux vous conduire là-bas, où se trouve l'or, termina-t-il d'une voix devenue tout à coup tremblante.

— Que crains-tu donc, mon enfant, demanda affectueusement le docteur ?

— C'est que vois-tu, père, mon amour pour toi me rend parjure. J'ai révélé le secret de l'or !... Le secret de l'or est mortel !...

« Il tue ceux qui le révèlent. Le diable me fera mourir !...

Sa voix devenue rauque, ses yeux égarés, ses traits crispés, tout indiquait qu'un violent combat se livrait en lui.

Il reprit peu après d'un ton plus calme :

— Tu m'as sauvé tout petit. Ma vie t'appartient, ô mon père. Et d'ailleurs, je n'irai pas jusque-là. Tu iras, toi, avec le commandant. Le diable des Peaux-Rouges a peur des blancs.

« Nous partirons... dans un mois... Tu emporteras des pioches, des marteaux.

— Des marteaux, et pourquoi ?

— C'est que l'or n'est pas dans la terre, comme celui d'Aïcoupaïe et de Sinnamarie. Il est dans la roche.

— Dans la roche ! s'écrièrent, surpris, le docteur et le commandant. Mais, on n'a pas découvert jusqu'à présent un seul filon en Guyane.

— Je ne sais pas ce que vous appelez un filon, mais il y a des roches, blanchâtres, veinées de bleu, dans lesquelles on trouve de gros grains d'or. Il y a aussi des roches noires, les morceaux d'or reluisent là-dedans comme des yeux de tigres !

« Il y a une grande caverne pleine de bruit. On y entend toujours le tonnerre, on ne voit jamais les éclairs. C'est là que demeure le diable qui tue celui qui révèle le secret de l'or.

— Et il en y a beaucoup ? As-tu pu en recueillir ?

— Quand je t'y aurai conduit, tu pourras avec l'or que tu ramasseras mettre des cercles d'or aux roues de ta voiture, donner des sabres et des fusils en or aux soldats, manger dans la vaisselle d'or, tu pourras convertir en or tout ce qui est en fer.

Les deux Européens écoutaient en souriant ce récit enthousiaste, où l'emphase côtoyait par moments la vérité.

— Et quelle direction prendrons-nous pour arriver là-bas ?

— Je te le dirai à mon retour.

— Tu vas donc nous quitter ?

— Je pars cette nuit. Je veux revoir encore une fois ma femme. Elle est avec son père et ma famille près de la caverne du démon de l'or, j'ai peur pour elle, je la ramènerai ici.

— Le voyage est-il bien long ?

Le jeune Peau-Rouge réfléchit un moment. Il tira ensuite de son calimbé plusieurs petits morceaux de bois d'inégale longueur. Il y en avait six de même dimension. Il compta :

— Six journées de canotage sur le Maroni.

Il en prit deux un peu plus courts et ajouta :

— Deux journées dans la crique.

Il en restait trois, longs à peine comme le doigt. Il les aligna près des autres en disant :

— Trois journées de marche dans la forêt. Puis, on trouve sept montagnes, ce sont les montagnes de l'or......

« Adieu, dit-il sans autre préambule. Je reviendrai dans un mois avec ma femme.

— Attends au moins le jour. Il fait nuit noire.

Jacques sourit.

— L'œil du Peau-Rouge perce les ténèbres. Il ne craint pas la nuit. Le jour est traître, la nuit est discrète. Nul ne pourra suivre ma trace, adieu.

— Au revoir, mon enfant, et à bientôt, dit le docteur en l'embrassant.

Le commandant l'accompagna jusqu'à la guérite du factionnaire qui ne l'eût pas laissé passer sans le mot de ralliement, puis, il disparut dans les ténèbres.

La vaste demeure du commandant du pénitencier était déserte. La retraite était sonnée depuis longtemps, les forçats dormaient au camp, sous la garde des surveillants, du poste d'infanterie de marine et des factionnaires échelonnés, l'arme chargée.

En dépit de ces précautions minutieuses, des rondes et des appels, cette conversation que les deux amis étaient autorisés à regarder comme secrète, avait eu un auditeur. Tapi au milieu d'un splendide bouquet d'ixoras et de rosiers de Chine, un homme dont nul n'eût pu soupçonner la présence, avait avidement écouté les propos échangés entre les deux blancs et l'Indien.

Quand ce dernier sortit accompagné du commandant, le rôdeur profita du moment où s'échangeait le mot de ralliement pour quitter sa cachette et se glisser, en rampant, sans faire plus de bruit qu'un félin à la chasse, hors de l'habitation. Puis, il bondit sur ses pieds nus, passa précipitamment derrière l'avenue de manguiers conduisant au fleuve distant d'environ quatre cents mètres. Il courait à perdre haleine et put dépasser de beaucoup l'Indien qui devait suivre nécessairement ce chemin pour se rendre au *dégrad* où se trouvait son canot.

Arrivé aux deux tiers à peu près de l'avenue, il s'arrêta soudain, et sifflota doucement entre ses dents. A ce signal que l'oreille exercée d'un sauvage eût pu percevoir à peine à quelques mètres, deux hommes également pieds nus, cachés derrière les manguiers, se détachèrent silencieusement.

— Attention, murmura-t-il d'une voix étouffée. Le voici. Crochons-le sans bruit. Il y va de notre vie.

L'Indien avait dit : « Le regard du Peau-Rouge perce les ténèbres, le jour est traître, la nuit est discrète ». Les paroles du pauvre enfant allaient bientôt

Jeter à l'eau cet enfant qui m'embarrasse. (Page 213.)

recevoir un cruel démenti. Ses yeux encore éblouis par la lumière, n'avaient pas eu le temps de s'habituer à l'obscurité.

En pleine forêt, où le danger multiplie ses formes et augmente sa fréquence, il n'eût pas été pris au dépourvu. Mais pouvait-il soupçonner une embûche, en plein pays civilisé, au milieu d'un pareil déploiement de forces.

Aussi, ne put-il même pas pousser un cri, quand une main de fer, s'abattant à l'improviste sur lui, l'étreignit à la gorge, et étouffa jusqu'à son râle. En moins de temps qu'il n'en faut pour le raconter, il était bâillonné, garrotté et ficelé au point que tout mouvement lui fut impossible. Un des ravisseurs le chargea sur son épaule, et tous trois, fuyant comme des ombres, enfilèrent en courant le sentier qui remonte le cours du Maroni et se perd dans les bois, près de la crique Balété. Certains de n'être pas poursuivis, — ce rapt avait été opéré avec tant d'audace et d'habileté ! — ils ralentirent leur course, et arrivèrent bientôt à l'embouchure de la crique sans avoir prononcé une parole.

— Le canot, demanda à voix basse l'homme qui portait l'Indien.

— Le voici, répondit laconiquement un des deux autres, en hâlant sur une liane qui servait d'amarre.

La coque noire d'une pirogue émergea des plantes aquatiques une de ses pointes, recourbée comme celle des gondoles, dépassa la rive de quelques centimètres.

L'Indien, inerte comme un cadavre, fut déposé au milieu du léger esquif.

— Embarque, vous autres,... aux pagayes. C'est paré ?

— Tout est paré.

— Pousse !

Le canot déborda sous l'effort des pagayes manœuvrées silencieusement par les trois inconnus qui semblaient connaître à fond cette « nage » ordinairement ignorée des Européens. Puis, sans plus tarder, ils abandonnèrent le territoire français, s'élancèrent sur le fleuve en se dirigeant obliquement vers la rive Hollandaise. La marée montante les poussait vers le haut du fleuve. Ils dépassèrent bientôt l'habitation Kœppler d'environ un kilomètre, longèrent la rive pendant quelques minutes, puis cessèrent de pagayer.

— Nous y sommes, dit le patron, sans pourtant accoster.

Il lança plusieurs coups de sifflet perçants, modulés et rythmés d'une certaine façon dont la sonorité rappelait les notes aigres du fifre, et qui devaient s'entendre fort loin. Il attendit quelques minutes sans que son signal obtînt de réponse. Il recommença patiemment et attendit encore. Au bout d'un grand quart d'heure, une voix rude, semblant sortir de dessous terre, cria brutalement, « qui vive !...

— Fagots marrons ! (forçats évadés) répondit-il.

— Accoste.

Il amarra la pirogue, chargea l'Indien sur son épaule, et prit pied sur une petite langue de terre formant débarcadère. Ses deux complices le suivirent sans mot dire.

— Ton nom, reprit la voix, pendant que la faible lueur des étoiles faisait scintiller dans l'ombre le canon d'un fusil.

— C'est moi, Benoît, je suis Tinguy, le domestique du commandant. Je suis avec Bonnet et Mathieu.

— Si tu voulais avaler ta langue et ne pas prononcer mon nom.

— Oui, « chef », tu as raison.

— A la bonne heure. Venez au carbet.

Eh quoi ! ce solitaire, tapi comme un sanglier dans sa bauge, qui échange des signaux avec les forçats, qui entretient avec eux des relations familières, au point d'être tutoyé par eux, ce « Benoît », ce « chef », est-ce le même homme que nous avons vu, il y a dix ans, revêtu de l'uniforme des surveillants militaires ? Benoît, le brutal porte-bâton, le bourreau de Robin ? Est-il assez dégradé pour être aujourd'hui devenu le complice des infâmes prisonniers du pénitencier ?

Depuis quatre ans, Benoît, chassé comme indigne du corps des surveillants militaires, avait dû quitter honteusement Saint-Laurent, honni de ses anciens collègues.

Nous n'avons pas besoin d'insister sur les causes de son renvoi que de nombreuses incartades avaient surabondamment motivé. Il disparut un beau jour en annonçant qu'il allait chercher fortune à Surinam. Il se contenta de traverser le Maroni, s'installa mystérieusement dans la forêt, construisit un carbet, se procura un canot, et se livra à une série d'opérations d'une nature plus que douteuse. Sa moindre peccadille était la contrebande.

Mais, on disait tout bas qu'il favorisait les évasions, que les forçats trouvaient chez lui des armes et des provisions, qu'il était enfin devenu leur pourvoyeur et leur banquier. Que le lecteur ne s'étonne pas de cette appellation de « banquier ». Les forçats ont tous de l'argent. Quelques-uns possèdent même des sommes considérables, produites par des vols antérieurs. Ces sommes leur parviennent mystérieusement, ils les enterrent ou les confient à des libérés qui les font valoir, et qui les restituent fidèlement en temps et lieu. Il est rare d'ailleurs qu'ils se dépouillent entre eux. La profession de banquier des voleurs étant fort lucrative, les affaires de Benoît prospéraient. Telles étaient son habileté, son audace et son énergie, tel était aussi le luxe de précautions dont il entourait son existence, que nul ne put jamais non seulement le prendre en défaut, mais encore l'aborder à portée de la voix, sauf bien entendu ses complices. Il vivait retiré et ne se montrait pas pendant le jour.

L'arrivée des trois fugitifs le combla de joie. Il comprit d'emblée l'importance de la capture de l'Indien, quand il eut appris qui il était, et les circonstances dans lesquelles son enlèvement avait été opéré.

— Mais c'est une trouvaille que vous avez faite là, mes gars, disait-il en riant d'un rire sinistre qui se perdait dans l'épaisse broussaille de sa barbe noire.

« C'est une fortune. Et, c'est toi, Tinguy, qui as fait ce joli coup. Allons, mon fils, un bon coup de sec (tafia). Eh! vous autres, les endormis, trempez-moi votre nez là dedans.

— A ta santé, chef.

— A la vôtre, mes petits agneaux.

— Raconte-moi donc comment tu t'y es pris pour le mettre comme ça dedans.

— Voilà l'histoire, répondit Tinguy en prenant une pose de narrateur: c'est bête comme tout, et ça n'est pas long.

« Tu sais que j'étais le domestique du commandant. Ça me permettait d'entrer et de sortir à chaque moment. Comme j'étais libérable dans un an, on ne se défiait pas de moi. De plus, comme je servais à table, je pouvais faire mon profit des histoires qu'on racontait.

« Je ne me suis pas fait faute d'ouvrir les oreilles, et de loger dans ma cervelle tout ce qui pouvait avoir de l'importance. C'est ainsi que je saisis au vol la confidence faite il y a quelques jours à mon patron par le vieux docteur. Ils ont pris rendez-vous pour aujourd'hui. Quand le dîner fut fini, ils se réunirent dans la galerie. Je m'étais déjà embusqué sous la fenêtre, au milieu des fleurs. Je n'ai pas perdu un mot de leur conversation. Alors quand le Peau-Rouge est sorti, je lui ai mis le grappin dessus, avec Mathieu et Bonnet, que j'avais prévenus la veille, et qui montaient la garde au bout de l'avenue de manguiers.

« Tu vois que c'est simple comme bon jour.

— C'est très bien, dit le chef avec un gros rire. Très bien. Et vous avez pensé à amener votre capture à ce vieux chef qui est homme de bon conseil, et qui possède la mise de fonds nécessaire à l'entreprise?

— Dame oui, répondit Tinguy, l'orateur de la bande, pendant que ses complices opinaient gravement de la tête.

— Vous avez bien fait, mes gars, et je vous réponds qu'avant peu votre confiance sera justifiée. Nous serons riches, riches à millions... Nulle fantaisie ne sera trop chère. Nous pourrons, le diable m'emporte, nous payer chacun un diplôme d'honnête homme.

— Oui sans doute, mais à une condition :
« Il faut que l'Indien parle.
— Il parlera, reprit le chef d'une voix sourde.
— ... Qu'il nous conduise.
— Il nous conduira, termina-t-il d'un ton plus lugubre encore

CHAPITRE II

Vaincu par la torture. — Le repaire d'un bandit. — En route pour l'El-Dorado. — Navigation interrompue. — Assaut d'une barricade. — Un solo de flûte. — Le jardin des Hespérides et ses gardiens. — Les Argonautes en fuite. — Quel est le général conduisant l'armée des serpents? — Terreurs de coquins. — La savane noyée. — A la boussole. — La ligne courbe est le chemin le plus court d'un point à un autre. — Chez les Peaux-Rouges. — Exigences de l'étiquette. — Le grand chef Ackonibaka doit mettre son habit de gala. — Un formulaire de réceptions recommandé à l'auteur « de l'almanach du savoir-vivre ». — La coupe de l'amitié. — Est-ce enfin le pays de l'or ?

Pendant quatre jours et quatre nuits l'Indien résista. Rien ne put faire fléchir sa froide énergie. Ses bourreaux lui refusèrent jusqu'à la plus petite parcelle de substance alimentaire. Il endura la faim sans proférer une plainte. Il n'eut pas une goutte d'eau à boire. Ses lèvres desséchées laissaient échapper un râle saccadé, mais elles gardèrent le secret de l'or. Les misérables se relayèrent pour l'empêcher de dormir, l'insomnie faillit le tuer. Il fut pris de crampes, de nausées, de syncopes. Il ne parla pas.

Benoît assistait impassible à cette longue agonie. Dix années écoulées n'avaient rien enlevé à sa brutalité ; mais, comme il le disait avec son hideux sourire de tortionnaire, il avait plus de « méthode » que jadis. Maintenant qu'il opérait pour son propre compte, et sans entraves, il pouvait donner carrière à sa cruauté.

Il était né féroce, et comme ses instincts se trouvaient d'accord avec ses intérêts, il éprouvait une véritable jubilation de bourreau amateur qui trouve une occasion de donner l'essor à son dilettantisme.

— Tu vas le tuer, disait Tinguy. La belle avance, s'il meurt entre nos mains.

— Tais-toi donc, poule mouillée. Est-ce que ça crève comme ça, un Peau-Rouge ! Et d'ailleurs, il est à point, maintenant. Je te garantis qu'il va être raisonnable avant ce soir. La preuve, c'est que pendant que Bonnet va l'empêcher de dormir, soit en lui chatouillant les pieds avec des épines d'aouara, soit en lui ratissant le cuir avec une branche de *counanan*, nous allons tout préparer pour le départ.

« Il nous faut au moins pour trois mois de provisions. Heureusement que ma soute aux vivres est copieusement garnie. L'arrimage dans le canot sera l'affaire de deux heures à peine. Allons, un bon coup de « sec » pour vous remonter.

« Toi, Bonnet, mon fils, veille au grain.

— A pas peur, répondit le forçat avec un rire semblable au glapissement d'une hyène.

Les trois gredins entassaient rapidement les barils, les caisses et les ballots, quand un cri, qui n'avait rien d'humain, vibra dans la nuit. C'était un appel déchirant, renfermant tout ce qu'une créature peut endurer d'angoisses, révolte suprême de la matière animée contre la souffrance arrivée à son paroxysme.

— Mais, il le tue, s'écria Tinguy, moins féroce, ou peut-être plus avare.

— Laisse donc, s'il crie si fort, il n'y a pas de danger. Jamais un homme qu'on tue ne vocifère de la sorte. Tu devrais savoir, ricana-t-il, qu'on dit que les grandes douleurs sont muettes.

— Tout ça, c'est possible. Mais, si à force de le charcuter ainsi on lui colle une bonne fièvre.....

— La quinine n'a pas été inventée pour les chiens, et bien qu'un Peau-Rouge ne vaille pas mieux, on lui en administrera en temps et lieu.

— Tu as réponse à tout. Mais je voudrais bien ne pas l'entendre.....

Un second cri plus désespéré, qui se termina par un rauque hurlement lui coupa la parole.

— Je ne croyais pas que Bonnet fût si habile. Voyez-vous ça. L'Indien était allongé comme un Mouton-Paresseux, maintenant le voilà qui chante comme le Héron-Butor.

« Décidément, il est à point. Rentrons à la case, maintenant que la pirogue est parée à marcher.

Ils arrivèrent au carbet à peine éclairé par les flammes du foyer. Jacques, tordu par la douleur, les yeux éteints, la face convulsée, claquait des dents et râlait. Son bourreau, assis en face, dardait sur lui son regard mauvais. Un sourire diabolique plissait ses lèvres minces, et sa face de putois aux joues plates, au menton absent, avait comme des crispations de bien-être.

Voici ce qu'avait inventé le misérable. Il s'aperçut que l'infortunée victime, abattue par le jeûne, terrassée par l'insomnie, ne sentait plus les piqûres des épines.

— C't'animal là a la peau plus dure qu'un maïpouri. Ça s'enfonce comme dans une pelote, et il ne fait seulement pas ouf ! Attends un peu, mon bonhomme....

Il avisa un fusil à baguette accroché au-dessus du foyer en prévision de l'humidité, retira cette baguette, assujettit le tire-bourre, puis hésita un moment. Il se tâta partout, se pinça comme s'il eut cherché l'endroit le plus sensible. Puis, il sourit. Il avait trouvé.

Saisissant alors une des mains de l'infortuné immobile, et ligotté comme un condamné à mort, il plaça le tire-bourre au bout de l'index, puis tourna lentement la baguette. L'instrument se compose, comme l'on sait, de deux spirales opposées, se terminant par deux pointes éloignées l'une de l'autre d'un demi centimètre. L'une pénétra sous l'ongle, pendant que l'autre s'enfonçait sous la peau. La chair blêmit, une goutte de sang perla. La torsion fut tellement énergique, que l'acier cria sur l'os.

Jacques, secoué par une terrible commotion, sortit de sa léthargie, et jeta le premier cri.

— Parleras-tu ? lui dit d'une voix sifflante le bandit. Nous diras-tu où est l'or ? Nous conduiras-tu ?

— Non...... rugit l'héroïque enfant, les dents serrées, la poitrine haletante.

Le forçat donna encore un tour... puis un autre. La sueur ruisselait sur le corps du martyr. Sa bouche écumait. Un hurlement lui échappa.

— Puis, tu sais, quand on t'aura chatouillé comme ça les mains, ce sera le tour des pieds. Allons, ne fais pas la bête...

« Eh bien ! Kalina, es-tu décidé à nous servir de guide ? termina-t-il en donnant un coup sec qui faillit déraciner l'ongle.

Jacques râlait.

— Oui... oui...

— Les trois complices arrivaient à ce moment.

— Jure-le.

— Oui... je le... jure.

— Où est l'or ?

— Remontez... le Maroni... pendant...

La voix devint inintelligible.

— Pendant combien de temps, reprit le bourreau en tordant le doigt mutilé.

« Qui vive » ! (Page 218.)

— Six jours... Oh ! misérable !
— C'est bon... c'est bon... et après ?
— ... La crique !...
— Quelle crique ? A gauche, à droite. Allons, dépêchons-nous.
— A gauche... la sixième... après... le rapide.
— Allons, en voilà assez, intervint Benoit. Nous avons six jours devant

nous. Quand nous aurons bourlingué pendant ce temps sur la rivière, nous viserons.

« Sacrebleu ! Bonnet, quel bon juge d'instruction tu fais, mon camarade.

— Peuh ! répondit modestement le bandit en retirant doucement le tire bourre, les *curieux* (magistrats) ne savent pas leur métier.

— Oui, oui, je comprends. S'ils employaient des petits moyens comme ceux-là, il n'y a pas un fagot qui garderait sa tête sur ses épaules. Ils vous videraient comme des lapins.

— Ça, c'est sûr. Aussi, l'on ne dit à l'instruction que ce qu'on veut bien laisser perdre, et je t'assure qu'il n'y en a pas un qui endurerait, pour sauver sa peau, la millième partie de ce que ce Peau-Rouge de malheur a souffert.

— Enfin, puisqu'il consent, cela m'épargnera la peine d'employer mes petits moyens.

— Tiens, c'est vrai. Tu m'avais dis que tu avais aussi un procédé pour le faire parler. Peut-on connaître ta recette?

— Comment donc, mais avec joie. Six pouces de mèche soufrée autour des orteils, et je te garantis qu'il aura beau mettre à ses mâchoires la serrure d'un coffre-fort, il faudra qu'il parle.

— C'est parfait, et tu t'y entends, répliqua le bandit en accompagnant son hideux éloge d'un sourire plus hideux encore.

— Et maintenant, en route, mes agneaux. Votre évasion va être connue d'ici peu. Avant quatre heures les embarcations du pénitencier fouilleront les deux rives, et il ne fera pas bon ici. D'autant plus que je ne dois pas être là-bas en odeur de sainteté.

« Ah ! si j'étais encore là, grogna-t-il en fronçant le nez comme un limier en quête.

— Avec ça que t'en ferais beaucoup plus long que les autres, fit Tinguy, en versant le coup de l'étrier. Je me suis laissé dire par les copains qu'il y a une dizaine d'années, tu as été joliment refait par un malin.

— Oui, riposta rageusement l'ancien garde-chiourme. Un malin comme tu dis, et qui en aurait mangé quatre comme vous. Pourtant si je n'avais pas eu une patte croquée ce jour-là par un tigre, je vous f...iche mon billet que je l'aurais bridé comme ce Peau-Rouge de quatre sous.

— Un tigre, s'écrièrent les trois coquins, intéressés comme les reclus à la perspective d'une histoire dramatique. Il y avait un tigre.

— Oui, et il était de taille. Eh bien ! ce fagot de malheur lui a coupé, d'un seul coup de sabre, le cou comme à un poulet.

— Eh bien ! et toi, qu'est-ce que tu faisais pendant ce temps-là ?
— Moi, je me pâmais comme une carpe entre les deux morceaux du tigre.
— Et le fagot marron... qu'est-ce qu'il t'a fait ?
— C'est pas ton affaire... répondit brutalement Benoit. En route.

Cinq minutes après, la pirogue immergée jusqu'à cinq centimètres du plat-bord glissait silencieusement sur les flots du Maroni. Jacques, les jambes entravées, avait les mains libres. Il dévorait avidement un morceau de gigot de kariacou. Son œil noir reflétait une haine féroce.

— Le secret de l'or est mortel, avait-il dit en prenant pied dans la chaloupe. Je vous conduirai, mais il vous tuera. Nous mourrons tous, termina-t-il avec une joie sauvage.

— C'est bon, reprit Benoit avec son rire bestial. Va toujours, mon garçon ; nous nous ferons assurer sur la vie. Nos héritiers auront de quoi s'amuser.

« En attendant, bois, mange, dors si ça te fait plaisir, mais tâche de ne pas nous mettre dedans, car, tu sais, moi, je ne ris que quand je me brûle.

Jacques ne répondit pas.

Six jours après, l'embarcation avait franchi le rapide, pénétré dans la crique indiquée par le jeune homme et s'était arrêtée un moment devant le saut. Les événements auxquels nous avons assisté au commencement du chapitre précédent s'étaient accomplis, Jacques était libre, et Bonnet venait de tomber, frappé à la cuisse d'une flèche indienne.

— Mais, *c'est de l'or*, s'était écrié Bonoit après avoir essuyé la pointe souillée de sang !

Les quatre bandits, les yeux luisants, regardaient ce morceau de métal grossièrement travaillé. Le blessé lui-même semblait avoir oublié sa douleur. Il ne pensait pas à étancher le sang qui coulait en filet noirâtre sur sa jambe nue.

De l'or !

A cette vue, leurs convoitises se réveillèrent plus ardentes que jamais. Ils touchaient enfin à ce mystérieux pays que nul parmi les blancs n'avait encore foulé. Leurs vœux allaient être comblés. La légende de l'El-Dorado devenait une réalité.

Qu'importait que ce premier échantillon du précieux métal arrivât sous la forme d'un sinistre messager de mort. Au contraire, cet emploi de l'or affecté à un usage aussi vulgaire, n'indiquait-il pas sa folle surabondance. Qu'importait aussi l'évasion de l'Indien, dépositaire du fameux secret. Ses premières déclarations, ajoutées à ce que Tinguy avait pu surprendre de sa conversation au péni tencier, suffisait à ces hommes résolus, bien pourvus d'armes, d'outils ainsi que de provisions et ignorant jusqu'à l'ombre d'un préjugé.

Jacques avait dit au docteur et au commandant : « Après deux jours dans la crique, on trouve sept montagnes ». Or, une éminence boisée se découpait en bleu intense sur l'horizon pâle. Ils pouvaient conclure avec d'autant plus de raison que cette montagne était une de celles désignées par l'Indien, que la provenance de la flèche envoyée par l'archer inconnu ne pouvait être douteuse.

— Rester ici, dit enfin Benoît, ne me semble par sûr. Une pointe en or ne vaut pas mieux qu'une pointe de fer quand elle se trouve au beau milieu du torse.

« En retraite, mes gars, à moins que Bonnet ne veuille profiter de l'occasion pour servir de cible, et faire cadeau à chacun de nous d'une demi-douzaine de ces joujoux-là. Ça vaut cent francs comme un liard. »

— Merci, je sors d'en prendre, riposta le bandit qui commençait à pâlir.

— Eh bien ! je le répète, en retraite. La nuit nous portera conseil.

Ils escaladèrent les troncs et les branchages épars, en soutenant le blessé, retrouvèrent leur pirogue et atteignirent sans encombre le « patawa » dont les trois branches se dressaient toujours sur le roc.

Après une longue nuit agrémentée de rêves d'or, les aventuriers résolurent de pousser activement leur travail de sape et de s'ouvrir un passage. Bonnet fut laissé à la garde du campement. Sa blessure, peu grave en somme, nécessitait pourtant quelques jours de repos.

— Voyez-vous, disait Benoît en remontant la crique jusqu'au barrage végétal, leurs damnées flèches ne peuvent nous atteindre jusqu'ici. Nous sommes d'ailleurs protégés par les branchages. Quant à nous prendre à revers, ils n'oseraient pas. Puis, Bonnet est là avec son fusil.

— Je te l'avouerai entre nous, chef, dit à son tour Mathieu, une espèce d'abruti sinistre qui ne parlait guère, je voudrais bien voir un peu clair là dedans.

— Tu n'es pas dégoûté, toi. J'en dirais bien autant.

— Oh ! toi, t'as reçu de l'éducation, moi, pas.

— Qu'est-ce que ça vient faire là dedans, mon éducation ?

— Rien du tout. Je veux dire que je ne m'explique pas pourquoi les particuliers qui ont jeté les arbres dans l'eau n'ont pas attendu que nous soyons dessous pour nous aplatir.

— Qui te dit que ces arbres ont été renversés à dessein et ne sont pas tombés tout seuls.

— C'est bien possible. Mais la flèche qui a traversé la cuisse de Bonnet, n'est pas partie toute seule. Eh bien ! pourquoi le particulier qui l'a lancée ne la lui a-t-il pas plantée au beau milieu de la poitrine ?

— Qui sait s'il n'y essayait pas.

— Mais non. Tu n'ignores pas qu'un Indien ne rate jamais son coup. Nous les avons tous vus décrocher du haut des arbres des *coatas* (singes noirs) ou des *parraquâs* (sorte de faisan). Il en est même qui ne manquent pas à trente mètres un citron piqué au bout d'une flèche plantée en terre.

— Alors, tu leur en veux de n'avoir pas traité Bonnet comme un « coata » ?

— T'es bête. Je ne leur en veux pas. Je m'en étonne. Il était si facile de nous démolir un à un. Ça m'inquiète, moi. Et toi, Tinguy ?

— C'est ben la peine de se faire du mauvais sang pour si peu de chose. Moi, je crois que s'ils ne nous ont pas échenillés l'un après l'autre, c'est qu'ils n'ont pas osé, ou bien...

— Ou bien, interrompit Benoît, qu'ils ne croyaient pas qu'un gibier comme nous valût la flèche pour le tuer.

« Allons, assez bavardé. A l'ouvrage. Il y a là dedans de quoi bûcher ferme.

Les trois hommes s'escrimaient depuis près de trois heures de la scie, du sabre et de la hache. Tel était leur acharnement, telle était aussi la vigueur de leurs corps endurcis à tous les travaux de force, qu'ils ne semblaient pas sentir les ardentes morsures du soleil. La sueur ruisselait sur leurs torses qui fumaient comme des solfatares. Mais aussi la besogne avançait. Ces réprouvés étaient de rudes travailleurs. Les coups se précipitaient, emplissant l'étroite vallée de leurs sonorités, et se répercutaient à l'infini sur les cimes pressées des arbres géants.

Pendant trente-six heures, ils bûchèrent avec une énergie farouche, sans que rien ne vînt entraver leur travail. La voie était libre. Un chenal large d'un peu plus d'un mètre coupait le monceau de troncs et de branches.

Ils rechargèrent patiemment les provisions dans la pirogue, abattirent le « patawa », et installèrent commodément Bonnet au centre, sur un matelas de feuilles fraîches. La blessure du mécréant commençait à se cicatriser grâce à de continuelles effusions d'eau froide, le meilleur des sédatifs.

— Tout est paré, n'est-ce pas, les enfants, dit le chef.

« En avant, et au petit bonheur !

Le bonheur fut en effet de courte durée. Le canot venait à peine de s'engager dans l'étroit chenal, et s'avançait lentement, pour éviter de heurter les branches, qu'une singulière musique se fit entendre dans le lointain, à trois ou quatre cents mètres en amont de l'obstacle.

C'était comme un solo de flûte, dont les notes basses très douces, semblant glisser sur les eaux tranquilles, devaient se répercuter fort loin. Cette mélodie primitive, traînante, lente plutôt, peu variée, n'était pas sans charme, bien que légèrement énervante. Quiconque eût vécu quelque temps chez les Galibis de la côte, chez les Roucouyennes ou les Oyampis de l'intérieur, eût de prime abord reconnu le son de la grande flûte indienne, faite avec un long tuyau de bambou.

La mélopée s'arrêta au bout de cinq à six minutes, et reprit aussitôt, sans transition aucune, une octave au-dessus. Les sons devinrent stridents, et produisirent une impression tout autre. A la molle langueur provoquée par le premier motif, succédait brusquement une sensation désagréable d'agacement. Des chiens mélophobes eussent poussé des hurlements désespérés.

Les quatre aventuriers devinrent inquiets. Benoît, la forte tête de l'association, rompit le premier le silence.

— C'te musique-là ne me dit rien qui vaille. J'aimerais mieux une franche attaque. Ces vermines nous voient parfaitement. Que diable peuvent-ils bier nous vouloir avec leurs sifflets de montreurs d'ours.

« Mathieu, et toi, Tinguy, souque ferme. Moi, je vais veiller au grain.

Il saisit un fusil qu'il arma en disant à Bonnet :

— Eh ! toi, clampin, empoigne-moi aussi un flingot. Si tu n'es pas bon pour la nage, tu peux encore envoyer proprement un coup de chevrotines à son adresse.

— Oui chef, répondit brièvement le blessé. Donne.

La musique recommençait avec des intonations basses d'une mollesse et d'une douceur infinies. Les sons qui semblaient se rapprocher partaient de la rive ennemie.

— Mais qu'est-ce qu'ils nous veulent, enfin ? gronda l'irascible aventurier.

Il sut bientôt à quoi s'en tenir. L'embarcation venait de franchir le barrage végétal, et les quatre hommes virent avec plus de surprise que de crainte, la rivière couverte de feuilles de moucoumoucou (*caladium arborescens*) qui reliées ensemble par des lianes, formaient une série de petits radeaux d'une superficie de deux mètres carrés environ.

La flotille s'étendait à perte de vue et descendait très lentement en suivant le courant à peine sensible en cet endroit.

— Si c'est avec ça qu'ils prétendent nous arrêter, ils perdent vraiment leur temps, murmura Benoît. Nous allons passer à travers ces feuillages, comme une lame de sabre dans une motte de saindoux.

Comme les radeaux se rapprochaient en raison de la vitesse imprimée à la pirogue, le chef s'aperçut bientôt qu'ils portaient des êtres vivants, animés de singuliers mouvements. Il était debout. Ses compagnons le virent tout à coup pâlir affreusement. Ses yeux dilatés par une folle épouvante semblaient rivés sur un point invisible. Ses lèvres tremblaient, sa respiration rauque et saccadée pouvait à peine s'échapper de sa bouche tordue. La sueur ruisselait en nappe de ses joues sur sa barbe.

Cette terreur chez un tel homme était effrayante à voir.

— Oh! Les démons, râla-t-il... fuyons!... nous sommes... perdus.

« C'est la mort... la mort affreuse...

« Les serpents!... des milliers... de serpents... j'ai peur!...

La musique reprit, aiguë, sifflante, enragée. L'invisible virtuose descendait la rive, en même temps que les radeaux à la vitesse desquels il subordonnait sa marche. Les aventuriers n'étaient plus qu'à vingt mètres.

Un spectacle terrible s'offrit à leurs regards. Comme venait de le dire l'ancien garde-chiourme, toute cette surface feuillue était littéralement couverte de serpents. Il y en avait de toutes les formes, de toutes les couleurs, de toutes les grosseurs. Tous les ophidiens de la Guyane semblaient s'être donné rendez-vous sur cet étroit espace.

Ce farouche équipage de l'étrange flotille descendait lentement, à la suite du flûtiste toujours invisible, et dont la musique les faisait passer en quelques instants du calme le plus complet à la plus violente colère. Tantôt, ils retombaient rigides, comme cataleptiques sur les feuilles ; tantôt, ils se dressaient prêts à s'élancer, repliés sur eux-mêmes, la tête droite, les machoires béantes, la langue mobile, sifflant furieusement. Là, le terrible crotale agitait ses grelots ; ici, le formidable grage (trigonocéphale) tordait ses anneaux robustes à côté de l'agile serpent corail, à la morsure sans remède, qui semblait jouer avec le petit aye-aye, à la dent mortelle ; plus loin le serpent-chasseur, à la peau tigrée, le plus audacieux de tous, semblait gourmander le serpent-liane, vert tendre, à l'allure paresseuse, long de trois mètres, et gros à peine comme un porte-plume.

De chaque côté, s'avançait, comme s'ils eussent dédaigné ces frêles appuis, l'imposante troupe des couleuvres colossales, des boas monstrueux, des pythons géants qui émergeaient de plus d'un mètre en arrondissant ainsi que des cous de cygne, leurs gorges jaunes, vertes, bleues, ou roses. Tout ce monde de reptiles se tordait, nageait, rampait, sifflait, entourant les forçats fugitifs d'un centre fantastique, et emplissant l'air d'une écœurante odeur de musc.

Les quatre hommes, glacés d'horreur, virèrent sur place en deux coups de pagages. Il était temps, quelques secondes plus tard, ils se trouvaient au beau milieu des ophidiens. Le haut de la rivière, fermé comme par une muraille à pic de cent pieds de haut, leur était absolument inaccessible. Ils enfilèrent, frissonnant de peur, l'étroit chenal qu'ils venaient de franchir et débouchèrent haletants, suant de peur, claquant des dents, près de la barre rocheuse.

Comment descendre? La chute avait près de trois mètres de contre-bas. Il ne fallait pas songer à franchir ce rapide avec la pirogue qui se fût infailliblement brisée. D'autre part, comment s'échapper? A gauche, s'étendaient les grands bois, défendus par les hommes qui lançaient les flèches d'or ; à droite, les savanes noyées ; en bas, l'abîme écumant. La situation des bandits semblait désespérée. La musique continuait toujours. Les serpents avançaient avides d'entendre cette mélodie fascinatrice. Les radeaux en feuilles de moucoumoucou s'arrêtèrent devant l'obstacle formé par les arbres abattus. Les reptiles les abandonnèrent et se mirent à franchir les branchages épars.

Ce fut un spectacle vraiment étrange et terrible que la vue de ces milliers d'ophidiens, de toute espèce, de toute nuance, de toute grosseur, s'enroulant aux branches, dardant leurs langues fourchues, formant comme un lacis d'anneaux flexibles, se nouant et se dénouant sans cesse, et avançant toujours en suivant cette route aérienne.

L'implacable virtuose ne s'arrêtait pas, et les aventuriers voyaient avec terreur se rapprocher le moment où ils seraient complétement cernés. Peu à peu, cependant, le rythme se ralentit, les sifflements s'apaisèrent, et la terrible troupe fit halte un peu en avant de l'abatis, mais tout en semblant prête à repartir au premier signal.

L'avant-garde n'attaquait pas, mais l'attitude de ceux qui la composaient indiquait clairement aux aventuriers stupides d'épouvante, qu'il leur était formellement interdit d'aller plus loin. Benoit s'en aperçut. Loin de vouloir reconnaître que le mystérieux musicien, qui eût pu d'un seul coup le donner en pâture lui et ses compagnons aux monstres énervés se contentait de rester sur la défensive, l'ancien garde-chiourme crut qu'il hésitait. Il eût volontiers taxé sa longanimité de faiblesse.

— Non, grognait-il, nous ne serons pas venus jusqu'ici pour nous en aller bredouille. Attendez une minute seulement. Je vais profiter de ce moment de répit pour relever à la boussole la direction des montagnes, et l'angle qu'elles font avec la crique.

« On ne sait pas ce qui peut arriver. Là... voilà qui est fait, termina-t-il après

Acculés par cette armée de serpents. (Page 234.)

avoir orienté rapidement sa boussole, et écrit au crayon quelques notes sur son carnet.

— Allons-nous-en, chef, gémissaient plaintivement Tinguy et Mathieu, qui, pâles, les lèvres blanches, la chemise collée au torse, grelottaient de terreur.

« Descendons le canot, puis les vivres, et retournons au Maroni, la partie est perdue pour le moment.

— Non, elle n'est pas perdue, riposta-t-il d'une voix brève, il nous reste un atout en main.

— Que veux-tu donc encore nous faire faire ?

— Ne voyez-vous pas qu'un de ces radeaux de moucoumoucou, arrêté d'abord par les arbres, s'en va lentement à la dérive, à travers la savane noyée.

— Tiens, c'est vrai, fit Bonnet en scrutant de son regard aigu de putois les eaux piquées de joncs clair-semés.

— Mais, qu'est-ce que cela prouve ? reprit Tinguy de son ton pleurard.

— Cela prouve, espèce de poule mouillée, qu'un courant, quel que faible qu'il soit, traverse la savane. Puisqu'il y a un courant, les eaux doivent nécessairement se déverser de l'autre côté. Je suis certain maintenant que cette savane est un lac plus ou moins grand, auquel aboutit nécessairement une rivière qui tombe ou dans le Maroni, ou dans une crique plus large que la première.

— Eh bien ! après ? A quoi cela peut-il nous servir ?

— A ne pas descendre ce damné saut auquel nous sommes acculés par cette armée de serpents, dit-il non sans un frisson. Au lieu de revenir sur nos pas, nous allons obliquer sur la droite. Maintenant que j'ai la direction des montagnes, que nous pouvons appeler les montagnes de l'or, il nous sera facile de calculer notre route, et si par bonheur cette rivière qu'il nous faut trouver, remonte dans les terres au lieu d'aller se perdre dans le Maroni, nous sommes sauvés.

Bien que ce colloque eut été rapide, le meneur de serpents sembla s'impatienter. Il avait commandé la halte, mais sans doute par un sentiment de magnanimité dont les quatre mécréants profitaient, en dépit de leur indignité. Il espérait sans doute que la leçon leur profiterait, et qu'ils allaient séance tenante déguerpir. Voyant qu'ils n'accomplissaient pas la manœuvre indiquée par la configuration de la rivière, c'est-à-dire, comme l'avaient demandé Mathieu et Tinguy, le transbordement des vivres et de la pirogue, il tira de sa flûte un son aigu et prolongé.

Cette note sembla l'appel aux armes qui éveille un corps expéditionnaire, et fait bondir à leur poste de bataille les soldats enfiévrés par la perspective de la lutte prochaine.

— Tu vois, reprirent les forçats revenus soudain à leurs terreurs.

— La paix ! capons. Je n'en mène pas beaucoup plus large que vous. Vous êtes ici pour votre peau, moi aussi, et je n'ai pas plus que vous envie d'en laisser le moindre morceau entre les crocs de ces sales bêtes.

« Aux pagayes. Nous filons droit à travers la savane. Je gouverne sur cette grosse tache jaune, qui doit être une ébène en fleurs, et se trouve à près d'un kilomètre.

« C'est paré ?... Pousse !... »

La pirogue, sollicitée par huit bras vigoureux, — Bonnet, en dépit de sa blessure voulut collaborer au salut commun, — vola sur les flots endormis de la savane.

C'est en vain que le flûtiste tira de son instrument les sons les plus propres à accélérer la marche des serpents et à exciter leur colère, les bandits s'échappaient sur la droite, et le charmeur immobilisé sur l'autre rive ne pouvait pas les appeler sur leurs traces.

— Va, mon bonhomme, siffle à ton aise. Si tu n'as pas une bonne pirogue toute parée à marcher, nous allons te brûler lestement la politesse.

« A une autre fois, et si jamais je te reconnais, je ne veux pas te laisser sur les os un morceau de peau grand comme une pièce de dix sous. »

L'imminence du premier péril étant conjurée, les quatre malandrins se rassérénèrent. La savane noyée avait jusqu'alors assez de fond pour leur permettre de naviguer sans encombre. Leur canot glissait silencieusement sur les eaux lourdes, et frôlait les plantes aquatiques d'où s'élevaient des essaims de maringouins.

— Mais, cette savane est un lac, un vrai lac, dit Benoît. Sacrebleu, on dirait du plomb fondu. N'importe, à côté du plomb, il y a l'or, n'est-ce pas, Bonnet.

« A propos, et ta jambe ?

— Ça ne va pas mal. Je compte être prochainement guéri. Je continue les compresses d'eau mêlée d'un peu de tafia, et je m'en trouve bien.

— C'est parfait. Nous avons eu plus de peur que de mal. Mais, il était grand temps, et nous l'avons échappé belle. Après tout, on n'a rien sans peine.

« Il ne fallait pas nous attendre à voir tomber les lingots d'or tout monnayés. En somme, nous avons obtenu un résultat assez satisfaisant. Le temps et la patience feront le reste.

— C'est égal, reprit Tinguy, sur les pommettes émaciées duquel le sang ne revenait pas vite, je donnerais bien quelque chose pour savoir quels sont ceux auxquels nous devons cette terrible échauffourée. Tu ne sais rien là-dessus, toi, chef, qui connais tant de choses ?

— Que veux-tu que je dise, répondit celui-ci, évidemment flatté dans son amour-propre par la naïve admiration du coquin. Je donne ma langue à tous les caïmans de la colonie. Mais si j'ignore quels sont ceux qui veulent nous empêcher de passer, je suis parfaitement édifié sur les motifs qui les font agir.

« Pour moi, cela ne fait pas l'ombre d'un doute, nous sommes sur les confins du pays de l'or. Nos mystérieux ennemis ne se seraient pas mis ainsi en quatre pour nous arrêter si cela n'en eût pas valu la peine.

« Aussi, nous allons par tous les moyens possibles chercher un trou pour nous glisser dans ce paradis des lingots. Mais, voyez donc, si tout ne semble pas en or ici. Cette ébène avec ses fleurs jaunes, ces cassiques, avec leurs plumes d'or, ces plantes aquatiques, recouvrant la savane d'une nappe d'or.

— Ça, c'est vrai, s'écrièrent comme un seul homme les trois pagayeurs, qui, en dépit de leur prosaïsme, se sentaient remués à la vue de l'incroyable splendeur de la nature.

Il est vrai qu'elle revêtait avec une folle profusion la couleur du métal qu'ils allaient conquérir, et qu'elle se parait pour eux comme une sultane, peu scrupuleuse dans le choix de son entourage.

Cette étrange navigation sur des eaux mortes continua bien longtemps. La savane semblait interminable. Les aventuriers pagayaient toujours, sans que la fatigue pût avoir raison de leur farouche énergie. Ils contournaient des massifs immenses de plantes géantes d'où s'envolaient effarés des oiseaux aquatiques, troublés pour la première fois dans leur solitude. Ils s'enlisaient dans des bancs de vases molles, s'accrochaient à des racines, s'empêtraient dans des lianes, rien n'arrêtait leur ardeur. Ils employaient à surmonter ces obstacles toute leur patience, cette patience de forçats qui fait tomber les fers, ouvre les geôles et troue les murailles.

A peine s'ils prenaient le temps de manger. Toutes leurs forces, toutes leurs facultés se concentraient dans une seule fonction : la manœuvre des pagayes. Le soir, ils ralliaient la côte, amarraient les hamacs aux basses branches, et dormaient au dessus des flots tranquilles, avec autant de calme que si leur conscience eût été à l'abri de tout reproche, et que le linceul des Européens n'eût chaque nuit servi de drap à leurs corps de réprouvés.

Quels admirables résultats eussent produit cette force, cette intelligence honnêtement mises au service d'une bonne cause !

Benoît relevait toujours la route. Le bord extérieur de la savane, opposé à la rive de la crique aux serpents, décrivait une longue courbe qui ramenait les quatre hommes vers l'intérieur des terres. C'était une bonne fortune pour eux. Ils avaient parcouru un quart de cercle dont les rayons aboutissaient aux montagnes de l'or.

Les prévisions du chef étaient pleinement confirmées jusqu'à ce moment. Si les terres noyées affectaient encore pendant trois jours cette courbure, ils espéraient prendre à revers la région inconnue vers laquelle tendaient tous leurs efforts. Ils auraient parcouru une demi-circonférence, et devraient se trouver à l'extrémité opposée de la ligne passant par les montagnes, dont Benoît avait relevé la position.

Peu importait, d'ailleurs, que ce relevé fut rigoureusement exact, la vue de ces montagnes suffirait plus tard à les guider quand ils jugeraient opportun de s'en rapprocher.

Le matin du quatrième jour, ils s'aperçurent que la rive semblait s'enfuir sur la droite et qu'un léger courant se faisait sentir. La chose était d'autant plus facile à constater, que les eaux tenaient en suspension de nombreux corpuscules rouges de peroxyde de fer. La ligne circulaire se rompait lentement, et s'allongeait en forme d'estuaire.

— Allons, dit le chef, il faut prendre le temps comme il vient, et le terrain comme il est. La savane se dirige certainement dans une crique. Où va cette crique ? Nous le saurons avant peu.

Il était, en effet, impossible de rien préjuger quant à sa marche. Les cours d'eau de la Guyane offrent cette particularité, qu'ils ne suivent pas fatalement les vallées encaissées par les collines. Souvent même ils affectent une direction perpendiculaire aux plans montagneux, et arrivent au fleuve dont ils sont tributaires, en formant une série de rapides.

La crique alimentée par la savane noyée pouvait aller indifféremment à gauche ou à droite. La pirogue s'engagea donc dans cette dépression, analogue à la queue d'un étang, puis, les bords plats, couverts de plantes aquatiques se resserrèrent. Çà et là on vit émerger des roches à ravets. L'eau devint de plus en plus chargée de peroxyde de fer. Bientôt la rivière n'eut pas plus de dix mètres de largeur.

La navigation dura une journée encore. Les roches devenaient aussi plus nombreuses. Benoît, qui avait l'expérience des grands bois, comprit qu'avant peu l'on arriverait à une chute. Cette perspective le contrariait d'autant plus qu'il tournait à ce moment le dos au pays de ses rêves. Un grondement sourd vint bientôt l'avertir que ses prévisions étaient réalisées.

Que faire ? Descendre plus longtemps était impossible. Revenir sur ses pas était périlleux pour le moment. Le digne argousin était fort perplexe. Ce furet de Bonnet, qui, en dépit de sa blessure, avait pagayé sans relâche, sauva la situation.

— Si nous enfilions cette petite crique que j'aperçois là-bas un peu au-dessus des grosses roches ?

— Tu vois une crique, toi?

— Dame, à moins d'être aveugle. Tiens, là, près de l'arbre mort.

— C'est pourtant vrai, répondit le chef radieux ; pour comble de bonheur, elle s'enfonce sur la gauche. Allons, ça va bien, mes gars. Décidément nous avons plus de chance que des honnêtes gens.

La pirogue s'engagea sans plus tarder dans la crique large de cinq mètres environ, mais bien encaissée par des berges de soixante centimètres de hauteur. Cette crique est un joli cours d'eau, profond, dont le courant ni trop lent ni trop rapide est extrêmement favorable à la navigation. Elle est en outre fort poissonneuse, ce qui permet de varier l'ordinaire, composé depuis longtemps de conserves et de salaisons.

Benoît pense, et avec juste raison, que les montagnes entrevues jadis, les terrains qui les avoisinent, la grande savane noyée, et les vases molles qui l'entourent forment un massif relativement élevé, d'où coulent en rayonnant dans toutes les directions une grande quantité de cours d'eau. Les montagnes forment le point culminant, les savanes sont le réservoir naturel rempli à la saison des pluies, et servant à l'alimentation des criques.

Ajoutons, pour l'intelligence de ce véridique récit, que ce massif forme un véritable plateau, borné au Nord et à l'Ouest par la crique Sparwine, à l'Ouest, par le Maroni, au Sud, par la crique Abounami.

La limite Est, mal connue, est à environ quinze kilomètres de la crique Araouni, affluent de la Mana. Ce plateau se trouve par 5° 45 et 5° 20 de latitude Nord. Le côté Ouest passe à peu près par 56° 40 de longitude Ouest. Enfin, son point culminant, très élevé, se dresse presque en face le saut Singa-Tetey, non loin du lieu où la réunion de l'Awa et du Tapanahoni, forme le Maroni. Cette montagne, qui s'aperçoit de fort loin, porte le nom de Montagne-Française.

Un des officiers les plus distingués de la marine française, M. Vidal, lieutenant de vaisseau, avait quelques années auparavant, en 1861, exploré cette région complètement inconnue avant lui. Benoît ne devait pas ignorer cette brillante expédition, car la mission Vidal était rentrée à Saint-Laurent près d'une année avant l'expulsion de l'indigne surveillant. Quoi qu'il en soit, il semblait marcher maintenant à coup sûr, et répétait à satiété :

— Nous tenons le secret de l'or!... C'est sur ce plateau qu'est le clou, le point central vers lequel doivent tendre tous nos efforts. Nous fouillerons ce plateau, nous chercherons une brèche... c'est bien le diable, après, tout si les gardiens du trésor entretiennent de tous les côtés une armée permanente de serpents.

Ses compagnons, partageant ses espérances, fouillaient sans relâche de leurs pagayes les flots tranquilles.

Après deux jours d'énervante et monotone navigation, ils aperçurent une légère colonne de fumée s'élevant d'une des rives de la crique. Quelques hamacs de coton blanc se balançaient aux branches, et une douzaine d'Indiens émergèrent brusquement du lit de la crique, au milieu de laquelle ils prenaient leurs ébats.

Il était trop tard pour reculer. Les aventuriers résolurent de payer d'audace. L'attitude des Peaux-Rouges n'était d'ailleurs rien moins qu'agressive, et Benoît, qu'un séjour de quatre années avec les Galibis de la côte avait familiarisé avec le langage et les habitudes des Indiens, ne désespérait pas de tirer parti de la rencontre.

On apprêta pourtant les armes afin d'être prêt à toute éventualité, puis, la pirogue avança lentement. Les quatre hommes étaient à peine à cent mètres du campement qu'une bruyante fanfare éclata soudain sous la feuillée. C'était un solo de notes peu variées, mais poussées par un souffle puissant dans l'inévitable flûte de bambou, sans laquelle ne marche jamais le chef d'un clan.

Tinguy et Mathieu, les moins résolus de l'équipage, frissonnèrent de la tête aux pieds. Cette mélopée de sauvage allait-elle faire surgir encore un formidable escadron d'ophidiens?

Benoît se mit à rire.

— Allons, dit-il, tout marche à souhait, nous sommes signalés, et nous allons être reçus en amis. Surtout, laissez-moi faire, et témoignez-moi un respect exagéré. Il faut que je sois regardé comme un grand chef.

— Mais, qu'est-ce que ça veut dire? demanda Mathieu, dont la face, en dépit des affirmations de son complice, se marbrait de plaques verdâtres.

— Cela veut dire, mon camarade, que chaque chef possède un flûtiste attaché à sa personne, et qu'il annonce sa présence par une fanfare qui lui est spéciale.

« Mon Dieu, c'est tout simple. Dans les pays civilisés, il y a la marche des régiments, des divisions et des corps d'armée. C'est ici à peu près la même chose.

« Diable! La sonnerie est longue. C'est un grand chef. Moi aussi, bien que ma troupe soit peu nombreuse. Quel malheur de n'avoir pas la moindre trompette !

« Bah ! ça ne fait rien. Je les ferai souffler chacun dans un flacon de genièvre, ils aimeront mieux ça.

— Dis-donc, fit Bonnet, si on les saluait de quelques coups de fusil ?

— C'est une idée. Mais attendons une minute encore. Attention, et préparons-nous.

« Laisse aller ! »

Les pagayes furent rentrées dans la pirogue qui rasait le rivage.

— Feu !... cria la voix de l'aventurier.

Et huit détonations éclatèrent à la grande joie des Indiens, qui, ravis de tant d'honneur, se mirent à cabrioler comme des clowns, pendant que le tambour mêlait ses plan ! plan ! plan ! sonores aux notes aiguës de la flûte.

Benoît descendit le premier, suivi à distance respectueusement par ses trois compagnons qui rechargèrent lestement leurs fusils. Comme le bâton est l'insigne du commandement dans toute l'Amérique équatoriale, le chef tenait à la main gauche une longue gaffe à pointe de fer, munie d'un croc. Il avait son fusil en bandoulière, portait le sabre de la main droite, et n'avait pas, en somme, une trop mauvaise tournure.

Il fit quelques pas, et s'arrêta, à la vue d'un Indien immobile, à vingt mètres d'un grand carbet. Cet Indien, la tête ceinte d'un diadème en plumes jaunes de cassique, le col entouré d'un superbe collier en plumes de poule blanche, mélangé de plumes rouges et bleues, enlevées au poitrail du toucan, et aux ailes de l'ara, portait également un bâton. C'était le chef. Il fit deux ou trois pas encore, et s'arrêta aussi. Une complication d'étiquette allait surgir, et amener une question de préséance.

Voici pourquoi. Quand un Indien visite un de ses congénères, sa sonnerie particulière indique son rang. S'il est supérieur à celui chez lequel il descend, ce dernier, répond par sa fanfare, sort de son carbet, vient à sa rencontre et ne s'arrête que le plus près possible du canot. Il salue, prononce quelques mots de bienvenue, et attend d'être présenté par le nouvel arrivant aux personnes de son escorte. Cela fait, il l'amène à son carbet, ses femmes tendent les hamacs, on apporte des cigarettes avec du *cachiri*, et la fête commence.

Si les deux chefs sont du même rang, le visité s'arrête à mi-chemin du carbet au lieu de débarquement. Le visiteur s'avance jusqu'à lui, la présentation a lieu, et la cérémonie se termine comme ci-dessus. Si le visiteur est un chef

Dormaient au-dessus des flots tranquilles. (Page 236.)

d'un rang inférieur, l'autre ne sort pas de son carbet, et il le reçoit debout. Si c'est enfin un pauvre diable, un infime roturier, le capitaine reste tranquillement couché dans son hamac, ses femmes vaquent à leurs travaux habituels. On l'envoie s'installer dans une case vide où il est, d'ailleurs, comme chez lui; on lui donne des vivres, mais nul honneur ne lui est rendu.

Ces cérémonies s'accomplissent avec une gravité sans égale, et jamais grand chambellan, la clef d'or lui battant les reins, jamais introducteur d'embassadeurs, n'ont pontifié avec plus de souci des règles de l'étiquette, que ces braves Peaux-Rouges, enluminés de roucou comme des soldats d'Epinal.

Benoît était traité d'égal à égal par le capitaine Indien. C'était beaucoup, mais il s'attendait à mieux. Aussi, resta-t-il immobile, en fixant sur son hôte un regard hardi jusqu'à l'impudence. Celui-ci, — dernière concession péniblement arrachée à son orgueil, — fit quelques pas.

— Quel est ce capitaine qui reçoit ainsi le grand chef blanc, dit avec hauteur l'aventurier, en employant l'idiome indien.

« Ne sait-il pas que je suis le seul grand maître de tous les Tigres-Blancs de la pointe Bonaparte ? L'Indien n'est-il jamais venu à Saint-Laurent ? Ignore-t-il que mes hommes, cent fois plus nombreux que les siens, sont à trois jours à peine d'ici ? »

Le Peau-Rouge, stupéfait d'entendre un blanc parler sa langue, s'avança en s'excusant. Ce n'était pas sa faute. Le nouveau venu n'avait pas annoncé son arrivée par sa fanfare. Il avait entendu dire que le chef de Saint-Laurent avait des flûtes de cuivre.....

— On t'a trompé. Je t'ai salué avec mes fusils. En as-tu fait autant ?

La raison était d'autant plus péremptoire qu'il n'avait pas d'armes à feu. Aussi, le pauvre diable, confus de cette infraction au formulaire de l'étiquette équatoriale, s'avança-t-il avec les marques du plus profond respect vers cet être d'essence supérieure, qui possédait en réserve des arguments sans réplique.

— Dis-donc, Bonnet, dit-il prosaïquement au blessé qui s'avançait en boitant légèrement, envoie-lui donc quelques coups de sifflet, ça lui fera plaisir.

Le forçat porta aussitôt ses doigts à sa bouche, poussa quelques notes stridentes qui déchirèrent l'air, puis, comme il était passé maître dans cet art pratiqué par ses anciens compagnons de geôle, il imita le cri du coata (singe noir), le grincement du toucan, le glapissement du moqueur, le sifflement du cassique, mais avec une intensité susceptible de déchirer les tympans les plus endurcis.

Les Indiens restaient en extase. Leur admiration fut d'autant plus vive que le virtuose n'ayant pas le moindre instrument de musique, accomplissait ce tour de force en mettant simplement ses doigts dans sa bouche. Aussi, l'auréole du chef en reçut-elle du coup un lustre tout nouveau.

— Que le capitaine blanc soit le bienvenu chez Ackombaka.

Benoît tendit la main au chef dont il avait entendu parler, car sa réputation de bravoure était arrivée jusque chez les Galibis du Bas-Maroni. Ackombaka signifie : « *Qui vient déjà* ». Ce nom lui avait été donné, parce qu'il accourait toujours le premier au lieu du péril, soit à la chasse, soit à la guerre.

Il commandait une fraction importante d'Indiens Emerillons qui avaient émigré du bassin de l'Approuague, et s'étaient réunis aux débris d'une tribu de Thïos décimés par l'alcool et la variole.

L'ancien garde-chiourme et ses compagnons furent conduits en grande pompe au carbet d'Ackombaka, et la fête commença par une plantureuse absorption de *cachiri*. Quand la coupe de l'amitié eut été vidée, quand la cigarette eut été fumée, Benoît, qui avait d'excellentes raisons pour se faire bien venir des Peaux-Rouges, ordonna généreusement une ample distribution de genièvre et de tafia : largesse qui le fit bientôt révérer à l'égal d'un Manitou de première classe, tant la passion de l'alcool est invétérée chez ces malheureux.

La tribu d'Ackombaka, assez nombreuse pourtant, présentait un aspect misérable. L'armement des guerriers consistait en casse-tête de bois de lettre, en flèches à pointes fabriquées soit avec un os tiré de la tête de l'aïmara, soit avec un éclat de radius de coata. Le métal manquait. A peine si l'on comptait trois ou quatre sabres, autant de haches, et quelques couteaux de cinq sous.

Ces Indiens étaient maigres, comme après une famine, et Ackombaka ne fit aucun mystère à son nouvel ami de la pénurie dans laquelle il se trouvait. Des Bonis de Cotica, alliés pour la circonstance avec les Poligoudoux, avaient ravagé ses abatis, puis s'étaient retirés sans livrer de bataille. Il attendait du renfort et la récolte prochaine pour prendre une éclatante revanche.

Benoît vit tout à coup le parti qu'il pouvait tirer de la misère des Indiens, et de leur désir de vengeance. Il avait des provisions, des armes, des haches et des sabres en notable quantité. Troc pour troc, il offrait à Ackombaka de l'aider à combattre les noirs, à la condition que celui-ci l'accompagnerait dans son expédition.

Le Peau-Rouge enthousiasmé accepta. Il fut convenu que l'on enivrerait la crique. L'on chasserait ensuite le maïpouri, puis les poissons et les pachydermes seraient boucanés. L'on récolterait la plus grande quantité possible de manioc et d'ignames, et l'on partirait à la suite du chef blanc.

Ackombaka eût bien désiré être, comme l'on dit vulgairement, servi le premier, mais Benoît fut inflexible. Le misérable se réservait d'ailleurs, une fois son but atteint, de se retirer de l'association, et de laisser son allié se débrouiller comme il l'entendrait. Le traité, qui jamais n'est violé, fut signé à la manière indienne. Le *piaye* (sorcier de la tribu) leur tira quelques gouttes de sang et mélangea ce sang à une large rasade de cachiri, contenu dans un coui. Les deux alliés en burent chacun la moitié, l'alliance était conclue.

Quinze jours après, une troupe nombreuse, composée de vingt-cinq Indiens répartis dans six canots, prenait, sous la conduite de Benoît, la direction présumée des montagnes de l'or.

Ce ne fut pas sans de vives appréhensions que les Thïos et les Emerillons le suivirent vers ce lieu sur lequel couraient de sinistres légendes. Mais l'aventurier leur ayant affirmé que les blancs pénétreraient seuls dans le repaire de l'esprit des ténèbres, qu'ils auraient ensuite de quoi acheter tout le tafia des Guyanes réunies, leurs hésitations tombèrent bientôt.

Le voyage se fit sans encombre, et fut couronné d'un plein succès. L'ancien surveillant avait si bien pris ses mesures, et la configuration du sol fut à ce point favorable, qu'il put accomplir son évolution avec une rectitude pour ainsi dire mathématique. Il reconstruisit du côté opposé sa ligne hypothétique, devant passer par la montagne entrevue jadis de la crique aux serpents, et se prolonger par le rapide. Il calcula l'angle formé jadis par cette ligne et l'aiguille de sa boussole, puis consulta ses notes. On abandonna les canots, qui restèrent confiés à la garde d'une partie de l'équipage, et les hommes se dirigèrent à travers bois emportant huit jours de vivres.

Douze heures après, la montagne était en vue. Les quatre blancs laissèrent leur escorte et escaladèrent rapidement la colline. Ils rencontrèrent bientôt des traces de culture. Benoît fit signe à ses compagnons de s'arrêter, et, rampant comme un fauve à la chasse, il s'avança sans bruit. Après une heure de marche silencieuse, il s'arrêta cloué au sol et faillit laisser échapper une exclamation de surprise, presque de terreur.

— Mais, je connais cette figure-là ! murmura-t-il ...

CHAPITRE III

L'enfant devenu homme. — L'archer mystérieux. — Moitié Indien, moitié Français. — Les bienfaiteurs inconnus. — Dix ans après. — Trop grand pour connaître la haine. — Les émules de Vauban. — L'or, dit-on, ne fait pas le bonheur. — Nouvelle recrue. — Le secret de la défense. — Qualités indispensables au coureur des bois. — Étonnements d'un Peau-Rouge. — Agriculture coloniale. — La nature veut qu'on l'aide. — L'hospitalité des « Robinsons de la Guyane ». — Un coin de Paradis terrestre sous l'équateur. — « Biftecks » d'oiseaux. — Du vrai beurre végétal. — Un savant inconnu. — Comment le Parisien employait ses nuits. — Écolier à trente-trois ans. — Végétaux indigènes et végétaux importés. — La cafetière en or. — Encore le secret de l'or!...

L'Indien Jacques, son audacieuse évasion accomplie, s'enfonça lentement sous bois, en cassant de la main droite quelques menues branches, de façon à laisser une trace presque invisible de son passage. Comme il était sans armes, sans provisions, il serait peut-être forcé de revenir à la rivière, qui pouvait lui offrir plus de ressources que la forêt. Il était en conséquence urgent de pourvoir aux moyens d'en retrouver la direction.

Il était à peu près certain d'ailleurs de ne s'être pas trompé sur l'origine du mystérieux signal qui l'avait décidé à brusquer les événements, et à jouer son va-tout afin de recouvrer sa liberté. Ce signal, employé par les Indiens de l'intérieur, pour communiquer ensemble à l'insu des étrangers, lui indiquait, à n'en pas douter, la présence d'amis inconnus, qui depuis longtemps peut-être suivaient la trace de ses ravisseurs.

Sa supposition allait bientôt se changer en certitude. Après s'être prudemment avancé à travers les tiges d'arbustes et d'herbes géantes qui couvraient les terrains alluvionnaires bordant la crique, il entendit sur sa droite un sifflement doucement modulé. Obéissant aux instincts des hommes de sa race, il s'arrêta, bien que ce bruit n'eût aucune provenance suspecte. S'étant tapi derrière un gros tronc, il attendit un moment, puis avisant à terre un fragment de roche dioritique, il prit cette roche et en frappa quelques coups secs sur un des arcabas de l'arbre.

Le sifflement se faisant entendre de nouveau, mais plus rapproché, Jacques quitte hardiment sa cachette et s'avance dans la direction d'où il est parti. Il débouche bientôt dans une clairière, et se trouve tout à coup en présence d'un jeune homme de haute taille, qui, un grand arc et un faisceau de longues flèches à la main, le regarde en souriant.

L'Indien, en dépit de son flegme habituel, est brusquement surpris, presque effrayé. L'inconnu est pourtant d'aspect non seulement rassurant, mais encore fort engageant. Il peut avoir une vingtaine d'années. Sa figure, aux traits réguliers, énergiques, respire une expression de franchise, d'audace même, que tempère le regard un peu voilé de deux grands yeux noirs à fleur de tête, aux sourcils épais, aux longs cils. La bouche, meublée de dents éblouissantes, est entr'ouverte par un bon et cordial sourire. Une forêt de longs cheveux noirs, aux boucles d'ébène, s'échappe d'une petite toque blanche, crânement inclinée sur l'oreille, et ornée d'une plume noire de hocco.

Des bras d'athlète, aux biceps énormes, sortent, brunis, dorés par l'ardent soleil de l'équateur, d'une petite veste sans manches, en tissu blanc analogue au tricot rayé de bleu des matelots. Le pantalon, de même étoffe, s'arrête au genou, laissant toute leur liberté aux jambes musclées proportionnellement aux bras. Les pieds sont nus.

Jacques fait en somme assez piètre figure, avec ses membres grêles et lisses, devant ce jeune homme à la taille imposante, aux muscles puissants, qui semble réaliser l'idéal de la force et de l'agilité. Il a entendu dire que l'on trouve sur les rives de l'Awa, une tribu d'Indiens farouches, qui n'ont avec leurs voisins nul contact. Ils sont blancs comme les hommes d'Europe, forts comme eux, enfin, ils ont de la barbe. On les nomme les Oyacoulets. La légende, grossie par la terreur qu'ils inspirent, leur attribue des actes inouïs de férocité. Jacques est d'autant moins rassuré, que le visage de l'inconnu est agrémenté d'une barbe brune naissante, fine, duveteuse, une de ces barbes qui adoucissent les traits au lieu de les durcir. Enfin, bien que son épiderme ait contracté une teinte violente, fauve, couleur croûte de pain, l'Indien voit bien que ce n'est pas la nuance mate, sans transparence, qui caractérise la peau café au lait de ceux de sa race.

— Si c'était un Oyacoulet... se dit le pauvre diable, osant à peine lever les yeux, incapable de proférer une syllabe.

Le jeune homme rompit enfin le silence.

— Eh ! hé, dit-il en employant le patois créole, to qu'à vini côté mo. To savé parlé créole.

Un immense soupir de soulagement s'échappa de la poitrine du Peau-Rouge.

— Mais, je parle français aussi, s'écria-t-il radieux, en s'avançant enfin rassuré et en laissant tomber sa main dans celle que lui présentait son interlocuteur. J'ai appris le français à Mana. J'ai été élevé par le docteur V..., qui habite maintenant Saint-Laurent.

« Vous ne connaissez pas le docteur V..., l'ami du commandant supérieur du pénitencier ? » ajouta-t-il non sans une nuance de fierté.

Le front du jeune homme s'assombrit à ces mots. Il répondit d'une voix sourde, et comme altérée, en employant toujours le langage habituel aux créoles :

— Non, je ne le connais pas je ne connais aucun blanc de la colonie.

Jacques, se rappelant soudain les horreurs de sa captivité, son enlèvement, les indignes traitements infligés par les forçats fugitifs, saisit de nouveau la main de l'inconnu en s'écriant avec une franchise et une émotion inusitées chez les Indiens :

— Et moi, qui ne vous remerciais pas tout d'abord du service que vous m'avez rendu ! Pardonnez-moi, vous, mon bienfaiteur, vous qui m'avez arraché aux mains des bandits ! Grâce à vous, je pourrai revoir ma femme et mon père adoptif.

« Je vous dois la vie... Je vous appartiens comme à lui. »

Chose étrange, c'était l'Indien ordinairement taciturne, sobre de paroles, et peu susceptible d'élan qui parlait, tandis que le jeune homme, évidemment d'origine européenne, se taisait et conservait une impassibilité complète. Il y avait comme un chassé-croisé, une substitution d'habitudes et de maintien. L'Indien vivant chez les blancs, s'était en quelque sorte francisé. Le blanc menant la vie sauvage des habitants des bois s'était pour ainsi dire indianisé. L'un possédait la loquacité de ses parents d'adoption, l'autre conservait la taciturnité des autochtones de la zone équatoriale.

Depuis que Jacques avait dit qu'il connaissait les blancs de Saint-Laurent, un motif secret, très impérieux sans doute, semblait accentuer encore ce mutisme exempt d'ailleurs de froideur.

Le Peau-Rouge, tout entier à sa reconnaissance, n'avait rien remarqué. L'immensité du service rendu lui interdisait toute question indiscrète. Si son bienfaiteur ne jugeait pas à propos de lui faire de confidences, c'est qu'il avait ses raisons, et Jacques n'en demandait pas davantage.

Ils s'étaient remis en marche. L'inconnu s'avançait le premier, avec une agilité indiquant qu'il était depuis longtemps rompu aux pénibles pérégrinations à travers les grands bois. Il suivait sans hésiter une direction absolument rectiligne, sans même avoir besoin de chercher des points de repère, comme si tous les recoins de la sombre immensité lui eussent été depuis longtemps familiers. L'Indien ne pouvait assez s'étonner de cette force, de cette souplesse, de cette assurance devant laquelle il restait tout interdit, en dépit de sa subtilité d'enfant de la nature. Il ne pouvait comprendre une telle habileté chez un homme d'une autre race, et, loin d'en être jaloux, il manifestait à chaque instant l'admiration que lui inspirait son compagnon.

Un sourd grondement arrêta soudain le flux de ses paroles. Il chercha machinalement une arme absente, et s'écria tremblant :

— Le tigre !...

Le jeune homme sourit sans répondre et s'avança en sifflant.

Un énorme jaguar, à la robe éblouissante, aux yeux luisants, à la gueule hérissée comme une palissade, bondit aussitôt, puis, à la vue du nouveau venu, fit entendre un ronron de chat en belle humeur en présentant son front à une caresse qui ne se fit pas attendre.

Jacques, pétrifié, la bouche sèche, la langue paralysée, les yeux dilatés par l'épouvante, n'osait plus faire un seul mouvement. Le redoutable félin jetait de temps en temps vers lui un regard qui le faisait claquer des dents, et le pauvre diable croyait réellement sa dernière heure arrivée, en dépit du sourire encourageant de son mystérieux bienfaiteur.

— La paix, *Cat*, dit ce dernier, en employant une langue totalement inconnue à l'Indien. La paix ! Cet Indien est un ami, vous l'aimerez aussi, vous entendez.

« A propos, reprit-il en créole, comment t'appelles-tu ?

— Jacques, articula-t-il faiblement.

— Eh bien ! Jacques, mon ami, n'aie pas peur de Cat. Il est aussi doux qu'une biche. — Li plis doux passé kariakou. — Allons, caresse-le donc un peu, pour faire connaissance.

Jacques étendit machinalement une main moite et crispée. Le jaguar, en animal bien élevé, baissa la tête, s'allongea sur le dos et se mit à folâtrer.

— Là, tu vois bien qu'il ne te veut pas de mal. Cat n'est méchant qu'avec les mauvaises gens.

Plusieurs voix joyeuses, mais contenues, se firent entendre derrière un rideau

« Que le capitaine blanc soit le bienvenu. » (Page 242.)

de lianes, le jaguar s'échappa dans la direction d'où elles venaient, suivi bientôt du jeune homme et de l'Indien un peu rassuré, mais toujours stupéfié de l'étrange familiarité de son nouvel ami avec le farouche quadrupède.

Au milieu d'un pêle-mêle inouï de branchages fracassés, de troncs broyés, de lianes rompues, se tenaient, immobiles, six hommes. Cinq blancs et un noir. Les blancs, vêtus à peu près comme le nouvel arrivant, étaient armés d'arcs de flèches, et de sabres grossiers. Celui qui paraissait le chef, pouvait avoir quarante-cinq ans.

Il avait avec le jeune compagnon de l'Indien une étonnante ressemblance. Mêmes traits, mêmes yeux, même sourire bon et doux, même vigueur d'athlète. Mais, les traits étaient fouillés, les cheveux blancs aux tempes, la barbe grise.

Près de lui se tenaient trois beaux jeunes gens, dont l'un presque un enfant, âgé de treize à quatorze ans, avait déjà la stature et la force d'un homme. Les deux autres avaient environ seize et dix-huit ans.

A leur air de famille, on les reconnaissait de prime abord pour les quatre frères, et celui qui les couvrait en ce moment d'un regard d'orgueilleuse tendresse, pouvait se montrer fier d'une telle descendance.

Le cinquième était un homme de trente-deux à trente-quatre ans, à la barbe blonde, fauve, emmêlée, aux pommettes d'un rouge brique, aux yeux bleus, à la figure un peu narquoise, mais franche et sympathique. Le sixième enfin, était un vieux nègre, aux cheveux blancs de neige, ébouriffés, crépus, tordus, produisant un singulier effet sur sa bonne vieille face luisante et ratatinée. Il semblait être parvenu aux extrêmes limites de la vieillesse, et pourtant, il évoluait encore avec rapidité, en dépit de sa jambe droite atteinte d'éléphantiasis.

L'Indien marchait de surprise en surprise. Son compagnon s'avança rapidement vers le chef, en mettant un doigt sur sa bouche. On entendait à cent mètres à peine le bruit produit sur la rivière par les forçats occupés à tracer leur chenal à travers les arbres abattus.

— Père, dit en anglais le jeune homme, voici l'Indien. Il me paraît bon et honnête, mais, ce n'est pas un Indien ordinaire. Puissions-nous n'avoir jamais à nous repentir plus tard du service que nous venons de lui rendre !

— Mon cher Henri, reprit doucement l'homme, jamais il ne faut regretter une bonne action. Je sais bien que les Indiens ne pèchent pas par excès de reconnaissance, mais celui-là est si jeune !

— Sans doute, mais il vient de me dire qu'il avait été élevé par les blancs de Mana; qu'il connaît particulièrement des fonctionnaires du pénitencier... Tu entends, père, du pénitencier, ce lieu maudit qui nous fait verser tant de larmes, dont le nom me déchire aujourd'hui la gorge, et où tu as tant souffert !

« Il m'a déjà parlé de la joie qu'il aura de revoir sa femme ainsi que son bienfaiteur. Nous ne pouvons le garder éternellement avec nous, il retournera chez les blancs, et qui sait s'il ne révèlera pas notre secret ! Voici donc notre sécurité compromise, et le mystère de notre retraite bien près d'être connu.

« Aussi, lui ai-je laissé ignorer notre origine française, et l'histoire du passé. J'ai affecté de ne parler que le langage créole, commun à tous les habitants du pays, afin qu'il ne puisse même pas soupçonner que nous ayons eu des rapports, quelque indirects qu'ils fussent, avec la France.

— Tu as agi en cette circonstance avec le plus grand discernement, mon cher enfant, et je ne saurais trop louer ta prudence. Nous allons aviser. Ce jeune homme a certainement des choses bien importantes à nous raconter, ne fût-ce que la relation de sa captivité, et du motif qui amène ces hommes dans un pays jusqu'alors inexploré.

« Nous continuerons donc jusqu'à nouvel ordre à nous entretenir en anglais quand nous aurons une communication secrète à nous faire.

« L'essentiel est accompli pour le moment. La route est barrée, le prisonnier délivré. Puisque ces inconnus nourrissent incontestablement de mauvaises intentions, nous allons leur envoyer la réserve de nos troupes. La leçon sera, je pense, suffisante pour que nous ne les revoyions de longtemps.

« Casimir, dit-il au vieux noir, le moment est venu, mon ami, fais ce dont nous sommes convenus.

Le bonhomme radieux s'agita, en clopinant sur sa jambe piédestal, et dit :

— Cà même compé. Mo content envoyer toutes bêtes à méchant mouns-là. Pitit mouché Sarles qu'à vini côté mo.

Le plus jeune des quatre fils s'approcha de son père.

— Tu veux bien, n'est-ce pas, papa, que j'accompagne Casimir?

— Certainement, mon cher Charles, Casimir a fait de toi un charmeur passable, je ne t'empêche pas d'utiliser tes talents.

Le vieillard et le jeune homme saisirent chacun une longue flûte indienne en bambou, et disparurent bientôt dans la direction du Nord-Ouest.

Pendant ce temps, l'homme à barbe blonde, qui n'avait rien dit, tout en ne perdant pas une syllabe de l'entretien d'Henri avec son père, prit la parole à son tour.

— Vous savez, m'sieu Robin, si je suis un homme cruel et si le sang me répugne.

— Je sais, mon cher Nicolas, que tu es le meilleur garçon du monde, et que tu te ferais un cas de conscience de molester qui que ce soit.

« Où veux-tu en venir?

— A ceci. Que ces quatre paroissiens-là sont les plus abominables coquins, parmi les coquins émérites dont cet estimable pays est la patrie d'adoption!.. forcée.

« Leur peau ne vaut pas quatre sous. Ils viennent ici pour piller, brûler, voler, et peut-être faire pis. A votre place, je n'en ferais ni une ni deux. Henri et ses frères manient l'arc comme pas un Indien, je leur commanderais d'envoyer à ces lascars-là chacun une bonne flèche de deux mètres à travers les flancs.

« Voyez-vous, patron, morte la bête, mort le venin. Moi, je ne connais que ça.

— Tu as raison en principe, Nicolas. Mais, je réprouve absolument ces moyens violents, sauf, bien entendu, dans le cas de défense légitime. La vie humaine, vois-tu, est une chose tellement sacrée, qu'elle est respectable même chez l'être le plus indigne. Il faut toujours laisser au coupable le temps de se repentir, et fournir, si l'on peut, au criminel le moyen de s'amender.

« Mon existence a toujours été consacrée à ce principe, l'amour de l'humanité. Il ne m'appartient pas de m'ériger en arbitre suprême et de trancher du justicier. Je veux convertir, non châtier. L'homme, quelque misérable qu'il soit, est susceptible de repentir, et je ne veux pas que ce coin de France, créé par nous de toutes pièces, soit souillé d'une goutte de sang.

« Ces inconnus, dis-tu, ont de mauvaises intentions. Cela n'est, hélas! que trop visible. Mais crois-tu que l'épouvante causée par le subit écroulement des arbres ne suffise pas à leur démontrer la folie de leur entreprise, que ces flèches mystérieuses qui les frappent quand ils veulent atterrir, et surtout, cette terrible armée que Casimir va mettre en marche, ne les fassent à jamais renoncer à leur projet.

« Tiens, tu entends les flûtes de nos deux charmeurs... Dans quelques minutes, ces aventuriers seront en fuite et forcés, bon gré mal gré, de rebrousser chemin.

« Eh bien, qu'as-tu à répondre à cela?

— Que vous avez raison comme toujours, et que pour une fois, je crains bien de ne pas avoir tort dans la suite.

— Enfant! Que peux-tu bien appréhender de leur part pour l'avenir? Ils ignorent et notre nombre et notre nationalité. Le mystère qui nous entoure les éloigne bien plus qu'une attaque de vive force, et la puissance des moyens que nous venons d'employer pour leur barrer la route, leur démontrera l'inutilité de nouvelles tentatives.

« Ils croiront avoir devant eux une tribu puissante, peu disposée à tolérer la moindre incursion sur son territoire. L'étrangeté de nos procédés de défense donnera naissance à une sorte de légende, qui, colportée dans le voisinage.

grossie par des gens affolés, se répandra de proche en proche, et vaudra mieux pour nous que la présence d'un corps d'armée.

Le duo de flûte, éloigné d'abord, allait en se rapprochant. Les Européens et l'Indien pouvaient, par une éclaircie, apercevoir la formidable flotille s'avancer lentement, emportée par le courant. Les coups de sabre et de hache cessèrent. Ils entendirent les cris de terreur des aventuriers chassés par l'invasion des reptiles. Ils les virent monter dans leur pirogue, et s'enfuir épouvantés à travers la savane.

— Tu vois bien, reprit Robin, que tout s'est passé selon nos prévisions. Nous voici pour longtemps, je l'espère, à l'abri de nouvelles incursions, à moins toutefois, ce qui est peu probable, que nos hommes ne s'avisent de revenir par l'intérieur des terres. Sinon, il leur faudra prendre d'assaut la citadelle et chasser la garnison que Casimir et Charles vont reconduire chez elle par le même procédé.

« Maintenant, interrogeons notre Indien qui, je le vois, grille d'envie de nous raconter la série d'événements grâce auxquels il se trouve sur le territoire jusqu'alors inviolé des *Robinsons de la Guyane*. »

Jacques, on le comprend facilement, ne se fit pas prier pour dire ce qu'il savait sur ses ravisseurs. Sa confidence fut complète. Il raconta sa vie tout entière depuis le jour où le docteur V... l'avait adopté, jusqu'au moment où il rompit ses liens sur le rapide. Il ne fit aucun mystère de la connaissance qu'il avait du secret de l'or, et de son intention de le révéler à son bienfaiteur.

Des forçats avaient entendu sa conversation avec le docteur et le commandant supérieur, il avait été enlevé par eux, emmené sur la rive hollandaise du Maroni, et remis aux mains d'un homme plus brutal encore que ses complices. Celui-là était l'âme damnée de l'entreprise ; ses complices lui obéissaient aveuglément.

Le proscrit interrogea longuement et minutieusement l'Indien sur cet homme, mais il ne put en obtenir que des renseignements fort vagues. Jacques n'étant venu que depuis peu de temps à Saint-Laurent, ne pouvait connaître ni l'ancienne position de Benoît, ni sa radiation du cadre des surveillants. Il le regardait comme un transporté marron, ayant des intelligences avec ceux du pénitencier.

— Mais, son nom, insista Robin, ses compagnons avaient une façon de l'interpeller ?

— Je ne l'ai jamais entendu appeler que *Chef*.

— « Chef »... c'est l'appellation des surveillants.

— Je ne sais pas, répondit naïvement Jacques. Ils ne lui ont pas donné d'autre nom.

— Qu'importe d'ailleurs. C'est sans doute quelque forçat évadé.

« Ecoute, Jacques, tu vois ce qu'il en coûte de violer un serment. Tu as révélé, dans une excellente intention sans doute, un secret important que tu avais juré de garder. Comme si l'or faisait le bonheur !

— Oh ! oui, interrompit l'Indien revenu soudain à toutes ses terreurs. Le *secret de l'or* est mortel !... Je l'avais bien dit à mon père adoptif ! mais je l'aime tant !... Il est si bon...

— Je te comprends, et la reconnaissance que tu as voulu témoigner rendrait ton action excusable, si la violation de la foi jurée pouvait l'être ! mais, crois-moi, soit discret à l'avenir, et ne divulgue jamais la chose cachée.

« Jacques, nous t'avons arraché à tes bourreaux. Tu es libre de retourner près des tiens. Tu peux rester près de nous autant qu'il te plaira. Un motif impérieux nous force depuis longtemps à nous cacher ici. Nul ne doit savoir ni qui nous sommes, ni où nous habitons.

Montrant les jeunes gens immobiles près de lui :

— Ceux-là sont mes enfants ; tu verras bientôt leur mère. Celui-ci, il désignait Nicolas, est mon fils adoptif ; quant à ce vieux noir, je l'aime comme s'il était mon père.

L'Indien attendri, écoutait avidement ces paroles prononcées avec un incomparable accent de noblesse.

— Tu vois que nous ne sommes pas des méchants, et que le motif de notre exil ici n'a rien de répréhensible, jure-moi donc, sur la vie de ton père d'adoption, jure-moi sur la vie de ta compagne que tu reverras grâce à nous, que jamais tu ne révèleras à aucune créature humaine le secret de notre existence.

Le jeune Peau-Rouge sembla se recueillir un instant ; il saisit dans ses deux mains la main du proscrit, puis, d'une voix lente et grave prononça les paroles suivantes :

— Que mon bienfaiteur expire à l'instant, que la mort enlève Aléma, la perle des Aramichaux, que Yolock (le diable) me prenne, si jamais ma bouche laisse échapper le mystère de votre vie, le lieu de votre retraite.

« J'ai dit ! L'esprit de mes pères a entendu !...

— C'est bien. Je prends acte de tes paroles, et je te crois. Mes chers enfants, nous n'avons plus rien à faire ici. En route pour la *Bonne-Mère*.

Le jaguar s'étira paresseusement, prit la tête de la colonne, et les Robinsons de la Guyane, après avoir ramassé leurs armes, s'avancèrent en plein bois, en file indienne, suivis de leur nouvelle recrue.

Quelques lignes d'explication rapide, que complètera l'intelligence du lecteur, sont ici nécessaires. On se rappelle de quelle façon le proscrit, le Parisien Nicolas et Casimir, fortifièrent jadis le point découvert situé près de l'*anse aux Cocotiers*. Cette espèce de défilé, enserré entre deux savanes marécageuses, donnait seul accès du côté de la rivière à l'étroit sentier conduisant à l'habitation de la Bonne-Mère. Les trois hommes l'avaient hérissé de plantes vertes qui croissaient à profusion aux environs. Pendant cette longue période, les cactus, les euphorbes, les agaves, les aloës avaient fait merveille. Cette plantation offrait maintenant l'aspect d'un plan bastionné, d'une épaisseur de près de cent mètres sur une longueur de plus de deux cents. Ni le fer ni le feu n'eussent pu avoir raison de ces feuilles épaisses, grasses, lourdes, enchevêtrées, hérissées de millions de dards épineux, et sous lesquelles vivaient en paix une innombrable quantité de serpents de toute sorte.

De l'habitation située à mi-côte, et enfouie sous les arbres, on avait vue sur le rapide, grâce à une petite éclaircie ménagée à travers la forêt, et dont il eût été impossible, même à un œil prévenu, de constater la présence. La crique étant la seule voie pour parvenir au territoire des Robinsons, il était tout naturel que ceux-ci aient pensé à fortifier ce point faible, et aussi à le surveiller.

L'on ne pouvait songer à défendre par le même procédé l'espace compris entre le rapide et l'anse aux Cocotiers. Les plantes vertes n'eussent pu croître dans ce terrain vaseux. Pendant les premières années, le lit de la crique fut obstrué par des arbres simplement jetés en travers. Ils pourrissaient après un temps plus ou moins long, et on les remplaçait en temps et lieu.

Peu de temps avant l'époque où se passe la seconde partie du drame, le proscrit et ses fils, s'étaient mis en demeure d'abattre de nouveaux arbres, par leur procédé habituel qui dispense de tout travail : un brasier allumé au pied de chacun d'eux. Grâce à un phénomène assez fréquent, les arbres, enchevêtrés par les cimes, reliés les uns aux autres par les lianes, ne tombèrent pas, même après l'entière destruction de leur base. Ils restèrent debout sur leurs troncs charbonnés, maintenus en équilibre par leurs voisins. Comme cette portion de territoire se trouve abritée de tous côtés contre le vent, ils tinrent bon et se desséchèrent dans cette position.

Il suffisait, si besoin en était, de couper les lianes qui les maintenaient comme les étais et les haubans d'un navire, pour les jeter à terre, et même entraîner avec eux ceux qui leur prêtaient appui. C'est ce qui advint lorsqu'un beau matin, Henri, debout le premier, aperçut, de son œil d'enfant des bois, le campement des forçats, qui s'élevait comme un trépied gigantesque sur les roches coupant la crique.

On tint conseil et le jeune homme fut envoyé à la découverte.

Grâce à sa prodigieuse habileté, qui eût dépassé celle d'un Indien rompu à toutes les ruses des habitants de la forêt vierge, il se glissa à travers les lianes et les herbes. Il s'approcha du campement au point de voir les infâmes traitements infligés au captif et même de saisir quelques bribes de conversation.

Sa mission d'éclaireur remplie, il revint à la case, et l'on convint séance tenante d'empêcher le passage et de délivrer l'Indien par tous les moyens possibles. Tous les membres de la petite colonie, sauf, bien entendu, Mme Robin, arrivèrent en toute hâte vers la crique. Le temps pressait, les bandits allaient passer. Trancher en quelques coups de sabre les lianes accrochant le premier arbre mort fut l'affaire d'un instant. Puis, le premier moment de surprise occasionnée par sa chute étant passé, comme les forçats allaient quand même continuer leur route, les sept hommes jouèrent leur va-tout et précipitèrent toute la rangée dans la rivière.

Rien enfin ne pouvant avoir raison du farouche entêtement des aventuriers, Casimir proposa de leur envoyer le corps expéditionnaire que l'on sait. On se souvient que la rivière fait un coude très brusque en face l'anse aux Cocotiers, de façon que la redoute de plantes vertes se trouve dans la ligne perpendiculaire à celle de la rivière.

La nuit entière fut consacrée à la confection de radeaux en feuilles de moucoumoucou, qui furent amarrés juste en face du repaire des serpents. Le vieux noir eut soin d'y répandre à profusion une herbe qui les attire comme les chats la valériane. Quand tout fut prêt, les amarres furent larguées, le vieux charmeur, accompagné de Charles, son élève favori, attira les retardataires par sa musique, ainsi que ceux qui, en raison de leur grosseur, n'auraient pu se tenir sur les feuilles.

La formidable flotille sollicitée par le courant se mit bientôt en marche, et s'avança, conduite comme les régiments écossais, par le joueur de pibroch. On a vu la panique produite par cette intervention de la réserve.....

Et maintenant, reprenons notre récit.

La troupe s'avançait rapidement, bien que le bois n'offrît pas le moindre vestige de chemin tracé. C'est que tous possédaient depuis longtemps cette faculté rare, si difficile à acquérir, nécessaire pour traverser les solitudes équa-

Le vieux charmeur accompagné de Charles. (Page 256.)

toriales. La course dans la forêt-vierge est en effet moins une marche qu'une gymnastique. Le voyageur doit avoir un organisme de fer. La marche proprement dite est la moindre des choses. Bien qu'il doive être un incomparable piéton, ne lui faut-il pas franchir d'un bond une crique, escalader les troncs renversés, contourner les massifs épineux, trouer les rideaux de lianes, ramper sous les basses branches, enjamber les racines, éviter les vases molles, et quand la ligne vient aboutir à un cul-de-sac de verdure, à une impasse de broussailles, la rude et monotone manœuvre du sabre d'abatis, s'impose d'elle-même pour 'es heures, des journées quelquefois, à son bras courbaturé.

A cette écrasante fatigue du corps, centuplée par une température de fournaise, se joint une terrible préoccupation. C'est celle de la direction. Où doivent aboutir tant d'efforts? Quel sera le résultat de ce formidable labeur? Un moment d'oubli, un tour sur lui-même, une chute, et le malheureux qui ne peut apercevoir le soleil, couvert par l'opaque muraille de verdure, s'en va en aveugle, revient sur ses pas, tourne indéfiniment dans la même enceinte, marche toujours et finit par s'apercevoir qu'il est perdu sans retour. A moins d'un miracle, de la rencontre fortuite d'un Indien en chasse, ou d'un chercheur d'or en *prospection*, c'est la mort! La mort à plus ou moins longue échéance, avec son lugubre cortège de fauves, d'insectes et de reptiles, son glas funèbre sonné sous l'immense coupole par les félins et les hurleurs, et que l'oreille de l'agonisant perçoit encore à sa dernière heure. Trop heureux s'il trouve une rivière que ses forces lui permettent de descendre jusqu'à l'affluent principal, jusqu'au fleuve. S'il a des vivres, si la fièvre ne le ronge pas, si l'invisible marais ne s'entrouve pas sous ses pieds, peut-être aura-t-il la chance d'échapper à cette terrible destinée, mais il lui faut des provisions, sous peine de succomber aux atteintes de la faim, qui, je ne saurais trop le répéter, règne en souveraine maîtresse au milieu de ces stériles magnificences.

Seuls, peuvent évoluer sans crainte à travers ces solitudes, les Indiens et quelques blancs privilégiés, qu'un long et pénible apprentissage a familiarisés avec les mystères des grands bois. Les points de repère apparents, les signes de reconnaissance paraissent manquer, et pourtant, grâce à une sorte d'instinct divinatoire, comparable à celui de certains marins, ils vont droit au but, sans dévier d'une ligne, guidés comme les vieux caboteurs bretons ou les navigateurs des îles Malaises, par cette espèce de double vue qui fait le marin et le batteur d'estrade.

Tels les Robinsons qui précédaient l'Indien avec une rectitude et une rapidité qu'il n'eut jamais soupçonnées chez des hommes d'une autre race.

Aussi, ne pouvait-il s'empêcher de témoigner son admiration, à la vue de ce tour de force, qu'il appréciait en véritable dilettante.

— Oh! ca blancs-là! Oh!... répétait-il.

Mais, ce fut bien autre chose, quand il déboucha dans la vaste clairière, où s'élevait l'habitation de ses nouveaux amis. Il avait vu de puissants villages indiens, avec des cases nombreuses, vastes, bien aménagées, et renfermant tous les objets nécessaires à la vie de ces primitifs enfants de la nature. Quelques-unes, étaient relativement luxueuses, et il s'imaginait que leur magnificence ne pouvait s'effacer que devant les seules habitations des blancs de Saint-Laurent ou de Mana.

Mais, les blancs, possédaient des ressources inconnues aux Indiens. Ils avaient des ouvriers habiles, des bras nombreux, des instruments de toute sorte, et les navires leur apportaient de France des objets que l'industrie créole, n'eut pu créer. Tandis que les industrieux artisans dont les mains avaient improvisé ce confort, édifié ces merveilles, avaient nécessairement dû tirer tout cela des simples produits de la nature, modifiés, façonnés, transformés à leur usage.

Quant aux plantations, le Peau-Rouge, expert en agriculture équatoriale passait sans transition de l'étonnement à la stupeur. En effet, ses congénères, paresseux avec délices, ne travaillent, avons-nous dit, que talonnés par la faim. Le meilleur de leur temps se passe dans le hamac, soit qu'ils attendent que leurs femmes aient préparé le repas, soient qu'ils digèrent ce repas à la confection duquel leur fainéantise leur interdit de prendre part. Le défrichement et l'ensemencement se bornent à bien peu de chose. Quand ils ont jeté bas les arbres en coupant les troncs à un mètre de hauteur, brûlé les branches, confié à la terre les graines et les racines, ils ne peuvent ni ne veulent plus travailler. L'abatis est hérissé de chicots qui émergent du sol comme les « Pierres-levées » de Bretagne, les troncs épars restent en quelque sorte vautrés au beau milieu des plantes alimentaires, qui croissent pourtant comme par enchantement, tant est prodigieuse la fécondité de cette terre généreuse.

Arrive la récolte qui semble un steeple-chase; mieux encore l'invasion d'une bande de singes, et non une moisson. Toutes ces denrées, sabrées, arrachées, coupées à la diable, sont emmagasinées pour la forme, ou plutôt jetées par brassées sous des carbets, où elles deviennent ce qu'elles peuvent en attendant le moment de la consommation. Les champs offrent donc l'aspect d'un absolu désarroi, et les cases indiquent l'absence complète de la plus vague intention d'ordre et de confortable.

L'abatis, ou plutôt les abatis de ses libérateurs, offraient à l'œil de Jacques un aspect enchanteur dont il n'avait jamais pu concevoir l'idée. Et d'abord, la case, la maison d'habitation et ses multiples dépendances, étaient sur un terrain complétement déblayé, dont les herbes avaient été soigneusement arrachées. Non seulement une araignée-crabe, mais encore un scorpion ou une fourmi, n'auraient pu affronter cette surface aussi plane qu'un parquet de bois. Premier et inappréciable avantage dont il comprit d'emblée les conséquences. Puis, à travers ces vastes plantations, aux arbres magnifiques, pliant sous les fruits, s'étendaient de spacieuses allées, bien entretenues, et permettant le facile accès des points les plus reculés de ces splendides vergers. Nulle trace de troncs ou de chicots depuis longtemps dévorés par le feu, ce puissant auxiliaire du colon.

— Oh! ça blancs-là... répétait-il à satiété en évoquant par la pensée l'aspect des habitations indiennes.

Il se rappelait, le pauvre diable, que la conquête d'un régime de bananes, ou d'une charge de patates ne s'opère qu'en risquant de se rompre le cou, et en sabrant à tour de bras les plantes parasitaires sous lesquelles disparaissent celles qui servent à l'alimentation. Tandis qu'ici, l'air et la lumière circulaient à flots; les arbres judicieusement éclaircis, suffisamment isolés, avaient acquis des développements énormes. L'on n'avait qu'à étendre le bras pour cueillir ces beaux fruits, si agréables à la vue, si savoureux au goût.

Les Robinsons de la Guyane, familiarisés avec les merveilles de leur Eden, jouissaient de la surprise de leur nouvel ami, et cette innocente joie, se complétait d'une légitime satisfaction d'amour-propre d'auteur. Mais comme l'admiration n'empêchait pas la nature de reprendre ses droits, comme depuis fort longtemps le dernier repas était digéré, Nicolas prétendit qu'il faisait très faim, et sa déclaration ne souleva pas l'ombre d'une contestation. La petite troupe pénétra sous une veranda spacieuse, s'étendant devant la façade nord de la case, et le Peau-Rouge qui marchait d'extase en extase, entra, présenté par Henri, son libérateur.

Une femme apparaissait en même temps sur la grande tache noire formée par l'ouverture principale, et souriante à tous, radieuse, les bras ouverts, les confondit dans un regard d'une tendresse infinie.

— Mère, cria le jeune homme, je t'amène un nouveau Robinson.

— Qu'il soit le bienvenu, dit-elle doucement à l'Indien qui, honteux, confus de sa demi-nudité de sauvage baissa les yeux et fit mine de s'enfuir.

— Voyons, mon ami Jacques, dit Eugène, l'espiègle de dix-sept ans, ne va pas faire l'enfant. Viens avec moi. Je vais te donner un de mes vêtements. Cela t'ira comme un gant. Tu ne sais pas ce que c'est qu'un gant, n'est-ce pas; moi je l'ai a peu près oublié. Il y a dix ans que je n'en ai vu. N'importe. Tu seras à merveille. Henri avait parlé de t'habiller, mais tu penses bien, qu'il en faudrait deux comme toi, soit dit sans t'offenser, pour remplir sa veste. C'est un rude gaillard que monsieur mon frère. Tandis que moi, je ne suis qu'un gringalet.

Eugène se calomniait; il était vraiment impossible de rêver un plus admirable corps d'adolescent. Jamais la force unie à la grâce n'avaient pu être plus étroitement alliées. Il disparut un moment en compagnie de Jacques, pendant que Edmond, son aîné de deux ans, racontait à Mme Robin l'expédition de la journée dans tous ses détails.

Edmond était à son aise. Il avait à parler des exploits de son frère Henri qu'il adorait, sans pour cela faire tort à ses autres frères, et le brave enfant s'en donnait à cœur joie. L'heureuse mère écoutait, ravie, le récit de ces aventures presque incroyables, exposé avec une netteté, une précision et une élégance qui en augmentaient encore l'intérêt.

Jacques rentrait en ce moment costumé en Robinson, et il avait réellement fort bonne mine dans son nouvel habillement. On se mit à table. Les convives firent honneur à un repas abondant servi dans une vaste salle ouverte des deux côtés et que rafraîchissait une légère brise venant de la vallée. L'Indien marchait d'étonnement en étonnement. Tout le stupéfiait dans cette étrange habitation. Non seulement ses hôtes, mais encore l'ameublement, le service, la cuisine... Et ce jaguar évoluant familièrement entre les jambes des convives, quêtant ici un os qu'il croquait avec la sensualité discrète et les petites mines friponnes d'un chat, récoltant une caresse ou une légère pichenette, quand il s'avisait de gourmander un énorme tamanoir, affectueux aussi, mais maladroit dans ses élans de convoitise ou de sympathie. Et ces singes, aux mines effrontées, dont les petites pattes noires et agiles, venaient jusqu'au milieu de la table subtiliser avec la dextérité de prestidigitateurs un fruit ou une baie, et ces patiras, au poil rude, broussailleux, dont le nez en écu de six francs se contractait si drôlement, en attendant la provende bi-quotidienne, et ces légions d'agamis, ces bandes de hoccos, ces troupes de marayes, ces vols de perdrix, ces nuages de perroquets et d'aras...

Volatiles et quadrupèdes vivaient d'ailleurs en parfaite intelligence. C'était merveille de voir le tamanoir, le bon Michaud, faire des efforts inouïs pour promener sa langue ronde et contractile au fond d'un plat, où elle rencontrait toujours le groin agile mais indiscret de certain patira qui lapait en un moment les reliefs des maîtres. Les agamis audacieux venaient allonger leur long bec emmanché d'un cou plus long encore, à travers ce fouillis de pattes et de museaux avides, et emportaient le morceau dérobé à leurs amis les hoccos, retenus à quelques pas de là par un reste de timidité.

Bien que souvent les Indiens vivent ainsi familièrement avec les animaux de la forêt, qu'ils domestiquent grâce à leur inaltérable patience, Jacques n'avait jamais rien vu de comparable à ce tableau si étrangement curieux.

Quant aux mets, ils lui étaient et pour cause familiers, mais leur assaisonnement et leur apprêt le déroutaient complétement. Ils étaient servis à l'européenne, dans des plats et des assiettes de forme élégante, quoi que l'argile en fut grossière. Mais il y avait des fourchettes, des couteaux et des cuillers. Il n'ignorait pas ces raffinements, et il savourait du meilleur appétit les produits quintessenciés de la cuisine civilisée.

Il était pourtant songeur à la vue d'un morceau de viande grillée, tendre, fraîche, savoureuse, et comme fondante. Cette chair de haut goût était exquise, et pourtant il lui trouvait une saveur inaccoutumée.

Nicolas, son voisin de table, se chargea de le tirer d'embarras. Le parisien, réfractaire à l'étude des langues, était parvenu pourtant à force de patience et grâce à son amitié pour Casimir, à parler facilement le créole. Mais au lieu d'exprimer sa pensée et de construire ses phrases comme tous ceux qui emploient cet idiome, il entremêlait ses vocables indigènes d'expressions et de tournures bizarres, exportées du faubourg. Cette adaptation de parisianismes au langage équatorial était parfois d'un comique inénarrable.

— Oui, je sais bien, ça vous étonne La viande a un drôle de goût, mais c'est un bifteck.

— Non, répondit naïvement Jacques, ça hocco !

— Mais oui, nous avons raison tous deux. Ça bifteck hocco avec morceau di beurre, et morceau di poivre. Vous avez du poivre, vous Indiens, et vous ne vous servez que de piment.

« Nous autres Robinsons, nous recueillons ce poivre, nous l'écrasons dans un mortier, nous saupoudrons délicatement nos viandes grillées, et alors : li bon bon..

« Nous avons aussi du sel...

— Oh ! sel, interrompit Jacques, les yeux ardents de convoitise.

— Pas fameux, notre sel. Nous retirons ça des cendres d'un palmier, le *paripou*... On le brûle, on lave ses cendres, on évapore l'eau, et on a un sel alcalin. Edmond, qui est très fort en chimie, vous expliquera le procédé. Tout ce que je puis vous dire, c'est que nous nous en contentons faute d'autre.

« Je vous disais donc que le bifteck, une fois grillé, se servait avec un bon morceau de beurre frais...

— Qué ça bête là, beurre ?

— Comme qui dirait une variété de saindoux qui pousse ici sur les arbres

— Mo pas savé. Saindoux li vini dans boîte fer-blanc...

— C'est étonnant, messieurs les Indiens, reprit avec une sorte de suffisance le parisien, comme vous ignorez les ressources de votre pays.

— Voyons, Nicolas, dit à son tour Henri, un peu de tolérance. Tu te plais à embarrasser notre hôte, et tu serais à ton tour peut-être bien gêné si tu devais lui donner par le menu le nom et la famille de cet arbre-à-beurre qu'il connaît peut-être aussi bien que toi, mais sous un autre nom.

— Tu crois, dit-il, triomphant. Eh bien! mon cher Henri, c'est ce qui te trompe. Je suis ferré à glace là-dessus. Ferré à glace, si on peut dire ça ici! Comme les vieux mots vous reviennent. Il y a pourtant bien des années que je n'ai vu de fiacres s'abattre sur le verglas!

« Bref, le beurre végétal est produit par le *bambou*, par le *cacao*, par le *coco*, ou encore par un arbre appelé *bassia*.

— Pas possible! s'écrièrent d'une seule voix tous les Robinsons surpris et charmés.

— Oui. *Bassia-Bu... ty... ra... cæa*. Mon Dieu que ces mots sont donc difficiles à arracher. On l'appelle aussi *beurre de Galam*. C'est un végétal originaire de l'Inde, introduit depuis longtemps ici.

« Vous savez comme moi qu'on l'extrait des graines fraîches. Li bon bon dans bifteck hocco, ajouta-t-il malicieusement.

— Bravo! bravo! s'écrièrent les quatre frères et leur père ravis. Mais, où as-tu appris tout cela? A quelle époque?

— Dans les livres! mes amis. Vous me demandez quand? Un peu tous les jours, ou plutôt toutes les nuits. J'ai étudié la grande encyclopédie que vous avez faite en collaboration, sous la direction du meilleur et du plus brillant des professeurs, votre père.

« Que voulez-vous? j'avais le regret sinon la honte de mon ignorance. A Paris, j'aurais pu suivre des cours d'adulte, et grapiller quelques heures le soir. Ici, dans les premiers temps, nous avions fort à faire. Vous étiez si petits! Le temps me manquait pour suivre vos leçons, et je m'endormais assommé par le travail du jour.

« Mais depuis j'ai fait l'impossible pour rattraper les instants perdus. Je n'ai rien voulu vous dire, et j'ai feuilleté vos beaux manuscrits en feuille de Mahot... Vous avez été mon école du soir!... »

Robin, ému sentait des larmes d'attendrissement lui monter aux yeux. Sa robuste nature, pétrie de tendresse et de souffrance, avait d'exquises sensibilités. Puis, il comprenait, lui l'homme fait, bien mieux que les enfants, combien avaient dû être énergiques les efforts de cet écolier de trente trois ans, sans instruction première, pour arriver à s'assimiler silencieusement, à la dérobée, les principes d'une science ardue dont nulle étude préparatoire n'avait pu lui donner la clé.

Le parisien appartenait aussi à cette vaillante pléïade d'artisans affamés de savoir, qui après les heures écrasantes employées au labeur donnant le pain, trouvent encore le temps et la force d'arracher ses secrets à l'étude, et deviennent les ouvriers sublimes de la pensée. Le proscrit avait le respect des travailleurs. Comme tous les hommes de cœur, il les aimait. Il admirait et appréciait les efforts héroïques de ceux qui, par leur indomptable volonté, réussissaient à conquérir ce trésor hélas! refusé à leur enfance deshéritée.

Aussi, fut-ce avec une sorte de solennité, pleine d'affectueuse déférence, qu'il se leva, vint serrer la main de Nicolas, et lui dit :

— Merci!... Merci pour moi, ton professeur sans le savoir, et surtout pour les travailleurs dont tu représentes si bien la vaillance et la courageuse abnégation.

Le brave garçon balbutiait, tout rougissant d'entendre cet éloge dont il appréciait la valeur dans une telle bouche. Les jeunes gens, tous fiers de leur ami, renchérirent encore sur les compliments de leur père. Ce fut un instant de bien douce joie qui dut payer au centuple le Parisien de ses peines et de ses veilles.

— Mais, voyons, reprit Henri, tu nous dis que tu feuilletais, la nuit, nos manuscrits de Mahot, cela nous semble un peu fort.... Tu en es donc arrivé à te passer de sommeil ?

— Peuh! je faisais la sieste dans le jour, et d'ailleurs, les nuits sont si longues. Par exemple, j'ai fait une rude consommation de bougie.

« Il est vrai que j'avais la ressource de dépouiller ce végétal que j'appelais autrefois *arbre à chandelles*. Vous ne sauriez croire la joie que j'ai éprouvée, quand j'ai pu savoir le véritable nom de cet arbre dont nous avons si souvent mis fondre les baies grosses comme des balles de calibre et qui nous donnaient un cinquième de leur poids d'excellente cire jaune. Eh! bien, ça s'appelle le *cirier ocuba*. Je vois encore le nom écrit par Eugène. C'est en haut de la page, avec une rature.

— Mais, alors, cette idée t'est venue comme cela, tout d'un coup.

— Oh! il y a bien longtemps déjà. Je me trouvais si niais, quand je croyais trouver ici toutes choses sur les arbres, sans savoir que la plupart d'entre eux avaient été importés ici.

« Puis, je vous ai entendu dire, il y a un an, pendant l'avant-dernière saison des pluies, que jusqu'à présent vous ne croyiez pas à l'existence d'un traité de botanique renfermant cette importante division. Ces arbres indigènes et ces arbres introduits, cela m'a mis, comme on dit, la puce à l'oreille, et comme vous

Trouer des rideaux de lianes. (Page 257.)

avez commencé avec les enfants cet important travail, je me suis acharné sur ce que vous avez écrit déjà.

— C'est parfait mon cher Nicolas. Et tu te souviens vraiment de ces noms baroques?

— Comme de mon pater...

Les Robinsons, une fois sur leur terrain favori, se piquèrent d'émulation, et ce fut un véritable feu roulant de demandes et de réponses dont l'ingénieur, en arbitre impeccable controlait l'authenticité.

— Le manguier, s'écria Charles. A tout seigneur tout honneur.

— *Mangifera indica* venant par conséquent de l'Inde, interrompit Eugène Très bon à manger, la mangue, quand on est habitué à sa saveur de thérébentine.

— Et le Giroflier, dont la culture a rendu jadis la Guyane si prospère.

— *Caryophyllus aromaticus*, apporté des Moluques en 1780 par M. Poivre, gouverneur de l'Ile-de-France.

— Te rappelles-tu, Nicolas, ton effarement, la première fois que tu as entendu parler du savonnier ?...

— *Sapindus saponaria*, riposta imperturbablement le parisien. C'est le bois de Panama ; les écorces moussent comme le savon dont elles ont la propriété, ainsi que les baies, dont les noyaux servent à faire des colliers.

« Tout cela est fort bien, mais vous ne sauriez imaginer la stupeur qui m'a saisi la première fois que j'ai entendu le nom de ces confitures aigrelettes et si agréables que nous mangeons en ce moment.

— Ah ! oui, le *carambolier*.

— Avouez que ce mot qui nous arrive, entouré de senteurs et de bruits d'estaminet, est pour le moins baroque. Dire qu'on lui a donné aussi des noms latins !

— *Averrhoa carambola*. Encore un qui nous vient de l'Inde.

— Et le cannellier, le *cinnamomum lauracœa*, qui vient de Ceylan.

— Pendant que nous y sommes, n'oublions pas le *muscadier*, originaire des Moluques.

— Encore un de mes étonnements. Je serais passé à côté de ce bel arbre, sans me douter de son nom. Comment, en effet, supposer que cette petite noix de couleur bise, que l'on voit en France dans des bocaux, et semblable à des billes, est renfermée dans une première enveloppe sèche, puis que sur celle-ci serpentent comme de petites branches de corail rouge vif, et que le tout se trouve au milieu d'une espèce de gros abricot !

« J'allais, mes chers amis, commettre un impardonnable oubli : les *arbres à pain* ! Vous rappelez-vous mon dépit de Robinson nouvellement établi, quand je fis connaissance avec le *jacquier*, un Brésilien, celui-là ; quand j'appris que l'*arbre à pain igname (artocarpus incisa)* était originaire de l'Océanie, ainsi que son frère l'*artocarpus seminifer*. C'est vraiment une chose charmante que l'étude !

« Quant au *bananier*, ça m'est égal qu'il soit ou ne soit pas originaire de l'Inde. C'est un bel arbre, je ne dis pas, mais je ne peux pas souffrir la banane. Tiens, ça me rappelle une drôle d'histoire. Je me souviens avoir lu que des créoles se balançaient indolemment dans leurs hamacs, accrochés aux *branches* d'un bananier !

— Pas possible, tu plaisantes.

— Je plaisante si peu, que c'est dans je ne sais plus quel ouvrage de M. de Chateaubriand lui-même ! Je me demande où il a vu que les bananiers ont des branches.

La dissertation continua longtemps encore, et le dîner s'acheva avant qu'elle fut terminée. L'Indien qui avait été la cause occasionnelle de ce cours à bâtons rompus de botanique équatoriale, écoutait sans mot dire, peut-être sans beaucoup comprendre, mais avec une inaltérable patience. Casimir riait de son bon rire de noir en voyant ses chers enfants heureux. Ils étaient lancés et ne s'arrêtèrent qu'après avoir épuisé leur nomenclature, et avoir recouru plusieurs fois à la compétence de leur père. Ne les suivons pas aussi loin, et finissons en quelques mots relatifs au *poivrier*, originaire de l'Inde, au *dragonnier* qui produit l'admirable résine rouge connue sous le nom de Sang-Dragon, au *tamarinier*, à l'*aouara* d'Afrique, au *cocotier* d'Océanie, au *pommier-rosa*, au *pommier-cythère*, etc., et surtout au *caféier*, pour passer brièvement en vue les arbres frutescents spéciaux à la Guyane.

On verra que si la terre équinoxiale, avec sa prodigieuse fertilité, est un véritable lieu d'élection pour tous les végétaux des zones chaudes, un nombre bien restreint d'arbres aux fruits alimentaires, sont originairement sortis de son sol. Non seulement les fruits, mais encore les légumes : choux, salades, céleris, carottes, navets, giraumons, concombres, melons, pommes de terre, etc., ont dû y être introduits, ainsi que le maïs, le sorgho, le millet, sans oublier l'incomparable canne à sucre.

Comme compensation, quelques fruits qui, sauf l'ananas, sont un manger aussi peu agréable que peu substantiel, et dont l'on se contente parce que depuis longtemps la bouche desséchée a oublié la saveur délicieuse des fruits Européens. La *pomme-cannelle*, la *barbadine*, la *caïmitte*, ne sont que des amas de pépins englués d'un mucilage grisâtre et enfermés dans une pulpe spongieuse ; la *sapotille*, une poire blette insipide ; la *goyave*, remplie de granulations, est généralement habitée par les vers ; quant au *corossol*, à la *maritambou*, au *corison*, ils sont assez recherchés, bien qu'ils offrent plus à grignotter qu'à mordre.

Mais, il sera beaucoup pardonné à la Guyane, par les colons et les naturalistes, grâce à la plantureuse hospitalité qu'elle a offerte aux végétaux les plus divers, et aussi parce qu'elle a enfanté non seulement le manioc, l'igname et la patate, mais encore le cacaoyer [1].

On verra dans la suite que les Robinsons avaient réussi à préparer d'excellent chocolat. Ils n'avaient eu, dès le début, qu'à éclaircir la plantation de cacaoyers trouvée dans leur splendide verger, et qui depuis longtemps abandonnée à elle-même, avait pris l'apparence échevelée d'une forêt-vierge. La consommation du chocolat ne faisait d'ailleurs aucun tort à celle du café. Le café de la Bonne-Mère était exquis, il pouvait rivaliser avec celui de la *Montagne-d'Argent*, un « cru » guyanais qui ne le cède en rien au Moka et au Rio-Nunez authentiques.

Le repas terminé, Nicolas offrit amicalement une cigarette à Jacques, et alluma lui même son « papelito » de Mahot...

— Eh bien ! qu'est-ce qui te prend donc, dit-il, surpris en voyant l'Indien tressaillir, puis se lever brusquement à l'aspect de madame Robin, qui entrait à ce moment.

— Oh ! fit-il, éperdu, en désignant d'une main tremblante la cafetière portée par la femme du proscrit. C'est de l'or.

— Sans doute, c'est de l'or. De l'or massif, au premier titre. Sans alliage surtout. Ça n'est pas poinçonné, ça vaut pourtant trois mille francs le kilo comme un liard.

« Le café est d'ailleurs très bon dans une cafetière en or.

Jacques semblait en proie à une émotion indescriptible. Ses dents claquaient, son front ruisselait, sa poitrine haletait.

— Vous connaissez le secret de l'or, articula-t-il péniblement.

— Un vrai secret de polichinelle. Quelques beaux morceaux de quartz que nous avons rencontrés en nous promenant, comme ça à la bonne franquette. Nous avons broyé ça au pilon, puis, nous l'avons mis fondre dans notre fourneau. J'ai tourné un moule, et le patron a coulé la cafetière que Mme Robin a bien voulu accepter.

« Mais nous avons encore d'autres ustensiles également en or et façonnés par le même procédé. L'or, ce n'est pas ça qui manque ici, et c'est bien le

---

[1] Les créoles et les colons trouveront peut-être mon opinion excessive, mais j'avouerai en toute humilité que, sauf l'ananas, j'apprécie peu les fruits coloniaux. Je n'hésite pas à proclamer l'incomparable supériorité des fruits européens. Sans parler de la cerise, de la fraise et de la pomme, quel produit intertropical pourrait rivaliser avec la poire, le chasselas et la pêche !
L. B.

moindre de nos soucis. Nous nous en préoccupons un peu moins qu'un poisson d'une pomme. Ah ! si c'était du fer ou de l'acier !...

« Vois-tu, mon camarade, cent grammes d'acier nous ont donné plus de mal à fabriquer que plusieurs kilos d'or à extraire.

— Oh ! mes amis ! mes bienfaiteurs !... Prenez garde à l'or ! Le secret de l'or est mortel, râla l'Indien d'une voix étranglée.

CHAPITRE IV

La haine d'un bandit. — Les montagnes de l'Or. — Ce qu'on entend par « *piaye* ». — Médecin, grand-prêtre et sorcier. — Bizarres effets de l'introduction d'une *mouche-sans-raison* dans les voies respiratoires d'un Peau-Rouge. — A sorcier, sorcier et demi. — Funérailles chez les Indiens. — Comment on devient savant sous l'Équateur. — De l'influence du jus de tabac sur les études médicales. — Etudes préparatoires au doctorat. — Le *Cachiri*, le *Vicou* et le *Voupaya*.—Le fléau de l'ivrognerie.— Le poison des Indiens.— Des races qui disparaissent. — Le corps d'un ami ne sent pas bon. — Bataille d'un boa et d'un « maïpouri » — Le collier mystérieux. — Les derniers Aramichaux. — La balle d'or.

— Je connais cette tête là, murmura Benoît, tapi sournoisement au milieu de l'abatis, sur l'emplacement duquel il avait compté trouver l'El-Dorado rêvé.

Il reconnut aussitôt Robin, et toutes ses fureurs à peine endormies se réveillèrent soudain. A la vue du proscrit, qui visitait son champ, comme un bon propriétaire beauceron ses récoltes de froment, la rage de l'ancien surveillant ne connut plus de bornes. Sa haineuse rancune et son insatiable cupidité étaient doublement déçues. Depuis si longtemps il avait aimé à se représenter sa victime ensevelie vivante dans les vases molles des savanes-tremblantes, ou déchiquetée par les fourmis, après une lugubre agonie de fièvre ou de faim ! Le coup était d'autant plus rude, qu'il revoyait Robin à peine vieilli, les traits reposés, l'air heureux au milieu de cette grasse récolte. Pour comble de déboire, il semblait être, à n'en pas douter, le propriétaire de ce sol, dans lequel l'aventurier espérait découvrir une mine dont l'opulence devait faire pâlir celle des placers australiens ou californiens !

Quelle désillusion ! Escompter par la pensée des champs d'or, et rencontrer des racines alimentaires ! Chercher des pépites et trouver des patates ! S'être complu pendant dix ans dans la pensée que l'homme exécré n'existait même plus à l'état de squelette, et le voir apparaître tout-à-coup comme le roi de ce riant Eden !

Benoît n'était-il pas sous l'influence d'un cauchemar ! Et quoi, c'était bien là Robin, l'évadé du pénitencier, un de ces « politiques » dont la fière attitude défiait jadis les féroces tracasseries des agents subalternes de l'autorité, un de ces forçats-martyrs qui portaient d'un front superbe le poids de leur condamnation et qui, à défaut des égards de la chiourme, avaient imposé le respect aux criminels habitants du bagne.

O rage !... Et ne plus représenter la loi, quelque erronnée que pût être son application ! Ne plus être l'instrument de la force, sinon celui du droit !... Ne plus pouvoir enfin proférer, comme jadis, cette formule si étrangement faussée : « Au nom de la loi, je vous arrête !... »

Pour la première fois peut-être, Benoît déplora son indignité. Il regretta sa vareuse bleue, ses galons d'argent et les prérogatives qu'ils lui attribuaient. Il oublia presque l'opulente conquête qu'il poursuivait, son rêve fut pour un moment interrompu par un désir aigu de vengeance, son cerveau fut envahi par un flot de pensées mauvaises.

Le doute n'était plus possible. C'était, à n'en pas douter, le déporté dont l'évasion miraculeuse l'avait si particulièrement compromis aux yeux de l'administration supérieure. C'était toujours ce regard profond qui ne s'était jamais abaissé, ces traits rigides que nulle insulte n'avait pu contracter, dont nulle souffrance n'avait altéré l'incomparable sérénité. Enfin, circonstance avec laquelle il fallait compter, c'était aussi ce bras d'athlète qui avait, d'un seul coup, fauché le col du tigre en fureur.

Sacrebleu ! Benoît grinça des dents comme aux beaux jours de trique et de double-chaîne. L'ancien tortionnaire se réveilla chez le complice des forçats.

Après tout, il était en pleine forêt-vierge, seul, bien armé, en présence de son ennemi — il osait dire son ennemi — qui ne portait même pas le sabre des coureurs des bois. Ma foi, tant pis. L'occasion fait le larron. La vengeance s'offrait trop belle pour ne pas l'assouvir. Une balle à travers les « côtelettes », comme il disait volontiers, et tout serait fini.

— Je vais te tuer, canaille, gronda-t-il sourdement. Qu'est-ce que tu fais ici ?... Est-ce que je t'ai cherché, moi ?...

Et le misérable, ne reculant pas devant un lâche assassinat, mit en joue le proscrit sans défense, et qui s'avançait inconscient du danger. Il abaissa lentement son arme et visa attentivement la poitrine, au sommet du triangle renversé, formé sur la peau brunie par l'entrebaillement de la chemise.

Son doigt allait doucement presser la détente, quand un léger bruit empêcha cette simple crispation dont dépendait la vie de l'ingénieur. Ce dernier n'était plus seul. Un jeune homme de haute taille, armé d'un arc indien et d'un faisceau de flèches s'avançait avec cette attitude penchée, familière aux coureurs des bois : allure lourde en apparence, mais dont rien ne saurait égaler l'infatigable célérité.

— J'allais faire là de belle besogne, se dit l'aventurier. En admettant que j'aie jeté le fagot par terre, l'autre m'aurait proprement embroché, avant même d'avoir pu faire coup double. C'est que ça ne plaisante pas, ces vermines-là avec leurs lardoires à manche de roseau.

« Allons, Benoît, mon garçon, en retraite. La reconnaissance a été bonne pour aujourd'hui. C'en est assez. Il ne faut compromettre ni ta peau ni ta vengeance.

« Quel diable de garnement ce Robin de malheur a-t-il bien pu recruter là ? termina-t-il en s'éloignant à reculons, avec la silencieuse souplesse d'un reptile. Il faudra savoir ça, reconnaître la place, compter les défenseurs et évaluer leurs forces ; puis on verra.

Quelque habitué que fut l'aventurier aux courses dans les grands bois, il ne suivit pas absolument la direction qui l'avait conduit à l'abatis des Robinsons. Il s'égara au bout de quelques minutes, et il ne s'aperçut de son erreur qu'en venant butter au pied d'une roche escarpée, dressée au milieu d'une clairière stérile.

— Tiens, fit-il, surpris, les roches de cette taille sont rares dans la zone que nous parcourons. La vue de celle-ci est pour le moins bizarre. Si je l'escaladais. Qui sait l'horizon que l'on peut embrasser de là-haut !

« Allons, houp ! du nerf et du jarret.

La montée fut terriblement dure. Mais Benoît n'était pas homme à reculer devant la fatigue. En dépit du soleil qui grillait sa face et faisait fumer sa peau, des aspérités qui ensanglantaient ses mains, il arriva au sommet après une demi-heure d'efforts surhumains.

Il s'arrêta, ruisselant, congestionné, haletant, rompu, et s'abattit plutôt qu'il ne s'assit sur le quartz brûlant. Ses yeux se portèrent rapidement sur la vaste trouée ouverte devant lui. Il eut une sorte d'éblouissement, et bondit, comme poussé par un ressort.

— Pas possible, s'écria-t-il ! Mais non, je ne me trompe pas. Une... deux... trois... quatre... cinq... six... Où donc est la septième ? Elle

« Ce sont les montagnes de l'or. » (Page 273.)

est cachée derrière les autres ; c'est certain. L'Indien disait au docteur et au commandant : « Il y a ensuite sept montagnes... Ce sont les montagnes de l'or. »

« Par le patron de tous les gredins de la terre, ces montagnes, je les vois, là, à moins de deux lieues, se découper en bleu foncé sur le ciel gris. Deux lieues, huit malheureux kilomètres sous bois, c'est l'affaire d'une journée.

Douze heures à bourlinguer à travers les lianes et à faire de la contre-pointe, puis... la fortune.

L'ancien argousin pâlissait tant était vive son émotion. Il se raidit en voyant son sang-froid près de lui échapper.

— Du calme, et orientons-nous. Ma boussole... bon. Direction : Ouest, 22° Nord-Ouest ! Voilà qui est fait...

« Sacrebleu ! Je n'en puis plus. Il faut que je chante, que je crie, que je hurle !... Un peu plus je pleurerais ! que le diable m'emporte, je suis content. A moi tout... tout l'or de là-bas !... Je suis riche, *j'ai le secret de l'or !*...

« Allons, assez. Je suis vraiment bête de beugler comme un singe-rouge au clair de la lune. Il faut descendre, retrouver les autres, les emmener là-bas et partager avec eux. Cela sera moins drôle, mais bah ! il y en aura pour tout le monde.

« C'est égal. Le hasard fait bien les choses. Si je n'avais pas vu ce fagot de malheur, je ne venais pas ici, je n'escaladais pas la roche, et je ne trouvais pas le nid aux jaunets. Après tout, Robin me devait bien ça. Allons d'abord au plus pressé. Plus tard, j'aviserai à lui payer du même coup mes deux dettes.

L'aventurier jeta un dernier regard d'ardente convoitise sur cet horizon où se profilaient les collines, puis il descendit lentement et comme à regret.

— Mais, ça sue l'or, ici, murmurait-il en examinant attentivement quelques échantillons de quartz blanc veiné de bleu. Quel malheur de n'avoir pas une pioche ou un marteau.

Il frappa du dos de son sabre une pointe et réussit à la détacher. De nombreuses paillettes, visibles à l'œil nu, attestant la richesse du minerai, étincelèrent au soleil.

— Plus de doute. Le Peau-Rouge a dit vrai. Nous n'avons pas perdu notre temps. Je ne m'étonne plus de l'acharnement des habitants de ce pays à défendre l'entrée de leur territoire. Je ne suis pas davantage surpris de les voir se servir de flèches à pointe d'or. L'or est ici plus commun que le fer.

« Il faudra sans doute batailler, mais j'enlèverai l'affaire avec ma petite armée de Peaux-Rouges bien allumée par quelques bouteilles de tafia.

Benoît battit le bois à droite et à gauche, décrivit plusieurs larges cercles, retrouva enfin sa première piste, et finit par rejoindre ses complices, inquiets d'une absence qui avait duré plus de quatre heures.

— Eh bien ! quoi de nouveau, s'écrièrent-ils d'une seule voix ?

— Victoire, mes enfants ! Victoire ! A nous le magot. Je vous conterai cela en détail plus tard. Qu'il vous suffise de savoir que j'ai aperçu les sept montagnes décrites par l'Indien, et que dans quinze heures au plus, nous les aurons atteintes.

— Pas possible !... Tu ne te trompes pas, au moins.

— Ne faites pas les imbéciles. Connaissez-vous ça, dit-il en leur montrant l'échantillon apporté de son expédition.

— De l'or !... rugirent les quatre bandits. De l'or !...

A leur cri de joie répondit un hurlement farouche.

— Qu'est-ce que cela veut dire? fit le chef inquiet.

— Ah! ne m'en parle pas, dit Bonnet. Un vrai guignon. Les Peaux-Rouges sont comme des furieux.

— Pourquoi ?

— Tu vas voir. Il vient d'arriver malheur à leur piaye [1].

— Il ne manquait plus que cela. Est-ce que c'est sérieux.

— Tellement sérieux qu'il est mort.

Un horrible blasphème échappa à l'ancien surveillant.

— S'il est crevé, nous sommes f...ichus.

— Tu exagères.

— On voit bien que tu ne les connais pas. Tu ignores donc que pour les Indiens la mort n'est jamais naturelle, même quand ils en connaissent parfaitement la cause. Ils ne peuvent admettre que l'un d'eux s'en aille « ad patres » sans qu'on lui ait jeté un sort. C'est toujours un de leurs voisins ou quelqu'un d'une tribu ennemie, ou encore l'étranger qu'ils hébergent, qui a causé le maléfice.

— Nous sommes dans de jolis draps, s'il en est ainsi.

Les hurlements redoublaient et atteignaient une incroyable intensité. Les guerriers d'Ackombaka couraient éperdus, se tailladaient la face et la poitrine avec leurs couteaux, le sang ruisselait sur leur corps et jaillissait en pluie rouge.

— Ils vont s'en prendre à nous. Il faut à tout hasard nous mettre sur la défensive.

— Mais, raconte-moi donc comment la chose est arrivée, que je voie s'il y a oyen de nous en tirer.

---

[1] Le *piaye* est le sorcier de la tribu. Il cumule avec les fonctions de grand-prêtre celles de médecin. Son autorité est très considérable. Elle contrebalance souvent celle du chef. Il fait la pluie et le beau temps, panse les plaies, jette des sorts, exploite par tous les moyens possibles la crédulité de ses concitoyens dont il est la terreur, et jouit d'incroyables prérogatives.

B.

— Dame, voilà, fit Bonnet. Il y a deux heures de ça. Le piaye qui était un carottier du premier numéro, vint nous demander du tabac et du tafia. Comme nous avons besoin de tous ces animaux là, je ne crus pas devoir lui refuser quelque chose.

— Tu as bien fait, continue.

— Pour lors, il emporte la fiole et le paquet de caporal, et il s'en va retrouver le chef, puis tous deux se mettent à lamper comme des chantres, sans plus s'occuper de leurs camarades.

— Après... mais dépêche-toi donc, bourreau, tu me fais cuire à petit feu.

— Après... si tu me coupes le fil de mes idées, je ne pourrai plus seulement dégoiser quatre mots. Où donc en étais-je ? Ah ! oui. Ils « bidonnaient » tous les deux. Le piaye avait passé la bouteille au chef, et il attendait, la bouche grande ouverte, que celui-ci fut à bout de vent pour emboucher à son tour le goulot, quand tout à coup il pivota deux fois sur lui-même, roula des yeux effarés, battit l'air de ses deux bras, râla quelques secondes, et s'aplatit sur le sol.

— Et... c'est tout ?

— C'est tout. Il était mort, et bien mort.

Alors, le chef, au lieu de lui passer la bouteille, reprit haleine, avala le reste de la rasade, cassa la fiole vide, et se prit à hurler comme une douzaine de crapauds-bœufs.

Les autres Peaux-Rouges accoururent, relevèrent le piaye, le secouèrent, le frottèrent, mais inutilement. Sa tête était enflée déjà comme un baril de couac, et ses lèvres étaient plus grosses qu'un manche de pagaye. Je n'ai jamais rien vu de si laid.

— Ils ne vous ont rien dit.

— Pas un mot. Ils se sont mis aussi à beugler et à se taillader la face, sans plus s'occuper de nous que si nous n'existions pas.

— C'est étrange et fort peu rassurant. Ne nous quittons pas d'une semelle et veillons au grain.

L'aventurier n'avait pas tout-à-fait tort. Les Indiens ne peuvent, en effet, ainsi qu'il le disait tout-à-l'heure, admettre la mort autrement que causée par un maléfice. L'un deux est-il mordu par un serpent ? C'est son voisin qui a pris la forme de l'ophidien, et il faut que le pauvre diable désigné par le moribond, succombe après lui. Un autre a-t-il l'échine rompue par la chute d'un arbre, se noie-t-il dans un rapide, meurt-il des suites de la variole ou du *delirium tremens*, il faut une victime expiatoire. Ce sera un étranger, un membre d'une tribu ennemie, un animal domestique, peu importe d'ailleurs, pourvu que l'auteur présumé du maléfice soit châtié.

La présence du chef blanc était signalée. Son retour fut annoncé, et Ackombaka, armé de son sabre, s'en vint, suivi des hurleurs, vociférer jusque dans les oreilles des Européens qui se mirent sur la défensive.

— Du calme, dit Benoît impassible, à ses compagnons. Du calme. La situation n'est pas désespérée. Au contraire.

Les Indiens de la zône équatoriale professent pour tous les blancs un grand respect, et il est bien rare qu'ils osent les attaquer. Ce respect est causé par l'idée qu'ils se font que la plupart d'entre eux sont des *piayes*. Comme ils les voient panser les plaies, se conduire à la boussole, comme ils voient aussi entre leurs mains une quantité d'objets inconnus dont ils ignorent l'usage, cette idée est fort accréditée. Ackombaka ne venait pas pour violenter ses alliés. Il voulait au contraire faire appel à leur science, et savoir qu'elle était la cause de la mort du sorcier.

Cet incident était, en effet, la plus irréparable de toutes les catastrophes. Une tribu sans piaye est un corps sans âme, un navire sans boussole, un enfant sans mère. Les plus grands malheurs allaient bientôt fondre sur tous ses membres si l'auteur de la mort du pontife n'était sur-le-champ découvert.

La parfaite connaissance qu'avait Benoît de l'idiome des Galibis, lui permit de comprendre ce que demandait le capitaine, et le rusé compère vit bien vite le parti qu'il pouvait tirer de cette superstition.

— Plus de peur que de mal, les enfants. Tout va bien. Les affaires sont en bon chemin. Il s'agit de profiter de la chose. Allons, un peu de jonglerie ne serait pas de trop.

Il s'avança lentement vers le chef, leva son fusil, en déchargea les deux coups en l'air, remit ensuite l'arme à l'un de ses trois acolytes, et dit à Bonnet :

— Siffle leur une fanfare soignée.

Le coquin obéit sans désemparer, et déchira pendant quelques minutes les oreilles des assistants avec une diabolique maëstria.

— Stop! fit Benoît avec le geste noble de Mangin imposant silence à son orchestre.

« Chef, dit-il à Ackombaka, en scandant ses syllabes, et vous, braves guerriers, écoutez-moi.

« Je suis un grand piaye chez les hommes blancs. J'ai appris là-bas, du côté où le soleil se lève, tous les secrets de la vie et de la mort. Rien n'est caché pour moi, ni dans les airs, ni dans les eaux, ni dans les bois. Mon œil voit tout, mon oreille entend tout.

« Je vous apprendrai la cause de la mort de votre piaye vénéré, nous punirons les auteurs du crime, et j'écarterai de vous tous les maléfices.

« J'ai dit. L'Esprit de mes pères a entendu.

Un immense cri d'allégresse accueillit ce boniment, débité d'un ton emphathique et d'une superbe voix de commandement.

— A toi, chef, de me conduire près du défunt. Que mes yeux voient ses traits. Que ma main touche son cœur, que mon souffle apaise les mauvais esprits.

« Viens !

Le cortège se mit en marche, et l'habile charlatan, suivi de ses compagnons, aperçut bientôt sous un carbet, le cadavre gonflé comme une outre, luisant, bouffi, horrible.

Benoît fit de la main plusieurs signes mystérieux, se tourna successivement vers les quatre points cardinaux, s'inclina gravement, saisit son sabre et passa la lame sur les charbons d'un foyer comme pour la purifier. Il souleva la tête du mort, introduisit doucement la pointe entre les machoires contractées, et opéra une pression progressive. La bouche affreusement tuméfiée, aux muqueuses violacées, s'entr'ouvrit.

— Que diable peut-il bien avoir avalé, grogna le chef, en monologuant, selon son habitude de solitaire. Il empoisonne l'alcool, mais ce n'est pas une simple rasade qui l'a tué.

Les Peaux-Rouges accroupis sur leurs talons, le poids du corps porté tout entier sur les orteils, se taisaient, et contemplaient d'un air curieux cette scène singulière.

Benoît, non moins intrigué qu'eux, essayait de plonger un regard au fond de ce gosier béant.

— Si je pouvais seulement en faire sortir quelque chose !

Il appuya machinalement son poing robuste sur l'épigastre, et pesa de toutes sa force.

O merveille ! Quelques gouttes de tafia remontèrent, en raison de cette pression. Elles servaient de véhicule à une de ces énormes guêpes de la Guyane, plus terribles peut-être que les *mouches-à-dague*, et nommées ici *mouches-sans-raison*.

Le piaye improvisé avait, comme toujours, plus de bonheur qu'un honnête homme. Il venait sans le vouloir d'accomplir une prouesse qui devait dorénavant le faire révérer à l'égal d'un Dieu. La cause de la mort du pauvre diable était donc facilement explicable. Au moment où les yeux ardents, la bouche largement ouverte, il attendait que son partenaire eut absorbé sa ration, la *mouche-sans-raison* s'était introduite jusque dans sa gorge. Emprisonnée par un instinctif mouvement de déglutition, elle n'avait pu sortir, et le plus naturellement du monde, avait lardé de son aiguillon l'arrière-bouche du docteur rouge. Une enflure énorme avait aussitôt obstrué le passage de l'air, et l'asphyxie avait été foudroyante.

Telle fut la réflexion que se firent aussitôt les Européens. Mais le phénomène était de beaucoup trop simple pour être ainsi admis par les Indiens toujours en quête de merveilleux.

Un long cri de triomphe accueillit le brillant résultat obtenu par le piaye blanc, qui laissa le corps de l'insecte sur la poitrine du mort, et invita chacun à venir le contempler.

— Allons, ça va bien... Ça va très bien, disait-il à voix basse à ses compagnons, tout en conservant toujours son air inspiré. Si je savais, je dirais à ces idiots que la mouche-sans-raison est envoyée par les propriétaires de l'abatis. Quel bon tour je jouerais ainsi à Robin et à sa séquelle. Tonnerre ! les Peaux-Rouges auraient bientôt fait de les mettre tous en morceaux.

« Tiens, après tout, pourquoi pas. Une bonne vengeance accomplie sans le moindre danger, et qui ne me demanderait qu'un signe...

« Que je suis bête! Benoît, mon garçon, la colère vous trouble la cervelle. Vous avez mieux à faire. Oh! c'est parfait, ce que je viens de dénicher là. Un véritable coup de maître !

Il se recueillit un moment, et reprit d'une voix éclatante :

— Chef, et vous, braves guerriers, écoutez-moi. Je vois celui qui a pris la forme de la mouche-sans-raison pour tuer mon frère le piaye rouge. Il est là-bas, dans une grotte sombre, au milieu des montagnes. Il se cache, mais rien n'échappe à l'œil du piaye à peau blanche. Venez. Je vais guider vos pas. Armez-vous de vos sabres. Partons ! Je marcherai devant vous et le soleil qui va luire demain éclairera votre vengeance.

« Venez sans retard !

« J'ai dit. L'Esprit de nos pères a entendu.

C'était véritablement un habile homme que maître Benoît.

Il avait, croyait-il, usé d'un argument sans réplique, pour se faire séance tenante accompagner au palais enchanté que devait habiter la fée des placers.

Bien que son raisonnement lui semblât irrésistible en effet, nul ne bougea parmi les Indiens.

— Eh bien, dit-il surpris, mes frères ne m'ont pas entendu.

Ackombaka s'avança humblement et lui fit observer, avec une douceur qui n'était pas exempte de fermeté, qu'il était impossible à ses hommes de quitter en ce moment le lieu où le crime avait été perpétré, même pour le faire expier à son auteur. Deux motifs impérieux s'opposaient à l'accomplissement de ce pieux devoir. Il fallait préparer les funérailles du défunt et procéder à l'élection de son successeur. Comme ces deux cérémonies étaient absolument dépendantes l'une de l'autre, elles auraient sous peu leur consécration. Le piaye blanc qui savait tout, ne pouvait d'ailleurs ignorer que jamais les Indiens ne suivent le sentier de la guerre sans être accompagnés de leur grand-prêtre.

Benoît avait peine à dissimuler la fureur que lui causa ce retard. Il savait que les funérailles chez les Indiens sont l'occasion d'interminables scènes d'ivresse. Les préparatifs ne durent pas moins de huit jours, après quoi le cadavre est emporté dans sa tribu, et définitivement confié à la terre. Quant à l'investiture d'un piaye, elle peut durer plusieurs années. Comme le temps n'existe pas plus pour les Peaux-Rouges que pour les Orientaux, l'aventurier se voyait pour longtemps peut-être condamné à une énervante immobilité.

Ackombaka, voyant la part qu'il daignait prendre à l'infortune générale, le rassura bientôt. Les funérailles dureraient le temps réglementaire, une semaine. Quant au successeur du défunt, il était tout trouvé. Il avait subi toutes les épreuves, sauf la dernière. Le droit à l'exercice de ses redoutables fonctions lui serait octroyé le huitième jour, puis, on transporterait ensuite le cadavre au lieu où se cachait le meurtrier, et le premier acte du nouveau dignitaire, serait de faire expier au criminel son forfait, en présence du corps de sa victime.

L'aventurier savait que les Indiens sont absolument immuables dans leurs projets. Il dut se conformer à leurs exigences, trop heureux d'apprendre que son attente ne durerait que huit jours, puisque le hasard voulait qu'un récipiendaire se trouvât là, tout à point, pour prendre la succession.

La nomination d'un piaye est en effet une chose capitale, étant données les prérogatives incroyables attachées à cette dignité. Le noviciat est terrible, et l'en est bien peu parmi les candidats qui peuvent supporter les épreuves qu'il

---

[1] Je crois devoir rappeler ici que tous ces détails, quelque incroyables qu'ils semblent être, sont de la plus scrupuleuse exactitude. J'ai été personnellement témoin d'une initiation

« Tous deux se mettent à lamper. » (Page 276.)

L'étudiant en médecine est présenté aux notables de la tribu par le titulaire; il s'engage à supporter sans faiblesse toutes les épreuves quelles qu'elles puissent être, puis, son maître prend possession de lui, jusqu'à ce qu'il l'ait jugé digne de

chez des Arouagues de la Guyane Hollandaise, le cérémonial est identique à celui dont il est mention ci-dessus.

L. B.

l'honneur que lui seul peut conférer. Les épreuves sont variables et entièrement subordonnées à la volonté du piaye en chef.

Pendant les six premiers mois de son noviciat, le jeune homme doit se nourrir exclusivement de manioc. Il lui est formellement enjoint d'absorber son repas de la façon suivante. On lui met tantôt sur un pied, tantôt sur l'autre, un morceau de cassave, et il est forcé de le porter à sa bouche, en soulevant son pied avec ses deux mains. C'est là sa première inscription.

Après six mois de ce régime qui, s'il meuble fort peu le cerveau, délie admirablement les jambes, on donne pendant six autres mois à l'étudiant un peu de poisson qu'il absorbe de la même façon. Son ordinaire est en outre augmenté de plusieurs feuilles de tabac qu'il doit chiquer, et dont il lui faut *avaler le jus!* Le pauvre diable, horriblement narcotisé, tombe dans un état d'hébétude incroyable. Il maigrit, son œil devient atone, son estomac révolté éprouve d'atroces soubresauts. Beaucoup meurent à la peine, mais tous tiennent bon jusqu'à la fin.

Celui dont l'organisme a résisté à cette fantastique alimentation, subit comme chez nous, un examen de fin d'année. On le fait plonger, et il reste sous l'eau pendant un temps dont la durée ferait frémir les pêcheurs d'huîtres perlières eux-mêmes. Il remonte, les yeux bouffis, les oreilles et le nez ensanglantés ; peu importe. A l'épreuve de l'eau, succède celle du feu. Il doit traverser pieds nus sans broncher, sans courir, un espace plus ou moins vaste sur lequel est répandu un lit de charbons ardents.

Quand les plaies de ses pieds sont cicatrisées, il reprend pendant douze mois encore, son régime de cassave, de poisson et de tabac, afin de subir ses seconds examens de fin d'année. Ils sont variés, et font le plus grand honneur à l'ingéniosité des tortionnaires examinateurs. On réunit des milliers de fourmis-flamandes dont la piqûre horriblement douloureuse, produit des ampoules et donne une fièvre enragée. Le pauvre diable est cousu dans un hamac dont une extrémité reste béante. Les fourmis sont introduites par cette ouverture, après que le sac où elles sont enfermées a été bien secoué, pour les exciter encore plus. Je vous laisse à penser à quelle orgie de chair rouge se livrent ces féroces hyménoptères !

Le candidat supporte impassiblement cette épouvantable souffrance, et pour cause. La moindre plainte aurait pour effet d'annuler immédiatement et sans retard, toutes les épreuves antérieures !

Autre *question*, sans calembour, puisqu'il s'agit d'examen et de torture. Une centaine de *mouches-à-dague* ou de *mouches-sans-raison*, sont emprisonnées par le milieu du corps dans les mailles formées par le tissu d'un *manaret*, (tamis). Les têtes passent d'un côté, les abdomens de l'autre. Vous jugez si cette position inusitée porte à la mansuétude ces insectes rageurs ! Eh bien ! l'examinateur prend le manaret, et le pose délicatement sur la poitrine, le dos, les reins, ou les cuisses du candidat. Les aiguillons des guêpes furieuses, pénètrent dans la peau comme des dards de feu, ses dents craquent, comme s'il broyait du verre pilé, la sueur ruisselle, les yeux se troublent, mais il ne profère pas une plainte.

On le soumet encore pour varier à l'épreuve des serpents. Son maître qui est fier de lui le pousse, le fait briller, comme font nos professeurs de faculté à l'égard de leurs élèves les plus remarquables. Il est mordu par un *grage*, un *crotale* ou un *aye-aye*. Il est vrai qu'il a été *lavé* pour le serpent, mais cette morsure n'en est pas moins affreusement douloureuse.

Les épreuves auront bientôt une fin. Il peut déjà suppléer son maître pour les opérations peu importantes. Tels les internes de nos hôpitaux qui, sous l'œil des princes de la science, ouvrent pour la première fois un abcès superficiel, opèrent la facile réduction d'un membre luxé, ou posent un appareil à fracture.

Le jeune *savant* indien a le droit de battre le tambour auprès du malade, et de vociférer jour et nuit pour chasser le malin esprit. La prescription de la médecine des Peaux-Rouges se borne à ce charivari en partie double. C'est là tout le formulaire. Oh ! Bouchardat, mon maître, où êtes-vous !

Reste la dernière épreuve qui confère définitivement, et sans appel, le *dignus es intrare*. C'est la thèse. Le couronnement de trois années d'épreuves.

C'est épouvantable.

La plupart des Indiens du Maroni, n'enterrent leurs morts qu'au bout de huit jours. On peut facilement s'imaginer ce que devient le cadavre soumis à une pareille température, aussi chaude que humide. Le mort reste couché dans son hamac au-dessous duquel est un large vase, destiné à recueillir la sérosité qui découle par la décomposition.

Une partie de ce liquide cadavérique est mélangé à une infusion de tabac et de baioto que le récipiendaire doit absorber[1]. Alors, il est *grand piaye !* Il a droit de vie et de mort sur tous les membres de la tribu. Il peut à son gré exploiter leur crédulité et donner carrière à tous ses instincts. Une parole, un regard

[1] Quelque horrible que soit ce détail, j'éprouve encore une fois le besoin de dire que je n'invente rien. Je ne fais pas ici de la fantaisie, mais bien de l'histoire. A défaut d'autres qualités, mon récit a au moins le mérite de la véracité.

L. B.

de lui sont sacrés. Il peut tout, et son impunité est absolue, quelle que soit d'ailleurs son ignorance. Il ne sait rien, mais absolument rien. Les noirs, au moins, connaissent les antiphlogistiques et les dérivatifs. Leurs remèdes de bonnes femmes sont souvent très utilement appliqués, on a pu le voir précédemment.

Quant aux Indiens, rien ne saurait donner une idée de leur ineptie, si ce n'est la stupidité de ceux qui les écoutent aveuglément. Leurs pratiques se bornent à quelques momeries ridicules consistant en cabrioles, en hurlements, en roulements de tambours, en insufflations, etc. Trop heureux encore sont les patients, quand, à moitié morts déjà, ils ne sont pas bourrés à éclater de piment en bouillie, d'excréments d'animaux ou d'yeux de crapauds.

Le piaye ne sait ni poser une ventouse, ni pratiquer une saignée. Il n'a aucune idée des dérivatifs, et laisse une fracture aller comme elle peut. Aussi, un grand nombre d'Indiens sont-ils affreusement mutilés. Qu'importe au sorcier ! sa médecine a toujours raison, et le malade seul a tort s'il ne guérit pas.

La tribu d'Ackombaka possédait un jeune piaye qui avait subi toutes les épreuves moins la dernière. Tel était le motif pour lequel le corps du défunt allait être conservé pendant huit jours, en dépit des objurgations de Benoît. La fête serait complète. Les funérailles du sorcier, la vengeance à tirer de celui qui l'avait *piayé* (ensorcelé, le mot a cours en Guyane) l'avènement de son successeur, tout concourait à donner plus d'importance encore à cette multiple solennité.

Des torrents de *Cachiri*, de *Vicou*, et de *Vouapaya*, couleraient pendant ces jours de liesse. On allait manger, boire, se battre. La chronique serait défrayée pour longtemps du bruit des exploits qui allaient bientôt s'accomplir. Le Landernau équatorial en frémirait tout entier.

La fête funèbre commença, sous la présidence d'Ackombaka. Le piaye intérimaire en régla le cérémonial. Comme la mort était survenue loin du village, les restes du défunt devraient y être transportés en temps et lieu. Cette première partie, accomplie sur le lieu même de la catastrophe, équivaut à la cérémonie qui chez les peuples civilisés accompagne la mise en caveau provisoire des restes d'un homme mort loin des siens, et qui sera ultérieurement conduit dans la sépulture de sa famille.

Les Indiens n'ont pas de cimetière. Le défunt est enterré dans son carbet après les huit jours réglementaires d'exposition publique. Les proches et les amis, ivres du matin au soir, hurlent à qui mieux mieux autour du cadavre, et frappent comme des sourds sur les tambours. C'est un va-et-vient perpétuel de jarres vides et de jarres pleines, et un coudoiement constant d'allants et venants, toujours beuglant, toujours buvant.

Le huitième jour, une fosse est creusée dans le sol du carbet, le corps qui se trouve dans un épouvantable état de décomposition, est exposé à découvert sur un boucané, précaution indispensable, car il pourrait s'en aller en morceaux. La tribu entière défile devant lui, chaque membre se prosterne, on boit à la ronde un large coup, la cérémonie est terminée. Les pots contenant les liquides cadavériques sont d'abord descendus dans la fosse, puis les armes et le hamac du défunt, puis le défunt lui-même. Le carbet est alors abandonné et nul n'y remet jamais les pieds.

Quelques Indiens entre autres les Roucouyennes, brûlent leurs morts, toujours après huit jours d'exposition. La crémation de ces débris en putréfaction, est au moins une mesure hygiénique, bien qu'un peu tardive. D'autres les boucanent ; ce sont les Oyampis et quelques fractions des Emérillons. Ils deviennent alors secs comme des momies et restent à découvert au fond de la fosse, creusée dans leur carbet.

Enfin, quand un Indien meurt très loin de son village et qu'il est matériellement impossible de ramener son corps, ses compagnons doivent rapporter sa chevelure. Ce fait est non seulement particulier aux Peaux-Rouges, mais encore aux noirs du Maroni, Bosh, Bonis, Youcas ou Poligoudoux. Les cheveux sont précieusement enfermés dans un pagara ficelé de lianes ou de cordes en coton. Un bâton est passé dans l'amarre, deux hommes mettent chacun un bout de ce bâton sur leur épaule, et la relique est processionnellement remise aux parents.

La cérémonie des funérailles a lieu pour l'enterrement des cheveux, comme pour celui du cadavre lui-même.

Le défunt piaye de la tribu d'Ackombaka sera-t-il plus tard brûlé ou boucané, peu importe pour l'instant. Un carbet est rapidement construit, aux poteaux est accroché un hamac, sur le hamac est déposé le mort, et les jarres sont rangées dessous. Ces différentes opérations s'accomplissent avec une incroyable célérité. Etant donné l'apathie des Indiens que l'on ne voit jamais courir, cette prestesse est surprenante. C'est qu'aussitôt après, il est permis de boire ; et pour ces estomacs plus secs que l'amadou dont ils ont la couleur, la « beuverie » est chose sacro-sainte et obligatoire.

Benoît faisant contre fortune bon cœur, déboucha quelques bouteilles de tafia, pour permettre à ses alliés d'attendre avec moins d'impatience la confection du *cachiri*, la boisson par excellence des fêtes chez les Indiens.

Ce n'est pas une petite affaire que la préparation de cette liqueur pour laquelle les naturels des pays équatoriaux éprouvent une passion qui va jusqu'à la folie. Aussi, tous les incidents de la vie sont-ils pour eux des prétextes ardemment souhaités, et lestement saisis : Naissances, décès, funérailles, mariages, plantations, chasses, pêches, récoltes, lancement de canots, cuisson de manioc, etc. Le « cachiri » est l'élément essentiel de toutes les réjouissances.

Comme sa confection est assez longue, et qu'il ne se conserve pas, on en prépare d'énormes quantités. Pour obtenir cent litres de cette boisson fermentée, l'on prend environ cinquante kilos de racines de manioc récemment râpées, l'on ajoute une vingtaine de patates également réduites en farine. Le mélange est mis dans deux grands vases de terre, appelés *canaris*, ornés de dessins forts curieux, et fabriqués par les Indiennes. L'on verse cinquante litres d'eau dans chaque canari qui est placé sur trois pierres formant trépied. Un feu doux est allumé dessous, et l'heureux mortel préposé au brassage de la divine liqueur, agite le mélange jusqu'à ce qu'il n'adhère plus au fond du vase. Il le laisse ensuite bouillir et se réduire jusqu'à formation d'une pellicule épaisse. Après évaporation d'un quart environ, la préparation est retirée du feu, versée dans un autre vase, et abandonnée à elle-même jusqu'à ce qu'elle prenne une légère teinte vineuse, ce qui a lieu au bout de trente-six heures.

Une fermentation active se développe, le cachiri est fait. Il ne reste plus qu'à le passer dans un manaret. Cette boisson rappelle le poiré. Elle est très agréable au goût, rafraîchissante, et particulièrement traîtresse, en ce sens qu'elle amène une ivresse absolue que rien ne fait prévoir.

C'était donc trente-six heures d'attente pour Ackombaka et ses hommes passablement allumés déjà, grâce aux largesses de Benoît. Trente-six heures pour ces assoiffés, c'était bien long, et toutes les provisions des aventuriers fussent tombées dans ces gouffres insatiables, si les Peaux-Rouges n'eussent eu la précaution d'apporter une ample provision de *vicou*.

Qu'est-ce donc que le *vicou* ?

Les Indiens, qui sont généralement d'une inqualifiable imprévoyance relativement à tous les actes de la vie, s'entourent d'une incroyable surabondance de précautions quand il s'agit de pourvoir à la disette de liquide. De même qu'ils ne s'embarquent jamais sans emporter leurs canaris bien emballés dans des feuilles, de même aussi, ils chargent leurs canots d'une quantité de cette pâte sèche appelée *vicou*. Cette dernière substance offre sur le *cachiri* l'avantage de pouvoir produire en quelques minutes une boisson fermentée, non moins agréable et non moins enivrante.

Si la cassave en est également la base, la préparation n'est plus identique. Une jeune Indienne, préposée à cet usage, mâche environ un kilogramme de cassave, imbibe chaque bouchée de salive, puis pétrit le tout ensemble, pour former l'élément fermentescible, le levain. Cela s'appelle chez les Galibis, le *matchi*. Douze kilos environ de cassave sont, après avoir été trempés dans l'eau, et soigneusement égouttés, mélangés au « matchi ». L'on obtient une pâte assez consistante qui fermente pendant trente-six heures et « lève » comme le pain. On la met ensuite sécher au soleil, et elle est conservée pour les besoins ultérieurs.

Il suffit alors à l'Indien quand il est altéré, et le cas se présente fréquemment, de couper un morceau de cette pâte sèche, de la délayer dans un coui, pour avoir en quelques minutes une liqueur pétillante comme le champagne. Le Peau-Rouge, en véritable sybarite, sucre avec le jus de la canne son « Sillery » de cassave, et le sable jusqu'à ce qu'il tombe ivre-mort.

Les compagnons d'Ackombaka, Ackombaka lui-même et le jeune piaye possédaient un copieux approvisionnement de vicou, qui leur permit d'attendre patiemment la confection du cachiri. Les blancs, pour ne pas rester en retard de politesse, prirent part à la fête. Il fallait bien passer le temps.

Comme rien n'est interminable en ce monde, ni la joie, ni même la douleur, la semaine consacrée au deuil s'écoula, le cachiri aidant, sans encombre et sans trop d'ennui. Il y eut bien de ci de là, quelques crânes fêlés à coups de casse-tête, quelques côtes d'entamées par le fil des sabres d'abatis. Mais bah ! les ecchymoses disparaissent à la longue et les plaies finissent bien par se fermer. Et d'ailleurs, une fête ne saurait être complète sans ces légers incidents.

Le défunt piaye était à point pour fournir à son successeur les éléments indispensables de la dernière épreuve. Passons sur ces détails répugnants, auxquels il a fallu naguère nous arrêter, par suite des exigences de notre récit, dont la fantaisie a été rigoureusement bannie. Nous écrivons l'histoire des peuplades guyanaises, et l'histoire a parfois d'impérieuses nécessités.

Inutile de dire que le candidat se montra à la hauteur de sa mission, et qu'il reçut l'investiture des mains du chef et des notables, auxquels se mêla Benoît, en sa qualité de collègue.

La troupe se mit enfin en route, en file indienne, précédée de l'ancien surveillant qui ouvrait la marche. Le mort, charnier ambulant, venait ensuite, suspendu comme un lustre dans son hamac passé dans un long bâton, et porté sur les épaules de deux guerriers aux jambes encore flageolantes.

Benoît était au comble de ses vœux. Il touchait enfin à ce moment tant désiré. Il s'avançait en conquérant, sabrait à tour de bras les tiges et les lianes, jetait un rapide regard sur sa boussole, et repartait d'un pied léger. La première journée et la moitié de la seconde se passèrent sans incident. Les Peaux-Rouges, chargés de provisions, marchaient en dépit de leur proverbiale paresse, sans se plaindre, sans même s'arrêter. Les pauvres gens, dans leur naïve superstition, s'imaginaient de bonne foi accomplir une œuvre pie en recherchant l'auteur de la mort de leur sorcier. Nulle fatigue n'eut pu les retarder un moment, surtout depuis qu'il n'y avait plus de prétexte à boisson.

Les montagnes de l'or, — Benoît se complaisait à les nommer ainsi — ne pouvaient être éloignées. Il avait tracé sa route comme avec un compas, il pouvait mathématiquement affirmer la rectitude de sa direction. Il escomptait déjà par la pensée la joie qu'il aurait à pénétrer dans ces grottes dont ses compagnons lui avaient fait, d'après le récit de Jacques, un tableau si enchanteur, quand une écœurante odeur de musc frappa désagréablement son odorat.

Il s'arrêta soudain, et grogna à Bonnet qui le suivait de près :

— Veille au grain. Nous sommes sur la trace d'un serpent.

— Un serpent, fit l'autre avec une surprise mêlée d'épouvante. Où est-il ?

— Je ne le vois pas, parbleu. Si j'apercevais seulement le bout de sa queue, je ne m'amuserais pas à mettre un grain de sel dessus.

— Un serpent, balbutia-t-il en se rappelant le terrible épisode de la crique. Je ne fais plus un pas.

— T'es bête, il y a autant de danger à rester en plan qu'à marcher de l'avant.

« Tiens, c'est une couleuvre, et elle est de taille. Je parie qu'elle a au moins sept ou huit mètres de long, et qu'elle est aussi grosse que ton corps, maigriot que tu es

— A quoi vois-tu cela ?

— Si tu avais comme moi vécu dans les bois, tu ne m'adresserais pas une semblable question. Ah ça ! les fagots sont donc bien stupides, maintenant. De mon temps, il y avait là-bas des malins, de vrais lurons. C'était plaisir de les conduire.

« Tu vois bien cette trace, dans les herbes foulées comme par la chute ou plutôt par le traînage d'un tronc d'arbre.

« Brûlent leurs morts. » (Page 285.)

— Oui, après ?

— Eh! bien, c'est la voie du serpent. Il est passé là il y a quelques minutes à peine. L'odeur de musc me l'indique.

Les Indiens, en dépit des émanations du cadavre, avaient également éventé le reptile. Ils s'étaient arrêtés, et attendaient, silencieux.

On entendit tout à coup, à peu de distance, un fracas de branches, accompagné d'un trot lourd. Benoît arma son fusil. Ackombaka vint se poster près de lui, banda son arc, et saisit une flèche terminée par une large pointe de bambou, mince, aiguë, flexible comme une lame d'acier, et qui porte le nom de *courmouri* (signifiant bambou, en langage indien).

Le froissement des tiges continuait, produisant un bruit analogue à celui d'une bande de cochons marrons. Un animal d'une taille considérable s'avançait sous bois, sans chercher sa route, et lancé avec l'irrésistible force d'un projectile.

— Maïpouri!... siffla silencieusement le capitaine indien à l'oreille de son compagnon.

— Avançons.

Le cortège reprit sa marche, et le bruit changea de direction. Le maïpouri semblait s'enfuir en entendant les hommes venir. Ils rencontrèrent bientôt ses « foulées » énormes à travers les broussailles. Telle était l'intensité de son élan, telle était aussi sa colossale vigueur, qu'il avait ouvert une voie dont la largeur rendait inutile la manœuvre du sabre d'abatis.

Les blancs et les Indiens suivirent cette route si opportunément pratiquée, puisqu'elle correspondait exactement à la direction indiquée par la boussole. Le bruit cessa pour recommencer au bout d'une demi-heure. Le bois s'éclaircissait. La trace du pachyderme était toujours visible, et les émanations de musc de plus en plus fortes.

— Tiens! Tiens! Tiens! modula sur trois tons différents Benoît intéressé, est-ce que le serpent s'aviserait de chasser le maïpouri? L'idée serait plaisante, en vérité.

— Le maïpouri est une femelle, dit Ackombaka. Son petit est avec elle, et le serpent veut le manger.

— Je comprends mieux cela, car une couleuvre avaler un tapir adulte, c'est comme si un perroquet voulait croquer une calebasse.

La configuration du terrain se modifia tout à coup, et la nature changea instantanément d'aspect. Le sol se composait de roches dioritiques, et, à moins de dix mètres, l'aventurier aperçut à travers le rideau de verdure brusquement troué par le passage du maïpouri, les montagnes situées à un kilomètre environ.

Il étouffa un cri de joie, et désignant à ses complices les collines rocheuses, bizarrement accolées les unes aux autres, il dit à voix basse :

— C'est là!...

A peine avait-il prononcé ces deux mots, qu'un craquement sourd, étouffé, se fit entendre à quelques pas dans les hautes herbes bordant la clairière. On eût dit un indéfinissable bruit d'os rompus, suivi de piétinements saccadés.

Puis, une grosse masse, informe, surgit des lianes, roula, bondit en avant, sembla se dédoubler, et disparut, pas assez vite cependant pour que l'infaillible flèche du Peau-Rouge ne s'y fût enfoncée de plus d'un pied.

Ackombaka riait silencieusement.

— Qu'est-ce que tout cela signifie, lui demanda en langue indienne l'ancien surveillant.

— Le maïpouri a tué le serpent, mais j'ai tué le maïpouri. Nous le mangerons.

— Comment sais-tu qu'il a tué le serpent ?

— Viens. Tu verras que Ackombaka ne se trompe jamais.

Ils firent quelques pas et, suivant les prévisions de l'Indien, ils trouvèrent, étendu sur les roches, un boa monstrueux, long de dix mètres, aussi gros que ce « maigriot » de Bonnet. Quelques gouttes de sang coulaient des narines de l'ophidien. De sa gueule ouverte sortait molle et pendante sa langue fourchue. Il ne remuait plus, et sa mort semblait avoir été instantanée.

C'est en vain que Benoît chercha la moindre trace de blessure ; le tapir ne l'avait ni mordu ni piétiné. Il constata pourtant un fait assez anormal, c'est que cet énorme corps cylindrique était un peu aplati, et qu'il n'avait aucune consistance. Il était mou comme un linge roulé, et se coudait à angle droit. On eût dit que ses vertèbres avaient été rompues une à une.

L'argousin interrogea du regard l'Indien. Celui-ci sourit d'un air protecteur, et donna dans son langage guttural la curieuse explication qui va suivre.

— Ackombaka ne s'était pas trompé. La couleuvre a attaqué le maïpouri afin de dévorer son petit. Comme elle est très grosse, elle a cru pouvoir l'étouffer, ainsi qu'elle fait du tigre qui ne peut s'arracher de ses anneaux. Mais le maïpouri est fort et rusé.

« Quand il se sentit entouré par le serpent, il retint sa respiration et se fit le plus petit qu'il pût. L'autre serra encore. Alors, le maïpouri, qui est le plus grand et le plus vigoureux parmi les animaux de nos forêts, gonfla tout à coup sa poitrine et son ventre. Il se fit gros... gros... Le serpent ne put dérouler ses anneaux, ses os craquèrent, en produisant le bruit que tu en as entendu. Il est mort à l'instant. Le maïpouri s'est débarrassé de lui, puis, il s'est enfui.

« Nous le mangerons bientôt, termina-t-il joyeux, car la flèche d'Ackombaka ne manque jamais son but.

— Nous le mangerons... riposta Benoît, non sans une légère nuance d'incrédulité, mais il court encore. Je crois bien que ta flèche à pointe de bois ne lui a pas fait grand mal.

L'Indien, toujours souriant, fit voir à son interlocuteur une large trace de sang qui rougissait les herbes jaunies par le soleil.

— Tu as raison, ami Peau-Rouge, décidément tu es très fort.

La couleuvre fut, en un clin d'œil, dépouillée de sa peau par le piaye qui voulait s'en faire un vêtement de cérémonie, puis, les porteurs reprirent leur lugubre fardeau et la troupe se remit en marche.

Les traces de sang devenaient de plus en plus abondantes. Le pachyderme devait être blessé grièvement. Il avait interrompu sa course pour se débarrasser de la flèche dont la pointe avait profondément troué sa chair. Ses stations étaient reconnaissables à l'abondance du sang répandu sur le sol. A cinq cents mètres du théâtre de la lutte, on retrouva la hampe de la flèche. Les chasseurs firent quelques pas encore et, à leur grand étonnement, ils aperçurent, au fond d'une fosse large et profonde, le tapir qui ne donnait plus signe de vie. Près de lui gisait son petit, également sans mouvement.

En dépit de sa surprise, Ackombaka jubilait.

— Le gros maïpouri est très bon à manger, mais le petit est encore meilleur, criait-il, joyeux à la pensée du régal que présageait la vue de cette montagne de chair.

Toute autre était l'attitude de Benoît et de ses camarades. Cette fosse se trouvait juste au beau milieu de la route qui devait les conduire à la première montagne. Aussi l'aventurier se disait non sans raison que, sans la rencontre véritablement providentielle du tapir, ce serait lui, le chef de file, qui serait dans le trou, embroché aux chevaux de frise, garnissant le fond et les parois.

Il n'y avait pas à s'y méprendre. Cette fosse était bien un piège pour les fauves. Elle affectait la forme d'une pyramide tronquée. Etroite au sommet, large à la base, la déclivité de ses côtés devait empêcher l'animal tombé au fond de remonter, quand même il aurait par hasard évité les pieux qui le hérissaient.

On apercevait encore les débris des légères solives, recouvertes un instant auparavant de terre et d'herbages, de façon à tromper l'œil le plus exercé, tant avait été parfait l'agencement de ce plancher mobile.

Benoît se rappela soudain les terribles moyens de défense employés jadis par les êtres mystérieux habitant les rives de la crique. L'écroulement des arbres géants, l'obstruction des cours d'eau, et cette formidable flotille de serpents à laquelle il n'avait échappé que par miracle.

Il lui sembla entrevoir des rapports entre cette excavation si inopinément pratiquée en face du paradis de l'or et les embûches qui l'avaient forcé de renoncer à sa première tentative. Il voulut en avoir le cœur net.

— Ecoute, chef, et dis-moi qui a creusé cette fosse; des blancs ou des Indiens?

— Des Indiens, répondit-il sans hésiter.

— A quoi le reconnais-tu ?

— C'est que les hommes blancs ont des instruments en fer, et les hommes rouges ne possèdent que des outils de bois dur. La pioche de fer coupe la terre comme un sabre, en laissant de temps en temps de petites traces métalliques, tandis que les pelles de bois la déchirent.

— C'est parfaitement raisonné. Alors, il y a des Indiens de ce côté.

— L'indien est partout, répondit orgueilleusement le chef. La terre, la forêt, l'eau et le ciel sont à lui.

— Pourrais-tu me dire à quelle tribu ils appartiennent ?

— Et toi, quand tu vois un arbre abattu par un blanc, pourrais-tu me dire quel est son pays?

— Tu as raison chef, et moi je ne dis que des bêtises.

La colonne s'était arrêtée au bord du trou, et le piaye mort, en quête de sépulture, avait été déposé en plein soleil sur une roche. Les pérégrinations de ce cadavre étaient loin d'être terminées.

Un homme, porteur d'un sabre parfaitement affilé, descendit dans la fosse en s'aidant de l'amarre en coton de son hamac. Il attacha le corps du jeune maïpouri qui fut remonté séance tenante, puis se mit en devoir de débiter l'énorme pachyderme dont la dépouille remplissait presque la cavité. Il pesait plus de trois cents kilos, et égalait la taille d'un bœuf de forte taille. Le *Tapir*, appelé *Maïpouri*, par les indigènes, est le plus volumineux de tous les animaux du continent Sud-Américain. Il a pour caractère distinctif une tête grosse, très relevée sur l'occiput, et renflée en bosse vers l'origine du museau qui se termine en une petite trompe musculaire cylindrique, analogue au groin du cochon, mais plus allongée. Le nez replié en dessous, tient en quelque sorte lieu de lèvre supérieure. Les oreilles presque rondes, sont bordées de blanc. Le corps est trapu, couvert de poils courts, serrés, lisses, généralement fauves chez la femelle, bruns chez le mâle qui a en outre une crinière assez forte sur le cou. La queue ne dépasse guère dix centimètres de long et semble un tronçon. Les jambes courtes et robustes, ont les pieds terminés par des ongles noirs, pointus et aplatis. Sa nourriture est exclusivement végétale.

Bien que sa vigueur soit considérable, il est très doux et n'attaque jamais l'homme ni les animaux. Il n'est pas méchant, mais ses mouvements sont extrêmement brusques. Il n'est pas prudent de se trouver sur son chemin dans les sentiers qu'il pratique dans les forêts, car il marche droit devant lui, et sans chercher à faire de mal, il heurte violemment tout ce qu'il rencontre.

Quand il est pris jeune, le tapir s'apprivoise facilement et devient même tout à fait familier. On en a vu aller et venir librement dans les rues de Cayenne, reconnaître d'eux-mêmes la maison de leurs maîtres, et suivre comme un chien ce dernier dans ses courses.

Celui que débitait l'Indien était un des géants de l'espèce. Aussi la besogne fut-elle longue et pénible. Deux heures s'écoulèrent avant que les meilleurs morceaux, sectionnés par le sabre d'abatis, et remontés à l'aide de la corde, fussent tous extraits de l'obscur réduit. Deux tronçons de cuissot, pesant bien ensemble quarante kilos, grésillaient déjà devant un brasier, et les Peaux-Rouges affamés allaient y faire largement honneur, quand le boucher improvisé se hissa, vermillonné comme s'il sortait d'un bain de sang, et remit au chef un objet que celui-ci regarda curieusement.

C'était un collier de forme bizarre, et tel que Benoît ne se souvenait d'en avoir jamais vu. Il provenait évidemment d'un de ceux qui avaient établi le piège.

La curiosité d'Ackombaka semblait se compliquer d'une sorte de respectueuse terreur.

— Tu me demandais tout à l'heure, le nom de ceux qui ont creusé la fosse, je vais te le dire. Ce sont des Indiens Aramichaux, dit-il d'une voix basse et craintive.

Le repas commençait.

— Des Aramichaux, reprit Benoît la bouche pleine, je croyais la tribu éteinte.

— Il y en a encore quelques-uns, continua Ackombaka de la même voix tremblante. Ils sont terribles !... De grands piayes !

L'aventurier laissa échapper un juron. Il avait failli casser son couteau sur un corps dur très lourd, complètement enveloppé de substance musculaire. Il trancha la chair avec précaution et vit comme ankystée depuis longtemps sans doute dans une mince pellicule, une boule d'un jaune éclatant, arrondie au marteau, à peine déformée, et qui semblait être de l'or le plus pur.

Il ne put retenir un léger frémissement, en se rappelant la pointe de la flèche qui avait troué la cuisse de Bonnet.

— Tu dis que les Aramichaux sont de grands piayes, cela m'est parfaitement indifférent. Mais, ont-ils des fusils?

— Je ne crois pas.

— Eh bien ! je serais heureux de savoir quels sont ceux qui chassent le maïpouri avec des armes à feu, et qui chargent leurs fusils avec des balles en or.

CHAPITRE V

L'or étant inoxydable, est décidément un métal préférable au cuivre. — L'âge d'or est le temps où l'on s'en passe le mieux. — L'histoire des *Aramichaux*. — Le fléau de l'or et le poison de l'alcool. — Premiers remords. — Le blanc est l'esclave de la femme — Les gardiens du trésor. — Encore la légende d'*El-Dorado*. — La sarabande des statues d'or. — La coupe empoisonnée. — Repaire violé, mais cachette vide. — Le cadavre. — Une pépite de dix mille francs. — Convoitise et déception. — Vaines recherches. — Les mystères de la caverne. — Pris au piège.

— Notre camarade le Peau-Rouge, n'est rien moins que folâtre, disait à voix basse à son jeune ami Henri, le parisien Nicolas.

— Je ne m'explique pas, en effet, la terreur que semble lui inspirer la vue de notre vaisselle en or. Ainsi que tu le disais tout à l'heure, quelques bonnes barres de fer ou d'acier feraient bien mieux notre affaire.

— Tu as grandement raison, reprit avec conviction Nicolas. Avons-nous eu assez de mal pour tirer de la terre notre minerai de fer, pour le « réduire » le battre, le marteler, en faire des « lopins » et enfin pour le transformer en acier.

« Si du moins le gisement n'était pas si éloigné !..,

— Heureusement que le temps ne nous manque pas, interrompit l'ingénieur.

— Ça, c'est vrai. S'il fallait buriner comme à Paris, piquer ses dix ou douze heures, au lieu de six, on ne tarderait pas à rester sur le flanc.

« C'est égal, nos haches et nos sabres, bien que peu élégants et de qualité médiocre, nous ont terriblement donné de peine.

« Quel malheur que l'or ne puisse pas remplacer l'acier ! Quel métal bête que cet or ! Je vous demande un peu à quoi ça peut servir !

— Mais, à faire de la vaisselle, et au besoin, quand l'acier manque à façonner des pointes de flèches...

« Un boa monstrueux. » (Page 291.)

— .... Qui ne valent même pas les plus mauvaises pointes de fer. Ça s'émousse et l'extrémité se tord. J'aime autant une arête ou un courmouri.

— Tu exagères, mon cher Nicolas. Tu as pris l'or en horreur depuis ton arrivée d'Europe, parce que, en dépit de son abondance ici, il nous a été presque complètement inutile ; je t'approuve pourtant jusqu'à un certain point.

« Pour moi, pauvre sauvage blanc, qui ne puis me faire aucune idée de l'importance qu'il possède en pays civilisé, je le range, sans aigreur, comme sans mépris dans la catégorie de ces métaux qui comme l'étain, le plomb, et surtout le cuivre sont susceptibles d'une grande utilité.

« Je le mets même au-dessus du cuivre, parce qu'il est inoxydable.

Le parisien se mit à rire en entendant cette opinion si rationnelle, et si simplement formulée.

— Pourquoi ris-tu ?

— C'est que ma pensée se reporte malgré moi aux jeunes gens de ton âge, qui dans les villes font si gaiement rouler et danser les échantillons monnayés de ce métal que tu veux bien condescendre à placer un peu au-dessus du cuivre.

— Puisque, je te le répète, il est inoxydable……

— Eh ! C'est ce qui me fait rire malgré moi. Nos cocodès ont bientôt fait d'« oxyder » les louis par douzaines et par centaines, va, je t'en réponds.

— Et tu conclus…

— Je conclus que l'or est un métal absurde, et que si en Europe on a hâte de se débarrasser du fer pour avoir de l'or, je donnerais bien dix kilos d'or pour un seul de fer.

— Nous sommes donc absolument d'accord, car c'est à peu près la valeur que j'attribue réciproquement à ces deux métaux.

Mme Robin et son mari, souriaient en entendant ces propos.

— Oui, mes enfants, dit à son tour la vaillante femme, vous êtes complètement d'accord, et je vous approuve. Grâce à votre énergie, à votre intelligence, vous avez pu suppléer à tous les besoins de la vie, vous avez restitué à tous les éléments matériels la place qui leur revient selon leur valeur et leur mérite.

« Vous avez fait revivre sur ces terres désolées de la proscription, ces temps primitifs appelés par les poètes l'*âge d'or*. Puisse-t-il durer longtemps !

— L'âge d'or, reprit non sans beaucoup d'à propos Nicolas, ce doit être le temps où l'or n'a aucune valeur, et où l'on peut le mieux s'en passer.

« A propos, mon ami Jacques, que penses-tu de tout cela, toi qui ne dis plus un mot depuis l'apparition de notre cafetière. Je ne puis concevoir l'impression sinistre que tu as ressentie à la vue de cet ustensile de ménage, et des réflexions que sa vue t'a suggérées.

Le jeune Indien releva lentement la tête. Un long soupir sortit de sa poitrine oppressée.

— Il y a longtemps, si longtemps, dit-il d'une voix sourde, que les vieillards s'en rappellent à peine, la tribu des Aramichaux, issue des anciens Caraïbes, était grande et puissante. Les abatis étaient nombreux, fertiles et bien entretenus. Les territoires de chasse semblaient inépuisables.

« Les hommes rouges vivaient dans l'abondance. Ils aimaient leurs enfants et respectaient les vieillards. L'or qu'on trouvait à profusion, était employé comme ici aux usages les plus ordinaires. Nul n'en soupçonnait la valeur. Une pointe de flèche en or était préférable à une pointe d'os, à un silex ou à un courmouri, parce qu'elle était plus solide. Un vase en or valait mieux que le coui fait d'une calebasse, parce qu'il ne se cassait pas et qu'il allait sur le feu. Les couteaux d'or servaient à dépecer la chair plus facilement que les lames de pierre...

« Les Aramichaux possédaient beaucoup d'or. Ils furent heureux jusqu'au jour où les hommes blancs vinrent pour la première fois. Ces derniers devinrent comme insensés à la vue de l'or. Ils avaient des sabres d'acier, légers, solides, maniables ; des haches qui tranchaient comme la moëlle du fromager, les fibres de fer du grignon, du courbaril ou du panacoco. Ils avaient aussi des perles, des colliers, du tabac, des étoffes.

« Ils échangèrent à vil prix leurs produits contre l'or des Aramichaux. Jusque là, tout était bien, et l'arrivée des hommes blancs n'avait porté nulle atteinte au bonheur des hommes rouges.

« Mais, ils revinrent bientôt en grand nombre, et apportèrent du tafia. Le chef but le premier l'infernale liqueur et devint fou. C'était un grand chef, bon, juste, honoré de tous. Le tafia en fit une brute. Les principaux guerriers burent aussi et devinrent semblables à lui. Le cachiri, le vicou et le wapaya-wouarou, les anciennes boissons de nos pères, qui produisent une ivresse gaie, furent délaissées pour le poison des blancs, qui rend furieux.

« Ce fut une rage, un délire. Les abatis furent délaissés, la pêche et la chasse négligées. Les Indiens n'eurent plus qu'une pensée : chercher de l'or pour acheter le tafia. Les blancs multipliaient leurs envois et emportaient l'or. Les hommes rouges, bientôt incapables de travail, passèrent leur vie entière à boire. Ils employèrent les femmes et les enfants à la recherche du métal maudit, et vécurent dans la paresse, vautrés comme les caïmans au milieu de la fange. Les femmes et les enfants ne voulurent bientôt plus travailler sans boire. L'autorité des anciens fut méconnue. Il y eut des rixes, des batailles, des luttes fratricides qui décimèrent la population.

« Hélas, la passion pour le tafia était déjà tellement invétérée, que toute notion du juste et de l'injuste disparut. Les Aramichaux, mourant de faim, à la veille de ne plus avoir d'alcool, se précipitèrent chez leurs voisins, ravagèrent leurs abatis, et enlevèrent tout l'or qu'ils possédaient. De ce jour, ils furent maudits.

« La guerre éclaircit leurs rangs, et l'eau de feu tua ceux que le fer avait épargnés. Les Aramichaux étaient plus de deux mille le jour où ils virent les blancs ; aujourd'hui, il en reste dix !...

« Mon aïeul était ce chef, qui but le premier verre de tafia. Je suis, moi, le dernier des Aramichaux. Si cette race puissante a été anéantie, n'est-ce pas l'or qui en est la cause ! N'avais-je pas raison de vous dire que le secret de l'or est mortel !

« Il a tué mon aïeul, il a tué ceux de ma race. J'ai échappé, grâce à vous, à la mort, mais je n'éviterai pas ma destinée. Le secret de l'or sera fatal au dernier des Aramichaux !

Les Robinsons, péniblement affectés, avaient écouté, sans l'interrompre, cette lugubre et véridique légende, qui est, hélas! celle de toutes les peuplades indigènes de l'Amérique intertropicale. Cette race indienne, jadis si fière, si forte, et en même temps, si douce et si hospitalière, aujourd'hui abâtardie, est appelée à disparaître prochainement, grâce à l'avidité des blancs, qui, en échange de l'or, ont introduit le poison de l'alcool.

Jacques reprit de sa voix sourde et comme se parlant à lui-même:

— Il y a dix ans, les Aramichaux dégénérés ont voulu échapper à la malédiction. Ils avaient quitté leur pays pour se rapprocher des blancs, mais un jour mon père voulut revoir le berceau de ses ancêtres. Il emmena sa famille et vint me prendre chez mon bienfaiteur. Nous retournâmes au pays de l'or, et depuis ce moment ils n'ont jamais vu d'Européens Jamais une goutte de poison n'a touché leurs lèvres. Moi seul suis descendu à Saint-Laurent, mais je ne bois pas de tafia. Les autres, ayant peur de succomber, n'ont plus quitté les cavernes de l'or dont ils se sont constitués les gardiens.

« Ils habitent non loin de vous, à trois jours à peine. Ils sont revenus à la sobriété mais il est trop tard. Notre race maudite n'a plus de descendants.

L'Indien se tut et regarda ses hôtes d'un air égaré. La sueur coulait de son front, ses dents claquaient, un tremblement convulsif agitait ses membres. Les fatigues, les privations et les souffrances passées se répercutaient violemment sur son organisme. Une fièvre ardente se déclara. On le coucha dans un hamac. Le brave Casimir, toujours prêt quand il s'agissait d'une bonne action, s'installa près de lui et lui prodigua les soins les plus intelligents et les plus dévoués. Le malade ne pouvait être entre de meilleures mains.

L'accès avait tout d'abord affecté le caractère pernicieux. Telle fut son intensité que pendant plusieurs jours, Jacques resta entre la vie et la mort.

Sa jeunesse et sa vigueur, aidées des prescriptions du bon vieillard triomphèrent enfin du mal. Le délire le quitta, le voile sanglant qui obscurcissait sa vue tomba, il était sauvé. La convalescence s'établit régulièrement, il était sur pied au bout de quinze jours, aussi alerte, aussi vigoureux que par le passé.

Robin l'eut volontiers associé à l'existence des Robinsons, mais le jeune homme fit valoir de si bonnes raisons, qu'il ne jugea pas à propos de le retenir plus longtemps. On lui donna un sabre, un arc, des flèches, des provisions pour trois jours, puis il partit, les larmes aux yeux, après avoir exprimé en termes touchants sa profonde gratitude.

Il promit d'ailleurs de revenir bientôt. Il traversa l'abatis, gagna la forêt, s'orienta, grâce à son instinct d'homme des bois, avec autant de rectitude que s'il eut possédé les meilleurs instruments de route. Il retrouva, au bout de vingt heures, les débris de sa tribu, le jour même où Benoît, les forçats évadés et la troupe d'Ackombaka se trouvaient en vue des montagnes de l'or dont les derniers Aramichaux étaient les gardiens.

Les membres de sa famille semblaient en proie à une violente émotion. Si les chercheurs d'or ne soupçonnaient pas leur présence, ceux-là, en revanche, étaient depuis deux jours avertis sinon de leurs intentions, du moins de leur prochaine venue.

Eh! quoi, tant de peines seraient-elles perdues. Cette réclusion, à laquelle depuis de longues années ils s'étaient condamnés, serait-elle inutile? Le secret de l'or allait-il être une seconde fois violé?

Jacques frémit en apprenant l'approche des blancs conduits par des Indiens. Un secret pressentiment l'avertit que c'était ceux qui l'avaient torturé jadis. Et quels autres que ces misérables auraient pu trouver ainsi cette retraite perdue au milieu de la solitude sans fin? Combien il regretta son imprudence et cette fatale confidence dont il avait cru faire dépositaire son seul bienfaiteur.

Il restait songeur et répondait avec une pénible préoccupation aux questions de son beau-père. Celui-ci, taillé en force, les membres énormes, de haute stature, possédait une vigueur que l'on rencontre rarement chez les Indiens. Phénomène plus extraordinaire encore, ses longs cheveux étaient devenus blancs de neige. Ils tombaient en longues mèches sur ses épaules, et tranchaient crûment sur sa face rouge de brique, aux traits durs, à l'expression farouche.

Il dépassait de toute la tête les autres membres de son petit clan, qui, régénérés par une existence de grand air et de sobriété, possédaient la fière mine qu'avaient leurs ancêtres, alors qu'ils étaient les maîtres des grands fleuves. Ils étaient sept hommes, le nouveau venu compris avec sa femme, la jeune Aléma, le père et la mère de celle-ci, et la sœur de son père.

Ce dernier le vieux Panaoline, dont le nom est bien connu encore aujourd'hui des riverains du haut Maroni, jetait sur le jeune homme des regards soupçonneux.

— Mon fils, dit-il d'une voix lente, vient encore du pays des blancs.

— Mon père a dit vrai, j'ai voulu revoir celui qui m'a nourri

— Malgré ma défense.

Jacques baissa la tête et répondit doucement :

— La reconnaissance est la vertu des hommes rouges.

— La vertu de l'homme rouge est l'obéissance aux ordres de son père

— L'homme blanc n'est-il pas aussi mon père ?

— Il fallait rester près de lui, au lieu de prendre pour femme la perle des Aramichaux. La langue de mon fils est-elle fourchue comme celle du boïcinenga. Puisqu'il a deux pères, n'a-t-il pas aussi deux femmes.

« Veut-il être ici le maître de la femme rouge, et là-bas l'esclave de la femme blanche.

Aléma s'approcha et darda sur son jeune époux un regard soupçonneux.

— Que mon fils réponde.

— Mon père sait bien qu'Aléma possède tout mon amour.

— Le fils de Panaoline s'abaisserait-il au mensonge ?

— Le fils de Panaoline n'a jamais menti, reprit-il fièrement, que mon père entende la voix d'un homme libre !

— Un homme libre ! dit d'un ton sarcastique le terrible vieillard. Non, mon fils n'est pas libre. Mon fils est l'esclave du blanc, qui est lui-même l'esclave de la femme. L'Indien n'a pas de maître. Il est le maître de la femme.

« Quand la femme de l'homme rouge veut manger l'aïmara ou le koumarou, l'homme dit : « Mets le canot à l'eau. Embarque... » Elle prend la pagaye, l'homme jette l'appât, le poisson vient, il le flèche, puis il dit : « Fais-le cuire ». Quand il est cuit, l'homme mange. Quand il n'a plus faim, la femme mange.

« Si elle veut manger le paque ou l'agouti, l'homme dit : « Viens » et elle le suit dans le bois. L'homme siffle, l'animal accourt, il tombe percé d'une flèche. L'homme dit à la femme : « Va le chercher. Allume le feu ». Quand le gibier est cuit, et que l'homme a mangé, la femme prend son repas.

« Tandis que le blanc, continua-t-il avec un indescriptible accent de dédain, va à la chasse tout seul, il fait son feu, rapporte son gibier, le fait cuire pendant que la femme reste dans son carbet. Quand le repas est apprêté, il donne à manger à la femme avant lui.

« Tu vois bien que le blanc est l'esclave de la femme ! Et toi, tu es l'esclave du blanc[1] !

Le jeune Indien, embarrassé par la subtilité de cette dialectique sauvage, répondit avec confusion :

— Mon père l'exige... Je ne retournerai plus chez les blancs.

— Il est bien tard. Si mon fils se conforme aux ordres de son père, n'est-ce pas parce qu'il sait que les blancs sont ici ?

Jacques frissonna et garda le silence.

Les trois femmes et les six hommes, spectateurs de cette scène, laissèrent échapper un cri de colère.

— La paix ! enfants, reprit le vieillard. Un danger nous menace. Abandonnons nos carbets, prenons nos provisions et réfugions-nous dans la caverne. C'est là que nous devons mourir en combattant, si nous ne devons pas être libres.

Ces différents préparatifs, accomplis avec une grande célérité, les membres de la petite troupe pénétrèrent dans un réduit obscur, dont les moindres recoins leur semblaient depuis longtemps familiers. Le chef entra le dernier, déplaça sans efforts une énorme roche que deux hommes eussent à peine pu remuer, l'immobilisa à l'aide d'un tronc d'arbre encastré dans deux gorges latérales, puis il alluma une torche.

La flamme fuligineuse provoqua tout à coup une colossale incandescence. La voûte, les parois, le sol lui-même flamboyèrent de toutes parts. La lumière ruissela comme sur des coulées d'or et les moindres aspérités de la roche réfléchirent de fauves rayons sur lesquels rougeoyaient par place les lueurs sanglantes de la torche.

Les Indiens, muets, les traits farouches, allumèrent bientôt chacun un fanal semblable à celui de leur chef. Ce fut alors un éblouissement, une fulguration. La caverne avec ses piliers trapus, ses voûtes lointaines, sembla en or massif. On

[1] Historique.

eût dit une bulle de métal, solidifiée soudain, après s'être échappée du bouillonnant creuset de la nature.

Hommes et femmes, insensibles à ce spectacle féerique, marchaient lentement, enfonçant parfois jusqu'aux chevilles dans une poudre fine, sèche, friable, qui s'attachait à leurs jambes, et les plaquait de tons d'or pâle, sous lesquels rutilait leur épiderme empourpré par le roucou.

Le chef fit un signe. Tous s'arrêtèrent en un point où la voûte s'élevait en forme de coupole, et fichèrent leurs torches entre les anfractuosités de la roche. Au loin grondait le vague tonnerre d'un torrent souterrain qui semblait se perdre dans le sol même de la grotte. Çà et là des gouttelettes filtraient le long de la paroi dont elles avivaient encore l'éclat, et tombaient sur le sol avec un faible clapotis.

— C'est ici, dit-il d'une voix solennelle, le dernier asile des Aramichaux. Que jamais les blancs avides n'en franchissent l'entrée ! Que les ennemis de ma race meurent, s'ils osent le souiller de leur présence ! Meure aussi le traître qui révèlera le mystère de notre retraite ! Que ma main se dessèche, que mon bras tombe en pourriture si je viole jamais ce serment que je prononce le premier.

Les membres de l'assemblée répétèrent l'un après l'autre de leur voix lente et grave cette formule. Jacques jura le dernier, avec un accent étranglé, symptôme d'une violente émotion, d'un remords, peut-être.

— Et maintenant, termina le vieillard, que mes fils se réjouissent.

Les apprêts de cette réjouissance furent étranges. Pendant que les femmes s'empressaient de préparer le vicou, les hommes ouvrirent leurs pagaras, en tirèrent chacun un petit coui imperméabilisé avec du mani, soigneusement bouché avec une vessie de poisson, et renfermant de la graisse de coata. Ils s'enduisirent des pieds à la tête de cette graisse, puis, comme saisis tout à coup d'une frénésie folle, se jetèrent à corps perdu sur le sol, se roulèrent en poussant des cris farouches, dans le flot de poussière dorée, se tordirent en proie à de violentes convulsions, soulevèrent pendant quelques minutes un nuage fauve dans lequel ils disparurent.

Quand le nuage tomba, les sept hommes semblaient autant de statues d'or massif, divinités animées de ce temple de métal.

Les vases remplis de vicou attendaient déjà, symétriquement rangés, le bon plaisir des buveurs. Jacques allait, comme les autres, ramasser une des calebasses et la vider, quand sa femme, la belle Aléma, s'en vint, les yeux brillants, la bouche doucement souriante, lui présenter la coupe végétale.

Une fièvre ardente se déclara. (Page 300.)

— Que l'ami de mon cœur boive la liqueur versée par sa bien-aimée.

Le jeune homme, ébloui, radieux, absorba d'un trait l'enivrant breuvage.

La danse et les cris reprirent avec acharnement, presque avec fureur. Les Indiens fêtèrent abondamment, mais sans excès, la boisson de leurs pères. Tout entiers à leur plaisir, ils semblaient tenir à honneur d'éviter l'ivresse.

Seul, Jacques qui avait à peine bu, perdit complétement son sang-froid. Il se mit à parler avec une étrange volubilité. Après avoir prononcé des phrases sans suite, émaillées de mots incohérents, ses idées semblèrent prendre corps. Il raconta, sans en omettre la moindre particularité, son voyage à Saint-Laurent, les confidences qu'il fit au docteur V... et au commandant, relativement au secret de l'or, son enlèvement par les forçats, les horribles traitements infligés par ceux-ci, ainsi que le but de leur voyage, enfin, sa libération par les Robinsons de la Guyane.

Sa confession fut complète, il parlait avec une sorte d'entraînement irrésistible et douloureux, provoqué peut-être par un de ces breuvages dont certains Indiens possèdent le secret.

Ses compagnons, impassibles comme des hommes en métal, écoutaient ces révélations sans un sourcillement, sans la moindre apparence d'émotion.

Jacques épuisé, haletant, la bouche ardente, prononça encore quelques paroles entrecoupées, et put à peine râler ces deux mots : « A boire! » tant son ivresse parut violente.

Panaoline dit :

— C'est bien ; que ma fille donne à boire à son époux.

Aléma sortit de la pénombre, s'avança portant un vase plein, le tendit au jeune homme d'un main ferme en dardant sur lui son regard aigu.

Jacques but avidement et s'assit sur le sol, hébété, les yeux mornes, regardant sans voir, écoutant sans comprendre.

Le vieux chef fit un signe. Ses hommes prirent leurs pagaras, et s'enfoncèrent à sa suite au fond des galeries à peine éclairées de lueurs vacillantes. Ils reparurent après une absence assez courte, traversèrent le grand carrefour, chargés à plier de leurs paniers indiens, et sortirent de la grotte après avoir déplacé la pierre. Ils firent plusieurs voyages analogues, sans paraître remarquer la présence d'Aléma, qui tenait sur ses genoux la tête de son époux endormi, peut-être ivre-mort.

Ils entrèrent une dernière fois, portant les pagaras vides. Panaoline marchait le dernier. Il alla prendre dans une sorte de niche un fusil à deux coups, que le docteur V... eût reconnu pour être celui dont il avait fait cadeau à Jacques lors d'un de ses précédents voyages. Il s'assura que l'arme était chargée, pendant que ses compagnons saisissaient leurs arcs, leurs sabres et leurs flèches.

Le vieillard reprit :

— Le trésor des Aramichaux est en sûreté. Le secret de l'or sera bien gardé. Venez.

Les torches s'éteignirent subitement, et la grotte mystérieuse rentra dans l'obscurité.

. . . .

La question de Benoît, relative au chasseur qui chargeait son fusil avec des balles d'or, demeura sans réponse. Qu'importait à Ackombaka et à ses hommes la matière du projectile trouvé dans les muscles du tapir? Il y avait là une montagne de chair dont il fallait avoir raison, aussi les maxillaires et les estomacs des Peaux-Rouges travaillaient-ils avec une activité sans égale. La nuit entière et la journée du lendemain furent employées à cette besogne, à laquelle la présence du sorcier mort donnait un caractère doublement saint et obligatoire. Les honneurs funèbres peuvent, le cas échéant, être rendus sous forme solide ou liquide suivant l'occurence. L'important est qu'il y ait surabondance dans l'absorption.

De souvenir d'Indien, jamais mémoire ne fut aussi copieusement honorée. On y employa tout le temps nécessaire, et les incommensurables qualités digestives des membres de la tribu furent mises à complète contribution.

Enfin, les canaris étant épuisés jusqu'à siccité et la carcasse du maïpouri nettoyée comme par les fourmis-manioc, Benoît, qui rongeait son frein, vit arriver le moment tant désiré. Il prit bravement la tête de la colonne, et s'avança vers cette caverne dont la bouche obscure s'entr'ouvrait sur le flanc sud-ouest de la première colline.

Les Indiens semblaient mollir. Ackombaka n'était rien moins que rassuré sur l'issue de cette entreprise à laquelle il trouvait certains côtés scabreux. Somme toute, le mort avait été plantureusement regretté. Son trépas, bien que très brusque, n'avait rien de prématuré. Il était si vieux ! N'avait-il pas d'ailleurs un successeur ! Enfin, sa dépouille devenait passablement encombrante. Etait-il si urgent de rechercher et de punir sans même avoir le temps de respirer, l'auteur de cette catastrophe déjà réparée?

Tel n'était pas l'avis de l'ancien surveillant qui se mit pour tout de bon en colère, et menaça le chef tremblant de nouveaux maléfices. Puis, comme Benoît connaissait à fond ses auxiliaires, il se hâta de les remonter avec le viatique obligatoire, le tafia.

Toute hésitation cessa. Le tambour en peau de kariakou sonna comme un gong, et les flûtes en bambou glapirent. Le sentier escarpé conduisant à la grotte fut franchi, l'aventurier s'avança le premier, le sabre d'une main, une torche de « *cirier* » de l'autre. Les Peaux-Rouges suivirent en vociférant.

Ils arrivèrent éblouis au carrefour, toujours précédés du blanc que l'émotion suffoquait.

Les hurlements s'arrêtèrent et un lugubre silence s'établit tout à coup. La terreur sembla envahir le chef rouge et les guerriers.

Benoît lui-même, malgré son âpreté, ne put arrêter un cri de stupeur, à la vue du corps roidi de Jacques, étendu sur le dos, les bras écartés, et semblable à une statue d'or arrachée de son piedestal !...

— De l'or !... s'écrièrent les bandits émerveillés sans plus s'occuper de l'Indien.

— Mais non, imbéciles, c'est du mica. Ça ne vaut pas deux sous la tonne, dit Benoît.

Il se baissa rapidement, souleva le corps pour s'assurer si une étincelle de vie l'animait encore. Il approcha sa torche des yeux grands ouverts. Nul mouvement n'agita les paupières, nulle contraction ne modifia le volume de la pupille dont la dépression formait comme une perle noire enchassée dans le marron foncé de l'iris.

Benoît semblait désespéré. N'allez pas croire pourtant à une subite conversion du coquin. L'humanité restait absolument étrangère à ce mouvement spontané. Cette idée de la recherche d'un dernier souffle d'existence provenait de son insatiable cupidité. Il soutenait d'une seule main, passée sous l'occiput, ce corps rigide appuyé sur les talons, et formant avec le sol un plan incliné de vingt-cinq à trente degrés.

— Il est mort, dit-il d'une voix sourde, décidément il est mort.

Puis, sans essayer de deviner par quel concours de circonstances, il se trouvait dans cette caverne, et dans quelles conditions Jacques avait succombé, il ajouta :

— Drôle de costume. Le voilà proprement habillé en bon Dieu de l'or. Il est bien avancé... et nous aussi, termina-t-il en laissant aller le cadavre qui tomba avec un bruit sourd.

Les forçats fugitifs regardaient avec des yeux stupides cette caverne étincelante, si extraordinairement transformée en caveau mortuaire. La vue de ce temple de l'or, objet de tous leurs désirs, de cet homme mort qui en semblait la divinité détrônée, les frappait d'une sorte d'épouvante. Les Indiens, les jambes molles d'ivresse, gardaient un silence plein de terreur. La voix de l'aventurier réveilla les échos de la grotte.

— C'est le dernier tour que nous jouera l'animal, dit-il furieux, comme toujours. Un Peau-Rouge mort ne vaut pas mieux qu'un fagot en vie, et moins qu'un chien sur ses quatre pattes.

« C'est assez nous occuper de ce museau de casserole. Nous sommes au milieu de la place, il s'agit de trouver le coffre-fort.

— Ça ne sera guère difficile à crocheter, reprit d'un ton délibéré Bonnet, qui devait à sa dextérité dans la manœuvre du « rossignol » et du « monseigneur » la faveur d'un logement gratuit en Guyane.

— Ils doivent avoir mis leur « cagnotte » dans quelque trou, et ce sera peut-être le diable à trouver.

— On ne pourra pas chercher dans un vieux bas, dit de son air bête Tinguy, la brute, un breton qui avait assommé à coups de chenet sa vieille tante, pour lui voler ses économies cachées dans un bas enfoui dans la paille du sommier.

Cette plaisanterie de haut goût, généralement appréciée dans les bagnes, où les bandits aiment à raconter leurs exploits, n'eut pas le privilège de dérider le chef.

— Ce lascar-là ne devait pas être seul. Il aura fait la noce avec ses camarades, puis, au dernier moment, on lui aura flanqué le coup du lapin.

« Ackombaka, à quelle tribu appartient cet Indien mort?

— Aramichau, répondit sourdement le capitaine

— Tu le connais?

— Oui.

— Qui est son père?

— Grand chef. Il est mort. La femme du jeune indien...

— Ah ! il avait une femme.

— Oui, la fille de Panaoline... grand piaye, dit Ackombaka d'une voix éteinte.

— Sais-tu pourquoi il est ainsi couvert de cette poudre jaune?

Le Peau-Rouge en proie à la plus vive terreur ne put répondre que par un signe négatif.

— Rien à tirer de ces brutes, dit à ses compagnons Benoît dépité. Cherchons nous-mêmes. Un fait reste acquis ; bien que cette poudre jaune ne signifie rien, nous pouvons être certains que l'or est ici.

« Je parierais que ces vermines d'Indiens nous voyant venir se sont enfuis, après avoir tué celui-ci pour lui faire payer notre arrivée.

« Mathieu, donne donc encore un coup de « sec » à ces poltrons pour leur remettre le cœur à l'épaule.

« Maintenant, mes agneaux, en chasse.

Les Indiens ragaillardis par la rasade, se mirent en marche en titubant à la suite des aventuriers qui s'enfoncèrent sans hésiter dans les galeries latérales.

Le bruit du torrent devenait de plus en plus fort, et les quatre hommes n'avançaient qu'en scrutant minutieusement le sol dans la crainte de rouler dans quelque excavation. Ces précautions n'empêchèrent pourtant pas Benoît de butter contre un corps dur, et de s'abattre rudement en proférant un juron.

— Triple imbécile ! ai-je la berlue, grogna-t-il en se relevant furieux, la barbe poudrée de mica. Il y a donc des pavés, ici !

— ... Des pavés... hurla Bonnet, je voudrais bien marcher à l'assaut d'une barricade construite avec des pavés comme celui-ci.

« Tiens ! regarde, dit-il d'une voix qui n'avait plus rien d'humain... mais regarde donc !

Et ses doigts tremblants soulevaient un lourd morceau de métal, de forme irrégulière, sur lequel les torches flamboyaient étrangement.

— ... De l'or !... Cette fois-ci, c'est bien de l'or !... n'est-ce pas, Benoît. Disnous que c'est de l'or !...

La joie des forçats était bruyante, folle, délirante. Ils se prirent à danser, et à vociférer. Celle de Benoît était plus calme en apparence, mais plus violente peut-être. Il pâlit, et son regard fasciné, hypnotisé, ne quitta plus la pépite.

— Oui, c'est de l'or, dit-il enfin d'une voix chevrotante. Donne... que je voie aussi... de plus près...

« Sacrebleu ! la joie me casse les jambes et m'ôte les idées. Ça me rend tout bête de devenir riche.

— Tu es bien sûr que c'est...

— Oui ! te dis-je. *C'en est !* Oui. Ça pèse plus de trois kilos, et ça vaut dix mille francs comme un liard.

Les hurlements et les cabrioles recommencèrent de plus belle, à l'énoncé de ce chiffre fastueux, ainsi qu'à la grande stupéfaction des Peaux-Rouges qui ne comprenaient rien à cette subite explosion.

— Moi, dit Tinguy essoufflé, haletant d'émotion, la joie m'altère. Je m'en vais boire un bon coup.

— Non ! risposta impérieusement Benoît. Tu boiras plus tard. Nous aussi. Pour le moment, cherchons. Quand notre affaire sera bâclée, on s'amusera.

« Tiens, mets-moi ce jaunet dans ton sac, et continuons nos investigations.

— Oui, chef. Tu as raison. Il ne s'agit pas de boire. Moi, quand je suis « boissonné » je perds la tête. Si on allait *nous voler !*...

Sans s'arrêter à ce que cette preuve de confiance avait de particulièrement flatteur pour l'association, le chef interrogea minutieusement le sol, et reconnut de légères empreintes de pieds nus.

— Ah ! Ah !... nous brûlons. Je tiens la piste.

Il se courba brusquement ramassa quelque chose qu'il tendit à Tinguy.

— Serre encore ce petit jaunet, pour ne pas en perdre l'habitude.

C'était une pépite d'environ cent grammes que le caissier improvisé déposa dans sa besace de toile.

— Paraît que ça fait des petits.

— J'aimerais mieux des gros.

— N'importe, nous ne perdons pas notre temps.

— Tiens, encore un...

— Mais, c'est donc le chemin du Petit-Poucet.

— Sacrebleu !...

— Quoi donc ?

— La cagnote !...

— Le coffre-fort du notaire.

— Le vieux bas de ma tante.

— Taisez-vous donc, tas d'animaux ou je vous coupe la g....., Le magot est envolé. La cachette est vide !

Une triple exclamation de rage et de désappointement domina le bruit du torrent souterrain.

Plus de doute. Une excavation de moyenne dimension, tapissée de larges feuilles sèches de bananier, était pratiquée dans le sol, au pied du dernier pilier, au ras de la crique, dont les eaux tourmentées, roulaient étincelantes entre les roches. Le trou était vide. La présence de quelques fragments d'or gros comme des grains de blé, abandonnés entre les nervures des feuilles, attestait la précipitation du déménagement.

— Volés !... Nous sommes volés ! hurlèrent-ils furieux et désespérés.

— Non, ce n'est pas possible. Cette cachette n'est pas la seule. Il doit y en avoir d'autres.

— Cherchons !... Partout ! Dans tous les coins.

— Oui, c'est çà. Les Peaux-Rouges vont nous aider.

Malgré leur répugnance, Ackombaka et ses hommes ne refusèrent pas leur aide aux aventuriers. Pendant plus de quatre heures, les bandits soutenus par le fol espoir de retrouver ce trésor dont un seul échantillon leur indiquait l'opulence, fouillèrent tous les recoins, retournèrent le sol, sondèrent les piliers, mais en vain. Leur acharnement fut inutile.

Leur déception se traduisit de façons curieuses. Tinguy, la brute, pleurait comme un enfant. Il sanglottait à pleine gorge et de tout son cœur. Bonnet, l'être froid, à la face et à l'allure de reptile, semblait avoir perdu la raison. Sa colère terrible se manifestait en hurlements inarticulés. Mathieu, être nul, passif instrument des complices qui l'avaient envoyé au bagne, incapable d'une résolution quelconque, répétait d'un air idiot : « Ça ne se passera pas comme ça ! Oh ! mais non. Ça ne se passera pas comme ça !...

Quant à Benoît, les yeux luisants, la face empourprée, les veines du cou gonflées comme des cordes, il était effrayant. Il avait seul conservé une apparence de sang-froid. Il devait faire un terrible effort sur lui-même, pour se garotter ainsi, et imposer silence à son habituelle brutalité.

— La paix, cria-t-il enfin d'une voix tonnante. Quand vous aurez fini de brailler !... Nous sommes volés !... Eh bien ! après ?

« Croyez-vous retrouver le magot en beuglant comme des singes-rouges ?

« Sang-Dieu ! Je suis toujours le vieux chercheur de piste. Nous allons sortir d'ici, nous mettre en chasse, prendre la trace des « voleurs ». Je veux avant deux jours les avoir retrouvés, et alors, je vous promets que vous en verrez de belles.

« En attendant, il faut nous refaire l'estomac. Ce n'est pas en jeûnant que nous acquérerons les forces nécessaires. Allons, hop ! du train. Le temps est précieux.

Les provisions furent étalées à terre, et le repas auquel prirent part les Indiens, commença. La fureur de l'aventurier était tombée comme par enchantement. Ce coquin était vraiment homme de ressources.

— Décidément, rien n'est perdu. Ackombaka et ses lascars vont encore rester avec nous. Il faut qu'ils se débarrassent de la carcasse de leur piaye. Je vais tâcher de le leur faire enterrer ici. Ce bonhomme-là devient encombrant.

« Quant à notre Peau-Rouge, ce sera plus facile. Nous pouvons aisément l'envoyer faire un tour dans la rivière. Ce n'est pas la peine de le laisser empoisonner cette caverne sur laquelle j'ai des projets pour plus tard.

— Quel projet ? demanda Bonnet un peu rasséréné, mais auquel l'appétit faisait complètement défaut.

— C'est bien simple. Nous nous sommes emballés comme des enfants. Rappelez-vous bien ce qu'il a dit au commandant et au docteur. Il n'a jamais été question de trésor tout trouvé, et existant d'avance.

Souleva le corps. (Page 308.)

« Il leur a parlé d'un endroit où la roche renfermait de l'or. N'a-t-il pas dit qu'il fallait un marteau ?

— Tiens, c'est vrai, fit Tinguy.

— Eh bien ! nous avons rencontré plus que nous ne cherchions, puisque la certitude qu'un trésor existant aux mains des Aramichaux est désormais acquise. Nous sommes arrivés en retard. C'est d'autant plus dommage que la cachette pouvait, d'après ses dimensions, contenir plus de 150 kilos d'or. Mais les oiseaux étaient dénichés, et cette belle pépite que nous avons ramassée ici a certainement été perdue par eux pendant leur fuite.

« Tout porte à croire que la famille de notre prisonnier l'a sacrifié dans la pensée qu'il avait révélé le secret de ce trésor, tandis qu'en réalité il n'avait parlé que de filons à exploiter.

— C'est encore vrai.

— Ce meurtre inutile nous importe peu. L'essentiel était pour nous d'arriver ici. Or, savez-vous bien ce qu'est la roche qui compose cette caverne ?

— Ma foi non.

— Eh bien ! c'est du quartz aurifère, le plus riche peut-être qui existe en Guyane.

— Pas possible. Mais alors, rien n'est perdu.

— Les richesses enfouies dans ce quartz nous sont pour le moment aussi inutiles qu'une propriété dans la lune.

« Il faut, pour broyer tout cela, des marteaux-pilons, des machines à vapeur, des bras en quantité, des provisions, que sais-je encore.

— Alors, qu'est-ce que tu nous racontes, reprirent les forçats, tombés encore une fois du haut de leurs illusions.

— Voici : La présence des quartz indique la proximité de terrains friables, facilement exploitables, et renfermant de l'or en grains ou en poussière. Nous n'avons plus qu'une chose à faire, au cas, fort peu probable, où nous ne retrouverions pas les Aramichaux, c'est d'exploiter les terrains et de devenir nous-mêmes d' « honnêtes » chercheurs d'or.

« Le métier n'exige ni une grande mise de fonds, ni une grande intelligence, quand une fois la veine est trouvée.

— Qu'est-ce que ça peut bien rapporter ?

— Un ouvrier ordinaire peut gagner cent cinquante à deux cent francs par jour. Mais comme nous sommes sur un point d'une opulence extrême, il nous est raisonnablement permis d'espérer tripler et quadrupler cette somme.

— A la bonne heure. Tout va bien alors, et tu es véritablement un homme de ressources.

— Puisque nous sommes bien restaurés, nous n'avons plus que faire ici, il nous reste à déguerpir. Le plus tôt sera le mieux.

La conversation avait eu lieu jusqu'alors à voix très haute, afin de dominer le bruit du torrent dont les flots pressés battaient sans relâche leur lit de roches.

L'aventurier fut étonné tout à coup de la sonorité inaccoutumée de ses paroles. Les Indiens et les trois blancs firent la même remarque. Le grondement de la crique s'apaisa peu à peu, et le silence devint bientôt complet.

— Qu'est-ce encore ? dit le chef inquiet et alarmé, en saisissant une torche près de s'éteindre.

Il s'avança rapidement vers le fond de la grotte et s'arrêta, frappé de stupeur, à la vue du lit de la crique entièrement vide. La cascade avait cessé de couler ; les roches immergées tout à l'heure, apparaissaient luisantes et exhalaient cette odeur particulière d'humidité récente, bien caractéristique, laissée par les cavités brusquement taries.

Il revint en courant, plein d'angoisse.

— Sortons au plus vite. Je ne sais ce qui se passe. Une catastrophe nous menace. Allons, en retraite.

Il reprit la tête de la colonne, enfila le chemin conduisant à l'entrée et s'en vint donner de la tête contre une masse énorme de roche qui l'obstruait. Un frisson glacé le secoua de la tête aux pieds.

— Nous sommes perdus, murmura-t-il, si nous ne trouvons pas d'issue, la grotte est fermée !

CHAPITRE VI

Préoccupations de l'aîné des Robinsons. — Ses inquiétantes découvertes. — Longue absence et piètre gibier. — Pistes suspectes. — Rouges et Blancs. — Tigre et limier. — Indiens émigrants. — Inductions tirées de la présence d'un clou de soulier sur une roche à ravets. — Qui rappelle les exploits des héros de Cooper. — Les étrangers ne peuvent être que des ennemis. — Le Parisien a deviné. — Conseil de guerre. — En éclaireurs. — Nicolas devenu un fin chasseur. — Campement dans la forêt. — L'ouragan. — Ensevelis vivants !

Henri rentrait après une absence de deux jours. Il embrassa sa mère, serra la main à son père, à ses frères, à Nicolas et à Casimir, puis décrocha sans mot dire les deux bretelles de coton servant à maintenir son hamac sur ses robustes épaules.

Il déposa sur la grande table de grignon un paquet de forte taille, sur la robe grisâtre duquel deux trous béants rougeoyaient.

L'arrivée du jeune chasseur fut saluée, comme toujours, de cris joyeux. Tous les habitants de la colonie, y compris les animaux, faisaient fête à l'aîné des Robinsons, dont une visible préoccupation obscurcissait les traits ordinairement si enjoués.

Et pourtant, l'accueil de sa mère n'avait pas été moins tendre que de coutume, et l'étreinte de son père, de ses frères et de ses amis, moins affectueuse que jadis. Les hoccos avaient hérissé leur crête et doucement nasonné. Les agamis avaient lancé leur belliqueux appel de trompette, les marayes, les perdrix grand-bois, les toccros s'égosillaient ; non seulement les pensionnaires de la basse-cour, mais encore les animaux à demi-domestiques, participaient à cette cordiale bienvenue.

Michaud, le tamanoir, la queue fièrement dressée en panache broussailleux, grognait de joie à la vue de Cat, le jaguar apprivoisé, et « Simi », le macaque de Charles, folâtre comme aux jours déjà lointains de son enfance, après avoir bondi sur le félin, se mit à gratter frénétiquement son crâne essorillé, et à fouiller la toison de cette apocalyptique monture, en cherchant avidement les parasites qui pouvaient y avoir élu depuis peu domicile.

Ce tableau biblique, cette confusion pacifique des genres et des espèces, cette harmonie d'éléments divers, qui d'ordinaire faisait la joie du jeune homme, et rendait plus complet encore le bonheur du retour, le laissait impassible.

Henri paraissait étrangement préoccupé. Cette froideur absolument inusitée, étonna, inquiéta même son père.

— Es-tu malade, mon enfant, demanda le proscrit, bien que la haute mine et la fière attitude de son fils, donnassent un formel démenti à cette supposition.

— Non, père; dit respectueusement le jeune homme, tu sais bien que j'ai fait depuis longtemps un pacte avec la santé.

— Mais, tu ne dis rien... Je craignais un accès de fièvre. Vois-tu, mon cher ami, quelle que soit la vigueur de l'Européen, quelque complète que soit son adaptation au climat de la Guyane, sa vieille ennemie, la fièvre, toujours au guet, semble chercher un point faible pour pénétrer dans son organisme.

« Ton absence a été bien longue. Tu ne restes jamais aussi longtemps hors de la maison, véritablement, nous commencions à être inquiets.

— Pardon père, ma chère et bonne mère, pardon, reprit-il sans répondre directement au proscrit. Le démon de la chasse m'a encore tenté.

—... Et tu as, comme toujours, succombé à la tentation.

— C'est vrai. Quand je sens l'immensité devant moi, quand la Forêt-Vierge, avec ses solitudes inexplorées, ses taillis sans fin, ses futaies géantes, s'offre à ma vue, je me sens transformé. De capiteuses bouffées de plein air me montent au cerveau, un souffle ardent de liberté m'emplit la poitrine, il me semble chevaucher l'inconnu, étreindre l'infini.

— Tout cela, pour tuer un paque ! ajouta malicieusement Eugène, l'espiègle, un fort chasseur devant l'Eternel, un vrai Nemrod équinoxial.

Henri, qui avait la réplique prompte en temps ordinaire, ne répondit rien, au grand désappointement de Nicolas, qui raffolait de ces affectueux et pacifiques tournois de paroles, à la suite desquels vainqueurs et vaincus, à bout de salive et de dialectique, riaient comme de grands écoliers en récréation.

— Un paque ! Il n'a tué qu'un paque ! En deux jours, fit le Parisien avec son gros rire sonore.

« Tu as donc rencontré *Maman-di-l'Eau* ! comme dit Casimir.

— Non, compé, riposta vivement le bon vieux noir d'un accent craintif. Ou qu'a pas parlé « blaguio » Maman-di-l'Eau. Li pas content toujou. Li capricieuse passé femme Peau-Rouge. Li bon comme moun blanc, li michant passé Oyacoulet. (Ne plaisantez pas *Maman-di-l'Eau*. Elle est plus capricieuse qu'une Indienne. Elle est ou bonne comme un blanc, ou mauvaise comme un Oyacoulet.)

Pendant que Nicolas riait des terreurs de son vieil ami, Henri fit à son père un signe imperceptible, et les deux hommes sortirent.

L'aîné des Robinsons avait repris son arc avec ses flèches et sifflé son jaguar. Robin rompit le premier le silence.

— Quel mauvais diplomate tu fais, mon cher Henri.

— Pourquoi cela, père ?

— C'est qu'à moins d'être aveugle, sourd et muet, il est impossible de te regarder pendant une minute, sans s'apercevoir que tu es porteur d'une mauvaise nouvelle.

— Oh ! Que dis-tu là ?

— L'exacte vérité. Comment, toi, le batteur d'estrade infatigable, toi l'archer à la flèche infaillible, tu rentres au bout de deux jours avec un aussi piètre gibier !

« Toi, l'homme aux muscles de fer, toi, aussi brave et plus fort qu'aucun de nous, tu t'armes pour venir à vingt pas de la case, tu te fais accompagner de ton farouche gardien, et tu t'étonnes de ma remarque ?

« Je te le répète, mon enfant, un péril nous menace.

— C'est vrai. Mais je ne voulais pas alarmer maman.

— A la bonne heure. Je reconnais bien là mon fils, mon bras droit, mon « alter ego ». Le danger doit être imminent, et bien grave, pour motiver une telle préoccupation.

— Juges en toi-même, père. J'ai trouvé des traces de blancs mêlées à une piste d'Indiens.

Le proscrit resta impassible, mais ses yeux s'allumèrent.

— C'est grave !... dit-il lentement. Très grave. Je ne ferai pas à tes facultés de coureur de bois, l'injure d'un soupçon. Tu as vu, et bien vu.

— Je doutais tout d'abord. Ce n'était pas la première fois que je relevais une piste humaine. J'ai suivi souvent les traces d'Indiens. J'en étais même arrivé à reconnaître, comme on dit en terme de vénerie, les « foulées » d'un Aramichau, de celles d'un Emérillon. Celles produites par les pieds tordus des derniers ne pouvaient être confondues avec l'empreinte élégante et fine des premiers, pas plus que la marque lourde du Galibi, ne pouvait être attribuée à celle que laisse la démarche légère de l'Oyampi.

« Mais que nous importaient, que nous importent encore ces êtres inoffensifs ? »

Robin écoutait sans interrompre cette définition si complète, si simple aussi, et se reportait, malgré l'imminence du péril, peut-être à cause d'elle, au héros légendaire de Cooper, sur les traces duquel son fils aîné marchait si vaillamment.

Le jeune homme continua :

— Je venais de siffler un agouti. Cat, assis près de moi, attendait patiemment l'instant favorable pour s'élancer sur lui, quand je le vis donner tout à coup des signes d'inquiétude et de colère.

« Tu connais l'instinct merveilleux et le flair sans pareil de mon compagnon. Je doute que les limiers d'Europe puissent rivaliser avec ce terrible chasseur que nous avons plutôt dompté qu'apprivoisé. L'agouti s'approcha, nous écouta, fit entendre son grognement de surprise et s'enfuit, sans que Cat ait fait la moindre attention à lui. Son muffle, plissé par la colère, se tournait vers une direction complètement opposée. Je prêtai l'oreille, et il me sembla entendre sous bois un froissement, mais si faible !... Je me dissimulai derrière un « courbaril, » et j'attendis en empoignant mon jaguar par la peau du cou.

« Le bruit se rapprocha, et j'aperçus bientôt, à quelques pas, dix Peaux-Rouges marchant en file indienne. Il y avait sept hommes et trois femmes, dont une très jeune qui paraissait en proie à une violente douleur. Un grand vieillard de figure farouche, le chef sans doute, l'interpella rudement. Un gémissement lui échappa, il la frappa brutalement sur la bouche d'un coup du manche de son sabre. Le sang jaillit ; la malheureuse courba la tête et se tut. Ils passèrent tout près de moi, et je vis qu'ils émigraient, car ils portaient tous leurs effets de campement, et pliaient littéralement sous le poids de leurs provisions.

« Cela ne m'intéressait pas de savoir où ils allaient, mais je voulus savoir d'où ils venaient.

— C'est parfait, mon ami. Je reconnais bien là ta prudence. Ces gens pouvaient n'être qu'une fraction d'une tribu importante, et il était urgent de reconnaître leur nombre et leur position.

— Oui, père. Je pris séance tenante le contre-pied, et j'arrivai à ces montagnes que nous visitâmes jadis et où nous trouvâmes de si beaux échantillons de quartz aurifère.

« Mais alors la piste s'embrouilla, ou plutôt se multiplia. Les traces des premiers indiens se mêlaient à de nombreuses empreintes également laissées par des Peau-Rouges, mais la nature du terrain ne me permit pas tout d'abord de reconnaître exactement les différences qu'elles pouvaient offrir.

« J'avisai une petite crique et j'eus le bonheur de retrouver les pas de ceux que j'avais rencontrés tout d'abord. Il n'y avait pas à s'y tromper. Ils étaient dix, y compris les femmes. Je ne sais pourquoi mon cœur se serra. Ces empreintes me rappelaient à s'y méprendre celles de Jacques, l'Aramichau que nous avons sauvé.

« La vue de cette jeune femme en pleurs, l'acte de brutalité du vieillard qui paraissait être le chef, l'absence de Jacques, un secret pressentiment m'avertit qu'un drame lugubre avait dû se passer depuis peu et non loin de nous.

« Ce premier point établi, et ces traces relevées, j'inspectai minutieusement le sol et pus reconnaître aisément la provenance des autres. Elles appartenaient évidemment à des Emérillons, car presque toutes offraient cette courbure caractéristique du gros orteil infléchi en dedans. Cinq ou six Indiens de cette seconde troupe étaient privés du petit orteil du pied gauche, j'en conclus que c'étaient des Thïos, d'après ce que m'a raconté Casimir relativement à leurs coutumes.

— Ces derniers étaient-ils nombreux ?

— Vingt à vingt-cinq, sans compter les blancs.

— Ceci est plus sérieux encore, dit le proscrit songeur. Mais, continue ton récit. Il ne saurait être ni trop long ni trop détaillé, et je vois avec plaisir que tu as agi avec ton intelligence habituelle, sans omettre aucune particularité quelque peu importante qu'elle ait pu paraître tout d'abord.

Le jeune chasseur, fier de cet éloge, reprit :

— Chose étrange, toutes ces traces se réunissaient au même point, avec cette différence que celles des Aramichaux s'en éloignaient, et que celles des Thïos et des Emérillons y aboutissaient. Je ne pus, malgré les plus patientes investigations découvrir d'où partaient les premières, ni où se perdaient les autres, car il semblait que la montagne se fut tout à coup entr'ouverte et refermée pour me cacher le mot de l'énigme.

« Mes recherches n'avaient pourtant pas été inutiles. J'avais, à plusieurs reprises déjà, remarqué sur les plaques blanchâtres du quartz, quelques érosions ardoisées, à reflets métalliques, paraissant résulter d'un froissement de fer contre la roche.

« Ce ne pouvait être ni une pointe de flèche, ni une lame de sabre. C'était

Résolurent de bâtir un carbet. (Page 327.)

plutôt une coulée produite par un corps rond de la grosseur d'une chevrotine. Un peu plus loin, j'en aperçus quatre sur la même ligne horizontale, et placées à un demi-centimètre. Mais ce sont des clous de soulier, me dis-je tout d'abord !

« Je ne m'étais pas trompé. Dix mètres plus loin, l'homme avait fait un faux pas, un de ces clous s'était arraché, j'en retrouvai la tête profondément encastrée dans une alvéole de roches à ravets. Je l'ai rapportée. Elle est dans mon sac. Je te la montrerai tout-à-l'heure. J'étais certain désormais de la présence d'un blanc parmi les indiens.

« C'est bien, mon cher fils. Tu as raison de point en point. Nul parmi les indigènes de la Guyane, et parmi les noirs ne porte notre chaussure européenne.

« Mais, les autres blancs ?

— Les preuves sont moins évidentes mais tout aussi concluantes. J'ai dû procéder par induction. La troupe s'est arrêtée un peu avant d'arriver à la montagne, sur un terrain légèrement humide. On a tenu conseil. Les quatre blancs étaient au centre. L'homme aux souliers porte un fusil, j'ai retrouvé sur la terre molle la marque de la plaque de couche. Quant à ses trois compagnons, ils sont pieds nus, comme les Indiens.

— Et comment as-tu pu reconnaître leur empreinte ?

— C'est que les Peaux-Rouges au repos s'accroupissent et font porter le poids du corps tout entier sur les orteils, tandis que les blancs sont restés debout, pendant cet entretien qui a duré près d'un quart-d'heure, à en juger par la profondeur et la netteté des traces.

— Ton raisonnement me semble juste. Des étrangers sont bien près de deviner le secret de notre retraite. Dans les circonstances présentes, qui dit étranger pourrait dire ennemi presque à coup sûr. Ne suis-je pas toujours fugitif ! Le temps de la prescription, comme ils disent là-bas, est loin d'être arrivé.

« Je serais encore de bonne prise.

Le regard du jeune homme flamboya. Il étreignit la poignée de son sabre avec une sombre énergie et ajouta :

— Te prendre, toi, le vaillant entre tous ! Non, tu n'y penses pas. Les Robinsons de la Guyane commandés par leur père, peuvent défier une armée. On peut ravager nos plantations, détruire nos cases, anéantir l'habitation, mais la forêt est à nous. Ah ! qu'ils y viennent donc ! Qu'ils essayent un geste, qu'ils prononcent un mot, qu'ils tentent de toucher un cheveu de ta tête. Tu verras si les fils du proscrit sont dignes de leur père !

— Enfant ! Pourrions-nous associer ta mère à cette vie d'aventures et de périls !

— Ma mère est la compagne du lion. Elle connaît la fatigue et méprise le danger. Et d'ailleurs, ne sommes-nous pas préparés depuis de longues années à cette idée de la violation possible de notre retraite.

— Toutes réflexions faites, la situation n'est peut-être pas désespérée. De graves événements peuvent s'être accomplis dans la colonie, depuis cette longue période de dix ans passés pour nous sans communication avec la vie civilisée. On parlait à peine de la découverte de l'or à cette époque ; qui sait si les filons, ou tout au moins les alluvions ne sont pas exploitées en grand? Qui sait enfin si nos inconnus ne sont pas des mineurs en prospection ?

— Accompagnés d'Indiens, c'est bien douteux.

« En somme, qu'allons-nous faire ?

— Tu as sagement agi, en m'avertissant tout d'abord de cet incident que tu as cru devoir cacher à ta mère et à tes frères. Je pense pourtant qu'il serait bon de leur en faire part au plus vite. Notre décision sera subordonnée après de mûres réflexions à l'avis de la majorité.

Les membres de la colonie, intrigués déjà par l'entrée insolite d'Henri, commençaient à s'inquiéter de la longueur de son entretien avec son père. Un silence de glace accueillit tout d'abord la confidence de ce dernier.

Chose assez rare, Nicolas, qui d'ordinaire laissait volontiers parler avant lui ses jeunes amis, et ne donnait son opinion qu'après avoir entendu la leur, Nicolas rompit brusquement le silence. Il obéissait à une sorte d'entraînement inconscient qui le poussait à parler comme malgré lui, ainsi qu'il arrive fréquemment, lorsqu'une idée déchire tout à coup les ténèbres de la pensée, et s'impose ainsi qu'une indiscutable vérité.

— Monsieur Robin, et toi Henri, vous avez pensé à tout, sauf à une chose.

— Laquelle ? dirent d'une seule voix le père et le fils.

— Ces quatre blancs ne peuvent être que ceux auxquels nous avons eu affaire déjà. Repoussés par nous de la rivière, ils ont pris une autre route, se sont adjoints une tribu d'Indiens, et nous allons les avoir avant peu sur le dos.

« Je sens en moi quelque chose qui me le dit. Cette pensée me tenaille la cervelle depuis que vous parlez, j'ai beau essayer de me persuader que je me trompe, rien n'y fait. Croyez-moi, ne cherchez pas à côté, là est la vérité.

— Oui, tu as raison, Nicolas; quelque invraisemblable que paraisse le fait, nous devons l'admettre sans discussion jusqu'à preuve contraire.

— Le diable emporte ce galopin de Peau-Rouge, avec ses histoires de secrets d'or et ses confidences au clair de la lune. En voilà un qui aurait mieux fait de tourner sept fois sa langue dans sa bouche avant de nous jeter dans une pareille aventure.

« Ah ! patron, quel malheur que vous n'ayez pas autorisé Henri à larder de quatre bonnes flèches ces oiseaux de proie ! Voyez-vous il n'y a rien de bon à attendre d'eux après les traitements dont l'Indien a été victime. Quelle joie pourtant de revoir des blancs, s'ils étaient d'honnêtes chercheurs d'or, au lieu d'être le rebut des bagnes.

« Je vous le répète, je voudrais me tromper, mais j'affirme qu'un semblable voisinage implique pour nous l'imminence d'un grand péril.

— Nous ne pouvons pourtant pas les attaquer ainsi de but en blanc sans provocation de leur part.

— Et s'ils tombent sur nous à l'improviste, ravagent l'habitation, et compromettent nos existences ? Vous n'ignorez pas que ces particuliers-là ont une singulière façon d'envisager le respect des personnes et des choses.

— Si cependant ils ne faisaient qu'une courte apparition dans nos parages ? S'ils se retiraient, une fois leur but atteint ?

— Ce serait pour revenir en plus grand nombre, et le danger s'accroîtrait d'autant. Moi j'en reviens toujours à mon idée première : Pssitt !... — fit-il avec le geste de décocher une flèche, — et puis, plus personne !

— Sans être aussi exclusif que toi, mon cher Nicolas, je conviens qu'il faut prendre d'énergiques et promptes mesures; nous allons au plus vite nous mettre en campagne, reconnaître la position des étrangers, et tâcher de savoir leurs intentions.

« L'entreprise est difficile, et pourtant j'espère la mener à bien. Nous nous sommes trouvés jadis dans des circonstances non moins périlleuses, et nous avons triomphé de tous les obstacles.

« Voici ce que je propose : Nous partirons tous quatre après demain, Henri, Edmond, Eugène et moi. Charles et sa mère resteront à la case avec Nicolas et Casimir en attendant patiemment notre retour. Cat gardera également la maison.

— Mais, fit judicieusement observer Henri, si pendant notre excursion, une partie de la troupe venait aussi en reconnaissance du côté de l'habitation?

— J'ai prévu ton objection, mon enfant : nous allons dès à présent construire un carbet non loin de la crique, dans un endroit absolument désert. Nous l'approvisionnerons largement, nos traces seront effacées, le corps de réserve s'y installera, et la *Bonne-Mère* sera laissée dans un apparent abandon.

« Ce qui peut arriver de pis, est de la retrouver pillée de fond en comble. Nous serons alors quittes pour la reconstruire. Je ne vois pas, pour l'instant, d'autre parti à prendre.

Ce plan, si simple et d'une exécution si facile, reçut bientôt son application. Le carbet fut dressé non loin du point où dix années auparavant avait eu lieu la lutte entre le tigre et le tamanoir, lutte mortelle pour les deux adversaires, et dont le résultat fut l'adoption des deux favoris de la colonie, Cat et Michaud.

Mᵐᵉ Robin, habituée de longtemps aux péripéties nombreuses auxquelles est sujette la vie des coureurs de bois, vit partir sans inquiétude son mari et ses trois fils. Elle avait confiance en leur expérience et en leur intrépidité. Nicolas, désappointé tout d'abord de se voir condamné à l'immobilité, prit bientôt son parti de ce petit mécompte en pensant qu'il allait avoir à veiller sur sa bienfaitrice. Il reconduisit les quatre voyageurs jusqu'aux limites de la Bonne-Mère, et revint lentement en effaçant jusqu'aux moindres vestiges des traces.

Notre brave ami, le Parisien, n'était pas un garde du corps à dédaigner. Nul n'eût reconnu dans ce robuste gaillard à la poitrine bombée, à la face de brique, aux yeux clairs et hardis, le voyageur naïf et dépaysé qui, dix ans auparavant, marchait d'étonnement en étonnement à travers la grande broussaille équinoxiale. Il s'était débrouillé ici comme à Paris, et son adaptation à la vie sauvage avait été merveilleusement rapide. Il maniait l'arc aussi bien que n'importe quel Peau-Rouge, suivait une piste comme le meilleur chasseur, et n'avait pas son pareil pour déjouer les ruses de l'agouti, du paque ou du tatou.

Il eût fallu le voir relever un brin d'herbe tordu, raccrocher une liane, gratter du bout du doigt un peu de terre tombée d'une fourmilière, restituer en un mot au sol sa configuration primitive, de façon à tromper l'œil du plus fin *rastreador*. Aussi, quand il fut rentré triomphant au carbet et qu'il eut prononcé les sacramentelles paroles : « Tout est paré », Madame Robin et le jeune Charles ne conservèrent aucun doute relativement à leur sécurité.

Quant à Casimir, toujours aussi alerte et joyeux, son large et affectueux sourire, indiquait une jubilation réelle. Casimir était fier de ses élèves et surtout de Nicolas qui avait commencé bien tard son éducation de Robinson. Aussi le bon vieux répétait-il à satiété que « compé Nicolas, depuis longtemps passé nèg', n'avait au monde qu'un seul rival, mouché Henri ».

Pendant ce temps, le proscrit et ses fils marchaient lentement, mais infailliblement dans la direction de la piste relevée par Henri. Ils allaient comme toujours, en file indienne, insensibles à la température, et sans éveiller, du plus léger bruit, l'imposant silence de la vaste solitude. Les hamacs, les vivres et les armes ne pesaient pas à leurs robustes épaules. Les intrépides colons étaient depuis longtemps familiarisés avec tous leurs effets de campement, comme nos vaillants soldats d'Afrique auxquels un entraînement de tous les

instants procure la facilité d'accomplir des tours de force capables de stupéfier les Arabes eux-mêmes.

La journée fut coupée d'une simple halte d'une demi-heure au bord d'une crique pour permettre de prendre le repas. Ce régal d'anachorète, dont le menu serait susceptible de donner la fringale à nos gourmets, se composa d'une poignée de couac délayé dans un peu d'eau, et d'un petit morceau de singe boucané.

L'on est sobre dans les forêts guyanaises. D'autant plus que l'on hésite toujours à se charger outre mesure de provisions.

Le soleil déclinait rapidement. Il était cinq heures du soir. Dans une heure, l'astre incandescent allait s'éteindre brusquement sans crépuscule. C'est l'heure à laquelle il faut penser à organiser un campement sous peine d'être inopinément surpris par l'obscurité. En temps ordinaire, les Robinsons se contentaient d'accrocher côte à côte leurs hamacs aux premiers arbres venus, à un mètre du sol, avec leurs armes à portée de la main. Ils se trouvaient malheureusement au milieu d'un impénétrable fourré, planté d'arbres immenses, couvrant de leurs rameaux un terrain humide et gras. Nous disons malheureusement, parce que matin et soir, ces points de la forêt sont régulièrement noyés par un de ces grains dont nulle expression ne saurait dépeindre l'incroyable surabondance.

Pendant le jour, le soleil aspire les buées tièdes, aussi épaisses que le brouillard londonnien. Le nuage, ce terrible linceul des Européens, surchargé de miasmes, s'élève péniblement à travers les branches. Il flotte lourdement jusqu'au soir, immobile et comme accroché aux plus hautes cimes. Puis, au moment où la flamboyante chevelure de rayons disparaît, et où la température subit un rapide abaissement d'un dégré, ces nuées, condensées instantanément, s'écroulent. L'ouragan de pluie s'abat en ronflant sur les feuilles, ruisselle en cascades sur les troncs, tord les lianes et noye le sol. Le même phénomène amené par des causes identiques, se produit invariablement deux fois par jour sur le point où la forêt est le plus épaisse. Le défrichement seul peut en empêcher le retour.

Les Robinsons, en hommes prudents et avisés, résolurent d'éviter à tout prix cette averse colossale qui allait fondre sur eux dans une heure. En route, peu importe d'être mouillé. L'on continue à marcher, et les habits finissent par sécher. Mais la nuit, le voyageur trempé comme au sortir d'une rivière est forcément immobilisé dans son hamac. Il ne peut réagir contre le froid humide qui l'envahit jusqu'aux moëlles. Il est bientôt glacé, le frisson le prend, la fièvre arrive, et quelquefois l'accès pernicieux le saisit. Cinq fois sur dix c'est un homme mort.

Les quatre hommes, après une rapide inspection des lieux, résolurent de bâtir un carbet. Rien de solide, d'imperméable, et pourtant de simple comme cette installation qui rend de si grands services à tous les nomades de la zone intertropicale. Il suffit de quatre pieux — l'on fait généralement choix de quatre arbres disposés en carré — que l'on relie au moyen de traverses légères attachées par des lianes, et recouvertes de feuilles formant toiture. Il n'est nullement besoin de parois latérales, de murailles, puisque la pluie tombe toujours verticalement. Une fois l'emplacement trouvé, le sol débarrassé des herbes et des broussailles, l'on possède, au bout d'une demi-heure, un abri sous lequel on peut impunément braver les averses les plus furieuses. L'essentiel est d'éviter le voisinage des arbres morts que le moindre effort peut renverser, et dont la chute peut être la cause d'irréparables désastres.

Nos amis, après avoir pris toutes les précautions inspirées par leur vieille expérience, dormaient depuis une heure à peine sous leur carbet, quand l'ouragan se déchaîna soudain. La journée avait été particulièrement accablante. Le grain se compliquait d'un orage formidable. Rien d'émouvant comme ce flamboiement des cimes trouant l'épaisse nuée ; rien d'étrange comme l'immobilité des géants impassibles qui semblaient les colonnes d'une voûte en feu ; rien de terrible comme ces fulgurations accompagnées de détonations roulant sans discontinuer sous les arceaux feuillus.

Et pourtant, nul souffle n'agitait les masses végétales, immobiles toujours et comme pétrifiées. L'orage équatorial semble une canonnade dans une fournaise. Les Robinsons, oppressés, assourdis, aveuglés, attendaient patiemment la fin de ce cataclysme, quand un coup de tonnerre, plus fort s'il est possible que tous les autres, retentit au-dessus de leur tête. Le sol trembla. Les arbres servant d'assise à leur carbet s'écartèrent, et le frêle abri de feuilles se disloqua. Puis, un craquement immense domina le bruit de la foudre, un coin de forêt s'écroula, ensevelissant le campement sous un monceau énorme de branches, de feuilles et de lianes.

CHAPITRE VII

Dans la caverne de l'or. — A quelque chose malheur est bon. — Passé maître en évasions. — Sépulture tardive non moins qu'indispensable. — Nouveau traité d'alliance. — La diplomatie de Benoît. — ..... « Sauvons la caisse ». — Cri d'agonie ! — Sauvetage. — Une haine de dix ans. — Prisonniers des bandits. — Insultes aux vaincus. — La dernière nuit des condamnés. — L'orgie dans la clairière. — Les apprêts du supplice. — Tortionnaires en grande tenue. — C'en est fait ! — Dénouement imprévu. — Cri de guerre des Bonis. — Retour inespéré d'un vieil ami. — Ackombaka décapité. — Pérégrinations d'un corps sans tête et d'une tête sans corps.

La fureur de Benoît fut épouvantable, quand il se vit enfermé dans la caverne des Aramichaux. L'on sait que la mansuétude n'était pas la vertu prédominante du digne argousin. Aussi donna-t-il cours à sa brutalité avec toute la surabondance dont sa rageuse nature était susceptible.

Jamais les Indiens, fort experts en manifestations extérieures de colère ou de douleur n'avaient rêvé pareil débordement d'imprécations et de blasphèmes. Ce ruissellement de malédictions, ces furieux éclats de voix, cet incommensurable travail des cordes vocales, joint au jeu de physionomie de l'aventurier, donnèrent aux braves sauvages une haute idée de lui. D'autant plus que ses compagnons atterrés gardant un silence plein de stupeur, cette colère « de première classe » ne pouvait être que le fait d'un grand chef.

L'accès dura près d'un quart d'heure, puis Benoît, à bout d'haleine et de salive, se tut. Il finit par où il aurait dû commencer et se mit en devoir d'étudier les moyens d'évasion. Après avoir tourné comme un ours en cage, inventorié les recoins de la caverne, tenté, mais inutilement, d'ébranler la roche fermant l'ouverture, il se laissa tomber plutôt qu'il ne s'assit sur le sol, en proie à une prostration incroyable chez un tel homme.

Quant il se vit enfermé dans la caverne. (Page 328.)

— Eh bien ! chef, tu ne dis rien, demanda presque timidement Tinguy, la brute.

Le forçat familiarisé jadis avec les cachots, n'éprouvait pas cette atroce impression de claustration qui écrase, en quelque sorte, l'homme habitué au grand air.

— Et que veux-tu que je dise ? Je suis tout abruti de l'aventure. Les évasions, ce n'est pas mon fort. J'ai été habitué à « boucler des fagots » (enfermer des forçats), et non pas à pratiquer moi-même leurs manœuvres.

En dépit de la gravité de la situation, les trois évadés se mirent à rire. Cet aveu dépouillé d'artifice dans la bouche de leur ancien surveillant les comblait d'aise.

— Vois-tu, chef, dit sentencieusement Bonnet, si les geôliers mettaient à garder les forçats, la centième partie de la vigilance que ceux-ci déploient dans la conception et l'exécution de leur dessein, il n'y aurait jamais d'évasions.

« Le prisonnier réussit dans son entreprise en y pensant toujours. »

— Eh bien ! dépêche-toi donc de penser toujours à nous tirer d'ici, car vous vous entendez bien mieux que moi à ouvrir une porte.

— Bienfaits d'une éducation soignée, reprit ironiquement le coquin.

— Voyons, pas de discours, hein ! à chacun son lot et son rôle. J'ai mes aptitudes, vous les vôtres. Bonnet, toi qui es un malin entre tous, un vrai fil de soie, prends le commandement et organise quelque chose. Tu verras si je sais obéir.

— Ça, c'est parler. A l'œuvre, car il ne fera pas bon ici pendant longtemps. Nous avons quelques provisions, mais pas une goutte d'eau. Ceux qui nous ont enfermés ici savaient bien ce qu'ils faisaient en détournant le cours du ruisseau.

— Tu crois que la crique souterraine a été tarie à dessein ?

— J'en suis sûr. Nos ennemis certainement inférieurs en nombre, n'ont pas osé nous attaquer. Il leur a paru plus rationnel de nous faire périr de faim et de soif.

— Tiens, c'est bien possible, après tout.

— Mais, faudra voir. Nous serons dehors avant deux jours, ou je ne veux plus être, comme tu le disais tout à l'heure, la fine fleur de tes anciens pensionnaires.

« Allons, au trot. Le temps presse, si j'en juge par les mines allongées du brave Ackombaka et des hommes de sa troupe. Ils trouveraient, entre nous, la plaisanterie un peu forte, si elle devait se prolonger.

« Commençons par tracer notre plan. Nous avons heureusement des bras. La besogne sera simplifiée d'autant. Tu vas d'abord faire attaquer la roche par nos alliés. C'est bien le diable si, avec leurs sabres, ils n'arrivent pas à la déblayer. N'avons-nous pas percé seuls, sans lumière, sous l'œil des gardiens, les murs des geôles avec des clous, des morceaux d'écuelles, ou même des fragments de verre.

« Pendant ce temps, je vais inspecter minutieusement le local. »

Le bandit prit une torche et s'enfonça sous les galeries conduisant au fond de la caverne.

Les Thïos et les Emérillons, stimulés par l'alcool que leur versa généreusement Benoît, attaquèrent vigoureusement le monolithe obstruant l'entrée. Le résultat parut en principe assez satisfaisant. Pendant quelques minutes, le travail de sape avança rapidement, tant était friable la terre micacée. Mais bientôt les sabres rencontrèrent la diorite, sur laquelle ils rebondirent en lançant des gerbes d'étincelles. La roche possédait une dureté défiant l'acier lui-même. Il eût fallu des fleurets de mine pour entamer après un labeur écrasant ces plaques luisantes, pétries pendant des milliers de siècles par cet incomparable ouvrier qui se nomme le Temps !

L'ancien surveillant sentit une légère moiteur à la racine de ses cheveux. Un frisson glacé serpenta le long de son échine, en constatant l'inutilité des plus énergiques efforts. Le boyau donnant accès à la grotte était une coupure pratiquée jadis en plein roc par une convulsion géologique. C'était une sorte de tube elliptique de quatre à cinq mètres de longueur, sur un mètre cinquante de hauteur. Il s'évasait à l'entrée, et le rocher qui l'obstruait se trouvait comme scellé dans cet entonnoir au pavillon situé extérieurement.

Impossible d'attirer en dedans cette pierre plus volumineuse que le couloir, impossible aussi de la pousser au dehors, car elle était maintenue sans doute sous un amas considérable de matériaux.

Toutes les tentatives devaient être inutiles de ce côté.

Bonnet revenait à ce moment après une exploration également infructueuse. Son visage de fouine ne révélait aucune trace d'émotion, tandis que la face brutale de Benoît, douloureusement contractée par l'angoisse, ruisselait de sueur.

— Rien ! murmura-t-il atterré. Rien !... Nous faut-il donc mourir ici ! J'avais tout prévu, sauf ce supplice horrible. Être enterré vivant ! Jamais ! J'aimerais mieux me faire sauter le crâne.

— Gribouille, va ! riposta sardoniquement le forçat. Est-ce que tu aurais peur ?

— Je crois que oui !...

— Allons donc, poule mouillée. Je ne suis pas encore au bout de mon rouleau.

— Mais les Indiens, qui ne comprennent rien à l'affaire, commencent à hurler. Si cela continue, ils vont nous écharper.

— Fais-les boire.

— Le remède est pire que le mal. Le tafia va les rendre furieux.

— Tu les feras battre. Qu'ils se tuent mutuellement. Nous mangerons les morts pour gagner du temps[1].

— Tu n'as donc aucun espoir?

— Aucun pour le moment, je viens chercher une torche, et je retourne là-bas.

— Je vais venir avec toi. Je ne puis plus tenir en place. De plus, il m'est impossible de résister à l'odeur de ce cadavre qu'ils ont voulu quand même amener jusqu'ici.

« Tinguy et Mathieu vont leur donner du tafia, moi je m'en vais, mon cœur se soulève.

— Viens donc, puisque tu n'es plus bon à rien, tu porteras la lumière.

Les deux hommes, après une marche lente quoique facile, arrivèrent bientôt au bord du torrent desséché, Bonnet scrutait avidement le fond de la sombre coupure et murmurait en aparté :

— S'il nous reste une chance de salut, c'est là qu'elle se trouve. Car en somme l'eau pénétrait ici par une ouverture quelconque, et sortait par une autre.

« Qu'en dis-tu, chef?

Une rauque exclamation fut la seule réponse de Benoît qui glissa brusquement, et dégringola en lâchant sa torche.

— Benoît, cria le forçat sérieusement alarmé, Benoît ! Es-tu blessé? réponds-moi.

— Non, répondit enfin le surveillant d'une voix sourde, mais je suis à moitié assommé. Rien de cassé pourtant, plus de peur que de mal, va.

— Voyons, reprends ta lumière; c'est bien, éclaire-moi. Je vais venir te rejoindre. Il n'y a guère plus de deux mètres de contre-bas, n'est-ce pas ?

— A peu près, mais prends garde aux pointes des roches, c'est miracle que je ne sois pas éventré.

— C'est bon, on y va, répondit le forçat en se suspendant par les mains et

[1] Le propos que je prête en ce moment à cet homme n'est que l'exacte vérité. Bien des évasions ont eu lieu dans les pénitenciers guyanais. Presque toutes ont eu pour épilogue d'effroyables scènes d'anthropophagie. Les annales judiciaires de notre colonie, renferment de nombreux rapports que j'ai transcrits mot pour mot et que je publierai plus tard.

L. B.

en se laissant mollement aller sur la pointe des pieds. Une et deux... là... douceur. On est partout comme chez soi, quand on sait s'y prendre.

— Aïe !... Oh ! la la !...

— Qu'est-ce que tu as encore?

— Je ne peux plus marcher.

— Eh bien ! cours !

— Je crois que j'ai attrapé une entorse.

— Fichu maladroit, il ne nous manquerait plus que cela.

— Non, je me sens mieux, ma jambe est tout endolorie, mais je puis m'appuyer sur elle.

— Alors, en route.

Les deux aventuriers suivirent patiemment le lit de la rivière dont le cours enchevêtré offrait les capricieux lacis d'un inextricable labyrinthe. Ils s'aperçurent bientôt qu'ils montaient rapidement. Ils devaient avoir atteint une altitude égale au moins, sinon supérieure, à la voûte de la grotte.

— Ça va, disait Bonnet à son compagnon clopinant derrière lui, ça va très bien. Les bonnes gens qui nous ont enfermés ici, ne se doutaient guère qu'ils assuraient notre salut en voulant nous priver d'eau. On ne pense pas à tout.

« Tiens ! je te le disais bien, regarde là haut.

— Oh ! de l'air, de la lumière, hurla Benoît, en apercevant, à deux mètres au-dessus de sa tête, une mince ouverture par laquelle on entrevoyait un coin de ciel bleu.

— C'est par là que l'eau se déversait dans la grotte, nos imbéciles ont établi un batardeau un peu en avant du trou, sans savoir que « ce maigriot » de Bonnet saurait bien s'y glisser.

— Comment, tu espères passer par là.

— Parbleu ! Je me suis évadé de la prison de Pithiviers par un trou un tiers moins large que celui-ci. Vois-tu je suis une véritable anguille. Le geôlier un brave homme, un peu bêta, m'avait donné une feuille de papier blanc. J'y dessinai une guillotine et je collai mon œuvre d'art à la muraille. « Je passerai par là », lui disais-je chaque jour quand il m'apportait ma pitance. « J'espère bien que non », répondait-il invariablement. Le pauvre diable croyait que je voulais parler de l'échafaud, quand il s'agissait d'une ouverture que je creusais avec une patte de fenêtre, et que dissimulait mon dessin. Un beau matin, je pris la clé des champs, après avoir écrit sur ce même papier : « Je pars pour les vendanges ».

« Quinze jours après j'étais pincé dans le cellier d'un paysan dont je buvais le vin doux. Je lui avais emprunté par la même occasion quelques milliers de francs que l'on trouva sur moi. Comme j'étais ivre-mort, je fus bien gentiment emballé, conduit à Orléans, et pourvu d'un billet de dernière classe pour la maison d'arrêt de Poissy.

« Allons, assez causé. Déménageons comme à Pithiviers.

« Deux mots encore, une fois en plein air, je vais retrouver l'entrée de la caverne, la déblayer, enlever tous les objets qui empêchent la roche d'obéir à la poussée imprimée à l'intérieur. Quand tout sera paré, j'enverrai un coup de sifflet, vous réunirez tous vos efforts, et c'est bien le diable si vous ne réussissez pas à la démarrer.

— C'est compris, répondit Benoît auquel la perspective d'une liberté prochaine rendit toute son énergie.

« Attends un moment, je vais m'arc-bouter le long de la paroi. Bon, c'est cela. Maintenant grimpe sur mes épaules.

— Voilà qui est fait, mes mains atteignent le rebord du vasistas, il y a juste la place pour ma tête. La peau de mes flancs pourra bien y rester, mais c'est un petit inconvénient, le reste y passera, car les « fayots » du pénitencier ne m'ont guère donné de ventre.

Le forçat s'enleva à la force des poignets, se rapetissa, s'allongea, tassa ses muscles, s'aplatit, et finalement, s'engagea dans l'étroite ouverture. Pendant quelques minutes, il resta comme étranglé par le milieu du corps, sans pouvoir avancer n'y reculer, enfin ses bras furent dégagés, il agita désespérément ses jambes, son ossature craqua, sa chair saigna.

Il poussa un long cri d'allégresse, il était libre.

Cette première et indispensable manœuvre étant couronnée de succès, le plan du gredin reçut bientôt son exécution, et ses prévisions se réalisèrent de point en point. Retrouver l'entrée de la caverne fut pour lui l'affaire d'un moment. La roche formant bouchon était surchargée de plusieurs quintaux de pierres, entassées de façon à former une éminence que la mine eût pu seule soulever et désagréger d'un seul coup. Bonnet fit tant et si bien qu'après deux heures d'un travail acharné, il ne restait plus trace de ce « tumulus » élevé par les Aramichaux lors de leur fuite précipitée.

Les prisonniers réunirent leurs forces, coordonnèrent leurs mouvements, et la poussée fut telle, que le bloc dioritique oscilla, puis roula comme un tonnerre jusqu'au bas de la colline. Un long hurlement de joie et de triomphe sortit de la poitrine des blancs, à la vue du soleil dont ils n'espéraient plus contempler les ardents rayons. Les Indiens chantaient et gambadaient, à la suite du cadavre du piaye plus décomposé que jamais. Cédant enfin aux objurgations de Benoît, ils consentirent à l'enterrer non loin de la caverne, après avoir toutefois coupé sa longue chevelure, à laquelle les honneurs funèbres seraient rendus en temps et lieu.

Les Peaux-Rouges, complètement ivres et parfaitement abrutis avaient été presque insensibles à cette claustration qui eût pu leur être fatale. Le retour à la lumière, à la vie des grands bois les laissa impassibles. Leur unique pensée, était de rentrer chez eux avec la chevelure du piaye, afin de recommencer la cérémonie funèbre accompagnée de plantureuses rasades. Ne voyant pas pour le moment de prétexte légitimant de nouvelles absorptions de cachiri ou de vicou, Ackombaka, soucieux du bonheur de ses sujets autant que du sien propre, voulut donner le signal de la retraite.

Il avait en somme tenu sa promesse. Le chef blanc avait pu, grâce à son aide, atteindre son but; à lui maintenant de remplir ses engagements. Il était temps de rallier la crique et de partir en guerre contre les Bonis et les Poligoudoux.

Mais Benoît ne l'entendait pas ainsi. Les Peaux-Rouges étaient de trop précieux auxiliaires pour qu'il consentît non seulement à quitter la place, mais encore à se priver de leurs services. Comme il connaissait admirablement les faiblesses de ces grands enfants naïfs, avides et paresseux, il ne lui fut pas difficile de les séduire de nouveau.

— Le chef des Hommes-Rouges, dit-il sentencieusement, renonce-t-il à punir le meurtrier du piaye de sa tribu ? Est-il à ce point dégénéré, qu'il oublie comme une vieille femme l'injure faite à lui-même et à ses guerriers !

— Mes jeunes hommes, répondit piteusement l'ivrogne, n'ont plus de provisions. La faim cruelle va hurler dans leurs entrailles, ils n'auront plus de forces pour combattre les nègres du Maroni. Qui donc défendra leurs femmes, leurs enfants et leurs vieillards, si la famine les abat et leur enlève toute leur énergie ?

— Mais l'honneur des hommes rouges n'est-il pas préférable à tout !

— L'Indien ne marche au combat que quand il n'a pas faim, riposta le chef en paraphrasant inconsciemment, cela va sans dire, ce mot du maréchal de Saxe : « Le soldat ne se bat que quand il a mangé la soupe... »

— Qu'à cela ne tienne, reprit Benoît. Je conduirai le chef et ses guerriers dans un abatis comme nul indien n'en a vu depuis que « Gadou », le grand maître du monde, a créé les hommes, les animaux et les forêts.

— Mon frère dit-il la vérité ?

— Le chef blanc ne ment jamais, dit impudemment le coquin.

— Quand mon frère montrera-t-il cet abatis à celui « qui vient déjà » et à ses guerriers ?

— Lorsque le soleil se montrera après s'être endormi deux fois derrière les grands bois, mes frères les Emérillons et les Thïos fouleront les champs de patates, d'ignames et de manioc ; ils nageront dans l'abondance, et pourront passer sans travailler le prochain hivernage.

C'en était trop, et les arguments du blanc étaient vraiment irrésistibles. Il fut convenu que l'on partirait sans plus tarder pour ce mystérieux pays de Cocagne, où il ferait si bon manger, boire et dormir, sans autre peine que de préparer les aliments et les liqueurs fermentées.

L'on se mit en marche à la grande joie de Benoît qui, ennuyé de son pontificat, reprenait brusquement ses prosaïques habitudes en parlant à ses complices.

— Ouf !... dit-il à Tinguy qui ne comprenait rien à l'entretien, mais admirait de confiance, j'ai encore une fois sauvé la situation.

— Et moi, j'ai sauvé la caisse, répondit le forçat, en montrant son épaule rougie par la bretelle de la musette qui lui battait le flanc.

— Tiens, c'est vrai... La pépite !.., Je l'avais presque oubliée.

— Moi pas ! Ce bon jaunet ! C'est qu'on n'en trouve pas souvent autant dans le talon d'un Indien.

— Patience, mes gaillards, patience. Nous aurons avant peu du nouveau.

— Pourvu que ce soient des cailloux comme celui que je porte, je n'en demande pas davantage. Oh ! tu peux me charger comme un mulet. Je marcherai sans me plaindre.

La troupe s'avançait lentement dans la direction de la Bonne-Mère. Le lecteur a de suite deviné que l'objectif des aventuriers était l'Eden des Robinsons de la Guyane. Benoît, de cette façon, faisait un coup de maître. Il pouvait tout à la fois garder à sa discrétion la tribu entière qu'il ferait émigrer ultérieurement vers ce canton fertile, et satisfaire sa vieille haine contre Robin.

L'ouragan de pluie s'abattit sur eux non loin du lieu où les Robinsons, inconscients du double péril qui les menaçait, avaient établi leur campement. Les gredins entendirent le fracas produit par la chute des colosses déracinés, mais l'aveugle fatalité qui frappait en ce moment des innocents, les épargna.

La furieuse convulsion de la nature passa comme une colère d'enfant, les lourdes nuées se dégagèrent, et la lune, dans son plein, éclaira de sa lumière sereine les grands bois aux feuilles emperlées de pluie.

Le forçat s'enleva à la force des poignets. (Page 334.)

Les sauvages habitants de la forêt, épouvantés par ce subit écroulement, s'étaient enfuis. Les vastes arceaux de verdure ne repercutaient plus ces multiples bruits de fauves en quête de proie, d'hallalis sonnés par des larynx de tigres, de cris de bêtes aux abois, de hurlements accompagnant la curée chaude. Tout se taisait encore, après ce formidable « *quos ego!...* » de la nature en courroux.

Une seule voix rompit ce silence de nécropole. On entendit un cri humain, un gémissement plutôt, un de ces appels angoissés qui trouent le nuage d'agonie flottant sur un champ de bataille. La voix n'appelait pas à l'aide. Cette plainte n'était que l'inconsciente révolte d'un organisme contre la douleur.

Les Indiens superstitieux se rapprochèrent craintivement des blancs.

— Tu as entendu, chuchotta Ackombaka, blotti contre Benoît.

— Oui, j'ai entendu la voix du piaye qui crie vengeance, répondit à tout hasard le misérable.

L'appel retentit plus vibrant et plus désespéré.

— C'est un homme, à n'en pas douter, continua l'ancien surveillant. Qui peut bien se trouver en un tel endroit et en un semblable moment.

« Ah ! diable ! si c'était... Oui, parbleu ! Si c'étaient les particuliers qui après avoir enlevé les pépites de la caverne, nous y ont si gentiment enfermés.

Il fit part de ses impressions à ses complices, qui, comme toujours, partagèrent son avis. Tinguy renchérit encore, en prétendant qu'ils pourraient bien être en possession du « magot. »

— Tu n'es pas aussi bête que tu le parais, toi, Tête-de-Chenet, reprit Benoît, en donnant au bandit ce petit nom d'amitié réservé pour les grandes occasions.

« Allons, en route, et tâchons de débrouiller le fil de cette aventure.

Les Indiens le suivirent, en dépit de l'aversion qu'ils éprouvent à marcher la nuit, aversion qu'augmentait encore en ce moment la terreur inspirée par ce mystérieux appel. La troupe s'avança jusqu'au point ravagé par la foudre. La lune enveloppait de ses limpides rayons le vaste abatis improvisé par l'ouragan. Les arbres restés debout formaient comme une muraille circulaire autour de ce pêle-mêle monstrueux de troncs éclatés, de cimes tordues, de branchages fracassés, de lianes rompues.

Une tache blanche, toute petite, se détachait en vigueur sur ce sombre fouillis, à quelques mètres à peine des aventuriers. Une brindille sèche craqua sous le soulier de Benoît. L'objet blanc s'allongea, grandit, puis se dressa. C'était un homme paraissant blessé, ou tout au moins, rudement contusionné.

Un des Indiens laissa échapper une exclamation de surprise, peut-être de terreur.

— Qui va là ? cria-t-on en français.

— Qui va là vous-même, riposta rudement l'argousin.

— Un blessé qui demande du secours pour ses compagnons et pour lui

— Êtes-vous nombreux ?

— Quatre. L'ouragan s'est abattu sur notre carbet, et mes compagnons sont enfouis sous les branches... morts peut-être, continua l'homme, étranglé par un sanglot.

— Allons, du courage, ça peut s'arranger. Nous allons vous aider.

Benoît s'avança vers l'inconnu, que cette subite arrivée d'une troupe nombreuse ne paraissait ni émouvoir ni même étonner. Un rayon tomba d'aplomb sur sa figure. C'était un tout jeune homme.

— Sacrebleu, gronda le surveillant stupéfait. Je dois une fière chandelle au bon Dieu du Tonnerre. Mais le diable m'emporte, ce galopin-là est tout bonnement celui qui accompagnait Robin.

— Je vous en prie, venez vite à leur secours. Je ne les entends pas remuer. Aidez-moi à écarter ces branches.

— On y va, jeune homme, on y va, et de bon cœur, vous pouvez m'en croire.

— Oh ! merci pour cette bonne parole.

— Êtes-vous blessé ?

— Non. Mais je suis brisé. Il me semble que tous mes membres sont rompus.

— Celui-là, dit à voix basse Benoît au chef indien, est l'ennemi de ta race. Veille sur lui et tâche qu'il ne s'échappe pas. Nous allons saisir les autres. Tu vois que Gadou nous protège.

Les trois forçats et les Peaux-Rouges ne restaient pas inactifs. Leur vieille expérience de coureurs des bois leur permit d'organiser adroitement les moyens de sauvetage. Pendant que les uns se glissaient sous les basses branches, avec leur souplesse de reptiles, les autres sabraient avec précaution, et tentaient de pratiquer un sentier conduisant sur le point désigné par le jeune homme comme étant celui qu'occupait le carbet.

Après une heure de recherches pénibles, une voix étouffée sortit de l'épaisse jonchée. C'était celle de Bonnet. Le forçat, grâce à sa prodigieuse agilité, avait réussi à pénétrer, après des peines infinies, jusqu'à l'endroit où gisaient les trois hommes immobiles comme des cadavres. Par un hasard miraculeux, ils se trouvaient étendus sous un grignon colossal, qui, cassé net à cinq pieds du sol, était resté appuyé sur la base de son tronc rompu, en formant un plancher incliné au-dessus d'eux.

Ils étaient complètement évanouis, mais sans blessures apparentes au toucher. Leur syncope devait avoir été amenée par l'incalculable intensité du choc qui les avait renversés.

Les travailleurs s'étaient précipités vers le point d'où partait la voix de

Bonnet, qui donnait à son chef, à travers les branches, cette courte série d'explications. Ils pratiquèrent une sorte de puits, au milieu de la couche de végétaux qui n'avait pas moins de sept ou huit mètres d'épaisseur en cet endroit. Le jeune homme, toujours couvert par le regard inquiet d'Ackombaka, était au premier rang des sauveteurs. Sa vigueur et son énergie étaient rapidement revenues. Il abattait une besogne égale à celle de quatre hommes.

— Voici un compagnon auquel il ne faudra pas ménager tout-à-l'heure la ficelle, grognait Benoît, que cette force d'athlète inquiétait, en dépit de la présence de ses gardes-du-corps.

Après de nombreux efforts et d'infructueuses tentatives, les trois blessés, hissés doucement à force de bras au bout des amarres de hamacs, furent enlevés près d'un vaste brasier.

Le jeune homme poussa un hurlement de joie. Il allait se précipiter vers eux, mais il n'en eut pas le temps. Il tomba rudement sur le sol, la tête et les bras pris sous un hamac, comme dans les mailles d'un épervier, les jambes étroitement ficelées par une liane.

— Doucement, mon camarade, doucement, fit ironiquement Benoît, nous avons un petit compte à régler avec ce particulier qui vous ressemble si fort, et que je connais de vieille date.

Les deux jeunes gens et leur père, frottés à tour de bras par les Indiens, reprenaient lentement leurs sens. Une gorgée de tafia introduite à travers leurs mâchoires contractées les fit revenir complétement à la vie. Au moment où leurs yeux s'ouvraient à la lumière et se fixaient sur le foyer avec cet effarement bien naturel d'hommes étonnés de se trouver encore vivants, au moment où leur poitrine se gonflait en aspirant les premières bouffées d'air frais, ils s'aperçurent avec stupeur qu'ils étaient garottés au point de ne pouvoir faire aucun mouvement.

Benoît s'avança lentement vers eux. Il s'arrêta près du brasier dont les lueurs sanglantes éclairaient ses traits farouches. Il arracha brusquement sa casquette à couvre-nuque et s'écria d'une voix stridente en regardant bien en face le proscrit :

— Me reconnais-tu, Robin ?

Le prisonnier perçut la situation avec la netteté particulière à ceux qu'une perpétuelle existence de luttes familiarise avec les périls de toute sorte. Il reconnut d'emblée l'ancien garde-chiourme et n'honora même pas sa question d'un mot de réponse. Ses traits calmes et fiers conservèrent leur imposante sérénité. Mais le long regard qu'il laissa tomber sur le misérable, fut chargé d'un mépris si écrasant, que ce dernier crut sentir comme un soufflet s'abattre sur sa joue.

Il pâlit et fit un brusque mouvement pour s'élancer sur lui. Comme jadis dans la caverne, les exclamations de rage, les blasphèmes et les injures s'étranglaient dans sa gorge. Il voulait et ne pouvait articuler un son. Il ne savait plus que hurler, beugler, hoqueter. Jamais organisme humain ne fut tordu par un plus hideux paroxysme de fureur insensée.

Robin et ses fils contemplaient avec une sorte de curiosité froide et dédaigneuse cette scène, et semblaient plutôt des spectateurs désintéressés que les acteurs d'un drame dont le dénouement serait terrible. On eût dit une famille de lions s'amusant des contorsions d'un loup hydrophobe.

Les Indiens et les forçats se taisaient, étonnés de cette violence avec laquelle ils étaient pourtant familiarisés.

— ... Comme des chiens !... oui, vous crèverez tous... comme des chiens, put enfin vociférer le bandit.

Les lèvres du proscrit s'entrouvrirent, et de sa voix calme, bien timbrée, il proféra ce seul mot :

— Lâche !...

Cette épithète, sanglée à bout portant, eût pu amener aussitôt une irréparable catastrophe. Elle produisit au contraire sur le misérable l'effet d'une douche glacée. Il se calma comme par enchantement, et sans le frémissement de sa voix encore émue, il eût été impossible de concevoir la violence de l'accès qu'il venait de dompter subitement.

— Tu me paieras cela avec le reste. Ma foi, je t'aurais bêtement cassé la tête d'un coup de fusil. Je suis pour les moyens expéditifs, moi.

« Mais, puisqu'il en est ainsi, je vais te laisser entre les mains des Indiens. Tu verras quels habiles tortionnaires. J'assisterai à la séance, et je marquerai les points.

« On te servira le dernier, pour la bonne bouche. Mes excellents Peaux-Rouges commenceront par tes compagnons. Ce sont tes enfants, n'est-ce pas. Je sens cela à ma haine contre eux. Ils te ressemblent d'ailleurs comme une nichée de tigres à leur père. De rudes gaillards. Nous verrons quelle contenance ils garderont, quand mon digne ami Ackombaka leur fera ses mamours.

« Je serais également curieux de savoir si tu feras autant ton matamore quand, après les avoir vu lardés par les mouches-sans-raison et déchiquetés par les fourmis-manioc, ils claqueront là, sous ton nez, comme des crapauds dans du tabac ».

Les prisonniers restaient toujours impassibles et muets devant ces ignobles fanfaronnades. Leurs yeux seuls, rivés sur ceux du bandit, semblaient le foudroyer d'indicibles regards de mépris.

Les Peaux-Rouges, experts en matière de courage, ne pouvaient se lasser d'admirer cette inébranlable fermeté. L'attitude des jeunes gens, de véritables enfants, les frappait d'étonnement, et leur respect pour les hommes de la race blanche s'en augmentait d'autant. La fête du lendemain serait magnifique, et il y aurait un incomparable plaisir à leur appliquer les formules les plus raffinées du grand art de bourreaux dans lequel ils excellent.

L'ombre du défunt piaye serait bien vengée, et *Massa Gadou* ne manquerait pas de lui ouvrir à deux battants les portes du Paradis réservé spécialement aux Peaux-Rouges. Ackombaka, n'ayant jamais « opéré » sur des blancs, n'était pas sans inquiétude, relativement à l'attitude qu'il conviendrait de prendre au moment solennel. Si Benoît ne lui eût positivement affirmé que cet homme à longue barbe avait pris la forme d'une mouche-sans-raison pour pénétrer dans le pharynx du sorcier, jamais le pauvre diable n'eût osé porter la main sur des hommes d'une essence à ce point supérieure.

Mais l'affirmation du bandit, — un blanc aussi, — sa présence sur le lieu du supplice avec ses compagnons d'infamie, suffiraient à lui communiquer l'aplomb nécessaire. Nul doute que, le tafia aidant, il ne se comportât correctement.

Benoît lança sur ses victimes un dernier regard de haine et ajouta, en s'adressant plus particulièrement à Robin :

— Je n'ai pas besoin de t'expliquer les motifs de ma conduite à ton égard. Nous sommes ici en plein bois, en dehors de toute civilisation, fort heureusement, et sans autre loi que celle du plus fort. N'y eût-il que notre vieux compte à régler ensemble, la raison serait plus que suffisante.

« Mais, plus j'y pense, plus je suis certain que c'est toi qui, aidé de tes damoiseaux, essayas de nous jeter sur la tête les arbres de la crique, et blessas d'une flèche un de mes compagnons. N'est-ce pas toi aussi qui aidas à l'évasion du Peau-Rouge, notre prisonnier?

— C'est moi, articula nettement Robin.

— Je n'attendais pas moins de ta franchise. Ton aveu rassure ma conscience, continua-t-il ironiquement. Vous allez passer la nuit ici, on y est très bien. Une demi-douzaine de Peaux-Rouges, commandés par un de mes

« fagots », vous serviront de gardes du corps. Vous serez bien gardés. Allons, dormez en paix, et ne faites pas de mauvais rêves. A demain.

Robin et ses trois fils furent assis côte à côte, le dos appuyé contre un faisceau de feuilles de waïe. Un Indien, portant une large calebasse pleine de couac, vint leur mettre à tour de rôle devant la bouche des boulettes de l'épaisse bouillie, qu'ils refusèrent. Un autre apporta un coui plein d'eau. Ils burent quelques gorgées qui leur procurèrent un soulagement inexprimable.

Benoît s'était retiré, les Peaux-Rouges veillaient sous le commandement de Bonnet, que l'argousin avait mis rapidement au courant de la situation.

Les prisonniers conversaient à voix basse, mais en anglais, au grand désappointement du misérable qui eût bien voulu savoir ce qu'ils disaient. Il ne chercha pas à leur imposer silence, car le chef avait donné l'ordre de les laisser communiquer entre eux ; non par humanité, mais parce qu'il espérait que ces suprêmes confidences, cette solennité douloureuse du dernier entretien amènerait chez eux un moment de faiblesse.

Son attente fut déçue. Les Robinsons, ces athlètes au moral comme au physique, avaient été, dès l'enfance, préparés à toutes les luttes. Les revers les plus implacables, les catastrophes les plus soudaines pouvaient les frapper, mais non les abattre.

Et pourtant, ils étaient irrémédiablement perdus, à moins d'un de ces miracles, hélas! trop rares en pareil lieu. Il leur était non seulement impossible de tenter un effort désespéré pour briser leurs liens et s'enfuir, mais encore, tout mouvement leur était interdit, tant leurs bourreaux avaient multiplié les entraves autour de leurs membres.

— Mes enfants!... Mes chers enfants! murmurait le proscrit, le cœur broyé par l'angoisse, mais le visage impassible. Je crois que nous sommes perdus. Il ne nous reste plus qu'à nous préparer à mourir, et à mourir vaillamment.

— Père, nous sommes prêts, répondirent d'une seule voix les héroïques jeunes gens.

— Père, je suis fier de te le dire au nom de mes frères et au mien, reprit Henri, nous avons vécu sans reproche, nous mourrons sans peur.

— Je sais bien que vous êtes braves, chers enfants de ma souffrance et de mon amour. Je ne crains pas la défaillance, mais puis-je penser que je vous verrai demain, sans défense, au milieu de cette meute hurlante de sauvages à la curée, que ce monstre à face humaine, ce rebut des bagnes insultera à votre agonie, et que je ne pourrai même pas donner ma vie pour sauver la vôtre!

— C'est bien lui, n'est-ce pas, dit de sa voix douce Eugène, c'est cet homme que tu as arraché des griffes du tigre, quand tu repris ta liberté.

— C'est lui, et vous êtes les victimes de ma bonne action !

— Et qu'importe la vie sans toi ! dit à son tour Edmond. N'avons-nous pas bravé cent fois la mort depuis le jour où l'on vint t'enlever de nos mains éplorées ! Cette lutte de tous les instants, entreprise à ce moment et continuée toujours sans trêve ni merci, ne nous a-t-elle pas familiarisés avec l'idée d'une mort prématurée.

— Père ! nous ne regrettons que les grandes choses rêvées avec toi pour l'avenir de notre patrie d'adoption.

— Vous ne regrettez rien..., interrogea d'une voix étranglée le proscrit dont l'œil fut brûlé par une larme.

— Rien ! tu sais bien, père, qu'Elle mourra de notre mort !

Nulle allusion n'avait jusqu'alors été faite à leur mère par les intrépides enfants. A quoi bon des paroles ! Leur cœur n'était-il pas rempli par la pensée de cette adorable et vaillante créature ! Ne formaient-ils pas qu'une seule âme dans plusieurs corps ! N'était-elle pas présente à leur funèbre entretien ! Ils ne disaient même pas « notre mère » ; ils la désignaient par ce seul mot : Elle. Et cette appellation impliquait avec la pensée constante, l'idée d'une collectivité dont tous les éléments étaient essentiellement solidaires les uns des autres.

— Pauvre Charles ! murmura d'un accent étouffé le malheureux père.

— Charles est déjà un homme, reprit fermement Henri. Il recueillera notre héritage. Il faut qu'il vive, qu'il personnifie notre idée. La grandeur de l'entreprise est à la hauteur de sa vaillance.

Pendant que les Robinsons de la Guyane, irrévocablement condamnés, assistaient vivants encore à leur veillée mortuaire, l'orgie commençait dans la clairière. Indiens et forçats buvaient gloutonnement. Benoît seul restait sobre et maître de lui-même. Tinguy, complètement ivre, avait l'alcool triste.

— Tu disais donc chef, répétait-il pour la dixième fois, que le grand barbu, qui est le père des jeunes, est un ancien de là-bas.

— Oui, répliquait rageusement l'ancien surveillant ; f...iche-moi la paix.

— Et comme ça, continua-t-il avec son énervante ténacité d'ivrogne, tu as eu affaire à lui, dans des temps.

— Oui ! oui ! Assez, te dis-je.

Ils se trouvaient étendus. (Page 339.)

— Alors, c'est lui qui a coupé la face du tigre qui te rongeait une jambe?

« Tu as une drôle de manière de payer tes dettes.

« Et tu vas le laisser comme ça charcuter par les Peaux-Rouges.

« Tiens! veux-tu que je te dise, tu ne ne vaux pas un « fagot ». Un fagot, ça peut avoir un sentiment de reconnaissance. Mais, t'as donc rien dans le ventre?

« Moi, je ne voudrais pas qu'on le tue. C'est comme ma tante! si c'était à recommencer... »

Le bruit sourd d'un coup de poing coupa net la phrase. L'ivrogne culbuta, tomba jambe de ci, têté de là sur un lit de feuilles, et finalement s'endormit.

Le jour était près de paraître, et les apprêts du supplice allaient commencer. Des Indiens, accroupis près du feu, sur leurs orteils, tressaient des « manarets » en fibres d'arouma. Ces manarets, au nombre de quatre, devaient servir à emprisonner par le milieu du corps les mouches-sans-raison. Il y en avait un pour chaque victime.

Deux Émérillons étaient partis en découverte, à la recherche de nids. L'heure était propice à la capture des hyménoptères encore engourdis à cet instant matinal. Des tortionnaires amateurs faisaient provision d'épines de fromager et de counanan, d'autres aiguisaient leurs sabres sur des plaques de diorite, d'autres enfin apprêtaient leurs flèches et façonnaient des « *boutous* », espèces de boules de bois dur remplaçant les pointes, et destinés à étourdir les animaux sans les percer. Les prisonniers possédant une vigueur exceptionnelle, il était à supposer qu'ils pourraient endurer toute la série des supplices. Ils seraient alternativement piqués, troués, lardés, assommés puis découpés en menus morceaux.

Quelle joie, pour ces naïfs enfants de la nature, de pouvoir rapporter quelques tranches boucanées des hommes blancs, et d'accrocher aux poutres de leurs carbets ces dépouilles enluminées de roucou. Ce *piaye*[1] infaillible, ne manquerait pas de rendre la tribu invincible, car les blancs étant braves et forts entre tous, les possesseurs de ces talismans incomparables deviendraient du coup semblables à eux.

Les apprêts de la lugubre cérémonie sont terminés. Le supplice va commencer. Les sons de la flûte indienne déchirent l'atmosphère épaisse qui baigne la forêt. Les guerriers ont fait une toilette de circonstance. Tous sans exception, vermillonnés de roucou des pieds à la tête, semblent sortir d'un bain de sang. Des lignes bizarres, tracées au suc brun du génipa, forment sur ce fond sanglant des dessins fort curieux. Chacun a sa peinture particulière, comme les anciens croisés leurs armoiries. Ils tiennent de la main gauche leur grand arc en bois de lettre, à cordes en fibres de mahot, et le faisceau de longues

---

[1] Le mot de *piaye*, sert non seulement à désigner le sorcier, mais encore tous les remèdes baroques de la pharmacopée indigène, ainsi que les talismans, les amulettes et autres gris-gris quelconque. On l'emploie aussi dans le sens de maléfice. L'on dit : jeter un *piaye*.

flèches en tige de gynérium. Tous ces projectiles ont été garnis à la base de plumes rouges de toucan ou de troupiale.

Ils ont arboré leurs colliers et leurs couronnes de plumes. Ces couronnes très curieuses, dans la confection desquelles les Indiens déploient une adresse et une patience incroyables, sont de trois sortes. Les unes sont blanches, les autres sont noires, et une troisième espèce est formée de quatre segments égaux, dont deux rouges et deux jaunes. Les blanches proviennent du poitrail d'une variété de toucan appelé « crieur » par les créoles et *ramphastus toco* par les naturalistes. Les noires sont faites avec la huppe de l'agami, les dernières, aux couleurs éclatantes, sont fabriquées avec les plumes du *cui-cui*, autre toucan, nommé *ramphastus vitellinus*. La partie supérieure de ces plumes est rouge vif, la partie inférieure, jaune éblouissant. Quelques-unes sont en outre ornées de poitrails d'oiseau-mouche d'une admirable nuance écarlate.

Ces couronnes sont le « nec plus ultra » de l'élégance chez les Peaux-Rouges, la coiffure des grandes solennités. Ils les serrent dans leurs *pagaras* et ne les exhibent qu'à bon escient.

Ackombaka est superbe. Il porte, avec autant de fierté qu'un général en chef, son panache blanc, un diadème en plumes jaunes de cassique, hautes de quinze centimètres, et d'où émergent à la partie antérieure, comme des cornes, deux immenses plumes rouges enlevées à la queue d'un ara. Un quadruple rang de colliers noirs, rouges, blancs et jaunes, s'étagent sur sa poitrine qui rutile comme un fond de pantalon garance. Il porte deux bracelets, l'un en dents de tigre, alternant avec des grains de *shéri-shéri*, l'autre en griffes de tamanoir. Sur son calimbé en cotonnade, s'étale un calimbé de grande tenue, en plumes bleues et rouges, orné à droite et à gauche des anneaux cornés formant le grelot des serpents à sonnettes.

Le chef est encore un peu ivre. Il est à point, comme dit Benoît avec son hideux sourire. Cette pointe d'alcool est juste suffisante pour lui donner assez de hardiesse, sans qu'il ait à se préoccuper de rechercher la ligne verticale.

Il s'avance, précédé de son flûtiste et flanqué de l'ancien surveillant. Derrière eux, marche en désordre, et non sans oscillations, le gros de la troupe commandé par Bonnet et Mathieu. Tinguy, ivre mort, ronfle à poings fermés sur sa litière de feuilles.

La flûte se tait sur un signe du chef, les guerriers s'arrêtent à trente pas des Européens toujours assis et garottés. Ackombaka fait encore vingt-cinq pas, et leur adresse par l'entremise de Benoît une courte allocution.

« L'illustre capitaine « *Qui-Vient-Déjà* » est plein d'admiration pour le courage des hommes blancs. Il leur réserve la mort des braves. L'offrande de leurs existences sera d'autant plus agréable à *Massa Gadou*, et les mânes du piaye dont ils ont causé le trépas prématuré, seront dignement honorés.

« Pour leur montrer combien il a d'estime pour leur intrépidité, le trois fois grand Ackombaka leur appliquera lui-même sur la poitrine et sur les flancs les guêpes irritées. Le chef blanc ayant pris la forme d'une guêpe pour tuer le piaye, il faut que ses complices et lui subissent d'abord le supplice des guêpes. Puis, les guerriers rouges leur traceront sur le corps des cercles en génipa, et montreront leur adresse en plantant au milieu de ces circonférences, leurs flèches qui n'attaqueront aucun organe essentiel.

« La seconde partie du divertissement sera réglée ultérieurement.

« Et maintenant, les blancs vont souffrir. Qu'ils entonnent leur chant de guerre. »

Le chef Peau-Rouge fait un signe. Quelques-uns de ses hommes se détachent du groupe, soulèvent les malheureux prisonniers, les dressent le long de quatre troncs auxquels il les amarrent solidement.

Les Robinsons se sentent perdus. Leurs corps éprouvent une suprême révolte à ce hideux contact. Leurs muscles puissants se contractent furieusement pour briser les liens qui ensanglantent leur chair. Efforts inutiles hélas ! et dont la stérilité amène un sourire sardonique sur les lèvres du scélérat qui épie sur leurs traits un signe de douleur ou de défaillance.

— Allons, dit-il impatiemment à Ackombaka, fais vite. Les blancs n'ont pas de chant de guerre.

L'Indien étonné se met en devoir d'obéir. Il prend des mains d'un de ses compagnons un manaret et s'avance lentement, suivi de Benoît qui marche un pas derrière lui, en couvrant à chaque enjambée la trace de son pied. Le cérémonial le veut ainsi.

Les guêpes furieuses emprisonnées aux flancs dans les mailles des tamis, bourdonnent et agitent leurs ailes. De leurs abdomens, renflés, mobiles, annelés d'or, surgissent alertes et rigides les dards emperlés de suc vénéneux. La douleur va être atroce. Ackombaka lève les bras, et abaisse l'instrument de torture sur la poitrine du proscrit.

C'en est fait !

— Du courage, enfants, dit-il de sa voix calme.

Au moment où les guêpes vont toucher l'épiderme nu du blanc, le Peau-Rouge s'arrête pétrifié comme à la vue d'un serpent. Il veut faire un bond en arrière, mais il heurte rudement Benoît qui roule sur le sol. Le canon d'un fusil à deux coups surgit du rideau de lianes et s'appuie soudain sur un des arcabas de l'arbre auquel Robin est attaché. Un blanc flocon de fumée jaillit de l'arme, une sourde détonation retentit, Ackombaka écarte les bras et s'abat le crâne fracassé sur le surveillant, qui pousse un épouvantable hurlement de douleur.

Le manaret échappant à la main mourante du Peau-Rouge, est tombé sur la face du misérable, et les guêpes affolées le lardent furieusement. Un second coup de feu arrête soudain les Indiens qui veulent se précipiter au secours de leur chef. Une charge de chevrotines pénètre en sifflant au milieu de leur groupe compact, le sang ruisselle, des cris de terreur se mêlent aux gémissements des blessés, le désordre est à son comble.

Les trois forçats se sont lâchement enfuis les premiers, en abandonnant leur chef, aveuglé, tuméfié, boursouflé, horrible.

La fumée du second coup n'est pas encore dissipée, que Robin, assourdi par la détonation, voit bondir devant lui un nègre d'une taille colossale, nu de la tête aux pieds, le front encerclé d'un bandeau sanglant. De sa poitrine d'athlète noir, sort un cri formidable qui tonne sous la feuillée.

— Oaaack !... Oaaack !... Boni !... Boni !...

Deux autres noirs, des jeunes gens qui ne lui cèdent ni en vigueur ni en stature, s'élancent près de lui, en rugissant leur cri. Les Indiens épouvantés, détalent comme des kariakous, devant les trois géants. Les liens des prisonniers sont tranchés en un tour de main, la clairière est vide, ils sont libres !

Les trois libérateurs ne jugeant pas prudent de leur donner la chasse, s'arrêtent et contemplent les Robinsons d'un air respectueux et attendri. Le plus âgé, celui qui porte un bandeau, se jette dans les bras de Robin qui le reconnaît et s'écrie :

— Angosso !... Mon brave Boni ! C'est toi !...

— Mo même, dit le noir radieux. Çà mo z'enfants, Lômi et Bacheliko. Oh ! mo content . . content oui !...

Vous dire si le bon noir et ses fils furent embrassés, fêtés, choyés par les Robinsons serait superflu. Leur amitié antérieure, et l'immensité du service rendu présentement dispensent de tout commentaire.

Ils se retirèrent sans plus tarder après les premiers épanchements, car les Indiens pouvaient opérer un retour offensif. Les blancs se trouvaient sans armes, et brisés tant par la chute des arbres, que par les entraves qui avaient pendant près de quinze heures meurtri leurs membres. Il eût été imprudent de courir les chances d'une lutte, pour le moins douteuse, contre les Emérillons.

Angosso ne voulut pourtant pas quitter la clairière sans terminer la bataille par l'épilogue obligatoire.

Il passa sur le bord de son ongle le tranchant de son sabre dont le fil lui parut « bon-bon » puis, gravement, comme s'il remplissait une sorte de sacerdoce, il saisit par ses longs cheveux, la tête de feu Ackombaka, son vieil ennemi, et lui coupa le cou le plus proprement du monde. Il présenta ensuite son arme à Robin, afin qu'il pût aussi faire à Benoît immobile la même opération, mais le proscrit lui fit comprendre que les blancs ne frappaient jamais un ennemi à terre.

— Comme vous voudrez, compère. C'est l'habitude des hommes de ma race. Un homme ne revient pas quand il est en deux morceaux.

Il se pencha sur le surveillant, et vit qu'il respirait encore, mais faiblement.

— Li pas mouri, dit-il.

— Qu'importe, reprit Robin, il ne peut plus rien contre nous. Les fourmis le dévoreront bientôt, je ne veux pas souiller mes mains du contact de cet être immonde.

Ils reprirent lentement le chemin de la Bonne-Mère, en s'appuyant sur des bâtons. La réaction s'opérait brusquement, et leurs souffrances devenaient intolérables. Eugène et Edmond, moins robustes que leur frère Henri, et surtout que leur père, ne marchaient qu'avec des peines infinies en dépit du secours fraternellement prêté par Lômi et Bacheliko. Angosso, après avoir rechargé son fusil, formait l'arrière garde, et s'avançait portant imperturbablement la tête d'Ackombaka qu'il tenait par une poignée de cheveux.

— Voyons, Angosso, que veux-tu faire de cette tête? lui demanda doucement Robin.

— Attendez un peu, compère, vous verrez.

L'attente ne fut pas bien longue. Au bout d'une heure, ils rencontrèrent une crique profonde, dont le courant était hérissé de roches noirâtres. Le Boni fureta de tous côtés, et finit par découvrir entre ces roches des trous circulaires, du diamètre de la cuisse d'un homme robuste.

— Ah! très bien. Voici la demeure du Tatou.

Il arracha un fragment de pierre, fit glisser la tête dans un des trous, le boucha et s'en alla tranquillement.

Le proscrit lui demanda l'explication de cette bizarre cérémonie, et Angosso ne fit aucune difficulté pour la lui donner.

— Ackombaka étant mort, dit-il, va se présenter devant Gadou, et le priera de lui donner sa place avec les autres chefs peaux-rouges. Mais, Gadou ne le reconnaîtra pas, puisqu'il n'aura plus sa tête. Il ne voudra pas le recevoir. Gadou, qui est très bon, demandera aux fourmis si elles ont mangé la tête, les fourmis diront non. — Aïmara, demandera encore Gadou, as-tu mangé la tête de ce Peau-Rouge? l'Aïmara dira non. Gadou demandera encore à la *Mama-Boma* (Maman-Couleuvre) si elle a mangé la tête du chef. — Non, répondra la Boma! Alors, le Tatou, qui est un animal impur, viendra sans être appelé. — C'est moi qui ai mangé la tête du Peau-Rouge, dira-t-il.

— Méchant Tatou, Tatou maudit, va-t-en chez Yolock (le diable) ton maître. Gadou ne te connaît pas.

— Bon, dira le méchant Tatou, j'y vais.

Yolock recevra son compère Tatou, et le corps d'Ackombaka le suivra malgré lui. Yolock donnera à ce corps une tête de Tatou, et le chef sera toujours immonde et maudit.

CHAPITRE VIII

Les Noirs de la Haute-Guyane. — Bosh et Bonis. — Une vaillante race. — La liberté ou la mort. — Vainqueurs des Hollandais. — Boni, le héros de Cottica. — Le *Grand-man* Anato. — Les Oyacoulets et leur mystérieuse légende. — Trahison. — Le capitaine Koakou, dit « *Bouche-Tombée* ». — Nouveaux Robinsons. — Frères noirs et frères blancs. — Inquiétude et désespoir. — Angoisses maternelles. — Perdu ! — Tigre blessé, chasseur disparu. — En avant !

Il a souvent été question, dans cet ouvrage, des peuplades noires indépendantes qui habitent le haut Maroni, et qui sous le nom de *Bosh, Youcas, Poligoudoux* et *Bonis*, atteignent le respectable chiffre de six à sept mille individus. Les Peaux-Rouges, qui forment le fond de la population aborigène de l'Amérique intertropicale, abrutis par l'alcool, et décimés par la variole, sont appelés à disparaître prochainement. En revanche, cette vaillante race noire, transportée aux temps maudits de l'esclavage des côtes de Guinée, de Krou, et du pays des Rongous, fait merveille sur cette admirable terre de Guyane, si hospitalière aux hommes et aux végétaux du vieux continent africain.

L'Histoire de ces peuples remonte à cent soixante-dix ans déjà, et il est non seulement intéressant, mais essentiel de l'écrire, car ces héros obscurs, après avoir intrépidement combattu pendant soixante ans contre la tyrannie, ont pu écrire avec leur sang, ce mot magique de LIBERTÉ ! au livre d'or des nations indépendantes. Les ancêtres de ces paisibles riverains du grand fleuve des Guyanes, étaient donc ces terribles nègres marrons, qui soutinrent, contre les troupes disciplinées de la Hollande, d'interminables luttes, toujours meurtrières, souvent victorieuses.

Chose curieuse, l'intervention de la France dans les affaires de la métropole néerlandaise, fut la cause du premier soulèvement. L'amiral Cassard, étant

Lui coupa le cou le plus proprement du monde. (Page 350.)

venu attaquer la ville de Paramaribo avec une flotte de cinq navires, portant ensemble deux cent soixante-quatorze canons, la colonie ne put éviter une ruine totale qu'en payant une contribution d'environ un million et demi. C'est de cette époque, dit également le commandant Frédéric Bouyer, dans son remarquable ouvrage sur la Guyane, que date la désertion des noirs.

Les colons néerlandais, taxés à tant par tête d'esclaves, lors de la répar-

CHAPITRE VIII

Les Noirs de la Haute-Guyane. — Bosh et Bonis. — Une vaillante race. — La liberté ou la mort. — Vainqueurs des Hollandais. — Boni, le héros de Cottica. — Le *Grand-man* Anato. — Les Oyacoulets et leur mystérieuse légende. — Trahison. — Le capitaine Koakou, dit « *Bouche-Tombée* ». — Nouveaux Robinsons. — Frères noirs et frères blancs. — Inquiétude et désespoir. — Angoisses maternelles. — Perdu ! — Tigre blessé, chasseur disparu. – En avant !

Il a souvent été question, dans cet ouvrage, des peuplades noires indépendantes qui habitent le haut Maroni, et qui sous le nom de *Bosh, Youcas, Poligoudoux* et *Bonis,* atteignent le respectable chiffre de six à sept mille individus. Les Peaux-Rouges, qui forment le fond de la population aborigène de l'Amérique intertropicale, abrutis par l'alcool, et décimés par la variole, sont appelés à disparaître prochainement. En revanche, cette vaillante race noire, transportée aux temps maudits de l'esclavage des côtes de Guinée, de Krou, et du pays des Rongous, fait merveille sur cette admirable terre de Guyane, si hospitalière aux hommes et aux végétaux du vieux continent africain.

L'Histoire de ces peuples remonte à cent soixante-dix ans déjà, et il est non seulement intéressant, mais essentiel de l'écrire, car ces héros obscurs, après avoir intrépidement combattu pendant soixante ans contre la tyrannie, ont pu écrire avec leur sang, ce mot magique de Liberté ! au livre d'or des nations indépendantes. Les ancêtres de ces paisibles riverains du grand fleuve des Guyanes, étaient donc ces terribles nègres marrons, qui soutinrent, contre les troupes disciplinées de la Hollande, d'interminables luttes, toujours meurtrières, souvent victorieuses.

Chose curieuse, l'intervention de la France dans les affaires de la métropole néerlandaise, fut la cause du premier soulèvement. L'amiral Cassard, étant

Tabettiye). Il est le président des assises où sont jugées les fautes graves. Les capitaines sont les jurés de ces assises. Enfin, chacun d'eux possède pour emblème de sa dignité une canne de tambour-major à pomme d'argent, sur laquelle sont gravés en hollandais le nom du titulaire et celui de son village. Seul, le *Grand-Man* porte un immense *hausse-col* d'argent, orné à chaque pointe d'une tête de nègre. A la place d'honneur de sa case — les noirs du Maroni ont conservé à leurs habitations la configuration des huttes africaines, — s'étale un large parchemin scellé de cire rouge aux armes de la maison d'Orange. C'est la charte par laquelle le gouvernement néerlandais a reconnu, en 1761, l'indépendance des Bosh, et que ceux-ci conservent précieusement de génération en génération.

La population libre du haut Maroni, s'accroissant de jour en jour, une scission devient inévitable. Les nouveaux venus ne participant pas aux bénéfices de leurs devanciers, une épouvantable révolte éclate en 1772 sur un des affluents de l'Awa, nommé la *Cottica*. Elle a pour chef un homme d'une énergie extraordinaire, alliée à un rare esprit d'organisation. C'est Boni, un noir auquel sa mère, esclave fugitive, donna naissance en plein bois. Boni, le véritable héros de l'indépendance, qui a donné son nom aux noirs habitant aujourd'hui la rive française du Maroni. Il groupe autour de lui les dissidents, et compromet gravement le sort de la colonie hollandaise.

Les milices coloniales s'enfuient éperdues devant lui, il triomphe sur toute la ligne ; son nom est dans toutes les bouches, et telle est son audace, sa bravoure et son habileté de stratégiste des bois, qu'il faut demander à la métropole un corps de troupe d'élite pour les combattre. On croit rêver, en lisant le récit de la campagne, fait par le capitaine Stedman, un des rares survivants de cette terrible expédition que commandait le colonel Fourgaud. Vingt corps expéditionnaires, de soixante hommes, — soit douze cents soldats, — composant chacun une petite armée, s'avancent à travers la forêt vierge. L'ordre le plus absolu préside à tous les mouvements. L'on a affaire à un ennemi infatigable qui semble posséder le don d'ubiquité. On l'attend sur la droite, et il enfonce le centre. On compte l'envelopper en opérant un mouvement tournant sur la gauche, et il tombe sur les derrières, égorge les hommes isolés, enlève les sentinelles, pille les convois, multiplie les obstacles, se joue des dangers, harcèle le gros de la troupe, et fait périr de fatigue et d'insomnie ceux qu'épargnent les balles et les flèches.

Et pourtant, le colonel Fourgaud est un homme rompu à la vie d'aventures. Il connaît comme personne cette guerre d'embuscades, et ne s'arrête pas plus devant les obstacles matériels semés par cette terre implacable sous les pas des Européens, que devant les coups des révoltés. Impitoyable pour ses hommes comme pour lui-même, il traverse impassiblement les criques, les forêts, les savanes noyées, les marais sans fond, les montagnes hérissées de roches. Insensible aux souffrances de tous comme aux siennes, il brave les miasmes, les insectes, les reptiles, la fatigue, la maladie, la faim. Tout plie devant cette énergie de fer, l'ennemi lui-même est sur les dents.

Son ordre de marche pour une compagnie de soixante hommes, est une merveille d'organisation. Deux noirs sapeurs, armés de haches et de sabres d'abatis, ouvrent un sentier. Ils sont suivis de deux soldats marchant en éclaireurs, puis, vient l'avant-garde composée d'un officier, d'un caporal et de six soldats. Le corps de bataille proprement dit, est divisé en deux parties. La première comprend un capitaine, un chirurgien, un caporal, douze soldats et deux noirs portant les munitions ; la seconde douze soldats commandés par un sergent. L'arrière-garde consiste en un officier, un sergent, dix-huit soldats et seize nègres pour porter les vivres, les médicaments, les blessés et les malades. Deux hommes et un caporal ferment la marche. Total : trois officiers, un chirurgien, deux sergents, trois caporaux, cinquante-deux soldats, deux sapeurs, deux porteurs de munitions et seize charroyeurs, en tout quatre-vingt-un hommes ! dont soixante combattants.

L'on a peine à concevoir que Boni et les siens, à peine égaux en nombre aux Hollandais, aient pu tenir aussi longtemps contre des forces pareilles. Nous avons dit que le corps expéditionnaire du colonel Fourgaud comprenait vingt détachements organisés comme ci-dessus.

L'ordre, la discipline, la tactique civilisée et surtout un procédé de destruction consistant à brûler les villages et à ravager les récoltes, triomphèrent de l'insurrection. Boni blessé lors de la prise du village de Gadou-Saby, fut enfin forcé de reculer. Sa retraite fut admirable, il guida ses hommes par des chemins connus de lui seul. Epuisé, mourant de faim, la poitrine ensanglantée, il encouragé les faibles, soutient les malades, combat encore avec ceux qui peuvent tenir leur arme, arrive au bord du Tapanahoni, le franchit le dernier, et se retire fièrement, toujours redoutable dans sa défaite.

L'insurrection était vaincue, mais la Hollande payait chèrement la victoire remportée sur l'esclave fugitif. Sur douze cents hommes envoyés de la métropole, cent à peine revirent leur patrie. Trente officiers dont trois colonels et un major avaient péri.

Longtemps après la mort de leur chef, les Bonis, moins bien organisés que les nègres Boch, et surtout moins nombreux, subirent peu à peu une sorte de servage de la part de leurs voisins. Les Bosh prétendirent monopoliser le commerce avec le bas Maroni, et empêcher les Bonis de correspondre avec les Européens.

Cet état de chose dura jusqu'au jour où fut fondée la colonie de Saint-Laurent qui devint rapidement prospère. La France jusqu'alors avait délaissé le Maroni. Elle comprit l'importance de cette immense artère navigable sur un parcours de près de cent kilomètres. Elle protesta contre le servage imposé par les Bosh aux Bonis habitant le territoire français. Les positions respectives des peuplades rivales occupant les deux Guyanes furent rigoureusement établies au retour d'une brillante expédition franco-hollandaise organisée en 1860 par M. Vidal, lieutenant de vaisseau de la marine française. La liberté de commerce et de navigation furent également proclamées.

Depuis quelques années, d'excellentes relations d'amitié se sont établies entre les Bonis et les chercheurs d'or de la région. Ils vont, viennent, chassent, pêchent et trafiquent librement avec notre colonie. Leur grande douceur et leur probité rendent les rapports avec eux extrêmement agréables. Leur vigueur colossale et leur incomparable habileté comme canotiers en font d'utiles auxiliaires pour notre industrie aurifère. Ils transportent non seulement aux placers Saint-Paul, Espérance, Manbary, Hermina, etc., les provisions apportées de Cayenne à Saint-Laurent par les goëlettes, mais ils s'en vont jusqu'à Mana en suivant la côte dans leurs pirogues légères, et font pour le compte des placers une campagne productive comme chez nous les moissonneurs à l'époque des récoltes. Les approvisionnements terminés avant la saison sèche, ils reviennent à Cottica, après un voyage de vingt à vingt deux jours. Ils rapportent en paiement de leur travail, des objets de toute sorte, dont la possession amène un bien-être inexprimable jusqu'à ces points reculés. Enfin, l'administration supérieure ne néglige aucun moyen d'entretenir ces excellents rapports avec eux. Ils sont traités en véritables enfants gâtés, sans jamais chercher à se prévaloir de ces prérogatives dont les Bosh se montrent quelque peu jaloux.

Le *Grand-Man* actuel *Anato* [1], familièrement appelé Anatole par les blancs,

---

[1] J'ai rencontré Anato sur la rive du Maroni, alors qu'il revenait de toucher sa pension. Nous avons déjeuné ensemble à Sparwine. Je lui ai donné quelques menus bibelots qui l'ont enchanté, et nous nous sommes séparés les meilleurs amis du monde. Les dessins de deux exemplaires du *Journal des Voyages* l'ont positivement ravi. Il a voulu savoir mon nom et j'ai dû passer une grande demi-heure à le lui faire répéter.

L. B.

émarge annuellement au budget de la colonie, la somme de douze cents francs, payés par mensualités de cent francs à la caisse municipale de Saint-Laurent. Cette générosité n'est pas perdue, au contraire, car le descendant du grand chef Boni, s'applique d'autant plus à maintenir la bonne harmonie entre ses sujets, dont le nombre atteint un millier environ, et tous les riverains de notre grand fleuve.

Angosso appartenait à cette vaillante peuplade, aujourd'hui française autant par le cœur que par la position géographique. Dix ans auparavant, Robin lui avait dit : « Garde le secret de notre retraite », et le brave noir avait observé une discrétion tellement absolue, que sa femme et ses fils avaient toujours ignoré cet épisode de sa vie. Il s'était souvenu aussi de l'offre faite par le proscrit : « Si tu cours un danger, si la famine désole ton village, viens, tu vivras avec nous, tu seras de la famille ». Il accepta simplement cette proposition si fraternellement faite, le jour où le malheur s'abattit sur les siens. Pour la seconde fois en trente ans, le petit village habité par la famille d'Angosso, venait d'être ravagé par les Oyacoulets. Une singulière légende court sur ces derniers que les Européens n'ont jamais vus jusqu'à présent et qu'ils ne connaissent que d'après les récits plus ou moins fantaisistes des noirs et des Peaux-Rouges littéralement affolés au seul mot d'Oyacoulets.

Les Oyacoulets, disent-ils, sont blancs comme les hommes d'Europe ; ils ont une stature de géants, une vigueur incomparable, de longues barbes fauves, des cheveux blonds, des yeux bleus. Ils sont anthropophages et paraissent plongés dans la barbarie la plus grossière. Ils ignorent généralement l'usage du fer, se servent d'énormes massues de bois trop lourdes pour le bras des autres hommes. Ils dédaignent les peintures, les tatouages, ainsi que tous les ornements, et vivent entièrement nus. Ils sont absolument insociables, et font sans provocation la guerre aux noirs comme aux Indiens.

Robin et ses fils écoutaient, en marchant, cette monographie que faisait Angosso dans son patois créole, avec des détails dont la précision indiquait un rare esprit d'observation.

— Mais, mon cher Boni, disait le proscrit intrigué et intéressé tout à la fois, es-tu bien sûr que les Oyacoulets ne sont pas une tribu d'Indiens, qui vivant toujours sous les grands arbres, à l'exemple des Oyampis, ne sont pas brûlés par le soleil?

— Non, compère. Non, croyez-moi, les Oyacoulets ne sont pas des Indiens.

— Tu sais bien, pourtant, que certains Oyampis ne se teignent pas en roucou, qu'ils ne tracent pas sur leur corps des dessins au génipa, et qu'ils ressemblent à s'y méprendre aux gens de mon pays.

— Mais, les Indiens n'ont pas de barbe. Mais ils ont les yeux bridés aux tempes et le nez écrasé, tandis que les Oyacoulets ont les yeux ouverts comme les vôtres, le nez recourbé comme le bec de l'ara, et une barbe aussi longue que celle qui couvre votre visage,

— Ça même... disaient doucement les deux jeunes Bonis, Lômi et Bacheliko.

— Tu les as bien examinés, tu les as vus de près, en plein jour, sous le soleil. Angosso montra le bandeau entourant son front et brandit son sabre

— La hache de pierre de l'un d'eux a fendu ma tête, mais mon sabre a fouillé bien des poitrines. Je me suis battu, allez, compère, je ne crains rien au monde, eh bien ! aussi vrai que j'honore Gadou et que je suis votre ami, j'ai eu peur.

— Voyons, mon brave compère, raconte-moi tout ce que tu sais sur ces hommes extraordinaires, et dis-moi comment ils ont pu ravager un village, défendu par des hommes forts et intrépides comme les Bonis.

Angosso se recueillit un moment, cracha à deux fois pour chasser Yolock, et commença ce récit absolument authentique :

— Il y a longtemps, bien longtemps, mon père était encore un homme dans la force de l'âge, et moi j'étais tout petit. Les Bonis et les Oyacoulets, fatigués de luttes, résolurent d'un commun accord de faire trêve à leur antique haine.

« Les Oyacoulets invitèrent les Bonis de mon village à venir chez eux, manger la galette sacrée, et boire le « *pivory* » des grandes cérémonies. Les Bonis sont braves et forts, ils croient à la parole jurée et sont esclaves de leur promesse. C'est le seul esclavage qu'ils veulent reconnaître, ajouta fièrement en aparté, le descendant du héros de Cottica. Ils se rendirent à l'invitation des sauvages à peau blanche, et arrivèrent conduits par mon père leur capitaine.

« En signe de bonne amitié, les Bonis déposèrent leurs sabres et leurs fusils dans le carbet du piaye. On mangea, on but, on dansa tout le jour. La nuit venue, les Bonis se retirèrent dans les carbets construits pour les abriter. A peine étaient-ils endormis, qu'une clameur terrible retentit : les Oyacoulets, trahissant la foi jurée, violant les lois sacrées de l'hospitalité, avaient saisi nos sabres et nos fusils dont ils se servaient comme de massues, et égorgeaient nos guerriers sans défense.

Les Bonis, incapables de lutter, voulurent s'enfuir, mais ils trébuchèrent dans des lianes tendues à un pied de terre par les traîtres autour des carbets. Presque tous périrent, mon père put s'échapper à la faveur de la nuit, il arriva accompagné des derniers survivants. Il avait reçu à travers la bouche un

» .urieux coup de sabre que, depuis cette époque, il est forcé quand il veut parler de retenir sa mâchoire, qui retombe toujours. C'est cette horrible blessure qui lui a valu le nom de « *Koakou* » (Bouche-Tombée) sous lequel il est connu aujourd'hui.

« Une petite fille échappa en outre à ce terrible massacre. Les Oyacoulets la trouvèrent blottie dans les herbes, ils ne la tuèrent pourtant pas et l'élevèrent avec leurs enfants. Plus tard, elle s'enfuit, se réfugia chez les Bosh et de là à Surinam où elle habite maintenant. Elle se nomme Afîba [1].

« Vous voyez, compère, que nous avons quelques raisons de connaître les Oyacoulets.

— C'est vrai malheureusement, mon brave Angosso, mais arrivons maintenant à la dernière catastrophe.

— Depuis deux ou trois ans nous n'avions pas vu nos ennemis. Défiez-vous des Oyacoulets, répétait toujours mon respectable père, le vieux Koakou, ils se cachent comme les serpents, veillez toujours, enfants, ils viennent au moment où l'on ne pense pas à eux.

« Il avait raison, il y a autant de jours que mes deux mains et un de mes pieds comptent de doigts, mes fils étaient occupés à récolter le manioc, moi, je pêchais le koumarou avec ma femme Agéda.

« Nous aperçûmes une colonne de fumée noire qui montait au-dessus du village. Nous saisîmes nos pagayes, et notre canot vola sur les flots de la crique. Toutes les cases flambaient. Une troupe nombreuse d'Oyacoulets, après avoir égorgé les femmes et les enfants qui se trouvaient seuls, avaient incendié le village entier. La plupart des hommes valides étaient à la récolte ou à la pêche.

« Ils accoururent aussi à la vue de la fumée, croyant à un accident et furent massacrés par les bandits, trois fois plus nombreux, qui se tenaient cachés dans les herbes. Mes fils arrivaient de l'abatis. Nous nous élançâmes au plus dru, résolus à faire payer cher notre vie. Nous nous sommes bien battus. Je suis fier de mes enfants comme vous des vôtres, mon cher compère blanc. Je tombai frappé à la tête et peu s'en est fallu que je ne subisse le sort de mon père. Agéda me sauva, elle ramassa un tison enflammé, et le lança dans la barbe d'un Oyacoulet qui s'enfuit en hurlant.

« Hélas, nous succombâmes sous le nombre. Vingt des nôtres sont morts; les autres sont dispersés, nos champs ravagés, le village n'est plus.

[1] Historique. Mon ami, M. Cazals, a connu le capitaine Koakou, son fils et ses petits-fils.
L. B.

Le *Grand-Man* porte un immense hausse-col. (Page 355.)

« Votre pensée habitait toujours mon cœur. Je dis à Agóda, qui pleurait : « Viens chez le blanc. » Je dis à mon fils, dont les sabres rouges voulaient encore boire du sang : « Venez aussi chez mon frère blanc ». Ils ne me firent aucune question et nous partîmes.

« J'avais la fièvre. Mais qu'importait à mon cœur désespéré la plaie de ma tête. Ma volonté fut plus forte que la douleur du corps. Mes fils franchirent les rapides. Je reconnus la crique. Nous nous y engageâmes sans nous arrêter une minute. Lômi et Bacheliko ne connaissent pas la fatigue. Nous arrivâmes près des cocotiers. Je vis les arbres abattus, les feuilles du moucou moucou et les plantes vertes aux longues épines. Je dis : là sont les serpents. Nous cachâmes la pirogue dans les herbes, et nous gagnâmes par un détour le sentier que je voyais avec les yeux de la pensée.

« Je vis Casimir, je vis le blanc qui s'appelle Nicolas, je vis la femme blanche qui est la mère de vos enfants. Et je lui dis : — Le Tigre-Blanc a dit au Boni : « Quand tu seras malheureux, sans carbet, sans manioc, sans poisson, sans chair boucanée, viens ». Je n'ai plus rien, me voici. Celle-là est Agéda, ma femme. La femme blanche l'embrassa et lui dis : « Sois ma sœur! » Agéda pleura de bonheur. Ceux-là sont mes enfants. — Ils seront les frères de mes fils ! dit-elle de sa voix douce comme le chant de l' « arada » en leur tendant les mains. Lômi et Bacheliko dirent : « Notre vie est à vous. »

« Je lui demandai : « Où est le Tigre-Blanc ? Je veux voir mon ami le grand chef blanc. Nous voulons voir nos frères, ses fils, dirent Lômi et Bacheliko. — Il est parti avec eux, répondit Nicolas. Je dis à mes fils : « Allons les rejoindre. » Nous retrouvâmes votre trace et nous arrivâmes au moment où l'immonde Peau-Rouge osait porter la main sur des blancs ! termina le Boni en crachant dédaigneusement à terre.

— Mon cher Angosso, répondit Robin, tu me donnes toujours le nom de Tigre-Blanc. J'accepte volontiers de toi cette appellation comme jadis. Si ce nom me reporte aux temps douloureux de l'infortune, il me rappelle aussi le moment de la délivrance, et le jour, à jamais béni, où je te trouvai sur l'îlot avec les miens.

« Je n'ai rien à ajouter aux paroles de celle que tu nommes la femme du Tigre-Blanc. Ta compagne et tes fils sont pour la vie confondus dans une même pensée d'affection, nous ne ferons plus désormais qu'une seule famille.

« N'est-ce pas, mes enfants ? »

Une énergique poignée de main et une chaleureuse affirmation fut la réponse des jeunes gens dans le cœur desquels le souvenir de l'excellent noir tenait une si large place. Quand à ses deux fils, ils auraient trouvé, par cela même qu'ils étaient ses enfants, la sympathie la plus vive et la plus complète, quand bien même la reconnaissance n'en eut pas été la cause immédiatement occasionnelle.

Angosso admirait en connaisseur la robuste stature des trois jeunes gens dont il se rappelait et les traits et les noms, tant est prodigieuse la mémoire de ces primitifs enfants de la nature. L'affectueuse familiarité des Robinsons avec ses fils le ravissait, et il manifestait à tout moment la joie que lui causait cette fraternelle camaraderie. Le brave Boni semblait pourtant inquiet. Il n'osait faire part à Robin du motif de cette préoccupation, quelque désir qu'il en eût. Le proscrit lui en fit la remarque.

Angosso entraîna son compère à l'écart, et lui demanda d'une voix basse, que l'appréhension d'une mauvaise nouvelle rendait mystérieuse où était : « Pitit mouché Sarles... Tout pitit... pitit moun. »

— Tu veux dire Charles, n'est-ce pas, mon plus jeune fils?

— Ça même. Qué côté li fika.

— Mais, tu ne l'as donc pas vu à la case avec sa mère, Nicolas et Casimir?

— Non, compé, mo pas voué li.

— C'est étrange. Sa mère ne t'a pas parlé de lui?

— Madame ou, pas pouvé. Mo arrivé, mo parti caba coté ou. (Votre femme n'a pas pu, à peine arrivé, je suis venu de votre côté).

— Cette absence m'étonne et m'inquiète. Rentrons au plus vite à la case. Qui peut prévoir les surprises que réserve en deux jours la vie des bois. N'en sommes-nous pas la preuve vivante, et vivante grâce à toi.

La dernière halte fut brûlée. Les Robinsons anxieux, exténués, arrivaient à la case une heure avant le coucher du soleil. Ils étaient partis depuis quarante-huit heures.

Madame Robin, revenue à la Bonne-Mère avec la femme d'Angosso, Casimir et Nicolas, se tenait sous la veranda, dans une attitude d'attente douloureuse. Près d'elle, le jaguar accroupi léchait une plaie légère qui trouait d'un point rouge son pelage fauve.

Le proscrit éprouva le pressentiment d'une catastrophe. Une douleur aiguë lui traversa le cœur comme un fer rouge.

— Charles !... Où est Charles, cria la pauvre femme d'une voix déchirante, en voyant qu'il n'était pas avec ses frères. Robin, muet, altéré, pâlit, et ne trouva pas un mot de réponse.

Le jaguar reconnaissant Henri bondissait vers lui en rugissant, se dressait sur les pattes de derrière, en appliquant celles de devant sur les épaules du jeune homme.

— Charles !... répondit comme un écho désespéré la voix des trois frères.

— Disparu depuis vingt-quatre heures, sanglota Nicolas, qui s'avançait les yeux rougis, vieilli de dix ans en quelques heures.

« Cat vient de rentrer blessé. J'allais partir !

— Où est mon enfant? hurla d'une voix terrible le proscrit dont la prostration ne dura pas le temps d'un éclair.

L'infortunée mère se dressa, pâle comme un cadavre, ouvrit et referma convulsivement ses yeux sans regards, et s'abattit lourdement sur le sol.

Agéda, éperdue, la reçut dans ses bras et lui prodigua les soins les plus affectueux et les plus empressés.

Robin était tout à coup devenu méconnaissable. Nul n'eût pu reconnaître en lui cet être habituellement si bon et si doux, cet apôtre de l'humanité, dont le noble visage reflétait toujours le même sourire affectueux et triste.

Il était redevenu le formidable Tigre-Blanc, et apparaissait tel qu'il se révéla dix ans auparavant, sous le feu des gardes-chiourmes, dont les balles menaçaient sa femme et ses enfants ! Ses yeux noirs flamboyaient sous la ligne brune de ses sourcils rapprochés par une sorte de froncement léonin — les tigres sont les cousins germains des lions — et que coupait verticalement un sillon livide. Sa voix sèche, ardente, avait des vibrations de métal froissé. La malheureuse mère reprenait lentement ses sens.

— Partons à sa recherche, dit-elle d'un accent brisé... Seul !... mon fils... Un enfant... Dans la forêt... Partons.

— Demain, reprit le proscrit dont les traits se creusaient encore, et dont la pâleur augmentait. Henri, Nicolas, apprêtez les provisions. Edmond, Eugène, préparez les armes... toutes nos armes. Casimir, les hamacs.

« Nous partons au lever du soleil.

— Attendre... Encore attendre, gémit la pauvre femme !... Mais mon fils nous appelle ! Mais il meurt peut-être en ce moment ! Et c'est la nuit... la nuit des fauves ! Oh ! terre maudite de l'exil, je te hais !

Les préparatifs du départ s'opéraient rapidement, avec le sang-froid hâtif qui préside à un sauvetage. Une douleur immense broyait le cœur à tous ces vaillants, une lugubre atmosphère de deuil tombait sur la Bonne-Mère, naguère si joyeuse ; mais les larmes étaient refoulées, les sanglots comprimés, les plaintes étouffées. Toute trace de fatigue avait disparu. Le souvenir du drame lugubre de la veille ne fut même pas évoqué.

Rien d'étrange comme le calme douloureux de ces êtres habitués dès l'enfance à toutes les luttes, et qui, perdus dans cette solitude pleine d'horreur s'apprêtaient, avec la simplicité du véritable héroïsme, à engager un suprême combat contre l'inconnu !

C'était bien en effet l'inconnu, avec tous ses dangers, ses multiples surprises, ses complications les plus inattendues, ses aspects les plus monstrueux, l'inconnu de la nature inexplorée, dans lequel ils allaient se lancer à corps perdu.

Casimir et Nicolas ne pouvaient donner aucun éclaircissement relatif à la disparition de l'enfant. Il était parti la veille au matin vers l'abatis du nord, avec Cat, le jaguar d'Henri. La claustration lui pesait. Il était allé, armé de son arc, dans l'intention de tuer un aigle, une *harpia ferox*, qui depuis quelques jours commettait aux dépens de la basse-cour de nombreuses déprédations. Sa mère, habituée aux courses quotidiennes des Robinsons, l'avait vu partir sans inquiétude. La journée se passa rapidement, grâce à l'incident inattendu et si agréable produit par l'arrivée d'Angosso et de sa famille. Mais l'absence de Charles se prolongeant jusqu'au soir, les membres de la colonie s'alarmèrent sérieusement. Pendant le jour et la nuit qui suivirent, les angoisses de tous furent inexprimables.

Le Parisien et le vieux noir cherchaient à rassurer Mme Robin, à se rassurer eux-mêmes, en émettant cette opinion que l'enfant ayant peut être retrouvé son père et ses frères avait pu se joindre à eux. Mais l'arrivée du jaguar blessé vint détruire cette fragile espérance, et changer les angoisses en désespoir. Nicolas allait partir seul, à tout hasard, quand les Robinsons avec le Boni et ses fils se présentèrent à l'habitation. Charles n'était pas avec eux. On sait le reste.

Et maintenant, quel pouvait bien être le sort du pauvre petit ? Nul ne pouvait y penser sans frémir, tant était vaste le champ des suppositions, tant pouvaient être complexes les motifs de cette disparition mystérieuse. Le retour du jaguar était également inexplicable. Cat n'était pas un animal ordinaire. Docile et discipliné comme le meilleur chien de chasse, fidèle comme lui, dressé à tous les combats, vigoureux et fort autant que peut l'être un jaguar de dix ans, rien ne pouvait motiver son incompréhensible retraite. Sa blessure, fort légère en somme, n'indiquait rien. Ce n'était ni une morsure, ni un coup de griffe, ni un coup d'instrument tranchant. Une pointe de flèche en bambou, ou une branche taillée en biseau par le sabre d'abatis eussent pu seules produire cette piqûre étroite, à bords rétractés, qui n'avait amené qu'une hémorragie insignifiante.

Les heures qui précédèrent le lever du soleil, s'écoulèrent avec une lenteur horriblement pénible. Les Robinsons, pâles d'insomnie douloureuse, évoluaient en silence, sans oser se regarder. Stoïques comme les hommes primitifs, ils avaient conservé en présence les uns des autres, la rude impassibilité des soldats de l'ancienne Sparte. Mais qui dira les larmes brûlantes que cacha l'impénétrable nuit équinoxiale !

La petite troupe, bien armée, abondamment pourvue de vivres, était prête au moment où le doux roucoulement du *toccro* annonçait la prochaine arrivée du jour. Les étoiles pâlissaient, une légère bande d'opale ourlait les sombres masses des arbres géants.

Mme Robin apparut accompagnée d'Agéda, dont la silhouette noire, éclairée par une bougie de cirier, se découpait sur le gauletage de la case. La femme du proscrit, coiffée d'un chapeau à larges bords, vêtue d'une robe courte en tissu épais de coton blanc, à plis lourds, était chaussée d'une paire de mocassins à semelles en peau de maïpouri.

— Partons, dit-elle brièvement et d'une voix résolue, contrastant avec l'exquise douceur de son accent habituel.

Robin fit un brusque mouvement de surprise. Il allait protester, elle ne lui en laissa pas le temps.

— C'est inutile, mon ami, l'attente me tuerait. Je veux venir.

— Mais, tu n'y penses pas ! Il te sera impossible de supporter malgré ton énergie une pareille fatigue, la marche dans les bois est écrasante...

— Je suis mère, je serai aussi forte qu'aucun de vous.

— Chère et vaillante compagne ! Tu es bien la digne mère de ces enfants, de ces hommes, dont la vigueur peut à peine triompher des rigueurs de cette terre ingrate ! Je ne puis que te prier !... t'implorer ! Reste ici. Nulle femme au monde ne pourrait marcher même une heure dans cette fournaise.

— Quand ils étaient tout petits, je suis venue sans hésiter à travers l'Océan. J'ai bravé les fureurs de la tempête, surmonté les fatigues de la navigation. Cela a duré des jours, des semaines, des mois. Ai-je faibli ?

— Mère, dit doucement Eugène, qui avec son frère Edmond se détacha du groupe, et s'en vint lui prendre la main, mère, je joins mes prières à celles de notre père... Tiens, puisqu'il le faut, nous resterons avec toi, tous les deux !

La noble femme comprit tout ce que cette proposition renfermait de tendresse et d'abnégation. Elle secoua doucement la tête.

— Nous le retrouverons, mon cœur me le dit, je veux l'embrasser la première. Quel est celui d'entre vous qui voudrait me condamner à l'attente, et me priver de cette ineffable joie ?

Angosso avait entendu et compris la signification du débat, il s'avança accompagné de ses deux fils.

— Lômi et Bacheliko, dit-il de sa voix lente, sont forts comme le maïpouri et agile comme le kariakou. Que mon frère le Tigre-Blanc se rassure, qu'il laisse venir dans le grand bois ma sœur la femme blanche, Agéda marchera près d'elle ; quand ma sœur sera lasse, mes fils la porteront dans un hamac, elle pourra nous suivre sans fatigue comme sans danger.

« Ma sœur, venez. Ne craignez rien, les fleurs de la forêt peuvent braver sous les grands arbres les rayons du soleil.

CHAPITRE IX

tronnerie du jaguar. — Maléfices de Peaux-Rouges. — Message de l'absent. — Horreur des félins pour la parfumerie. — Plan d'attaque. — De l'influence du « piment-enragé » sur les muqueuses de l'homme.— Aventures extraordinaires du dernier-né des Robinsons. — Le piaye des Aramichaux.— Le successeur d'Ackombaka.—Charles dans les honneurs. — Un féroce compétiteur. — Encore Benoît. — Eloquence inutile. — Réunis ! — Les adieux d'un bandit. — Dévouement suprême. — Mort héroïque d'un homme de bien. — Le papier mystérieux. — Le décret d'amnistie. — Libre !

— Cat !... Ici !... criait la voix impérieuse d'Henri

— Je ne m'explique pas la soudaine terreur de cet animal, disait Robin inquiet.

— Son attitude est identique à celle qu'il gardait en revenant seul à l'habitation, interrompit Nicolas.

— Cat !... Cat !... reprit plus doucement le jeune homme.

Le jaguar, la queue basse, les oreilles aplaties, le museau rasant le sol, avançait en rampant, mais avec une lenteur, une hésitation inqualifiables. Il tremblait, cherchait à se dérober, et ne voulait plus rester en tête de la file. Il fallait toute l'autorité de son maître, sur les talons duquel il se tenait piteusement, pour l'empêcher de se réfugier à l'arrière-garde.

Rien de suspect ne se révélait pourtant aux sens toujours en éveil des Robinsons noirs et blancs. Ils marchaient depuis vingt-quatre heures, rivés à la piste de l'enfant qu'ils suivaient comme des limiers. Charles avait été enlevé à moins d'un kilomètre de l'habitation, après avoir tué l'aigle, dont les plumes jonchaient le sol. Il n'y avait pas eu de lutte. Quelques branches froissées, des herbes foulées indiquaient une surprise dont le jeune chasseur avait été victime. Puis, sa trace se confondit avec des empreintes nombreuses, laissées par des Indiens pesamment chargés. Ces derniers, d'ailleurs, soit indifférence,

La femme blanche l'embrassa. (Page 362.)

soit confiance dans leur nombre, ne se préoccupaient aucunement de dissimuler leur passage.

Un fait capital était acquis désormais. Charles n'avait pas été la proie d'un fauve ni d'un reptile. Il n'avait pas disparu dans une savane tremblante, il n'était pas égaré dans la forêt, ni écrasé par la chute d'un arbre. Il n'était pas libre, mais il vivait. Bien que les suites de cet enlèvement mystérieux,

n'eussent en elles-mêmes rien de rassurant, les Robinsons pleins d'espoir imprimaient à leur course une allure de plus en plus rapide. Il s'agissait de faire de la route, et de rejoindre au plus vite les ravisseurs.

Madame Robin, en dépit de son énergie, n'eût pu suivre la troupe. La fatigue l'eût infailliblement tuée au bout de quelques heures. Aussi, les deux Bonis l'avaient-ils commodément installée dans un hamac suspendu à une perche longue et solide, dont les deux extrémités reposaient sur leurs robustes épaules. Telle était leur vigueur que jusqu'alors ce précieux fardeau n'avait apporté nulle entrave à leur infatigable célérité. Cette méthode si simple est du reste l'unique moyen de transport employé pour ramener à travers bois, jusqu'aux canots, les malades ou les blessés. Elle est d'un usage fréquent en Guyane, où manquent également les bêtes de somme et les routes.

On fit halte au bord d'une crique. Il n'était pas question de repos pour ces intrépides marcheurs qui prirent à peine le temps de s'asseoir et d'entasser quelques larges bouchées. Le jaguar, conservant toujours son attitude de chien fouetté, vint se blottir derrière Henri indigné de cette inqualifiable poltronnerie. Ce phénomène singulier mettait complétement en défaut l'habituelle sagacité de l'aîné des Robinsons, qui de guerre lasse dut l'attribuer à quelqu'une de ces manœuvres familières aux Peaux-Rouges.

Casimir, le vieux veneur sauvage, expert en toutes sortes de ruses, furetait, mais en vain, de tous côtés. Angosso dépité ne trouvait aucune explication plausible. Le mystère devenait de plus en plus insondable. Quant au rapt de l'enfant, chacun s'accordait à le rattacher au drame dont Robin et ses trois fils avaient failli être victimes l'avant-veille. Tout concourait à corroborer cette opinion, jusqu'à la direction prise par la seconde troupe, qui marchait vers le point où l'ouragan s'était abattu sur la forêt.

Le malheureux père frémissait à cette pensée que Charles, innocente victime expiatoire, agonisait peut-être au lieu même où ses frères eussent enduré un si épouvantable supplice, sans l'intervention d'Angosso.

Deux heures s'écoulèrent encore sans incident. Henri ouvrait la marche, suivi bon gré mal gré de Cat, qui semblait se rasséréner peu à peu. La piste, parfaitement régulière, pratiquée par des hommes expérimentés, s'enfonçait toujours dans l'interminable sous-bois. En dépit de la chaleur accablante, les Robinsons suffoqués, aveuglés par la sueur qui ruisselait jusque dans leurs yeux, conservaient leur allure, quand le jaguar, revenu soudain à ses terreurs, s'arrêta net à la vue d'une large feuille de balisier enroulée sur le sol en forme de cornet. Il n'y avait pas de balisier à plus de deux kilomètres. Cette feuille avait donc été apportée de la crique, et déposée en ce lieu avec intention. Si elle eût été simplement jetée sur la terre, elle eût attiré les regards de-chercheurs de piste, car un vestige, quelque futile qu'il paraisse, peut avoir quand même de l'importance. Sa forme spéciale devait, à plus forte raison, la signaler à leur attention.

Il fallait l'examiner avec défiance. Si d'une part on pouvait trouver entre les plis de son limbe une indication précieuse, elle pouvait également cacher un piège, quelque substance vénéneuse ou un petit serpent.

La file s'arrêta. Henri s'approcha avec d'infinies précautions, et déroula patiemment le cornet avec la pointe d'une flèche emmanchée à une longue hampe. La feuille ne contenait rien. Le jeune homme la souleva, la saisit délicatement, et l'approcha de sa figure. Un cri de surprise joyeuse lui échappa, à la vue de larges caractères tracés avec une pointe mousse dans la substance vert-sombre.

Il lut lentement et d'une voix tremblante :

« *Ma vie respectée pour l'instant. Influence protectrice mystérieuse. On m'emmène. Suis étroitement gardé. Soyez prudents. Charles.* »

L'audition de ce document aussi étrange qu'inattendu, produisit l'impression de bonheur que l'on peut s'imaginer. Toutes les poitrines, jusqu'alors comprimées par toutes les angoisses de l'attente, éprouvèrent comme une détente instantanée.

— Il vit ! s'écria, la première, Madame Robin. Il vit !... le cher petit.... Et la feuille tremblait entre ses mains. . et ses yeux pouvaient à peine déchiffrer les caractères tracés par son dernier-né.

Nicolas riait, pleurait, criait.

— Madame !... Mes enfants !... Patron !... Je suis fou ! J'ai envie de crier vive quelque chose.

« J'ai un quintal de moins au creux de l'estomac.

— Sais-tu bien, frère. que, pour un novice, Charles débute par un coup de maître.

— C'est admirable, extraordinaire, répondit le proscrit rasséréné. Le cher enfant. Casimir, tu as entendu.

— Oh ! compé. Mo content, oui. Li malin passé Indien.

— C'est ton élève, mon vieux compère.

— Li passé nég' caba, oui. Oh ! ça pitit moun là !

— Mais, vois donc, Henri, dit à son tour Edmond. Comme tous ces caractères sont bien imprimés dans cette substance charnue et résistante qui forme la feuille.

— Il n'a rien déchiré, continua Eugène, également ravi de l'habileté de son cadet. Il a pris une épine à pointe mousse, puis il a appuyé suffisamment pour contusionner le tissu, et non pour le trouer.

« C'est lisible comme un manuscrit.

Angosso contemplait presque avec crainte ce lambeau végétal dont la vue avait tout à coup rempli d'espoir ses amis. A cette époque éloignée déjà, les noirs du Maroni n'étant pas familiarisés avec les usages des blancs qui exploitent aujourd'hui les terrains aurifères ; le Boni ignorait l'emploi du « papyra », (lisez lettre, papier).

Il fallut lui expliquer ce procédé de communication, et son admiration pour ses chers blancs s'en accrut d'autant. Un des membres de l'expédition ne partageait pas l'allégresse générale. C'était Cat. La vue de ce grimoire semblait produire sur son organisme une incroyable impression d'horreur. Nos chats européens, plaisamment nommés greffiers, manifestent pour les papiers un amour bizarre qui leur a valu ce sobriquet. Par quel singulier phénomène, leur congénère, l'énorme matou équatorial, témoignait-il autant de répulsion ? Elevé dans le cénacle des Robinsons, il n'était pourtant pas étranger à la littérature. Non seulement il s'enfuyait en grondant quand on lui présentait la feuille, mais encore, il refusait opiniâtrement les caresses des mains qui l'avaient touchée.

Angosso voulut en avoir le cœur net.

— Baïe mo ça bagage-là, dit-il à Henri.

Il prit la feuille, la tourna, la mit au soleil, et puis la porta à son nez.

Il éclata de rire, et s'écria joyeux :

— Mo savé. Ca *kosy-kosy*.

— Qu'appelles-tu kosy-kosy ? demanda Robin.

— C'est, répondit-il dans son patois, une plante bien curieuse dont l'odeur met en fuite le tigre.

— Pas possible.

— Oui, compère, les Indiens prennent les graines, les font bouillir, se frottent le corps avec la décoction, frottent aussi leurs chiens, et jamais ils ne rencontrent le tigre qui s'enfuit à leur approche, quand bien même il mourrait de faim.

— Pourrais-tu me trouver cette plante ?

— C'est facile, attendez « pitit morceau », dit-il en s'enfonçant dans la forêt.

L'attente fut courte en effet. Cinq minutes ne s'étaient pas écoulées que le

Robinson noir accourait en agitant triomphalement une plante que le proscrit reconnut aussitôt.

— Mais, je connais cela ; c'est l'*Hisbicus Abelmoschus*, de la famille des Malvacées, plus connue sous le nom d'*Ambrette*.

« Et tu dis que cette petite odeur musquée, si suave, si pénétrante, suffit à mettre en fuite le jaguar.

— Ça même. Il croit sentir le patira, le serpent ou le caïman, ses ennemis les plus acharnés.

— Je comprends, moi, dit Nicolas. C'est l'inverse de l'effet produit sur les chats par la valériane qui les affole. La valériane est, vous le savez, l'appât irrésistible employé par ces trappeurs en veste blanche, nommés gargotiers, pour dépeupler les garennes situées sur les combles et dans les gouttières des maisons parisiennes.

— Je comprends aussi, interrompit Henri, et je vois d'ici la scène qui a accompagné l'enlèvement de notre frère. Charles, saisi par les Indiens lavés d'ambrette, ceux-ci, terrifiés à la vue du jaguar apprivoisé, autant que lui par l'odeur détestée et sa blessure résultant d'une flèche mal dirigée. Sa fuite, son arrivée à la case sont facilement expliquées, ainsi que sa répugnance à suivre la piste pratiquée par ces mêmes Indiens, et la peur que lui inspire la feuille de balisier involontairement imprégnée de cette odeur par Charles.

— Qui sait même, renchérit Nicolas, s'ils n'ont pas jeté de temps à autre, quelques gouttes de leur décoction sur la piste, pour empêcher Cat de remplir son office de chien de chasse ?

— C'est bien possible. Mais, comme nous n'avons pas les mêmes préjugés, nous allons marcher de l'avant, et rondement. Il est malheureusement à craindre que les Indiens ne s'en tiennent pas toujours à ces moyens platoniques de défense.

« Quoi qu'il en soit, nous aurons avant peu du nouveau.

Il ne se trompait pas. Bien que les Indiens soient de robustes marcheurs, leur allure ne pouvait rivaliser avec celle des Robinsons. Ces derniers reconnurent bientôt, à des signes infaillibles, que la distance qui les séparait allait toujours diminuant. Les feuilles des branchages fauchés par les sabres des fugitifs n'avaient pas eu le temps de se flétrir. Bientôt, les tiges tranchées en biseau à quarante centimètres de hauteur apparurent encore humides de sève.

On approchait. Dans quelques moments, on serait en présence des ravisseurs. La nuit vint. On fit halte, et Robin détacha en éclaireurs Henri et Angosso auxquels il recommanda la plus grande circonspection. Leur absence dura une heure à peine, et ils revinrent au campement improvisé, en étouffant de telle façon le bruit de leurs pas, que l'aile du vampire lui-même n'eût pas été plus silencieuse.

Robin veillait, le sabre à la main. Cat, enfin revenu de ses terreurs, se tenait à ses pieds.

— Père, dit à voix basse Henri, nous les avons rencontrés.

— Et Charles? demanda-t-il anxieusement.

— Nous ne l'avons pas vu. Il doit être sous un grand carbet placé au centre, et autour duquel se tiennent plusieurs Indiens accroupis.

— Mais, comment avez-vous pu percer ainsi les ténèbres?

— Par la raison que les feux sont allumés.

— C'est étrange. Cette particularité semblerait indiquer que les Peaux-Rouges ne nous attendent pas, ou qu'ils s'apprêtent à repousser toute attaque par la force.

— Je partage plutôt cette dernière opinion. D'autant plus qu'ils m'ont paru très nombreux.

— Mais, quel est l'agencement de leur campement.

— Voici. Ils sont sur l'emplacement où nous avons failli être torturés. Au milieu, comme je viens de te le dire, est un grand carbet. Ce carbet est entouré de huit foyers symétriquement installés deux par deux sur chaque face. Enfin, du côté débarrassé d'arbres, c'est-à-dire situé en regard de nous, s'étend un large brasier, formant une bande continue, affectant la forme d'un demi-cercle. La partie non éclairée s'appuie naturellement sur la forêt.

— Mais, c'est un véritable système de fortifications.

— Oui, père, et nous aurons fort à faire pour donner l'assaut.

— C'est pourtant ce que nous allons tenter sans désemparer.

— J'y compte bien aussi, va, père. Mais de quel côté nous jetterons-nous sur eux?

— Il n'y a pas d'hésitation possible. La partie qui semble la mieux défendue et qui, conséquemment, est moins bien gardée, est la zône éclairée, tandis que le côté dans l'ombre doit être hérissé de flèches, et constellé d'yeux largement ouverts. Ce foyer en demi-cercle est un vulgaire trompe-l'œil, bon tout au plus à effaroucher les fauves. C'est sur ce point qu'aura lieu l'attaque. Je gagerais qu'il n'y a pas deux hommes en faction sur ce point.

— Quels sont ceux d'entre nous qui formeront la colonne d'attaque?

— Les plus robustes. Toi, Angosso, un de ses fils, Nicolas et moi. Il faut que ce premier effort soit irrésistible.

« Nous nous élancerons à travers le brasier, la hache d'une main, le sabre de l'autre. Ce sera l'affaire de quelques secondes. Comme nous ne pouvons associer ta mère aux difficultés d'une semblable aventure, et que nous ne devons pas disséminer nos forces, voici ce que j'ai résolu : Edmond, Eugène, le second fils du Boni et Casimir, formeront le corps de réserve, qui se portera sans bruit dans l'ombre du côté opposé à celui par où aura lieu l'attaque.

« Edmond prendra mon fusil, Bacheliko celui de son père. Embusqués dans la forêt comme dans une forteresse inexpugnable, ils repousseront les fuyards qui tenteront de s'échapper par là.

— Père, ton plan est parfait. Il réussira. Une seule chose nous reste à faire.
— Laquelle, mon cher ami?
— L'exécuter sans retard.
— Je n'attendais pas mieux de toi. Bravo, et en route!

Si chez les Robinsons la conception était presque instantanée, l'exécution ne se faisait pas longtemps attendre. Moins de deux heures après ce rapide conseil de guerre, les deux troupes étaient à leur poste. Le camp des Indiens se trouvait investi à l'est par la réserve, blottie derrière les troncs et les lianes, et à l'ouest, par la colonne d'attaque.

La grande ligne demi-circulaire de feu ne jetait plus que des lueurs mourantes ; mais de gros blocs de charbon en ignition, formaient comme un ruisseau de feu, large de près de trois mètres. Peu importait à ces hommes qui, d'un saut, pouvaient franchir un espace d'un tiers plus considérable.

Les cinq assaillants s'avancèrent en rampant le plus près possible de la zone éclairée ; puis Robin lança d'une voix de tonnerre le cri de : En avant !

Ils bondirent comme des tigres et se trouvèrent aussitôt dans le campement. Quelque instantané qu'eût été leur élan, il leur semblait qu'une flamme ardente les consumait tout à coup au moment où ils traversaient ce large foyer. A l'instant où ils touchaient terre, ils se sentirent comme aveuglés, suffoqués, étouffés. Une toux horrible leur déchira la poitrine, un éternûment aigu, convulsif, continu, les secoua douloureusement, leurs yeux gonflés, pleins de larmes brûlantes, ne pouvaient plus voir. Ils étaient terrassés sans combat.

Une clameur horrible, poussée par les Indiens, emplit aussitôt la clairière.

. . . .

. . . .

Les Indiens préposés par Benoît et Ackombaka à la garde des canots trouvaient aux journées une incroyable longueur. La provision de vicou était épuisée, les éléments indispensables à la confection du cachiri manquaient, et l'alcool des blancs, était renfermé dans des dame-jeanne bouchées, ficelées, cachetées, de façon à défier toute indiscrétion. Les pauvres diables s'ennuyaient, comme peuvent s'ennuyer des Indiens sans boisson, sans tabac, et réduits à la portion congrue de cassave et de poisson sec.

Une semblable situation ne pouvait durer longtemps. Puisque la montagne ne venait pas à eux, ils iraient à la montagne. L'exécution de ce projet si simple romprait la monotonie d'une existence par trop cénobitique. Car, en somme, que sert de ne rien faire, si l'on ne boit pas ? Il ne fut pas besoin de longs discours pour provoquer séance tenante cette belle équipée. Les préparatifs furent moins longs encore. Les pagaras furent garnis de provisions, et chargés sur la tête des déserteurs; les pirogues furent cachées dans les herbes aquatiques; puis, le départ s'effectua comme une chose toute naturelle. Il n'y avait pas d'ailleurs désertion proprement dite, puisque les Peaux-Rouges rejoignaient le gros de l'expédition, mais abandon d'un poste d'une importance assez problématique. Un casuiste eût peut-être trouvé la distinction quelque peu spécieuse, mais les conseils de guerre sont si bons enfants chez les Peaux-Rouges!

Ils s'engagèrent sur la piste précédemment suivie par leur capitaine et le chef blanc, et passèrent non loin de l'abatis situé au nord de la Bonne-Mère. Une véritable fatalité les mit en présence de Charles, au moment où le jeune homme venait, ainsi que son frère l'avait supposé, de tuer le « *Harpia ferox.* »

Les Indiens des Guyanes sont généralement inoffensifs. Ils accueillent sans cordialité comme sans méchanceté le voyageur, tâchent de pratiquer avec lui une transaction aussi avantageuse que possible, et se retirent après un échange de quelques mots pleins de banalité. Ils respectent les blancs et les redoutent plus encore, car s'ils ont de l'alcool et du tabac, ils portent aussi des fusils.

En temps ordinaire, cette rencontre n'eût été pour le jeune Robinson qu'un incident sans aucune importance. Malheureusement, Charles n'était pas un blanc ordinaire. Armé à l'indienne, vêtu d'habits formés d'un tissu grossier, les bras et la figure tannés par le soleil de l'Équateur, sa vue devait provoquer l'étonnement de ces naïfs et défiants sauvages. Etait-il bien un blanc ? Etait-ce un Indien ou un métis? Ils lui adressèrent quelques questions auxquelles il ne put répondre, et pour cause, vu son ignorance de leur langage.

Ils avaient en outre la cervelle farcie d'histoires relatives aux Oyacoulets, ces terribles Indiens à peau blanche, qui parlent une langue incompréhensible et vivent à l'écart des indigènes dans une solitude pleine d'un dédain farouche.

« C'est peut-être un Oyacoulet, opina timidement l'un d'eux, en osant à peine

Des larmes coulent de tous les yeux. (Page 383.)

prononcer le nom redouté. Puis, voyant qu'ils avaient affaire à un enfant, ils s'enhardirent en se comptant. Ils étaient huit, heureux de rompre la monotonie de leurs pérégrinations.

— C'est un Oyacoulet! beuglèrent-ils à l'unisson pour se donner de l'assurance.

Le silence de Charles les encouragea encore, en dépit de la fermeté de son attitude et de la présence de Cat qui montrait les dents. Ils voulurent se persuader qu'il était un ennemi, et y réussirent en raison de ce phénomène psychologique bizarre, grâce auquel une idée a d'autant plus de chance d'obtenir du crédit qu'elle est fausse, et qu'elle est émise par des intelligences primitives.

Charles bombardé Oyacoulet, résista rudement aux bonshommes rouges qui voulaient porter sur lui des mains non seulement irrévérencieuses, mais hostiles. La lutte engagée, il devait succomber. Le premier pas est le seul qui coûte, le premier coup est le plus difficile à donner. Cat gronda, mais n'attaqua pas. Les Indiens, fidèles à leurs habitudes de prudence, s'étaient frottés « d'ambrette » avant de se mettre en route. Le jeune Robinson terrassé allait être rudement malmené ; peut-être allait-il lui arriver pis encore, quand sa veste de chasse déchirée laissa entrevoir la blancheur de son épiderme d'enfant.

Cette preuve indiscutable de l'authenticité de sa race, eût dû convaincre et désarmer les brutes. Il n'en fut rien. Charles était bel et bien un Oyacoulet, ils n'en voulurent pas démordre. Ils allaient le martyriser et le mettre à mort, — des Indiens à jeun peuvent devenir féroces, et, s'ils sont si inoffensifs, cela doit tenir à leur état d'ivresse permanente— quand leurs regards tombèrent sur un collier bizarre qui entourait le cou de leur victime. Ce collier devait être un *piaye* d'une bien grande vertu, car son influence se manifesta aussitôt avec une singulière efficacité. Le joyau n'avait pourtant rien de bien extraordinaire. C'était une simple brasse de *ouabé*, dans laquelle étaient enfilées une demi douzaine de jades assez bien polis, égalant le volume d'une merise. Au centre était accrochée une pépite de la grosseur du pouce. Ce collier avait appartenu à Jacques l'Aramichau, qui, au moment de son départ, l'avait donné à son jeune ami, comme étant l'objet le plus précieux dont il pût disposer. Il avait prié Charles de le porter en souvenir de lui, et l'enfant, sans y ajouter la moindre importance, l'avait enroulé autour de son cou.

Bien lui en prit, car les Emérillons, frappés de respect à la vue du talisman, témoignèrent à leur prisonnier des égards plus étranges encore que leur inconcevable brutalité. Malheureusement, ils ne lui rendirent pas la liberté. Bien au contraire. Ils laissèrent à ses mains toute leur liberté, mais entravèrent ses jambes de façon à lui permettre de marcher assez commodément, mais à empêcher toute tentative de fuite.

Ils voulurent le conduire à Ackombaka, espérant que la vue du piaye apaiserait la colère que le chef ne manquerait pas de ressentir à leur aspect, et que leur tribu bénéficierait dans des proportions considérables de l'arrivée de cette recrue. Charles allait être bon gré mal gré, bel et bien indianisé.

Il put, grâce à cette liberté relative dont il jouissait, écrire sur une feuille de balisier l'état de sa situation actuelle, et bénéficier de ses immunités de piaye « in partibus », pour assurer l'inviolabilité de son message qu'il déposa sur sa trace. Cat ne put à son grand chagrin, obtenir le même privilège. Le jaguar, qui nourrissait à l'endroit des Peaux-Rouges une haine qui, pour être irraisonnée, n'en était pas moins vivace, constituait pour ceux-ci une perpétuelle appréhension. Ils n'osèrent le frapper mortellement, mais ils se saturèrent d'ambrette avec une telle profusion, que le pauvre animal, n'y tenant plus, tourna un beau matin les talons et reprit, écœuré, le chemin de la Bonne-Mère. Une pointe de courmouri habilement lancée dans les chairs de l'arrière train accéléra encore cette fuite, et Charles se trouva seul, en route pour une destination ignorée de ses conducteurs eux-mêmes.

Ils rejoignirent pourtant le gros de la troupe, mais par une véritable fatalité, ce fut seulement quelques heures après la délivrance et le départ des Robinsons. La clairière commençait à s'emplir de tumulte. Les Indiens, revenus de leurs terreurs, poussaient des cris lugubres à l'aspect du corps sans tête de leur chef Ackombaka. Benoît, la face tuméfiée, n'était pas mort, mais il râlait affreusement.

L'arrivée de la seconde troupe produisit une heureuse diversion et surtout la vue de Charles, auquel son talisman fit rendre des honneurs incroyables. Les Indiens, avec la versabilité inouïe qui fait le fond de leur caractère, oubliaient déjà le mort pour ne penser qu'au vivant. Ou plutôt ils entrevoyaient la perspective d'une bombance en partie double, destinée à honorer la mémoire du défunt, et à célébrer l'avènement de son successeur.

Car, pour que nul n'en ignore, ils pensaient tout simplement à élire le jeune Robinson comme chef des Émérillons et de la fraction des Thyos.

L'enfant, étonné de cette succession d'évènements singuliers, se laissait faire avec une indifférence qui ajoutait encore à l'admiration qu'il inspirait. Le pauvre petit pensait avec douleur aux siens que sa longue absence devait torturer, il devinait les angoisses de sa mère. Il attendait avec une impatience fébrile le moment de son investiture, afin de ramener, si besoin en était, ses sujets à la Bonne-Mère, et embrasser au plus vite ces êtres chéris après lesquels son cœur soupirait.

Les trois forçats avaient disparu après la bagarre, et les Indiens ignoraient ce qu'ils étaient devenus. Ils avaient dû s'assassiner afin de s'approprier la pépite, seul résultat palpable de leur expédition. Quant à Benoît, son état demandait des soins immédiats, et Charles, reconnaissant en lui un blanc, fit signe qu'on ait à les lui donner. Il fut ponctuellement obéi, sans se douter hélas, qu'il serait la cause bien involontaire d'une irréparable catastrophe.

Le moyen employé pour ramener le mécréant à la vie fut très simple et fort ingénieux. Un Indien saisit deux fragments de quartz et les frappa rudement l'une contre l'autre, sous le nez de l'ancien surveillant. Des faisceaux d'étincelles jaillirent, et l'odeur caractéristique des silex heurtés se répandit dans l'atmosphère. Le Peau-Rouge continua pendant dix minutes sa manœuvre, en opérant le plus près possible de la bouche et du nez du blessé. Celui-ci, chose extraordinaire, râla bientôt moins fort. Il semblait que cette odeur agissait comme un puissant spécifique sur l'enflure causée par le venin des guêpes. La respiration devint de plus en plus facile, elle se régularisa, le bandit put parler et demander à boire. La tuméfaction des muqueuses était en partie disparue, puisqu'il put absorber, sans trop de difficultés, la moitié d'un coui plein d'eau.

Quant aux nodosités dures, violâtres qui marbraient sa face, obstruaient ses orbites, bossuaient son front, hypertrophiaient ses lèvres, et lui donnaient le hideux aspect d'un lépreux, elles furent simplement enduites d'une couche de terre glaise assez molle pour prendre l'empreinte de la figure, et adhérer sur les téguments comme un masque. Cette application eut pour résultat de calmer presque instantanément les horribles douleurs qui le tenaillaient. Il cessa de gronder, de jurer ; — le vieil homme s'était réveillé en lui — bientôt il s'endormit.

Le lendemain il était guéri. Ses traits portaient encore les empreintes livides laissées par les terribles hyménoptères, mais il pouvait y voir d'un œil. L'autre semblait fortement endommagé. Son garde-malade lui apprit les événements de la veille, la délivrance des prisonniers, la mort d'Ackombaka, la disparition de ses complices, et l'arrivée de l'héritier présomptif de la couronne... de plumes du feu roi.

Benoît qui avait rêvé peut-être de s'appeler Ackombaka, II, de trôner majestueusement sur le caïman de bois sculpté [1] et d'envoyer ses sujets en corvée aux champs d'or, Benoît pensa tout d'abord à renverser le représentant

---

[1] Les Indiens sculptent grossièrement dans des troncs d'arbres leurs sièges auxquels ils donnent la forme de quadrupèdes, de reptiles ou de sauriens. Rien d'original, comme de les voir les jours de cérémonie, assis côte à côte, sur un caïman de bois, le plus haut en grade accroupi sur la tête, et ses subordonnés, occupant successivement, d'après leur dignité, les places s'étendant jusqu'au bout de la queue.

L. B.

de la future dynastie. Il ne lui paraissait pas bien difficile de se substituer au nouveau venu, dût-il pour cela recourir à l'assassinat.

Avant de rien entreprendre, il lui fallait pourtant voir le prétendant, gagner autant que possible ses bonnes grâces, user, si besoin en était, de duplicité, au cas où il eût été de taille à se défendre énergiquement.

Son étonnement n'eut d'égal que sa fureur à la vue de l'enfant, dont les traits rappelaient trop vivement ceux de Robin et de ses fils pour que l'aventurier pût conserver le moindre doute sur son origine.

— Ah ça! grogna-t-il, il y en a donc toujours de cette engeance-là!... Encore un des petits de ce fagot de malheur. Attends un peu, va, moucheron, je vais t'arranger proprement ton affaire.

Sans perdre un moment, il appela la flûte et le tambour de feu Ackombaka, fit exécuter au premier une série de couacs retentissants, et au second un roulement sonore. Les Peaux-Rouges accoururent, sauf pourtant les gardes du corps de Charles, et se groupèrent autour de lui. Il leur fit un long discours, pour leur démontrer que celui qu'ils voulaient se donner pour capitaine appartenait à cette famille maudite dont le chef avait tué leur piaye. Il fut tour à tour insinuant, pathétique et menaçant. Il promit des montagnes de cassave, des torrents de cachiri, des fleuves de tafia, et termina par le classique : « Prenez mon ours » en d'autres termes, agréez-moi pour capitaine.

Vains efforts. L'antique formule : « J'ai dit, l'esprit de mes pères a entendu. » fut froidement accueillie. Le blanc avait beaucoup promis et fort peu tenu jusqu'alors. Son étoile avait bien pâli depuis la mort d'Ackombaka et la délivrance des prisonniers. De deux choses, l'une : ou l'esprit de ses pères battait la breloque, ou les auteurs du trépas du sorcier possédaient un piaye plus puissant que le sien. Il devenait donc urgent de s'en faire des amis. Que venait-il ensuite parler d'histoires de l'autre monde, du sorcier mort, enterré, et dont la mémoire avait été superlativement arrosée. Il s'agissait bien de ces contes surannés, quand le corps du pauvre : « *Qui-Vient-Déjà* » privé de sa tête n'aurait hélas! qu'une sépulture de dernière classe.

Il fallait au plus vite conjurer l'arrivée de nouveaux malheurs, et conférer le rang suprême, à ce bel adolescent dont la fière mine, la robuste prestance et surtout le collier mystérieux, inspiraient déjà une confiance sans bornes.

Benoît connaissait les Indiens. Il vit la partie perdue et n'essaya même pas de lutter. Ses trois complices étaient toujours en fuite, son ascendant sur les Peaux-Rouges, qu'il ne dominait que grâce à la pression constante exercée sur Ackombaka, n'existait plus. Il résolut de se retirer dans le bois, tout en restant à portée du campement, afin de profiter des évènements ultérieurs, de les provoquer au besoin.

Il enroula son hamac, emplit son havre-sac de provisions, chargea méthodiquement son fusil, fit un geste de menace et s'en alla lentement.

L'investiture du nouveau capitaine allait avoir lieu le lendemain. Ses guerriers, appréhendant pour lui comme pour eux un vague danger, une de ces surprises comme en réservent trop souvent les grands bois aux voyageurs, se fortifièrent ainsi qu'il a été dit précédemment, allumèrent des feux, et posèrent des sentinelles, chargées de répandre à profusion de quart d'heure en quart d'heure, sur les charbons ardents des baies de ce terrible poivre de Cayenne, appelé aussi piment enragé.

La combustion du petit fruit rouge de cette solanée, produit une vapeur âcre, irritante, suffoquante, dont l'absorption, bien qu'exempte de graves dangers, amène instantanément les phénomènes qui brisèrent l'élan des Robinsons et les livrèrent sans défense aux Indiens.

Les sabres sont levés sur eux, ils vont être égorgés. Mais Charles a entendu le commandement proféré en français, et le cri d'angoisse qui l'a aussitôt suivi. Il bouscule sa garde d'honneur avec une vigueur irrésistible, bondit et renverse la muraille humaine. Il écarte les lames qui vont s'abattre sur les siens, et s'élance dans les bras de son père.

— Mon père !... Henri !...

— Charles ! mon enfant, s'écrie le proscrit encore aveuglé, et chez lequel le sens de l'ouïe a seul survécu. Charles !...

La fureur des Indiens tombe aussitôt devant cette manifestation du jeune homme dont toutes les volontés sont déjà autant d'ordres pour eux. On s'empresse autour des nouveaux venus, bien que leurs intentions premières eussent pu paraître suspectes, mais le capitaine le veut ainsi. On bassine leurs paupières, on leur fait respirer de puissants antidotes, et bientôt leurs yeux peuvent s'ouvrir à la lumière.

Pendant ce temps, les membres de la seconde troupe, tapis au milieu des ombres impénétrables de la forêt, sentent grandir leur inquiétude. Aux premières clameurs des assaillants, aux cris de surprise et de fureur des Peaux-Rouges avait succédé un lugubre silence. Leur inquiétude est tellement poignante, que Madame Robin, préférant tout à cette immobilité, ordonne d'aller en avant.

Ses forces sont centuplées par l'angoisse et la terreur. Elle s'élance légère comme un oiseau dans la direction des feux, franchit cet étroit espace, sans voir les obstacles, sans être arrêtée par eux, et apparaît toute blanche dans cette nuit rouge, comme un génie d'amour et de délivrance. Les Indiens, frappés à son aspect d'une respectueuse terreur, se précipitent à ses pieds. Ils n'ont jamais vu d'européenne !

Elle s'arrête au milieu de la clairière, aperçoit Charles au centre du groupe formé par son père, son frère, le Doni et Nicolas. Elle tend les bras ; l'enfant, affolé, en délire, s'y précipite et l'étreint convulsivement. L'héroïque femme, qui jusqu'alors n'a donné aucun signe de faiblesse, éclate en sanglots. Ses yeux sont noyés de larmes. Impassible devant la douleur, elle peut à peine supporter le poids de ce bonheur surhumain.

A ce moment délicieux, où le proscrit savoure avec les siens la joie de cette délivrance inespérée, surgit lentement près du tronc d'un aouara une horrible apparition. Une figure hideuse, grisâtre, livide, terreuse, émerge de la pénombre. Deux yeux, aux reflets de métal, une bouche tordue par un rictus haineux, donnent à cette physionomie une expression infernale.

— C'est Benoît, va s'écrier Robin, qui reconnaît le bandit, debout à quinze mètres.

Il n'a pas le temps de prononcer un seul mot. Le canon d'un fusil s'allonge soudain dans sa direction, une détonation retentit, et la voix du misérable vocifère avec l'accent de la haine satisfaite :

— A toi ! Robin. A bientôt les autres.

Un cri d'angoisse et d'agonie suit d'une seconde à peine le coup de fusil. Le proscrit reste debout, mais le pauvre Casimir s'abat lourdement sur le sol, la poitrine percée par une balle. Le bon vieillard a vu la tentative du scélérat. Concentrant dans un dernier effort toute sa vigueur d'octogénaire, il s'est élancé, et a fait à son ami un rempart de son corps.

Les Indiens partent à la poursuite de l'assassin qui, semblable à un fauve aux abois, troue bruyamment les broussailles, et disparaît dans la nuit.

Robin, éperdu, fou de douleur, soulève le corps du pauvre noir qui pousse un cri plaintif. Le proscrit sanglote comme un enfant. Des larmes coulent de tous les yeux. Les Robinsons pleurent comme s'ils voyaient agoniser leur père.

— Casimir !.. murmure d'une voix entrecoupée Robin !... Casimir !

Au son de cette voix aimée, le vieillard entr'ouvre son œil unique, et couvre son cher blanc d'un suprême regard d'affection et de regret.

— Mon cher fils bien-aimé... ne pleure pas, dit-il de cette voix si étrangement musicale chez certains noirs, et en employant son doux langage créole ; ne pleure pas, mon cher enfant. Ton père blanc t'a donné la vie !... Ton père noir a eu le bonheur de te la conserver... Ne m'appelais-tu pas aussi ton père. Tu m'as aimé... Tu as embelli mes dernières années... Sois béni, mon fils !

« Puisses-tu goûter de longs jours de bonheur, sur cette terre où tu as tant souffert ! »

Sa voix s'embarrassait, et son corps se marbrait de taches grises. Robin voulait inspecter la blessure, lui prodiguer des soins. Le sang coulait rouge et écumeux de la plaie qui trouait le thorax un peu au-dessous de la clavicule gauche.

— C'est inutile, mon cher « compé », reprit-il en souriant doucement. Mets ta main sur le trou, afin que je ne meure pas trop vite. Ça même. Maintenant, place-toi bien en face... à la lumière... pour que je te voie jusqu'à la fin.

Robin obéit, et une expression d'indéfinissable bonheur illumina les traits du moribond.

— Et maintenant, mes chers enfants... vous que j'aimerai jusqu'à mon dernier souffle... moi, dont les vieux os tressailleront de bonheur quand vous foulerez la terre qui les recouvrira... adieu ! Adieu ! madame... vous, si bonne et si douce au pauvre vieux nègre... Adieu, Henri !... Edmond... Eugène... mon petit Charles... adieu !... Adieu, Nicolas... toi qui connais aussi le dévouement ! Adieu Angosso... Lômi... Bachéliko... bons noirs qui aimez mon fils blanc... Adieu, Agéda, leur bonne mère...

« Mon cher blanc !... ta main !...

Robin retira sa main sanglante. Le sang ruissela. Il leva cette main rouge vers le ciel comme pour le prendre à témoin de son serment et, d'une voix déchirante, il s'écria :

— Meurs en paix ! Toi que j'aime comme un père et que je pleurerai toujours ! Tu seras vengé !

Le moribond, sur le visage duquel la mort avait déjà posé son empreinte glacée, entr'ouvrit encore les lèvres. Il eut la force de murmurer :

— Tu m'as appris le pardon !.... Ne le tue pas !.... Je meurs content.

Il poussa un profond soupir, un flot de sang sortit de sa gorge... Ce grand cœur ne battait plus dans sa modeste enveloppe.

Robin le coucha sur le sol, lui ferma doucement les yeux, l'embrassa respectueusement sur le front, et resta agenouillé près de lui, absorbé tout entier dans sa douleur.

. . . .

Cette triste veillée de mort ne fut pas troublée par ces hurlements familiers aux Indiens. Ils respectèrent la douleur silencieuse de leurs hôtes, et se mirent

» Je vous en prie!... Lisez. (Page 386.)

à leur disposition avec une bonne grâce tout à fait inusitée. Pendant que les uns se hâtaient de terminer un hamac tout neuf, destiné à servir de suaire à la dépouille du vieillard, les autres apportaient des faisceaux de palmes vertes, en formaient un épais matelas, et dressaient à la hâte un léger carbet.

Le jour était venu sans que les Robinsons, tout entiers au deuil qui les frappait, eussent pensé à prendre un moment de repos. Seul, Nicolas avait été un moment distrait par la vue d'un objet blanc dont il put, aux premiers rayons du soleil, reconnaître la nature. C'était un petit morceau de papier, tout froissé, tout noirci.

Le papier est rare, dans les forêts guyanaises. Le Parisien n'en avait pas vu le moindre fragment depuis dix ans ! Ce chiffon ne pouvait être que la bourre du fusil dont la balle avait tué Casimir. Cédant à un désir bien naturel, Nicolas le prit en dépit de son origine lugubre, le déplia, sans intention bien arrêtée et comme obéissant à un secret pressentiment. Il vit tout d'abord qu'il était couvert de caractères d'imprimerie. Ces caractères, maculés par les produits de combustion de la poudre, étaient illisibles d'un côté, mais absolument intacts de l'autre. C'était un fragment de journal.

Le Parisien lut, puis pâlit affreusement. Était-ce de joie ou de douleur ? Il relut encore, craignant de s'être trompé. Puis, incapable de contenir plus longtemps l'émotion qui l'étouffait, il se leva brusquement, et s'en vint, la sueur au front, près de Robin, toujours immobile près du cadavre de son vieil ami.

Il serra à le lui briser le bras du proscrit et lui tendit le papier. Robin, d'un regard doux et triste, lui montra la silhouette rigide du vieillard, étendu sur son lit mortuaire de feuilles vertes. Ce coup d'œil éloquent semblait lui dire :

— Ne peux-tu attendre... Pourquoi me distraire de mon chagrin. Pourquoi m'enlever quelques-unes des dernières minutes que je dois passer près de lui ?

Nicolas comprit ce reproche muet et insista :

— Mon bienfaiteur !... Mon ami !... L'instant est solennel. Je vous en prie... lisez, dit-il d'une voix vibrante.

Robin prit l'imprimé, jeta un rapide regard sur les caractères, il pâlit aussi, et poussa un cri sourd.

Sa femme et ses enfants, inquiets à la vue de cette soudaine émotion, se groupèrent autour de lui.

Il relut encore, lentement et à demi-voix, les lambeaux de phrase, dont une seule était complète : « .... clémence ...... empereur... crimes et délits politiques.... Par décret en date du 16 août 1859, amnistie générale, sans condition et sans exception est accordée à tous... à l'étranger... dans les lieux de déportation, pourront rentrer en France..., promulgation... décret inscrit au bulletin des lois.... »

Les Robinsons écoutaient sans presque comprendre ces mots hachés, dont la signification avait une portée susceptible de révolutionner leur existence. Robin reprit de son accent voilé :

— Je ne suis donc plus un homme qu'on emprisonne, un numéro qu'on couche sur la liste de proscription, un forçat que torture la chiourme.

« Je ne suis plus l'évadé qu'on poursuit, le fauve qu'on traque. Le Tigre-Blanc après lequel hurle la meute des argousins ! »

« Je suis un libre citoyen de la France équinoxiale !

Puis, se tournant vers le cadavre du vieux noir, il ajouta d'une voix brisée :

— Mon pauvre ami ! faut-il que ma joie soit empoisonnée par une douleur qui ne s'apaisera jamais !

CHAPITRE X

Les derniers devoirs. — En creusant une fosse. — Découverte du *Secret de l'Or*. — Mépris des richesses. — Que faire de cent cinquante kilogrammes d'or? — Ci-gît un homme de bien... — Prétendant malgré lui. — Abdication avant la lettre. — Nouvelles recrues. — En pèlerinage. — Le parterre mystérieux. — Celui qu'on n'attendait pas. — L'assassin et sa victime. — Dévoré vif. — Réunis dans la mort. — La « *Mouche-Hominivore* ». — Le *Secret de l'Or* est-il à jamais perdu ?

Les funérailles de Casimir eurent lieu le lendemain. Robin voulut rendre lui-même les derniers honneurs au vieillard. Il l'ensevelit dans le hamac tissé pendant la nuit, et creusa seul une fosse profonde, au grand étonnement des Indiens qui ne pouvaient concevoir tant de respect de la part d'un blanc pour la dépouille d'un noir.

Il désira que son ami reposât en ce lieu où, dans un moment d'abnégation sublime, il avait héroïquement terminé sa longue existence d'amour et de dévouement. Les arbres abattus par l'ouragan seraient brûlés plus tard, les Robinsons y installeraient une habitation, sorte de succursale de la Bonne-Mère, et viendraient y passer, de temps à autre, quelques moments. La tombe de Casimir ne serait pas délaissée.

Robin creusait toujours. Chose étrange, la terre friable semblait avoir été précédemment remuée. Le travail avançait pourtant avec lenteur, grâce à un amoncellement de roches pesantes dont le dépôt n'avait pu être opéré fortuitement. Il les lançait une à une du fond de l'excavation, et reprenait incontinent son terrassement. Sa bêche de bois dur, habilement façonnée en forme de pagaye avec le sabre d'abatis, traversa bientôt un lit épais de feuillages verts à peine flétris. Cette fraîcheur relative attestait que la terre avait été fouillée depuis quelques jours à peine.

Il hésita un moment avant de continuer.

— Vais-je donc trouver ici un autre cadavre? Serais-je un inconscient violateur de sépulture? murmura-t-il en hésitant.

Il allait remonter et sortir de la fosse, quand son pied nu enfonça brusquement et rencontra un corps dur, dont le contact érailla douloureusement son épiderme. Il se baissa et reconnut avec surprise le couvercle d'un pagara, entouré d'une liane, et que la pression avait effondré. Il tira fortement à lui le câble végétal et éprouva une sérieuse résistance. Enfin, après d'énergiques efforts, il parvint à arracher le panier de jonc qu'il eut toutes les peines à soulever au-dessus de sa tête, tant il était pesant.

Il le déposa hors de l'excavation, sortit un second pagara semblable au premier, puis un troisième, puis un quatrième. Henri s'approcha, lui tendit la main, et l'aida à se hisser. Les pagars furent ouverts.

Ils étaient pleins d'or !

Chacun d'eux renfermait une quantité de métal en pépites que les Robinsons évaluèrent à plus de cent-cinquante kilogrammes, soit environ quatre cent-cinquante mille francs.

On connaît le souverain mépris que tous professaient pour les richesses. Nul ne sera étonné si aucun cri, si aucune manifestation de joie n'accueillit la découverte de cette fortune. Les Indiens, ignorant la valeur de l'or, s'approchaient curieusement, et témoignaient tout l'étonnement que leur causait la vue des pépites, dont quelques-unes atteignaient un volume considérable.

Robin regardait ce trésor d'un œil indifférent.

— Pauvre ami, dit-il, comme si Casimir pouvait l'entendre, pauvre cher mort ! Après avoir été ma providence aux jours de l'adversité, après avoir sacrifié ta vie pour moi, faut-il que même après ta mort, tu nous donnes l'opulence !

— Père, s'écria brusquement Henri, je crois être l'interprète de la pensée de ma mère, de mes frères et de Nicolas, notre frère aussi, en te disant : « Que nous importe la richesse ! Quel besoin avons-nous de cet or que nous méprisons ! La forêt avec ses ressources n'est-elle pas à nous? N'avons-nous pas nos bras pour travailler, nos champs pour vivre? Que nous importe aussi la vie civilisée avec ses luttes mesquines, ses appétits désordonnés, ses besoins que nous ignorons et ses haines encore inassouvies ! Nous sommes les *Français de l'Équateur*, les libres colons de cette Guyane que nous aimons, bien qu'elle ait été la terre de l'exil. Elle nous fournira notre pain et nous ferons une terre de rédemption de celle qui fut la terre de malédiction.

— Bien, mes fils. Vous êtes des hommes et je suis fier de vous. Qu'il soit fait comme vous le voulez. Je suis trop heureux de souscrire à votre volonté.

Et les Robinsons, sans plus tarder, poussèrent dédaigneusement du pied les pépites qui tombèrent pêle-mêle dans la fosse, avec les pagaras et les roches. L'excavation fut comblée, le terrain nivelé comme précédemment. Nul vestige ne pouvait désormais révéler la présence de l'opulente cachette.

Les funérailles un moment interrompues par cet incident, furent achevées au milieu d'un profond recueillement, et Casimir reposa dans un tombeau creusé à une dizaine de mètres du trésor. Une roche énorme fut roulée sur sa sépulture par ses amis aidés des Indiens, et Robin, avec la pointe de son sabre, grava sur le roc ces simples mots:

« CI-GIT UN HOMME DE BIEN »

Le *secret de l'or* était enfoui de nouveau. Resterait-il pour l'éternité confié à la garde de celui qui fut le lépreux de la vallée sans nom ?

La triste cérémonie étant achevée, les Robinsons pensèrent à retourner à l'habitation de la Bonne-Mère. Mais les Indiens, tenaces comme de grands enfants, voulaient absolument remettre à Charles la suprême dignité dont celui-ci ne se souciait en aucune façon. Les explications eussent été complètement impossibles, si Angosso qui, par bonheur, parlait fort couramment leur langue, n'eût servi d'interprète et de médiateur. Les pourparlers étaient interminables et la discussion menaçait de s'éterniser, quand Charles résolut fort à propos la question.

Il avait, au cours de sa captivité, remarqué un jeune Indien, âgé d'environ vingt ans, qui lui avait, dès le premier moment, témoigné une vive sympathie. Ce Peau-Rouge, d'une taille élevée, d'une figure agréable, semblait doué d'une intelligence supérieure à celle de la plupart de ses compagnons. Charles pensa qu'il ferait un excellent capitaine. Il fit part de son idée à son père, qui naturellement lui donna toute son approbation. Le difficile était de le faire admettre par le clan des Émérillons et des Thyos réunis. Le prétendant malgré lui était fort perplexe, quand la pensée lui vint de passer au cou de son remplaçant le collier de Jacques, ce *piaye* merveilleux dont la possession était l'objet d'une si grande vénération.

L'enfant ne s'était pas trompé. La remise de l'emblème, qu'il opéra avec la gravité, la solennité d'un monarque conférant le collier de la toison d'or, eut pour résultat de faire entrer immédiatement son protégé en jouissance de la succession de feu Ackombaka.

A propos d'Ackombaka, un dernier mot relativement à cette peu intéressante victime du secret de l'or. Son cadavre sans tête ayant été abandonné pendant une nuit aux multiples éventualités d'un séjour dans la Forêt-Vierge, fut dévoré par les fourmis-manioc. Il fallait bien s'y attendre.

Les cérémonies de l'investiture de son successeur furent courtes. Les Indiens n'avaient pas une goutte de liquide pour la célébrer. Pour comble d'infortune, toutes leurs provisions étant épuisées, la famine allait s'abattre sur eux. Heureusement que la Bonne-Mère avec ses inépuisables ressources n'était pas éloignée. Robin, par l'entremise d'Angosso, leur proposa de s'y rendre, leur promettant de les héberger abondamment et de pourvoir à leurs besoins ultérieurs. Ce serait pour Charles le don de joyeux avènement..... sans avènement.

Cette proposition obtint un succès d'enthousiasme. La troupe se mit en route et arriva sans incident à l'habitation, dont les pensionnaires avaient été bien délaissés depuis quelque temps. La réception n'en fut pas moins cordiale, en dépit de l'augmentation du nombre des habitants.

Les Indiens furent émerveillés à la vue de cette abondance, fruit du travail de quelques hommes, mais d'un travail continu, méthodique et intelligent. Ils s'installèrent commodément, selon les habitudes particulières à leur race, et bientôt l'habitation offrit le spectacle curieux et réconfortant d'une ruche en travail. Les fêtes eurent lieu les jours suivants, et, chose rare, avec une sobriété relative, exempte de tout désordre. Le contact des blancs, leurs leçons, leurs exemples portaient déjà des fruits et faisaient naître un germe de civilisation. Les progrès de cette remarquable évolution furent à ce point rapides, que les Peaux-Rouges, heureux, transformés, régénérés, demandèrent à Robin la faveur d'élire domicile près de lui, et de faire définitivement partie de la colonie.

Vous pensez si cette autorisation fut accordée de bon cœur. Il fut convenu qu'une délégation partirait dans le plus bref délai à la recherche des femmes, des vieillards et des enfants dont l'arrivée doublerait l'effectif des Français de l'Equateur. Angosso et ses fils, revenus des préventions séculaires des hommes de leur race contre les Indiens, vivaient en parfaite intelligence avec les nouveaux venus. C'était merveille de voir les athlètes noirs, ardents à la chasse, intrépides au travail, adroits, industrieux, complaisants, évoluer familièrement au milieu de leurs ennemis de la veille qui, de leur côté, comprenant les bienfaits de l'association et du sédentarisme, ne demandaient pas mieux que de renoncer à leur vie nomade, et de former une grande famille, sans distinction d'origine et de couleur.

Un mois se passa de la sorte, sans le plus léger nuage, sans que la proverbiale paresse des Indiens amenât pour les autres membres de la colonie le moindre surcroît de travail. L'existence était large, facile, abondante pour tous, et la fatigue insignifiante. C'est que nul ne cherchait à se dérober à la loi commune. Aussi les forces individuelles étant unifiées, il était facile de les porter sur les grandes entreprises d'installation, de récolte et de défrichement. L'effort général avait son action sur un seul point sans la moindre déperdition. Tel travail qu'il n'eût été possible d'accomplir qu'au prix de fatigues écrasantes et après un temps d'une durée considérable, était terminé en quelques moments, à la grande stupéfaction des Peaux-Rouges, ignorant la méthode, et pratiquant le gaspillage des heures et des productions naturelles.

Le jour du départ des délégués pour le village, situé, l'on s'en souvient, à plusieurs journées de canotage, tout travail cessa. Il y eut fête à la Bonne-Mère. L'on fit la conduite aux voyageurs; puis, sur la proposition de Robin, la colonie entière se transporta, comme en pèlerinage, au tombeau de Casimir.

L'aspect de la clairière où s'étaient passés tant de dramatiques évènements avait subi de sensibles modifications. Les feuilles des géants renversés par l'ouragan, chauffées par les rayons du soleil équatorial, avaient pris des tons roux, semblables à ceux de nos forêts de chênes pendant l'hiver. Le moment approchait où le feu consumerait ces débris. Cette terre vierge serait bientôt mise en culture.

Les Robinsons, précédés du chef de la famille, s'avancèrent lentement, en silence, vers l'endroit où reposait leur vieil ami. Le roc, servant de pierre tumulaire, leur apparut bientôt entouré d'une folle profusion de fleurs. Un cri de surprise leur échappa, à la vue de ce parterre embaumé, aux coroles éclatantes, sur lesquelles rutilait un éblouissant écrin d'oiseaux-mouches, de libellules et de papillons.

La main gracieuse de la fée des fleurs avait-elle spontanément transformé en parterre la sépulture de l'homme de la nature? Le génie de l'or avait-il donné ce témoignage de regret à l'innocente victime du secret violé? Les mystérieux dépositaires du trésor dédaigné par les blancs avaient-ils voulu attester ainsi leur gratitude par cette pieuse offrande?

Au cri de surprise des colons répondit un hurlement suivi d'un râle étouffé. C'était une voix humaine, rendue méconnaissable par une indicible expression de souffrance. Le râle reprit, rauque, saccadé, comme une dernière révolte

Une face de squelette. (Page 394.)

d'un agonisant contre l'étreinte de la mort. Robin, le sabre à la main, se dirigea, suivi de ses fils, vers le point rapproché d'où partait ce bruit. Il écarta de sa lame les herbes folles qui, depuis un mois, avaient acquis un développement de près d'un mètre, et s'arrêta, cloué au sol, à dix pas à peine du tombeau.

Il était sur le sol dans lequel les pépites avaient été enfouies. Un spectacle épouvantable s'offrit à ses regards. Un homme, un Européen, couvert à peine de vêtements en lambeaux, les mains crispées sur deux poignées de terre, la barbe souillée d'une écume sanglante, se tordait au bord d'une excavation profonde. Un de ses yeux, rongé par un mal horrible, avait disparu. L'orbite, sans paupière, s'ouvrait béant, bleu comme un ulcère. L'autre paraissait sans regard. Les cartilages des oreilles ne présentaient plus que des morceaux informes, la bouche aux lèvres tuméfiées faisait au milieu de ce visage décomposé une double saillie violâtre. Enfin, de ces hideux lambeaux de figure s'exhalait une écœurante odeur de putréfaction. Robin reconnut cependant le misérable. C'était Benoît!

— Lui! s'écria-t-il avec horreur. C'est lui! Ah! mon pauvre Casimir, tu es cruellement vengé.

Le râle devenait de plus en plus saccadé. L'assassin n'avait que peu d'instants à vivre. Le proscrit, dont le grand cœur ignorait la haine, s'approcha, ému malgré lui à la vue de cette terrible représaille dont seule était responsable la destinée. Il se baissa, malgré les émanations suffocantes, et fit signe à ses fils d'avancer.

Le regard d'Henri plongea au fond du trou au bord duquel se débattait l'ancien surveillant. L'excavation était complétement vide. L'œil n'apercevait plus aucune trace d'or sur le fond, minutieusement débarrassé de tous les corps étrangers.

Le trésor avait disparu.

A ce moment suprême, le moribond, tordu par une dernière convulsion, s'accroupit sur les roches nues, puis son corps robuste, qui luttait désespérément contre la mort, se dressa, rigide, convulsé. Son visage, dont la peau fluctuait, tour à tour gonflée et creusée par un mystérieux fourmillement, se tourna vers les Robinsons. Son œil unique avait-il encore un vague sentiment de vision? Le misérable pouvait-il soupçonner leur présence? Sa haine survivait-elle à la sensibilité? Ce suprême regard implorait-il le pardon?

Il poussa un dernier cri, une sorte d'aboiement bref, rauque, étouffé.

Alors se passa quelque chose d'effroyable. Sa peau se crevassa et s'ouvrit en vingt endroits, les chairs quittèrent les os et tombèrent à terre au milieu d'une véritable pluie de larves blanchâtres. Une face de squelette, disséqué vivant par ces milliers de larves, apparut. Benoît battit l'air de ses bras, et tomba lourdement à la renverse, au fond de la fosse qui avait renfermé le trésor.

— Sa victime a pardonné! Qu'il repose en paix à ses côtés dit Robin d'une voix basse et triste.

— Qu'il repose en paix ! répondirent les Robinsons.

La fosse fut comblée pour la seconde fois, et bientôt il ne resta plus trace des hideux restes de la dernière victime du *secret de l'or*.

Les jeunes gens et leur père revinrent à la clairière et firent part de cet étrange et dramatique évènement à leur mère inquiète.

— Mais c'est horrible, répétaient à satiété Henri et ses frères écœurés. Le malheureux ! Il était bien coupable, mais comme il a dû souffrir !

— Rien ne saurait vous donner une idée des tortures qu'il a endurées. Depuis plusieurs jours peut-être, il était là, près de cette fosse béante, d'où s'étaient envolées ses espérances. Incapable de mouvement, en proie à un mal terrible, il s'est senti rongé, lambeau par lambeau, sans que la mort vint le débarrasser.

— Quel est donc ce mal qui l'a tué ?

— Il a succombé sous les atteintes d'un insecte, plus redoutable à lui seul que tous les fauves, tous les insectes, tous les reptiles, qui pullulent dans les solitudes du Nouveau-Monde.

« C'est la *Mouche-Hominivore*.

— Cette mouche doit être d'aspect formidable.

— Non, mes enfants, bien au contraire. La mouche anthropophage, appelée par les naturalistes « *Lucilia-Hominivorax* », semble absolument inoffensive. Elle n'a ni l'aiguillon douloureux de la mouche sans raison, ni le dard empoisonné du scorpion, ni même la trompe venimeuse du maringouin.

« Rien ne la désigne à l'attention de sa victime ; on dirait la vulgaire mouche à viande, dont elle possède la taille et le léger bourdonnement. Elle habite ordinairement les grands bois. Elle s'introduit dans les fosses nasales ou les oreilles de l'homme endormi, y dépose ses œufs, et s'en va tranquillement. Cet homme est perdu, et la science elle-même, avec toutes ses ressources, est huit fois sur dix impuissante à le sauver.

« En effet, ces œufs, grâce à la température ambiante, et le milieu de développement dans lequel ils se trouvent, subissent une transformation rapide. Le sujet les couve, en quelque sorte. Au bout d'un temps d'incubation assez court, ils accomplissent une première métamorphose et deviennent des larves. Les sinus frontaux, les fosses nasales, la cavité de l'oreille moyenne, deviennent le réceptacle où s'accomplit ce phénomène.

« Les larves fouissent alors dans l'épaisseur du tissu musculaire aux dépens duquel elles prennent leur subsistance. Elles se substituent à la chair, comme le poussin à l'œuf qui le nourrit. Elles isolent la peau des os en prenant la place des muscles, et s'agitent sous la couche épidermique avant de la percer, jusqu'au moment où, devenues insectes parfaits, elles prendront leur vol.

« Le malheureux, ainsi disséqué vivant, succombe fatalement, quand bien même, ainsi que je l'ai vu à l'hôpital de Saint-Laurent, on parviendrait à le débarrasser des larves par une médication énergique. En effet, les désordres inflammatoires causés par la présence de ces insectes dans le voisinage du cerveau, produisent une méningo-céphalite, toujours mortelle.

— Mais, c'est affreux. Et nous sommes exposés à une pareille catastrophe, pendant notre sommeil !

— Rassurez-vous, mes chers enfants. Le docteur C..., qui a étudié les mœurs de ces redoutables hyménoptères, a remarqué qu'elles s'attaquent de préférence aux personnes malsaines, et surtout à celles qui exhalent par les narines une mauvaise odeur. Cette odeur les attire comme celle des chairs corrompues, sur lesquelles se jettent avidement certains animaux et certains rapaces.

— Et tu penses, père, qu'il n'y a pas de remède à ce fléau ?

— Tu dis bien, un fléau. Heureusement qu'il est assez rare. La plupart des tentatives furent opérées sans succès, et pourtant les essais ont été bien variés.

« On a employé tour à tour l'essence de thérébentine, le chloroforme, l'éther et la benzine. Ces substances, portées directement dans les foyers d'infection, ont amené des émissions de larves, qui sortaient par centaines, soit des oreilles, soit des fosses nasales, soit de trajets fistuleux, consécutifs à la perte de substance organique. C'est ce dernier agent, la benzine, qui semble jusqu'à présent avoir seul entravé le progrès du mal. Encore faut-il que la maladie soit prise dès le début, et que les migrations des larves ne les aient pas portées près du cerveau.

— Quelle horrible mort, dit en frissonnant Eugène, que semblait poursuivre le souvenir de l'agonie du misérable.

— Quelle effroyable expiation !

— Cet homme était notre mauvais génie. Aujourd'hui seulement, nous sommes soustraits à cette menace, qui, comme un glaive à double tranchant, était suspendue sur nos têtes : sa haine !... la proscription !

« Il est mort !... Je suis libre !...

« Que ne puis-je, hélas ! presser sur mon cœur celui qui me recueillit moribond, qui me sauva, qui m'aima.

« Pourquoi le bonheur que procure à mon âme ce mot magique de Liberté ! est-il à jamais empoisonné !

« Et maintenant, mes fils, une vie nouvelle commence pour les Robinsons de la Güyane. Nous fûmes les naufragés de cet ouragan qui désola notre chère patrie, qui broya tant d'existences et fit couler tant de larmes. Pendant de longues années, cet asile, que nous offrirent dans leur repaire les fauves, moins féroces que les humains, fut au moment d'être violé. Il nous fallait éviter et l'approche de l'homme primitif, et le contact de celui qui se targue de civilisation. Il nous était interdit, sous peine de dangers imminents, de compléter notre œuvre de colonisation, en conviant au banquet de l'intelligence, ceux qui depuis tant d'années se méconnaissent et se haïssent au milieu des splendeurs de notre pays d'adoption.

« Il ne suffit plus aujourd'hui d'arracher à la terre ses secrets, de défricher, de planter et de recueillir. Notre mission est plus haute. Il est d'autres broussailles qu'il nous faut saper, d'autres marais que nous devons assainir, d'autres semences à faire germer.

« Vous m'avez compris. Sur ce sol fécondé par notre travail, et qui ne demande qu'à produire, végètent des hommes dont l'esprit exige une culture analogue, des soins plus assidus encore. La grandeur de l'entreprise est digne de notre vaillance.

« A moi ! mes fils. A l'œuvre, Français de l'Equateur ! En avant, pionniers de la civilisation. Improvisons ici un coin de France, conquérons pour notre patrie des hommes et de la terre, sauvons de l'anéantissement cette race indienne qui s'éteint, et collaborons de toutes nos forces à la prospérité de notre France équinoxiale ! »

FIN DE LA DEUXIÈME PARTIE

LES
ROBINSONS DE LA GUYANE

3me PARTIE
LES MYSTÈRES de la FORÊT VIERGE

CHAPITRE PREMIER

La révolte au champ d'Or. — Noirs, Indous et Chinois. — Le bachelier de Mana. — Le placer « *Réussite* ». — Aspect d'une exploitation aurifère. — Cri d'angoisse et piège mortel. — Qu'est-ce que « *Maman-di-l'Eau* » ? — Les emblèmes de la fée Guyanaise. — Lugubres facéties de « Maman-di-l'Eau ». — Ce qu'on entend par « *Arcuba* ». — Les esprits frappeurs. — Les mystères de la Forêt-Vierge.

Le doux chant du « *Toccro* » se fit entendre au loin, sous la feuillée, comme un roucoulement de tourterelle. Déjà les premiers rayons du soleil s'échevelaient sur les plus hautes cimes de la Forêt-Vierge, pendant que les troncs droits et lisses, ainsi que des piliers gothiques, s'enfonçaient encore dans l'ombre épaisse imperceptiblement teintée de violet.

Les feuilles immobiles semblaient flamboyer sous un ruissellement d'incendie

rayée, d'une mauresque de même étoffe, sur laquelle s'enroulait une ceinture de flanelle rouge. C'était un créole blanc de l'île Saint-Thomas, mais d'origine française. Il s'appelait du Vallon.

Quiconque n'eût pas été familiarisé avec les habitudes des travailleurs coloniaux, n'eût rien remarqué d'insolite à leur conduite. Mais ce calme inusité, qui ne laissait pourtant percer nul symptôme d'insubordination, causait une secrète inquiétude au jeune directeur. Depuis quelques jours déjà, la production de l'or baissait, les hommes ne travaillaient plus qu'avec répugnance et des bruits mystérieux circulaient parmi eux. Ses traits énergiques ne manifestèrent cependant nulle trace de préoccupation.

Il conserva sa posture pleine de cette indolence créole qui sert souvent à marquer de terribles accès de fureur. Il attendit patiemment que les noirs sortissent pour se rendre aux chantiers. Dix minutes se passèrent..... puis un quart d'heure. L'établissement demeura silencieux. Le blanc ne s'y trompa aucunement. Les ouvriers refusaient le travail ! Il s'arma d'un sabre d'abatis, appela son premier commis, un Juif hollandais de Paramaribo, et tira de sa trompe quelques notes éclatantes, modulées sur un certain rythme.

C'était l'appel des chefs de chantiers. Rien ne bougea. Un flot de sang empourpra la figure du créole, qui devint presque aussitôt d'une pâleur livide. Il descendit lentement vers les cases, s'arrêta devant la première et appela d'une voix brève :

— Manlius !

Un noir sortit clopinant et geignant.

— Qué ca oulé Mouché ? (Que voulez-vous ?)

— Eh bien ! on ne travaille donc pas !

— Mo pas pouvé, Mouché, mo malade !

— C'est bien, reste ici.

Il fit quelques pas encore et appela :

— Jarnac !.....

Un grand nègre apparut, frottant à tour de bras le canon rouillé d'un fusil à deux coups.

— Présent ! répondit-il brièvement.

— Laisse ton fusil, et réponds-moi.

— Oui, Mouché.

— Pourquoi ne vas-tu pas au chantier ?

— Ce sont les autres, qui ne veulent pas y aller, répondit-il en créole.

— Bon ! attends-moi près de Manlius.

trop. La vue du liquide brûlait les yeux avant de flamber les estomacs. John Chinaman n'avait pas le temps de rentrer à sa case. Les ivrognes s'approchaient et proposaient l'achat du boujaron. John discutait de sa voix au timbre de cloche fêlée le montant de la transaction, faisait monter l'enchère, et l'heureux acquéreur payait d'avance. John empochait alors les sous marqués, et livrait le tafia qui descendait dans le cratère sans fond.

Ce matin-là, au contraire, les abords du magasin offraient un aspect inaccoutumé. L'établissement était silencieux, les buveurs, chose rare et incompréhensible, ne quittaient leurs cases que lentement et à regret. Le magasinier dut lancer un second appel. De mémoire de chercheur d'or pareil phénomène ne s'était présenté. L'on n'avait, à plus forte raison, jamais rien vu de semblable sur le placer « *Réussite* » existant depuis deux mois à peine.

Ils se présentèrent avec l'allure gauche de gens inhabiles à dissimuler et obéissant à un mystérieux mot d'ordre. Tous d'ailleurs, sauf les Chinois sceptiques et plus indifférents encore, paraissaient en proie à une sombre inquiétude. Les bons mots et les lazzis du magasinier, un gros nègre du bourg de Mana, à la figure joviale et futée, faisaient à tout coup long feu. Et pourtant, le joyeux compère, qui occupait ce poste de confiance, possédait une verve intarissable. Il savait lire, écrire et compter fort convenablement, et n'était pas peu fier de son érudition. On l'appelait Marius comme un simple Marseillais, et plus communément le « bachelier de Mana[1] ».

Les mineurs absorbèrent la goutte de tafia et reçurent leurs vivres de la journée : 750 grammes de « couac », 250 grammes de « *bacaliau* » (morue séchée), et 30 grammes de saindoux. Puis ils rentrèrent dans leurs cases plus silencieux, plus mornes que jamais.

Le directeur du placer, intrigué de ce silence inusité, sortit de sa case formant le quatrième côté du carré réservé aux ouvriers, et s'accouda nonchalamment à un poteau de moutouchi soutenant la véranda. C'était un homme de haute taille, d'une trentaine d'années, maigre, mais bien musclé. Ses yeux gris trouaient de deux lueurs d'acier sa figure pâle encadrée d'une fine barbe d'un blond roux, comme ses cheveux. Il était coiffé du chapeau gris à larges bords des chercheurs d'or guyanais, vêtu d'une chemise de cotonnade

---

[1] Les habitants du bourg de Mana, le plus peuplé après Cayenne, possèdent une instruction élémentaire assez complète. Ils doivent ce bienfait à Mme Javouhey, fondatrice de la congrégation de Saint-Joseph de Cluny, qui depuis 1828 fut jusqu'en 1848 l'âme du bourg naissant. Les autres noirs de la Guyane donnent pour ce motif le nom de « *Bacheliers de Mana* » aux lettrés de ce village.

L. B.

« Maître!... Je suis perdu! » (Page 406.)

Chinaman », comme disent les Anglais, tenant du bout de ses doigts crochus son coui, ne paraissait pas pressé d'approcher, et pour cause. Le rusé compère attendait que ses compagnons eussent avalé d'un trait la ration versée par le magasinier.

Il s'avançait alors, recevait son « boujaron », et se retirait lentement, suivi d'un long regard de convoitise, lancé par tous ces assoiffés. Mais, c'en était gagnant de proche en proche. La nuance pourprée s'abaissa rapidement, à mesure que l'astre monta. Les branches moyennes rougeoyèrent à leur tour. Pendant deux minutes la lumière crue, fulgurante, venant d'en haut, flotta en quelque sorte comme un nuage de clarté sur la couche de ténèbres devenue tout à coup plus sombre.

Il y eut un antagonisme de quelques instants, puis la nuit fut vaincue. L'atmosphère que nulle brise ne rafraîchissait, était lourde, suffocante. Elle allait être sous peu transformée en fournaise.

Ce lever du soleil n'avait pas duré un quart d'heure. La pudique Aurore, éloignée pour toujours des régions équatoriales, ne l'avait pas annoncé par son aimable rougeur. Le frais zéphir, auquel cet antre de cyclope est inconnu aussi, n'avait pas agité ces végétaux calcinés. L'astre avait éclaté dans la nuit, comme un bolide chauffé à blanc.

Un appel de trompe, sourd et prolongé comme le beuglement d'un taureau inquiet, retentit dans la clairière.

Le « *placer* » s'éveilla.

Chaque matin, ce signal était accompagné de cris joyeux. Des rires, des éclats de voix, des refrains plus bruyants qu'harmonieux, sortaient des cases, disposées en un vaste carré, dont les côtés entouraient une esplanade hérissée encore de nombreux chicots.

C'était l'heure du « *boujaron* », c'est-à-dire de la distribution quotidienne d'une solide ration de tafia, destinée à chasser les miasmes engendrés par les brouillards de la nuit. Les travailleurs, noirs, coulies indous et chinois, sortaient du quartier spécialement affecté aux individus de même origine, afin d'éviter les antagonismes pouvant résulter des différences d'habitudes, de race, ou de croyances.

Le Nègre, jovial, s'avançait d'ordinaire, en riant largement, roulant ses gros yeux de porcelaine, et esquissant un pas chorégraphique inspiré par la Therpsicnore équatoriale, la plus fantaisiste de toutes.

L'Indou, rigide comme un homme de bronze, modelé à faire damner un statuaire, non moins impassible qu'un Bouddha de métal, mais ivrogne à rendre des points à Bacchus et à Alexandre, les conquérants de son pays, assiégeait déjà la porte du magasin.

Enfin, le Chinois, ce Juif de l'Extrême-Orient, auquel les besoins matériels semblent inconnus, et qui vit dans le seul espoir d'amasser, s'en allait, dolent, la queue de cheveux relevée en chignon, en glissant sa face camarde et plissée de magot à travers les torses de bronze ou d'ébène. « Master John

Il appela successivement en passant devant les cases.

— Nestor !... Zéphyrin !... Héristal !... [1].

Chaque homme sortait et répondait à l'appel de son nom.

Du Vallon s'arrêta devant le quartier des Indous et prononça les noms de Mounoussamy et d'Apawo.

Deux coulies robustes, aux yeux luisants, aux oreilles entourées chacune de cinq ou six pendants, aux chevilles et aux mollets cerclés de gros anneaux d'argent, vinrent se joindre au groupe des noirs.

Les chefs de chantier étaient réunis au nombre de sept.

— Et maintenant, mes gaillards, dit de sa voix calme le directeur, mais d'un ton qui n'admettait pas de réplique, de gré ou de force, vous allez me suivre ; ou plutôt marcher devant moi.

« Jarnac, ordonna-t-il au grand noir, prends la tête, nous allons à la crique Saint-Jean.

« Que nul d'entre vous n'essaie de se dérober à travers bois. Vous savez que j'ai là de quoi l'arrêter à la course quand bien même il détalerait comme le kariakou.

Les contre-maîtres comprirent le geste accompagnant ces paroles en voyant sortir de la petite poche américaine pratiquée au-dessous de la ceinture du pantalon, la crosse d'un revolver « New-Colt » à canon court et de très fort calibre.

Du Vallon ne plaisantait jamais. Ils s'enfoncèrent lentement et en tremblant de tous leurs membres dans un sentier perdu à travers la Forêt-Vierge. Plus ils avançaient, plus leur répugnance s'accentuait. Le blanc n'avait pas prononcé une parole, pensant, et avec raison, qu'il trouverait sur les lieux même de l'exploitation le mot de l'énigme.

Au bout d'un quart d'heure, on arrive à une vaste clairière d'où sort une crique, large de trois mètres, dont les eaux laiteuses charrient lentement des molécules blanchâtres d'argile détrempée. Cette clairière offre l'aspect d'un indescriptible chaos. De tous côtés des troncs renversés, des feuillages flétris, des branches fracassées, des lianes rompues. Partout de hautes herbes récemment sabrées, formant une litière sur laquelle pourrissent les orchidées et les

---

[1] Que nul ne s'étonne des noms baroques ou prétentieux portés par tous ces noirs. Au temps de l'esclavage, les colons, ne sachant comment appeler ces malheureux enlevés en masse aux côtes africaines, feuilletaient l'histoire ou s'inspiraient du calendrier pour les affubler au hasard des premiers noms venus. Les fils et les petits fils de ceux-ci, en ont hérité tout naturellement.

L. B.

broméliacées géantes. Çà et là, de gros chicots courtauds et trapus, hauts d'un mètre, tailladés par la hache, calcinés par le feu, émergent du sol, comme des nains décapités.

Le lit de la rivière a disparu. La terre, fouillée par le pic, est mamelonnée d'éminences crayeuses, ou ravinée de tranchées profondes. De longues planches, plâtrées de boue argileuse, ou souillées de terre noirâtre, forment des ponts sur ces fosses taillées à pic entre lesquelles serpentent de minces filets d'eau teintée d'opale.

Plus loin, aussi avant que la vue peut s'étendre, apparaît un étroit canal, large d'environ quarante centimètres et formé de sept ou huit auges en bois, longues chacune de six mètres. Elles s'emboîtent l'une à la suite de l'autre en plan incliné, et sont supportées chacune par deux chevalets.

Plus loin encore, la crique est coupée d'un batardeau dont la vanne submergée laisse couler une mince cascade, qui tombe avec un bruit rauque au fond d'un trou.

Ces auges de bois, semblables à des cercueils sans couvercle, forment, par leur réunion, le « *sluice* », l'instrument servant à laver les terres aurifères. La clairière, aux arbres broyés, au sol éventré, est un « *placer* », un *champ d'or !*

Rien de désolé, comme ce travail humain à travers les splendeurs de la nature. C'est une lèpre rongeant un organisme, un cancer au flanc de la forêt.

Les noirs, à la vue de ce chaos qui est leur œuvre et avec l'aspect duquel ils sont cependant familiarisés, éprouvent un moment d'insurmontable hésitation. Jarnac, qui marche le premier, s'arrête, les jambes flageolantes, la peau gris de cendre, les yeux dilatés par l'épouvante. Le pauvre diable est dans un état pitoyable. Ses compagnons, y compris les Indous eux-mêmes, manifestent la même terreur.

Le directeur voit bien que le refus de travail n'est pas imputable à un simple caprice. Une cause mystérieuse, terrible peut-être, a pu seule avoir raison de ces travailleurs, braves en somme, et qui jusqu'alors ont manifesté la plus entière soumission. Ce sont des ouvriers d'élite, les plus robustes et les plus honnêtes entre tous leurs compagnons.

Mais le blanc qui voit le fruit de tant de peines si près d'être perdu, sa fortune et celle de ses associés à la veille d'être compromise, veut une fois pour toutes savoir à quoi s'en tenir. Il a quitté pendant huit jours le placer pour aller en prospection. L'exploitation était alors en pleine prospérité, le rendement excellent. Il trouve à son retour un complet désarroi, il veut en connaître la cause, il le faut, dût-il courir un péril mortel.

Il regarde bien en face les sept hommes l'un après l'autre comme pour leur communiquer un peu de son énergie, puis, de sa voix vibrante, il commande :

— En avant !

Les contre-maîtres, plus épouvantés que jamais, s'avancent à petits pas, après s'être groupés. Le maître semble les piquer de son regard aigu, comme un cavalier qui laboure de son éperon les flancs d'un cheval épeuré.

Ils arrivent après d'interminables hésitations au milieu de la clairière, et semblent se rasséréner un peu en voyant que nul phénomène ne se produit. Jarnac s'enhardit, Héristal le suit, et Nestor, voulant faire mieux, les devance. Il met le pied sur une planche jetée en travers d'une tranchée profonde. Il va la franchir, quand un craquement sec se fait entendre tout à coup : la planche se brise en deux morceaux, et le pauvre diable roule au fond du trou profond de deux mètres.

— A moi ! maître, s'écrie-t-il d'un accent déchirant, à moi !.....

D'un bond, du Vallon est au bord de l'orifice béant. Il déroule en un clin d'œil sa ceinture de laine, en laisse pendre une extrémité à laquelle le noir se cramponne désespérément. Le créole roidit ses muscles, et sans effort apparent, tire à lui le mineur qui s'abat sur le sol en murmurant d'une voix étranglée :

— Maître !... Je suis perdu !... L'*aye-aye* m'a mordu.

Il ne peut ajouter un seul mot. Ses mâchoires se serrent, ses yeux roulent convulsivement, une écume épaisse blanchit ses lèvres, une contracture tétanique le tord d'avant en arrière, sa tête s'infléchit comme si l'occiput allait rejoindre les talons.

Au bout d'une minute c'est un cadavre.

Ses compagnons, cloués au sol par la terreur, sont incapables d'un seul mouvement. Ils ne peuvent prononcer un mot. Seul, Jarnac affolé bégaie :

— C'est Maman-di-l'Eau !... Oh ! c'est Maman-di-l'Eau.

Du Vallon, étonné plutôt qu'effrayé à la vue de cette mort instantanée, jette un regard de pitié sur la malheureuse victime, et s'aperçoit avec colère que la planche, épaisse de cinq centimètres, a été presque entièrement coupée par un trait de scie. L'auteur mystérieux de ce lâche attentat l'a retournée, de façon que nul ne pût voir la section. La chute du noir n'est donc nullement accidentelle, et seulement imputable à la malveillance.

Quant au terrible ophidien, dont la morsure a foudroyé l'infortuné, sa présence ne peut s'expliquer que par un hasard malheureux. L'aye-aye chassant la nuit sera tombé au fond de la fosse, dont le fond est recouvert de gravier aurifère.

Chose étrange, les noirs se rassérènent peu à peu. Il semble que la mort de leur camarade ait eu pour effet de les tranquilliser.

— Pauvre Nestor, dit doucement l'un deux ! Il a payé pour nous. Maman-di-l'Eau est apaisée.

— Oui, renchérit Jarnac. Elle ne nous fera plus de mal. Et d'ailleurs, le blanc est avec nous. Maman-di-l'Eau respecte les blancs.

— Allons, dit un des Indous qui n'avait pas encore desserré les dents.

Le cadavre fut laissé au bord de la tranchée, et le directeur, suivi de ses hommes, continua ses investigations.

Il arriva devant un second trou, et pâlit en voyant que le madrier servant à le franchir, était scié comme l'autre. Il se baissa et ne put retenir une exclamation en entendant bruire les anneaux cornés d'un serpent à sonnettes. Il y avait un second serpent dans la fosse au fond de laquelle eut infailliblement roulé quiconque n'eût pas été prévenu.

Mais, ce fut bien autre chose, quand après avoir visité un à un tous les trous creusés dans la terre végétale, pour arriver jusqu'à la couche aurifère, il constata que tous avaient été rendus inaccessibles aux mineurs. L'un fourmillait de scorpions, de mille-pattes ou d'araignées-crabes. Un autre était rempli de fourmis, d'arêtes ou de mâchoires de poissons aux dents aiguës et tranchantes. D'un troisième s'exhalait une écœurante odeur de chairs putréfiées.

Enfin, les noirs durent s'arrêter non loin du *sluice*, dont les alentours, palissadés de longues épines, dressées comme des chevaux-de-frise, étaient inabordables pour leurs pieds nus. Le directeur s'avança seul et constata que l'instrument avait fonctionné pendant la nuit. Des voleurs d'or avaient travaillé et réalisé à ses dépens une somme probablement considérable.

La vue de quelques fragments blancs d'or amalgamé, semblables à de la limaille de plomb, confirma bientôt ses suppositions.

— Pardieu ! murmura-t-il entre ses dents, j'ai affaire à d'habiles coquins. Ils ont dérobé du mercure, puis, profitant de la naïveté des noirs, ils ont semé sur leurs pas toutes les embûches imaginables, de façon à les empêcher de travailler et à nous faire abandonner le placer.

« Ce serait vraiment trop facile de faire endosser tous ces maléfices à leur Maman-di-l'Eau.

« Rira bien qui rira le dernier, et je verrai, cette nuit, si la peau de Maman-di-l'Eau est à l'épreuve de la balle.

« Allons, enfants, rentrons. Il y aura double boujaron ce soir. Héristal, tu commanderas quatre hommes avec une civière pour venir chercher le corps de Nestor.

— Oui, maître, répondit simplement le noir.

La petite troupe se mit en marche et se dirigea vers l'habitation par un sentier détourné passant près d'une autre crique, également en cours d'exploitation.

Au moment où le blanc, qui marchait alors le premier, allait s'enfoncer dans le chemin à peine tracé, son pied, chaussé de lourdes bottes en cuir fauve, souleva un nuage de poussière jaune, impalpable comme celle du lycopode, et qui se répandit de tous côtés. Il fit un bond en arrière, pour éviter l'absorption de ces corpuscules, dont il ignorait la nature, quand un éternuement douloureux, bientôt suivi d'une interminable série, le secoua convulsivement.

Les noirs poussaient en même temps un cri d'épouvante, à la vue d'un emblème bizarre, accroché à hauteur d'homme, au tronc d'un grand *balata*, à l'écorce brun-clair et lisse comme un cigare. C'était une énorme mâchoire d'aïmara, largement ouverte, aux longues dents aiguës, et qu'une demi-douzaine d'épines de fromager, maintenaient écartées. Au-dessous de ce singulier trophée, s'épanouissait une large fleur, semblable à celle du *nymphœa*, mais mesurant près d'un mètre de diamètre, et qu'un botaniste eût reconnu pour celle de la *Victoria regia*, la plante géante de l'Amérique équinoxiale. Les pétales de cette fleur colossale, d'un blanc de neige au centre, devenaient à la circonférence d'un rouge cramoisi, en passant successivement par toutes les nuances du rose.

Elle était également attachée par des épines, et produisait un effet étrange, au-dessous de la mâchoire du monstrueux requin d'eau douce.

— Il n'y a plus rien à faire pour nous ici, dirent en patois créole les mineurs. Ce serait notre mort à tous. Maman-di-l'Eau ne veut pas. Quand Maman-di-l'Eau daigne exposer ainsi ses emblèmes, le noir n'a plus qu'à partir. Ce lieu est maudit, fuyons !

Le directeur était toujours secoué par l'éternuement. Une épistaxis violente (saignement de nez) s'était déclarée, et une éruption de petits boutons blanchâtres, analogues à des grains de millet, avait envahi sa face. Epistaxis et éruption sans danger, mais gênantes et douloureuses tout à la fois.

» Qui vive!.. » (Page 413.)

Peu lui importait, d'ailleurs, puisqu'il avait atteint son but, et acquis la conviction que des inconnus, disposant de moyens bizarres et redoutables, convoitaient son champ d'or et voulaient l'en déposséder. Il rentra au placer. Quelques gouttes de perchlorure de fer dans un peu d'eau arrêtèrent l'écoulement sanguin. Un cataplasme froid de calaloup et de cassave calma les douleurs produites par l'éruption, et l'empêcha de se propager.

Le créole était fort perplexe. Sa situation était grave ; presque désespérée. Il se trouvait seul blanc, isolé au milieu d'une population hétérogène, et éloigné de plus de deux cents kilomètres de tout endroit civilisé. Que pouvaient son énergie contre un ennemi insaisissable, alors que son personnel, complétement désorganisé, refusait le travail ? Les raisonnements devaient se briser contre les grossières superstitions, habilement exploitées par les voleurs.

Il fallait, sous peine de voir le désarroi devenir irrémédiable, marcher de l'avant et payer d'audace.

La nouvelle de la mort de l'infortuné mineur avait porté à son comble la terreur de ses compagnons. Des groupes se formaient, des orateurs péroraient, les propos les plus incohérents, les racontars les plus absurdes, circulaient et rencontraient d'autant plus de crédulité en raison de cette incohérence et de cette absurdité.

Maman-di-l'Eau défraya toutes les conversations. Jamais, peut-être, depuis que La Ravardière vint s'établir en 1604 dans l'île de Cayenne, la légende de cette vieille fée vindicative, acariâtre, et malfaisante connue sous le nom de *Maman-di-l'Eau* (la mère de l'eau) ne produisit pareille émotion.

Du Vallon, la face encore tuméfiée, parcourait les groupes, et provoquait par quelques rasades de tafia généreusement distribuées, les récits et les confidences dont il comptait faire en temps et lieu son profit.

Les contre-maîtres étaient fort entourés et renchérissaient encore sur les événements de la matinée. On rapprochait les faits de bruits mystérieux entendus depuis le départ du directeur pour la prospection.

— Oui, disait un noir, aux traits grossiers, aux muscles énormes, oui, j'ai entendu chaque soir, à dix heures, des coups sonores frappés sur les *arcabas* du grand *panacoco* mort, situé près de la crique Saint-Jean.

— Moi aussi, j'ai entendu, interrompit un autre. Les coups, espacés trois par trois, pan !... pan !... pan !... retentissaient dans la clairière, et produisaient un bruit presque aussi fort qu'un coup de pistolet.

— Moi aussi !... Moi aussi !... reprirent d'une voix basse et craintive plusieurs mineurs. Cela dure près d'une heure. Puis, à minuit, on entend un grand cri... Puis, c'est fini...

— Avez vous remarqué que pendant ce temps, les crapauds-bœufs et les singes rouges se taisent ?...

— C'est vrai...

— Et nul parmi vous n'a osé aller voir la cause de ce tapage, demanda le directeur.

— Oh! mouché, répondit presque en tremblant le dernier interlocuteur, mô pas ôsé, non! Pourtant, ajouta-t-il, non sans orgueil, mo suis créole Cayenne!

— Et toi, Janvier, reprit du Vallon, en s'adressant au grand nègre qui avait parlé le premier. Tu es cependant aussi fort qu'un maïpouri. Aurais-tu peur ?

— Oh! oui, mouché, répondit-il avec conviction ; peur trop beaucoup.

— Ça, pas étonnant, dit le créole de Cayenne, « li neg' pays neg' ». (Ce n'est pas étonnant, il est nègre du pays des nègres.)

Un noir de taille moyenne, trapu, et solide comme un bloc d'ébène, à la figure intelligente et résolue, s'avança, appuyé sur un bâton.

— Et moi, dit-il d'une voix sourde, j'ai voulu voir.

— Toi, Oyapan, demanda le blanc.

— Oui, maître. J'ai pris mon fusil, je suis allé près de l'arbre. Le bruit continua. Je m'approchai à le toucher, et les coups retentirent de plus belle. Puis une forme sombre apparut près du bâtardeau. La lune l'éclaira. Cela ressemblait à un être humain d'une taille énorme. La terreur me paralysa. Je voulus lever mon fusil, il me sembla qu'il pesait cinq cents livres.

« Je restai ainsi près d'une demi-heure. Les coups cessèrent. Un grand cri retentit, j'entendis la chute d'un corps dans l'eau et je ne vis plus rien. Je rentrai à ma case en me traînant, et depuis ce jour, il m'est impossible de marcher, mes pieds gonflent, la plante s'en va par morceaux...

« Maman-di-l'Eau m'a *piayé*...

— Tu toucheras demain cent francs de gratification.

— Merci, maître. Cela ne m'empêchera pas d'être mort avant huit jours.

Les noirs épouvantés s'écartèrent du nouveau venu comme d'un pestiféré, et le directeur, plus perplexe que jamais, rentra dans sa case en disant :

— Eh bien! je serai ce soir au pied du panacoco ; et alors gare à notre mystificateur.

Une demi-heure avant le coucher du soleil, du Vallon s'asseyait entre les arcabas de l'arbre légendaire, dont la grosseur et la hauteur étaient à ce point considérables, qu'on n'avait pu l'abattre. Il mesurait à la base près de quatre mètres de diamètre. Il était mort depuis longtemps, et sa cime dépouillée, se découpait en noir sur l'azur pâli du ciel. Mais une folle végétation supplémentaire avait envahi le tronc et les branches moyennes, qui disparaissaient sous une incroyable profusion de lianes enchevêtrées à tout un parterre aérien, d'aroïdées, d'orchidées et de broméliacées.

Le créole s'adossa à un arcaba, piqua son sabre en terre, près de son revolver, arma son fusil, alluma un cigare et attendit patiemment les évènements.

Il a souvent été question, au cours de ce récit, des arcabas des arbres guyanais. Il est temps de donner la signification de cette locution spéciale, croyons-nous, aux végétaux de l'Amérique intertropicale. Les arbres géants de la forêt vierge ne s'implantent pas dans le vieux limon primitif, comme ceux de nos pays. Leurs troncs ne pourraient s'élever à une pareille hauteur, et supporter le poids de leur cime et des végétaux supplémentaires, si la nature prévoyante n'avait pris soin d'élargir leur base. Les racines, au lieu de s'enfoncer brusquement dans le sol, serpentent au loin et viennent s'accoler au tronc, avec lequel elles font corps, en produisant des saillies analogues aux contreforts des cathédrales.

Ces contreforts végétaux se nomment les *arcabas*. Il en est qui s'écartent au ras de la terre de deux et trois mètres du tronc, et remontent jusqu'à cinq ou six mètres, de façon à se confondre avec lui, en formant comme l'hypothénuse d'un triangle rectangle. Leur épaisseur moyenne ne dépasse pas dix centimètres. C'est véritablement un spectacle susceptible d'étonner le voyageur, que la vue de ces sortes de planches lisses, bien planes, sans aspérités, et couvertes de la même écorce que le sujet tout entier. Chaque arbre porte trois, quatre, ou cinq arcabas, qui s'irradient autour de lui, et forment entre eux de véritables casiers triangulaires, analogues à ceux des causeuses de nos salons, sur lesquelles s'assoient plusieurs personnes en se tournant le dos.

La sonorité de ces organes adventifs, est incroyable. Un coup frappé sur un arcaba, avec une moyenne intensité, retentit au loin comme un tonnerre. Très fréquemment, les hommes égarés mettent à profit cette propriété pour annoncer leur présence à leurs compagnons. Tels, les mineurs, enfouis dans les houillères, battent à coups de pic sur les parois des galeries, le « rappel des mineurs. »

Quatre heures s'étaient écoulées déjà, depuis que le directeur du placer s'était installé au pied du géant isolé, au centre de la clairière. La nuit était calme, et nul bruit étranger au murmure de la forêt n'en avait jusqu'alors troublé le silence. La lune déclinait rapidement. Son croissant allait disparaître derrière es cimes, pour faire place aux ténèbres, quand un coup rudement frappé sur l'un des arcabas de l'arbre lui-même fit tressaillir le veilleur.

Il saisit son fusil et bondit du côté opposé, d'où était parti le bruit qui se répercutait avec fracas.

Il ne vit rien !... Il n'était pas encore revenu de l'étonnement où le plongeait l'inattendu de ce phénomène, qu'un second coup résonnait du côté qu'il venait de quitter.

— Sacrebleu ! murmura-t-il, suis-je le jouet d'une hallucination ? Est-ce que je rêve tout éveillé? Serais-je, moi aussi, hanté par le cauchemar de Mamandi-l'Eau?

Son monologue était à peine achevé que la substance de l'arcaba détonnait pour la troisième fois.

— Je ne suis pas « créole Cayenne », encore moins « neg' pays neg' », ajouta-t-il furieux. Ce n'est pas à moi qu'on en fait longtemps accroire. Quand je devrais rester ici jusqu'au jour, je veux avoir le cœur net de tout cela. Je ne crois pas aux esprits frappeurs, moi.

La clairière était redevenue silencieuse. Du Vallon, le fusil prêt à faire feu, fit plusieurs fois le tour de l'arbre, en scrutant d'un regard avide, l'épaisse broussaille envahissant le tronc et les branches. Malheureusement, l'obscurité devenait de plus en plus épaisse, il ne put rien découvrir.

Un quart d'heure s'écoula. Le bruit recommença, éveillant au loin les échos de la solitude immense. C'est en vain que le blanc se mit à courir autour de l'arbre comme un cheval de manège lancé au galop. Les trois coups, également espacés, se firent entendre. Quelque diligence qu'il pût faire, ils furent toujours frappés avec une précision diabolique du côté opposé à celui qu'il occupait.

Au moment où les vibrations du troisième coup s'éteignaient, il entendit à vingt mètres à peine, dans la direction du bâtardeau, un souffle puissant suivi d'un gémissement plaintif

— Qui vive ! cria-t-il d'une voix éclatante.

Il n'obtint pas de réponse, mais il perçut distinctement un clapotis assez fort produit par la brusque immersion d'un corps.

Deux lueurs immobiles percèrent les ténèbres. Il épaula rapidement son fusil et fit feu. Un cri épouvantable, terminé par un sanglot déchirant, suivit la détonation. La lueur produite par la déflagration de la poudre éclaira la clairière comme en plein jour. Il lui sembla entrevoir une masse sombre glisser sans bruit avec une vitesse inouïe au-dessus de sa tête le long d'une liane tendue ainsi que l'étai d'un mât.

Il n'eut pas le temps de faire un mouvement, et tomba sur le sol, sans dire un mot, sans proférer une plainte.

. . . .

Le lendemain, à la première heure, le commis, inquiet de l'absence prolongée du directeur qui n'était pas rentré à l'habitation, se mit à sa recherche, accompagné des contre-maîtres. Ils trouvèrent M. du Vallon étendu sans connaissance au pied du panacoco, la poitrine trouée d'une profonde blessure. Il respirait encore, mais bien faiblement. Son état semblait désespéré.

Au-dessus de son corps, une tête d'aïmara, aux machoires béantes, grimaçait accrochée au tronc de l'arbre, et surmontait une fleur fraîchement coupée de *Victoria regia*.

Enfin, le bâtardeau, situé comme l'on sait à vingt mètres de l'arbre aux arcabas, était souillé de larges plaques de sang. L'eau qui s'en échappait et coulait en un mince filet entre les monceaux de graviers aurifères précédemment lavés, était teintée de rouge.

On ne voyait sur la terre molle d'autres traces que celles des souliers ferrés du créole blanc.

CHAPITRE II

Par 56° 45' de longitude ouest et 5° 15' de latitude nord. — La terre n'est pas au premier occupant. — Est-ce un cadavre? — Un cas chirurgical imprévu. — L'orgie dans la Forêt-Vierge. — Ivresse furieuse et folie homicide. — « Quand les chats sont à la chasse, les souris dansent », dit le proverbe. — Apparition des blancs. — L'eau pure est le meilleur des sédatifs. — L'incendie. — Brûlés vifs. — La part du feu. — Provisions anéanties. — L'explosion. — Après l'incendie, l'inondation. — Entre le feu et l'eau.

— Mais... nous faisons fausse route.

— C'est impossible.

— ... Impossible !... Voilà bien les jeunes gens. Ma parole, c'est à douter de soi-même, en voyant des marmots, de véritables enfants, montrer de pareilles prétentions à l'infaillibilité.

— Je dis, et je répète, que nous ne faisons pas fausse route.

— Et la raison, s'il te plaît ?

— Pour la troisième fois, parce que c'est impossible.

— Et qui te prouve que nous suivons la bonne direction ?

— Qui te fait supposer le contraire ?

— Mon cher, ton procédé de discussion, est vieux comme la terre que nous foulons. Tu réponds à une question par une question..., il n'y a plus rien à dire, et je préfère rengainer mes arguments.

— Et tu fais bien. Tu te trompes quand tu avances que j'ai des prétentions à l'infaillibilité. Mais, il y a deux choses qui ne peuvent se tromper et nous tromper : ce sont, d'une part, un sextant de première qualité, d'autre part, les formules mathématiques.

— Alors, tu prétends...

— Que, ayant fait le point hier, j'ai pu, grâce aux indications d'un impeccable chronomètre, bien suspendu à la Cardant sur l'avant du canot, conclure que nous nous trouvions par 56° 45' de longitude ouest.

— Bien, après?

— Cette première et indispensable partie de mon expérience, complétée par l'observation du soleil de midi, m'a permis d'affirmer que la latitude était 5° 15' plus une fraction insignifiante que je néglige.

— Mais, nous avons marché, depuis ce temps.

— Oh! si peu. Nous avons fait dans l'ouest environ dix kilomètres.

— Comment le sais-tu?

— Voyons, triple entêté, tu n'ignores pas que je porte, accrochée au mollet, une espèce de montre qui, par un mécanisme très-ingénieux, indique le nombre de pas faits par un piéton.

— Ah oui! ton compteur...

— Laisse lui son nom de *podomètre*.

— Ton podomètre...

— Me dit que j'ai fait treize mille trente-trois pas. Chacune de mes enjambées étant d'environ soixante-quinze centimètres, j'en conclus que nous sommes à 10,000 mètres dans l'ouest. Tu admets bien que ma boussole ne bat pas la breloque.

— Alors, j'ai la berlue.

— Pourquoi?

— Dame, mon cher enfant, je suis tout dépaysé, moi. La direction de l'Intérieur nous concède un terrain s'appuyant à l'est au Maroni, longeant au sud les placers Harmois et Chauvin, à l'ouest le placer Lalanne, et terminé au nord par la ligne partant des deux fromagers de Mana à la crique Paramaka.

— Ta mémoire est fidèle, mon ami.

— Fidèle et exacte comme l'excellente carte de Ludovic Eutrope, le géomètre du gouvernement.

— Où veux-tu en venir?

— A te dire que nous ne sommes pas chez nous ici.

— Comment celà?

— C'est tout simple. Nous nous attendons à trouver une terre complétement inexplorée, avec ses grands arbres, ses criques solitaires, son sol intact, et nous tombons en pleine exploitation.

— Tu as raison. Nous sommes ici sur un placer.

« Est-il mort?... » (Page 419.)

— Ah ! j'ai enfin raison. Ma vieille barbe grise l'emporte donc sur ta frin-
gante moustache.

— Tu as raison, je le répète, mais nous n'en sommes pas moins sur notre
terrain.

— Mais alors, ce serait...

— Le premier occupant qui n'est pas chez lui. Le fait est d'ailleurs assez commun. Mais la jurisprudence coloniale a prévu le cas. En matière de terres aurifères, le vieil adage : « Possession vaut titre » se trouve ici renversé. C'est le titulaire qui seul est possesseur.

— Qu'allons-nous faire?

— Poursuivre nos investigations, voir le ou les propriétaires « *in partibus* » du champ d'or, et nous entendre à l'amiable. Sois sans inquiétude. Je me charge d'arranger tout cela de façon que chacun se déclare satisfait.

— Je m'en rapporte pleinement à toi, mon cher enfant, termina le premier interlocuteur. Suivons donc cette crique aux eaux blanches, nous finirons par arriver quelque part.

— Va, mon bon ami, je te suis.

On devine, aux termes affectueux de cette conversation, que le différend qui divisait tout à l'heure les deux compagnons, n'a rien d'acrimonieux. C'est à peine une simple discussion, encore moins une dispute.

Le plus âgé — nous savons que sa barbe est grise — est un homme de quarante-deux à quarante-quatre ans, à l'œil vif, au teint clair. Sa robuste poitrine aspire longuement l'air embrasé de la forêt guyanaise et n'en semble nullement incommodée. La sueur ruisselle sur sa figure, mais il marche avec une rapidité indiquant que les courses à travers bois lui sont familières. Son pantalon de grosse toile bleue disparaît dans une vaste paire de bottes en cuir fauve, sa veste de chasse est passée dans la bretelle du fusil qu'il porte en bandoulière, et sa main droite étreint le manche en bois d'un sabre d'abatis à lame courte et légèrement recourbée.

Sa chemise trempée de sueur, qui flotte dégraffée au col, est relevée au-dessus du coude. Il est coiffé d'un casque blanc.

C'est un robuste compagnon, dont la mâle physionomie est empreinte d'une franche cordialité, qu'aiguise une légère pointe de narquoiserie gauloise. Son accent décèle un blanc de la métropole.

L'autre voyageur, est un jeune homme de haute taille, à peine âgé de vingt-deux à vingt-trois ans. C'est un blanc aussi. Une fine moustache brune estompe sa lèvre supérieure. Ses grands yeux noirs ont comme des reflets d'acier bruni. Sa belle tête énergique et régulière respire une audace incroyable, mais la bouche un peu grande, aux dents éblouissantes que découvre un bon sourire, atténue cette expression produite par l'inquiétante fixité du regard.

Son habillement et son équipement indiquent un homme soucieux de l'élégance et du confort. Son casque en feuilles comprimées de millet et recouvert d'une flanelle blanche est d'une incomparable légèreté. Sa chemise de foulard couleur maïs flotte largement autour de sa poitrine. Il est chaussé de brodequins lacés, sa jambe robuste et élégante est emprisonnée dans une fine molletière lacée sur le côté. Ses culottes de grosse toile écrue défient la morsure des herbes coupantes, et la pointe des épines. Un superbe fusil « chokebore » signé Guinard, le dernier mot de l'arquebuserie moderne, est appuyé sur son épaule. Il ne porte pas son sabre à la main. La bonne lame, à poignée composée de rondelles en cuir de bœuf, disparaît dans un fourreau également en cuir, et accroché à un ceinturon qui soutient un étui à revolver avec la cartouchière.

Il évolue à travers le chaos que présente le champ d'or avec une incroyable agilité. C'est merveille de le voir franchir les tranchées, escalader les troncs renversés, courir sur les mamelons, et contourner les chicots debout. En dépit de la course fournie déjà, et de la température de serre chaude, il semble aussi frais qu'au départ.

Six hommes accompagnent les deux blancs. Quatre noirs et deux Chinois, tous pesamment chargés de provisions et d'outils de mineurs. Sur un signe du plus âgé, ils s'arrêtent dans la clairière et se mettent en devoir de préparer quelques aliments.

Les deux Européens font quelques pas encore, et s'arrêtent frappés de stupeur à l'aspect d'un corps étendu sans mouvement dans une mare de sang. Leur émotion est de courte durée. Obéissant aux prudentes habitudes qui s'acquièrent bien vite en vivant dans les bois, ils arment chacun leur fusil et s'avancent en fouillant du regard l'espace environnant.

Rien de suspect ne leur apparaissant, l'aîné se penche sur le corps inerte et inspecte en homme à qui la vie d'aventure a rendues familières certaines pratiques de chirurgie, la blessure béante au-dessous de la clavicule gauche.

— Est-il mort? demanda son compagnon d'une voix inquiète

— Non, mais il n'en vaut guère mieux.

— Le pauvre homme, reprit-il avec un accent de profonde commisération.

— Nous ne pouvons pas le laisser dans un pareil état ni dans un tel lieu. Dans quelques minutes il sera en plein soleil. Il faut tout d'abord le transporter à l'ombre. Ce n'est pas ce grand panacoco décharné qui le garantira de l'insolation.

« Tiens ! dit-il étonné à la vue d'une fleur de Victoria accrochée au tronc du côté opposé, au dessous d'une tête d'aïmara. Qu'est-ce que cela signifie ?

— Ma foi, je n'en sais pas plus long que toi. Cet homme assassiné est un blanc. Il porte le costume des mineurs. Si je croyais les Indiens susceptibles d'oser attaquer un homme de notre race, je penserais volontiers que cés singuliers emblèmes sont encore une de leurs diableries.

— C'est bien possible. Mais, comme le temps nous manque pour vérifier le fait et que le blessé réclame des soins immédiats, allons au plus pressé.

— Ne serait-il pas urgent de le faire porter à l'habitation qui ne saurait être bien éloignée.

— J'y songe en effet, mais il faudrait auparavant panser cette blessure qui coule toujours, à chaque mouvement respiratoire, quelque faible qu'il soit. Le poumon doit être atteint.

« Hé là-bas ! cria-t-il à ses noirs, deux hommes de bonne volonté avec un hamac. Il y aura double ration et double paie pour ceux qui conduiront ce blanc à sa case.

Deux grands gaillards aux formes athlétiques accoururent.

— Pas besoin argent, pas besoin rien di tout, pour porter ça pauv' mouché-là, dit l'un d'eux.

— Si li malade trop beaucoup, reprit l'autre, nous contents porter li pour bon cœur.

— Bien, mes amis, répondit le jeune homme pendant que son compagnon ouvrait une petite pharmacie portative. Je vous remercie, vous êtes de braves gens et je vous récompenserai autrement.

— Voilà qui est bizarre, reprit le chirurgien improvisé. J'ai vu bien des blessures, depuis que je « bourlingue » à travers bois, eh bien ! jamais je n'en ai trouvé de pareille à celle-ci.

— Comment cela ?

— Dame, cette plaie n'est produite ni par un coup de couteau, ni par une balle, ni par une flèche.

La flèche troue et déchire. La pointe reste d'ailleurs assez souvent accrochée aux tissus. Le couteau sectionne régulièrement. La balle contusionne fortement, et produit un extravasat violet autour de la solution de continuité.

« Cette blessure au contraire participe des trois types sans se rattacher exclusivement à un seul. Il y a tout à la fois, section comme avec le couteau, déchirure comme avec la flèche, et enfoncement comme avec la balle. L'extravasat amené par cette dernière manque seul.

« Bien que je n'aie jamais vu de plaie résultant d'un coup de défense, j'attribuerais volontiers cette singulière plaie à une de ces longues canines portées par certains animaux.

— Tu sais pourtant que sauf le patira et le cochon marron, les animaux du continent américain ne portent pas de défenses.

— Qui sait ?

Tout en parlant, le voyageur n'était pas resté inactif. Il avait prestement appliqué sur l'orifice béant une poignée de charpie imbibée d'eau phéniquée, recouvert cette charpie d'une compresse également humectée et assujetti son pansement par quelques tours de bande. Il passa ensuite un flacon d'ammoniaque sous les narines du blessé qui fit un brusque mouvement, et entr'ouvrit les yeux. Il remua les lèvres comme pour parler, mais ne put articuler aucun son.

Un faible cri de douleur lui échappa seulement quand les deux noirs hissèrent sur une traverse le hamac, avec d'infinies précautions pourtant.

Les robustes porteurs se mirent en marche, précédés des deux Européens. Ils suivirent pendant quelques minutes le lit de la crique et aperçurent bientôt l'habitation décrite au chapitre précédent.

Autant les travailleurs étaient calmes, lugubres même, vingt-quatre heures avant, autant ils étaient tumultueux au moment où le triste cortège déboucha sur l'esplanade. Les noirs et les Indous surtout, semblaient frappés de vertige, presque de folie. Les Chinois piaillaient et vociféraient comme un clan de volailles effarées.

Le motif de ce désordre n'était hélas que trop facile à expliquer. Les hommes partis en découverte avec le commis hollandais, s'étaient bravement enfuis à l'aspect du corps inanimé du directeur. Leur retour opéré en déroute, porta à son comble le désarroi régnant déjà parmi les travailleurs. Ce lieu était décidément maudit, puisque le blanc lui-même, en dépit des *piayes* tout puissants que tiennent en réserve les hommes de sa race, avait été victime du maléfice.

Le boujaron fut absorbé à deux reprises par les fuyards. Puis l'émotion s'étant violemment répercutée sur leur estomac, ils voulurent boire encore. Ils firent appel aux fonds secrets et achetèrent la ration des Chinois. Cela ne suffit pas. Les « Célestial » possédaient encore quelques bouteilles enfouies dans le sol de leurs carbets. Nouvelle transaction, suivie d'une quatrième et trop copieuse absorption. Les magots firent de brillantes affaires.

Quelques noirs abominablement gris, se mirent à danser. Un noir aime à ce point sa chorégraphie macabre, qu'il danserait sur un volcan. Il n'y avait au placer qu'un vieux tambour en peau de kariakou. C'était trop peu. On trouva quelques caisses à saindoux en fer blanc, et ces ustensiles primitifs, frappés à tour de bras, emplirent la grande vallée d'un charivari sans nom.

Tous les nègres se mirent bientôt à gigotter frénétiquement. La sueur ruisselait, mêlée à l'écume sur leurs flancs haletants. Une odeur musquée, semblable à celle qu'exhalerait un troupeau de caïmans, se répandit dans l'air. La soif de ces enragés devint inextinguible. Un nouvel et pressant appel fut adressé aux Chinois. Leur provision était épuisée. Un coulie, qui dansait avec ses congénères « la danse du tigre » n'en voulut rien croire. Il tenta de pénétrer dans la case d'un Célestial. Mais John Chinaman ne jugeant pas à propos de permettre cette violation de domicile, tira son couteau. L'Indou brandit son bâton. Disons à ce propos que tous les Indous sont d'incomparables bâtonnistes. L'on trouve toujours dans leurs carbets quelques « matraques » qu'ils manient avec une dextérité singulière, et dont ils savent se faire une arme terrible.

Le Chinois ne put se servir de son couteau. Le gourdin du coulie s'abattit en sifflant, la lame jaillit à dix pas, le bras retomba fracassé. Un second Chinois vint à la rescousse, son crâne rendit un son fêlé et le pauvre diable s'aplatit les quatre fers en l'air.

Les noirs crièrent bravo ! Mais les Chinois répondirent par une de ces clameurs terribles qui accompagnent la prise des jonques. Les humbles portefaix redevinrent les féroces pirates qui ravagent l'Océan depuis la mer Jaune jusqu'au golfe du Tong-Kin.

La mêlée devint affreuse. Pendant quelques minutes, ce fut un pêle-mêle inouï de bonshommes de bronze aux prises avec des pantins de pain d'épice. Les têtes craquaient, les échines sonnaient, les bâtons volaient en éclats. Les longues tresses de cheveux des Célestial fouettaient l'air, comme des queues de cerf-volants pris dans une bourrasque, les anneaux d'argent cliquetaient sur les membres de cuivre des coulies, agités de mouvements insensés. Les chairs fauves criaient sous l'acier, ou éclataient sous le bâton. Le gourdin eut pourtant raison du couteau. Une demi-douzaine d'Indous gisaient, il est vrai, éventrés sur le sol, mais douze Chinois au moins, morts ou grièvement blessés, restaient enchevêtrés entre les chicots et les racines.

Un acte stupéfiant de vigueur et d'audace acheva leur défaite. Un grand malabar, sec comme un fakir, mais possesseur de membres qu'on eût dit tressés avec des cordes de métal, empoigna trois magots chacun par leur tresse, les attacha ensemble, les désarma et les garda prisonniers, en les tenant hardés comme des chiens en laisse.

— Donnez votre tafia, hurlait-il.

Les pauvres diables poussaient, mais en vain, des cris à attendrir les quartz de la vallé.

— Ah ! vous ne voulez pas, continua le malabar affolé de fureur, attendez. Du feu !... Attachons-les à un arbre... Grillons-leur les jambes... Master John, tu cuiras jusqu'à ce que tu nous aies révélé l'endroit où tu caches ton tafia.

Cette horrible menace ne se réalisa pourtant pas. Au milieu du tumulte produit par cette lutte sauvage, la porte du magasin aux vivres se trouva ouverte on ne sait comment. Noirs, Indous, Chinois, oubliant leurs rivalités, s'y engouffrèrent. Les barils de baccaliau roulèrent éventrés. Les merluches sèches jonchèrent le sol, et emplirent l'air d'âcres senteurs de salure. Les tonneaux renfermant le couac eurent le même sort. Les pillards enfonçaient jusqu'à mi-jambe comme dans du sable, au milieu de la provision de tout un mois. Une tonne de tafia fut, et pour cause, l'objet de plus grands ménagements. Elle fut aussitôt roulée au dehors, installée sur un chantier improvisé composé de deux bûches, et séance tenante percée d'un coup de foret.

Un jet ambré s'échappa de ses flancs, et s'épancha dans des couis, des poêlons, des boites à conserves, des marmites.

Le placer tout entier était en proie au délire alcoolique. Le commis n'avait même pas essayé de lutter. C'eût été peine perdue, et sa protestation eût pu lui faire courir un danger mortel.

Le charivari, les cris, les danses, reprirent avec acharnement. Les Chinois, chose unique sans doute dans les annales de l'émigration, trouvant l'occasion d'une bombance gratuite, et jugeant qu'il serait impossible de soustraire quelques centilitres de la liqueur incendiaire, s'emplirent comme de vulgaires éponges.

Les deux blancs débouchaient à ce moment dans la clairière avec les noirs portant le blessé.

Leur arrivée produisit l'effet d'une douche glacée sur tous ces crânes chauffés à blanc. Les Chinois, ivres, peut-être pour la première fois, continuèrent seuls leur gigue de magots détraqués, entremêlée de clameurs rappelant des carillons de cloches fêlées. Les nègres, mieux disciplinés, et moins intoxiqués d'alcool, en raison de la tolérance amenée par un long usage, se turent et rentrèrent dans leurs cases. Les coulies avaient déjà disparu comme des fantômes de bronze.

— Oh ! oh ! dit le plus jeune, il paraît que cela va mal, ou plutôt que cela va trop bien.

— Oui... C'est comme cela, reprit son compagnon. Le maître est assassiné et l'on s'enivre. Traduction libre : « Quand les chats sont à la chasse, les souris dansent. »

— Déposons tout d'abord notre homme en lieu sûr. Ah! voici sans doute son corps de logis. Il y a un lit. C'est parfait. Je vais installer à hauteur sur des tréteaux, une baille remplie d'eau, avec un tuyau pour arroser continuellement sa plaie.

— Tu as raison. Nous tentons l'impossible, mais tant que la vie subsiste, il y a de la ressource. Dans tous les cas, nous aurons fait notre devoir.

Pendant que les deux étrangers pourvoyaient à tout, et se « débrouillaient », comme disent les matelots, en hommes pour lesquels la vie d'aventures n'a pas de secrets, le commis s'approchait et leur donnait en quelques mots et avec une émotion bien permise en pareil moment, quelques renseignements indispensables.

Ils apprirent le nom de Monsieur du Vallon, qui leur était absolument inconnu. Quant au placer *Réussite*, dont ils connurent également la désignation, ils ne jugèrent pas à propos de faire valoir les droits qu'ils prétendaient avoir à sa possession. Le Hollandais se mit à leur entière disposition, en témoignant la douleur que lui causait la catastrophe dont son patron venait d'être victime, et les appréhensions que devait produire l'effervescence des ouvriers mineurs.

— Ils n'ont aucun motif, vrai ou faux, d'animosité contre lui ?

— Aucun. Il a toujours été très ferme et très juste, et scrupuleux observateur de ses engagements.

— Bon. Nous n'avons rien à craindre pour lui de ce côté. Nos ivrognes vont cuver leur tafia, puis, s'ils ne veulent pas reprendre le travail, on les fera descendre à Cayenne.

« Avez-vous en caisse assez d'argent pour les payer?

— J'ai très peu de numéraire, répondit le commis avec une certaine défiance. Du reste, la plupart d'entre eux ont reçu des avances considérables. Comme ils travaillent depuis deux mois seulement, la somme à verser est insignifiante.

— Qu'à cela ne tienne. Je paierai et j'en ferai venir d'autres. En attendant que Monsieur du Vallon soit remis, nous ferons comme pour nous.

L'appareil était installé. L'eau coulait en un filet mince et continu sur la poitrine du blessé, qui avait repris connaissance, et dont les traits révélaient une vive expression de gratitude. Il serrait faiblement les mains de ses bienfaiteurs,

Cuisaient littéralement sur place. (Page 426.)

mais n'essayait pas de prononcer un mot, le silence le plus absolu lui ayant été recommandé.

Les deux voyageurs, après cette matinée si largement remplie, allaient faire honneur à un frugal repas composé de cassave et d'une tranche de *Corned beef*, fraîchement extrait de sa boîte d'étain, quand des clameurs déchirantes retentirent dans la direction des cases.

Il n'y avait pas à s'y tromper. C'étaient des appels désespérés qui n'avaient rien de commun avec les furibondes expressions de joie expectorées tout à l'heure par les ivrognes.

Ils se précipitèrent vers la porte et virent une énorme colonne de fumée s'élever lourdement des trois côtés du carré occupé par les habitations des mineurs. Les minces gauletages formant les murailles crépitaient, les toitures de waïe flambaient comme de l'étoupe. Tous les carbets étaient en feu. La flamme se propageait avec la vitesse d'un ouragan, dévorait en un clin d'œil les pauvres abris, se communiquait aux monceaux d'arbres abattus lors de l'installation, et qui formaient une épaisse litière sur le sol que l'on n'avait pas eu le temps de désobstruer.

De temps en temps, une sourde détonation dominait le ronflement de la flamme. C'était la provision de poudre d'un chasseur qui sautait. Les buveurs, surpris dans leur ivresse, affolés au milieu de cette mer de feu, couraient, les cheveux flambants, les chairs fumantes. Ceux qui tombaient ne se relevaient plus. Les malheureux que l'asphyxie avait épargnés étaient brûlés vifs. Quelques-uns réagissaient et parvenaient à s'enfuir. Mais le plus grand nombre, alourdis par le tafia, incapables de se tenir debout, cuisaient littéralement sur place, sans pouvoir faire un seul mouvement.

L'incendie va gagner les deux extrémités de la maison du directeur. Les deux blancs voient le danger. Ils s'arment chacun d'une hache. Leurs noirs les imitent et se précipitent, les uns à droite, les autres à gauche, pour faire la part du feu. Ils attaquent avec une vigueur surhumaine les poteaux de grignon, et les poutrelles de moutouchi, tranchent les palissades en gaulettes, renversent des pans entiers de ces frêles murailles en bois.

Le magasin flambe à son tour. Le couac pétille, les boîtes de conserves fondent, le saindoux coule en ruisseaux de feu, les poissons secs crépitent. Toutes ces provisions si patiemment accumulées, l'unique espoir du lendemain, sont anéanties en un clin-d'œil, par la faute de quelque misérable ivrogne, qui, vautré dans son hamac comme un pourceau repu, aura imprudemment causé cet irréparable désastre.

La famine, le fléau de la Forêt-Vierge, sera l'inévitable conséquence de l'incendie. Les sauveteurs travaillent avec acharnement. Leurs efforts sont enfin couronnés de succès. Le dernier refuge du blessé est enfin sauvegardé. La part du feu est faite. Il est temps, car les vaillants travailleurs, aveuglés par la flamme, suffoqués par la fumée, courbaturés par cet effort de géants, sont à bout de forces.

Mais, quelle terrible surprise leur ménage encore l'implacable fatalité. A peine leurs doigts engourdis ont-ils quitté le manche de l'outil, à peine leur poitrine haletante a pu absorber une bouffée d'air pur, qu'une énorme détonation éclate soudain au sein des bois, et se répercute en un long roulement de tonnerre. Le sol éprouve comme une violente secousse de tremblement de terre. Est-ce l'orage? Le ciel est en effet couvert depuis quelque temps d'un nuage aussi noir que de la poix. Malheureusement, l'emplacement choisi par les propriétaires de la *Réussite* pour les habitations, est déplorablement placé dans un bas fond enserré en entonnoir au milieu de petites éminences mamelonnées. On dirait le fond d'un puits immense. Il n'y a, par conséquent, aucun horizon.

Le fracas de la détonation est bientôt suivi d'un ronflement sourd et continu qui, faible d'abord, s'accentue de plus en plus. Les toucans et les perroquets s'enfuient à tire-d'ailes en lançant des notes éperdues. On entend au loin le tapage produit par des arbres qui s'écroulent. Le bruit grossit et rappelle à s'y méprendre le halètement d'une rivière en mal d'inondation, bien connu de ceux qui ont été une fois en leur vie, surpris par les crues instantanées des fleuves géants du Nouveau-Monde.

Le plus jeune des deux blancs s'est hissé d'un bond sur la toiture. D'un coup d'œil, il embrasse la clairière. Une couche d'eau grise, limoneuse, envahit rapidement le terrain en exploitation. Dans dix minutes, la case épargnée par le feu sera submergée. Les eaux s'élèveront de plus de trois mètres au-dessus de ce bas-fond, que calcine encore l'incendie.

Il faut fuir au plus vite. On a pu faire tout-à-l'heure la part du feu, mais l'eau est implacable. Le jeune homme va pourvoir aux moyens d'assurer le salut commun, sans oublier le blessé, quand il s'aperçoit avec désespoir que l'emplacement des cases est envahi tout entier circulairement. La retraite est coupée de tous côtés. L'habitation de la Réussite n'est plus qu'une île. Bientôt ce ne sera plus qu'un îlot. L'eau, sortie de ses limites naturelles, s'avance toujours implacable, nivelant les dépressions, et s'étendant au-dessus de tous les accidents de terrain, comme une immense nappe avec sa désespérante et morne impassibilité.

— Eh bien? demande froidement son compagnon au jeune homme, plus inquiet qu'alarmé.

— Ma foi, mon cher, notre vieille terre Guyanaise nous ménage une singulière réception à notre retour.

« Si nous n'avions pas subi jadis toutes les déceptions, couru tous les dangers et triomphé de tous les obstacles, je te dirais : « Mon vieil ami, nous sommes perdus ! »

CHAPITRE II

Splendeurs méconnues et climat calomnié. — La Guyane est la moins malsaine des colonies. — Où la statistique prouve que la moyenne de la mortalité est en Guyane la même qu'à Paris. — Histoire de Cayenne. — Débuts désastreux de la colonie. — Six expéditions tentées et manquées par la faute des organisateurs. — Maladresse, imprévoyance, abus de pouvoir et cruauté des chefs. — Exactions à l'égard des naturels. — Le désastre de Kourou. — Mort de 10,000 émigrants. — Les déportés de Fructidor. — On vit en Guyane comme partout ailleurs, et mieux que dans beaucoup de pays.

Quoi que l'on ait beaucoup écrit sur la Guyane française, notre belle colonie est presque inconnue de la métropole, ou plutôt, elle est absolument méconnue. C'est en vain que des voyageurs sérieux, doublés d'écrivains consciencieux, des naturalistes, des administrateurs, des économistes ou des géographes se sont de tout temps élevés contre un discrédit aussi persistant qu'immérité. Quoi qu'ait pu dire, au siècle dernier, le grand et modeste explorateur Le Blond, quoi qu'aient pu écrire plus récemment les Moreau de Jonnès, les Noyer, les Carrey, les Saint-Amand et les Malte-Brun, en dépit de l'opinion du commandant Frédéric Bouyer, l'attrayant historien de la Guyane, malgré les affirmations du docteur Crevaux, le bon public s'imagine que notre colonie n'est qu'un immense marais pestilentiel, infailliblement mortel pour tous les Européens.

Interrogez les neuf dixièmes des Français de la métropole, parlez-leur de Cayenne... Et ces trois syllabes évoqueront dans leur esprit tout un monde de misères affreuses, de souffrances terribles, de maladies mortelles. Cayenne !... Mais cette calomnie de l'ignorance est à ce point invétérée, que le gigantesque ossuaire s'étendant au nord de Paris, s'appelle le *cimetière de Cayenne*. Quelle injustice! Quelle absurde méconnaissance de cette magnifique contrée, à laquelle il ne manque plus qu'un peu de notoriété *réelle*, pour devenir un des plus beaux joyaux de notre écrin colonial.

' en est, hélas! des personnes comme des pays. Combien de réputations surfaites, usurpées, ou perdues, grâce à de futiles incidents de la vie des hommes! Combien de pays frappés d'un irrémédiable discrédit, imputables aux seules circonstances! On ne veut voir dans la Guyane personnifiée, par Cayenne, que le « ghetto », où s'entassaient pêle-mêle, avec les tristes victimes de nos discordes civiles, les criminels que la société réprouvait et frappait. On ne lui tient aucun compte de son incomparable fertilité, de ses végétaux, de son or! La Guyane, c'est le séjour des maudits, l'enfer du bagne, le réceptacle de toutes les maladies.

Mais, l'Australie, cette possession anglaise dont la prospérité défie toute description, n'a-t-elle pas eu la même origine. Qu'importe à nos voisins le souvenir des transportés de Tyburn et de Botany-Bay! Qu'importe le voisinage des convicts! N'en ont-ils pas moins improvisé, en quelques années, des villes comme Melbourne, Sydney, Brisbane, Adelaïde ou Perth! L'erreur et la vérité ne sauraient donc pas trouver d'équivalent en deçà ou en delà. Mais, objectera-t-on peut-être, passons sur les misères de la déportation et les ignominies de la transportation[1]. De nombreuses tentatives ont été opérées depuis deux siècles, dans le but de créer dans notre colonie de grands établissements, et de lui donner, par conséquent, cette prospérité qui lui fait défaut. Et pourtant toutes ces tentatives ont obtenu des résultats déplorables. J'en conviens volontiers. Aussi, mon intention est-elle de mettre sous les yeux du lecteur un exposé historique aussi rapide que complet. Il jugera par lui-même si les extravagances ou les exactions commises par la plupart des chefs ne devaient pas être suivies d'insuccès complets, et si des revers, imputables aux hommes seuls, ont enlevé à la Guyane un centime de valeur.

Je veux, tout d'abord, faire en quelques mots justice de cette opinion erronée, relative à la salubrité. Les raisonnements sont ici superflus. Les chiffres parleront avec leur brutale éloquence. Les statistiques, appliquées aux *seuls Européens*, nous prouvent que le climat de la Guyane est le plus sain de toutes les colonies. En effet, les chiffres des moyennes annuelles, des décès dans les troupes tenant garnison en Guyane, pendant les trente dernières années, com-

---

[1] Je prie le lecteur de ne pas oublier que le mot de déportation s'applique seulement aux hommes accusés de délits politiques, et celui de transportation, aux criminels de droit commun.

parés à ceux des autres colonies, attestent la facilité d'acclimatation pour les Européens.

Le tableau de la mortalité, inséré dans la *Revue coloniale*, constate que la Guyane a 2.81 pour cent de décès, tandis que Surinam et Demerara en ont 8.20, la Martinique 9.10, et le Sénégal 10.90!

La moyenne de la Guyane est donc sensiblement la même que pour Paris, qui compte de 1854 à 1859, 2.80 décès pour cent, et 2.43 pour cent, de 1860 à 1868.

Cette statistique est donc extrêmement favorable à notre colonie équatoriale. Les fièvres, qui revêtent rarement le caractère pernicieux, anémient profondément les sujets, mais ne les font pas mourir. La dyssenterie est à peu près inconnue, et la fièvre jaune, endémique dans les autres colonies, ne fait ici que de rares apparitions. Enfin, comme le dit excellemment le commandant Bouyer, de l'indéniable insalubrité de certains points de la Guyane, il serait injuste de conclure à l'insalubrité universelle et absolue du pays, comme il serait absurde de juger la France par la Sologne et l'Italie par les Marais-Pontins. Il y a dans la Guyane des lieux insalubres et des lieux extrêmement sains. Il s'agit de borner la colonisation à ces derniers points et de n'attaquer les autres que partiellement et avec une extrême réserve.

Ne voyons-nous pas, aujourd'hui, la commune de Saint-Laurent, jadis infestée de marécages, qui en rendaient le séjour dangereux, devenue, grâce à un procédé de défrichement admirablement compris, et exécuté sur plus de 1,500 hectares, un des points les plus salubres du territoire?

Somme toute, on peut vivre en Guyane comme partout ailleurs. On y voit des vieillards dans toutes les classes de la société et dans toutes les couleurs. L'on peut constater de nombreux cas de longévité parmi les créoles et les Européens[1].

Seuls, *les excès de toute sorte*, sont, en raison de la chaleur, plus dangereux que partout ailleurs. Il ne faut jamais oublier que toute infraction aux règles de l'hygiène se paie tôt ou tard, et que l'intempérance devient fatalement mortelle.

---

[1] De nos jours, les blancs d'Europe cultivent la terre en Guyane et se livrent aux travaux les plus rudes. D'autres sont maçons, scieurs de long, canotiers, charpentiers. D'autres enfin, ne craignent pas de s'enfoncer dans les vases pour construire les quais ou curer les canaux. Cette adaptation confirme pleinement l'opinion émise par Humboldt dans son admirable *Cosmos*.

Et d'ailleurs, les Espagnols et les Portugais se sont bien acclimatés dans toute l'Amérique du sud, dont ils peuplent tout le littoral. Pourquoi les Français échoueraient-ils où ces nations ont réussi.

L. B.

Les enseignements de l'histoire ne sont pas moins concluants que ceux de la statistique. Si j'ai pu démontrer par des chiffres que le séjour de la zône équinoxiale est bien moins périlleux qu'on serait tenté de le croire, j'espère prouver aussi que toutes les tentatives de colonisation opérées antérieurement devaient aboutir à de lamentables échecs, dont la colonie ne saurait aucunement encourir la responsabilité.

L'histoire des commencements de la Guyane peut se résumer en quelques mots : impéritie et cruauté des chefs, abus de pouvoir, révoltes et exactions à l'égard des naturels.

Six expéditions furent tentées dans le courant du dix-septième siècle, toutes finirent misérablement. La première fut organisée en 1604 à Rouen par le capitaine de La Ravardière qui débarqua dans l'île de Cayenne avec trente émigrants, tous déclassés, la plupart sans aveu. Ils occupèrent sans difficultés le mont Cépérou près duquel habitaient de courageux caraïbes qui menaient une existence absolument sauvage et ne vivaient que de chasse et de pêche. Ils firent bon accueil aux nouveaux venus, mais bientôt les émigrants, qui ne demandaient pas mieux que de vivre sans travailler, exigèrent des vivres des insulaires et voulurent les réduire en esclavage. Ceux-ci résistèrent énergiquement et, en moins d'une année, les Français disparurent anéantis par la famine et la guerre.

La seconde et la troisième expédition, tentées également par des marchands de Rouen, eurent le même sort, l'une en 1630, l'autre en 1633. Dépourvus de vivres et d'abris, les émigrants s'attaquèrent aux Indiens qui, pour se défendre, se coalisèrent aux Anglais et aux Hollandais dont la possession de l'île excitait la convoitise. La plupart furent mangés par les Caraïbes.

C'est de 1635 que date la fondation de Cayenne.

En 1643, une nouvelle compagnie se forme à Rouen et obtient par lettres-patentes tout le pays compris entre l'Amazone et l'Orénoque à la condition d'y créer des établissements et de le peupler. L'expédition, considérable pour l'époque, se composait de trois cents émigrants, conduits par un fou furieux nommé Poncet de Brétigny.

Brétigny, au lieu de chercher à conquérir les bonnes grâces des naturels — entreprise facile que les Anglais et les Hollandais avaient réalisée dès le début — les chassa des alentours du mont Cépérou pour s'y établir avec ses engagés. Peu après, il voulut réduire les Peaux-Rouges en esclavage, mais ils se défendirent vaillamment. Il les traqua comme des fauves et fit pendre ou brûler ceux qu'il put saisir.

Non content de se priver ainsi d'alliés puissants qui eussent pu devenir des

Vue de Cayenne.

auxiliaires dévoués et fidèles, il n'est pas de tortures que Brétigny n'ait infligées à ses propres compagnons. A peine nourris de mets répugnants parcimonieusement distribués, les malheureux travaillaient du matin au soir sous l'implacable soleil de l'Équateur. La faute la plus légère était punie avec une férocité inouïe. Il avait une estampe de fer où les initiales de son nom étaient enlacées: il la faisait rougir et marquait au milieu du front ou dans les paumes des mains ceux qui avaient transgressé ses ordres. Les engagés, à bout de patience, se révoltèrent le 4 mai 1644 et arrêtèrent leur bourreau. Cent vingt s'enfuirent, moitié à Surinam, moitié au Brésil. Il fut remis en liberté au bout de vingt jours et réduisit de nouveau au désespoir les malheureux qui étaient restés à Cayenne. Ils se sauvèrent chez les Galibis qui les accueillirent fraternellement. Quant à Brétigny, il fut tué par les Indiens auxquels il voulait faire payer l'hospitalité accordée par eux aux fugitifs.

Tandis que les Français, mieux avisés cette fois, vivaient en paix chez les Indiens et s'unissaient à leurs filles, une nouvelle compagnie dite des Douze-Seigneurs ou de la France-Equinoxiale se formait à Paris. M. de Royville, l'abbé de Marivault, et l'abbé de Laboulaye « intendant de la marine » en furent les fondateurs. On rassembla huit cents hommes, un fond de huit mille écus d'or fut réuni, et l'expédition partit de Paris le 18 mai 1652. Les commencements furent déplorables. L'abbé de Marivault, qui commandait en chef, se noya dans la Seine en passant d'un bateau à un autre, et M. de Royville, qui lui succéda, fut poignardé en mer par les seigneurs révoltés. Les engagés eurent à endurer dès leur arrivée les misères les plus dures grâce à l'imprévoyance de la compagnie qui, comme ses devancières, n'avait pris de vivres que pour la traversée. Il y eut de nouvelles exactions contre les Indiens qui résistèrent avec leur vaillance accoutumée. Pour comble de malheur, la division se mit entre les seigneurs, et l'un d'eux, Isambert, convaincu d'avoir comploté la mort du directeur, fut condamné à mort et décapité. Les Indiens de l'île, harcelés par les émigrants réduits à la plus affreuse disette, se réunirent à ceux du continent. Les colons se réfugièrent dans le fort d'où la misère et les privations les chassèrent bientôt. Les derniers survivants s'enfuirent à Surinam. La colonie resta pendant quinze mois aux indigènes.

Les Hollandais, trouvant la place libre, s'installèrent dans l'île de Cayenne sous le commandement de Guérin-Springer pour le compte de la Compagnie hollandaise d'Ostende. Ce chef habile et sage traita les Indiens avec douceur et put obtenir qu'ils s'éloignassent dans l'intérieur des terres.

De 1654 à 1664, la colonie fut remarquablement prospère, grâce au commerce des Hollandais et au travail des blancs. Pendant cette période brillante, la seule qu'eût connue jusqu'alors la Guyane française devenue hollandaise et à laquelle la France, n'avait hélas! nullement collaboré, Colbert fondait en une seule compagnie, dite Compagnie Royale des Indes occidentales, toutes ces sociétés rivales qui se nuisaient au lieu de s'entr'aider.

M. de La Barre, aussi bon administrateur que marin intrépide, fut nommé gouverneur. Il arriva à Cayenne à la tête de douze cents hommes avec l'ordre de chasser tout autre occupant. Les Hollandais capitulèrent en mai 1664. A l'exemple de Springer, de La Barre traita les Indiens avec douceur, et sut donner à la colonie comme un regain de prospérité.

Il revint malheureusement en France et laissa le commandement à son frère, M. de Lézy. Cet intérim ne fut pas heureux. La colonie fut ravagée par les Anglais pendant que M. de Lézy était à Surinam. Le P. Morellet, curé de Cayenne, sauva par son énergie les débris de notre malheureuse possession. M. de la Barre revient en 1668, repart en 1670, et confie pour la seconde fois l'intérim à son frère. Cette seconde absence du titulaire est plus désastreuse encore que la première. Les Hollandais, qui avaient déjà possédé Cayenne et apprécié sa richesse, caressaient l'espoir de découvrir les mines d'or dont les Indiens leur avaient assuré l'existence. Ils s'en emparent le 5 mai 1676, et travaillent avec activité à augmenter les travaux de défense. C'est en vain qu'ils fortifient Rémire, l'entrée des rivières d'Approuague, de Sinnamary et d'Oyapock. L'amiral d'Estrées apparaît dans les eaux de la Guyane et inflige à l'ennemi une sanglante défaite, en dépit de sa résistance acharnée. Louis XIV fit consacrer ce brillant fait d'armes par une médaille dont l'exergue porte : « *Cayana recuperata*, 1676 », et qui se voit aujourd'hui à Paris au cabinet des médailles.

La colonie, redevenue française, s'acheminait vers une grande prospérité, quand un marin français, nommé Ducasse, y relâcha en 1688, en vue d'aller surprendre Surinam. Sous la promesse de livrer au pillage cette colonie, il engagea la plus grande partie des habitants à s'embarquer avec lui. Il s'empara, à l'embouchure de la rivière de Surinam, d'une patache qui veillait pour annoncer l'approche de l'ennemi. Au lieu de profiter de cet avantage pour tomber à l'improviste sur la ville, il perdit un temps précieux et les Hollandais, avertis, purent se mettre en état de défense. Il perdit beaucoup de monde et fut forcé, finalement, de battre en retraite. Ducasse, après cet échec, fila aux Antilles, où les colons qui avaient échappé à la mort se fixèrent pour toujours. La Guyane perdait dans cette malheureuse expédition sa population et sa richesse.

Tel est le triste bilan de la colonie pour le XVII° siècle. En dépit de tous les efforts, ce malheureux pays ne comptait plus, en 1700, que quatre cents blancs et environ quinze cents noirs. Les causes de pareils insuccès, ne sont, hélas, que trop faciles à définir : les concessions faites à des associations pauvres, incapables de peupler et de se défendre, la mésintelligence des chefs, l'imprévoyance des organisateurs, et les procédés indignes employés envers les indigènes, que l'on réduisait en esclavage.

Mais nous ne sommes pas au bout. Les revers éprouvés pendant cette période ne sont rien, en comparaison de cette folle équipée où plus de dix mille personnes périrent, et qui est connue sous le nom de : Désastre de Kourou.

Un siècle avait été perdu dans de stériles essais de colonisation. En 1700, tout était à organiser. Les affaires restèrent malheureusement dans ce statu quo déplorable. La revanche de Cassard en 1713 ne répara pas les dommages causés par l'équipée de Ducasse, et les désastres de la fin du règne de Louis XIV portèrent le dernier coup. La Guyane se vit enlever par le traité d'Utrecht en 1713, le rivage de l'Amazone, et sa limite fut reculée de près de quatre-vingts lieues dans le Nord.

De 1713 à 1763, la colonie continue à végéter sans nul incident remarquable. En 1716, la culture du café est introduite à Cayenne, au moyen de quelques plants de caféier dérobés à Surinam par un déserteur français. Cet homme, bravant la peine de mort édictée par les Hollandais contre quiconque enfreindrait la défense relative au transport des plans de caféier, obtint sa grâce en récompense de cette précieuse acquisition [1].

Le gouvernement français, voulant en 1763 réparer la perte du Canada, résolut l'expédition de Kourou. On prétendait doter la Guyane d'une population européenne. Cette entreprise devait avoir le sort de toutes les autres, par la même absence de vues et de combinaisons. Mais, comme elle est la plus désastreuse de toutes les expéditions tentées en Guyane, et qu'elle lui a fait surtout une réputation imméritée d'insalubrité, il est utile d'entrer dans quelques détails, afin d'apprécier qui de l'homme ou de la nature doit être responsable de la catastrophe.

L'entreprise fut décidée sur les conseils du chevalier Turgot, officier général des armées. Il sut intéresser le duc de Choiseul, alors ministre de la marine et de la guerre, en lui faisant entrevoir cette colonisation comme un moyen d'assurer à sa famille une immense fortune. Aussi, le premier acte du gouvernement fut, tout naturellement, la concession aux ducs de Choiseul et de Choiseul-Praslin, de toutes les terres comprises entre les rivières de Kourou et du Maroni. C'était environ cent vingt kilomètres de littoral, hypothéqués par ces nobles personnages sur les brouillards de l'Equateur.

M. de Turgot, nommé gouverneur en 1763, prit comme intendant M. de Chan-

---

[1] La Guyane est la première colonie française qui se soit adonnée à la culture du café.

vallon, ancien membre du Conseil supérieur de la Martinique. Il poussa les préparatifs avec activité, et se mit en devoir de faire construire avant tout des abris pour douze mille personnes. Il s'adjoignit à cet effet M. de Préfontaine, ancien officier, propriétaire depuis vingt ans à Kourou. Les inconcevables lenteurs du ministère retardèrent de quatre mois l'arrivée à Cayenne de ce colon expérimenté. Les autorités de la colonie lui suscitèrent, en outre, une série de difficultés qui enrayèrent à ce point sa mission préparatoire, que lors de l'arrivée d'un convoi de six cents émigrants, on disposait à peine de quelques cases ! Il fallut abriter ces colons sous des tentes. Les fièvres se déclarèrent. L'on était sans hôpital et sans service médical. Ces faits se passaient en septembre 1763. Chanvallon, immobilisé aussi à Paris par les tracasseries administratives, s'embarqua le 14 novembre avec 1,429 émigrants. Il ignorait les entraves apportées aux travaux de Préfontaine et croyait que tout était prêt. Il arriva à Cayenne le 22 décembre. Le débarquement s'opéra avec une excessive lenteur. Les passagers furent parqués sous des hangars. Le transport à Kourou présentait en outre mille difficultés. La colonie n'avait ni bateaux ni pilotes. Bien que le ministère, connaissant ce dénûment, eût ordonné formellement aux autorités de Cayenne de faire préparer des embarcations, celles-ci résistèrent avec une inqualifiable inertie. Le transport s'opéra enfin sur un petit brigantin.

En février 1764, M. de Chanvallon apprit, au milieu de ces difficultés, l'arrivée d'un navire portant quatre cent treize individus. Il courut au camp. L'hôpital regorgeait de malades gisant sur le sable, sans autre abri que des lambeaux de toile, presque sans secours. On était en pleine saison des pluies ! L'intendant se convainquit de l'impossibilité de faire face à ce surcroit de population. Et pourtant, il ne devait pas recevoir de nouveaux passagers avant que ses lettres n'aient donné avis au ministère que tout était prêt. Il avait compté sur les nouveaux arrivants pour achever les préparatifs, mais ceux-ci refusèrent tout travail, et s'occupèrent pendant plusieurs mois à des simulacres de banquets et de comédies. Le convoi arriva le 19 mars 1764, annonçant la venue de deux mille personnes, hommes, femmes et enfants pour le mois suivant.

On devine quelles furent, à cette nouvelle, les poignantes anxiétés de l'intendant. Le dénûment était complet à Kourou. Bien que les îles du Diable fussent encombrées par le convoi précédent, il fallut les y entasser. Pour comble de malheur, ils se mutinèrent. Il écrivit au ministre, pour suspendre les départs, ses lettres ne partirent pas, ou arrivèrent trop tard. Les arrivées continuèrent pendant les mois de mai, juin, juillet et août. Douze mille personnes disent les uns, treize mille, disent les autres, étaient alors empilées à Kourou. Il est, d'ailleurs, impossible de préciser, car la confusion devint telle, que l'on perd la trace des derniers convois. Pour comble de malheur, la peste se déclara, et emporta ceux que les fièvres avaient épargnés. Qu'y a-t-il d'étonnant à cela, quand on sait que trois à quatre cents personnes logeaient ensemble sous des hangars boueux, perméables au soleil comme à la pluie, et que la nourriture et les médicaments faisaient absolument défaut.

Dix mille personnes périrent, et deux mille à peine purent revenir en France. Trente millions avaient été dépensés en pure perte! Ce drame lugubre avait duré un an.

Ainsi finit cette expédition, formée de gens de toutes classes, artisans, employés civils et militaires, comédiens, soi-disant capitalistes, gens du monde en quête d'aventures, musiciens, etc. La faute essentielle fut de fonder une colonie de consommateurs, alors que l'on savait que la Guyane possédait seulement quelques habitants pauvres et disséminés sur un territoire immense, de transporter cette foule énorme sur une plage inculte, sans soins, sans abris, et de ne lui donner que des aliments avariés venus d'Europe, qui engendrèrent des maladies contagieuses.

Et maintenant, que le lecteur veuille bien faire la part des responsabilités et dire si le désastre est imputable à l'impéritie des hommes ou à la prétendue insalubrité du climat.

Il fallait un homme de génie pour relever la colonie que l'on regardait comme perdue. Le gouvernement eut pour une fois la main heureuse en choisissant M. Molouet qui fut envoyé en Guyane comme ordonnateur, en 1776. Aidé de l'ingénieur Guizan, M. Malouet, le plus éminent fonctionnaire que la Guyane ait jamais possédé, fit fleurir une ère de prospérité qui dura près de vingt années. Dessèchement de marais, canalisation, drainage, assainissements, constructions, toutes les innovations heureuses datent de cette brillante administration.

La Révolution française allait avoir bientôt sa répercussion au-delà de l'Atlantique. Moins d'une année après ce grand acte de réparation qui s'appelle l'abolition de l'esclavage, et que la Convention écrivit en lettres d'or en tête de ses décrets, parut l'arrêté du 12 germinal an IV (1er avril 1795), qui condamnait à la déportation Barrère, Vadier, Collot-d'Herbois et Billaud-Varennes[1]. Les deux premiers s'échappèrent et les deux autres furent envoyés en Guyane.

---

[1] J'ai vu à Sinnamary le rocher où, selon la tradition, Billaud-Varennes aimait à se reposer entouré des enfants noirs du bourg qui l'adoraient et auxquels il apprenait à lire.

L. B

Le 18 fructidor an V (4 septembre 1797), le Directoire chasse les deux conseils et condamne à la déportation cinq cent seize de ses ennemis politiques, presque tous députés, nobles, journalistes, prêtres ou généraux. Cent quatre-vingts réussirent à s'échapper, les trois cents trente qui restaient furent envoyés en Guyane, et internés à Conamana et Sinnamary.

Les jours néfastes de Kourou allaient renaître, éclairant des scènes lugubres, des souffrances mortelles. Ces trois cent trente déportés, traités en France comme des malfaiteurs, furent enfouis à leur départ de Rochefort dans l'entrepont des navires. Pendant les heures douloureuses d'une insurmontable traversée, ils éprouvèrent les déchirements de la faim, les cuisantes ardeurs de la soif[1]. A leur arrivée en rade de Cayenne, plusieurs étaient morts. Un grand nombre furent débarqués mourants et conduits d'urgence aux hôpitaux, et cent soixante-un succombèrent aux suites de la nostalgie et des privations endurées antérieurement.

Quelques-uns, parmi lesquels Pichegru, Ramel, Barthélemy, Villate, Aubry Daussonville, de Larue, Letellier, s'évadèrent et gagnèrent les Etats-Unis Barbé-Marbois et Laffon-Ladébat obtinrent leur rappel en France.

Il n'est pas étonnant que de semblables tortures endurées pendant la traversée, et couronnées par l'internement en Guyane, aient aigri les caractères les mieux trempés, qu'ils aient gardé un triste et douloureux souvenir des plages équinoxiales et que l'amertume déborde de leurs récits quand ils parlent du lieu de leurs souffrances. M. Barbé-Marbois, entre autres, fut l'ennemi le plus opiniâtre de la Guyane, et ses affirmations, formulées du haut de la tribune de la Chambre des pairs, eurent une grande influence sur les jugements de ses contemporains.

Quoi qu'il en soit, il importe de distinguer que le but du Directoire n'était pas la colonisation. Si les effets des terribles mesures qu'il édicta furent désastreux, on n'en saurait imputer les causes au climat.

Quatre-vingt-dix ans ont passé sur ces misères. La situation s'est bien

---

[1] Lorsqu'au huitième jour de navigation, écrit Ramel, on voulut bien nous laisser respirer une heure par jour, trois seulement d'entre nous, Tronçon-Ducoudray, Pichegru et Laville-Heurnois furent en état de profiter de la permission. Nul parmi les autres n'avait assez de force pour sortir de l'entrepont. Je fus moi-même vingt et un jours sans sortir de la fosse aux lions... Le capitaine Laporte n'oublia aucun des tourments qui pouvaient nous faire succomber. Ce fut par un redoublement de barbarie qu'il ne voulut jamais nous faire donner une échelle pour grimper sur le pont, de manière qu'étant forcés de nous hisser par une corde dans le vide des écoutilles, ceux-là même à qui le renouvellement de l'air était le plus indispensable, n'en pouvaient profiter.

On nous refusait les plus vils secours, les ustensiles les plus indispensables...

améliorée, quoique l'idéal soit loin d'être atteint. Mais on est toujours en droit de se demander pourquoi ni le temps, ni l'expérience, n'ont pu détruire complétement encore cette réputation d'insalubrité si profondément imméritée.

J'ai voulu, à mon tour, combattre cet injuste préjugé, et contribuer dans la limite de mes moyens, à la réhabilitation de ce pays méconnu que j'aime, et dont j'ai pu apprécier l'opulence et la beauté. Puisse ma faible voix être entendue! Puissé-je ainsi ajouter une pierre à l'édifice que construisent là-bas ces vaillants qui travaillent et espèrent. Ce sera la plus belle récompense d'un obscur citoyen qui n'a d'autre objectif qu'un ardent patriotisme.

La traversée de Cayenne au Maroni. (Page 445.)

CHAPITRE IV

Une lettre de France. — Le Robinson à Paris. — L'asphalte et la Forêt-Vierge. — La mansarde de la rue Saint-Jacques. — Les drames de la misère. — Inquiétudes d'une mère. — Communications interocéaniques. — Navigation coloniale. — Le *Dieu-Merci* et les *tapouyes*. — Coup double. — Bagages sans propriétaire. — Le forçat réhabilité. — Après vingt ans d'absence! — En *canot de papier*. — Les machines à vapeur ont droit de cité. — L'inondation.

Paris, 15 juillet 187...

Chers parents, chers frères,

Le courrier anglais part demain de Southampton pour les Guyanes. Dans vingt-deux jours, la goëlette *Maroni-Packet*, qui a depuis peu remplacé notre *Tropic-Bird* quittera Surinam pour le Maroni. Huit jours après, cette lettre vous arrivera à l'habitation : *La France équinoxiale*. Elle nous précèdera de trois semaines. Enfin ! Je vais donc vous revoir après une interminable absence de dix mois ! Nous sommes, Nicolas et moi, en proie à la fièvre du départ. Fièvre moins dangereuse que celle des grands bois, mais tout aussi violente

J'ai assez de Paris, bien que j'aie appris à l'aimer en le connaissant. Je conviens pourtant que c'est le séjour que je préfère, après celui de la Forêt-Vierge, bien entendu. Il me faut l'extrême civilisation, ou la nature dans sa sauvagerie primitive. Je n'admets pas de milieu. Mon adaptation à cette vie nouvelle a été rapide, en somme, et la série des étonnements bientôt épuisée. Mais combien j'eusse été éperdu dans cette solitude bourrée d'êtres humains, où l'étranger se trouve plus isolé peut-être que dans nos bois, si je n'avais eu pour guide mon brave Nicolas.

J'étais bien le sauvage que l'éternel brouhaha de la grande ville abrutit littéralement. Je ne voyais que des maisons énormes juxtaposées à d'autres maisons, comme ici nos arbres géants, succédant à d'autres arbres, des gens affairés, courant par milliers, comme une armée de fourmis-manioc, ou des industriels vociférant dans les rues à rendre des points à tous nos singes-hurleurs. Il m'était impossible de rien distinguer à travers la foule, la poussière, les voitures, la boue, la fulguration des lumières, ou les embarras des voies Non, jamais Européen ne peut être aussi emprunté, quand il a devant lui cinq millions d'hectares de Forêt-Vierge, que je le fus à mon arrivée à Paris.

Heureusement, je le répète, j'avais Nicolas, qui est une véritable boussole complétée d'un guide du voyageur. Et maintenant, votre petit sauvage sait monter en chemin de fer comme une « personne naturelle », les tramways ne l'effarent plus, et la vue de la lumière électrique ne lui fait plus pousser les hauts cris. Il a visité le Louvre, travaillé à la bibliothèque nationale, suivi quelques cours à l'Ecole des mines, étudié au Muséum d'histoire naturelle et parcouru je ne sais pas combien de magasins de toute sorte. Nos achats sont enfin terminés, et j'apporte tout un stock de livres, d'armes, d'effets d'habillement et d'équipement, sans oublier la série d'instruments et d'outils agricoles, ainsi que les machines indispensables à nos futures exploitations. Tout cela est paré à prendre la mer. Il y a le chargement d'un trois-mâts. Je n'ai rien épargné, et vous serez contents. Nous nous sommes d'ailleurs scrupuleusement conformés à la consigne, qui était de dépenser beaucoup, afin de gagner du temps.

C'est fait, et nous revenons. Décidément, l'ennui m'envahit de plus en plus. Nicolas aussi. Il veut vous embrasser et manger de la pimentade d'aïmara. Ici l'on ne trouve que du goujon, et l'on n'a pas la ressource d'enivrer la Seine avec le nikou.

Il fait une chaleur infernale. Le bitume mollit sous les talons, on transpire comme des gargoulettes. Nous avons eu 37° à l'ombre. Et l'on prétend que la Guyane avec sa température moyenne de 27° est l'enfer des Européens! Il est vrai que nous avons eu au mois de janvier 15° au-dessous de zéro, avec un vilain accompagnement de neige et de glace. Angosso eût bien ri, s'il m'eût vu engoncé dans une pelisse doublée de fourrures, avec un collet de loutre, coiffé d'un bonnet fourré, et ficelé comme un Esquimau. Je déteste l'hiver et j'étouffe dans ces cases banales que l'on appelle chambres d'hôtel. Et les restaurants!

Oh! ma chère vie de famille, avec ses doux entretiens, ses bons épanchements si sincères, et ses saines joies si complètes! Encore trois semaines d'attente! Encore deux mille lieues à parcourir avant de goûter ce bonheur!

Nicolas, qui lit par-dessus mon épaule, a les yeux rouges, en pensant à vous. Il s'oublie à parler créole et murmure comme autrefois notre bon Casimir: « Ça même ».

Quant à moi, j'ai la poitrine serrée, j'étouffe, et je vois trouble en évoquant par la pensée votre image à tous, en prononçant à haute voix vos noms, pour avoir un moment l'illusion de votre présence. Maman, papa, Henri, Edmond, Eugène, je vous vois, je vous parle, je vous entends. Tenez, j'aime mieux vous l'avouer, le petit Robinson pleure en pensant aux êtres bien-aimés qui l'attendent là-bas, dans sa chère Guyane.

Je ne veux pas fermer ma lettre sans vous raconter un épisode bien touchant de notre séjour ici. Tout l'honneur en revient à Nicolas, dont vous connaissez l'excellent cœur, et dont les sentiments respirent la plus exquise délicatesse.

— Viens, me dit-il avant-hier matin.

— Où allons-nous? lui demandai-je.

— C'est mon secret. Laisse-moi faire, tu seras content. Nous sortîmes à pied de notre hôtel de la rue Vivienne, et nous arrivâmes après une course assez longue à une rue étroite, située de l'autre côté de la Seine.

Nous nous arrêtâmes à une grande maison, d'aspect misérable, puis nous enfilâmes un grand escalier sombre aux marches humides. Arrivé au sixième étage, Nicolas s'arrêta presque défaillant.

— C'est là, me dit-il d'une voix étranglée par l'émotion, en me montrant une porte peinte en jaune ocreux, et sur laquelle était une petite pancarte avec ces mots : Madame D..., fleurs artificielles.

— Oui, c'est là, m'écriai-je...

Et le souvenir, déchirant le voile étendu sur le passé par vingt années d'absence, je reconnus la mansarde de la rue Saint-Jacques !

Nous entrâmes. Une femme en grand deuil, pâlie par le chagrin, se leva à notre aspect. Trois enfants en bas âge la regardaient avec cette expression d'inconscience douloureuse, particulière à ceux qui n'ont jamais connu la joie. Un bébé de trois ans à peine haletait dans un berceau.

Tu te rappelles, n'est-ce pas, mère, notre dernier jour de l'an à Paris ? J'avais trois ans alors, et pourtant, ce souvenir est aussi vivant en moi qu'au premier moment. A la vue de cette mère en deuil, de ces enfants en larmes, j'éprouvai comme un dédoublement de mon être, il me sembla redevenir l'enfant du proscrit, et voir devant moi la veuve du mort-vivant.

L'illusion était d'autant plus complète que je sentais palpiter comme jadis le drame de la misère et de la douleur. Il y a véritablement sur terre des endroits maudits. J'expliquai le but de notre visite, qui était un pèlerinage au lieu de nos souffrances. L'inconnue, confiante comme les désespérés, nous ouvrit son cœur et s'épancha près de nous. Son histoire, hélas, pouvait se résumer en quelques mots. Son mari, un honnête ouvrier, brisé par le travail, à l'hôpital depuis deux mois, les ressources de son travail, insuffisantes déjà, supprimées par le chômage, puis, la misère, puis, pour comble d'infortune, son dernier né à l'agonie.

— Madame, lui dis-je en la quittant, prenez confiance. Pendant que mon père était au bagne, ma mère a souffert et lutté comme vous. Mes frères et moi avons enduré comme vos enfants la vie de misère, mais des amis inconnus nous ont sauvés. Cette similitude de destinées, cette infortune supportée au même lieu et dans des circonstances presque identiques, doivent avoir le même dénouement. Laissez-nous jouer près de vous le rôle que nos bienfaiteurs ont rempli vis-à-vis des miens.

Et comme elle se taisait tout interdite.

— Madame, repris-je, au nom de ma mère, acceptez pour vos enfants cette offre fraternelle. Je suis le plus jeune de la famille, mon berceau était là, où est votre enfant malade, laissez-moi l'embrasser, le cher petit.

« Je déposai un baiser sur le front du bébé, je mis près de lui un rouleau de mille francs et nous partîmes brusquement. Nous n'en resterons pas là, n'est-ce pas, et nous continuerons cette bonne œuvre à laquelle je vous associe de cœur et d'esprit...

En attendant le bonheur de vous serrer dans nos bras, nous vous embrassons de cœur.

CHARLES.

P. S. Dans six semaines nous remonterons le Maroni.

La lettre portait l'adresse suivante :

Monsieur ROBIN, propriétaire, à l'habitation la FRANCE ÉQUINOXIALE (Maroni) GUYANE FRANÇAISE.

L'on était au 12 septembre, et le destinataire de cette lettre, parvenue à son adresse depuis près d'un mois, attendait de jour en jour les deux voyageurs.

Ceux-ci auraient dû être arrivés déjà. Ils s'étaient embarqués le 6 août sur un des magnifiques vapeurs de la Compagnie générale transatlantique, à l'allure de cétacés, qui filent gaillardement douze milles[1] à l'heure, et débarquent au bout de quatorze jours à la Martinique leurs passagers pour les Guyanes. Ceux-ci prennent alors le bâtiment annexe chargé du service intercolonial, et arrivent en huit jours à Cayenne, après de rapides escales à Sainte-Lucie, Trinidad, Demerara et Surinam.

La traversée, de Cayenne au Maroni, s'opère soit sur le joli vapeur *Dieu-Merci*, appartenant à la compagnie Céïde, soit sur des goëlettes nommées « *Tapouyes* » qui, aidées du courant et du vent de nord-ouest, peuvent, au bout de trente-six heures au plus, jeter l'ancre en face de Saint-Laurent. Le *Dieu-Merci* opère régulièrement trois voyages par mois, et les « *Tapouyes* » partent à la volonté des affréteurs.

De Saint-Laurent, il ne faut pas plus de quatre jours pour se rendre au saut Peter-Soungou, situé par 56° 15' de longitude ouest et 5° 15' de latitude nord.

[1] Le mille marin équivaut à 1,852 mètres. La vitesse de douze milles à l'heure est donc de 21,224 mètres.

Les deux hommes eussent pu arriver au bout de trente jours, en admettant que la traversée se fût passée normalement, et que leurs affaires ne les eussent retenus que quarante-huit heures.

Comme on était au 12 septembre, ils étaient impatiemment attendus depuis six jours. Ceux qui ont bien voulu s'intéresser aux *Robinsons de la Guyane*, et les suivre à travers les dramatiques évènements contenus dans le récit qui a pour titre : le *Secret de l'Or*, n'ont pas oublié le proscrit Robin, et son intrépide famille. Une nouvelle période de dix années, s'est écoulée depuis le moment où le forçat politique apprit qu'il était libre en perdant son vieil ami, son sauveur, le noir Casimir, assassiné par l'ancien garde-chiourme Benoît. Cette seconde phase de l'existence des Français de l'Équateur, bien remplie par l'étude et le travail, a été heureuse. L'ingénieur n'a pas vieilli. C'est le même athlète aux muscles de fer, aux traits fiers et sympathiques, à l'œil profond, au sourire bon et pensif. Il est âgé de cinquante-cinq ans et en porte dix de moins, bien que ses cheveux soient devenus d'un blanc de neige. Son héroïque femme est toujours la même, avec sa fine et délicate pâleur de Parisienne, son doux visage d'heureuse mère et d'épouse dévouée. Les années ont également glissé sur son organisme frêle en apparence, mais auquel une âme d'élite a donné une incroyable résistance, comme la trempe à l'acier le plus pur. Ses fils sont devenus des hommes faits. On dirait en les voyant trois éditions de la statue du père quand il avait leur âge. Un seul manque, c'est Charles, le plus jeune. Il est parti depuis dix mois avec Nicolas. Ils sont allés en France pour des motifs qui seront prochainement expliqués.

Pour la vingtième fois, ils relisaient la lettre du jeune homme qu'un transporté libéré, en résidence à Saint-Laurent, leur avait apportée en toute hâte, aussitôt que le *Maroni-Packet*, arrivé de Surinam, l'eut remise au commissaire hollandais d'Albina.

Henri avait dit :

— Si nous allions au-devant d'eux ?

La proposition de l'aîné des Robinsons répondait trop bien au désir de toute la famille pour soulever l'ombre d'une objection. L'habitation avait été laissée à la garde du Boni Angosso, toujours alerte, toujours solide « passé maïpouri » à sa femme, la bonne Agéda, et à tout un clan de négrillons, leurs petits-fils, issus de l'union de leurs enfants Lomi et Bacheliko avec deux femmes de leur tribu.

On s'était embarqué dans deux belles pirogues, conduites, l'une par Lômi, l'autre par son frère, secondés à tour de rôle, dans la manœuvre de la pagaye, par les quatre Européens. Ils avaient fait halte sur la rive droite du Maroni, et s'étaient installés sous les grands arbres, pour laisser passer l'accablante chaleur du jour.

Henri venait de lire une dernière fois à haute voix la lettre de son frère, et les larmes d'attendrissement avaient coulé de tous les yeux, au récit du touchant épisode qui la terminait. Lômi, en faction sous une ébène couverte de fleurs d'or, inventoriait de son œil émerillonné l'immense nappe d'eau lisse comme un fleuve de métal en fusion.

Madame Robin rompit la première ce silence plein d'émotion.

— Charles et Nicolas tardent bien, dit-elle de sa douce voix, en regardant d'un œil vague le fleuve géant sur la surface duquel flamboyait le soleil.

« L'impatience me dévore, et je ne sais quelle angoisse m'étreint. J'ai beau réagir contre cette inquiétude douloureuse, tous mes efforts sont inutiles.

— Voyons, mère, répondit Henri affecté de cette tristesse, chasse bien vite ces vilaines pensées. La distance est si longue, pour venir de France ici.

— Tu sais bien, continua Edmond, que les causes susceptibles de retarder un voyage au long cours sont nombreuses, bien que la plupart du temps la navigation soit exempte de dangers. Le vent contraire a pu entraver la marche des tapouyes...

— En admettant, interrompit Eugène, toujours espiègle, en dépit de ses vingt-six ans et de sa magnifique barbe brune, que Charles ait employé ce procédé de navigation inspiré des tortues.

« Maman toti-la-mé, li couri passé tapouye. (Maman tortue de mer, court plus vite que la tapouye.)

La saillie de son fils ne put dérider madame Robin.

— A moins, continua le jeune homme qu'ils n'aient eu, Nicolas et lui, la lumineuse idée de s'embarquer sur le *Dieu-Merci*. Je n'ai pas l'intention de calomnier la compagnie qui fait les plus louables efforts pour être agréable aux passagers, mais les relais de cette estimable diligence d'eau salée sont quelquefois très longs.

« De plus, quand le *Dieu-Merci* arrive à Mana le samedi, cet excellent capitaine Métro est bien heureux de passer à terre la journée du dimanche. Cela fait vingt-quatre heures et quelquefois trente-six heures de retard.

— Il arrive parfois au vapeur d'érailler sa coque sur les rochers ou de piquer son avant dans la vase. Rappelle-toi notre dernier voyage à Cayenne et les péripéties qui en ont agrémenté le retour.

« Enfin nos voyageurs n'auront peut-être pas trouvé à Saint-Laurent d'embarcation prête à partir. Tu le vois, le champ des hypothèses est très vaste, sans qu'il soit besoin de s'alarmer d'un retard facilement explicable.

— Tu ne l'ignores pas, mon cher enfant, rien ne saurait prévaloir contre une vague anxiété que l'on ne peut pas formuler, et qui échappe à toute définition. J'appelle en vain à mon secours le raisonnement, l'angoisse augmente, quoi que je fasse. Tu sais bien pourtant que je ne suis guère pusillanime, et que la vie dans les forêts m'a singulièrement aguerrie.

Cette impatience, bien que naturelle au moment suprême où la famille entière allait être réunie après une si longue absence, frappa Robin. Ses traits restèrent impassibles, mais la persistance de l'anxiété chez une aussi vaillante créature, se communiquait inconsciemment à son âme. L'immobilité lui pesait. Il eût voulu aller plus loin, tourmenter le manche d'une pagaye, voler sur les flots unis, et raccourcir cette distance qu'il était en droit de supposer bien minime. L'heure et l'état de l'atmosphère rendaient malheureusement impossible la continuation de la route. Il fallait rester à terre jusqu'à trois heures au moins.

Eugène s'était tu. Edmond ne trouvait rien à dire. Chacun s'ingéniait, mais en vain, à trouver une diversion. Elle s'offrit bientôt spontanément. Un cri d'oiseau inquiet plutôt qu'effarouché se fit entendre à quelques pas derrière les lianes. « Marrraye !... Marrraye !... »

Les instincts du chasseur se réveillèrent aussitôt chez Henri. Il saisit rapidement un fusil à deux coups, à piston, de fort calibre, acheté à Cayenne, et l'arma rapidement. Au craquement des batteries, succéda un brusque ronflement d'ailes et deux gros oiseaux s'envolèrent en traversant la clairière, avec la vitesse de deux projectiles.

Deux coups de feu retentirent soudain, et deux marayes frappés par l'infaillible chasseur roulèrent lourdement sur le sol. Une détonation éclata dans le lointain, répondant, en quelque sorte, aux coups de fusil du jeune homme.

Bien qu'un semblable incident ne soit pas très rare sur le Maroni qui est la grande voie de communication avec la Haute-Guyane, il est moins commun qu'on pourrait le croire tout d'abord. L'immense chemin qui marche est sillonné de pirogues assez nombreuses, montées par des mineurs se rendant aux placers, et chargées de provisions. Ces voyageurs ont bien autre chose à faire que de guetter en plein soleil une proie souvent absente, et les noirs tout entiers à la manœuvre ne sont guère tourmentés par le démon de la chasse.

Aussi, les coups de fusil n'éclatent guère que le dimanche aux alentours des placers ou des plantations. Et d'ailleurs, la détonation que venaient d'entendre

Les Robinsons accostèrent. (Page 450.)

les Robinsons, moins sonore qu'un coup de fusil, avait plus de volume. On eût dit l'éclatement sourd d'une mine fortement chargée. La connaissance approfondie qu'ils avaient de tous les bruits de la forêt, leur suggéra aussitôt cette réflexion.

Tel n'était pas l'avis d'Eugène, qui prétendit que son jeune frère et Nicolas, ravis de revoir la patrie d'adoption, annonçaient leur arrivée par des feux de peloton exécutés par les équipages réunis. Cette opinion n'obtint aucune créance; mais Eugène, qui lui-même n'en pensait pas un traître mot, voyant l'occasion de faire, pour un moment, trêve à la préoccupation générale, se mit à discourir avec une verve pittoresque, dont le brio finit par rasséréner un peu sa mère.

— Nous allons en avoir le cœur net, dit Robin. Le soleil commence à décliner. Nous pourrons bientôt braver impunément ses rayons, en nous abritant sous des feuilles de balisier. Somme toute, puisque l'inaction nous pèse à ce point, je ne vois pas pourquoi nous ne partirions pas.

Deux toitures légères furent en quelques minutes adaptées à l'arrière des embarcations, les amarres furent larguées, et les Robinsons se remirent en route. Lômi et Bacheliko, tête nue, en plein soleil, insensibles comme de vrais enfants des bois aux morsures de l'astre équatorial, pagayaient vigoureusement depuis deux heures, quand le premier retira brusquement sa palette de bois et suspendit son mouvement. La pirogue fila quelques mètres sur son erre, puis s'arrêta.

— Eh bien! Lômi, qu'y a-t-il? demanda Robin.

— Canots, là-bas, beaucoup, côté la crique.

— Tu aperçois des canots et une crique, Lômi ?

— Oui, mouché. Ou pas pouvé voué li, vous assis.

— Alors, gouverne dessus, mon enfant.

— C'est vrai, dit Henri qui s'était dressé bien doucement, dans la crainte d'imprimer des oscillations à la frêle embarcation. J'aperçois sur notre droite une petite brèche qui doit être l'embouchure d'une crique, et une demi-douzaine de canots immobiles à quelques pieds de la rive.

Tous les cœurs battirent à cette nouvelle, et les trois jeunes gens, pour aider à la nage, saisirent chacun une pagaye qu'ils manièrent avec une vigueur attestant l'ardent désir qu'ils avaient d'arriver.

Au bout d'une demi-heure, on était en vue de quatre embarcations puissamment chargées : deux coques bonies, avec deux grands canots pourvus chacun d'un mât et pouvant porter environ dix tonneaux. Un campement était installé à terre, le repas cuisait sur des brasiers, et les hommes composant les équipages, au nombre d'une dizaine, faisaient la sieste. Ils étaient huit noirs et deux blancs.

Les Robinsons accostèrent près des étrangers qui leur souhaitèrent la bienvenue. L'ingénieur allait les interroger, quand un des deux blancs se leva brusquement à son aspect, en manifestant les signes d'une violente émotion. Il se découvrit respectueusement en dépit des rayons brûlants qui frappaient d'aplomb son front ridé, et s'écria d'une voix étranglée :

— Monsieur Robin !

Robin étonné regarda l'homme dont les traits et la voix lui étaient complétement inconnus.

— Oh ! monsieur Robin ! Comment, c'est vous que j'ai le bonheur de revoir après vingt ans d'absence ! Vous ne me reconnaissez pas. Cela se conçoit. J'ai bien changé. Ma barbe est presque blanche et ma figure est flétrie comme celle d'un vieillard. J'ai tant travaillé, j'ai tant souffert aussi !

« Ah ! je vous ai bien cherché, en 1859, quand j'ai appris le décret d'amnistie. Je suis retourné là-bas, dans la vallée du pauvre vieux Casimir. Vous étiez parti, ignorant sans doute que vous étiez libre.

La lumière se fit alors dans l'esprit de l'ingénieur. Il se souvint.

— Gondet ! c'est vous ! mon brave garçon. Moi non plus, je ne vous ai pas oublié. Si le changement apporté par l'âge à votre physionomie a pu me tromper un moment, le souvenir des services que vous m'avez rendus jadis ne m'a jamais quitté.

— Vous êtes vraiment bien bon, monsieur Robin, et je vous dis avec bonheur que je suis en tout et partout à votre service

— Je vous remercie sincèrement, mon cher Gondet, et j'use aussitôt de votre offre.

— Tant mieux ! demandez-moi donc quelque chose d'impossible.

— Nous verrons plus tard. Pour le moment, dites-moi donc à qui sont ces canots.

— Les deux chaloupes m'appartiennent. Je fais depuis ma libération le canotage depuis Saint-Laurent jusqu'à Hermina, j'emmène les provisions des mineurs[1], et je rapporte la production du mois.

« Je sais ce qui vous amène.

— Pas possible !

— Oui, monsieur Robin. Vous allez me demander des nouvelles de deux voyageurs venant de France. L'un est un jeune homme, l'autre âgé d'environ quarante-cinq ans.

---

[1] Ce détail, quelque invraisemblable qu'il paraisse, est de la plus rigoureuse exactitude. L'histoire du transporté Gondet est véridique aussi ; mais je n'ai pas cru devoir publier son nom véritable. Il est aujourd'hui libéré. J'ai pris passage sur un de ses bateaux. Il rapporte fidèlement chaque mois l'or des placers, et transporte en moyenne à Saint-Laurent vingt-cinq, trente et quarante kilos de métal, soit une valeur de soixante-quinze, à cent vingt mille francs.

L. B.

— C'est bien cela. Dites-moi vite où ils sont.

— Le plus jeune porte votre nom. Je l'ai lu sur des caisses lui appartenant. J'ai pensé qu'il était votre fils. Il vous ressemble tant. Mais je n'ai pas osé le lui demander. Je me réservais de l'accompagner à destination afin de vous retrouver.

« Ils étaient ici tous les deux ce matin et sont partis au petit jour pour reconnaître un terrain aurifère dont ils sont concessionnaires.

— Mon fils est ici ! s'écria madame Robin incapable de se contenir plus longtemps. Merci, monsieur, pour cette bonne nouvelle. Nous allons partir, n'est-ce pas, dit-elle à son mari.

— Oh ! madame, reprit Gondet de sa voix basse, vous aurez du mal à les rattraper. Ils sont dans un petit canot construit sur le modèle de nos coques bonies, mais monsieur Charles qui l'a rapporté d'Europe, doit être bien loin maintenant.

— Qu'importe, nous nous rapprocherons d'autant.

— Qu'est-ce donc que ce bateau, qui peut ainsi rivaliser avec une pirogue, montée par nous, demanda Henri en développant sa puissante musculature.

— C'est, à ce qu'ont dit ces messieurs, un *canot en papier*, inventé par les Américains et construit en Angleterre. Il porte une petite machine à vapeur avec une hélice. Le tout ne pèse pas cent-vingt kilos, et cela file comme une mouëtte. Je les ai vu partir, et je vous garantis que du train dont ils marchaient, ils doivent être à plus de quinze lieues.

« Ils ont d'ailleurs promis d'être de retour demain soir au plus tard. J'ai la consigne de les attendre ici.

— Ce chargement appartient donc à mon fils.

— Tout entier, monsieur. J'en ai là pesant plus de quinze tonneaux. Il y a de tout, du tafia, des haches, des sabres, du vin, des graines, des instruments aratoires, des barattes à beurre, des laveurs d'or perfectionnés, des marteaux pilons qui se démontent en plusieurs morceaux pesant chacun vingt-cinq kilos, comme toutes les pièces de la machine à vapeur.

— Comment, il y a encore une machine ?

— Oui, monsieur, une merveille inventée, à ce qu'ont dit ces messieurs, par un Parisien nommé Debayeux.

« Ces deux caisses, cerclées de cuivre et doublées de zinc, que vous voyez bas, contiennent de la dynamite.

« Quelle magnifique exploitation vous allez pouvoir faire, avec tous ces accessoires.

— Si vous voulez travailler avec nous, Gondet, je serais heureux de vous donner une occupation lucrative. Nous avons besoin d'hommes énergiques, honnêtes et rompus à la vie des bois.

« Vous acceptez, n'est-ce pas !

— Vous me comblez, monsieur, et vous me faites bien de l'honneur. Je suis trop heureux de rester désormais près de vous.

— Mais, savez-vous, Gondet, dit tout-à-coup l'ingénieur comme frappé subitement d'un fait extraordinaire, que vous avez accompli un tour de force, en remontant jusqu'ici le Maroni, avec des embarcations d'un pareil tonnage.

— C'est monsieur Charles qui a tout fait. J'allais tout bonnement m'arrêter en bas du saut Hermina. Mais votre fils est un homme comme vous, il ne recule devant rien. Pour lui l'impossible n'existe pas.

« — Eh bien ! me dit-il, est-ce que vous avez envie de rester ici indéfiniment ?

« — Dame, monsieur, lui répondis-je, à moins d'avoir des ailes, ou d'opérer le transbordement dans les pirogues — ce qui nous prendra au moins deux jours, — je ne vois aucun moyen de passer le rapide.

« — Vous oubliez mon canot de papier et sa machine.

« Nous allons vous remorquer tout cela, et ce ne sera pas long.

« Ce qui fut dit fut fait. Le vaillant petit canot, se cabra sur la houle du rapide, les pirogues lui donnèrent un peu d'aide ; bref, on tira tant et si bien sur les amarres que nous passâmes sans avarie, et sans avoir ôté cent grammes de la cargaison.

Les Robinsons, étonnés et ravis, écoutaient avidement le récit des exploits de leur jeune frère et ne pensaient plus à remonter la crique pour se mettre à sa recherche.

Leur mère, bien que tranquillisée par les affirmations de Gondet, réitéra sa demande près de son mari qui commanda l'appareillage.

— Restez à votre poste, dit-il au patron des canots. Je pense que nous allons rencontrer en route mon fils et son compagnon.

Il donna le signal du départ et les deux pirogues s'enfoncèrent rapidement dans la rivière qui se dirigeait vers l'ouest et formait par conséquent un angle droit avec le Maroni.

Ils pagayaient depuis plusieurs heures et devaient avoir parcouru une distance considérable. Le jour commençait à décliner ; dans peu de temps, il faudrait songer à installer le campement. Les Robinsons ayant résolu d'aller le plus longtemps possible, accéléraient encore leurs mouvements de nage. Un bruit lointain, une sorte de vaste frémissement continu et peu intense frappa leurs oreilles.

Ils s'arrêtèrent un moment, intrigués, sans deviner tout d'abord la cause de ce murmure qui allait grossissant. Tout à coup, le lit de la crique sembla s'arrondir dans ses berges devenues trop étroites. Le courant devint violent comme un rapide. L'eau monta brusquement.

— Tiens bon! enfants, dit de sa voix calme l'ingénieur. Tiens bon et en avant. C'est l'inondation.

CHAPITRE V

De l'audace, encore de l'audace, toujours de l'audace. — Projet d'un homme de génie. — Ce que l'on pourrait faire d'un territoire de 18,000 lieues carrées. — Les Robinsons devenus chercheurs d'or. — L'établissement de la « France-Equinoxiale ». — Deux cents kilogrammes d'or, valent six cent mille francs. — Mineurs et éleveurs de bétail. — Les « Hatteries » guyanaises. — Le bétail au Para. — Les mille vaches grasses de la terre promise. — Peaux-Rouges et génisses. — Course en pirogue. — La curée des Caïmans. — Cris de détresse et coup de feu.

On se souvient du chaleureux appel adressé jadis par Robin à ses fils, lorsque ayant appris qu'il était libre, il résolut de se consacrer tout entier à la prospérité de la Guyane. Arracher à sa torpeur cette immense contrée, infuser un sang jeune, à ce vieil organisme débilité avant d'avoir vécu, tirer du sol les richesses qu'il renferme, exploiter les terrains en s'approvisionnant sur place, créer des relations commerciales et industrielles, faire en un mot de la colonie française l'heureuse rivale de la colonie anglaise, tel était le projet gigantesque dont il voulait poursuivre la réalisation.

Une pareille entreprise exigeait une envergure de géant. Un étranger, connaissant les secrètes espérances de l'ingénieur, l'eût indubitablement taxé de folie, en examinant les moyens dont il disposait.

Eh quoi! cet audacieux, qui, la veille encore n'était qu'un exilé sans patrie, qui depuis quinze ans, n'avait eu aucune relation avec le monde civilisé, prétendait, aidé de cinq blancs et de trois noirs, s'attaquer au colosse invincible jusqu'alors. Il allait tenter ce que d'opulentes compagnies, des gouvernements eux-mêmes n'avaient pu réaliser. Il ferait sortir du vieux limon primitif, de ce gouffre sans fond qui depuis deux siècles et demi a dévoré tant d'existences, l'or et le sang des colons morts à la peine. Il vengerait les victimes de Kourou, transformerait l'ossuaire équinoxial en un champ fertile, et ferait rendre gorge à la Guyane en la sauvant d'elle-même par elle-même!

Folie, dira-t-on. Mais folie sublime, jusqu'au jour où le vieux monde stupéfait dirait, en voyant le succès couronner cette suprême audace : « Le fou était un homme de génie ». C'est que si le termite anéantit un navire, une montagne de bois, si la goutte d'eau creuse le rocher, si l'infiniment petit a raison de l'infiniment grand, l'idée constante troue plus sûrement encore les ténèbres de l'ignorance, et le travail de tous les instants ne connaît pas d'obstacles.

La grande ombre de Malouet, qui plane toujours sur cette terre méconnue, dut tressaillir de joie, quand Robin redressant fièrement la tête, dit à la Guyane : A nous deux !

L'ingénieur connaissait à fond la zône équinoxiale. Le passé n'avait pas de secrets pour lui. Il avait su tirer de l'histoire navrante de notre colonie, tous les enseignements philosophiques et économiques. Peu lui importait le présent : il en faisait volontiers abstraction pour ne penser qu'à l'avenir. Ce rêveur plein d'audace était un profond calculateur. Il n'avait aucun préjugé à l'endroit de la Guyane, et, chose qui paraîtra peut-être paradoxale, aucune illusion. Il jugeait froidement, sainement la situation, sans s'exagérer ni les espérances ni les difficultés.

Nous allons d'ailleurs le voir à l'œuvre dans un moment.

— Deux causes essentielles, dit-il à ses enfants et à Nicolas, ont constamment entravé l'œuvre de colonisation, tentée depuis l'expédition du capitaine La Ravardière en 1604. D'une part, la dissémination des forces, petites ou grandes, amenées sur ce point du continent américain, d'autre part, l'insuffisance des approvisionnements.

« Il n'est pas douteux, en effet, que la défectueuse organisation de la Guyane, avec ses vingt-quatre mille habitants, éparpillés entre l'Oyapock et le Maroni[1], ne soit due aux établissements des jésuites autour desquels la population indigène, alors nombreuse, s'est groupée. Sans les missions de l'île de Cayenne, de La Comté, d'Approuague, d'Oyapock, de Kourou, de Sinnamary et de Connamana, il est probable que les colons se seraient agglomérés sur quelque point choisi dans l'île de Cayenne.

« Il n'est nullement besoin, n'est-ce pas, mes chers enfants, de bien longs raisonnements, pour voir que cette dispersion des forces actives sur cet immense

---

[1] La distance entre ces deux points extrêmes est de 320 kilomètres. En prenant pour limite en profondeur le Rio-Branco, un des affluents de l'Amazone, la surface triangulaire de la colonie serait de près de 18.000 lieues carrées.

Ils ramenèrent chacun une femme. (Page 460.)

territoire ne pouvait qu'être déplorable. Les établissements, privés de communication, incapables de se porter secours, devaient infailliblement succomber. Il eût été si simple pourtant de concentrer en un seul point bien accessible, tous les convois envoyés de la métropole, de travailler à perfectionner à tout prix une installation, même mauvaise, et de ne pas laisser perdre un atome de la force.

« N'est-ce pas ainsi que Pierre le Grand a eu raison des marais de la Néva, et improvisé de toutes pièces la ville admirable qui porte son nom.

— Je continue, et je passe à la question des approvisionnements plus mal comprise encore, et qui par sa défectuosité a été la cause occasionnelle de tous les désastres.

« Toutes les expéditions n'ont pris au départ de la France, que la quantité de vivres nécessaire à la traversée. Nul parmi les organisateurs n'a compris que la Guyane n'était pas en principe un pays de production, et qu'en dépit de sa fertilité, il fallait y improviser de toutes pièces l'existence des immigrants. La Forêt-Vierge, qui produit après le défrichement plus de cinq cents pour un, ne peut, du jour au lendemain, donner du manioc, des épices, du café, du cacao, du coton, du roucou, de la canne à sucre... que sais-je encore ?

« Non seulement, la croissance de ces précieuses denrées est fort lente, mais, vous le savez aussi, les grands bois, avec leurs stériles magnificences, sont incapables de nourrir un chasseur, à plus forte raison, une agglomération de colons qui ne sont pas rompus à la vie d'aventures. Or, il faut manger, pendant que le défrichement s'opère. Si l'on n'a pas eu la précaution d'approvisionner largement les chantiers, en amenant du dehors toutes les choses indispensables à la vie, la famine se déclare bientôt. La famine, avec son terrible cortège de maladies, et tous les mauvais conseils qu'elle peut suggérer à ceux dont elle tord les entrailles.

« C'est aux suites de cette inconcevable impéritie dans les approvisionnements, que sont imputables les désastres qui ont jeté le discrédit sur notre France équinoxiale. Les épidémies, les fièvres, les révoltes, le pillage, les exactions à l'endroit des indigènes, que ne feraient pas des hommes mourant de faim !

« Il était si simple, d'agencer préalablement les points à coloniser, d'y construire des abris, et surtout d'y introduire du bétail. Si les plantations, au lieu d'être éparpillées de tous côtés, avaient été concentrées dans l'île de Cayenne, le Tour de l'Ile, Roura et les côtes de Macouria, où sont des terres fertiles et des bois de toute essence, le reste de la colonie aurait pu être remplie de bœufs importés d'Europe, leur chair serait aujourd'hui la base de la nourriture des colons comme au Vénézuela, comme au Brésil et même au Para, à quelques lieues de notre Oyapock. L'introduction du bétail a été la cause unique de l'acclimatement des blancs dans ce pays aujourd'hui bien peuplé, pendant que la Guyane végète, réduite encore à la portion congrue de couac et de poisson sec !

« Puisque les hasards de notre destinée nous ont jetés sur les rives de ce fleuve géant, presque inconnu du monde civilisé, et que bien peu d'Européens ont exploré, faisons ici, ce que nul n'a pu accomplir encore sur les autres points du territoire. Créons la colonie modèle du Maroni. Notre nombre est bien faible, mais nous possédons l'immense avantage de l'acclimatement, et la connaissance approfondie des périls et des ressources de notre pays d'adoption. Nous avons aujourd'hui, non seulement de quoi vivre, mais encore de quoi nourrir des centaines d'individus. La famine est vaincue, et avec elle, le plus mortel ennemi de la colonisation.

« Je n'ai pas la prétention d'improviser avec nos seules forces ce lieu de production, que revendiquera bientôt la civilisation. Vécussions-nous cent ans encore, nos existences n'y suffiraient pas. Nous allons créer l'élément indispensable du succès. Quand nous aurons l'outil en main, nous aviserons. Le sol ici, regorge d'or. Puisque l'or est le grand moteur, on pourrait dire l'unique moteur des efforts humains, devenons riches. Soyons chercheurs d'or. Quand il y aura ici quelques centaines de mille francs en lingots, la colonie de la « France-équinoxiale » sera fondée.

« J'ai dit. A l'œuvre !

Cette seconde incarnation qui transforma les colons en mineurs fut un jeu pour les Robinsons de la Guyane. Aidés des trois Bonis dont l'attachement profond et la colossale vigueur firent de précieux auxiliaires, Robin, ses fils et Nicolas, construisirent des instruments à laver l'or, et fouillèrent sans relâche le lit des criques de l'immense bassin. Les Indiens, hélas! incapables de collaborer au grand œuvre, avaient bientôt repris leurs habitudes nomades. L'ingénieur avait pourtant remporté une grande victoire, en resserrant le périmètre de leurs courses à un espace assez restreint. On était certain de les trouver en temps et lieu, quand on aurait besoin d'un vigoureux coup de collier, pour jeter à bas un coin de la forêt. Les Peaux-Rouges consentaient sans la moindre répugnance à devenir bûcherons, et à débarrasser des végétaux les terres à laver. C'était peu, mais cet embryon de sédentarisme et de production avait une grande importance.

Les efforts des premiers jours, stériles en apparence, ne décourageaient pas les intrépides travailleurs. Le rendement des premiers lavages atteignit un chiffre dérisoire, et il fallait toute l'énergie de ces vaillants, pour ne pas abandonner un travail si peu rémunérateur. La déveine persista des mois entiers sans que leur constance fut un seul instant ébranlée. Puis ce labeur acharné obtint sa récompense. La production, qui était restée maigrement stationnaire à quelques centaines de grammes, monta à quatre kilogrammes le quatrième mois. Au bout d'une année, ils possédaient environ trente kilogrammes d'or, soit quatre-vingt-dix mille francs !

La seconde année fut infiniment plus productive. La moyenne égala celle de la première, mais ils tombèrent un jour sur une « *poche* », comme disent les mineurs, et ils en tirèrent près de vingt kilos en un mois.

Sur ces entrefaites, Lòmi et Bacheliko firent une absence de deux mois et s'en allèrent à Cottica, le grand village Boni. Ils ramenèrent chacun une femme, avec quatre jeunes gens de la tribu, alliés à leur nouvelle famille. L'arrivée de ces robustes travailleurs était un précieux appoint pour la colonie naissante. A la même époque, Nicolas et Henri descendirent à Saint-Laurent et s'embarquèrent pour Cayenne. Robin avait jugé à propos de régulariser la situation au point de vue de la légitime possession du territoire exploité par l'association. Bien que l'ingénieur n'eût plus aucun motif pour se cacher, il fit prendre la concession au nom d'Henri. Le jeune homme se rendit avec Nicolas à la direction de l'intérieur et obtint, moyennant un droit de huit centimes l'hectare, une concession de dix mille hectares, avec le droit d'élever du bétail et de rechercher l'or.

C'était la première fois depuis douze ans qu'ils revoyaient la vie civilisée ! Que d'évènements accomplis depuis cette longue période ! Avec quelle avidité ils dévalisèrent les libraires stupéfaits d'une pareille ardeur chez de simples mineurs ! Ils se munirent également d'une ample provision d'armes, de munitions, d'outils, d'effets d'habillement, achetèrent quelques médicaments, sans oublier une pleine tourie de mercure, dont l'emploi devait doubler leur production d'or.

Ils revinrent à l'Etablissement, et tel fut l'acharnement déployé par chacun, que la troisième année n'était pas encore écoulée et le stock de métal s'élevait au chiffre énorme de deux cents kilos !

Que l'importance de ce chiffre n'étonne personne. Les Robinsons, exploitant pour eux et par eux, n'avaient à supporter aucun de ces frais qui grèvent si lourdement les placers, et enlèvent jusqu'à 50 p. 100 de la production effective. Ils avaient en outre apporté dans leurs instruments, des perfectionnements remarquables, grâce auxquels ils pouvaient réaliser des économies de toutes sortes.

Ils eussent pu, avec cette somme de six cent mille francs, si loyalement gagnée, se retirer en pays civilisé et faire, comme on dit vulgairement, honnête figure. Mais leur but était plus élevé. Ils regardaient cet or comme un dépôt et loin d'en distraire une parcelle à leur profit, ils n'avaient même rien ajouté à leur frugal ordinaire de Robinsons.

— C'est assez, mes enfants, dit alors l'ingénieur. Nous avons aujourd'hui l'élément essentiel de colonisation, l'outil, comme je vous le disais jadis. Maintenant, nous avons tout à faire avant d'introduire ici les bras qui doivent retourner ce sol. J'espère avoir avant peu de quoi nourrir les immigrants qui viendront ici. C'est le moment de transformer les mineurs en éleveurs de bétail.

— Procédons toujours avec méthode et installons avant l'arrivée des bêtes à cornes, les emplacements pour les recevoir. Puis, comme la Guyane n'en possède pas, eh bien ! nous irons en acheter au Para. Nous frèterons une goëlette et si nous trouvons par hasard en rade un vapeur, nous verrons à l'employer. Peu importe l'argent ; l'essentiel est d'aller vite.

L'énergie des Robinsons avait triomphé de tous les obstacles, et les mauvais jours étaient passés. La nouvelle habitation avec laquelle on fera prochainement connaissance, possédait à moins de trois kilomètres, de grandes savanes remplies d'une herbe épaisse, analogue à celle qui croît sur les côtes et connue sous le nom d'herbe de Guinée. La hatterie [1] était toute trouvée. Il y avait là de quoi nourrir dix mille têtes de bétail.

Robin résolut d'aller lui-même au Para conclure cette importante acquisition. Il partit accompagné d'Edmond et d'Eugène, ravis comme des écoliers en vacances, à la pensée de ce voyage. Cette interminable traversée de Cayenne à Belem, ordinairement contrariée par le courant et les vents contraires, s'opéra sans encombre, bien qu'avec une lenteur infinie.

L'ingénieur eut le bonheur de rencontrer le navire à vapeur sur lequel un des principaux négociants de la Guyane vient chaque mois chercher l'approvisionnement de la ville. Il obtint de lui qu'aussitôt son arrivée à Cayenne, il reviendrait sans désemparer chercher le troupeau qu'il allait acheter, et l'amènerait jusqu'au saut Hermina. L'armateur faisait une excellente affaire, et Robin y trouvait son profit. Il put examiner ses sujets à loisir et donna, comme de juste, la préférence aux génisses qui devaient mettre bas au bout de deux ou trois mois. Il en choisit deux cents qu'il paya, malgré les droits brésiliens et les gains énormes des « fazanders », au prix dérisoire de cent à cent dix reïs le kilogramme, soit trente-deux à trente-trois centimes.

[1] On nomme « Hatterie » en Guyane, et « Fazenda » au Brésil, une sorte de métairie autour de laquelle on élève le bétail ou plutôt où le bétail s'élève tout seul. C'est le « Run » des squatters australiens.

Et comme ses fils s'étonnaient à bon droit de cette incroyable modicité, comparée au prix exorbitant de deux francs vingt centimes, qui est celui de Cayenne, quand par hasard on trouve du bœuf à acheter, il répondit :

— Encore une aberration de nos colons. La Guyane manque de bœufs. De temps en temps, on voit arriver ici un bateau cayennais, implorant la viande des Brésiliens. Ceux-ci, à force d'instances, consentent à l'accorder comme une aumône, et la vendent ce qu'ils veulent.

« Ne serait-il pas infiniment plus simple d'acheter, ainsi que nous le faisons, du bétail sur pied, et de l'élever.»

L'armateur du navire à vapeur fut ponctuel, et le troupeau tout entier, composé de deux cents génisses et de cinq taureaux, fut conduit sans encombre jusqu'au saut Hermina. Une difficulté colossale devait aussitôt s'élever et empêcher peut-être la réalisation de ce projet. Comment en effet faire franchir au troupeau ce rapide qui, bien que praticable aux canots indigènes, présente aux embarcations d'un fort tonnage, une insurmontable barrière ?

Mais Robin avait tout prévu. Grâce à une minutieuse étude de la barre rocheuse, il avait pu, après des sondages multiples, trouver un chenal profond, conséquemment peu rapide, placé le long de la rive droite. Ce chenal, large de près de vingt-cinq mètres, longeait sur toute la longueur du saut, la berge que des travaux préparatoires transformèrent en une sorte de chemin de halage. Cette configuration d'une partie du fleuve, était une trouvaille. Mais les êtres véritablement forts ne savent-ils pas tirer parti de tout, et l'adaptation des hasards au besoin de la vie n'est-elle pas une de leurs vertus ?

L'ingénieur, aidé de ses fils, avait préalablement construit un vaste radeau pourvu d'un bastingage, et qu'une double ceinture de barriques vides rendait complétement insubmersible. Le bétail fut débarqué sur la rive, et les animaux chargés aussitôt au nombre de trente sur le radeau, amené bord à quai. Les génisses du Para sont de petites taille, et leur poids dépasse rarement trois cents kilos. Le radeau n'avait donc à supporter qu'un poids relativement faible de neuf mille kilos, soit neuf tonneaux, et il était construit pour en porter deux fois autant. Les Robinsons halèrent vigoureusement sur une cordelle, comme les mariniers de nos canaux européens, et firent franchir sans encombre à leur précieux chargement ce défilé dangereux. Ce n'est pas tout, on compte d'Hermina au saut Peter-Soungou, environ cinquante kilomètres. La batterie des colons étant située à dix kilomètres environ au-dessus de ce second rapide, il fallait conduire le radeau à quarante kilomètres du point d'embarquement.

Edmond, Eugène et Charles furent laissés à la garde du reste du troupeau confiné sur une vaste presqu'île couverte d'épais pâturages. Angosso avec ses deux fils, Robin, Nicolas et Henri, conduisirent en pagayant ce premier convoi, qui arriva sans encombre à domicile, après deux journées de navigation. Le retour du radeau vide s'opéra en douze heures, le courant aidant. Le bétail fut partagé en cinq lots qui suivirent la même voie, grâce au même procédé, et tout alla de façon que, après quinze jours d'un labeur écrasant, l'habitation de la France Equinoxiale était pourvue d'un inestimable trésor. Deux cents bêtes à cornes s'ébattaient joyeusement dans les Savanes, à la grande stupéfaction des Indiens auxquels un pareil spectacle était absolument inconnu.

Robin les familiarisa bientôt avec ces animaux extraordinaires, et leur en confia la garde. Cette fonction s'accommodant parfaitement à leurs habitudes de nomades paresseux, ils consentirent de grand cœur à devenir « *vaqueros* ». Ils firent tant et si bien, et le chef de la colonie sut encourager leur vigilance avec tant d'à-propos, que bien peu de génisses devinrent la proie des tigres, ce fléau des hatteries.

Si les éleveurs avaient accompli de non moins terribles efforts que les chercheurs d'or, leurs peines furent également récompensées. Le troupeau avait presque quintuplé en six ans, de telle façon qu'au moment où commence notre récit, mille bêtes superbes, tondaient avec un merveilleux entrain les herbages de la savane sans fin, en dépit des vides laissés par l'épizootie, et l'alimentation des colons.

Les immigrants pouvaient venir dorénavant. La famine était vaincue et la subsistance d'une grande agglomération d'hommes assurée pour toujours. Le nombre des ruminants de la hatterie ne pouvait que s'accroître en dépit d'une consommation énorme. Le calcul est tout simple. Sur mille vaches mises en savane, six cents au moins portent par an. Sur ce minimum de six cents produits, admettons, au pis aller, que deux cents meurent avant l'âge de la reproduction, qui est trois ans, emportées par le tigre ou la maladie. Cent cinquante suffisent pour la reproduction. Il en reste deux cent cinquante pour la consommation annuelle. Chaque animal donnant environ deux cents kilos de chair nette, la « France-Equinoxiale » pouvait bon an mal an mettre à la disposition de ses hôtes à venir, cinquante mille kilogrammes de viande fraîche! Notez bien que nous tablons sur un minimum très inférieur à la réalité.

Aucune appréhension d'ailleurs relativement à l'alimentation de cette admirable « *fazenda* ». Une savane d'une lieue carrée peut nourrir mille têtes, et la savane est comme tous les herbages. Plus on y met de bétail, plus elle peut en nourrir, toutes proportions gardées bien entendu.

Les éleveurs redevenaient entre temps chercheurs d'or, et n'abandonnaient ni la pioche ni le *sluice*. Le rendement de l'or continuait avec ses intermittences, et le fond de réserve s'arrondissait.

Le 1er novembre de l'année 187., Robin dit à sa famille réunie :

— Mes enfants, tout est prêt. Nous avons la fortune. L'abondance règne ici, la nature est vaincue. Il faut frapper un grand coup. Nous allons faire appel aux bras qui manquent en Guyane, et exploiter en grand les richesses qu'elle renferme : extraire l'or du sol, laver les graviers aurifères, broyer les quartz, fouiller la couche végétale, lui faire produire le café, le cacao, le coton, le roucou, les épices et la canne à sucre. Voilà quel doit être notre double objectif.

« Nous trouverons des coulies indous pour l'agriculture, et des noirs de la côte d'Afrique pour les mines. Les blancs engagés à prix d'or viendront comme ouvriers d'art, mieux encore, la Martinique regorge d'habitants ; favorisons l'immigration de cette belle race des mulâtres martiniquais, si intelligents, si laborieux, qui se sont assimilés si complètement les arts de la métropole, et qui, n'ayant pas à craindre les fatigues de l'acclimatement, seront du jour au lendemain d'incomparables auxiliaires.

« Fidèles au plan tracé dès le premier jour, cette dernière et essentielle partie de notre programme ne sera réalisée qu'au moment où les instruments d'exploitation seront en place. Il nous faut pour cela, faire un puissant appel à l'industrie du Vieux-Monde. Nous avons besoin de forces motrices, de machines à vapeur, de marteaux pilons, de laveurs perfectionnés, d'outils et d'instruments aratoires...

« Nicolas est plus compétent que personne en la matière. Il ira en France et en Angleterre. Il achètera tout ce qui nous manque et reviendra dans le plus bref délai. Henri, Édouard et Eugène m'ont manifesté le désir de ne pas quitter la colonie. D'autre part, Charles ne serait pas fâché de revoir cette Europe dont il a presque entièrement perdu le souvenir. Il accompagnera donc Nicolas.

« Et maintenant, mes enfants, vous avez huit jours pour faire vos préparatifs. L'or abonde ici. Vous pouvez puiser largement dans la caisse commune. Dépensez beaucoup et à propos. Nous pouvons dire aussi, nous, Américains du Sud, comme nos concitoyens du Nord : « *Times is Money....* »

Tels sont les évènements qui s'étaient accomplis pendant cette période préparatoire, après laquelle les Robinsons assisteraient à la réalisation de leur

A la vue du cadavre d'un noir. (Page 466.)

admirable entreprise. Que le lecteur pardonne à l'auteur d'être entré dans des détails si nombreux, et en apparence détachés de l'action principale. Ils sont au contraire indispensables à la suite de cette véridique histoire, dont ils forment la partie organique. Si l'auteur faisait de la fantaisie, il s'inquièterait peu de rester dans le domaine de la réalité, ou même de la vraisemblance. Mais si, d'une part, sa conscience lui fait un devoir de ne donner au lecteur que des récits authentiques, dont il est allé lui-même chercher la substance là-bas, dans la grande solitude équatoriale, il se doit d'autre part à la Guyane, où il a reçu un si fraternel accueil. Il veut rétablir la vérité, et restituer, dans la limite de ses forces et de ses moyens, à cette terre trop méconnue une part de la juste considération qui lui revient.

Dix mois après, Charles annonçait son retour par la lettre que nous avons publiée au commencement du chapitre précédent. On comprend la hâte qu'avaient ses parents et ses frères de le revoir, l'inquiétude que son retard causait à sa mère, et l'anxiété de toute la famille, en voyant monter avec cette alarmante rapidité l'eau de la crique où il s'était enfoncé avec Nicolas, son fidèle compagnon.

Les pirogues volaient sur les flots épais, blanchâtres, de la rivière gonflée outre mesure. La crue, après s'être élevée d'environ deux mètres, parut rester stationnaire, malgré l'énorme volume d'eau déversé continuellement dans le Maroni.

La nuit vint, et les Robinsons, loin de ralentir leur allure, continuèrent leur course, en s'éclairant avec des torches de cirier dont les embarcations étaient toujours amplement pourvues. Rien de lugubre comme cette navigation nocturne, dont le silence n'était interrompu que par le souffle des pagayeurs à bout d'haleine. Rien de fantastique comme le flamboiement des torches, piquant de lueurs rouges les ténèbres envahissant les arceaux des arbres trapus sous leurs basses branches, comme les piliers d'une crypte. La distance fournie devait être fort considérable, et rien d'insolite ne s'était révélé à l'attention des canotiers, quand Lômi, qui tenait la tête, poussa un cri bref à la vue d'une épave flottante qui vint en tournoyant mollement, donner contre l'avant de sa pirogue.

Robin abaissa la lumière qu'il portait, et fit un geste d'horreur à la vue du cadavre d'un noir, dont la face partagée par une horrible blessure, émergea dans un remous, pour disparaître bientôt emportée par le courant.

— En avant ! enfants, en avant ! dit-il d'une voix oppressée, espérant que sa femme, couchée dans l'autre canot, n'avait pu voir la lugubre épave.

Cinq cents mètres plus loin, un bruit sec comparable à des clappements de cisailles, se fit entendre, mêlé à une sorte de clapotis, produit par de brusques soubresauts. Un coulie, mort aussi, reconnaissable à ses anneaux d'argent, étincelant sous les torches, s'en allait, au fil de l'eau, déchiqueté par une demi-douzaine de caïmans. Les membres furent bientôt détachés par les amphibies en liesse, et le tronc, avec sa tête sanglante, trop gros, pour ces gueules avides, s'enfonçait, puis reparaissait jusqu'aux flancs, pour disparaître de nouveau.

Les pirogues filèrent comme des flèches, sans distraire les caïmans de leur hideuse curée. Les Robinsons, tordus par l'angoisse, appréhendant un horrible malheur, crispés aux manches de leurs pagayes qui pliaient sous l'effort, couraient éperdus dans la nuit.

Une tache blanche, vivement éclairée par les torches, trancha bientôt crûment sur une des deux rives. Ils s'approchèrent, et reconnurent un joli canot, amarré à un arbre, et dont l'amarre était tendue à se briser sous la poussée des flots. Au milieu, se dressait la cheminée d'une petite machine à vapeur verticale.

Plus de doute. Ce canot était celui de Charles. Il était pesamment chargé d'outils, d'armes et de provisions, mais il n'y avait personne à bord.

Les Robinsons après en avoir inventorié le contenu d'un rapide regard, allaient continuer leur course en avant, quand ils s'aperçurent que les berges de la crique étaient entièrement couvertes par les eaux. Des deux côtés, la couche liquide s'étalait comme un lac aussi loin que pouvait s'étendre la vue.

En même temps, se faisaient entendre sur la gauche des cris déchirants, suivis d'une détonation d'arme à feu.

CHAPITRE VI

Campement de quadrumanes. — Après dix mois en pays civilisé. — La barque mystérieuse — Visite inattendue. — Les serviteurs de la vieille fée Guyanaise. — Un cri la nuit. — Coup de feu. — A la lueur des torches. — Réunis !... — Epouvante de Lômi. — Retour dans le canot de papier. — Chauffeur et mécanicien. — Capitaine et amiral en deux minutes. — Les pagayes et l'hélice. — Stupéfaction des deux Bonis. — Angoisses. — Cargaison disparue.

Charles et Nicolas, encore tout imprégnés de civilisation, tombaient brutalement en pleine sauvagerie. La vieille fée Guyanaise, ne les reconnaissant plus pour ses familiers, entassait comme à plaisir les embûches sous leurs pas, et son acariâtre maussaderie leur ménageait, comme on dit au théâtre, une entrée dramatique.

Mais les deux blancs ne s'étaient pas endormis dans les délices de la grande ville qui, d'ailleurs, n'amollit que les tièdes, et retrempe au contraire les individualités puissantes. Puis ils étaient Parisiens, et le Parisien, cette quintessence d'activité nerveuse, d'énergie primesautière, de résistance inébranlable, est préparé à toutes les luttes. Point n'est besoin pour cela d'avoir vu le jour entre le faubourg du Temple et la rue Rochechouart, ou d'être inscrit sur les registres de l'état civil de la mairie du Panthéon. Etant donné que Paris est le point central où s'élabore la vie de la France, le cœur qui rythme les battements de la vie de notre chère patrie, un grand nombre de Français peuvent être des Parisiens, comme les globules rouges du sang sont les éléments qui transportent à tous les points du corps les principes d'existence et de pensée. Les globules rouges se trouvent partout dans un organisme. Les Parisiens circulent de tous côtés. Il y en a à Saint-Denis, on en rencontre à New-York comme à Shang-Haï. Et de patients chercheurs en découvriraient peut-être à Pithiviers, la ville qui avec la Ferté-sous-Jouarre peut s'intituler glorieusement cité béotienne.

Aussi, nos deux Parisiens de Guyane, se trouvant tout à coup en face de multiples périls dont un seul était mortel, redevinrent tout naturellement les intrépides Robinsons.

— Bah! dit Charles avec insouciance, nous en avons vu bien d'autres.

— C'est absolument vrai, opina Nicolas qui, dans de pareilles conjonctures, ne pouvait être d'un avis contraire.

« Eh! que diable fais-tu là?

— Je me mets à mon aise. On ne sait pas ce qui peut arriver. Libre à toi d'en faire autant. Vois-tu, les molletières du bon faiseur, et d'excellents souliers en cuir fauve, peuvent à un moment donné empêcher les mouvements d'un nageur.

« Au diable mon harnachement de chasseur beauceron. Je redeviens avec mes pieds nus, endurcis encore à tous les contacts, ce que j'étais autrefois : un blanc mâtiné de quadrumane.

— Bonne idée, fit Nicolas en se déchaussant également.

— C'est parfait. Comme l'eau monte assez lentement, nous avons tout le temps de faire ou plutôt de défaire notre toilette.

« Le pantalon est un vêtement incommode.

— Est-ce que tu penserais à...

— Non rassure-toi. Les Dryades équinoxiales n'auront pas à rougir. Mais les deux tubes d'étoffe qui enferment mes jambes, me gênent prodigieusement. Je vais les couper proprement au-dessus du genou, et transformer mon « inexpressible » en un excellent caleçon de bain.

— Bravo! Moi aussi.

— A ton aise. Le sabre est un indispensable compagnon. Que mon sabre reste dans sa gaîne accroché à ma ceinture. Ah!.. mon revolver. Y a-t-il de la cire dans ce séjour inhospitalier. Oui. C'est parfait.

— Que veux-tu faire avec de la cire?

— Ah! ça, es-tu, ou n'es-tu plus un Robinson de la Guyane, habitué à triompher de tous les obstacles, en leur opposant les précautions les plus simples et les plus futiles en apparence?

— Si... mais...

— Regarde-moi opérer, et fais-en autant. Il faut avoir, dans la situation où nous nous trouvons, un revolver prêt à faire feu.

— Cela me paraît indispensable.

— Comment feras-tu, quand transformé en Triton, tu pataugeras au beau milieu de ce liquide vaseux qui monte avec une persistance alarmante.

— Dame, je ne sais pas trop comment...

— Moi, je ne sais pas trop, mais je sais suffisamment ce qu'il faut. Je prends un peu de cire, je l'amollis en la pétrissant rapidement, j'enduis les cinq cartouches de mon revolver — mon « Colt » n'a que cinq coups, mais ils sont de premier choix — d'une mince couche de cire destinée à empêcher le contact de l'eau avec la poudre et l'amorce, et prévenir les ratés.

« De cette façon, « Samuel Colt » parlera en temps et lieu, sans enrouement. Je suis sûr de mon coup, et c'est bien quelque chose. »

L'admiration de Nicolas se compliquait d'un peu de stupeur, à la vue de ces préparatifs accomplis en pareil moment avec un sang-froid incroyable, aiguisé d'une légère pointe de causticité.

— Ma foi, tu m'étonnes. Où diable as-tu appris tout cela ?

— Ne suis-je pas ton élève ? Tu m'as bien un peu enseigné le raisonnement, et je l'applique en temps et lieu.

« Mais, assez bavardé. Tout est paré ? L'eau s'élève. Encore un quart d'heure, et nous serons chez les piraïes.

— Sacrebleu ! Et notre blessé !

— Je ne l'oublie pas, et je pense tellement à lui que nous allons tout d'abord opérer son sauvetage.

— Et comment ?

— Voici. J'ai toujours le poignet solide, et j'ignore le vertige. La case est appuyée contre un grignon magnifique. Les basses branches s'élèvent à cinq mètres à peine. L'eau n'atteindra jamais une pareille hauteur. Je vais grimper là-haut, puis, une fois installé, je laisse pendre une amarre à laquelle tu accrocheras les deux cordes du hamac de notre homme ; j'enlève ensuite le tout, et bientôt le blessé se balancera comme un lustre entre le ciel et l'eau.

« Dépêchons, le flot monte et le pauvre diable est incapable de tirer sa coupe. »

Charles, qui avait déjà de l'eau jusqu'à mi-jambe, avisa un marteau et plusieurs chevilles de fer destinées aux chevalets des « sluices ». Il enfonça la première à un mètre cinquante, se hissa à la force des poignets après avoir mis le marteau à sa ceinture. Il sut, par un prodige d'adresse et d'équilibre, se maintenir sur ce premier échelon, planté dans le colosse qui n'avait pas moins de trois mètres de diamètre. Il enfonça la seconde cheville, opéra comme précédemment, répéta plusieurs fois sa manœuvre, et se trouva bientôt à cheval sur la plus grosse branche qui s'étendait latéralement au-dessus de la case.

— Allons, passe-moi vite le blessé. Puis, viens me retrouver, nous serons ici comme chez nous.

Le jeune homme, en dépit de l'élégance de ses formes, était musclé comme un lutteur. Le malheureux directeur, inerte dans son hamac, oscilla bientôt au bout des robustes bras du sauveteur, comme un nid de cassiques à sa branche.

— Là, c'est parfait. Maintenant, si le cœur t'en dit, viens me rejoindre ; car dans quelques minutes il ne fera pas bon sur la terre ferme.

Nicolas ne se le fit pas répéter. Il retira les papiers renfermés dans les poches de la vareuse de son compagnon, les enroula précieusement, prit sa boussole la mit dans sa poche, et se hissa lentement.

— Mais tu n'en finis pas. Dépêche-toi donc, cria le jeune homme impatient.

— Voilà, voilà. Tu ne voudrais pas que j'abandonne nos plans, nos titres de propriétés, et tous les « papyrus » de la direction de l'Intérieur.

— Diable ! Tu as raison, compé. Allons, oh... ! Hisse !

« Voilà qui est fait. Notre blessé est bien amarré. Il respire à peu près. Sa situation ne semble pas avoir empiré. Installons-nous ici et attendons les événements.

« Voyons, que te semble de l'aventure ?

— Rien qui vaille, répondit le Parisien songeur. La succession des faits a été tellement rapide et imprévue, que nous n'avons pas eu jusqu'à présent le temps d'y réfléchir.

— Ton avis ?

— Heu ! Je ne sais guère...

— Avoue que tu ne sais rien.

— C'est vrai. Et toi ?

— Je suis logé à la même enseigne. Pourtant, la présence de ce moribond couché jadis au-dessous de la fleur de victoria surmontée d'une tête d'aïmara, signifie quelque chose. Je veux bien que l'incendie soit le résultat d'une imprudence d'ivrogne ; mais l'inondation, arrivant à point nommé, non pas pour éteindre le feu, mais succédant à une détonation carabinée, me paraît d'origine suspecte.

— J'y pensais. Quoique pourtant les forêts guyanaises ne me paraissent guère susceptibles de recéler des êtres disposant ainsi à volonté des eaux et du tonnerre.

— Sinon des eaux et de la foudre, du moins d'un énorme fourneau de mine placé sous une barre rocheuse, formant un batardeau naturel, ou au besoin une ligne de partage des eaux entre deux bassins.

— Tiens ! tiens ! ton idée n'est pas si mauvaise.

— C'est une simple supposition. Mais comme je ne crois pas aux sorcelleries, je tâche de la restreindre aux limites du naturel.

— Tu as peut-être raison. Mais comment, et dans quel but ?

— Comment? Je n'en sais rien encore. Quant au motif, il se rapporte certainement à la tentative d'assassinat dont cet homme a été victime. L'inondation, à mon avis, a été produite pour parachever à un moment donné, l'œuvre de l'incendie.

« N'avons-nous pas, jadis, usé d'un moyen de défense plus terrible encore et non moins mystérieux ? Notre clan de serpents n'était pas une armée de soldats de carton.

— Quoi qu'il en soit, le désastre semble avoir été complet. Le placer est morne comme un cimetière. C'est à croire que tous les ouvriers ont succombé. Sommes-nous les seuls survivants de ce drame lugubre, et nos hommes ont-ils aussi perdu la vie ?

— Je les connais peu, mais ils me semblent passablement débrouillards, et je croirais volontiers qu'ils ont su se tirer d'affaire. Somme toute, nous voici dans de jolis draps.

« Jolis draps » est une manière de parler, empruntée aux vocables de la grande ville ; car, en fait de draps, je ne vois guère que cette couche grise qui clapote à nos pieds, et que la nuit va bientôt dérober à nos yeux.

— Si nous essayions d'un signal. Peut-être quelques ouvriers échappés à la catastrophe, sont-ils accrochés comme nous à une branche.

— Je le veux bien.

Le jeune homme porta ses doigts à sa bouche, et, par une manœuvre familière aux chasseurs, fit entendre un sifflement aigu et prolongé.

Quelques coups de sifflet vibrèrent dans le lointain, sous les arbres dont les masses sombres se confondaient déjà avec les ténèbres de la nuit qui tombait rapidement.

— Nous ne sommes plus seuls, dit d'une voix plus basse Charles à son compagnon. Mais il est urgent de ne pas recommencer. Qui sait si nous avons affaire à des amis ou à des ennemis.

Le signal se renouvela sur des points différents et à intermittences plus ou moins longues, comme s'il était donné par des gens parcourant en canot la surface envahie par les eaux.

Le flot monte. (Page 470.)

Les deux Européens tapis sous les feuilles ne firent aucun mouvement. La nuit était devenue complète. Les coups de sifflet se firent entendre, doucement modulés, puis, un chien lança quelques jappements brefs et sonores. Un faible gémissement échappa au blessé.

— Pas un mot ! siffla la voix de Charles. Pas un mot, ou nous sommes perdus.

Puis il ajouta en s'adressant à son compagnon :

— Ceux-là ne sont pas des hommes du placer. Où je me trompe fort, ou nous allons avant peu pénétrer le mystère qui nous environne. Dans tous les cas, tiens-toi prêt.

— Entendu, répondit d'un accent faible comme un soupir, Nicolas, en serrant le manche de son sabre.

Un quart d'heure s'écoula. Un quart de siècle ! Ceux-là seuls, dont un péril inconnu a fait battre les artères, au milieu de cette immensité farouche, en comprendront l'interminable angoisse.

Puis, on entendit un petit clapotis produit vraisemblablement par des pagayes. Le chien, stylé sans doute en conséquence, n'aboya plus, mais il laissa sortir de sa gorge cette sorte de gémissement strangulé, saccadé, habituel aux animaux de sa race quand ils sentent une piste. Cette plainte de limier en quête devint de plus en plus distincte, pour s'arrêter brusquement sous l'arbre servant d'asile aux deux amis et au blessé.

Charles et Nicolas, dont les yeux habitués aux ténèbres, pouvaient percer la nuit, aperçurent une vague tache noire, tranchant sur les flots un peu moins sombres. La tache qui se déplaçait lentement, sans le moindre bruit, affectait la forme allongée d'une pirogue. Le chien soufflait faiblement, comme si une main puissante eût étreint son museau.

Le tronc du grignon, tressé de fibres dures et sèches, résonna sous un choc assez peu intense, mais qui pourtant se répercuta de la base à la cime, tant est grande la sonorité de ce bois incomparable. Ce heurt ne pouvait avoir été produit que par la pointe de la pirogue. Cette opinion fut aussitôt corroborée dans la pensée des deux amis par l'imperceptible rumeur de voix qui le suivit.

Charles arma son revolver en appuyant sur la détente, pour empêcher le craquement de la batterie. Le revolver était un *New-Colt*, une arme admirable, à canon court, de très fort calibre, qui, malgré sa petite dimension comme longueur, possède une justesse et une pénétration incroyables. Pour ajouter encore aux garanties de sécurité offertes par cette arme, l'inventeur l'a pourvue de trois crans. Charles, peu familiarisé avec son maniement, négligea de comprimer assez longtemps la détente, et le troisième cran fit entendre ce bruit sec bien caractéristique.

La pirogue déborda lentement, décrivit une circonférence complète autour de l'arbre qui servait de pivot, et revint à son point de départ. Les bateliers, plus silencieux que jamais, s'arrêtèrent, et se livrèrent à une mystérieuse besogne, qui dura près de dix minutes. La fine écorce du végétal géant, piquée, en quelque sorte grignotée, crépitait doucement, sans que les deux amis pussent démêler la cause de cet imperceptible bruit.

Charles, qui ne pouvait communiquer ses impressions à son compagnon, n'était pas éloigné de supposer que ces étranges visiteurs, eussent appliqué un pétard au pied de l'arbre, ou, qui sait?... peut-être un tube de toile rempli de dynamite et enroulé circulairement. La violence de la détonation qui avait précédé l'inondation, ne rendait cette hypothèse aucunement inadmissible.

Il n'en était rien, fort heureusement. Le travail exécuté au pied de l'arbre cessa, et, à la grande stupéfaction des deux blancs, une voix pleine, sonore, mais possédant un accent guttural très prononcé, s'éleva soudain au-dessus des eaux.

Deux cris rauques : « Rhengâ!... Rhengâ!... » retentirent, précédant une longue phrase proférée dans une langue inconnue, et qui semblait une sorte d'incantation. Puis, le cri de « Rhengâ!... Rhengâ!... » poussé par plusieurs voix, vibra deux fois. La pirogue s'éloigna lentement en produisant ce léger clapotis qui avait signalé son arrivée.

Charles désarma son revolver et rompit le premier le silence.

— Décidément, mon cher Nicolas, nous pataugeons littéralement en plein mystère. Je croyais bien connaître tous les secrets de ma forêt, il faut qu'on me l'ait changée pendant mon absence.

— En effet, que diable peuvent bien vouloir ces paroissiens-là, avec leur « Rhengâ!... » un mot que je n'ai jamais entendu ici, et leur phrase baroque, plus incompréhensible que l'auvergnat le plus pur?

— Si du moins la lune qui montre maintenant une des pointes de son croissant, avait daigné apparaître au bon moment et laisser tomber un rayon sur ces prêtres de je ne sais quelle divinité baroque.

— Tu aurais pu sinon leur envoyer une balle de onze millimètres, du moins trouer leur barque au risque d'en éborgner un. Nous eussions peut-être su à quoi nous en tenir.

— Et réussi à nous faire larder de quelque flèche.

— Par une nuit pareille, il n'y a aucun danger.

— Somme toute, ils ne nous ont rien fait. J'aurais eu mauvaise grâce à entamer les hostilités contre des hommes probablement un peu fêlés, mais que nous devons regarder comme inoffensifs jusqu'à plus ample information.

Le dialogue fut coupé à ce moment, par un nouveau clapotis. Mais, il était puissant comme celui que produirait une embarcation montée par quatre hommes pagayant à tour de bras. En même temps, un souffle précipité, semblable au ronflement d'un coursier hors d'haleine, sembla sortir d'un remous. La lune se trouva malheureusement de nouveau cachée par un nuage, mais pas assez vite cependant, pour que le jeune homme n'eût le temps d'apercevoir une forme brune, s'avançant rapidement vers le point abandonné quelques minutes avant par les canotiers.

Le souffle qui devint plus ardent, plus rauque, était accompagné de clapotements rapides dans l'eau. On eût dit un bruit occasionné par un homme nageant en coupe, mieux encore, celui des nageoires d'un cétacé. Homme ou bête, la chose innommée et presque invisible s'arrêta au pied de l'arbre, renifla avec cette sorte d'ébrouement saccadé familier aux baigneurs et barbota bruyamment.

— Sacrebleu ! gronda Charles énervé, je veux en avoir le cœur net. Qui vive ?... s'écria-t-il d'une voix éclatante ! Qui vive ?

Pas de réponse.

— Une troisième fois... Qui vive ? ou je fais feu !

Les reniflements et les ébrouements recommencèrent de plus belle. Charles, impatienté, visa tant bien que mal et serra la détente.

Les cartouches du revolver New-Colt portent une charge de poudre très considérable, nécessaire à leur grande pénétration et à la tension de la trajectoire du projectile. Aussi, la détonation roula-t-elle comme un tonnerre, en se répercutant au loin sous les branches et sur les eaux. La lueur qui l'accompagna fut aveuglante.

Un cri épouvantable retentit. Un de ces cris qui dominent la grande symphonie conduite chaque nuit à grand orchestre par l'Euterpe équinoxiale. Les deux Robinsons, plus surpris qu'alarmés, ne se rappelaient pas d'avoir jamais entendu pareille clameur.

Le visiteur inconnu fit un brusque mouvement et plongea au milieu des eaux qui jaillirent sous la poussée.

— Il en tient, dit Charles joyeux, en glissant une cartouche dans le cylindre de son revolver. Ma foi, tant pis pour lui. La scie avait par trop duré.

— Ah ! çà, reprit Nicolas, est-ce que cette histoire va longtemps durer ? N'entends-tu pas ces appels réitérés, là-bas, du côté de la crique ?

— Tu as raison. Mais, n'ai-je pas aussi la berlue, il me semble voir des lumières.

— C'est pardieu vrai. Les nouveaux venus au moins ne se cachent pas. Ils ne peuvent être que des amis.

— Ai-je la fièvre ? Suis-je fou ? Nicolas... Mais oui... C'est mon nom...

« On m'appelle !... On prononce ton nom aussi... Plus de doute !... Grand Dieu ! Si c'étaient !...

— ... Charles... Nicolas !... criaient les voix en se rapprochant... Charles... Nicolas !... où êtes-vous ?

— Mon père !... Mes frères !... cria le jeune homme éperdu.

— Monsieur Robin !... Les enfants ! bégaya le Parisien.

« Par ici... par ici...

— Où êtes-vous ?...

— Mon père... A nous, mon père !... reprit Charles en déchargeant un second coup de revolver.

Le bruit et l'éclair guidèrent les Robinsons, qui arrivaient en pagayant à perdre haleine.

L'ingénieur, en pleine lumière, se détachait au milieu de la lueur fumeuse produite par sa torche de cirier qui éclairait le torse luisant de Lômi debout à l'avant.

Il arriva sous le grignon, leva la tête et aperçut enfin les deux hommes, à cheval sur la branche, et près d'eux le hamac dans lequel gisait épuisé par la fièvre le malheureux directeur du placer.

— Père !... père !... C'est nous. Où donc est maman ?

— Charles !... mon enfant !... mon cher petit, cria d'une voix brisée par l'émotion Madame Robin qui arrivait en ce moment.

« Tu n'es pas blessé, au moins ?

— Tout va bien... tout va très bien, puisque nous sommes réunis.

— Charles !... disaient joyeusement les trois frères. C'est bien toi.

— Moi-même !... mes bons amis... avec Nicolas, et un joli stock d'aventures, je vous en réponds, depuis le boulevard Montmartre jusqu'au grignon où nous habitons présentement.

— Pouvez-vous descendre facilement ? demanda Henri.

— Je crois bien, il y a un escalier. Mais, procédons avec ordre. Et surtout, veillez au large pendant que je vais évacuer l'ambulance.

— Vous avez des blessés ?

— Un blessé que vous pouvez apercevoir d'en-bas. Le pauvre diable est dans le hamac.

— Eh ! bien Lômi, qu'as-tu donc, mon enfant ? demanda Robin au Boni sans répondre à son fils.

Le noir, les yeux dilatés par l'épouvante, la bouche béante, ne pouvait articuler aucune parole. Son doigt rigide montrait au chef des Robinsons l'étrange emblème que nous connaissons déjà : une tête d'aïmara et une fleur de victoria attachées au tronc de l'arbre.

— Qu'est-ce que cela, Lômi ?

— Oh ! répondit le Boni suffoqué... Oh !... Mouché. Çà bête là, bagage à Maman-di-l'Eau. Oh ! mo ké mouri, oui.

— Tu es fou, mon garçon, avec ta Maman-di-l'Eau.

— Oh ! maître... Maman-di-l'Eau, li tué tout moun, ké vu ça bagage là à li.

— Allons, la paix, tu déraisonnes. Aide-moi plutôt à supporter le poids de cet homme qui descend dans le hamac. et à l'installer commodément dans la pirogue.

Lômi obéit en tremblant, et M. Du Vallon était à peine allongé sur les feuilles qui formaient jadis la tente-abri, que Charles et Nicolas, dégringolant de leur poste aérien, avec l'agilité de deux quadrumanes, étreignaient frénétiquement les membres de la famille.

Le jeune homme avait entendu l'exclamation de son camarade le Boni. Il leva la tête et aperçut, à hauteur d'homme, les deux objets semblables à ceux que Nicolas et lui avaient trouvés au-dessus de M. Du Vallon.

— Tu dis que c'est l'ouvrage de Maman-di-l'Eau. Eh bien ! elle fait de jolie besogne, ta naïade guyanaise, si c'est elle qui a mis notre blessé dans un pareil état, et jeté dans ce placer je ne sais combien de millions d'hectolitres d'eau.

« Heureusement que la crue commence à baisser. Nous allons, si tu veux, père, rechercher nos hommes. J'espère les trouver perchés aussi quelque part, comme une bande de coatas, en attendant le retrait des eaux. Je ne serais pas fâché non plus de remettre la main sur mon fusil « chokebore », une arme sans pareille, dont je vous apporte à chacun un spécimen.

Il n'était pas prudent de reprendre pendant la nuit cette navigation sur une couche d'eau hérissée d'obstacles, jalonnée comme à plaisir de chicots à peine visibles pendant le jour, et dont l'obscurité rendait la rencontre particulièrement dangereuse. La première pirogue, pesamment chargée, grâce à l'appoint des trois nouveaux passagers, eût coulé bas au premier choc.

Les embarcations furent en conséquence amarrées à un arbre. et les lianes servant à cette opération, laissées suffisamment longues pour parer aux inconvénients résultant de la baisse probable de la crue.

Le nuit se passa sans encombres, et même sans fatigue, grâce aux récits pleins d'humour que fit Charles de son excursion en Europe. Le jour vint, et le jeune homme eut le bonheur de retrouver son fusil enfoui sous une couche épaisse de vase. L'excellente arme n'avait aucunement souffert, tant son habile fabricant, le célèbre Guinard, avait apporté de soin dans sa confection. Le canon, la bascule, le triple verrou et le « top-lever » furent frottés avec un peu de graisse de coata, le meilleur anti-rouille connu, et Charles put bientôt faire admirer à ses frères émerveillés, les qualités de ce magnifique produit de l'arquebuserie contemporaine.

Sur ces entrefaites, les six hommes, laissés à l'aventure lors de la découverte du corps de M. Du Vallon, signalèrent leur présence par leurs cris et quelques coups de feu. Les pauvres diables, encore épouvantés des événements de la veille et des bruits mystérieux entendus pendant la nuit, étaient plus morts que vifs. Il ne fallut rien moins que la vue des blancs pour les arracher à leurs terreurs. Ils étaient restés perchés sur des arbres, et avaient perdu une partie de leurs provisions, mais sauvé les bagages. Le dommage était insignifiant de ce côté. Enfin, nul ne manquait à l'appel, quand les Robinsons prirent place à bord du splendide canot à vapeur, que l'on retrouva amarré à la place qu'il occupait la veille au soir. Certes, jamais embarcation ne porta semblable équipage.

Pendant que le blessé, qui commençait à reprendre ses sens, était installé à l'arrière sous la tente, l'ingénieur examinait en connaisseur la jolie machine verticale, à large fourneau, pour permettre le chauffage au bois. Il faisait jouer le petit régulateur perfectionné grâce auquel on peut renverser instantanément la vapeur, et admirait les imperceptibles appareils destinés au graissage de cet organisme de métal, si simple, et si puissant. Bref, lui qui n'avait pu se rendre compte des progrès opérés pendant vingt ans par les constructeurs-mécaniciens, était positivement stupéfié.

La provision de bois fut faite en quelques minutes, la chaudière allumée, la pression monta rapidement et les soupapes s'empanachèrent de blancs flocons. Les pirogues dans lesquelles les six hommes d'escorte prirent place, furent amarrés à l'arrière du canot, puis, Henri saisit avec une joie d'enfant la barre, pendant que Charles et Nicolas s'occupaient de la machine.

— Père, dit en souriant le jeune homme, Henri est le timonier, Nicolas et moi sommes à tour de rôle chauffeur et mécanicien. Tu es notre capitaine n'est-ce pas ?

— Mais, mon enfant, je t'avouerai que les connaissances techniques me font, pour le moment, complétement défaut; plus tard, je ne dis pas.

— Si tu n'acceptes pas le grade de capitaine, je te préviens que, bon gré mal gré, nous te bombardons amiral.

— Tant d'honneur m'effraye, répondit en souriant l'heureux père. Je me rends à merci, et j'accepte le commandement que tu m'offres si gentiment, mon cher petit armateur.

— Eh bien! capitaine, tout est paré.

— Alors, en avant !

Lòmi et Bacheliko, à ce commandement bien connu, mouillèrent leurs pagayes et s'apprêtèrent à nager. Les braves noirs ignoraient, tout naturellement ce que c'était qu'une hélice. Ils roidissaient leurs muscles puissants, et essayaient, mais en vain, de démarrer l'embarcation pesamment chargée, quand le sifflet de la machine lança deux ou trois appels stridents.

Telle fut leur stupeur, qu'ils lâchèrent leurs pagayes, et s'arrêtèrent, pétrifiés, la bouche ouverte, les yeux blancs, les bras tendus, incapables de dire un mot. Mais ce fut bien autre chose quand l'hélice se mit à ronfler au milieu d'un blanc sillage d'écume, et que le canot bondissant sur les flots unis de la crique entraîna les pirogues avec une rapidité vertigineuse.

Sans la présence de leurs chers blancs, nul doute qu'ils eussent escaladé le bastingage et prestement piqué une tête, pour s'enfuir d'une embarcation possédant un « piaye » si puissant, qu'elle marchait seule, et cinq fois plus vite que celles montées par les plus intrépides canotiers de la rivière.

— Oh ! Ça blancs là !... Oh !... mi maman ! Oh !... mi dédé !... Oh !..

Les interjections se croisaient encore avec une surabondance bien naturelle en présence d'un pareil prodige, quand on atteignit l'embouchure de la crique.

— Tiens, fit Charles étonné, mes canots ne sont plus à leur place !

— Pas possible ! répondit Nicolas. Le patron avait l'ordre formel de nous attendre.

Un sinistre pressentiment traversa le cœur de Robin.

Du canot à vapeur le regard pouvait s'étendre fort loin sur le Maroni. Les eaux du fleuve géant s'étalaient à perte de vue, grises, plombées, ourlées à l'autre rive d'une interminable bande de verdure. C'est en vain que Charles dirigea de tous côtés son excellente lorgnette marine, et fouilla jusqu'aux moindres anfractuosités des rives. Les grosses barques avaient disparu.

— Nous sommes volés, dit le jeune homme en palissant légèrement. J'ai eu tort de me fier à ce forçat libéré. Je ne m'y laisserai plus prendre. Il ne peut être bien loin, nous allons lui donner la chasse, avant peu nous l'aurons rejoint,... et alors, gare à ses oreilles !

Et s'en fut à Southampton. (Page 487.)

— Charles, mon enfant, reprit l'ingénieur, je crains bien que tu ne commettes une erreur. Je le connais. Je puis répondre de lui. Il est homme à défendre jusqu'à la mort le dépôt que tu lui as confié. S'il n'est plus là, c'est qu'il a été victime d'une épouvantable catastrophe.

CHAPITRE VII

Comme quoi un Anglais deux fois millionnaire peut être très malheureux de n'avoir pas le spleen. — Désespoir d'un malade imaginaire en apprenant que sa rate possède des dimensions normales. — Fantaisies d'Anglais monomane. — Navigation à outrance. — La « ronde du Brésilien ». — Master Peter-Paulus Brown de Sheffield n'a d'autre ressource que de faire mourir à petit feu sa femme et ses filles pour leur conserver un époux et un père. — Naufrage du *Carlo-Alberto*. — La goëlette *le Saphir*. — L'horreur de la terre ferme. — Usage immodéré de tous les engins de navigation, depuis le steamer jusqu'à la pirogue.

Peter-Paulus Brown avait été pendant vingt ans le plus heureux des couteliers de Sheffield. Pendant vingt ans, l'acier de l'habile manufacturier, transformé en rasoirs, couteaux, canifs, ciseaux ou limes à ongles avait été primé sur les marchés des deux mondes, et les jurys des expositions de Vienne, Bruxelles, Paris, Londres, Madrid et Philadelphie l'avaient honoré d'une incommensurable quantité de médailles. Peter-Paulus Brown avait fait relier en veau maroquiné tous les brevets écrits en toutes les langues. Il montrait, non sans orgueil, l'in-folio qu'ils formaient, et dont les dimensions égalaient celles de son grand livre. Quant aux médailles, elles flamboyaient en une opulente constellation sur les murailles gris-terne de l'office de Peter-Paulus, et s'étalaient en une sorte de monde planétaire, au centre duquel étincelait le *Sheffield-Star*. L'étoile de Sheffield, ingénieusement fabriquée par l'entrecroisement savant des types des différentes lames sorties des ateliers, était, comme nous le disons en France, l'enseigne de la maison. Il sera donc aisé de saisir, sans qu'il soit besoin d'explications, la délicatesse de ce rapprochement grâce auquel Peter-Paulus avait toujours devant les yeux le symbole du travail et la récompense de celui-ci.

Jusque là, rien de mieux et nous n'avons avancé rien de trop, en disant que Peter-Paulus Brown avait été pendant vingt ans le plus heureux des couteliers de Sheffield ; et ils sont nombreux. Mais, au bout de cette vingtième année, l'honorable fabricant s'avisa d'une réflexion fort judicieuse, en somme. C'est que les poils mentonniers, si subtilement fauchés par ses lames, devaient grisonner sur les épidermes qui n'étaient estompés que d'un simple duvet lors de son entrée aux affaires. En d'autres termes, Peter-Paulus s'aperçut qu'il avait pourvu aux opérations de la tonte d'une génération entière.

Il pensa sérieusement à se reposer, et s'occupa séance tenante de liquider sa maison. Mistress Brown, — Arabella pour l'heureux Peter-Paulus — soumise comme toute bonne Anglaise aux décisions de son seigneur, approuva et trouva que c'était : perfectly well. Peu lui importait d'ailleurs. Elle ignorait jusqu'à l'emplacement de la manufacture et n'avait jamais quitté son cottage que pour conduire chaque année, au mois de juillet, ses deux jeunes filles, Miss Lucy et Miss Mary, à la plage d'Ostende.

Les opérations de la liquidation donnèrent à l'activité de Peter-Paulus un aliment suffisant. Mais quand tout fut fini, un jour vint où l'inaction pesa trop fortement aux épaules de ce robuste travailleur. Le fracas des marteaux, le grincement des limes, le ronflement des machines, le crépitement des meules, le flamboiement des forges, cet immense mouvement industriel, qui avait été sa vie, lui manqua bientôt. Et Peter-Paulus, riche de cent mille livres, soit deux millions et demi de notre monnaie, s'ennuya comme un Anglais seul peut le faire. Il devint complètement absurde et rien en lui ne subsista de l'habile industriel.

Il voulut alors trancher du grand seigneur et réussit à devenir un grotesque achevé. Après avoir usé et abusé des plaisirs faciles, dont un millionnaire en quête d'aventures peut se saturer à l'aise, après avoir parié et perdu, après avoir vu des coqs s'étriper, des boxeurs s'assommer, des rats massacrés par des chiens sans oreilles et à museau camard, Peter-Paulus commença à trouver que ces bonheurs très fashionnables manquaient absolument de confortable. L'ennui le reprit, plus âpre, plus poignant.

Mistress Arabella, désespérée de ce changement d'humeur, soupirait en silence, n'osait faire la moindre remarque, et feignait de ne s'apercevoir de rien. Tout allait donc au plus mal, quand Peter-Paulus rentra un beau soir positivement radieux. Sa bouche, qui depuis si longtemps avait désappris le sourire, se pinçait en une sorte de rictus qui avait la prétention d'être aimable ; ses traits, ordinairement figés comme ceux d'un mort, rayonnaient.

Il releva sa haute taille, et s'avança vers sa femme, à laquelle il dit joyeusement :

— Arabella, je croyais que je avais le spleen!

Une des manies de Peter-Paulus était de parler français. Il avait imposé l'usage de notre langue à sa famille, et rigoureusement proscrit l'anglais de tous les entretiens, même les plus intimes.

— Oui ! continua-t-il... le spleen !... Le spleen, comme lord Harrisson, comme lord Barklay, comme le baronnet Wilmoore, comme notre grand Byron !...

— Oh ! my dear !...

— Disez : mon cher, if you please, no... non, s'il vous plaît.

— Mon cher...

— Wery bien... Très well... Aoh ! je ne savé plus, je étais fol... Oh ! le contentement... Le spleen, comme tous ces gentlemen si considérables !... Je avais le spleen.

Mistress Brown, sans s'arrêter à ce qu'avait d'étrange cette manifestation joyeuse d'une maladie qui passe, à juste titre, pour le prototype des affections spéciales aux désespérés, se réjouit sincèrement de cet heureux changement survenu dans l'état de son mari.

Quant à Peter-Paulus, la jubilation qu'il éprouva en se reconnaissant atteint d'un mal si distingué, et plus spécialement réservé aux personnages du high-life, le tint éveillé toute la nuit. Il se vit, parcourant le monde, rongé par un incommensurable ennui. Il côtoyait des précipices au fond desquels l'attirait le vertige du suicide. Il escaladait les montagnes et franchissait les océans. Rien, enfin, ne pouvant avoir raison du mal, Peter-Paulus méditait sur les mérites de la mort par la corde, ce trépas si éminemment anglais. Il pensait, pour mémoire, à la noyade qui bleuit, à l'arme à feu qui défigure, au poison qui tord les viscères, et souriait doucement à l'asphyxie par le charbon, bien que ce genre de mort soit plus spécialement réservé aux petites gens.

Sa vie avait désormais un but. Ne fût-ce que la recherche des moyens d'en sortir. Car enfin, un homme qui a le spleen doit finir par se tuer. Mais Peter-Paulus n'en était pas encore là. Son spleen allait lui procurer de l'occupation. Ce ne fut pas sans envie que les membres du Fox-Club, dont il était vice-président, accueillirent la grande nouvelle. Si les uns, et ce fut le petit nombre, le plaignirent sincèrement, les autres le jalousèrent, — où diable l'envie va-t-elle se nicher ! — ou révoquèrent carrément en doute son affirmation. Cela ne faisait pas l'affaire de Peter-Paulus qui, en homme avisé, résolut de confondre séance tenante les sceptiques, et obtenir victorieusement son brevet de splénique. Il sauta dans un cab, et s'en fut, dare-dare, trouver les sommités médicales qui, en Angleterre comme partout, font profession de savoir toutes choses et beaucoup d'autres encore.

Le pauvre malade imaginaire devait, hélas! éprouver un cruel mécompte. C'est en vain qu'il fit consécutivement vibrer d'une main nerveuse les sonnettes électriques de quatre professeurs, doctor Campbell, doctor Hasting, doctor Nachtigall, doctor Harwey. Après l'avoir à tour de rôle palpé, retourné, ausculté, percuté, ils déclarèrent unanimement que la rate de Master Brown mesurait quatre centimètres et demi de son bord supérieur à son bord inférieur et que ledit Master Brown n'avait par conséquent rien à redouter de la splenie!

A redouter!... Ces savants étaient cruels en vérité. Jamais moribond ne fut aussi désolé en entendant formuler l'arrêt fatal, que Peter-Paulus en apprenant ce brutal ultimatum, qui le condamnait à la santé.

— Le faculté anglaise, il était iune bête, s'écria-t-il furieux, et oubliant que pour un Anglais, tout ce qui est Anglais, et cela seul qui est Anglais, est au-dessus de tout.

« Arabella, je voulé voir les médecins de Paris. »

Et Peter-Paulus Brown de Sheffield, nanti d'un plaid et d'une valise, sauta dans le railway qui le déposa sur le warff de New-Haven, bondit sur le paquebot de Dieppe, hoqueta pendant douze heures, en proie aux horreurs du mal de mer, et débarqua à l'hôtel Continental, plus splénique imaginaire que jamais, et frais comme une rose de mai.

De l'hôtel Continental, Peter-Paulus mit deux mois à aller place Vendôme, chez le professeur D... Deux cents mètres en deux mois, c'était peu, surtout pour un homme atteint d'un mal qui se manifeste par un besoin suraigu de locomotion. Mais, si comme le veut la légende, l'enfer des croyants est pavé de bonnes intentions, il est un autre enfer aux boulevards de macadam, aux avenues de bitume, enfer très aimable d'ailleurs, qui a pour propriété de donner aux intentions, même les plus pures, des résultats diamétralement opposés.

En conséquence, Peter-Paulus mena, comme on dit, son spleen tambour battant, et ne lui laissa pas un moment de repos. Les soupers fins, parlons seulement des soupers fins, tinrent une large place dans son existence. Douze heures par jour, ou plutôt par nuit, les restaurants bien connus des noctambules, offrirent sous toutes les formes à l'insulaire les distractions dont avait besoin « son rate ».

« Son rate!... » Quand il avait majestueusement prononcé ces deux mots :

« Mon rate !... » Peter-Paulus avait tout dit. Et comme il payait largement, en véritable Anglais toqué, comme son carnet de chèques s'entr'ouvrait à chaque instant pour solder à l'avance les fantaisies les plus biscornues, le rate de Sa Seigneurie avait d'emblée conquis droit de cité. Les viveurs répétaient à l'envi les mots du possesseur de cet organe bizarre, et les gazettes mondaines daignèrent lui envoyer des reporters.

Nous ne rappellerons que pour mémoire quelques-unes des idées baroques mises à exécution par le ci-devant coutelier. Un des restaurants du boulevard possède un jet-d'eau avec une vasque peuplée de poissons rouges. Peter-Paulus fit alimenter pendant un souper le jet d'eau avec du champagne, expropria les cyprins, et les remplaça par un cent d'écrevisses cuites. Il avait fait construire une petite guillotine, un chef-d'œuvre de précision, et ne mangeait jamais d'œufs à la coque sans qu'ils fussent coupés par le triangle d'acier.

J'en passe, et de meilleures. Chaque matin, Peter-Paulus, bourré à éclater de victuailles, et saturé de toutes sortes de liquides, était triomphalement transporté à son hôtel, ivre-mort jusqu'à la catalepsie. Cette belle existence ne pouvait indéfiniment durer; aussi, à défaut de spleen, l'insulaire se réveilla-t-il un beau matin, tordu par une formidable gastrite. Il finit par où il aurait dû commencer et fit venir le docteur D..., qui reconnut d'emblée le mal, et pronostiqua des conséquences fâcheuses.

— La gastrite, voyez-vous, milord...

Peter-Paulus tranchait du lord à ses moments perdus, c'est-à-dire à chaque instant depuis son arrivée à Paris.

— Je avé pas un gastrite, c'était mon rate...

— Non, milord. Votre rate n'a rien à faire ici. Vous n'avez pas le spleen, mais une gastrite.

— Je avé pas le spleen?...

— Non.

— Le spleen comme lord Harrisson... comme lord...

— Une gastrite, vous dis-je. Mais, rassurez-vous, continua le médecin, en voyant à quelle espèce d'original il avait affaire, la gastrite est une maladie très à la mode et très bien portée, surtout quand elle est chronique.

— Je donné à vô cent livres, si mon gastrite il devenait chronique, tout de souite.

— Je ferai pour le mieux, milord, et vous aurez lieu d'être content.

Le docteur D.. tint parole. Peter-Paulus, amaigri, débilité, méconnaissable, reprenait au bout de trois semaines le chemin de Sheffield, nanti d'un cas pathologique, honorable en somme, suffisamment distingué, et dûment attesté par une sommité médicale. N'ayant pu être Manfred, il se résignait à être Falstaff. C'était déjà quelque chose.

Mais tout n'est qu'heur et malheur dans la vie. Le pauvre Peter-Paulus, malade pour tout de bon, ne pouvait plus s'adonner à son penchant de prédilection, les bons mets et les bons vins. L'ennui le reprit, et avec l'ennui, un insurmontable dégoût de la vie.

— Voyagez, et surtout voyagez en mer, lui conseillèrent à l'unisson, doctor Campbell, doctor Hastings, doctor Nachtigall et doctor Harwey, toujours d'accord comme un implacable quatuor d'infaillibles.

Peter-Paulus prit une liasse de bancknotes, son inséparable carnet de chèques, son plaid avec sa valise, et s'en fut à Southampton, accompagné de mistress Arabella, de miss Lucy et de miss Mary.

Le *Nile* de la *Royal Mail Steam Packet Company Ship*, allait appareiller pour la Vera-Cruz, avec escales à Saint-Thomas, Porto-Rico, Saint-Domingue, la Jamaïque et Cuba. Peter-Paulus prit deux cabines, s'installa en homme amoureux du confort, et attendit fiévreusement le *Go ahead* du capitaine.

Bientôt le sifflet du steamer mugit, le vapeur siffla, le « Jack » monta lentement le long de sa drisse, et rutila à la corne d'artimon. L'hélice ronfla, le *Nile* partait, emportant vers de lointaines régions Peter-Paulus et sa gastrite. Le voyageur n'était pas sans appréhensions, relativement à ce moment psychologique bien connu des navigateurs, et qui se traduit au bout d'une heure au plus par une migraine tenace accompagnée de convulsifs soubresauts exécutés par le diaphragme. Alors les salons se vident comme par enchantement, le gaillard d'arrière devient désert; les passagers, en proie aux horreurs du mal de mer, gagnent en oscillant leurs cabines, se claquemurent étroitement et... l'on devine le reste.

Mistress Arabella, miss Lucy et miss Mary payaient surabondamment ce tribut de la première heure, tandis que Peter-Paulus demeurait stoïquement avec les quelques endurcis que le tangage et le roulis n'avaient pas le privilège d'émouvoir.

Chose étrange, il sentit dans la région épigastrique une sorte de petit fourmillement nullement désagréable, accompagné de plusieurs vastes bâillements.

— Aôh! fit-il, songeur, ce était encore mon gastrite.

Le chatouillement continua en s'accentuant, et les bâillements recommencèrent de plus belle.

— Aôh !.. reprit-il, je avais faim !.. Ce était le faim. Aôh !.. Le nêvigêcheune il était very beautiful !

« Steward !.. Venez vite... Donnez pour moâ toutes les bonnes petites choses que vous avez pour le mangement ».

Le maître d'hôtel se multiplia et Peter-Paulus mangea à faire pâlir l'ombre de sir John Falstaff, cet émule de notre Gargantua.

Le lendemain et les jours suivants notre homme engloutit et digéra comme un caïman affamé. L'on fait cinq repas à bord des packet anglais, il trouva moyen d'en faire dix, sans plus s'occuper d'ailleurs de sa femme et de ses filles que le gros temps confinait dans leurs cabines. Et le vorace insulaire dont l'océan restaurait l'organisme, répétait à satiété :

— Oh ! Le nêvigêcheune !.. Je aimais le nêvigêcheune !.. Hurrah ! pour le nêvigêcheune !..

Entre temps, les pauvres femmes dépérissaient, mais peu importait au goulu qui s'empiffrait et digérait comme quatre.

Peter-Paulus était à cette époque un homme de cinquante ans, brun de barbe et de cheveux, et porteur d'une tête qu'on ne se fût pas attendu à trouver sur les épaules de ce maniaque égoïste. Il avait le front haut et bien découvert d'un penseur. Ses yeux gris à fleur de tête, un peu égarés, flamboyaient étrangement sous l'épaisse broussaille de ses sourcils. Son nez aquilin, un peu rubéfié par de trop fréquentes rasades, ne manquait pas de caractère, et sa bouche, bien meublée encore, attestait par les deux plis tombant des commissures des lèvres, une implacable volonté.

Il souriait rarement, mais il riait convulsivement, et son rire faisait peur. Sa taille dépassait cinq pieds dix pouces. Il était maigre, mais charpenté tout en muscles, avec les épaules un peu voûtées des hommes habitués aux travaux manuels. Ses mains aux doigts gros, nerveux, velus, étaient énormes, et ses pieds, chaussés de souliers à talons très bas, rappelaient par leurs dimensions deux boîtes à violons.

Quand il ne mangeait pas, Peter-Paulus errait toujours seul. A toute heure du jour et de la nuit on le rencontrait parcourant, silencieux, les couloirs du navire géant. Un grain survenait-il accompagné des roulements du tonnerre et des rafales de l'ouragan, une ombre colossale émergeait lentement du panneau recouvrant l'escalier des premières et s'en allait dolente de l'arrière à l'avant, et réciproquement, sans mot dire, insensible à tout. C'était Péter-Paulus, qui hermétiquement calfeutré dans son imperméable, fumait sa pipe. Une de ces horribles petites pipes en bois, à tuyau court, et telles qu'en fument furtivement

Mais Péter-Paulus put faire douze repas. (Page 490.)

les assassins dans les préaux des maisons d'arrêt. Son costume entièrement noir ne subit aucune modification même sur la mer des Antilles, aux flots surchauffés par le soleil des tropiques.

Pendant les escales, on voyait apparaître pâlies et comme brisées, mistress Arabella et ses deux jeunes filles, heureuses d'échapper quelques heures à leur claustration. Car les pauvres femmes, possédant des organismes absolument réfractaires à la navigation, ne pouvaient s'habituer aux mouvements du navire. Les escales étaient au contraire odieuses à Péter-Paulus qui ne pouvait manger, boire et dormir que secoué par le tangage et le roulis.

Arrivé à la Vera-Cruz, Master Brown fut désespéré de l'arrêt forcé du navire qui faisait son charbon et arrimait sa cargaison. Six jours sans naviguer constituaient pour lui une véritable torture. Mais en Anglais millionnaire et avisé, il fréta une petite goëlette, et se mit à courir des bordées pour son propre compte, en imposant comme toujours aux malheureuses femmes le séjour du bord. Que voulez-vous, le névigêcheune était indispensable à Peter-Paulus Brown de Sheffield!

Le *Nile* revint sans encombre à Southampton et Peter-Paulus remonta, le lendemain même de son arrivée, sur le steamer *Halifax* de la compagnie Cunard en partance pour New-Yorck. L'*Halifax* fut secoué par une furieuse tempête. Mistress Arabella, miss Lucy et miss Mary faillirent mourir d'épouvante et de souffrance, mais Peter-Paulus put faire douze repas. Il aimait de plus en plus le névigêcheune. La mer était devenue son lieu d'élection, l'élément indispensable de sa vie.

Pendant deux années entières, ce cosmopolitisme enragé dura sans interruption. On vit la famille Brown de Sheffield à Sydney, à Yokohama, à Montevideo, à Hong-Kong, à San-Francisco, à Panama, au Cap, à Aden, à Bombay, à Shang-Haï, à Pointe de Galle, à Calcutta. Peter-Paulus trouvait la terre trop petite pour les besoins de son névigêcheune. Quelque millionnaire qu'il fût, il ne pouvait penser à augmenter le volume de notre planète. Une seule chose empêchait la plénitude de son bonheur, un seul point noir tachait son horizon. Les escales. S'il avait pu trouver un procédé pour empêcher les navires de s'arrêter, s'il eût rencontré le Voltigeur-Hollandais, et que le commandant du navire errant l'eût pris à son bord, Peter-Paulus eût été l'homme le plus heureux du Royaume-Uni.

Master Brown eut sur ces entrefaites une idée lumineuse. Puisque les steamer, ces monstres de fer bourrés de charbon et gorgés d'eau bouillante, marchaient trop vite et arrivaient toujours trop tôt, pourquoi ne pas s'embarquer à bord d'un voilier. Chez Peter-Paulus, l'exécution suivait toujours de près la conception. Il rencontra à Londres un grand trois-mâts de huit cents tonneaux qui allait partir pour la Guyane anglaise, chargé de charbon en destination de Demerara.

Aller ici ou là, en Guyane ou ailleurs, peu importait au maniaque dont la vie était remplie par la gastrite et la navigation. Peu lui importaient les souffrances continuelles et le dépérissement de sa femme et de ses filles, Peter-Paulus n'hésitait, pas à les faire périr lentement pour leur conserver un époux et un père.

Le trois-mâts s'appelait le *Carlo-Alberto*. C'était un vieux navire génois, acheté par un armateur anglais, et spécialement affecté au transport des charbons en Guyane. Il portait six hommes d'équipage, le second, le capitaine et un mousse. L'aménagement était élémentaire, et le confort absent. Le capitaine, flairant une bonne affaire, fit tant bien que mal aménager une cabine pour ses passagers, et Master Brown, ravi de la perspective d'un voyage au long cours, sans escale, déclara que tout était parfait.

Le *Carlo-Alberto*, chargé outre mesure, marchait comme une péniche encombrée de pavés et faisait à grand peine trois nœuds et demi à quatre nœuds au plus à l'heure. En outre, son bordage n'était pas absolument imperméable, et bien qu'il n'y eût pas de voie d'eau, de constantes infiltrations nécessitaient le fréquent emploi de la pompe. Le trois-mâts réalisait donc les conditions indispensables pour fournir une traversée d'une excessive lenteur.

Entre temps, Peter-Paulus digérait les vivres frais et les conserves de premier choix embarquées pour Sa Seigneurie. Tout alla à souhait pendant trente jours, et le *Carlo-Alberto* était arrivé au point où le 54° degré de longitude ouest coupe le 7° degré de latitude nord. Il allait piquer droit aux côtes de la Guyane française, afin de profiter du courant d'ouest-nord-ouest qui devait le porter à Demerara, quand une voie d'eau se déclara soudain. L'équipage se mit aux pompes et manœuvra, avec une suprême énergie, pour alléger le navire, que son mauvais état condamnait irrévocablement. Malheureusement, le calme se fit avant que le trois-mâts fût pris par le courant. Son capitaine n'avait même pas la ressource d'aller s'échouer à la côte. Il fallait tenir bon à tout prix et attendre le vent. Pendant huit jours, le *Carlo-Alberto* s'emplit comme une éponge, en dépit des efforts de ses vaillants matelots, et sans que l'incomparable sérénité de Peter-Paulus eût été un moment troublée. Son agonie commença à cent milles à peine des côtes. La brise s'était levée, mais trop tard. Le trois-mâts s'enfonçait à vue d'œil. On mit la grande chaloupe à la mer, les dames descendirent les premières, puis Master Brown, nanti de son inséparable valise et de son plaid. On embarqua à la hâte quelques provisions, une barrique d'eau, un sextant, une boussole, puis le capitaine, après avoir coupé la drisse de son pavillon, prit place le dernier dans l'embarcation, en tenant à la main l'emblème national, seule épave qu'il eût voulu sauver de sa fortune engloutie.

Une demi-heure après, le trois-mâts avait disparu, sa coque reposait sur le fond de vase molle, et ses mâts de perroquet émergeaient seuls des flots jaunâtres.

Peter-Paulus, qui avait appréhendé une escale, se rasséréna en voyant que la navigation continuait. Bien que le soleil dardât des rayons presque verticaux, que sa femme et ses enfants souffrissent horriblement de la chaleur, il trouvait tout cela charmant, et encourageait d' « all-right » sonores les matelots qui commençaient à le regarder de travers. Pendant vingt-quatre heures, les intrépides marins luttèrent avec l'énergie du désespoir, sans pouvoir atteindre la côte, qui semblait fuir devant eux. Leurs forces, sinon leur courage, allaient faiblir, quand ils aperçurent une fine goëlette se dirigeant vers le nord-ouest. Un chiffon blanc fut arboré au bout d'une rame. Ce signal de détresse fut aperçu, et la goëlette, changeant aussitôt de route, mit le cap sur la chaloupe. Les naufragés du *Carlo-Alberto* étaient sauvés, et Peter-Paulus allait encore naviguer. Ce bâtiment si providentiellement rencontré était le *Saphir*, petit navire de guerre français, appartenant à la station navale de Cayenne. Il allait ravitailler la colonie pénitentiaire de Saint-Laurent. Deux palans furent frappés, et la chaloupe, lestement enlevée avec ses passagers que le capitaine, le lieutenant de vaisseau Baron, vint recevoir avec cette courtoisie habituelle aux officiers de notre marine.

Peter-Paulus jubilait. Sans même avoir remercié le capitaine, qui avait aussitôt mis son appartement à la disposition des dames, l'original s'enquit de la durée probable de la traversée.

L'officier, croyant que le naufragé avait hâte d'aborder, s'empressa de le rassurer et lui promit de jeter l'ancre avant vingt-quatre heures à Saint-Laurent, si toutefois la marée permettait de franchir la barre du Maroni.

— Mais, je volé pas aborder. Je trouvai les escales une chose détestébeule. Je donné à vô cent livres, si vô volez conduire moâ très loin.

Le capitaine du *Saphir* eut toutes les peines à lui faire comprendre qu'un navire de guerre n'était pas à la disposition du premier venu, et qu'il devait avant tout suivre sa route. Puis il ajouta :

— Je ne resterai que quatre jours à Saint-Laurent. Si vous voulez revenir avec moi à Cayenne, vous pourrez attendre l'arrivée du paquebot français, qui vous conduira à Demerara.

— Je volé pas aller à Démérara. Je volé néviguer. Le névigêcheune il était nécessaire à mon gastrite.

Le vent et la marée s'unirent contre Peter-Paulus. Ainsi que l'avait annoncé le capitaine, le *Saphir* mouillait au bout de vingt-quatre heures devant Saint-Laurent.

Le malheureux insulaire était désespéré, non seulement par la perspective d'un séjour de quatre-vingt-seize heures à terre, mais encore par l'idée seule de l'immobilité. Il n'avait pas, comme dans les ports où s'arrêtent les steamer, la ressource de fréter un bâtiment et de courir des bordées en attendant le départ. Les seules embarcations que possède Saint-Laurent appartiennent à la direction des pénitenciers, et elles ne peuvent quitter la colonie sans un ordre formel du commandant supérieur.

Master Brown, quand son égoïsme était en jeu, devenait un homme de ressource. Il inventoriait curieusement du pont du *Saphir*, ancré depuis quelques minutes, les rives de notre grand fleuve avec une lorgnette sauvée du naufrage, quand il aperçut de l'autre côté, sur la rive hollandaise, un mât surmonté d'un pavillon :

— Qu'est-ce que ce était? demanda-t-il au lieutenant de vaisseau.

— C'est le poste hollandais d'Albina.

— Ce poste n'était pas station navale ?

— Non, répondit l'officier. Les navires marchands y abordent de temps en temps pour embarquer du bois, et une fois par mois, le *Maroni-Packet* vient chercher le courrier.

— Aôh ! fit l'insulaire, songeur : je volé aller chez ce poste, s'il vous plaît, capitaine.

— Mais avec le plus grand plaisir ; je mets à votre disposition ma baleinière avec quatre hommes. Le voyage ne dure qu'une heure.

— All right ! reprit brièvement Peter-Paulus rasséréné à la pensée de naviguer encore une heure.

Mistress Arabella, miss Lucy et miss Mary, pauvres victimes résignées, suivirent sans se plaindre l'omnipotent monomane et abordèrent, brisées, devant la magnifique demeure du commissaire hollandais. Ce dernier, un jeune homme d'une trentaine d'années, d'origine écossaise, s'appelait Mac-Klintock. Il s'empressa de leur faire prodiguer tous les soins que nécessitait leur état, pendant que Peter-Paulus, maugréant, tempêtant, se démenait en plein soleil, à la recherche d'un canot, quelque petit qu'il fût.

Le commissaire, appréhendant l'insolation, dut presque employer la force pour le faire rentrer dans sa maison, tant l'enragé navigateur manifestait d'horreur pour la terre ferme.

Il fallut alors au pauvre Mac-Klintock subir l'interminable histoire de Peter-

Paulus, depuis sa liquidation jusqu'à son naufrage. Le spleen, les consultations, « le gastrite », « le névigêcheune », l'impérieux besoin de l'élément liquide, dont la satisfaction exigeait toutes les variétés d'appareils nautiques, depuis le steamer géant, jusqu'au canot microscopique.

— Aôh! termina Master Brown, je volé néviguè. Si je trovai pas une petite bateau, je brûlé mon cervelle... tout de souite.

— Mais, reprit le commissaire, à bout d'arguments, je n'ai pas de bâtiments. Il eût été préférable pour vous de rester sur le *Saphir*, qui reprendra la mer dans quatre jours.

... — Je brûlé alors mon cervelle.

— Ecoutez-moi. Mistress Brown est malade, incapable de voyager en ce moment.

... — Je brûlerai aussi le cervelle de mistress.

« Aôh! qu'est-ce que c'était que ce petite chose que je voyais venir là-bas ?

— C'est une pirogue, montée par deux nègres Bosh.

— Je achetai le pirogue et les deux nègres.

— Mais ce sont des hommes libres, et je ne vous conseille pas d'attenter à leur liberté. Si pourtant vous tenez absolument à remonter le fleuve, ils vous conduiront volontiers moyennant finances.

— Yes. Je donnerai de l'argent. Mon gastrite il povait pas attendre.

Ce diable d'homme savait trouver des arguments sans réplique.

Il fit tant et si bien, que les deux Bosh, alléchés par la perspective d'une quantité considérable de rouleaux (pièces de cinq francs) consentirent à se charger de Master Brown et de sa famille jusqu'à l'arrivée du *Maroni-Packet*, c'est à dire une quinzaine de jours. Leur pirogue, heureusement fort spacieuse, fut pourvue à l'arrière d'une tente de feuillage. Les magasins de M. Kœppler situés près du commissariat fournirent les vivres, puis Peter-Paulus, armateur et capitaine tout à la fois, prit place avec sa famille dans la légère embarcation.

— Je étais, dit-il en serrant la main de l'obligeant Hollandais, je étais sur in fleuve, je n'avais qu'un petit canot, mais ce était encore le névigêcheune.

Puis, il partit vers le saut Hermina que les Bosh franchirent avec autant de facilité que leurs congénères les Bonis. Tout alla bien pendant cinq jours, mais les noirs bateliers, peu habitués à tant d'exigence, se fatiguèrent d'obéir aux signes impérieux de leur passager qui leur commandait d'aller toujours de l'avant, sans leur permettre un moment de repos. Ils murmurèrent et sans

s'intimider des grands airs de Peter-Paulus Brown de Sheffield, ainsi que des
menaces de son revolver, débarquèrent un beau soir sur la rive hollandaise
du Maroni, non loin du saut Peter-Songou.

Master Brown fit bon gré mal gré une dernière concession et voulut bien
passer la nuit à terre. Il dormit mal et ne mangea pas.

Sa gastrite l'éveilla au moment où le soleil apparaissait. Il appela ses Bosh
d'une voix qui eût pu rivaliser avec celle du héron-butor et n'obtint pas de
réponse. Les deux noirs, profitant du sommeil des blancs, s'étaient éclipsés,
comme ils ont coutume de le faire quand on leur impose un surcroît de travail, abandonnant en pleine terre guyanaise Peter-Paulus Brown, son plaid,
sa valise, sa femme et ses deux filles.

CHAPITRE VIII

De plus en plus mystérieux. — Dans un carbet. — Mordu par un serpent à sonnettes. — Un remède nouveau. — Le permanganate de potasse et le venin du crotale. — Touchante reconnaissance. — Un chien comme on en voit peu. — Le compagnon du braconnier de l'Equateur. —. Une descendante des oies du Capitole. — La « bernache ». — Bizarres coutumes des Peaux-Rouges. — Quand la femme devient mère, c'est l'homme qui est malade. — Comment les Indiens dressent leurs chiens. — Ce qu'un chasseur indigène entend par « laver » un chien.

Ce n'était pas la première fois que de soudaines catastrophes s'abattaient sur les Robinsons de la Guyane. Depuis vingt ans qu'ils habitaient la sauvage immensité, bien des déboires, bien des désillusions avaient été l'unique résultat de projets patiemment élaborés et dont la réussite semblait assurée. La disparition des canots confiés à la garde du libéré Gondet constituait pour les colons un désastre sans précédent. Non pas que leurs existences ni même leur fortune présente fussent compromises. Qu'importait d'ailleurs une perte matérielle, à ces hommes habitués à toutes les privations, rompus à toutes les fatigues, et auxquels suffisait largement le frugal ordinaire du mineur et du chasseur. Mais c'était l'ajournement du plan colossal conçu dans l'intérêt général. C'était l'immense région baignée par le Maroni déserte pour longtemps peut être. C'était la grande forêt condamnée au silence, c'était l'or immobilisé dans les criques opulentes et la colonisation empêchée, c'était enfin l'œuvre de civilisation complètement entravée.

Faudrait-il retourner en France? racheter cette cargaison sans prix en pareil lieu, et passer encore une année d'attente stérile? Une année ! Un siècle, à notre époque, où plus encore que les morts de la ballade, les vivants vont si vite.

Robin, d'un seul coup d'œil embrassa l'importance du désastre, et en mesura

Elle tenait sur ses genoux un enfant. (Page 500.)

toutes les conséquences. Le vol des canots ne produisait pas dans son esprit l'ombre d'un doute. L'hypothèse d'un sinistre quelconque devait être immédiatement écartée. La flotille ne se fût pas abîmée tout entière sans laisser de traces, quelque imperceptibles qu'elles fussent, pouvant échapper aux yeux infaillibles des Robinsons. D'une part, l'ingénieur ne pouvait révoquer en doute l'honnêteté de Gondet. L'ancien transporté avait donné, même avant sa libération, d'indiscutables gages de fidélité. A qui donc attribuer alors ce coup de main

— Non.

— Quelqu'un avait-il intérêt à votre mort?

— Non. Bien au contraire. Le placer « Réussite » ne pouvait guère marcher sans moi. L'intérêt de tous mes employés était que je vécusse.

— Vous rappelez-vous les circonstances qui ont accompagné l'instant où vous fûtes frappé?

Du Vallon sembla faire un laborieux appel à ses souvenirs. Il raconta d'une voix faible et entrecoupée le refus de travail des ouvriers, les bruits mystérieux entendus pendant la nuit, la mutilation des instruments, les embûches semées sous les pas des travailleurs, et la mort terrible de l'un d'eux.

— Ma conviction est que j'ai eu affaire à des voleurs d'or. Les sluices ont fonctionné la nuit. Mais quels sont ces voleurs? Je n'ai jamais vu sur le placer aucun homme étranger à l'exploitation, sauf quelques Indiens qui ne faisaient que passer.

— Vous n'avez rien remarqué d'insolite à leurs allures?

— Non. Pourtant, l'un deux, un grand vieillard à cheveux blancs, un colosse, avait une physionomie terrible, à l'expression inoubliable. Il errait près des criques, et à l'encontre de ses compagnons il ne buvait jamais de tafia. Depuis quinze jours nous ne l'avons pas revu.

— Vous sentez-vous fatigué?

— Non. La fièvre me soutient. J'ai encore deux mots à vous dire. Qui sait si je pourrai parler demain?

Après avoir brièvement raconté les premiers incidents relatifs à sa veillée au pied du panacoco, il continua en disant:

— Je fis feu dans la direction où luisaient les deux yeux. J'entendis un cri terrible. Puis, il me sembla qu'une montagne de chair s'écroulait soudain sur moi. Je sentis parfaitement l'impression d'un épiderme froid, humide, visqueux plutôt. Quatre hommes réunis n'eussent pu égaler en poids ni en volume, l'être étrange qui m'étouffait. Cette impression dura deux secondes à peine, puis je sentis un choc violent dans la poitrine. Je m'évanouis, mais pas assez vite, cependant, pour que je ne visse une forme noire que je prendrais volontiers pour celle d'un homme, glisser le long d'une liane tendue entre le sol et les basses branches. On eût dit une araignée colossale accrochée à son fil.

— Et... C'est tout.

— C'est tout, termina le blessé épuisé par ce dernier effort. Je ne sais rien de plus. Quoi qu'il en soit, et quoi qu'il arrive, croyez à ma bien sincère gratitude.

L'ingénieur allait lui répondre par quelques paroles cordiales, quand un charivari intense retentit sur la rive que frôlait la coque du canot de papier. Quelques carbets Émérillons apparaissaient en même temps au milieu d'une éclaircie formée par un vaste abatis.

Nicolas renversa la vapeur et l'embarcation stoppa.

— Des Indiens, dit Charles, peut-être pourront-ils nous renseigner.

Puis il sauta lestement à terre accompagné de son père et de son frère Henri.

— Allons, la paix, on ne s'entend plus, dit-il à deux Peaux-Rouges qui, munis chacun d'une large boîte à saindoux, en fer-blanc, frappaient à tour de bras devant un grand carbet.

« Que faites-vous là, à cogner comme des sourds ?

— Ça pou z'empêcher Yolock, prend' grand moun et pitits mouns.

— Il y a des malades et ces malheureux chassent le malin esprit. Entrons.

Ils pénétrèrent dans le carbet, rempli d'une épaisse fumée produite par des herbes aromatiques, et trouvèrent une Indienne accroupie sur le sol. Elle tenait sur ses genoux un enfant de cinq à six ans qui semblait mort. Jamais visage humain ne refléta une expression de douleur plus poignante que celle répandue sur les traits de la femme. Celle-ci, la mère sans doute — une mère seule peut souffrir ainsi devant un cadavre d'enfant — contemplait, altérée, le petit être dont les lèvres bleuies se couvraient d'une écume épaisse.

Elle aperçut les blancs, se leva d'un bond, tendit le mourant à Henri comme pour dire : « Sauvez-le, » tant est grande la confiance inspirée par les Européens à ces primitifs enfants de la nature. Puis, les yeux ardemment fixés sur le jeune homme, épiant tous ses mouvements, elle attendit, suspendue à ses lèvres, haletante, transfigurée.

Une des jambes de l'enfant était tuméfiée et noirâtre au mollet. Une bouillie sanglante de chair et de viscères écrasés formait emplâtre sur la moitié du membre.

— Cet enfant vient d'être mordu par un serpent, dit Henri familiarisé avec les coutumes de tous les habitants de la forêt. La mère a tué le serpent, l'a broyé et l'a appliqué en guise de topique sur la plaie. Le petit blessé est perdu. Pauvre mère !

— Non, s'écria Charles. Attends-moi. Deux minutes.

Il bondit vers le canot, ouvrit précipitamment une petite caisse, en tira une pharmacie de voyage, et revint en courant.

— Il n'est pas mort, n'est-ce pas ?

— Non. Le pouls est encore sensible.

— Bien, allonge-le sur le sol, la tête un peu plus élevée que le corps.

Sans perdre une minute, il débouchait un flacon de verre bleu, bouché à l'émeri, et tirait d'une boîte doublée de velours violet, une petite seringue de Pravaz, en cristal, à piston d'argent gradué, et terminée par une fine aiguille d'acier formant canule. Il emplit la seringue jusqu'au tiers avec une solution renfermée dans le flacon, enfonça sous la peau de la cuisse la canule et poussa le piston. Quelques gouttes de la substance pénétrèrent sous la couche épidermique et furent absorbées aussitôt. Il répéta son opération au tronc, ainsi qu'à l'abdomen, et injecta de la sorte environ deux centimètres cubes du liquide. Puis il attendit.

La mère, debout, rigide, comme cataleptique, avait suivi du regard cette mystérieuse opération. Son œil, dans lequel la vie semblait s'être concentrée, ne quittait pas l'enfant. Cinq minutes s'écoulèrent. Cinq minutes de nouvelles angoisses. Puis, elle poussa un cri et fondit en larmes. Le petit moribond venait d'ouvrir les yeux.

— Il est sauvé, dit Charles joyeux. Dans une heure il pourra marcher. Demain il sera radicalement guéri.

Robin et Henri, stupéfaits et radieux, n'en pouvaient croire leurs yeux.

— Charles, mon cher enfant, tu as donc trouvé un remède héroïque pour guérir la morsure des serpents ?...

— Et des plus venimeux. Car celui-ci est bel et bien un serpent a sonnettes, un vulgaire crotale, comme tu peux le voir aux anneaux cornés adhérant encore à la peau.

« Mais ce n'est pas moi qui suis l'auteur de cette découverte. Je n'en suis pas moins heureux de l'appliquer.

— Et la substance qui a servi à ton injection hypodermique se nomme...

— Le permanganate de potasse.

— Tu rapportes cette admirable découverte de Paris ?

— Oui, père. De Paris en passant par Rio-de-Janeiro.

— Comment cela ?

— J'étais au Muséum d'histoire naturelle, à Paris. Un article du *Journal d'Hygiène* du docteur Pietra-Santa, un journal sérieux, me tombe sous les yeux. J'y vois que le docteur de Lacerda avait trouvé un contre-poison au venin des serpents, en faisant des expériences au laboratoire de physiologie du Muséum de Rio-de-Janeiro.

« Ce contre-poison, c'est le permanganate de potasse dont l'action contre les ferments était connue depuis longtemps, sans qu'on eût songé à l'employer au traitement des morsures venimeuses.

« Les expériences ont été faites sur des chiens que l'on a fait mordre par des serpents du genre cobra, des « *Bothrops Juraraca* ». L'on a toujours réussi à sauver ces animaux, tandis que d'autres chiens mordus de même et non traités sont tous morts.

« Le traitement consiste, ainsi que je viens de le faire, en l'injection hypodermique d'une solution de permanganate de potasse, au centième, soit un gramme pour cent d'eau distillée.

— C'est admirable.

— Et peu coûteux, non moins qu'infaillible. Vous voyez le résultat de ma première expérience.

L'enfant en effet avait repris connaissance pendant cette courte et intéressante dissertation physiologique. Il souriait à sa mère qui pleurait d'attendrissement, et jetait sur les blancs de doux regards de reconnaissance.

Sur ces entrefaites, l'épaisse fumée répandue dans le carbet s'étant dissipée, Robin et ses fils aperçurent un hamac accroché assez haut, et dans lequel une créature humaine, allongée en diagonale, geignait plaintivement.

— Qui çà moun là, qu'était là, côté hamac ?

— Çà mon homme, répondit doucement l'Indienne.

— Eh ! compé... Eh !.. comment to fika ?

— Oh !.. Mo ké malade !.. malade trop beaucoup !.. oh !.. répondit une voix sortant du hamac.

Puis, l'homme voyant qu'on s'occupait de lui, se prit à hurler comme un singe rouge.

— Allons, compé, reprit l'ingénieur, dis-moi ké çà to gagné.

— Ou pas voué. Mo qu'à mala, mo femme qu'a fait pitit moun[1].

Une exclamation de surprise douloureuse échappa aux blancs en entendant cette réponse stupéfiante. Ils connaissaient cette particularité de l'existence indienne, mais jamais ils n'avaient eu l'occasion de la vérifier.

C'était donc vrai. Au moment où l'épouse devient mère, au moment où les saintes fonctions de la maternité lui concèdent plus que jamais le droit au respect et aux soins du mari, celui-ci, oubliant tout devoir, joue l'indigne comédie dont les trois blancs étaient témoins.

En effet, et les voyageurs les plus consciencieux s'accordent à relater cette

[1] Historique.

coutume barbare; entre autres, Le Blond, Schombürck, Vidal, le commandant Bouyer et le docteur Crevaux.

Quand la femme accouche, c'est l'homme qui s'allonge dans le hamac, geint et se lamente pendant une dizaine de jours. Aussitôt après sa délivrance, la femme, cette pauvre martyre de tous les instants, qui dans ce douloureux moment, n'a reçu aucun soin de qui que ce fût, se rend au fleuve, baigne le nouveau-né, se baigne elle-même, et revient brisée donner à son mari les soins que nécessiterait son propre état à elle-même.

Elle entretient le feu d'herbes odorantes sous le hamac, veille aux soins du ménage et apporte au misérable fainéant, le *matété*, une sorte de breuvage reconstituant, remplaçant la *rôtie au vin* de l'accouchée bien connue de nos mères.

Ce serait grotesque, si ce n'était monstrueux.

Et cette pauvre mère, dont le nouveau-né, à peine âgé de quatre jours, vagissait dans son petit hamac, avait pu tuer le serpent qui avait mordu son aîné. Elle avait trouvé dans son amour la force de l'assister dans son agonie, après avoir rempli les prescriptions indiquées par les superstitions de sa race.

Le petit blessé, venait de s'endormir bercé par une de ces plaintives mélopées indiennes murmurée par sa mère. Le moment était venu d'interroger celle-ci, et de lui demander si elle avait aperçu les trois grands canots. La pauvre femme, tout entière à sa douleur, n'avait rien vu, non plus que les deux Indiens pontifiant à grands coups de gourdin sur les boîtes à saindoux pour chasser le malin esprit.

Les Robinsons, heureux de leur bonne action, allaient se retirer après avoir déposé dans le carbet quelques menus bibelots avec des provisions, quand l'Indienne se leva et appela à haute voix :

— Mataaò!.. Mataaò!

Un aboiement bref lui répondit, et un chien de petite taille entra en frétillant de la queue.

— Vous poursuivez des voleurs, dit-elle dans son langage, des méchants qui veulent vous faire du mal à vous si bons.

Puis s'adressant plus particulièrement à Charles :

— Vous avez sauvé mon enfant. La femme rouge est pauvre; mais son cœur est riche de reconnaissance. Ce qu'elle a de plus précieux est son chien. Prenez Mataaò. Il est doux et fidèle. C'est le meilleur chien de la rivière. Il est *lavé* pour tous les animaux. Il chassera avec vous. Mettez-le sur la piste des voleurs, il les trouvera. Il sera votre gardien dévoué, il veillera sur votre sommeil et rien ne pourra jamais tromper sa perspicacité.

Elle prit entre ses bras le chien, le souleva, le mit entre les bras de Charles en disant :

— Mataaô, ce blanc est votre maître. Aimez-le ; obéissez-lui comme à moi-même.

« Et maintenant, adieu. Le souvenir des blancs habitera toujours mon cœur. Qu'ils pensent quelquefois à la mère qui leur doit la vie de son enfant. »

Les Robinsons, émus de cette offre touchante et de la délicatesse du procédé, regagnèrent lentement leur canot après avoir promis à l'excellente femme de la venir voir au retour.

Charles avait déjà déposé à l'arrière son nouveau compagnon un peu dépaysé, Nicolas à son poste de manœuvre, n'attendait plus que le commandement pour faire machine en avant, quand l'Indienne, portant un gros oiseau les deux ailes entrecroisées sur le dos, apparut sur la rive.

— Tenez, prenez encore cette *bernache*. Elle est apprivoisée. Elle est plus vigilante peut-être que le chien. Ce sera pour vous la meilleure sentinelle.

Puis elle disparut en courant au moment où le canot reprenait sa course.

Lômi et Bacheliko, les deux plus fins chasseurs du haut Maroni, firent au chien un accueil particulièrement distingué, sans oublier la *bernache* dont ils vantèrent hautement les qualités. Lômi, qui connaissait toutes les légendes de sa tribu, raconta que les bernaches avaient plus d'une fois préservé par leur vigilance les Bonis des attaques des Bosh et des Oyacoulets. Boni, le héros de la Cottica, était toujours suivi de bernaches apprivoisées qui l'avertissaient par leurs cris, de l'approche des soldats hollandais.

Qu'est-ce donc que la *bernache* ? demandera non sans raison, le lecteur européen qui peut avoir oublié l'histoire naturelle. La bernache est tout simplement le congénère de ces braves palmipèdes, qui sauvèrent la République romaine, quand les Gaulois, maîtres de Rome, après la victoire de l'Allia, mettaient le siège devant le Capitole. C'est une oie. Vous voyez que la race n'a pas dégénéré, et que les ombres des sentinelles de Manlius Capitolinus peuvent être fières à juste titre des exploits accomplis par leurs arrière-descendantes. L'oie est donc l'oiseau de l'indépendance. C'est de tradition sur les rives du Maroni comme sur celles du Tibre. En conséquence, nous ne pouvons, en raison des mérites de cette excellente bête, ne pas lui consacrer quelques lignes spéciales. La bernache, qui comme l'oie ordinaire, possède à ses heures dans son thorax de palmipède, le cœur d'un héros, se distingue d'elle par un bec

La conduisit à un foyer. (Page 511.)

court, convexe et comme tronqué, dont les bords sont garnis de lamelles internes ne paraissant pas à l'extérieur.

Elle a le dos varié de gris cendré et de noir, le front, les côtés de la tête et la gorge d'un blanc pur, tandis que l'occiput, la nuque, le cou, le haut de la poitrine, les remiges et la queue sont d'un noir parfait. Elle habite les contrées tempérées du cercle arctique, on la trouve en Europe, et aussi dans les régions intertropicales. Elle est également très commune en Egypte où on l'honorait autrefois d'un culte particulier, à cause de son attachement pour ses petits. Elle est très facilement domesticable, et manifeste bientôt pour son maître un attachement égal à celui de l'agami.

La bernache des Robinsons, élevée près du chien Mataaô, faisait naturellement très bon ménage avec lui. Une poignée de couac délayée dans un peu d'eau, acheva de la familiariser avec ses nouveaux maîtres dont elle devint aussitôt la favorite.

Quant à Mataaô, effrayé tout d'abord par le bruit et le mouvement de la machine, il s'était mis à hurler plaintivement, mais n'avait aucunement tenté de se jeter à l'eau pour regagner la rive. Il semblait que l'intelligent animal, comprenant les recommandations de sa maîtresse, eût voulu s'y conformer rigoureusement. Il fit deux ou trois tours sur lui-même, s'enroula entre les jambes de Charles, sur les pieds duquel il appuya doucement sa tête.

Mataaô était le prototype de cette curieuse race de chiens indiens que les Peaux-Rouges dressent avec une inimitable patience, et qui accomplissent des prouesses capables de stupéfier tous les chasseurs. Ce fidèle et indispensable compagnon de l'autochthone de l'Amérique équinoxiale, ne ressemble aucunement au chien ordinaire. Il est de petite taille et tient du chacal dont il possède le museau allongé et un peu déprimé, les oreilles droites et pointues, le pelage fauve et la queue touffue. Il n'est ni beau ni aimable envers l'étranger. Mais, quelle bête sans pareille! Quel flair impeccable! Quelle vigueur! Quelle docilité! Véritable « alter ego » du braconnier sauvage dont le territoire de chasse s'étend sur soixante mille lieues carrées, silencieux ou bruyant, lent ou rapide, attaquant ou s'enfuyant, quittant la forêt pour la savane, la montagne pour le marais, selon ce qu'on lui commande ; jamais en défaut, rivé à toutes les pistes, connaissant toutes les ruses de tous les gibiers, jamais las, et n'ayant jamais ni faim ni soif, tel est le chien indien.

Chassant indifféremment sur terre, sur l'eau, sur les arbres, tous les animaux du pays, il dépiste le singe comme le tapir, le paque et le kariakou, le tigre ou le hocco, le poisson ou la loutre aussi bien que le caïman, et l'homme lui-même si besoin en est. Aussi, l'Indien est-il toujours assuré contre la fatale bredouille, si redoutée des chasseurs de tous les pays. En effet, son chien rivé à une trace, rencontre-t-il une de ces petites tortues de terre si savoureuses, que sans se déranger d'une ligne, sans s'attarder d'une minute, il sait d'un adroit coup de patte combiné avec un mouvement du museau, retourner sur le dos le chélonien qui ne peut plus s'enfuir. La chasse terminée, le gibier abattu, il reprend son contre-pied, et ramène près de chaque tortue son maître qui fait une abondante récolte.

On conçoit sans peine que pour le Peau-Rouge, un tel auxiliaire soit sans prix. On a vu des Indiens résister à toutes les sollicitations, refuser jusqu'à cent litres de tafia, un fusil, des munitions, etc., plutôt que de se séparer de leur chien. Aujourd'hui que, grâce aux exploitations aurifères, les communications sont plus fréquentes entre le haut et le bas Maroni, on peut, mais très exceptionnellement, se procurer un chien pour une somme variant de deux à trois cents francs.

C'est que l'Indien éprouve pour donner à cet animal une éducation aussi complète, des difficultés inouïes dont son incroyable patience peut seule triompher. Les procédés de dressage sont assez extraordinaires. Il prémunit tout d'abord son chien contre la morsure du serpent, en l'inoculant selon la coutume employée en Guyane pour les hommes. Veut-il ensuite le dresser à chasser un gibier quelconque, il se procure l'animal, paque, agouti, hocco, etc. Il prend les os, les calcine, les concasse, les mêle avec certains ingrédients connus de lui seul, et bourre avec cette substance le nez du chien en se servant d'un petit bâtonnet. Cette opération renouvelée pendant un mois environ, et alternant avec des chasses, a pour propriété, dit l'Indien, de familiariser son élève avec chaque variété de gibier. Quand il sait poursuivre sans erreur possible le fauve spécialement « étudié », le Peau-Rouge lave son chien pendant plusieurs jours avec des produits de macérations dont il a seul le secret, et dont la formule variable s'applique à chacune des espèces de fauves. Ainsi, tel chien est *lavé* — c'est l'expression propre signifiant dressé — pour le jaguar, tel autre pour l'agouti, tel autre pour le kariakou. La plupart sont lavés pour tous les animaux de la région.

Tel était Mataaô, le nouveau pensionnaire des Robinsons de la Guyane. L'Indienne leur avait fait dans la situation présente un cadeau d'une valeur inestimable, et l'excellent animal allait avant peu légitimer la brillante opinion que son ancienne maîtresse avait donnée de lui à ses bienfaiteurs.

CHAPITRE IX

Feu sans fumée. — Première expédition de Mataaô. — A sauvage, sauvage et demi. — Une race. — Ce que peut signifier la marque du fond d'une bouteille sur des cendres mouillées. — Inductions tirées de la présence d'un bouchon. — La bouteille contenait du vin, et c'est un blanc qui l'a débouchée. — Piste suspecte d'un tamanoir qui ne « va pas l'amble ». — Coups de feu la nuit. — Les exploits de la bernache. — Tamanoir et caïman, qui ne sont ni caïman ni tamanoir. — Un des canots volés, monté par un Peau-Rouge qui n'est pas un Indien. — Stupéfaction d'hommes difficiles à émouvoir.

Les recherches opérées par les Robinsons de la Guyane, dans le but de retrouver leur cargaison disparue, pourraient sembler tout au moins superflues, à quiconque n'est pas familiarisé avec la vie sauvage. De même, l'espoir d'en obtenir la restitution doit paraître plus illusoire encore.

Les difficultés que présente l'entreprise sont certainement considérables. Car les voleurs, forts et rusés, n'ont laissé aucune trace ; ils possèdent une avance considérable ; enfin l'immense fleuve sur lequel ils naviguent ne conserve, et pour cause, aucun vestige de leur passage. Telle est pourtant la confiance des intrépides colons en leur habileté de chercheurs de pistes qu'ils ne doutent aucunement de la réussite. C'est que pour l'homme élevé dès l'enfance à la rude vie d'aventures, la nature n'a pas de secrets. Son corps rompu à toutes les fatigues sait endurer toutes les privations. Ses sens toujours en éveil ont acquis une pénétration stupéfiante. Il sait, avec une inaltérable patience, percevoir les moindres indices, scruter d'imperceptibles vestiges, suppléer par induction aux éléments qui lui font défaut et reconstruire une scène, comme un savant peut déchiffrer une inscription rongée par le temps, et faire revivre la pensée humaine après des siècles écoulés. Non seulement un brin d'herbe foulé, une fleur flétrie, une écorce froissée, une pierre arrachée, mais encore, la vue d'un oiseau planant à perte de vue, ou se détournant brusquement de sa ligne, le cri même légèrement modifié d'un fauve, le plongeon du caïman, l'odeur de la fumée d'un brasier [1], sont comme autant de documents empruntés par l'habitant des forêts à l'immensité qui l'entoure.

Ces facultés ne sont pas d'ailleurs la propriété exclusive de celui qui mène la vie sauvage, et elles ont des équivalents dans notre vie civilisée. Ne voyons-nous pas à chaque instant, ces fins limiers de police, guidés par ce flair qui fait le « détective » ou le batteur d'estrade, dépister le malfaiteur à travers ces énormes entassements qui s'appellent Londres ou Paris?

Tels les Robinsons, qui avaient emprunté la méthode aux noirs et aux Indiens, et avaient perfectionné avec leur intelligence les procédés habituels d'investigation. Les renseignements fournis par le blessé n'ayant en aucune façon éclairé la situation, le mystère devenait de plus en plus impénétrable. Il était urgent d'agir rapidement, tout en ne laissant rien échapper, en un mot, de saisir au vol les impressions. De deux choses l'une : ou les canots portant la cargaison descendaient le cours du Maroni, ou les voleurs avaient déchargé sur la côte et caché dans les profondeurs de la forêt cette cargaison, après l'avoir fractionnée et répartie dans des pirogues qui remontaient les criques latérales.

Dans le premier cas, l'embarcation de Charles poussée par sa puissante machine, les aurait bientôt rejoints. La seconde hypothèse, plus vraisemblable, allait nécessiter l'étude minutieuse des deux rives du grand fleuve. Il fallait tout d'abord descendre le courant, et opérer une reconnaissance qui aurait pour résultat de signaler l'absence ou la présence de la flottille.

Cette première partie de l'expédition s'accomplit sans encombre, mais ne donna aucun résultat. On devait s'attendre à ce mécompte. Les Robinsons étaient descendus jusqu'au saut Hermina, point extrême que des canots pourvus d'un nombreux équipage n'eussent pu atteindre depuis vingt-quatre heures, en dépit du vent et du courant. Le Maroni conserva sa morne uniformité. Des Indiens et des Bonis rencontrés en route furent interrogés. Ils n'avaient rien vu. La flottille n'avait pas quitté le haut du fleuve, et les voleurs l'avaient vraisemblablement dissimulée dans une anse ou dans une crique, derrière le rideau de verdure qui s'élève sur l'une et l'autre rive.

L'embarcation remonta lentement à demi-vitesse. Henri, debout à l'arrière,

---

[1] Les Indiens possèdent entre autres des facultés stupéfiantes. Ils reconnaissent à la seule odeur de la fumée non seulement l'espèce de bois qui brûle dans un foyer éloigné, mais encore ils savent si ce foyer a été allumé par des sauvages ou des hommes civilisés. Les Peaux-Rouges et les Noirs ayant des procédés spéciaux pour alimenter leurs brasiers, il est rare qu'ils commettent d'erreurs.

près de Charles, fouillait du regard les masses de verdure terne, emmêlées de lianes, coupées de troncs rugueux, et piquées de fleurs éclatantes. Son frère, les yeux collés à sa lorgnette, interrogeait l'autre berge, située à plus de quinze cents mètres. Les deux jeunes gens ne voyaient rien d'insolite, quand l'aîné des Robinsons, immobile depuis plus d'une heure comme un chasseur à l'affût, fit un brusque mouvement. Il saisit son fusil, l'arma, et se tint prêt à faire feu.

— Qu'y a-t-il, Henri? demanda le père à voix basse, sans lâcher la barre.

— Un feu, répondit brièvement le jeune homme.

— Ça même, fit Lômi, d'un ton approbateur.

— Où vois-tu un feu, mon cher enfant? L'atmosphère ne révèle aucune trace de fumée.

— Je ne la vois pas, je la sens.

— Tu sens... la fumée.

— Oui, père.

— Je ne comprends pas.

— Voici. Un brasier brûlait il y a cinq minutes, là..., à moins de cent mètres. L'on vient de l'éteindre.

— Oh! oh! dit à son tour Bacheliko avec admiration. Oh! ché compé Henri, tô qu'a parlé bon-bon. Oui.

— L'on vient de répandre de l'eau sur les charbons ardents, et je sens parfaitement l'odeur de cendre chaude fraîchement mouillée... La vapeur d'eau que m'apporte la brise, est vaguement imprégnée d'une senteur qu'il me semble reconnaître... Je gagerais que le brasier était alimenté avec du sassafras.

— Oui, compé, s'écria Lômi.

— C'est vrai, dirent en même temps Edmond et Eugène, qui, les narines dilatées, aspiraient à petits coups, l'air humide s'exhalant des marécages.

— Stop! cria Robin.

Nicolas renversa la vapeur et le canot s'arrêta. Il était quatre heures et demie du soir. Il fallait penser à s'occuper du campement, et la halte eût été commandée, quand bien même cet incident, futile en apparence, ne l'eût pas motivée.

Le débarquement s'opéra méthodiquement. Robin et ses fils connaissaient trop bien les ruses des habitants de la forêt vierge pour s'élancer en aveugles à l'aventure.

Charles siffla **son chien**. L'intelligente bête dressa l'oreille, s'étira, bâilla, et renifla fortement. Le jeune homme le caressa doucement, le prit ensuite par la peau du cou, le déposa sur la rive, et lui dit :

— Cherche, Mataaô!... cherche!...

L'animal s'avança lentement, fit deux ou trois randonnées de droite à gauche, de gauche à droite, resta absent cinq minutes et revint au galop, rappelé par un imperceptible claquement de langue.

— La route est libre, dit Charles, descendons. Tu permets, n'est-ce pas, père, que j'aille en découverte avec Henri?

— Va, mon enfant, mais à une condition, c'est que Lômi et Bacheliko vont vous accompagner.

— Oh! oui, mouché, nous qué aller. Nous contents, oui.

Les quatre jeunes gens, le fusil armé de la main droite, le sabre de la gauche, suivirent le chien qui, sans la moindre hésitation, les conduisit à un foyer établi en plein bois, et complètement caché par les arcabas d'un sassafras colossal

— Bravo, Henri! fit Charles émerveillé.

— Chut!...

Mataaô semblait donner des signes d'inquiétude. Il évoluait avec rapidité autour de l'arbre, et semblait vouloir suivre une piste dont son merveilleux odorat lui révélait l'existence.

— Rappelle ton chien, dit Henri, et examinons le foyer.

— Tu avais raison de point en point, mon cher Henri. Le campement a été précipitamment évacué. Les cendres ont été noyées, et les hommes qui étaient là tout à l'heure devaient avoir intérêt à se cacher, puisqu'ils se sont enfuis si vite.

— Parbleu! Mais tout cela ne nous apprend rien. Il faut savoir qui ils sont, leur nombre, et la direction qu'ils ont prise.

— Cela ne sera pas facile.

— Tu crois? Ah! ça, je ne te reconnais plus, mon cher petit. Une absence d'une année t'a donc bien changé!

— Mais toi, Henri, tu es bien plus habile qu'aucun de nous. La forêt n'a pas de mystère pour toi. Tu es un véritable sauvage.

— Merci du compliment, monsieur le Parisien.

— Ce n'est pas cela que je voulais dire. Tu le sais bien. Qui peut le plus ne peut pas toujours le moins, et toi tu peux l'un et l'autre, mieux que nul d'entre nous.

— Encore une fois, merci. Je vais tâcher de légitimer l'excellente opinion que tu as de mes faibles mérites.

« Voyons. Quels sont nos inconnus?... Tiens!... ils ont effacé leurs traces. Les niais. A quoi cela peut-il bien les avancer? D'autant plus qu'ils n'ont pas pensé à tout.

— Comment cela ?

— Regarde donc Lômi, et demande-lui ce qu'il montre du bout de son doigt.

Le noir indiquait, en effet, sans mot dire, une légère empreinte circulaire laissée sur la cendre par un corps étranger.

— Qué ça bagage-là? demanda Charles.

— Mais, tout simplement le fond de la dame-jeanne qui contenait l'eau ayant servi à éteindre le feu.

— C'est vrai. Je vois distinctement les saillies du clissage.

— Cette bouteille appartenait-elle à des blancs, à des Indiens, ou à des noirs ?

— Nous allons voir. Parbleu, dit après quelques minutes de patientes recherches le jeune homme radieux, le hasard me sert à souhait.

Il n'avait jusqu'alors fait aucun mouvement, afin de ne rien changer à la configuration du sol. Sans quitter sa place, il saisit son fusil par la couche, allongea le bras tant qu'il put, et attira lentement avec l'extrémité du canon un objet rond qu'il saisit de la main gauche.

— Le bouchon de la dame-jeanne. La bouteille contenait primitivement du vin, et je crois pouvoir affirmer qu'elle a été débouchée par un blanc.

— Comment cela ?

— Quant à son contenu, je n'ai pas grand mérite à le deviner. Le liège est encore tout imprégné de l'odeur vineuse.

— Mais, objecta Charles, bien que les Indiens aiment passionément le tafia, ils ne font pas fi du vin, le cas échéant. Si, comme j'ai tout lieu de le supposer, cette dame-jeanne provient de ma cargaison, il y aurait quelque témérité à admettre que les Peaux-Rouges aient dédaigné mon excellent médoc.

— D'accord. Mais je ne crois pas que les tire-bouchons soient bien communs dans le voisinage. Les Indiens se contentent d'enfoncer le bouchon dans la bouteille qu'ils veulent vider, tandis que celui-ci conserve la trace de la spirale d'acier. Tiens... regarde, au milieu de la cire rouge qui porte encore le cachet d'une des meilleures maisons de la colonie : « Adolphe Bally jeune et fils »...

— Tu as toujours raison, Henri. Ton flair est vraiment merveilleux.

Il déchargea son fusil sur le tamanoir. (Page 517.)

— Bah! reprit modestement le jeune homme, tout au plus un peu de méthode et d'attention.

« Ah! ah! voici une nouvelle trace. Je ne m'attendais pas à la rencontrer en pareil lieu.

— Tiens! c'est bizarre. On dirait les empreintes d'un tamanoir.

« Notre vieux camarade Michaud nous a depuis longtemps familiarisés avec

eiles. Il n'y a pas à s'y tromper. C'est bien là le moule des griffes de devant, repliées sur la plante du pied.

— ..... Et celui des pattes de derrière qui s'appuient franchement sur le sol.

— Bien. Mais, ne remarques-tu pas une particularité étrange, peut-être unique?

— Non, que vois-tu d'insolite ?

— C'est que les tamanoirs, comme tous les plantigrades, vont l'amble, c'est-à-dire avancent en même temps les deux pieds du même côté.

« Tandis que celui-ci va au pas. L'action des membres a eu lieu en diagonale et séparément.

— Alors, tu conclus que ce tamanoir est...

— Je ne conclus rien. Je constate une anomalie, et cela me donne d'autant plus à réfléchir que cette piste est la seule qui apparaisse. Je surveillerai ce tamanoir. Nous verrons demain ce qu'en pensera notre nouvel ami Mataaô.

Le chien, entendant son nom, frétilla de la queue, et se mit à trottiner autour du sassafras. Il revint au bout d'une demi-minute, le museau complètement rouge, comme s'il avait trempé son nez dans du sang.

— Tiens... du roucou.

Mataaô allait, venait, et semblait inviter Charles à le suivre

Le jeune homme disparut, et reparut presque aussitôt, portant un coui, orné à la manière indienne. La calebasse, encore souillée de roucou mélangé d'huile de bache, avait certainement été abandonnée peu de temps auparavant par un Indien qui venait de faire sa toilette.

— Tu vois que ce sont plutôt des Indiens, dit-il à son frère.

— Cela me prouve qu'il y a des Peaux-Rouges, mais je n'en suis pas moins certain de la présence d'un blanc.

« D'autant plus que la découverte de ce coui me paraît au moins suspecte. Comment admettre, en effet, que des gens si soucieux d'effacer jusqu'aux moindres vestiges de leur passage, ne se soient pas aperçus de la perte de cet ustensile.

« Ou je me trompe fort, ou le coui a été laissé en ce lieu pour égarer nos suppositions et nous faire croire simplement à la présence d'un parti de Peaux-Rouges.

— Puisqu'il en est ainsi, revenons au canot. Nous en savons assez pour le moment.

La perplexité des Robinsons s'augmenta encore de toutes les suppositions que faisait naître ce dernier incident. Ils tinrent conseil, et décidèrent unanimement que l'on camperait sur le lieu même que venaient d'abandonner les inconnus. Il ne fallait pas songer à passer la nuit dans le canot. Madame Robin, brisée de fatigue, éprouvait un insurmontable besoin de repos. Comme la plus large place avait été réservée au blessé, qui sommeillait dans l'embarcation, sur un lit de feuilles de macoupi, il était impossible d'y installer une autre couche.

Il fut résolu que la troupe serait partagée en deux. Robin, sa femme, Edmond, Eugène, Charles et Lômi, resteraient à terre avec Mataaô. La garde du canot serait confiée à Nicolas, Henri, et Bacheliko, qui feraient sentinelle à tour de rôle et veilleraient sur M. du Vallon. La bernache, laissée en liberté, à l'avant, les avertirait par ses cris de tout mouvement suspect.

Ce premier point arrêté, la consigne donnée, les rôles distribués, les huit hommes se mirent en devoir de construire avec leur adresse accoutumée, non pas un, mais deux carbets. Le terrain fut minutieusement étudié, la solidité des arbres reconnue, afin d'éviter une catastrophe semblable à celle qui avait failli coûter jadis la vie à Robin et à ses trois fils.

Quand la nuit vint, les deux abris étaient achevés. L'un, parfaitement en évidence et bien découvert, s'élevait sur l'emplacement occupé jadis par le foyer si précipitamment éteint. L'autre, au contraire, était habilement dissimulé par des lianes et des branchages verts. Ils s'élevaient à quarante mètres l'un de l'autre, et une éclaircie ménagée entre eux, permettait de voir du second tout ce qui pouvait se passer dans le premier. Des hamacs furent tendus dans tous les deux, puis la famille prit en commun son repas, sous le dernier, au milieu duquel flambait un feu qui devait durer toute la nuit. Quand l'heure du sommeil fut venue, les Robinsons regagnèrent à pas de loup l'autre carbet, dont l'œil le mieux exercé n'eût pu reconnaître, la nuit aidant, la présence à trois mètres.

Lômi resta seul près du brasier qu'il laissa s'éteindre à dessein, puis, profitant de l'obscurité, il bourra de branches et de feuilles les hamacs suspendus aux poutrelles, de façon à faire croire à la présence des dormeurs. Il entassa ensuite sur les charbons plusieurs brassées de bois dur, et vint rejoindre la famille, en riant silencieusement de son large rire de nègre.

— Tout est paré, n'est-ce pas, Lômi? demanda Robin à voix basse au jeune Boni.

— Tout ça paré, bonbon, oui mouché. Si michants mouns vini côté carbet là-bas, li bien attrapé.

— C'est bien, mon enfant, va dormir. Je vais veiller le premier pendant une heure. Charles me remplacera, puis Edmond, puis Eugène. Tu prendras la garde à une heure du matin.

Le cri de la chouette, imité par Henri, avec une perfection telle que l'oiseau lui-même s'y fût trompé, partit du canot. Ce cri signifiait que tout allait bien à bord. Lômi répondit par un houloulement prolongé, puis le campement rentra dans le silence.

Les nuits équinoxiales sont d'une longueur à laquelle l'Européen s'habitue difficilement. Cette interminable et monotone succession d'heures est incroyablement énervante. L'obscurité complète, sans aurore ni crépuscule, qui dure douze heures, du 1er janvier jusqu'au 31 décembre, constitue parfois un véritable supplice. D'autant plus que la température conservant toujours son implacable uniformité, les habitants de la région intertropicale ignorent et les douces soirées d'automne et les frais matins d'été qui sont le privilège de la zone tempérée. Aussi, quand le voyageur, courbaturé par une course à travers bois, a pris les six ou sept heures de sommeil indispensables au repos de son organisme, l'insomnie arrive à deux heures du matin, et le condamne à l'audition forcée du concert improvisé chaque nuit par les sauvages habitants des bois.

Qu'une cause accidentelle, accès de fièvre, fatigue excessive ou préoccupation violente, vienne encore s'ajouter aux perturbations habituelles, la nuit en forêt devient exaspérante.

Les Robinsons, bien que familiarisés de longtemps avec cette apparente anomalie de nuits longues comme celles de l'hiver, et suffocantes comme celles de l'été, éprouvaient, sous la menace d'un péril inconnu, ces vagues appréhensions auxquelles ne peut se soustraire le tempérament le mieux trempé. L'insomnie s'était produite en sens inverse, et ils s'étaient longtemps retournés dans leurs hamacs avant d'être emportés dans le pays des rêves. Enfin, ils reposaient paisiblement, au moment où Lômi prit sa faction. Le Boni, accroupi sur les talons, le torse droit, la tête un peu penchée, appuyé sur ses deux mains, veillait dans cette attitude particulière aux hommes de la race noire. Son œil, fixé sur l'autre carbet, ne quittait pas le foyer qui brûlait au centre de la légère construction, et son oreille cherchait à démêler un bruit étranger au murmure immense de la forêt.

La faction durait depuis un quart d'heure à peine, quand le noir crut apercevoir une ombre quitter lentement la zone sombre formée par les arbres, et s'avancer vers la clairière illuminée par les lueurs du brasier. L'ombre qui affectait une forme allongée s'arrêta juste à la limite éclairée, puis sembla inventorier l'intérieur du carbet en apparence habité. Cette silhouette ne pouvait être celle d'un homme. On eût dit un quadrupède énorme auquel les lueurs fugitives donnaient de temps à autre des dimensions fantastiques.

— Hein ! Hein ! murmura en a parté Lòmi ; qué c'était, çà bête-là ?

Mataaò s'approcha en rampant du noir, plissa le museau, et se tint prêt à s'élancer.

Homme ou bête, l'être animé fit encore deux pas, et Lòmi vit non sans étonnement qu'il était surmonté d'un long et large panache, animé de singuliers mouvements latéraux.

Le Boni se mit alors à rire de son large rire muet. Il prit doucement son fusil, l'arma en appuyant le doigt sur la détente afin d'éviter le craquement du ressort, et épaula lentement. Les essences résineuses contenues dans les bois en combustion donnèrent tout-à-coup à la flamme une grande intensité, et le noir reconnut un énorme tamanoir qui semblait en extase. Les mouvements du panache avaient une signification. Le plantigrade joyeux et intrigué imprimait à son immense queue ces inflexions capricieuses qui sont chez les animaux de sa race l'indice de la jubilation.

— Qué çà voulé, toi, tamandou ? dit le Boni. Li pas gain fourni, côté carbet là. Si tô pas z'allé côté forêt, mo qué envoyé balle à tô cotelette.

Lòmi tenait le tamanoir en joue. Il allait faire feu, quand il aperçut distinctement une forme humaine debout près d'un tronc, à deux mètres derrière l'animal. Cette apparition n'eut que la durée d'un éclair. Elle disparut aussitôt.

Au même moment, des « coin-coin, coin-coin » désespérés retentissaient dans la direction du fleuve, situé à trente mètres à peine. C'était l'appel de la bernache. Deux coups de feu retentirent. Le Boni n'hésita plus, il déchargea son fusil sur le tamanoir, qui sursauta sur place, se dressa de toute sa hauteur sur les pieds de derrière et s'enfonça dans les ténèbres.

Le brave Mataaò bondit en avant, et s'arrêta aussitôt, rappelé par un léger sifflement.

Les Robinsons, éveillés en sursaut par les détonations, s'armèrent sans bruit, sans prononcer une parole, et se mirent en défense avec un admirable sang-froid.

Le cri habituel au singe-hurleur, quand il est effrayé, se fit entendre à une faible distance.

— C'est Henri, dit à voix basse Robin à sa femme. Rassure-toi, mon enfant, tout va bien.

« Sur quoi as-tu tiré, Lòmi, demanda-t-il au Boni qui rechargeait sans bruit son fusil.

— Mo qué tiré su' tamandou trop curieux. Li gadé (regardait) côté carbet, côté zé hamacs. Mo qué trouvé çà pas bon-bon. Attrapé tamandou.

— ... Un tamanoir, à pareille heure et en un tel lieu, cela me semble extraordinaire.

— Mouché, ou pas savé, mo qu'é vu oun moun côté z'arb' la, oui.

— Tu as vu un homme?

— Oui, mouché. Mo ké croyé çà tamandou là, c'été pas tamandou.

— Et moi aussi. Je suis sûr que ton tamanoir n'en est pas un.

La plus élémentaire prudence faisait aux Robinsons une impérieuse obligation de rester immobiles et de ne quitter à aucun prix leur carbet. Ils n'eurent garde d'y manquer, et chacun d'eux essaya de reprendre sur sa couche le sommeil si brutalement interrompu. Peine inutile. Nul ne put fermer l'œil jusqu'au moment où le doux roucoulement du toccro annonça que le soleil allait enfin chasser les ténèbres.

Les plus hautes cimes s'empanachaient de teintes violettes, et l'obscurité des zones inférieures commençait à s'éclaircir. Le chien indien gronda, mais frétilla de la queue.

— Eh bien ! dit une voix joyeuse, vous avez eu aussi votre alerte.

C'était Henri qui arrivait à l'improviste, et avec une telle subtilité, que Mataao seul avait été averti de sa venue. Madame Robin se jeta dans les bras de son fils qui l'embrassa avec sa tendresse accoutumée.

— Tu n'es pas blessé, n'est-ce pas, mon enfant?

— Non mère, rassure-toi. Pas plus que mes compagnons. Vous avez d'ailleurs entendu mon signal.

— Oui, mon ami, répondit l'ingénieur. Mais, que vous est-il donc arrivé?

— Ma foi, je n'en sais absolument rien. Je reposais allongé près de M. du Vallon, et selon mon habitude en pareille circonstance, je ne dormais que d'un œil. Tout à coup, la bernache se mit à pousser des cris qui sont arrivés jusqu'à vous.

« Je m'aperçus que le canot descendait le courant. Je larguai aussitôt l'amarre du grappin qui sert d'ancre. Le crampon de fer mordit le sol. L'embarcation s'arrêta aussitôt. Pendant ce temps, Nicolas brusquement éveillé, avisa une forme noire qui flottait près de nous et qu'il crut reconnaître pour un caïman. Il fit feu sur lui, et le saurien disparut.

Ce caïman, entre nous, ne me dit rien qui vaille, et je suis bien certain de ne pas me tromper en avançant que ce n'est pas avec ses dents qu'il a coupé mon amarre, mais avec un sabre bien tranchant.

— C'était un homme, n'est-ce pas?

— Indubitablement. Et notre bernache nous a rendu un fier service.

— Ton tamanoir, Lômi, me semble appartenir à la même famille que le caïman de ton compé Henri.

— J'allais vous demander sur quoi vous avez fait feu.

— Sur un tamanoir qui s'est éclipsé avec un lingot dans le corps, si toutefois Lômi a tiré avec son adresse habituelle.

— Nous allons en avoir le cœur net. Mataaô va nous guider reprit Henri qui caressa le chien, et lui dit : « Cherche, Mataaô... cherche... un homme. »

L'intelligent animal aspira les buées humides s'échappant du sol et s'avança au pas, sans un aboi, sans un gémissement vers le carbet où fumaient encore quelques tisons. Une large tache de sang souillait le sol, et des gouttes rouges assez nombreuses indiquaient la voie suivie par l'animal blessé. Henri s'enfonça dans le bois et revint après une absence d'un quart d'heure. Il portait une superbe peau de tamanoir corroyée à la manière indienne. De cette dépouille plaquée de rouge comme le sol, s'échappait une odeur fade de sang frais.

— Tiens, Lômi, dit le jeune homme à son ami, la peau t'appartient. Il y a encore dans la queue le petit morceau de bambou flexible servant à la faire mouvoir. L'homme qui l'habitait cette nuit a son compte, si j'en juge par la direction de la balle qui a frappé en plein défaut de l'épaule. S'il n'est pas mort, il n'en vaut guère mieux, car j'ai retrouvé la trace de ceux qui l'ont emporté.

« Mes amis, nous l'avons échappé belle.

Le soleil était levé depuis dix minutes. Des flots de clarté ruisselaient sur les arbres, et faisaient étinceler au loin l'immense nappe d'eau.

— Alerte !... cria la voix de Nicolas... Alerte !... Un canot. Les Robinsons se précipitèrent vers le rivage, et aperçurent en effet, à trois cents mètres environ, une grande embarcation à voile qui descendait lentement le fleuve. Un homme de haute taille, un Peau-Rouge, qui ne cherchait nullement à se dissimuler, manœuvrait l'écoute de la voile. Un blanc ou du moins un homme vêtu à l'européenne se tenait à la barre.

La machine du canot de papier était éteinte depuis la veille. Henri et Edmond s'emparèrent chacun d'un aviron, et s'élancèrent accompagnés de Charles et de Nicolas à la poursuite du voyageur matinal.

— Enfants, de la prudence, leur dit Robin en les quittant.

Charles lui montra une petite carabine à répétition.

— Il y a six cartouches. C'est ma mitrailleuse. Et voici ma forteresse, dit-il en relevant à la proue du léger esquif une épaisse plaque de tôle qui formait le siège de l'avant, et vint en se dressant s'arc-bouter sur deux montants à la façon d'un strapontin.

« Nous sommes à l'épreuve de la balle.

« En avant ! nage ferme, canotiers.

Le canot de papier gagnait rapidement sur l'autre dont le patron semblait se promener le plus tranquillement du monde.

— Arrête, lui cria Henri quand il fut à portée de la voix. Arrête !...

Le Peau-Rouge ne lâcha pas son écoute, et ne tourna même pas la tête.

— Voici un gaillard qui va tout-à-l'heure faire connaissance avec mes poings, reprit l'aîné des Robinsons dont la patience n'était pas la vertu dominante.

« C'est bien un des canots de Gondet, n'est-ce pas, Charles.

— J'en suis absolument certain.

— Et Gondet lui-même, cria d'une voix mourante l'homme de la barre, qui, se soulevant avec peine, montra sa figure, couverte d'ecchymoses et de plaies sanglantes.

— Eh ! bien, à l'abordage.

Les deux canots étaient bord à bord.

Henri et Charles s'élancèrent en même temps. Le Peau-Rouge sortit de son immobilité. Il se leva lentement, développa sa haute taille, et regarda fixement, sans mot dire, les deux frères. Si cet homme avait, comme on dit au théâtre, voulu produire un effet, il y réussit pleinement. Imaginez-vous une figure glabre, sinistre, hideusement barbouillée de roucou et de génipa, surmontant un long torse également vermillonné sur lequel s'étalait un dessin étrange. Sur la poitrine, grimaçait une tête d'aïmara largement ouverte, et le ventre disparaissait sous une énorme fleur de Victoria Regia, rendue avec une incroyable fidélité.

— Ah ! parbleu, le drôle doit certainement être un de nos voleurs. Quant aux mystérieux emblèmes qui nous ont si fort intrigués et que nous retrouvons si bizarrement sur son corps, j'espère bien qu'il va nous en donner la signification. Je ne serais pas fâché d'avoir le mot de cette énigme.

Henri laissa lourdement tomber sa main sur l'épaule de l'homme et lui dit en créole :

— Mon garçon, nous avons un compte à régler ensemble. Vous allez

Master Brown fêtait la venue de ses hôtes. (Page 527.)

nous suivre à la côte et là nous verrons ce que nous aurons à faire de vous.

L'indien ne sourcilla pas. Sa large bouche aux longues dents s'entrouvrit et les deux jeunes gens interdits, pétrifiés, affolés, entendirent cette phrase baroque prononcée avec une emphase désopilante.

— Je étais sudjet anglais !... Je ordonnai vo laisser continouré le névigécheune de moâ !...

CHAPITRE X

Un Anglais sans cœur peut peut avoir un bon estomac. — Des anges de dévouement. — La Forêt-Vierge menacée d'un bombardement. — Une orgie de conserves alimentaires. — Le capitaine Wempi s'enivre et enivre une crique. — Où il est question de la pudeur de Peter-Paulus Brown de Sheffield et des pantalons des Peaux-Rouges. — Les Indiens anabaptistes. — Toilette des femmes indiennes. — Coquetteries sous l'Equateur. — Habillées avec des jarretières. — Parasites guyanais. — Les morsures des infiniment petits. — La chique. — Où peut bien porter ses épingles, une femme qui n'a ni poche ni étui. — Enlèvement.

Peter-Paulus Brown de Sheffield, abandonné par ses canotiers sur la rive hollandaise du haut Maroni, cria, tempêta, se mit dans une colère bleue. Il montra le poing aux arbres, invectiva le ciel, chargea de malédictions les noirs infidèles, et menaça la forêt qui n'en pouvait mais de l'intervention anglaise.

— ... Un frégate !.. Deux frégates !.. Un couirassé!.., avec des soldats de Sa Majesté, appelés par le consul... oune escadre, avec des canons de sir William Armstrong, viendra sur cette fleuve pour punir vô !..

« Aôh! je étais sudjet anglais. Le gôvènement de Sa Majesté, ne laissait jémais insulté les sudjets anglais !..

Peter-Paulus, quand il naviguait, était ordinairement taciturne, mais inoffensif. Confiné dans son égoïsme d'homme qui a faim et qui digère, il limitait l'univers aux parois de son estomac, sans plus s'occuper de qui que ce fût, même de sa famille.

Mistress Arabella, Miss Lucy et Miss Mary ayant leur existence assurée, l'unique aspiration de leur cœur devait être la parfaite intégrité du viscère de Master Brown. Comme le « névigécheune » pouvait seul faire fonctionner ce viscère, Peter-Paulus ne doutait pas qu'elles ne fussent enchantées de sillonner en tous sens la partie liquide de notre planète.

Les pauvres femmes souffraient sans se plaindre les tortures de ce cosmopolitisme enragé, et se confinaient dans leur mutuelle tendresse. Rien de charmant et de gracieux comme ce groupe féminin. La mère, jeune encore et toujours belle, semblait la sœur aînée des deux Misses. Pour être unie à un grotesque maniaque, Mistress Brown n'en était pas moins une femme de haute valeur dont le cœur égalait l'intelligence.

Depuis la tranformation de son mari en Juif-Errant spleenique, ou plutôt gastralgique, elle avait parachevé l'éducation de ses filles, et utilement employé les loisirs, hélas trop longs, que lui laissaient ses interminables courses à travers le monde. Miss Lucy et Miss Mary étaient donc deux jeunes filles accomplies au moral, et ce qui n'a jamais rien gâté, ravissantes au physique. Agées l'une de dix-neuf, l'autre de dix-huit ans, on les eût prises pour deux jumelles. Elles étaient blondes l'une et l'autre, de cet admirable blond cendré, qui adoucit et estompe en quelque sorte la figure. Mais par une bizarrerie charmante, leurs grands yeux noirs, donnaient à leur physionomie une expression de fermeté, qui ajoutait à leur apparence un peu triste et maladive un charme de plus. Leurs mains petites, élégantes et vigoureuses pourtant, donnaient volontiers cette cordiale poignée de main anglaise, et leurs pieds, chose rare dans le Royaume-uni, eussent pu rivaliser avec ceux d'une Parisienne de race. Les pauvres enfants et leur mère, toujours malades en voyage, étaient bien pâles, bien amaigries. Il leur eût suffi d'un peu de repos, pour reprendre ces belles couleurs qui sont le privilège des Anglaises, sans nuire pour cela à leur distinction. Elles avaient parcouru tant de pays, contemplé tant d'aspects différents, vu tant de peuples divers, couru tant d'aventures, et affronté tant de périls, que leur situation présente, quelqu'étrange qu'elle fût, ne leur semblait pas le moins du monde anormale, cette solitude, cet abandon sur la rive d'un fleuve presque inconnu, ne constituant pour elle qu'un simple incident.

La plupart des femmes, en leur lieu et place, eussent jeté les hauts cris, et se fussent regardées comme perdues. Elles, au contraire, eussent été tentées de se réjouir de ce contre-temps qui les arrachait au tangage et au roulis, si Master Brown n'eût dû en ressentir aussi douloureusement le contre-coup. La manie du chef de la famille était pour elles chose sacrée. Elles fussent mortes à la peine, plutôt que de laisser échapper une plainte.

Les Bosh, dans leur fuite, avaient eu la loyauté de laisser aux blancs leurs effets et leurs provisions. Ces grands enfants sont honnêtes à leur manière. Si à l'occasion, ils ne regardent pas, — chose rare — à rompre un engagement qui leur pèse, ils se font, en revanche, un cas de conscience de détourner quoi que ce fût. On n'a pas d'exemple d'un Bosh ou d'un Boni qui aurait enlevé de l'argent. Ils osent à peine, le cas échéant, s'approprier la quantité de vivres nécessaire pour pourvoir à leur rapatriement, mais seulement quand ils sont à bout de subsistances.

Somme toute, Peter-Paulus avait un carbet suffisant pour l'abriter lui et sa famille. Il avait des hamacs et des provisions. Et comme la saison des pluies était passée, les intempéries n'étaient plus à craindre. Mais, l'enragé monomane pensait bien à cela, vraiment ! Depuis qu'il était sur la terre ferme, depuis que son diaphragme n'était plus chatouillé par les mouvements du navire, Master Brown était devenu d'une humeur de dogue. Ni les douces paroles de mistress Arabella, ni les caresses des deux jeunes filles n'avaient prise sur cet homme chez lequel l'estomac s'était à la longue substitué au cœur.

Il fallait pourtant que bon gré mal gré, Peter-Paulus renonçât à la navigation, et cela l'enrageait. S'il eût connu les mœurs des noirs du Haut-Maroni, il eût pris patience, en sachant que son escale forcée, ne dût pas se prolonger longtemps. Tel est en effet le respect que professent pour les blancs, les Bosh, les Bonis et même les Youcas et les Poligoudoux, qu'ils ne voudraient jamais qu'il arrivât aux Européens un malheur par leur faute. Ce sentiment inné chez eux, est encore augmenté par la reconnaissance des bons offices rendus par les blancs, et aussi par la terreur qu'ils ont des représailles. Ils savent parfaitement que les gouvernements coloniaux ne plaisantent pas, et qu'ils ont tout à perdre, mais rien à gagner en molestant les voyageurs.

En conséquence, il y avait fort à présumer qu'avant une dizaine de jours, un canot serait envoyé par les déserteurs, mais monté par d'autres pagayeurs. Le Grand-Man, qui a tout intérêt à rester en bons termes avec les autorités, serait plutôt venu en personne, pour rapatrier les abandonnés.

Peter-Paulus, après avoir tempêté une heure, se calma. Il ouvrit mélancoliquement une boîte de corned-beef, fendit l'enveloppe d'étain d'une caisse à biscuit, offrit à sa femme et à ses enfants chacune un morceau de viande, s'accroupit sur le sol et mangea du bout des dents.

Tout en écrasant sous ses puissantes molaires la briquette comestible, Peter-Paulus poussait de profonds soupirs. N'allez pas croire qu'il s'attendrît le moins du monde à la position au moins étrange, sinon périlleuse des deux jeunes filles et de leur mère. Oh ! non. Il leur enviait leur appétit, et regrettait de ne pouvoir vider avec autant de prestesse le petit plat de fer blanc dans lequel elles picoraient gracieusement leur maigre repas. Il se torturait en outre le cerveau pour en faire sortir une idée. Creuser un canot, mais un mois n'eût pas suffi à un pareil travail. Il ne possédait d'ailleurs aucun instrument. Ah ! s'il avait eu quelques bons outils en acier de Sheffield !

— ... Aôh !... Si je construisais oune radeau... Very well, oune radeau.

Mais la vue de deux caïmans qui glissaient lentement la gueule entr'ouverte, coupa court à cette velléité nautique. Le bruit de leurs mâchoires se refermant de temps en temps avec un formidable clappetement de cisailles l'immobilisa net.

— ... Aôh ! murmura-t-il tristement, je étais prisonnier sur cette fleuve. Ce était pour moâ oune condamnêcheune bien crouelle ! Aoh !·..

— Mon ami, mon cher Peter, dit doucement Mistress Arabella, et en très bon français, prenez courage. Cette infortune finira bientôt. Puis, nous vous aimerons tant. N'est-ce pas, Lucy ! N'est-ce pas Mary !...

— Oh ! oui, chère mère, répondaient les deux enfants en embrassant tendrement leur père toujours bourru comme un tronc d'orme.

— Aôh !... ajouta, mais en anglais, Peter-Paulus. I am lost ! Je me sens mourir. Le corned-beef est une viande détestable. Et l'immobilité me tuera.

Pour que master Brown de Sheffield parlât anglais, il fallait que la situation fut bien grave.

Huit jours s'écoulèrent pourtant sans incident, mais aussi sans aucun changement dans cette existence qui eût été extraordinaire pour le premier venu, mais absolument baroque pour un coutelier de Sheffled atteint de gastralgie et de monomanie errante.

La vie se passait pour Peter-Paulus à entretenir un feu allumé dans l'espoir d'attirer quelques canotiers, et à scruter, mais en vain, le fleuve toujours solitaire. Entre temps, et avec la régularité d'un rhumatisme chronique, Master Brown pratiquait l'autopsie d'une boîte de corned-beef, alternée avec du bœuf à la mode, du gigot, du thon ou des sardines à l'huile. Sa mélancolie était tournée à l'hypocondrie, il n'écorchait plus le français.

Le matin du neuvième jour, il jetait à pleine brassée du bois sur son feu tout en inspectant la Maroni, quand un cri lui échappa.

Trois pirogues, pleines à couler bas les passagers dont les torses couleur de brique tranchaient crûment sur les coques brunes des légers bâtiments, faisaient force de pagayes vers le campement des Européens. La joie, l'espérance se peignaient sur les traits de Peter-Paulus, dont le gosier expectora tout d'une haleine une phrase française.

— Arabella !.. venez !... Lucy !... regardez !... Mary !... Voyez ! ces petites canottes !... Avec de bonnes Peaux-Rouges Oh ! l'espérance de partir !... Le joie de retourner sur un steamer.

Puis, il se mit à agiter ses longs bras, à la façon d'un télégraphe de Chappe, en faisant retentir le rivage de hurrahs formidables.

Les Peaux-Rouges abordaient avec leur impassibilité habituelle. Rien sur leurs visages ne trahissait l'étonnement que leur causait cette apparition imprévue.

Le dernier hurrah de Peter-Paulus s'éteignit brusquement dans sa gorge.

— Aôh ! Mary ! Lucy ! Arabella ! Cachez vos ! Ne regardez pas. Ces Peaux-Rouges étaient very shoking ! Aôh ! cette indécente nioudité était oune chose éboménèbeule !...

La mise des nouveaux venus était en effet susceptible d'effaroucher des gens encore moins formalistes que les Anglais, qui poussent la pruderie jusqu'à ne pas dénommer certaines parties de l'habillement.

Tous, hommes, femmes et enfants, vêtus de leur pudeur et d'un rayon de soleil, s'avançaient avec une candeur digne de nos premiers parents avant le péché. La seule concession qu'ils eussent faite à la décence, était d'avoir arboré le calimbé. Les autres pièces du costume se composaient invariablement de colliers en ouabé, de bracelets et de jarretières pour les dames. Les hommes portaient en outre quelques plumes dans les cheveux. Un seul avait une chemise. Il était coiffé d'un vieux chapeau de feutre gris, et s'appuyait sur une canne à pomme d'arrosoir, l'insigne du commandement. C'était le chef, évidemment.

Il tendit la main à Péter-Paulus et lui dit :

— Boujou mouché.

Les Misses et leur mère, s'étant retiré sous le carbet, Master Brown qui avait intérêt à ménager les Indiens, surmonta ses répugnances, et ne voulut pas trop approfondir ce que leur situation avait de shoking.

Il serra la main que lui tendait son interlocuteur et lui répondit :

— Je avais l'honneur de saluer vô.

— Mo c'était captain Wempi.

— Aôh ! murmura en aparté Peter-Paulus, ce gentleman connaissait les ousages du monde. Il présentait lui d'oune façon very convénèbeule.

« Capitaine Wempi, je étais Master Peter-Paulus Brown de Sheffield.

— Hein ! Hein !.. répondit le capitaine Indien qui n'avait rien compris.

— Permettez capitaine que je fasse à vôo une petite réflexion. Le habillement de vos soldats et des dames il était très légère. Je pôvé pas présenté vô à Mitress Brown.

L'Indien n'avait pas plus compris cette phrase que les précédentes. Mais l'Anglais ayant accompagné sa remarque d'une pantomime expressive, le capitaine Wempi répondit :

— Ou qué oulé mo metté mo culotte.

Puis il ajouta une phrase en Indien. Un de ses hommes tira d'un canot un pagara, en exhuma un vieux pantalon gris de fer, glorieux débris d'un uniforme d'infanterie de marine, usé jusqu'à la corde, et horriblement maculé d'huile rance et de roucou. Le capitaine Wempi descendit majestueusement dans les deux tubes d'étoffe, et assujettit la ceinture sur ses hanches avec une liane, en ayant bien soin de laisser gracieusement flotter derrière et devant les deux faces de sa chemise.

Cette concession rasséréna d'autant plus complètement Peter-Paulus, que les autres Indiens, préalablement munis de pantalons analogues, se costumèrent « coràm populo » sans la moindre observation, et en manifestant ainsi le désir qu'ils avaient d'être agréables à l'Européen [1].

Les dames et les enfants conservèrent leur costume adamique, mais, ma foi, à la guerre comme à la guerre. Le principe était désormais sauvegardé.

Pendant que Master Brown fêtait la venue de ses hôtes en débouchant quelques bouteilles de tafia, Mistress Arabella et les jeunes filles apparaissaient aux regards étonnés et ravis de la horde. Les Indiens qui avaient vu bien rarement des femmes blanches, s'émerveillaient à la vue des Européennes, et poussaient de petits gloussements d'admiration, en contemplant leur gracieux visage, leurs cheveux blonds, leurs habillements. Sur ces entrefaites, Miss Lucy eut l'heureuse inspiration de mettre en morceaux une petite parure de jais et d'en distribuer les perles à la ronde. Cette largesse, jointe aux rasades que versait libéralement son père, acheva de donner aux rapports une excessive cordialité.

Ces Peaux-Rouges, étaient d'ailleurs à demi civilisés, grâce aux fréquentes relations qu'ils ont avec les Français de Saint-Laurent et les Hollandais d'Albina. S'ils n'ont pas renoncé à leur vie errante, s'ils ont conservé les coutumes de leurs pères, le contact des blancs les a un peu humanisés. Ils habitent en temps ordinaire un village situé sur la rive hollandaise, à peu près en face de notre colonie pénitenciaire. Ce village, bien bâti, agréablement situé, se com-

---

[1] Les autorités coloniales, exigent formellement des Indiens et des noirs qu'ils mettent au moins un pantalon quand ils entrent dans une commune. Les gendarmes « grand-sabre » les mettraient sans façon à la geôle, s'ils refusaient de se conformer à cette règle.

pose d'une trentaine de carbets au centre desquels s'élève l'immense demeure de Wempi.

Le capitaine Wempi[1] qui n'est pas un type de fantaisie, est un personnage, chez les Galibis. Son autorité, officiellement reconnue par le gouvernement hollandais, s'étend sur tous les Indiens de la côte, depuis la pointe Galibi, jusqu'au confluent de l'Awa et du Tapanahoni, c'est-à-dire plus de deux cents kilomètres. Comme tous les hommes de sa race, Wempi est cosmopolite à rendre des points à Master Brown lui-même. Sans cesse en mouvement, se déplaçant au gré de sa fantaisie, il vit partout, et n'a d'autre aspiration que cette liberté d'animal sauvage à laquelle il sacrifie tout. L'Indien, en effet, ne saurait s'astreindre à d'autre règle que celle de son caprice. S'il suppose, à tort ou à raison, qu'une cause quelconque pourrait entraver sa liberté, il déménage un beau matin après avoir entassé pêle mêle dans sa pirogue femmes, enfants, bagages, chaudrons, chiens, provisions. Il abandonne son abatis, et s'en va à l'aventure, jusqu'au moment de la récolte. Il n'a d'autre souci que celui de la vie matérielle. Un chaudron, un coui, une platine, son arc et ses flèches, voilà son « vade mecum » à peine aussi compliqué que celui du philosophe de la Grèce ancienne.

Sa religion qui n'est qu'un manichéisme grossier, s'accommode à toutes les circonstances de sa vie errante. Il croit à l'antagonisme du bien et du mal. Il fait tout ce qu'il peut pour apaiser le mauvais esprit, et satisfaire le bon. Avec une bonne dose de résignation qui pourrait se comparer au fatalisme musulman, l'Indien n'est jamais malheureux. En thèse générale, sauf de rares exceptions, c'est un philosophe qui cherche à dormir le plus longtemps possible, à ne pas travailler et à boire beaucoup de tafia. Il est généralement très doux, ou plutôt complètement indifférent.

C'est en vain que les missionnaires ont de tout temps cherché à les convertir au christianisme. Ils se laissent baptiser et témoignent au « *mon pé* » (mon père) les égards qu'ils professent pour tous les blancs. Ainsi, le lieutenant de Wempi, qui lui succédera comme capitaine, s'appelle Simon, un autre se nomme Jean-Pierre, un troisième Polo (Paul); ils ont été tous baptisés, plutôt

---

[1] J'ai connu particulièrement le capitaine Wempi avec lequel j'ai passé plusieurs journées très agréables. Nous avons chassé et pêché ensemble. Il a « enivré » à mon intention avec le Robinia Nikou la crique Ruyter situé près du dégrad de Sakoura. Il m'a donné son grand arc et ses flèches. C'est le cadeau par excellence que puisse faire un Indien à son *compé*, car je suis le compère du brave Peau-Rouge. Une de ses femmes a fait à mon intention d'admirables poteries que j'ai rapportées en France. Wempi bien que baptisé, n'en pratique pas moins la polygamie.

L. B.

Je ferai pendre vô!... (Page 536.)

dix fois qu'une. Voici pourquoi. Les membres du clergé de la Guyane française, appartiennent à la congrégation des Maristes. Ils font de fréquentes et lointaines excursions. Rarement le même missionnaire revient au même lieu. Les Peaux-Rouges sachant que les prédications se terminent par une distribution de tafia, assez légère à vrai dire, ne font nulle difficulté pour les entendre. Ils se groupent volontiers autour du prêtre, qu'ils appellent *mon pé*, et lui deman-

dent plus volontiers encore le baptême qui est toujours l'occasion d'une fête. Le Mariste ignorant si le néophyte a été ou n'a pas été baptisé, lui confère le sacrement qu'il a généralement reçu plusieurs fois, ce dont il a bien soin de se défendre vis à vis du missionnaire[1].

La conversation entre Wempi et Master Brown eût langui, sans les accolades fréquentes données par le capitaine à son coui que Peter-Paulus remplissait toujours.

L'Indien, parlant le petit nègre, et l'Européen son français anglo-saxon, les vocables devenaient de part et d'autre complètement inintelligibles. Mais Wempi avait grâce à ses relations avec les Hollandais, accroché quelques bribes d'anglais. Les mots de gin, livres, guinées, shelling, lui étaient familiers. Peter-Paulus parla de pirogue et fit le geste de pagayer. Wempi répondit livres et florins. L'on allait bientôt s'entendre.

Pendant ce temps, Mistress Arabella et les jeunes filles continuaient avec les Indiennes une conversation à bâtons rompus, et fréquemment interrompue par des gestes souvent interprétés à l'envers. Tout était un sujet d'étonnement pour les trois Anglaises, grâce à l'imprévu de cette situation sans précédent. Au moment où elles pensaient avoir fait éclore une idée dans le cerveau d'une de ces pauvres créatures, ou éveillé un sentiment dans son cœur, vite, elle se précipitait vers un coui plein de tafia, en absorbait gloutonnement une lampée, retirait son sein de la bouche de son enfant, et entonnait dans l'estomac du pauvre petit être gorgé de lait, une rasade devant laquelle eût reculé un Européen.

La plupart étaient uniformément laides, mais non sans prétentions. Leur stature petite, leur taille carrée, leur tête grosse aux pommettes saillantes, leurs yeux bridés en font des êtres peu séduisants. Mais la coquetterie ne saurait pas plus abdiquer sur les rives du fleuve équinoxial que sur les bords de la Seine ou de la Tamise. Jeunes et vieilles portaient sans exception de larges jarretières placées au-dessous du genou, et au-dessus de la cheville. Ces jarretières rougies par le roucou, sont serrées autant qu'il est possible, et interceptent la circulation du sang. Cette compression amène l'enflure du mollet, et lui donne un volume énorme qui est le comble de l'élégance. Aussi, les muscles de la jambe n'ayant plus leur jeu habituel ni leur élasticité, la locomotion est très difficile. Les victimes de cette coutume barbare s'avancent sur la pointe du pied, avec la démarche hésitante et gauche d'un échassier. Après tout, avons-nous

---

[1] Ya-ya, dit Jean Pierre, m'a avoué avoir été baptisé cinq fois. La dernière fois, pendant mon séjour en Guyane, le rusé compère alla demander le baptême au préfet apostolique.
— Oui, mouché, me dit-il, ça capitaine mon pé (le capitaine mon père) ké baptisé mo.

le droit de médire des jarretières et des mollets de ces pauvres sauvagesses, au profit des corsets et des bottines des femmes civilisées.

Sur ces entrefaites, Miss Lucy, qu'une violente démangeaison ressentie depuis deux jours à la plante d'un pied, avait fort incommodée, fut contrainte de se retirer dans le carbet, tant son malaise devint intense. Une Indienne la suivit curieusement. La jeune fille dut retirer sa chaussure. Un de ses orteils était légèrement tuméfié, et une imperceptible tache rosée tranchait légèrement sur la blancheur de l'épiderme. Deux petites taches analogues se remarquaient à la surface plantaire.

Le prurit devint de plus en plus violent, et Miss Lucy en dépit de la présence de l'indiscrète Peau-Rouge, se gratta avec un acharnement irrésistible. L'Indienne s'approcha et lui dit doucement :

— Vous gain une *chique* dans pied là. Pas gratté, non. Gratté, li mauvais trop beaucoup. Laissé çà, mo ké oté li caba.

La jeune fille comprit vaguement le patois de son interlocutrice et lui tendit son pied.

— Çà même. Mo savé. Mo ké oté chique là.

A l'aide d'une épingle, elle cerna chacun des petits points, l'un après l'autre, et décolla l'épiderme avec une telle dextérité que Miss Lucy ne sentit absolument rien. Deux minutes s'étaient à peine écoulées, que l'habile opératrice lui montrait à la pointe de l'épingle trois petites vésicules blanchâtres du volume d'un fort grain de millet. La jeune Anglaise avait éprouvé un soulagement instantané.

— Tendez (attendez) pitit morceau.

L'Indienne sortit aussitôt du carbet, avisa un de ses compagnons qui fumait, prit la cendre de sa pipe, et revint près de Miss Lucy. L'extraction des vésicules avait produit trois petits trous. Elle les remplit avec cette cendre de tabac et engagea la jeune fille à remettre sa chaussure.

— Çà ké fini. Ou qu'a jamais marcher pieds nus, **non**. Çà michant chique, entrer trop beaucoup coté pitits pieds blanc là.

Miss Lucy, heureuse de cette bizarre et salutaire intervention, allait remercier la piaye improvisée, quant à sa profonde stupeur, elle vit celle-ci mettre l'épingle dans sa bouche comme si elle allait l'avaler.

Elle s'aperçut bientôt de son erreur, en voyant l'épingle traverser la lèvre inférieure, se joindre à trois ou quatre autres restées en place et dont la réunion formait un faisceau, descendant comme une barbiche jusque sur le menton.

Afin d'expliquer la nécessité des épingles pour ces braves gens qui portent un costume aussi rudimentaire, il est utile de dire en quelques mots ce que c'est que la chique.

La *chique* ou *puce pénétrante*, est un insecte bien plus petit, et infiniment plus incommode que la puce ordinaire. Elle appartient aux Antilles et à l'Amérique Méridionale où elle est très commune. Elle se trouve dans le sable, la poussière, et surtout dans les carbets abandonnés. Elle pénètre rapidement entre cuir et chair, sans occasionner la moindre sensation. Elle se gonfle par l'absorption des liquides qu'elle aspire, et acquiert en peu de temps un volume pouvant égaler celui d'un pois. Sa présence est signalée au bout de deux jours par une vive démangeaison, la tête et le thorax n'apparaissent plus que comme un point noir dans la transparence de la peau. Le petit vampire, commodément installé en plein organisme vivant, opère bientôt sa ponte. La famille qui éclot est fort nombreuse. Les petites chiques attaquent les tissus et produisent des ulcères malins quelquefois mortels, et nécessitant parfois l'amputation de l'orteil.

Les pieds nus des Noirs et des Peaux-Rouges sont très fréquemment atteints, mais les uns et les autres possèdent une étonnante dextérité pour arracher le petit monstre de son lieu d'élection. En dépit de cette habileté il n'est pas rare pourtant de voir des nègres ou des Indiens privés d'une ou plusieurs phalanges. Leurs pieds sont en outre souvent rongés d'ulcères auxquels ils donnent le nom de *crabes* et de *chaouaoua* qui résistent pendant longtemps aux plus énergiques agents thérapeutiques.

Les femmes sont généralement chargées d'extraire ces parasites incommodes. L'épingle est l'instrument indispensable à cette extraction. Mais où piquer ces épingles qu'il faut avoir à chaque instant sous la main, quand on ne possède ni étui, ni pelote, ni poche? La difficulté est résolue d'une façon singulière. Les Indiennes se percent la lèvre inférieure d'une petite ouverture qui persiste après guérison de la plaie. Elles introduisent dans cet ingénieux étui les épingles la pointe tournée en dehors. Les tiges métalliques immobilisées par la rétraction du tissu ne peuvent glisser et évoluent bizarrement quand l'Indienne rit, parle, et trop souvent hélas! sanglote. Elles ne sont nullement incommodées par ces corps étrangers, elles mangent et boivent sans paraître y faire attention. La présence de ces épingles leur est même si familière, qu'elles les retirent sans y mettre la main, et par un simple mouvement combiné de la langue et des dents.

Telle était la manœuvre qui avait si fort intrigué Miss Lucy, lors de l'extraction des parasites dont les Européens ne sont pas non plus indemnes.

L'échange de propos et de gestes incompris ou interprétés à l'envers continuait pendant ce temps entre Peter-Paulus Brown et le capitaine Wempi. Ce dernier qui était « bleu passé macaque » — expression créole indiquant l'ivresse la plus complète — voulait opérer ses préparatifs de départ. Pour la dixième fois, il répétait à Master Brown qu'il était parti pour aller enivrer une crique ; que c'était l'affaire de quatre jours « pou prend'posson, pou boucané li » que passé ce temps il reviendrait et prendrait comme passagers l'Anglais et sa famille. Ce dernier n'entendait pas plus raison qu'une mule catalane.

— Je vôlé partir tout de souite. Entendez-vô ! Je donnai à vô beaucoup de guinées, de livres, de florins... un chèque pour le banque de Sourinam !..

Peine inutile. Les décisions des Indiens sont immuables. Tout ce que Peter-Paulus pourrait gagner à insister, serait d'empêcher le retour de Wempi et de son clan. Il fallut bon gré mal gré accepter les conditions du Peau-Rouge et attendre encore quatre mortelles journées.

Les Galibis partis, Master Brown rongeait son frein depuis près de trente-six heures, partageant son temps entre l'autopsie des boîtes à conserve et l'entretien de son feu. Il gardait un silence farouche et voyait non sans envie sa femme et ses filles manger de bon appétit, pendant que privé des joies de la navigation, il s'étiolait en grignotant du bout des dents l'endaubage et le poisson à l'huile.

La deuxième nuit était à moitié écoulée. Le brasier luisait comme un phare. Peter-Paulus songeait. Un bruit de rames le fit tressaillir. Il se leva brusquement et appela de toute la force de ses poumons. Le clapotement des rames cessa. Une horrible imprécation retentit dans la nuit. L'Anglais entendit un froissement de branches. Son feu s'éteignit instantanément étouffé par une cause inconnue. L'obscurité devint complète.

Peter-Paulus allait protester contre cette violation de domicile. Il n'en eut pas le temps, des mains brutales le saisirent, le garrottèrent et le bâillonnèrent. Il se sentit emporté à travers les broussailles, et rudement jeté au fond d'un canot. Puis le bruit des pagayes recommença, l'embarcation reprit sa course.

— C'est égal, pensait Peter-Paulus assommé, hors d'état de faire un mouvement, et sans même penser à sa femme et à ses enfants, ce était encore le névigécheune.

CHAPITRE XI

En raison de quel phénomène un coutelier de Sheffield, se trouve-t-il par 5° 40' de latitude Nord, et 56° 40' de longitude Ouest, la poitrine et l'abdomen illustrés d'une fleur de nymphœa, et d'une tête de requin d'eau douce ? — Comment le libéré Gondet avait été dévalisé. — Un audacieux gredin. — Allées et venues mystérieuses. — Gondet ne sait rien ! — Master Brown veut naviguer, mais refuse de rien tenter en vue du salut de tous. — Encore le capitaine Wempl. — En tête à tête avec le voleur. — Trop tard d'une seconde. — Un homme à qui les déguisements sont plus familiers que l'honnêteté.

L'on se souvient de la phrase stupéfiante prononcée par l'Indien qui naviguait avec Gondet, lorsque les Robinsons de la Guyane capturèrent l'embarcation montée par les deux hommes. Ce Peau-Rouge si bizarrement enluminé de roucou et d'huile de carapa, qui écorchait le français avec cet indescriptible accent anglais, ce tableau vivant, cet épiderme illustré aux couleurs de Mamandi-l'Eau, c'était Peter-Paulus Brown !

Par quelle invraisemblable succession d'évènements insensés, un ci-devant coutelier de Sheffield, atteint de gastralgie chronique et de monomanie errante, se trouvait-il par 5° 40' de latitude Nord, et 56° 40' de longitude Ouest, en pareil lieu et en tel état ?

Quelque désir qu'il en eût, Robin ne put rien tirer de l'original qui voyant sa navigation au moment d'être interrompue, et ses protestations inutiles, conserva une impassibilité dont le dernier descendant des Aramichaux eût été jaloux. L'ingénieur et ses fils avaient d'ailleurs d'autres sujets de préoccupation que de se casser la tête à deviner cette énigme baroque, dont la solution serait tôt ou tard connue. La grande embarcation fut amarrée au canot de papier qui prit la direction du campement, à la grande joie de Gondet.

Le pauvre diable, la face marbrée d'ecchymoses, bossuée de contusions, était dans un état déplorable. Il pouvait à peine se tenir debout, et répondre aux questions dont il fut accablé.

— Ah! Monsieur Robin, quel bonheur de vous revoir! J'ai été maltraité, battu, volé. Le dépôt confié par votre fils m'a été enlevé de force, mais, nous le retrouverons, et d'ici peu, dit-il en recouvrant un peu de son énergie.

— Voyons, Gondet, répondit l'ancien proscrit, que s'est-il passé? Parlez n'omettez aucun détail, et surtout, faites vite.

— Tout de suite, Monsieur. Mais, avant de vous répondre, permettez-moi de vous adresser une question.

— Dites.

— Vous ne m'avez pas soupçonné, n'est-ce pas?.. Vous ne m'avez pas cru capable de détourner quelque chose vous appartenant à vous, mon bienfaiteur?.. Vous ne suspectez même pas ma vigilance?

— Non, Gondet. J'ai cru à une catastrophe dont vous n'étiez aucunement responsable.

— Quoique, interrompit Charles, votre disparition ait été pour le moins étrange.

— Hélas, reprit douloureusement le libéré, je ne fais que répéter cela depuis mon « malheur »; quand on a « fauté » une fois on ne peut plus inspirer de confiance aux honnêtes gens.

— Vous vous trompez, et mon fils n'a pas eu l'intention de témoigner la moindre incrédulité. Vous avez donné depuis longtemps assez de gages de probité, pour que désormais vos intentions ne soient pas révoquées en doute.

— Merci, Monsieur Robin, merci pour vos bonnes paroles. Je vous aurais retrouvés tous depuis trois jours, si ceux qui m'ont dévalisé ne m'avaient mis aux mains de cet enragé qui m'a roué de coups et forcé de descendre le fleuve.

Peter-Paulus gardait un silence dédaigneux, et tournait avec affectation le dos aux Européens.

— Mais, qui vous a dévalisé?

— C'est toute une histoire à laquelle je ne comprends rien. Toujours est-il qu'ils ont « peinturé » l'Anglais, l'ont mis dans mon canot, et lui ont dit : « Eh! bien, naviguez à votre aise, Master Brown, voici un bateau et un patron ». Il a répondu : « Yes » et m'a dit : « Allez à Saint-Laurent pour que je mette opposition sur les chèques. On a volé mon carnet de chèques ». J'ai bien essayé de remonter la crique, mais il s'est mis dans une colère terrible, et m'a envoyé je ne sais plus combien de coups de poings qui m'ont assommé. Il a fallu bon gré mal gré descendre le Maroni sous peine d'être encore plus maltraité.

— Yes, daigna articuler Peter-Paulus. Mon carnet de chèques était volé. Toute mon fôtune il était entre les mains de coquines. Vôs étiez complices des coquines, puisque vous empêchez de continouïé le névigécheune de môa. Je vôlé faire mon déclarécheune aux autorités de cette pays détestébeule.

— Sir, voulut dire Robin...

— Je étais Master Peter-Paulus Brown de Sheffield, riposta sèchement le Peau-Rouge de la Grande-Bretagne.

— Eh! bien, Master Peter-Paulus Brown de Sheffield, répondit en excellent anglais Robin, je vous engage à vous tranquilliser. Votre fortune ne court aucun risque, parce qu'il n'y a pas de banque à Saint-Laurent, et que votre signature faussée par les voleurs ne peut être de longtemps produite. Voilà le conseil que vous donne, avec l'hospitalité, Monsieur Robin, Français, colon et ingénieur civil.

— Vôs étiez oune filou. Je ferai pendre vô et tout le famille de vô quand le couirassé de Sa Majesté viendra bombarder cette pays.

L'ingénieur se mit à rire de tout son cœur et tourna le dos en haussant les épaules.

Mais Henri se dressa de toute sa hauteur devant l'irascible Anglais sur l'épaule vermillonnée duquel il posa le doigt.

— Master Brown de Sheffield, dit le jeune homme un peu pâle, je vous engage à peser vos paroles et au besoin, je vous l'ordonne. Si vous avez abusé de votre vigueur à l'égard de cet homme, — il désignait Gondet — sachez que je dispose vis-à-vis de vous d'arguments analogues. Et pour que vous n'alléguiez pas votre ignorance de notre langue afin de donner une fausse interprétation à mes paroles, je vous formule mon ordre en anglais.

— Henri, dit doucement l'ingénieur, laisse en paix ce pauvre diable dont le soleil a peut-être détraqué le cerveau. En outre, le vol de sa fortune, et le grotesque accoutrement dont l'ont affublé les malfaiteurs inconnus, sont autant de circonstances atténuantes.

« Master Brown, vous êtes notre hôte. Votre personne est sacrée pour nous. Nous pourvoirons à tous vos besoins.

— La brute! murmura Gondet. Il déplore la perte de sa fortune, et n'a même pas dit un mot relatif à sa femme et à ses deux jeunes filles retenues par les bandits.

Le canot remorquant la chaloupe venait d'aborder. Madame Robin avait

Le prêtre se leva. (Page 544.)

saisi les derniers mots prononcés par son mari et par le libéré. Son cœur d'épouse et de mère se serra en entendant ces paroles. Elle put à peine remarquer ce qu'avait d'extravagant l'arrivée du monomane.

— Des bandits, s'écria-t-elle !.. Une femme, des jeunes filles entre leurs mains. Oh! mon ami, mes chers enfants, il faut les délivrer au plus vite.

— J'apprends à l'instant ce douloureux épisode, répondit Robin. Il nous faut savoir de Gondet tout ce qu'il connaît de relatif à l'enlèvement. Nous combinerons ensuite nos moyens d'action, puis nous partirons sans désemparer.

— Oh! oui, n'est-ce-pas! Pauvre femme! Pauvres enfants! Quelle horrible position!

La troupe entière s'installa de nouveau sous le carbet. Les deux Bonis restèrent en sentinelle près des bateaux, et Gondet commodément assis sur un hamac, raconta longuement ce qu'il savait des évènements accomplis depuis trois jours.

— Il y avait vingt-quatre heures que M. Charles était parti en reconnaissance vers le haut de la crique, et douze heures que vous étiez allé à sa rencontre. La rivière grossissait d'une façon inquiétante sans que rien dans l'état de l'atmosphère motivât cette crue subite. J'avais entendu une détonation sourde, que je ne sus à quelle cause attribuer. On eût dit l'explosion d'un fourneau de mine très volumineux, et chargé d'une quantité considérable de poudre. Mais, quelle apparence de réalité dans cette supposition? Ces cantons de la Haute-Guyane sont si déserts! Qui eût pu faire jouer la mine et dans quel but?

— C'est vrai, interrompit Robin. Cette détonation précédant de quelques minutes la subite invasion des eaux nous a singulièrement intrigués.

— Indépendamment du danger qu'elle nous a fait courir, et des ravages exercés par l'action des eaux sur le champ d'or, continua Charles. L'exploitation doit être pour longtemps impossible. Je crains bien en outre que la plupart des travailleurs, échappés à l'incendie n'aient été noyés.

— Quoi qu'il en soit, et en dépit de l'invraisemblance de la supposition, nous l'avons attribué à la même cause.

« Mais, continuez, Gondet. Nous vous écoutons. La réussite de notre expédition dépend de votre précision.

— Nous prenions notre repas sur la rive droite de la crique, les chaloupes étaient solidement amarrées, et pour plus de sûreté, j'avais placé un homme dans chacune. Un canot européen fut bientôt signalé. Il était monté par huit hommes, et portait à l'arrière le pavillon français. Quatre noirs ramaient vigoureusement. Sous la tente se tenait un officier d'infanterie de marine, en petite tenue, accompagné de deux soldats de la même arme. Le patron était vêtu de l'uniforme des surveillants militaires. Le huitième passager avait la tête couverte d'un vieux chapeau, et le corps enveloppé d'une chemise. C'était un Peau-Rouge.

« Tiens, me dis-je, c'est un officier de la garnison de Saint-Laurent, qui probablement s'occupe de travaux hydrographiques.

« Le patron donna un coup de barre et l'embarcation vint aborder près des nôtres. Je la reconnus aussitôt. C'était un des canots du pénitencier, un de ces grands bateaux à clins, peints en blanc et sur le bordage duquel se voyaient peints en noir un C et un P séparés par une ancre.

« L'officier prit pied à quelques pas de nous. C'était un capitaine âgé d'environ trente-cinq ans, et décoré de la légion d'honneur. Je remarquai alors que la grille de fer servant à séparer les rameurs des passagers avait été enlevée. Les hommes de l'équipage rentrèrent leurs avirons. Le surveillant, au lieu d'enlever ces rames et de s'asseoir à côté, avec son revolver près de lui, comme l'ordonne formellement la consigne, descendit en même temps que le capitaine. Je constatai non sans surprise que tous deux étaient armés jusqu'aux dents. Ils portaient l'un et l'autre à la ceinture un revolver de calibre, et un fusil de chasse sur l'épaule. Un fusil, passe encore, quand on aime la chasse. Mais un revolver sur un parcours où l'on ne rencontre ni voleurs ni animaux féroces, cela me parut singulier. Mais, comme ce n'était pas mon affaire, je gardai mes réflexions pour moi.

« Je me levai et me découvris poliment devant l'officier qui toucha du bout du doigt la visière de son casque blanc.

— Vous êtes en règle ? me demanda-t-il rudement. Votre permis de sortie... montrez-le moi.

« Je tirai de ma poche l'autorisation donnée par le commandant supérieur, et sans laquelle nulle embarcation ne peut quitter le territoire du pénitencier.

« Il la lut et me dit :

— C'est vous qui êtes Gondet ?

— Oui capitaine.

— Un libéré faisant le canotage entre Saint-Laurent et le haut Maroni ?

— Oui capitaine, et j'ose le dire, honnêtement depuis que j'ai expié ma faute.

— Honnêtement... Nous verrons bien. Mon garçon, l'autorité a les yeux sur vous. Vous êtes signalé comme faisant une contrebande très active. Vous introduisez de l'or sans acquitter les droits, et vous frustrez le trésor de huit pour cent.

— Mais, capitaine, je vous jure...

— Assez ; que contiennent vos canots ?

— Des marchandises apportées d'Europe, des provisions et des instruments agricoles ou d'exploitation aurifère destinés à un placer près de Saut Peter-Soungou.

— Des marchandises d'Europe... Montrez-moi votre cargaison.

« Je n'avais qu'à obéir. C'est ce que je fis sans hésiter. Il lut votre nom sur les colis et demanda :

— Robin... Qu'est-ce-que c'est que çà ?

— L'insolent ! s'écrièrent d'une seule voix les Robinsons scandalisés.

— Je répète ses propres paroles. Il continua son inventaire et reprit :

« Ces instruments sont de provenance anglaise. Il y a des droits d'entrée. Ces droits sont-ils acquittés ?

— Je crois qu'ils le sont, puisqu'ils ont été amenés ici autant que je puis le croire par le *Dieu-Merci*. La cargaison a nécessairement été en transit à Cayenne.

— Je n'en sais rien. Ou plutôt j'en doute. Où est le propriétaire ?

— Dans les bois. Il doit revenir demain.

— Mon garçon, vous jouez bien mal votre rôle et vous êtes un contrebandier fort maladroit. Il est inutile de continuer cette comédie. Je vous arrête, et je confisque votre cargaison.

— Mais, s'écria Robin indigné, cet homme n'avait aucun droit. Il ne pouvait d'ailleurs appartenir à notre armée. Ce n'était pas un officier, mais quelque misérable ayant pris l'uniforme de nos soldats pour accomplir un acte d'ignoble piraterie.

— Il me vint comme une velléité de révolte. Bien que notre situation de libérés nous place toujours sous la surveillance des autorités, que nous ne puissions ni vendre, ni acheter, ni sortir, ni rentrer sans autorisation, et que ma résistance eût pu m'attirer une vigoureuse punition, j'eus l'intention de protester, quitte à ne jamais rentrer à Saint-Laurent et de vous demander l'hospitalité. Je n'en eus pas le temps.

« Celui que je regardais comme un officier, m'appliqua le canon de son révolver sur la poitrine, et poussa un cri. Ses quatre noirs et ses deux soldats commandés par le surveillant, se ruaient dans les canots et garottaient en un tour de main mes hommes épouvantés.

« Je fus pris le dernier, et ficelé en moins de temps qu'il m'en faut pour vous le dire. Mais alors, se passa un incident étrange bien que futile en apparence. Mon chien voulut me défendre. Il s'élança contre le capitaine, le mordit au bras et déchira sa veste d'uniforme depuis le coude jusqu'au poignet. Il arma son fusil, coucha en joue le pauvre animal et l'étendit raide mort. Le sang coulait sur son bras. Il l'étancha avec son mouchoir, et j'aperçus distinctement sur sa peau un de ces hideux tatouages bien connus de ceux qui ont eu le malheur de vivre dans les bagnes.

— Je vous le disais bien, interrompit Robin avec vivacité. Cet homme qui souillait ainsi l'uniforme était quelque bandit évadé du pénitencier, le surveillant et les noirs les complices de son crime.

— L'idée m'en vint aussitôt, bien qu'il portât sa tenue avec une aisance parfaite, et que ses termes fussent corrects. Mais hélas! je ne suis pas un naïf, et il y a d'habiles comédiens, parmi les pensionnaires des pénitenciers. Je savais d'ailleurs que je n'avais rien à craindre pour ma vie, car il n'y a pour ainsi dire pas d'exemple d'évadés qui se soient rendus coupables d'assassinats. Ils savent trop bien qu'en cas de réintégration, la peine de mort serait fatalement prononcée contre eux.

« Je fus rudement jeté au fond du canot de l'administration, à bord duquel le Peau-Rouge était resté immobile. Je tombai sur les pagaras, les caisses, les provisions qui l'encombraient, et le choc fut si violent, que je perdis connaissance.

« Quand je revins à moi, la nuit était venue. J'étais étendu sur le dos, et si étroitement garotté, que tout mouvement m'était impossible. La flottille marchait. Je ne sais si je me trompe, mais il me sembla que nous avions traversé le Maroni et gagné la rive hollandaise. Dans tous les cas la côte était très rapprochée, puisque j'apercevais les branches qui de temps à autre interceptaient la vue des étoiles. Puis, tout mouvement cessa, nous étions immobiles. Ce temps d'arrêt dura longtemps, et le jour allait poindre quand nous reprîmes notre course.

— Ne croyez-vous pas, Gondet, que les voleurs — je n'ai que trop de raisons pour leur appliquer ce qualificatif — ne fussent allés cacher notre cargaison qui devait fort tenter la cupidité de gens sans préjugés.

— Ma foi, Monsieur Robin, c'est bien possible. En somme, l'affaire a été habilement menée. Je vous assure que je n'eusse rien soupçonné sans la vue du tatouage du soit-disant capitaine. J'eusse cru de bonne foi à la séquestration de vos marchandises, d'autant plus que cet homme a disparu pendant la nuit, ainsi que tous ses compagnons.

— Que me dites-vous là?

— L'exacte vérité, Monsieur. Je me suis retrouvé le lendemain, c'est-à-dire hier matin, dans la crique à l'embouchure de laquelle nous étions amarrés la veille. Une bande de Peaux-Rouges, d'aspect peu rassurant, et tels que je ne me souviens pas d'en avoir vu, nous entouraient. Ils étaient une dizaine. Le lit de la crique était barré par un grignon énorme fraîchement abattu. La circulation était complètement interrompue entre le bas et le haut de la rivière.

« Mes hommes n'étaient plus avec moi. En revanche, j'avais d'autres compagnons : une dame européenne, deux jeunes filles et un blanc que celles-ci appelaient leur père. Je comprenais de moins en moins et je croyais que je devenais fou. Les Indiens ne les maltraitaient pas, bien que le blanc les accablât d'injures. Ils semblaient au contraire regarder les dames avec une surprise qui n'était pas exempte de respect.

« Pour finir, j'ignore ce qui s'est passé pendant la nuit qui suivit cette étrange journée, car je m'endormis d'un sommeil de plomb. Quand je m'éveillai, l'Européenne et les deux jeunes filles avaient disparu. C'est alors que mes aventures atteignent le comble de l'invraisemblance. L'Anglais, nu comme la main, était attaché à un arbre, pendant que le chef des Peaux-Rouges, un vieux à l'air farouche, achevait de le « peinturer » et de le mettre dans l'état où vous le voyez en ce moment.

« On nous mit tous deux dans une embarcation, et je reconnus avec surprise un de nos canots complètement vide, sauf quelques provisions embarquées pour notre subsistance. Je voulais aller à votre recherche, mais mon brutal se mit à boxer et il me fallut bon gré mal gré l'accompagner. C'est alors que j'eus le bonheur de vous rencontrer.

— Tout cela, dit Robin, me semble moins étrange qu'on pourrait le supposer tout d'abord. Ces allées et venues, ces disparitions d'Européens, ces apparitions de Peaux-Rouges, ont pour but de nous donner le change et de nous faire prendre une fausse piste. La mascarade de l'Anglais ne peut être qu'une facétie d'Indien en belle humeur et nous n'avons pas à en tenir compte. Nos marchandises ne peuvent être loin d'ici. Elles sont cachées sur l'une ou l'autre rive.

« J'opinerais pour la côte hollandaise, d'autant plus qu'il vous a semblé traverser le Maroni pendant la nuit d'avant-hier.

— Oui, Monsieur.

— Nos drôles pensent être très forts, et ne sont que des niais. Les objets volés ne peuvent être qu'ici, ou au point où vous fûtes conduit la nuit dernière. Cette seconde version me paraît la plus rationnelle. L'essentiel pour nous est d'aller vite. Nous ne pouvons faire indéfiniment buisson creux. Que diable, une cargaison aussi volumineuse ne disparaît pas comme un pagara.

« Voyons, Gondet, il vous serait impossible de reconnaître cet endroit, n'est-ce pas ?

— Hélas ! oui, Monsieur Robin.

— Mais j'y pense. Les embarcations ne se se sont arrêtées qu'une seule fois pendant la nuit.

— Oui, Monsieur.

— C'est à votre retour ici, que vous avez vu débarquer l'Anglais et sa famille, amenés en même temps que vous ?

— Parfaitement.

— Notre original retrouvera peut-être l'emplacement, ou tout au moins la direction. J'espère qu'il voudra nous conduire.

Peter-Paulus, accroupi sous le carbet, conservait sous ses baroques enluminures, l'impassibilité d'un Peau-Rouge endurci. Il semblait étranger à tout et ne voulait ni voir ni entendre.

Robin s'approcha de lui.

— Master Brown, lui dit-il, voulez-vous retrouver votre femme, vos enfants et rentrer en possession de votre fortune ?

— Je volais néviguê, répliqua-t-il du bout de ses longues dents.

— Vous naviguerez, Master Brown, je vous le promets. Mais il faut préalablement nous aider à retrouver le lieu que vous occupiez sur la côte avant votre enlèvement.

— No.

— Vous refusez ?

— Yes. Je étais ici pour néviguê et non pas pour aidé vô. Je étais sudjet anglais, et je volais pas associer l'existence de moa à celle de vô.

— Mais le soin de votre famille... le souci de votre fortune.

— Mon fémily il ne regardait pas vô. Mon fortune il importait pas à une aventurier comme vô.

— Master Brown, vous êtes un insolent et un père sans cœur.

— Je étais sudjet anglais, et mon estomac il était malade.

— C'est bien. Vous êtes parfaitement libre de vos pensées et de vos actions. Nous vous laisserons ici et nous ferons notre besogne tout seuls. Notre absence peut durer deux jours. Je vais vous donner des provisions pour une semaine.

— Je paierai vô, les provisions.

— Mais vous n'avez pas un shelling.

— Je étais notébeul industriel de Sheffield. Je avais crédit sur le banque...

— Prenez en attendant hypothèque sur les brouillards du Maroni et portez vous bien.

Pendant ces longs pourparlers, Nicolas avait chauffé. La machine du canot de papier était en pression au moment où finissait le colloque entre Robin et l'Anglais. Les Robinsons prirent place à bord, et l'embarcation fila à toute vapeur vers la rive hollandaise. La traversée s'opéra en un quart d'heure, puis le canot rasa comme précédemment la berge avec lenteur, pendant que les membres de l'expédition fouillaient de regards avides l'interminable rideau de verdure.

Les recherches furent longues et pénibles, en dépit de la prodigieuse habileté des Européens, et du flair infaillible de leur chien indien. Enfin, de guerre lasse, Robin était près commander la halte, pour faire du bois, car le combustible allait bientôt manquer.

— Stop ! cria-t-il à la vue d'une grande pirogue indienne amarrée à une racine, et dont l'arrière émergeait d'une épaisse touffe de moucoumoucou.

Au centre, un Indien, accroupi sur un pagara, fumait nonchalamment une cigarette en feuille de mahot. Robin le héla.

— Ho ! Compé ! Ho !
— Ho ! Compé ! Ho ! fit l'Indien.
— Qué moun, qu'a gagné çà bateau-là ? (à qui est ce bateau ?)
— Çà bateau-là, capitaine Wempi.
— Et où est le capitaine Wempi ?
— Là, côté la té, ké mon pé (Là, à terre, avec le mon père).

Une demi-douzaine de Peaux-Rouges, attirés par les frémissements de la vapeur s'échappant de dessous les soupapes, sortaient du fourré.

Robin, Henri, Charles, avec les deux Bonis, débarquèrent, et se trouvèrent bientôt au milieu d'une troupe nombreuse environnant un petit carbet.

— Boujou, Wempi.
— Boujou Lômi, boujou Bacheliko, boujou Mouché, répondit le capitaine qui connaissait les fils d'Angosso.
— Que fais-tu là, capitaine Wempi, demanda l'ingénieur ?
— Mo ké vini serser (chercher) mouché blanc, madame li, mam'selles li.
— Et d'où viens-tu ?
— Enivrer crique.

Les trois Européens et les noirs pénétrèrent sous le carbet, et aperçurent tout d'abord un prêtre, gris de barbe et de cheveux, assis près d'un hamac. Deux jeunes filles éplorées, les yeux pleins de larmes, sanglotaient. Dans le hamac, une femme, en proie à une fièvre terrible poussait des cris plaintifs.

Le prêtre se leva à l'aspect des nouveaux venus qui le saluèrent avec déférence.

Reste ici!... Mataaô. » (Page 549.)

— Ah! Messieurs, leur dit-il, combien je bénis votre arrivée. Quel service vous allez rendre à ces infortunées jeunes filles et à leur malheureuse mère. Je revenais du haut Maroni, quand je les trouvai hier sur la rive française. Elles m'ont raconté leur histoire qui est navrante. Pour comble de malheur leur père a disparu. J'allais les conduire jusqu'à Sparwine, quand j'appris d'elles que ce capitaine indien devait incessamment venir les prendre ici. Je ai les amenées aussitôt, espérant, mais en vain, y retrouver le chef de leur famille.

« Avez-vous de la quinine? Cette pauvre dame a été atteinte ce matin d'un accès de fièvre que je ne puis combattre, car ma provision est épuisée.

Robin n'eut pas le temps de répondre. Gondet qui s'était avancé lentement sans être vu, bondit, le sabre levé sur le prêtre.

— C'est lui ! le bandit ! Il n'est pas plus curé que capitaine. A moi !

D'un geste rapide, le soit-disant prêtre écarta l'arme. Puis se glissant sous le hamac avec l'agilité d'un félin, il s'élança hors du carbet et disparut avant que les spectateurs de cette scène étrange eussent pu faire un seul mouvement.

— Que personne ne le suive, s'écria Robin avec autorité. Il ne saurait être seul. Nous tomberions dans une embuscade.

Mais Gondet, affolé, hors de lui, n'avait rien entendu. Il s'était rué à sa poursuite, accompagné du chien Mataaô, dont on entendait les aboiements précipités.

L'absence du libéré se prolongea plus d'une demi-heure, et déjà chacun appréhendait qu'il n'eût été victime de sa témérité, quand on le vit revenir la figure et les mains en lambeaux, mais radieux.

— Le misérable ! Je l'ai reconnu à sa voix, dit-il haletant. Il s'était vieilli en se grimant et en saupoudrant de farine sa barbe et ses cheveux. Mais je ne m'étais pas trompé.

« Tenez, dit-il en jetant aux pieds de Robin la robe noire dont l'inconnu s'était débarrassé pour courir plus vite, vous voyez que les déguisements lui sont familiers. N'avais-je pas raison de dire qu'il n'était pas plus prêtre qu'officier, et que c'est un de nos voleurs? Il m'a échappé ; mais à quelque chose malheur est bon, car je viens de faire à cinquante pas d'ici une fière trouvaille.

CHAPITRE XII

Précieux enseignements tirés de la présence d'une feuille.—Un chien en arrêt devant une machine à vapeur.— Matériel retrouvé.— Encombrement momentané. — La bigue.— Pauvre mère !.. Pauvres enfants ! — Ce qu'on entend par « tirer un coup de soleil ». — Un peu de médecine indigène. — La fugue des Indiens. — Non ! pas de travail ! — Arrimage de la cargaison. — Forts « passé maïpouri ». — Reconnaissance de la femme Peau-Rouge.— En route pour l'habitation.

Gondet, servi par un hasard prodigieux, venait de faire une découverte singulièrement importante. Il essaya, mais en vain, de suivre la trace de l'être mystérieux qu'il venait de retrouver sous la robe du missionnaire. Celui-ci, disparut bientôt derrière les impénétrables futaies, en homme auquel sont familières les courses en forêt. Gondet, ne chercha pas à savoir quel pouvait bien être l'audacieux gredin portant avec une telle aisance l'habit du prêtre et celui du soldat. Cette facilité d'adaptation à des rôles aussi différents, ne pouvait être que le fait d'un homme rompu à toutes les intrigues, ignorant les préjugés, capable de tout, enfin, un des grands « dignitaires » de cet enfer qui s'appelle le bagne.

Malgré l'instinct du chien Mataaô et son infaillible odorat, le libéré vit bientôt l'inutilité de sa poursuite. Non seulement l'inutilité, mais encore le danger. Telle est en effet la configuration du formidable parterre de la fée guyanaise, fouillis inexploré, fécond en périls de toutes sortes, et à travers les méandres duquel le chasseur devient à son tour gibier, que Gondet pouvait être en un moment à la merci de l'inconnu, grâce à un retour offensif de celui-ci.

Le pauvre diable le comprit si bien, qu'il rompit la quête du chien rapportant comme trophée la robe noire, trouvée accrochée à un buisson. Il revenait donc piteusement, accompagné de l'animal qui, en limier bien élevé, le précédait de trois pas à peine, sans se presser, sans s'arrêter, et en aspirant à petits coups saccadés de son nez noir comme une truffe les émanations de la forêt. L'homme, l'œil et l'oreille au guet scrutait aussi ce petit coin de l'infiniment grand. Vieille habitude de coureur des bois, auquel rien d'anormal ne doit échapper. Bien lui prit de ne pas négliger cette indispensable précaution, car il aperçut émergeant du sol, la base d'un de ces pétioles ligneux, bruns, coriaces, qui supportent les folioles du palmier-macoupi. Tout homme étranger à la vie sauvage, passerait indifférent devant une simple queue de feuille, quand bien même cette feuille composée aurait trois mètres de long, et que la queue serait de la grosseur du pouce. C'eût été une grosse faute, et Gondet se garda bien de la commettre. La feuille était enterrée; l'extrémité du pétiole qui sortait, mesurait à peine dix centimètres de longueur et ce pétiole était sectionné en biseau comme avec le sabre d'abatis.

Le libéré s'assura que les arêtes coupantes ne recélaient aucune substance vénéneuse et pour plus de précaution, il décortiqua avec son sabre la tige ligneuse du monocotylédone. Puis, il s'arc-bouta et tira de toutes ses forces. La feuille entière s'arracha et apparut avec ses folioles froissées, mais bien vertes.

— Cette feuille, se dit non sans raison Gondet, a été enfouie depuis peu de temps, et elle ne s'est pas enterrée toute seule. Si j'allais en trouver d'autres. Creusons...

Mataaô, qui était apte à toutes les besognes, voyant l'homme retourner la terre avec son sabre, se mit incontinent à fouiller avec fureur, comme s'il cherchait un tatou. Le vaillant animal fit tant et si bien, qu'en moins de deux minutes il mit à découvert au moins un mètre carré de litière verte, formée de feuilles bien tassées. Il est bon de dire que la couche de terre fraîchement remuée, n'avait pas plus de vingt centimètres d'épaisseur.

— Tiens!.. reprit en aparté Gondet, mais c'est un silo. Que diable peut-il bien y avoir là-dessous ?

« Allons, Mataaô, cherche !.. Cherche, mon brave chien.

Mataaô encouragé de la voix et du geste, reprit sa fouille avec acharnement. Il arracha brusquement l'épaisse couche de frondaisons et disparut presque entièrement au milieu des végétaux hachés. Il sembla au libéré que les griffes de l'animal, grinçaient sur une surface dure et lisse qu'elles ne pouvaient entamer.

— Ici, Mataaô, ici, dit-il doucement.

Le chien bondit hors du trou, et resta bientôt planté sur ses quatre pattes, la queue droite, le museau tendu, gardant ce bel arrêt qui fait tressauter le cœur du chasseur le plus aguerri.

— Que diable cela signifie-t-il, se dit Gondet plus intrigué que jamais.

Il se pencha, et lança au fond de l'excavation un léger coup de pointe. La lame du sabre rendit un son métallique. Le libéré se sentit frissonner de la tête aux pieds. Il se jeta à corps perdu sur le sol, fouilla, arracha, gratta des pieds et des mains, puis, haletant, courbaturé, en lambeaux, il s'élança en disant au chien toujours immobile :

— Reste ici, Mataaô. Attends-moi, mon chien !

L'intelligent animal, remua doucement la queue, comme pour dire : « j'ai compris » et resta ferme comme un roc.

Cet épisode n'avait duré qu'une demi-heure. Gondet, arrivait bientôt au milieu des Robinsons, inquiets d'une absence aussi prolongée. Le pauvre homme transporté d'une joie folle, bégayait, suffoquait, et semblait transfiguré.

... — Oh ! oui, une fière trouvaille, allez, monsieur Robin. La destinée me devait bien cela. Mon Dieu ! allez-vous être heureux !

— Voyons, enfin, Gondet, dit doucement l'ingénieur, qu'y a-t-il. Qu'avez-vous rencontré, mon brave garçon.

— Monsieur Robin, venez... Venez vite. Vous avez vu bien des choses en votre vie... mais vous n'avez jamais rien contemplé de pareil !

— Mais quoi ?

— Eh ! bien, un chien... en arrêt... devant une machine à vapeur !..

— Non !.. Je ne suis pas fou, reprit-il avec une exaltation qui donnait un apparent démenti à ses paroles. J'ai touché, j'ai vu. C'est bien caché, et proprement emballé. Cela reluit comme de l'argent. Venez !.. je vous en prie, venez vite.

Robin, Charles et Nicolas se précipitèrent pleins d'une ardente curiosité. Gondet n'était pas fou. A moins de cinquante mètres, s'élevait autour de l'excavation un épais monceau de débris, sur lequel, se tenait Mataaô, comme la statue de la vigilance. Un mince rayon de soleil, descendant à travers le cimes, filtrait, comme une coulée d'or jusqu'au fond du trou, et faisait scintiller les tubes et les robinets d'une jolie machine à vapeur.

— Notre machine, s'écrièrent Nicolas et Charles radieux.

— Merci, Gondet, dit avec émotion Robin. Vous venez de faire grand bien à notre colonie.

— Ce n'est pas tout. Il y a aussi les marteaux-pilons. Je les sens... Ils sont là, rangés autour de la machine...

« Il y a encore autre chose... Dieu que c'est lourd continua le libéré, qui fouillait de plus belle.

— Ce sont nos touries à mercure, reprit Charles. Père, tu entends, notre mercure. L'exploitation est dorénavant possible. Qu'allons-nous faire maintenant ?

— Cela me semble tout indiqué. Exhumer au plus tôt nos engins de travail si providentiellement retrouvés, les arrimer de nouveau, et rentrer à l'habitation.

« Cette fois, nous ferons bonne garde, n'est-ce pas, Gondet.

— Oh ! oui, monsieur Robin. Bien hardi et bien malin, celui qui pourra me mettre dedans.

— Mais, demanda Henri, par quel procédé allons-nous opérer le transport d'une pareille masse de fer.

— Les voleurs n'ont pas été embarrassés pour si peu.

— Ils étaient peut-être plus nombreux que nous.

— N'avons nous pas les Indiens de Wempi qui moyennant une bonne récompense, pourront, une fois en leur vie, remplir l'office de charroyeurs?

— C'est inutile, reprit Charles avec vivacité. Nous n'avons pas oublié, Nicolas et moi, lorsque nous avons commandé en Europe notre matériel, de faire fractionner, autant que possible, tous ces instruments de façon à les démonter par pièces pesant au plus trente kilos.

— C'était élémentaire en effet, puisque dans l'état actuel de la colonie, et vu l'absence de routes et de bêtes de trait, les transports ne peuvent s'opérer que par des hommes.

— Aussi, nos marteaux-pilons ne pèsent-ils que trente kilogrammes, cinq kilos seulement de plus que la charge réglementaire imposée par le gouvernement.

« Quant à la machine elle-même, le constructeur Debayeux lui a donné des dimensions incroyablement petites eu égard à la somme étonnante de force développée.

« Six hommes vigoureux pourront la transporter sur un terrain plat jusqu'à la côte.

— Bravo, et à l'œuvre, termina Henri en développant sa puissante musculature. Tu as réponse à tout, mon cher Charles.

Pendant que les Robinsons, avec leur prodigieuse activité, se mettent en devoir d'opérer le transport de la cargaison, revenons au carbet, dont les habitants sont à peine remis de la brusque irruption de Gondet, et de la retraite de celui que tous avaient pris pour un véritable prêtre, tant le misérable avait bien joué son rôle.

Les Indiens, interdits tout d'abord et quelque peu scandalisés, avaient repris, avec la mobilité particulière à leur race, leur habituelle insouciance. Les deux jeunes Misses, atterrées de la disparition de leur père et de la maladie de leur mère, pleuraient silencieusement entre les bras de Madame Robin.

Les pauvres enfants voyaient avec angoisse le visage de leur chère malade se décomposer rapidement. L'œil atone n'avait plus de regard ; de la bouche douloureusement contractée, s'échappait avec des paroles sans suite une respiration rauque, entrecoupée. Une sueur épaisse couvrait la face congestionnée d'abord et devenue bientôt pâle comme de la cire.

C'est en vain que Madame Robin, depuis longtemps, hélas, familiarisée avec toutes les périodes et toutes les variétés de cette terrible fièvre de Guyane, s'efforçait de consoler les infortunées jeunes filles. Les ingénieuses tendresses de cette femme admirable entre toutes les mères et toutes les épouses étaient pour le moment inutiles.

— Ma mère est perdue ! Ma mère se meurt, sanglotait Lucy...

— Madame ! gémissait Mary, Sauvez-là !... Au secours !...

— Pauvres chères enfants ! Espérez. Tout ce qu'une longue et douloureuse expérience nous a enseigné, tout ce que le dévouement est susceptible d'accomplir, nous le tenterons !...

« Il faut attendre la fin de l'accès...

— Mais elle va mourir !...

— Voyez comme elle est froide !...

— Grand Dieu !... Elle ne nous connaît plus !...

— Et ce délire... ces mots sans suite !...

— Mère !... c'est moi !... nous sommes là..,

— Espérez !... mes enfants. Espérez. Avant une heure, l'accès sera passé. Nous administrerons la quinine...

— Oh ! Madame, pourquoi attendre !...

— Il le faut, reprit avec une affectueuse fermeté Madame Robin. La quinine, prise au moment de l'accès, pourrait en augmenter l'intensité, et faire courir un danger sérieux à votre chère malade.

— Ce danger n'est-il pas terrible en ce moment ? demandèrent avec une lueur d'espoir les jeunes filles.

— Non ; si nous pouvons prévenir le retour de la fièvre, ou tout au moins l'atténuer si elle reparaît, votre mère guérira bientôt.

— Oh ! Madame, que vous êtes bonne, et combien nous vous aimons, s'écrièrent-elles, en souriant au milieu de leurs larmes.

— Je suis femme et je suis mère, répondit simplement Madame Robin.

« Lômi, mon enfant, que veux-tu donc, demanda-t-elle au jeune Boni, qui s'avançait gauchement, mais avec une sorte de vénération, en portant un grand flacon plein d'une eau limpide.

— Pitit Indienne, baïe mo flacon, pour tiré coup soleil à madame blanc là...

— Mais elle n'a pas de coup de soleil.

— Mô croyé si, Madame. Tout moun Peau-Rouge, croyé même.

— Que dit-il, Madame?

— Ce bon noir pense que votre mère est frappée d'insolation, et il me prie de lui appliquer le remède créole usité en pareil cas.

— Nous vous en prions aussi, madame, dirent-elles en jetant à Lômi un regard de reconnaissance Ce remède est inoffensif, n'est-ce-pas?

— Bien inoffensif, et je le crains hélas! bien inefficace aussi! N'importe. Je ne veux pas vous priver de cette satisfaction.

« Donne ton flacon, Lômi.

Le Boni s'approcha et remit à la femme du proscrit un de ces vases de verre blanc à col évasé, servant en Europe à renfermer les conserves de fruits. Il était plein d'eau, et contenait en outre un certain nombre de grains de maïs avec une bague d'argent. L'ouverture était fermée par un simple linge attaché circulairement avec une ficelle.

Le siège de la douleur ressentie par Mistress Arabella, semblait être au front, car la malade portait de temps à autre la main à sa tête, avec ce geste automatique des personnes atteintes de méningite. Madame Robin inclina doucement le flacon, puis le renversa complètement, le fond en haut, de façon que le large goulot couvert par le lambeau de toile, s'appliquât sur le front. Puis elle attendit patiemment en maintenant le contact. Les deux jeunes filles étonnées, virent alors s'opérer un phénomène singulier. L'eau contenue dans le flacon, se trouvait naturellement à la température ambiante, et pourtant, une vive effervescence se manifesta tout à coup. Les grains de maïs s'agitaient en tous sens, ramenés de la périphérie au centre par un tourbillonnement continu comme des pois dans une marmite en ébullition. Cette eau paraissait effectivement bouillir, car de grosses bulles s'y formaient spontanément, disparaissaient pour se reformer encore.

Les Indiens avec les deux Bonis formaient un cercle, et contemplaient avec une évidente satisfaction cette singulière opération.

« Mo ka pas pouvé travailler. (Page 555.)

Cela dura une demi-heure. Puis, soit que l'accès fébrile eût de lui-même disparu comme s'y attendait Madame Robin, soit que le bizarre remède indigène eût opéré, la respiration de la malade s'adoucit peu à peu, les couleurs revinrent lentement, le délire tomba, elle s'endormit doucement.

Les jeunes filles étonnées, radieuses, transfigurées, n'en pouvant croire leurs yeux, embrassaient Madame Robin, en versant des larmes de bonheur.

— Hein! Hein! murmura Lômi dont les gros yeux de porcelaine roulaient avec une jubilation profonde, bonne madame ké tiré çà coup soleil là, oui... tiré bon-bon, même.

— Que dit-il, demanda Lucy?

— Que j'ai bien tiré le coup de soleil.

Puis, voyant que sa jeune interlocutrice ne comprenait pas cette expression créole, elle reprit :

— Ou si vous aimez mieux, que le contact de l'eau contenue dans le flacon a fait disparaître la douleur ressentie par votre mère.

— Mais, nous le croirions volontiers. Et vous, madame, ne partagez-vous pas notre avis. Voyez comme notre bonne mère est calme en ce moment.

— Mes chères enfants, je réserve mon opinion. Ce remède bizarre est toujours employé par les habitants de la Guyane : Noirs, Indiens et Mulâtres. Les créoles blancs et les Européens eux-mêmes[1], l'appliquent volontiers et tous s'accordent à en bénir les effets. Aussi, il n'est pas de village, pas de carbet éloigné, pas de case perdue au fond des bois, où l'on ne trouve un de ces flacons à conserve, venus d'Europe et que chacun garde avec un soin tout particulier. Il contient de l'eau pure, « treize » grains de maïs et une bague d'argent. L'usage vous le voyez, en est bien simple et malheureusement trop fréquent. Je ne saurais m'expliquer ce phénomène d'ébullition qui s'accomplit sans que la température de l'eau semble être modifiée. L'on prétend que ce bouillonnement se produit exclusivement dans les cas d'insolation bien avérée, et seulement sur le point spécialement congestionné par le contact du soleil équatorial.

« Il m'est impossible de vous donner aucune explication à ce sujet, et mon mari qui sait pourtant beaucoup de choses, n'a pas davantage trouvé la cause scientifique du phénomène.

— Chère madame, qu'importe cette cause, puisque l'effet existe, nous le croyons du moins. Cette superstition, si c'en est une, nous rassure. Nous sommes si heureuses de voir que le mieux survenu dans l'état de notre bonne mère, a suivi de si près votre tentative.

---

[1] J'ai eu l'occasion de faire usage du « flacon » quelques heures avant d'arriver à Saint-Laurent. J'avais été frappé d'insolation sur le Maroni, en revenant du placer Hermina. Cette insolation se compliquait d'un accès suraigu de fièvre paludéenne et je fus en proie à un délire furieux pendant quarante-huit heures. Je dois avouer que l'application du flacon ne m'avait procuré aucun soulagement, quand j'eus le bonheur de recevoir les soins du docteur Charriez, un des médecins les plus distingués de notre marine, qui me mit rapidement sur pied. Inutile de dire que le docteur Charriez fut étranger à l'application de la panacée créole, et que ses excellentes prescriptions furent purement scientifiques. Quoi qu'il en soit, un grand nombre de personnes dignes de foi m'ont affirmé avoir été guéries par le flacon. Aussi, la croyance aux résultats de cette thérapeutique indigène, est-elle un article de foi en Guyane.

L. B.

— Moi aussi, chères enfants, je suis bien heureuse. J'attends maintenant le réveil de notre malade pour lui donner le remède par excellence, la panacée héroïque des maux causés par le miasme de la forêt, c'est le sulfate de quinine.

Cette affectueuse causerie allait continuer longtemps peut-être, quand la fuite précipitée des Indiens vint l'interrompre brusquement. Wempi parlait avec volubilité. Il pressait l'embarquement de son clan. Les pagayeurs étaient déjà en place, et le capitaine, accélérait les retardataires à grands coups surabondamment distribués avec sa canne de tambour-major. Les femmes, chargées de pagaras ficelés précipitamment, s'enfuyaient, portant en outre un ou deux enfants à cheval sur chacune de leur hanche, et maintenus par une lanière de coton accrochée en bandoulière. Ces pauvres créatures étaient comme toujours largement favorisées par le grand chef qui semblait remplir un pontificat. Tout en faisant ses moulinets, le bon apôtre dialoguait avec Robin qui le pressait avec assez de vivacité.

—Non mouché, répondit-il invariablement ; non, mo ka pas pouvé travailler. Mo pas neg' non, pou porter ça bêtes là su mo z'épaules.

— Voyons, Wempi, je te donnerai du tafia... de la poudre... des calimbés... un fusil... Commande à tes hommes de travailler un peu...

L'offre d'un fusil parut le faire hésiter un moment, puis, il reprit avec ce proverbial entêtement des Indiens que rien ne peut fléchir :

— Non, mouché... Mo ka pas pouvé, non... Allons, bonjou, mouché... Bonjou madame... Nous parti caba.

La flottille disparut bientôt au bruit cadencé des pagayes, et Robin moitié riant, moitié fâché, rentra au carbet en disant :

— La paresse de ce vieux drôle est décidément incorrigible. Allons, nous terminerons notre besogne nous-mêmes. Ce sera l'affaire de deux heures.

« Il nous faut absolument regagner ce soir l'habitation, nos malades exigent des soins tout particuliers. Il faut à mistress Brown le séjour plus salubre de notre vieux terrain depuis si longtemps défriché. Là, les miasmes ne sont plus à craindre. Quant à monsieur du Vallon, bien qu'il soit robuste et endurci à toutes les fatigues, j'appréhende pour lui ces allées et venues continuelles. La fièvre serait peut-être mortelle pour lui.

L'arrimage des marteaux-pilons, des touries à mercure et des appareils de transmission allait être terminé. N'oublions pas que les Robinsons étaient neuf, en comptant les deux Bonis et Gondet. Neuf hommes vigoureux comme eux sont susceptibles d'accomplir une besogne devant laquelle reculeraient une trentaine de travailleurs ordinaires de la Guyane, ce pays par excellence du farniente.

Restait la machine. Robin comptait l'enlever au moyen d'un palan frappé sur une petite bigue analogue à celle dont on se sert dans la marine pour dresser ou amener la mâture. Lômi et Bacheliko, bûcherons incomparables comme le sont tous les noirs du Maroni, abattirent en quelques minutes deux pièces de bois de moyenne grosseur. Les madriers furent mis debout, au-dessus de la cachette. Ils demeurèrent écartés à la base, et attachés au sommet par une liane, de façon à former un triangle. Un palan fut assujetti à la partie supérieure afin d'élever le fardeau, et une poulie de renvoi fixée à l'une des deux jambes, afin de rendre horizontal le câble servant à la traction. Le canot possédait heureusement plusieurs amarres fines et solides en excellent chanvre goudronné, ainsi qu'un suffisant assortiment de poulies.

L'excavation pratiquée à la hâte par les voleurs, était peu profonde, et l'opération s'accomplit rapidement, comme sans difficultés. La chaudière demeura suspendue à la bigue. Les deux Bonis «forts passé maïpouri» comme ils disaient en riant, vinrent poser leurs robustes épaules sous la masse de fer et la soutinrent sans fléchir. Robin et Henri les deux athlètes blancs, se joignirent aux hercules noirs, et lentement, posément, pas à pas, en rythmant bien leurs mouvements, les quatre hommes s'acheminèrent vers le fleuve. Cette besogne écrasante — sans jeu de mot, s'entend — fut l'affaire d'un quart d'heure. Puis, la bigue fut transportée sur la berge, la manœuvre qui avait présidé à l'exhumation de la chaudière fut renouvelée sans désemparer. Le chef-d'œuvre de mécanique contemporaine reprit sa place sur la quille de la grande embarcation de Gondet, que le canot à vapeur avait remorquée précédemment.

Robin allait donner le signal du départ. Il activait les derniers préparatifs sans avoir même pensé à prendre un instant de repos.

— Allons, enfants, disait-il, hâtons-nous, nos malades ont besoin de calme, il faut qu'ils passent la nuit prochaine à l'habitation.

Aussi tout fut-il paré en un clin d'œil. Mistress Brown et M. du Vallon furent transportés sous la tente de l'arrière avec d'infinies précautions. Madame Robin avec les deux jeunes filles prirent place à leurs côtés. Les Robinsons allaient embarquer, quand une petite pirogue, à laquelle nul jusqu'alors n'avait fait attention, accosta, venant de l'autre rive. A leur profonde surprise, ils reconnurent l'Indienne dont Charles avait sauvé l'enfant mordu par le crotale. La jeune femme, qui pagayait avec une force et une habileté prodigieuses, amenait son nouveau né, avec son petit malade.

Son œil noir obscurci par les larmes, se fixa sur les blancs, elle sourit tristement en reconnaissant Charles. Elle prit le bébé café au lait, se dirigea vers le jeune homme et lui dit :

— Ils ont tué le père, ce matin. Je n'ai plus de carbet, plus de poisson, plus de manioc. Les enfants vont mourir de faim. Le jeune blanc est bon. Il n'a pas voulu que l'enfant rouge mourût quand le serpent l'a mordu.

« Le blanc veut-il donner à manger aux fils de la femme qui pleure son mari assassiné ?

Charles, ému, prit le petit Indien et le tendit à Madame Robin qui le couvrit de caresses.

— Venez, ma fille, dit ensuite à l'Indienne l'excellente femme en lui faisant signe de prendre place dans l'embarcation.

Celle-ci secoua doucement la tête, et déposa son fils aîné tout épeuré dans le canot.

— Vous refusez de venir avec moi ? demanda Madame Robin étonnée.

— Non, plus tard, car l'Indienne a un devoir à remplir. Elle veut guider dans la forêt les blancs dont le bras est si fort et le cœur si bon. Elle a trouvé la piste de ceux qui ont tué son époux et volé les blancs. Que les blancs la suivent ; elle leur montrera l'endroit où leur trésor est caché. Puis, elle vengera le mort.

Pour la troisième fois, les Robinsons quittèrent la terre hollandaise, traversèrent le Maroni et regagnèrent le territoire français. L'Indienne avait dit vrai. Les provisions, les munitions, les instruments de culture et d'exploitation, tout le reste de la cargaison, caché par les voleurs au milieu d'impénétrables fourrés, fut retrouvé grâce à la reconnaissance et à la sagacité de l'Indienne. Rien ne manquait, non plus que les caisses de dynamite apportées en vue de l'exploitation des filons de quartz aurifère.

Deux des trois embarcations de Gondet ayant précédemment disparu, et la seule qui restait étant pesamment chargée, il fut décidé que l'on ferait à l'habitation un premier voyage. Nicolas, Charles et les Bonis remontèrent avec les passagers que portait le canot de papier, pendant que les autres Robinsons montaient la garde près de leur trésor. Peine inutile d'ailleurs, car les bandits de l'Equateur ne tentèrent aucun retour offensif. Après six journées entières d'un travail acharné, après trois voyages consécutifs à l'habitation, les Robinsons étaient en possession de tous les objets rapportés d'Europe, et grâce auxquels ils comptaient opérer sur les terres sauvages de la Guyane la pacifique révolution du travail et de la prospérité.

CHAPITRE XIII

Orphelines!.. — Nouvelle famille et nouvel amour. — Le créole de Saint-Thomas devenu Robinson de la Guyane. — Les Indiens pasteurs. — Mystères plus impénétrables que la forêt. — Travaux préparatoires d'une exploitation aurifère. — Ce qu'on entend par "prospection". — Le premier voyage au pays de l'or. — Permis de recherches et concessions temporaires. — Ce qu'il faut emporter au pays inconnu. — Les compagnons du chercheur d'or. — A la boussole ! — Fatigues, espérances, déboires et souffrances. — La voie douloureuse. — Premier trou de prospection et première « battée ». — De l'or!.. — Deux vaillants mineurs. — Cazals et Labourdette. — La Guyane française rivale de l'Australie et de la Californie.

Trois mois se sont écoulés depuis le jour où les Robinsons de la Guyane, enfin réunis après de multiples tribulations, rentrèrent en possession de leurs appareils si mystérieusement enlevés. Leur nombre s'est encore accru, comme on peut facilement le supposer. Miss Lucy et Miss Mary, devenues orphelines, ont été adoptées par l'ingénieur et sa femme. Les pauvres enfants ont perdu leur mère quelques jours après leur arrivée à l'habitation. Mistress Brown, brisée par les fatigues endurées au cours de ses interminables voyages, a été emportée par le retour d'un accès pernicieux à forme congestive, que n'ont pu conjurer les soins les plus dévoués et les plus éclairés. L'infortunée mère eut comme une lueur de raison au moment fatal. Elle put saisir les mains de Madame Robin, et implorer d'un suprême regard sa protection pour les jeunes filles.

— Elles seront mes enfants, murmura à l'oreille de la mourante la femme de l'ingénieur.

Cette promesse solennelle, ces quatre mots prononcés par la noble femme avec l'accent que seule peut trouver une mère, rassérénèrent les traits de l'agonisante, et adoucirent l'horreur de ses derniers moments. Elle expira doucement, en fixant sur les deux jeunes filles affolées de douleur, un regard d'amour et de regret.

Madame Robin, depuis cet instant fatal, n'a pas failli à sa tâche. Lucy et Mary tiennent dans son cœur une place égale à celle de ses quatre fils, et nul parmi eux ne se trouve à l'étroit, tant cette sublime créature, uniquement créée pour l'amour, possède de tendresse maternelle. Les jeunes Robinsons ravis de l'accroissement de la famille, professent pour leurs sœurs une affection qui va jusqu'à l'adoration. Nicolas, les deux Bonis, le vieil Angosso et la bonne Agéda les vénèrent comme des divinités.

L'on est sans nouvelles de Peter-Paulus Brown, bien que le maniaque ait été l'objet de longues et minutieuses recherches. Quelque minime que soit l'intérêt porté par les colons à ce personnage peu sympathique, il est le père des deux jeunes filles. Cela suffit largement à le rendre quand même intéressant.

Gondet est également devenu un Robinson. A tout péché miséricorde. Le pauvre homme a rudement expié depuis vingt ans un moment d'égarement. Son péché de jeunesse est pardonné. Il est devenu l'intendant de l'habitation, et ses connaissances spéciales en agriculture le rendent bien utile à la colonie.

M. du Vallon est guéri. Il a repris, avec sa fière mine, sa vigueur d'autrefois. C'est un homme instruit, distingué, laborieux et foncièrement honnête. Il a su et avec juste raison se concilier l'estime et l'affection de tous les membres de la colonie. Il a demandé sa naturalisation de Robinson Guyanais, et Robin ainsi que ses fils se sont empressés d'accéder à son désir.

Il a pu se convaincre de l'erreur géographique commise lors de la première installation du placer « *Réussite* ». Il a de fort bonne grâce reconnu que le terrain ne lui appartenait pas et s'est empressé d'informer ses associés. Cette erreur, jointe à la catastrophe survenue au cours de l'exploitation, eût été pour eux un irréparable désastre, si l'ingénieur, toujours loyal, ne les eût largement désintéressés des sommes versées pour les travaux précédemment exécutés.

M. du Vallon est comme jadis le directeur du placer Réussite, et d'ici peu de jours, cette situation ne constituera pas une sinécure. En effet, plusieurs expéditions ont été heureusement tentées sur le champ d'or. Une cinquantaine de travailleurs, échappés à la catastrophe dont les premiers chapitres de notre histoire contiennent le récit, ont été engagés pour le compte de la nouvelle exploitation. Ils ont été copieusement approvisionnés, et depuis deux mois déjà ils s'emploient à tout remettre en ordre. Les cases sont en partie reconstruites, le terrain est déblayé, le feu a consumé les arbres abattus. Tout est prêt pour recevoir les cent cinquante à deux cents mineurs ou convoyeurs incessamment attendus de Cayenne. Les magasins sont remplis, et Marius, le « bachelier de Mana », a repris son poste de magasinier.

L'intrépide chef des Robinsons de la Guyane est à la veille de recueillir les fruits de vingt ans de travail. Demain, la terre de la proscription sera régénérée. L'abondance règne partout. Les ouvriers peuvent arriver de tous les points de la colonie, ils trouveront non seulement le nécessaire, mais encore le superflu. Les désastres comme ceux de Kourou ne sont plus à redouter, car des milliers d'animaux fièrement encornés, s'ébattent dans de gras pâturages qu'ils tondent avec cet appétit indiquant la santé. Des centaines d'hectares, ensemencés de manioc, d'ignames, de patates, n'attendent plus que la récolte. Les coulies indous, passés maîtres en agriculture, évoluent gravement à travers les champs, mêlés à quelques Peaux-Rouges dont les habitudes nomades se sont fort bien accomodées des fonctions de pasteurs. Les jaguars, les onces, les léopards et les pumas, fort friands de génisses et surtout de veaux, n'ont qu'à bien se tenir. Car les braves Galibis, patients à rendre des points à des bonzes, mais audacieux en conséquence, ne se font pas faute de les larder de flèches mortelles empoisonnées de curare.

Tout est donc agencé de main de maître. C'est ainsi qu'il fallait procéder, et c'est ce que l'on n'a jamais fait sérieusement depuis l'expédition du capitaine La Ravardière. De là, l'injuste discrédit jeté sur la Guyane, cette admirable terre toujours méconnue par la faute des hommes et des évènements.

Quelque rassuré qu'il soit sur les éventualités futures, Robin n'est pas sans quelques appréhensions relatives seulement à l'exploitation de l'or. Le souvenir des évènements passés lui donne de vagues inquiétudes. Les mystérieux ennemis qui ont ruiné la première exploitation, ont-ils renoncé à leurs projets? Réparent-ils leurs forces, et augmentent-ils leurs moyens d'action en vue d'une nouvelle tentative? Et cet audacieux inconnu, cet homme aux multiples déguisements, ce Protée insaisissable qui commande à certains Indiens, quel est-il, qu'est-il devenu? L'intervention de l'élément civilisé combiné à l'élément sauvage est en effet indubitable. Si d'une part, ce blanc a usé lors de sa tentative de stratagèmes habituels aux hommes de sa race, d'autre part les emblèmes de Maman-di-l'Eau, la vieille fée malfaisante de la Guyane, n'ont pu être posés que comme épouvantail par des êtres primitifs. Et cet homme couvert d'une peau de tamanoir sur lequel Lômi a fait feu au confluent de la Crique et du Maroni? Somme toute, cette association étrange de moyens disparates, ce mélange de sauvagerie et de civilisation, cette combinaison de moyens divers, appliqués à une même entreprise criminelle, donnent à réfléchir à Robin. Puisque les mys-

Il gourmande les retardataires. (Page 563.)

tères de la Forêt-Vierge sont toujours impénétrables, il faudra user de vigilance et s'attendre à tout. L'on n'y manquera pas, car les Robinsons se tiennent pour avertis. Dans trois jours commencera en grand l'exploitation de l'or, concurremment avec l'exploitation agricole, qui est son indispensable élément.

Avant de parler des procédés employés par nos amis pour la récolte du précieux métal, avant de les suivre au placer Réussite, il est urgent de raconter la façon dont s'opèrent les travaux préparatoires d'une exploitation aurifère. Les Robinsons allant travailler sur un champ d'or tout agencé, nous donnerions une fausse idée de cette industrie si peu connue en Europe, si nous passions sous silence la série de fatigues et de privations endurées, de dangers courus pendant de longs mois, ainsi que les sommes considérables souvent dépensées en pure perte par les mineurs avant de récolter un grain d'or.

Nous allons suivre le chercheur d'or depuis le moment où, la carte de la Guyane sous les yeux, il cherche dans le bassin de tel ou tel fleuve, un terrain à sa convenance, et dont nul ne peut revendiquer la possession.

Son choix opéré, il se rend à la Direction de l'Intérieur, bureau du domaine, et demande un permis de recherches dont l'obtention est toujours accordée. On comprend sans peine que pour éviter les erreurs, les compétitions et les usurpations, l'État garantisse aux particuliers la propriété des concessions temporaires ou définitives. Le *permis de recherches* est valable pour un an. Il doit être renouvelé au bout de ce temps, sinon, le terrain retombe dans le domaine public.

Un avis conçu dans les termes suivants est publié au *Moniteur de la Guyane française*, fort irrévérencieusement nommé *Bacaliau*, par les habitants :

« Conformément à l'article 11 du décret du 18 Mars 1881, réglant la recher-
« che et l'exploitation des gisements et filons aurifères, à la Guyane française,
« M. X... domicilié à Cayenne, informe qu'il a fait la demande à la Direction de
« l'Intérieur (bureau du domaine) le... du mois de... 1881, suivant l'inscription
« ... d'un permis de recherches, pour l'obtention duquel le géomètre-arpen-
« teur lui a délivré le plan le... du mois de... 1881, sous le numéro 17...

« L'étendue et les limites du terrain qui fait l'objet de cette demande, ainsi
« que l'indication du point de repère admis par l'Administration, ont été ainsi
« précisés par ce fonctionnaire :

« Terrain de 5,000 hectares, situé dans la commune de X... et dépendances;
« borné au Nord, par M. A... au Sud par M... B... à l'Est par deux terrains à
« M... C... à l'Ouest, par le domaine. A pour point de repère : — par exemple
« — le saut Hermina pour l'alignement Nord, et la ligne des Deux-Fromagers
« pour les alignements Est et Sud. Est une portion du privilège délaissé par
« MM. D... et F...

« Les personnes qui se croiraient fondées à réclamer contre l'attribution de
« ce permis ont un délai de trente jours francs à partir de ce jour pour former
« leurs oppositions (article 12 du décret du 18 mars 1881.)

Le mineur, avant de partir en *prospection*, doit tout d'abord engager les travailleurs noirs ou hindous qui l'accompagneront. Il les choisira autant que possible jeunes, vigoureux, honnêtes, et surtout experts au rude métier de chercheur d'or. Leur nombre sera de six au minimum et leur salaire de cinq à sept francs par jour, plus la nourriture. L'engagement est de six mois. Ils touchent d'ordinaire, à titre d'arrhes, cent cinquante à deux cents francs, qu'ils ont la douce habitude de dépenser jusqu'au dernier sou avant le départ. Pendant qu'ils bourlinguent à travers les lieux de plaisir, le chef de l'expédition se met en quête de provisions.

En n'emportant que le strict nécessaire et en ne donnant à ses hommes que la ration imposée par le gouvernement colonial, il lui faudra pour assurer leur subsistance pendant six mois : couac 1,400 kil., bacaliau 450 kil., lard 180 kil., tafia 150 litres, saindoux 55 kil., tabac en feuilles 35 kil., du sel, du poivre, des épices, etc. La plus élémentaire prudence lui commande d'augmenter ces quantités d'un tiers au moins, afin de parer à toutes les éventualités. Si le mineur est européen, et qu'il ne puisse s'accommoder des vivres dont les hommes de race noire ou hindoue font leur usage habituel, il devra se munir de farine en boucauts, de conserves alimentaires, de sucre, de café, de thé et surtout de vin s'il veut éviter l'anémie. Ne pas oublier un caisson de médicaments : purgatifs, antiseptiques et surtout de la quinine. Les effets de campement et d'habillement, consistent en une couverture, un hamac, et quelques vêtements de rechange en toile. Chaque homme sera muni d'une pelle, d'une pioche, d'un sabre d'abatis, d'un couteau et d'une hache. Des outils seront en outre tenus en réserve pour les besoins ultérieurs, ainsi que des armes, des munitions et plusieurs battées ou plats de bois servant à laver l'or.

Les préparatifs sont enfin terminés. Le chef de l'expédition a surveillé l'arrimage de sa cargaison qui a pris place, soit dans les cales du *Dieu-merci*, le joli vapeur de la compagnie Ceïde qui, trois fois par mois, fait le voyage du Maroni avec escales à Sinnamary et Mana, soit dans une tapouye (goëlette guyanaise) s'il se dirige vers l'Approuague ou l'Oyapock. Les hommes arrivent un à un, comme à regret. Ils se font, comme on dit vulgairement, tirer l'oreille au moment de dire adieu à la vie civilisée et de se lancer pour deux cents longs jours à travers l'inconnu. Le chef est déjà sur le pont. Il est coiffé du large feutre gris des mineurs, vêtu d'une veste et d'un pantalon de toile bleue, et les flancs entourés d'une large ceinture de laine rouge. Il gourmande les retardataires qui ne peuvent se séparer de leurs compères et surtout de leurs commères. Le sifflet du *Dieu-Merci* déchire l'air, ou la *Fleur-de-la-Mer* se couvre de voiles... on part, on est parti.

Tel est le prologue de toute prospection de moyenne importance. Le chercheur d'or n'a eu jusqu'alors qu'à dépenser un peu d'argent et d'activité. Le chiffre des avances s'élève à 1,200 francs. L'acquisition des provisions et des outils dépasse 2,500 francs, le prix du voyage avec le transport des hommes et de la cargaison, est d'environ 250 à 300 francs. Les dépenses brutes de la prospection se chiffreront donc par un mininum de dix mille francs, y compris les appointements des ouvriers à raison de cinq francs par jour pendant six mois.

Admettons que le permis de recherches ait été accordé pour le bassin du Maroni. Le *Dieu-Merci* a jeté l'ancre devant Saint-Laurent après un voyage de trois jours, escales comprises. Aussitôt arrivé, le prospecteur se met en quête d'embarcations qui devront le conduire avec ses hommes et ses provisions, jusqu'au point le plus rapproché de sa concession. C'est en ce moment un transporté libéré, nommé D... qui entreprend le service de la batellerie entre Saint-Laurent et le Saut-Hermina. Il faut opérer le transbordement de tout cet attirail, et ce n'est pas, croyez-le bien, une petite besogne que l'arrimage dans les canots du libéré des trois mille et quelques cents kilos composant la cargaison. Mais la devise du chercheur d'or étant : patience et travail, il met sans désemparer, la main à la pâte et prêche vaillamment d'exemple.

Tout cela n'est rien, en comparaison des fatigues, et souvent, hélas! des déboires qui l'attendent. Il arrive au bout de vingt-quatre ou trente heures au Saut-Hermina que ne peuvent franchir les bateaux du transporté. Les pirogues des Bosh ou des Bonis peuvent seules effectuer cette traversée plus effrayante que périlleuse, et avec laquelle on est bientôt familiarisé. Second transbordement compliqué du fractionnement des denrées. Une pirogue contient un baril de couac avec des dame-jeanne de tafia. Une autre, des outils avec du bacaliau, une troisième le lard et les bagages. Le rapide franchi, la troupe approche de la concession. Mais les beaux jours sont finis, et les difficultés croissent en raison de la proximité de l'Eldorado tant rêvé. Enfin, voici la crique donnant accès au bassin secondaire aux environs duquel sont les terrains. Le mineur consulte son plan, s'oriente, et les embarcations quittent le Maroni. Les points de repère vont dorénavant lui manquer, il n'aura plus que sa boussole pour le guider à travers l'immense inconnu. Un rapide l'arrête bientôt. Il faut, pour le franchir, décharger la cargaison, la fractionner par charges de vingt-cinq kilos que les hommes transportent sur leur tête en amont du saut, en suivant les berges. Partout d'inextricables lianes arrêtent leur marche, le terrain cède sous leurs pieds, les épines trouent leur chair. Qu'importe ? ils marchent sans s'arrêter, sans broncher, sans se plaindre, précédés du chef qui ouvre la voie à grands coups de sabre. Les pirogues vides, hâlées avec des cables, remontent la barre sur laquelle se brisent impétueusement les eaux. La cargaison est arrimée de nouveau et les pagayes, manœuvrées à tour de bras par les noirs bateliers, font entendre leur clapotis monotone.

La nuit vient, amenant un impérieux besoin de repos. Un carbet est rapidement construit, le feu pétille et le dîner qui mijote déjà, est absorbé avec l'appétit que l'on peut croire ; une rasade de tafia accompagnée d'une bonne pipe de tabac américain termine ce festin d'anachorète, puis, les travailleurs exténués s'étendent dans les hamacs d'où s'échappent bientôt de multiples bruits de contrebasse.

La seconde et la troisième journées ressemblent absolument à la première, avec cette variante que la troupe doit franchir deux rapides au lieu d'un. Cela dure quelquefois dix, douze et quinze jours. Oh ! les interminables journées de canotage, qu'il faut passer assis, accroupi, plutôt, sur une planchette large de quinze centimètres formant le banc, immobile, de peur de troubler l'équilibre de la pirogue chargée à couler bas, assommé par la chaleur, suffoqué par l'air embrasé, aveuglé par la sueur. De quelle chair aux fibres d'acier, sont donc pétris ces hommes qui trouvent la force de manier la pagaye sans trêve ni merci, ou de porter sur leur tête des fardeaux écrasants, alors que la marche seule ou le poids d'une arme est une torture pour l'Européen !

Le transport par canot est terminé. La crique s'enfonce dans le sud et la future exploitation se trouve à l'est. Il faut changer de direction. Les pagayeurs congédiés et payés, les mineurs doivent demander à leurs propres forces les moyens de transport. Ils bâtissent sur la rive un carbet devant servir de magasin provisoire et dans lequel sont déposés les instruments, les vivres, les effets. Les terrains sont situés à vingt kilomètres dans l'est. Le chef consulte de nouveau son plan, s'oriente à la boussole, et commence à tracer au sabre, une ligne, qui, s'il ne survient nulle entrave, doit aboutir à la concession, avec une rectitude géométrique. Il précède les six hommes qui partent, en portant sur leur tête chacun une charge de vingt-cinq kilos. L'œil toujours fixé sur l'aiguille aimantée, la main crispée sur la poignée du sabre, il s'avance, coupant sur sa droite, et toujours du même côté [1] les branches et les lianes qui s'opposent

---

[1] Les coureurs des bois font toujours leur trace en abattant à droite, afin que s'ils s'égarent, ils puissent retrouver leur direction, à la seule inspection des branches coupées. On comprend sans peine quel serait leur embarras, s'ils se trouvaient sur une piste pratiquée tantôt à droite, tantôt à gauche. Les noirs qui savent rarement se conduire à la boussole, s'égareraient bientôt et tout homme perdu est un homme mort.

L. B.

au passage. Quand le prospecteur juge à l'estime que la moitié de la distance est parcourue, il commande la halte. Les hommes bâtissent un nouveau carbet qui sera l'entrepôt. Le lendemain, et les jours suivants seront employés à apporter à ce carbet tous les objets laissés au *degrad* (débarcadère) de la crique. Quelles fatigues, quelles luttes de tous les instants, pour transporter, sans interruption, ces lourds ballots à travers la forêt inexplorée, hérissée de plantes géantes, aux épines acérées, coupée de ruisseaux vaseux, semée de fondrières, ou mamelonnée de collines escarpées !

Pendant ce temps, le chef ne reste pas inactif. Il sait bien qu'il ne pourra jamais arriver en suivant une direction rectiligne. Il cherche une voie, contourne une montagne, abat un arbre devant servir de pont, consume des broussailles inextricables, trop heureux quand, trempé par les averses diluviennes de l'Equateur, la face en lambeaux, les mains crevées d'ampoules, il n'arrive pas après une journé entière de labeur écrasant, devant un marais sans fin ou un pripri aux eaux dormantes et traîtresses.

Il faut pourtant passer. Alors commence la lutte, la vraie lutte contre l'infiniment grand, et dans laquelle il triomphe à force de patience et d'audace. Il va, vient, tourne, cherche, oblique, revient, et finit quand même par trouver une issue. En dépit de ces allées et venues, il n'a pas perdu sa direction, et du milieu de cet inextricable lacis, l'habile chercheur de pistes s'élance vers le but que seul il a pu trouver. La route du degrad au champ d'or est désormais tracée. Il est parti de Cayenne depuis plus de cinq semaines déjà, et sa cargaison tout entière est à l'abri, sous un troisième carbet bâti en pleine forêt sur son terrain.

Quelles fatigues pour atteindre ce premier résultat ! Quarante jours entiers employés à trouver la concession, et à assurer la subsistance de sept hommes. L'on se rappelle que les grands bois n'offrent aucune ressource. Mais l'or ? demandera le lecteur. Patience, nous ne sommes pas au bout. Voici donc le prospecteur chez lui. Il a bien calculé sa direction, son orientation est bonne, tout porte à croire qu'il n'a pas commis d'erreur. Ses hommes, valides, bien « gaillards » — c'est l'expression guyanaise — ne demandent qu'à marcher.

Le travail proprement dit de la prospection va commencer. Le chercheur d'or, qui procède toujours avec méthode, part explorer un des points quelconques de sa concession. Ses hommes emportent avec leurs hamacs et leurs outils huit jours de vivres. Il est à présumer que la concession comprend plusieurs bassins qu'il faudra relever l'un après l'autre. Voici une crique, aux eaux vives, serpentant capricieusement entre deux murailles d'arbres géants, qui forment comme une voûte immense au-dessus d'elle. Les terrains qui avoisinent la crique jusqu'à une distance de dix, vingt ou trente mètres, contiennent-ils de l'or? Et quelle est approximativement la richesse du gisement? Ces deux questions seront bientôt résolues. Il faut tout d'abord côtoyer le ruisseau, et ce n'est pas chose facile, surtout pour des hommes pesamment chargés, qui doivent évoluer sur un terrain hérissé de végétaux monstrueux, auxquels s'enlacent d'inextricables torsades de plantes parasitaires. La rude et monotone manœuvre du sabre d'abatis se continue sans interruption, et les porteurs s'avancent à grand peine en butant sur les racines, se heurtant aux arcabas, trébuchant le long des troncs morts allongés sur le sol. Qu'importe, puisqu'ils passent.

Ils s'arrêtent en plein bois, déposent leurs fardeaux, saisissent leurs outils, et creusent le premier « *trou de prospection* ». C'est une fosse longue de deux mètres cinquante, large de quatre-vingts centimètres, et d'une profondeur variable, déterminée par le plus ou moins grand éloignement de la couche aurifère. Après avoir sabré les végétaux et débarrassé tant bien que mal l'emplacement, deux hommes attaquent vigoureusement la couche d'humus recouvrant le gravier aurifère qui est du quartz désagrégé. L'un pioche, l'autre déblaie à la pelle, pendant que cent mètres plus loin, le prospecteur nettoie un autre emplacement, et installe deux autres hommes chargés de creuser le second trou. Les six hommes sont bientôt à l'ouvrage; les coups retentissent sourdement à travers l'interminable sous-bois. Leur vigueur athlétique et leur indomptable énergie ont bientôt raison des chicots et des racines implantées dans le vieux limon primitif. Le gravier aurifère aux tons gris-bleuâtre apparaît au fond du trou. Le chef attend ce moment avec l'angoisse qui étreint le joueur devant le tapis vert, pendant que la bille d'ivoire accomplit ses révolutions. Mais combien les émotions de cet homme qui joue perpétuellement son va-tout, dont la vie est à chaque minute en péril, sont autrement poignantes!

Il passe au piocheur qui l'emplit aussitôt sa *battée*. C'est un plat rond en bois dur, épais de six à sept millimètres, large de quarante-cinq centimètres, creusé en forme de cône très évasé, et profond au centre de huit centimètres. La battée et le sabre forment l'indispensable « *vade mecum* » du chercheur d'or. Elle contient régulièrement dix kilogrammes de gravier aurifère. Le chef chargé de son précieux fardeau, s'en va à la crique, s'accroupit au beau milieu de l'eau, enlève d'abord un à un les fragments rocheux, puis immerge jusqu'aux bords sa battée à laquelle il imprime des mouvements circulaires assez comparables à ceux d'un crible. Un petit tourbillon se forme au centre de l'instrument, et l'eau, chargée des débris terreux, s'échappe tangentiellement, grâce à ce mouvement giratoire qui se continue jusqu'à épuisement de la masse.

La battée est bientôt vide. Le regard ne perçoit encore nulle parcelle d'or, mais un petit amas noirâtre formé de corpuscules vaseux. Le mineur remplit alors d'eau pure sa battée à laquelle il imprime un balancement rapide, grâce auquel le liquide s'écoule très vite. Un coup sec appliqué au bord de l'instrument avec la paume de la main termine la manœuvre, et la poudre d'or, débarrassée des dernières impuretés, apparaît comme une coulée de lumière sur la paroi brune de la battée. Cette petite opération, toute simple qu'elle paraisse, exige une adresse et un tour de main qui s'acquièrent à la longue et auxquels un profane n'arrive qu'après de nombreux et infructueux essais.

On comprend sans peine l'importance de ce travail, qui est à la fois l'analyse quantitative et qualitative des terrains. Le mineur, il est vrai, ne peut se servir d'aucun instrument de précision. Mais, telle est la sûreté de son coup d'œil et de sa main, que jamais il ne perd une parcelle de métal pendant le lavage, et qu'il apprécie la valeur de l'or contenu dans sa battée avec autant de justesse que s'il possédait la meilleure balance. Les quantités infinitésimales, se chiffrant par une valeur de vingt-cinq centimes, comme celles qui s'élèvent jusqu'à cinq francs et plus, sont évaluées au milligramme près.

Ce premier lavage terminé, le trou de prospection est abandonné, le chercheur d'or lave une seconde battée au second trou, et ainsi de suite jusqu'à ce qu'il ait reconnu de la même façon le bassin de la crique et ses affluents. La quantité de trous de prospection creusés, et de battées lavées est innombrable, avant de pouvoir établir la moyenne de la largeur, de la profondeur et de la richesse de la couche aurifère. Le plan de la crique est relevé sur le papier, sa direction est indiquée, les trous eux-mêmes sont numérotés avec le rendement de chaque battée.

Le bassin d'une seconde crique est abordé sans désemparer. Les terrains sont traités et en quelque sorte échantillonnés par le même procédé, les cotes sont relevées, la configuration avec la nature du sol, ses élévations, ses dépressions sont indiquées et les moyennes établies.

Quand le mineur a parcouru sa concession de l'Est à l'Ouest et du Nord au Sud, quand il a pendant près de quatre mois sabré, creusé, lavé, additionné, multiplié, divisé, il connaît non seulement la surface des zones aurifères de chaque cours d'eau mais encore le volume approximatif des couches métallifères, et leur rendement par mètre cube. La prospection est terminée. Il sait

Débouchèrent dans l'immense clairière. (Page 574.)

si la concession est assez riche pour être fructueusement exploitée. Il faut alors penser au retour.

Ce rapide aperçu du travail préparatoire de toute exploitation aurifère ne saurait, quelqu'exact qu'il soit au point de vue professionnel, donner une idée du labeur écrasant accompli par le mineur. Le lecteur européen, pourra-t-il concevoir les fatigues, on pourrait dire les tortures, endurées par ces sept hommes, qui pendant six mois, séparés du reste du monde, submergés par une mer de végétaux, respirant les miasmes mortels des grands bois, couchant à la belle étoile, passant leurs journées dans les eaux glacées des criques, vivant de salaisons trop souvent avariées par l'atmosphère malsaine de la forêt, grelottant de fièvre et accomplissant quand même leur tâche. Une des souffrances les plus intolérables peut-être, est celle causée par un ulcère malin, qui s'attaque aux jambes, et connu en Guyane sous le nom de *Pian-Bois*. Le séjour prolongé dans l'eau, l'insalubrité du brouillard, l'usage des salaisons, donnent à cette affection son caractère de malignité, encore augmenté par le contact fréquent de la plaie avec les lianes ou les basses branches taillées en biseau par le sabre d'abatis. Il n'est pas de chercheur d'or, dont les jambes ne soient couturées de terribles cicatrices, consécutives à d'énormes pertes de substance musculaire. Le Pian-Bois, la fièvre et l'anémie, tel est le triple fléau avec lequel doit compter le prospecteur. Hâtons-nous de dire qu'il le brave avec une audace et le souffre avec une constance réellement admirables. Pour le mineur, les accidents les plus imprévus, les catastrophes les plus soudaines, les maladies les plus dangereuses ne sont que de simples incidents qui ne sauraient abattre un seul instant son indomptable énergie.

Il en est qui se sont trouvés malades et sans provisions, sur des points perdus de la Haute-Guyane, non loin des montagnes du Tumuc-Humac. Vous avez bien lu, *sans provisions* au milieu de forêts Guyanaises, où les Indiens eux-mêmes ne peuvent trouver leur subsistance et meurent de faim quand les récoltes manquent. Tels, MM. Cazals et Labourdette [1] qui les premiers ont découvert l'or dans le bassin du Maroni. Ils sont restés trois années entières sans rentrer à Cayenne. Ils ont vécu, entre autres, pendant cinq semaines, de bananes vertes et de choux patawa. Leurs souffrances ont été terribles. Secoués par la fièvre, les jambes rongées de Pian-Bois, le ventre ballonné par l'absorption constante des bananes, ils n'avaient, pour varier leur ordinaire, que les fruits du coumou (*OEnocarpus Bacaba*), petites baies noires, de la grosseur d'une forte cerise, qui, cuites dans l'eau et écrasées, forment une bouillie susceptible à peine de tromper la faim. De temps en temps, ils trouvaient des noix du Brésil (*Bertholetia-Excelsa*), des pignons d'Inde, ou des pommes acajou. Bien que

---

[1] Pendant que j'écrivais la seconde partie de cet ouvrage, j'ai eu la douleur d'apprendre la mort de M. Labourdette. L'intrépide mineur avait, après sept ans de luttes, honorablement gagné en compagnie de son associé et ami Cazals une fortune énorme. Il est mort deux mois après son arrivée en France. Sa perte qui est un deuil pour ses amis est un dommage irréparable pour l'industrie aurifère.

L. B.

l'usage de ce dernier fruit ne soit pas sans danger, il fallait bon gré mal gré s'en repaître, en ayant toutefois la précaution de le faire griller sur les cendres, et d'éviter le contact du noyau qui contient un principe corrosif amenant une violente inflammation des lèvres et de la bouche. La rencontre d'une tortue était une aubaine imprévue, et la capture d'un aïmara équivalait à une battée pleine d'or.

Ils firent de la sorte cinq prospections infructueuses et ne réussirent qu'à la sixième.

Quand, après une longue suite de succès et de revers, le prospecteur a vu ses efforts couronnés, il rentre à Cayenne avec ses documents, et s'occupe de trouver les capitaux indispensables à l'exploitation en grand de sa concession. Nous allons voir en quoi consiste cette industrie, qui pourrait et surtout devrait en quelques années, faire de notre colonie l'heureuse rivale de la Californie et de l'Australie.

CHAPITRE XIV

Après la prospection, l'exploitation. — Chaos organisé. — Installation d'un placer. — Le nouveau domaine des Robinsons. — Un palais dans la Forêt-Vierge. — Luxe indispensable à la prospérité de la colonie. — Antithèse douloureuse. — Pourquoi les possessions anglaises sont-elles aussi prospères? — Parasitisme et production. — Travail et réjouissance. — Le « *sluice* » de la crique Fidèle. — *Déblayeurs, piocheurs* et *tireurs de sable*. — La couche aurifère et la pelle « criminelle ». — Improvisations des noirs. — Les procédés les plus simples sont les meilleurs. — L'or et le mercure. — Les Reines du *Champ-d'Or*.

Le travail préparatoire de l'exploitation d'un placer, a coûté, au bas mot dix mille francs, et n'a donné que des espérances. La quantité d'or recueilli au fond de la battée du mineur pendant sa prospection est tellement insignifiante, que son produit ne saurait entrer en ligne de compte. Mais, en somme, il trouvera facilement des associés qui fourniront les premiers fonds indispensables à cette grande exploitation. Il demande tout d'abord à la Direction de l'Intérieur une concession définitive de son terrain, pour laquelle il acquitte un droit de 0,40 centimes par hectare.

La nouvelle de son succès s'est déjà répandue comme une traînée de poudre, et de poudre d'or. Il s'installe à Cayenne, et s'occupe d'engager avec le plus grand nombre possible de mineurs, des ouvriers appartenant à plusieurs industries. Il cherchera des scieurs de long, qui devront débiter sur place les planches nécessaires à la confection des instruments à laver l'or, des « *sluice* ». Les hommes de cette profession sont malheureusement presque introuvables en Guyane, il faut surmonter toute répugnance et les prendre parmi les transportés libérés. Il engagera quelques charrons, des forgerons, des briquetiers, ne fût-ce que pour construire un four. Ces ouvriers, hélas! sortiront tous des rangs des forçats. Nécessité n'a pas de loi. Les artisans libres ne vont pas chercher fortune dans cette Guyane, systématiquement calomniée, et dont l'opulence est encore méconnue. Et pourtant, quelle source de fortune, pour tous nos ouvriers métropolitains, souvent à la recherche de travaux si mal rétribués. Quelle existence de plein air et d'abondance, pour les travailleurs qui n'ont d'autre horizon que les murs de l'atelier ou de la mansarde.

Quant aux mineurs proprement dits et aux convoyeurs, les difficultés pour les trouver sont moindres, quoique considérables encore. La Guyane manque de bras et l'on fait si peu pour favoriser l'immigration noire, chinoise ou hindoue !

Quoi qu'il en soit, le prospecteur devenu directeur du placer remuera ciel et terre, et finira par engager pour huit mois moyennant cinq francs par jour et nourris, cent vingt à cent cinquante noirs habitant la colonie. Il avancera à chacun d'eux sur la simple présentation de son livret d'ouvrier, une somme variant entre cent et deux cents francs. Une cinquantaine d'indous seront engagés aux mêmes conditions, pour une égale période de huit mois. Ces hommes se livreront exclusivement à l'industrie de l'or. Quant aux convoyeurs chargés du transport des vivres, ce seront des Chinois au nombre de vingt-cinq à trente.

Les préparatifs sont analogues à ceux de la prospection, mais dans la proportion de six à deux cent trente. Ces rapports des deux quantités nous dispensent de la longue et fastidieuse énumération des objets mentionnés précédemment. Le départ s'effectue sur des goëlettes chargées à couler bas, ou sur le *Dieu-Merci* dont le pont trop étroit rassemble ce jour-là tous les échantillons des races humaines. La route suivie et les autres moyens de transport employés sont ceux que nous connaissons. Après le steamer colonial ou les tapouyes, les embarcations du libéré, puis les pirogues des Bonis, puis le passage des rapides, puis après l'arrivée au dégrad, la construction d'un magasin. Les ouvriers en bois abattent des arbres, dressent des poteaux, fendent les bardeaux en wapa pour la toiture. Déjà les mineurs et les convoyeurs s'avancent en file indienne sur la piste précédemment tracée par le prospecteur. Tous transportent sur leur tête les vivres, les outils, les effets, les instruments, fractionnés par charges de vingt-cinq kilos. Le couac, le lard, le bacaliau dans des sacs goudronnés et cachetés pour éviter toute tentative ayant pour but la soustraction d'une part du contenu. Le vin et le tafia dans des dame-jeanne cachetées aussi pour le même motif.

L'on campe les premières nuits sur le champ d'or, comme l'on peut, à la diable. Puis, séance tenante, les mineurs transformés en bûcherons s'escriment de la hache et de la scie sur les arbres qu'ils abattent avec une célérité inimaginable. Les géants reliés les uns aux autres par des lianes, oscillent, s'entraînent mutuellement et s'écroulent avec fracas. La voûte de feuillage se disloque aussitôt, et les rayons du soleil éclairent pour la première fois cette revendication de la civilisation sur la barbarie.

Les arbres abattus fournissent les matériaux des cases qui s'élèvent comme par enchantement. On voit éclore en quelques jours un embryon de ville. Le chaos s'organise bientôt grâce aux corvées dont nul ne saurait être exempt. Les scieurs de long débitent les madriers, les charrons les ajustent. Les criques sont débarrassées des végétaux qui les encombrent, la zone aurifère est mise à jour. L'exploitation commence.

Tel était l'état dans lequel Charles et Nicolas, arrivant d'Europe, avaient trouvé le placer *Réussite* après deux mois de production. Le champ d'or dont le jeune homme avait pu établir rigoureusement la position, grâce à ses instruments de mathématiques, n'appartenait pas, ainsi qu'on l'a vu, à la société qui traitait les alluvions. Cette erreur n'était pas imputable à M. du Vallon, mais à celui qui avait prospecté la concession. Le créole avait remplacé depuis peu le malheureux mineur mort à la peine. C'est en raison de cette erreur de deux mille mètres seulement, que les Robinsons se trouvaient propriétaires du terrain déjà tout agencé. Ils n'étaient pas hommes à bénéficier ainsi d'un accident. L'on se souvient que les associés furent largement dédommagés des dépenses faites antérieurement, bien que légalement ils n'eussent droit à aucune indemnité.

Les ouvriers étaient arrivés de Cayenne depuis quelques jours. Le travail avait repris sous l'intelligente direction de M. du Vallon, et tout faisait présager d'abondantes productions. Robin avait voulu que tout fût en ordre avant que sa famille visitât le placer. Ce jour tant désiré arriva enfin. Madame Robin, les deux misses, les Bonis eux-mêmes quittèrent l'habitation et se rendirent au champ d'or. Le canot à vapeur accosta au dégrad, et les passagers, après avoir franchi une légère passerelle jetée en travers de la première crique, débouchèrent dans l'immense clairière pleine de bruit et de travail. Ils étaient attendus. Leur arrivée fut signalée par une salve de coups de fusil, qui fit jeter les hauts cris aux animaux de la basse-cour, et envoler effarés tout un vol de toucans. Le pavillon français, hissé au sommet d'un mât par un coulie indou en grand costume et coiffé du turban national, se déploya aussitôt, produisant sur les yeux ravis des visiteurs l'effet d'une fanfare de couleurs. Les Robinsons, en proie à une émotion profonde à la vue de l'emblème sacré de la patrie, saluèrent le drapeau du cri de vive la France !...

— Vivent les Français de l'Equateur !... répondit d'une voix éclatante M. du Vallon, non moins ému en venant à la rencontre de l'ingénieur et de sa famille.

Les Robinsons, en pénétrant dans leur nouveau domaine, marchaient d'étonnements en étonnements. Le directeur qui avait carte blanche pour l'installation s'était surpassé. Son activité et sa merveilleuse entente de la vie des bois avaient opéré des prodiges. Sur l'immense esplanade, bien nivelée, et soigneusement débarrassée des chicots, s'élevaient les cases des travailleurs. Celles des Chinois et des Indous formaient le côté droit, celles des noirs le côté gauche. Ces habitations, proprettes, bien saines, bien aérées, construites en gaulettes, et couvertes en waïe, avaient déjà pris une belle couleur maïs, du plus harmonieux aspect. Devant quelques-unes, s'étendaient des jardinets, d'où émergeaient des plantes utiles et décoratives. Du dégrad à l'habitation, des plants de bananiers qui croissaient à vue d'œil, formaient un rudiment d'avenue, qui avant deux ans serait ombragée de façon à permettre de braver les rayons du soleil.

L'habitation proprement dite a été reculée de plus de cent mètres, et construite sur le versant d'une petite colline. Cette situation présente un double avantage : d'une part, les effets de l'inondation sont conjurés, d'autre part, une brise légère — trésor inappréciable en Guyane, la rafraîchit perpétuellement. Le corps de logis, long de plus de quarante mètres, sur douze de large et dix de hauteur, est une merveille de construction coloniale. Il s'élève sur un épais plancher de bois bagot, dont les veines violettes et noires, frottées d'huile de carapa, affectent les tons de l'améthyste et du jais. Les poteaux, en bois de rose enduits de résine de gayac, rappellent ces vieux meubles du commencement de Louis XV, la joie des antiquaires. Ils supportent les poutrelles en satiné rouge formant la charpente, et sur lesquelles s'appuient de minces chevrons en balata blanc. La toiture, très élevée, en waïe, forme un angle aigu, et s'évase brusquement à la base en angle obtus, de façon à former une légère vérandah large de deux mètres, qui entoure de tous côtés l'immense bâtisse, dont l'élégance et la légèreté sont incomparables. Une série de hamacs bonis et indiens, en aloès et en coton, oscillent doucement au souffle de la brise et promettent une sieste délicieuse. Tous ces admirables échantillons des bois les plus précieux, dont la vue ferait pâmer d'aise un maître ès-ébénisterie, ont été coupés sur l'emplacement qu'ils occupent. Un peu plus, on les eût équarris debout et laissés sur leurs racines.

La salle à manger commune s'élève au milieu du bâtiment. Elle est ouverte de deux côtés, et donne vue au nord sur le placer, au sud sur la Forêt-Vierge. Deux grands rideaux, couleur maïs, en fibres de phormium, tombent en plis gracieux du haut de l'entablement. Une des parois disparaît sous un dressoir en bois-serpent, aux moulures d'ébène, que surchargent les services de porcelaines et les verres dits incassables. La table énorme, massive, en moutouchi, s'appuie majestueusement sur ses quatre pieds robustes. En face du dressoir, un ratelier d'armes, sur lequel s'alignent les profils sévères des canons bronzés. Au dessous de ces produits irréprochables de l'arquebuserie contemporaine, rapportés de France par Charles, s'étale une peau de jaguar sur laquelle Bob, le molosse noir ramené de Cayenne par M. du Vallon, a élu domicile. Bob est un géant de l'espèce canine, fort comme un maïpouri, brave comme un lion, et doux comme un mouton. La preuve, c'est qu'il vient de céder fraternellement un coin de la dépouille du félin à Matsaô qui a séance tenante accepté.

A gauche, le salon, meublé de divans et de fauteuils à bascule, tressés en bambou par les Chinois, avec cette incomparable légèreté et cette bizarrerie d'ornementation qui sont le propre de ces inimitables ouvriers. Les chambres des dames faisant suite au salon, s'ouvrent sur un vaste couloir et sur la vérandah. De l'autre côté de la salle à manger, et parallèlement au salon, se trouve le cabinet de travail. Des tables de cèdre encombrées de papiers, de plans, de cartes, de lavis, de modèles d'outils et d'instruments, sont fixées au sol. Les cloisons de grignon sont couvertes de rayons sur lesquels sont symétriquement rangés des échantillons de bois rares, de minerais, de fossiles, de roches, avec des boussoles, des montres, des podomètres, des instruments de physique et de mathématiques, etc. etc. Les appartements des hommes font suite au cabinet de travail. Enfin, pour en finir avec cette distribution si bien entendue, un petit pavillon isolé, situé à vingt mètres, recèle un laboratoire complet de chimie. Mentionnons encore la cuisine avec le four, qui placés à proximité de la salle à manger, sont confiés au soins intelligents de maître Augustin, un vrai Marseillais de Marseille, ancien cuisinier du navire stationnaire de l'Etat, et qui a naturalisé la bouillabaisse et la barigoule sur les rives du Maroni.

Un dernier mot, pour montrer avec quelle intelligence toutes les dispositions ont été prises. De tous les points de l'habitation, l'œil peut embrasser tout l'espace découvert sur lequel s'élèvent les cases des ouvriers, les logements des employés, ceux des domestiques, les cuisines et les magasins aux vivres. Chacun comprendra sans peine l'importance de ce détail futile en apparence.

Les Robinsons, heureux comme de grands enfants, manifestaient leur joie par des exclamations enthousiastes, et accablaient d'éloges l'habile ordonnateur de ces merveilles.

— Mais, c'est trop beau, mon cher directeur, répétait Robin. Nous ne nous

« C'est là la couche aurifère. » (Page 582.)

reconnaissons plus parmi ces splendeurs. Ce n'est plus la Guyane, et nos Robinsons vont s'endormir dans les délices de cette Capoue équinoxiale réalisée par vous d'un coup de baguette.

« D'autre part, cette profusion au milieu de tant de misères me produit comme une sensation de malaise... Oh ! que ma réflexion ne vous trouble en rien mon ami. Je vous suis trop reconnaissant, de tout ce que vous avez fait en vue de rendre agréable aux dames le séjour de cet enfer, pour mêler une goutte d'amertume à votre joie si légitime.

— Cher monsieur, reprit le créole avec ce respect qu'inspirait le proscrit à tous ceux qui l'approchaient, je m'attendais à vos paroles et elles me comblent de joie. Voulez-vous me permettre de vous ouvrir mon cœur, et de vous développer les motifs de ma conduite?

— Parlez, mon ami. Vous connaissez ma sympathie pour vous. J'écouterai avec le plus grand plaisir l'énoncé de vos idées; elles ne peuvent être que celles d'un cœur loyal et d'un cerveau intelligent.

Le créole, rouge de plaisir, — Robin ne prodiguait pas les marques extérieures d'affection — s'inclina modestement, balbutia un remerciement et reprit :

— Je pourrais vous dire qu'après l'existence épouvantable que vous avez menée jadis sur cette terre de la proscription, qu'après vos luttes de tous les instants contre les éléments qui souvent vous terrassèrent sans vous vaincre, il est bien juste de recueillir enfin le fruit de vos peines et ne plus vivre la souffrance.

« Pour quiconque sait votre histoire et celle de votre famille, la situation présente est encore bien inférieure à vos mérites, et ne saurait compenser les misères du passé. Si telle a été d'une part ma pensée, j'ai eu d'autre part un motif plus essentiel encore.

« Vous avez déploré l'infériorité de nos colonies comparée à la prospérité des possessions anglaises, votre cœur de patriote a gémi de cette stagnation.

— Oui, et le but de mon existence, est, vous le savez, d'infuser à la France Équinoxiale avec des idées nouvelles, les éléments d'une nouvelle vie.

— Une des causes principales de cette stagnation qui est presque de la décrépitude, m'a d'autant plus vivement frappé, que je suis créole. Le Français qui émigre, n'a qu'une pensée : Ramasser au plus vite une fortune petite ou grande et revenir au plus tôt jouir de la vie dans une grande ville, ou planter ses choux à l'ombre de son clocher. Peu lui importe la misérable échope dans laquelle il passe une dizaine d'années avant d'arriver à son but. Il vend, achète, troque, s'occupe d'entasser le plus qu'il peut et de consommer le moins possible. Quand son portefeuille est garni, quand il s'est à loisir transformé en éponge et qu'il a retiré de la colonie tout ce qu'il a pu, il réalise, prend le prochain steamer, puis, on ne le revoit plus. Au lieu d'améliorer la terre qui lui a procuré l'opulence, il la délaisse comme un ingrat repu, le jouisseur égoïste !

L'Anglais, au contraire, quitte la métropole sans espoir de retour. Il devient Anglais des Indes ou d'Australie, fait souche d'Anglais partout où il se trouve, et transforme en un coin d'Angleterre le pays où il s'installe. S'il a un intérieur, il l'emporte avec lui ; s'il n'en a pas, il sait bien s'improviser ce « home » si cher à tout citoyen du Royaume-Uni. Il pratique le négoce aussi bien que personne, mais non pas à la façon des êtres parasitaires qui absorbent sans restituer. Son commerce féconde, mais ne stérilise pas. Il vit de la vie de famille, et tout en vaquant à ses affaires, s'occupe de créer des écoles pour ses enfants. Il veut pour eux la salubrité de la ville, le confort de l'intérieur et l'obtient à tout prix, car il sera là demain, ses enfants doivent y vivre ainsi que leurs descendants. Ses manies elles-mêmes concourent à la prospérité de son pays d'adoption. Si le Français était sportman, il n'attendrait pas d'avoir fait fortune pour voir courir le Grand-Prix. Il éléverait des chevaux et Cayenne aurait peut-être des tramways comme sa rivale Demerara, alors que l'on n'y compte pas vingt voitures et que l'on n'y trouve ni un restaurant ni un hôtel meublé. Ah ! si tous ceux que cette terre féconde a enrichis n'avaient pas pris leur envolée, quelle serait la prospérité de notre chère France Équinoxiale ! Au lieu d'aller mendier à prix d'or au Para ses bœufs étiques, nous aurions les gras pâturages de la Trinité, sur lesquels s'ébattent, comme sur les prairies du Devonshire, les plus beaux bestiaux du monde. Nos travailleurs anémiques mangeraient à pleine bouche le rosbif gorgé de sang, au lieu d'être réduits à la portion congrue de couac et de bacaliau. Là où tremblottent quelques misérables carbets isolés, s'élèveraient des villes ; les steamer sillonneraient nos grands fleuves ; des chemins de fer relieraient comme en Australie nos exploitations ; notre colonie serait un état puissant, et non pas un débit de morue sèche, ou un marécage insalubre.

— Ce que vous dites est cruellement vrai, interrompit Robin vivement frappé de la profondeur de ces paroles et de l'enseignement qu'elles renfermaient. Ah ! je vous comprends maintenant, et je vous remercie du plus profond de mon cœur.

— J'ai voulu imiter l'Anglais et créer ici, avec les simples ressources de la colonie, l'intérieur, le « home » français. Sauf les cristaux et les porcelaines, les armes et les instruments de travail, la nature nous a fourni tous nos matériaux à l'état brut. Ces bois admirables, qu'un nabab envierait pour son palais, portaient des feuilles il y a trois mois. Nous les avons abattus, dégrossis, polis et mis en place. Les bambous qui nous ont donné ces sièges si commodes et si élégants, les phormium dont nous avons tiré ces draperies, formaient des futaies au milieu des marais. Les hamacs étaient encore à l'état de houppes sur les cotonniers. Enfin, sur cette place que le soleil inonde en ce moment de sa lumière, s'élevait la forêt avec ses miasmes putrides, ses herbes humides, ses insectes répugnants, son sol fangeux.

« Je dirai alors à ceux qui veulent s'enfuir là-bas, au-delà de l'Océan, avec l'or amassé ici : vous admirez nos demeures, vous vous étonnez des facilités de nos existences, vous enviez peut-être notre bonheur. Eh! bien, restez près de nous, suivez notre exemple. Voyez comme la réalisation de ce confort, de ce luxe est chose facile. Faites souche ici. Apportez-y la France, et demain vos enfants seront les citoyens d'une grande ville. Au lieu d'être en Europe les derniers arrivés parmi ceux dont vous n'avez plus ni les goûts ni les habitudes, d'être des millionnaires dépaysés et embarrassés peut-être de votre fortune, soyez les premiers Français de l'Equateur.

« L'écrin colonial de notre patrie possèdera une perle de plus. A côté des Indes et de l'Australie le monde acclamera la France Équinoxiale. »

Dépeindre l'émotion qui étreignit tous les cœurs, quand la voix vibrante du créole prononça ces patriotiques paroles, serait impossible. Il est de ces scènes que la plume est impuissante à reproduire et dont chacun préfère savourer seul la vivifiante émotion....

La vie du placer commençait pour les Robinsons, sous d'heureux auspices. Il y eut fête le soir au Champ d'or. Les Noirs, les Indous, dansèrent, chantèrent, tirèrent des coups de fusil, et burent à satiété. Les Chinois eux-mêmes déridèrent leurs faces de magots, et semblèrent s'amuser comme nul ne l'avait jamais constaté de mémoire de mineur. La joie, pour être bruyante, tumultueuse même n'en fut pas moins raisonnable. Les réjouissances se prolongèrent fort avant dans la nuit, et pourtant quand le coup de trompe appelant les ouvriers au travail retentit au point du jour, nul ne manqua à l'appel...

Le placer s'éveille un peu courbaturé, mais joyeux. La journée commence par cette importante formalité qui s'appelle le boujaron, bientôt suivie de la distribution des vivres. Pendant que le magasinier Marius, le « bachelier de Mana », assaisonne cette distribution de propos au gros sel, les chefs de chantier viennent sous la verandah, recevoir les ordres du directeur relativement au travail de la journée. Le rapport terminé, les ouvriers rentrent à la case pour prendre le repas du matin et préparer le goûter qu'ils absorberont pendant la journée à tour de rôle, sans interrompre leur tâche, car le sluice, une fois en action ne s'arrête pas.

De même que le gouvernement a réglementé la ration[1] de vivres, il a également fixé les heures de travail. Tous les jours de la semaine, le dimanche excepté, les ouvriers arrivent au chantier à huit heures, et le quittent à trois heures. Total, sept heures de travail. C'est assez, eu égard au climat de notre colonie. Les contre-maîtres reviennent à l'habitation, reçoivent la quantité de mercure nécessaire au fonctionnement de leur instrument, et partent suivis de leurs hommes pour la rivière qu'ils exploitent.

Les Robinsons connaissent l'exploitation de l'or par les procédés primitifs qu'ils ont jadis employés, mais ignorent le lavage en grand. Ils se sont servis d'instruments relativement imparfaits, fabriqués par eux de toutes pièces ; aussi, se font-ils une fête de cette première visite au placer. Comme les dames doivent les accompagner, il est convenu qu'on profitera de la matinée, le seul moment où la chaleur du soleil ne possède pas encore son implacable intensité. M. du Vallon vient les chercher après deux heures d'absence. Il a déjà visité la moitié de son personnel. L'activité du directeur est vraiment prodigieuse.

Il est entendu que l'on se rendra sur les bords de la crique « *Fidèle* », qui coule à deux cents mètres seulement de l'établissement. Si les Robinsons et même leur mère, familiarisés avec la vie des bois, sont susceptibles de fournir des courses de longue haleine, il n'en est pas de même des jeunes Anglaises dont le visage ruisselle déjà de sueur après cette simple promenade. L'on ne peut concevoir l'intensité des morsures du soleil équinoxial sans les avoir ressenties.

Trois instruments sont en plein fonctionnement. M. du Vallon en a rendu les abords accessibles au moyen de ponts et de planches posées sur les terres détrempées. Sans cette précaution, les visiteurs eussent dû enjamber des troncs abattus, escalader des pentes, glisser sur des branches, et s'envaser jusqu'à mi-jambe pour arriver jusqu'au premier sluice.

Le lit de la crique a totalement disparu. Les arbres ont été jetés par terre, de chaque côté, sur une largeur de plus de vingt mètres. Les troncs sont enchevêtrés, les branches fracassées, et les chicots, géants hier, ont un mètre de haut. Cet abattage qui doit, nous l'avons déjà dit, précéder le lavage des terres, a été opéré depuis deux mois. Il sera poussé au fur et à mesure des besoins de

---

[1] On se rappelle que la ration est par homme et par jour de 750 grammes de couac ou de riz, 250 grammes de bacaliau pendant cinq jours, une fois la semaine 200 grammes de lard salé ou de bœuf conservé, le septième jour, un demi-litre de légumes secs. Chaque ouvrier reçoit en outre 30 grammes de saindoux pour faire cuire ses aliments. Le boujaron est de six centilitres le matin et six centilitres le soir.

l'exploitation. La rivière, barrée en amont est à sec. Toute l'eau arrêtée par le batardeau, passe dans les instruments et lave le gravier aurifère.

Le coup d'œil est des plus pittoresque. Des travailleurs, noirs ou coulies vêtus du calembé, piochent, bêchent, fouillent, sabrent les racines, pataugent dans la boue, chantent ou jacassent à tue-tête, et transpirent comme des carazas.

Le « *sluice* » qui est, à de rares exceptions près, l'instrument servant à laver l'or en Guyane, se compose d'une série de boîtes en planches appelées *dalles*, longues de quatre mètres, semblables à d'immenses cercueils sans couvercle et ouverts aux deux bouts. Leur hauteur latérale est de trente-huit à quarante centimètres, leur largeur est de trente-huit centimètres à un bout et de quarante-deux à l'autre. Cette dépression d'une des extrémités est indispensable pour faciliter l'emboîtement des dalles à la suite l'une de l'autre, de façon à former un long canal découvert en bois.

— Voici, disait à l'ingénieur et à ses fils M. du Vallon, un sluice de moyenne grandeur qui se compose de douze dalles ; sa longueur totale est de près de quarante mètres. Il occupe vingt personnes hommes et femmes. Il y a d'abord huit *déblayeurs* qui sabrent les derniers débris végétaux, et qui ensuite s'escriment de la pioche et de la pelle à travers la terre végétale pour arriver à la couche aurifère. C'est là leur seule besogne. Ils préparent la tâche des huit *piocheurs* que vous voyez au fond de ces trous, éventrer à grands coups de pic cette couche grisâtre qui semble si dure. Après l'avoir piochée, ils la lanceront à la volée dans la dalle qui passe au-dessus de leur tête.

— C'est là la couche aurifère ? demanda à Madame Robin, Miss Lucy.

— Oui, Mademoiselle, répondit en son lieu et place le directeur. C'est du quartz désagrégé, des débris de filons affectant toutes les grosseurs, depuis celle de la tête, jusqu'à celle d'une pointe d'aiguille.

— Et l'or se trouve en liberté entre ces graviers...

— Qui en contiennent eux-mêmes une bien plus grande quantité. Si tous ces sables étaient broyés, notre production serait décuplée ; mais dans l'état actuel de l'industrie aurifère en Guyane, on se contente de recueillir l'or qui est détaché du quartz. Les bénéfices réalisés sont fort honnêtes encore.

— Cette couche est-elle épaisse ?

— Plus ou moins ; quelquefois elle atteint un mètre cinquante, parfois elle n'a que dix centimètres de hauteur.

« Quant à la largeur, elle s'étend généralement à vingt mètres de chaque côté de la rivière. Celle-ci est excellente, voyez l'acharnement de nos braves piocheurs.

« L'instrument occupe encore quatre femmes qui passent leurs journées accroupies dans les dalles, et sont chargées de retirer les gros fragments rocheux s'opposant au passage des graviers. Plus, quatre *tireurs de sable*. Ce sont ces hommes que vous voyez au bas du sluice, à l'extrémité de la dernière dalle, armés de ces pioches creuses à long manche. Ils retirent les terres lavées et les entassent de chaque côté. Total, seize hommes et quatre femmes.

— Le sluice, interrompit Henri, doit être bien solidement construit, pour supporter avec le poids considérable du gravier, celui des femmes qui tirent la roche. Les premières dalles sont à plus de deux mètres du fond des trous où travaillent les piocheurs, et une chute serait dangereuse, au cas où l'instrument dont la pente est d'au moins cinq centimètres par mètre viendrait à s'effondrer.

— N'ayez aucune crainte ; voyez, chacune des dalles est placée sur deux traverses latérales reposant sur deux crochets en fer forgé, adaptés eux-mêmes à des pieux de moutouchi, implantés de plus d'un mètre dans le sol. Vous connaissez la solidité de nos bois, ces rivaux du fer lui-même.

Les mineurs, stimulés par la présence des Européens, remuent la terre avec fureur, et chantent avec une verve endiablée. Deux piocheurs, aux formes athlétiques, après avoir éventré la couche de gravier, ont quitté le pic, et se sont emparés chacun d'une pelle, dite « pelle criminelle », dont le manche n'a pas moins de deux mètres soixante centimètres de longueur. Du fond de leur trou, profond de près de deux mètres, ils lancent, avec une incomparable adresse, d'énormes pelletées de gravier qui retombent au milieu du sluice plein d'eau courante. La précision et la rapidité de leurs mouvements tiennent du prodige, et c'est merveille de voir ces immenses pelles criminelles, les bien nommées, évoluer comme des fétus dans leur mains robustes, frapper en cadence la paroi ligneuse du sluice dont l'eau laiteuse rejaillit au contact du sable. Entre temps, ils trouvent le moyen de faire des fioritures. Ils exécutent avec le manche de la pelle un large moulinet, et le fer, après avoir décrit une demi circonférence, vient s'enfoncer à leurs pieds dans le sol déchiré.

Chaque pelletée qui tombe dans l'instrument est rythmée d'une phrase qui revient sans cesse.

— Sami kè volooo !... vocifère l'un des deux hommes, puis sa pelle retombe.

— Moun là-haut, bons-bons !... hurle à son tour son compagnon...

— Sami kè volooo !.,. reprend le premier.

— Moun là-haut, bons-bons !... réitère le second.

— Que disent-ils, demanda madame Robin?
— Que Sami est un voleur, et que les gens de là-haut sont très bons.
— Pourquoi?
— C'est une manière de rythmer leurs mouvements, analogue aux plaintes des boulangers, et aux chants cadencés des forgerons. Quelquefois, ils composent d'interminables complaintes racontant leurs joies ou leurs peines. Ils exposent leurs griefs, ou plaisantent leurs camarades. Parfois même, leur verve satirique s'attaque à leurs patrons qui ne sont pas ménagés dans leur improvisation, à laquelle ils donnent le nom de *chanté* ou de *dolo*.

« Sami, le soi-disant voleur, est un coulie attaché au service de l'habitation; quant aux « *Mouns* » là-haut, bons-bons, c'est vous dont le noir célèbre à sa manière la générosité.

Puis, s'adressant aux deux piocheurs :
— C'est bien, Fidèle, c'est bien, Baron, vous aurez double boujaron ce soir.

Charles, qui, comme sa mère et ses frères, avait pris un vif intérêt à ces détails, s'écria enthousiasmé :
— Qu'il y a loin de ces admirables instruments, aux pauvres berceaux d'osier que nous agitions jadis à tour de bras pour trouver quelques grains d'or! Dire que nous croyions avoir atteint le summum de l'art! Et pourtant, ces vieux outils nous ont donné la fortune.

« Je serais désireux de savoir maintenant l'agencement intérieur du «sluice». Comme vous m'avez dit ne pas perdre une parcelle d'or, cette affirmation me surprend, car, quelque fussent nos efforts là-bas, nous laissions échapper un bon tiers de poudre. Votre procédé doit être assez compliqué.

— Il est au contraire extrêmement simple. Le sable tombe dans la dalle où l'eau le désagrège. La dalle est recouverte d'une plaque de tôle percée de trous en crible, et éloignée de huit millimètres du fond de bois. Cette tôle est supportée à l'avant par deux pivots en forme de losange, et à l'arrière par une traverse de bois. Elle est en outre, maintenue à chaque extrémité par deux taquets que les roches serrent en passant, de façon à l'empêcher d'être emportée.

« Je n'ai pas besoin de vous dire que l'or s'amalgame au mercure par simple contact. D'heure en heure, on jette un peu de mercure dans les dalles. Il file doucement sous la plaque de tôle et s'arrête à la traverse, où le mouvement des eaux le tient sans cesse en mouvement. Vous savez que tous les corps, y compris le fer, flottent sur le mercure. A plus forte raison, les débris de roches. Tout ce qui n'est pas de l'or, glisse sur le métal liquide et s'écoule à l'arrière, pendant que l'or, absorbé au passage, s'amalgame en un clin d'œil.

Du Vallon, qui venait de laver aussi une battée. (Page 586.)

« Notez que chaque dalle contient une plaque de tôle avec du mercure, et conséquemment un appareil complet d'amalgamation. Si, par impossible, quelque fragment échappait à la cinquième, à la sixième, ou même à la dixième dalle, il tomberait infailliblement dans la douzième, agencée d'une façon toute particulière. Elle se nomme la *caisse* et pour cause. Elle est terminée par une série de rainures en fonte, pleines de mercure, et profondes de huit à

dix millimètres. Nulle parcelle d'or, si petite qu'elle soit, ne peut donc éviter le contact du mercure.

— Le rendement est-il abondant?

— Sur ce point, il est fabuleusement riche. Nous sommes dans une « *poche* ». Il y a près de deux kilos d'or, sur quatre mètres cubes. Vous allez voir des battées de cinq et six francs. La moyenne de la production de la crique Fidèle est de soixante-quinze centimes la battée.

« Lafleur, dit-il à un Indou occupé à tirer du sable, et toi, Apawo, lavez chacun une battée.

Les deux coulies, s'empressèrent d'obéir, et rapportèrent peu après au fond de leur plat de bois, chacun une quantité de métal absolument pur, dont la valeur confirmait l'évaluation du directeur.

Du Vallon, qui venait de laver aussi une battée, cueillit trois feuilles de waïe, déposa sur chacune d'elle le produit de l'opération, replia la feuille et entoura le petit paquet d'une fine liane, selon la coutume des mineurs Guyanais. Puis, avec l'élégance d'un véritable talon rouge, il l'offrit aux trois visiteuses en disant :

— Quand les souverains visitaient leurs villes, il était d'usage de leur offrir les clefs en signe d'hommage. Vous êtes les reines du Champ d'Or. Veuillez accepter les prémices de votre domaine. Recevez en signe d'hommage et de fidélité, cet or encore vierge, le seul digne de vous, que vous offrent vos sujets.

CHAPITRE XV

La levée de la production. — L'or et le mercure. — Ce que peut rapporter de bénéfice net, le travail d'un « sluice ».—Trente mille francs d'or en poudre dans une poêle à frire.—Les rapports des terres aurifères avec les quartz également aurifères.—Un peu de géologie.— L'origine des filons. — Défiant l'acier, mais troué par une goutte d'eau. — L'exploitation de l'or doit marcher concurremment avec la culture. — Encore la philanthropie anglaise. — Indispensables réformes. — Il faut essentiellement favoriser l'immigration en Guyane. — L'avenir des colonies françaises est aux hommes de couleur.

Cette première journée passée au Champ d'Or, se termina par le spectacle intéressant de la levée de la production. Les visiteurs revinrent à la crique Fidèle à trois heures après-midi, au moment où le mugissement de la trompe annonçait la fin du travail. Les ouvriers, heureux comme des écoliers au moment où sonne l'heure de la récréation, s'éparpillèrent joyeusement comme si l'écrasant labeur du jour n'avait pas pesé sur eux depuis le matin. Les chefs de « sluice » restèrent seuls près de leurs instruments, attendant l'arrivée du directeur ou des employés de l'administration, pour procéder à la récolte du jour.

La vanne du bâtardeau situé au-dessus du sluice fut abaissée, un mince filet d'eau continua de couler dans le canal de bois. La plaque de tôle de la première dalle fut retirée de dessus les taquets, puis lavée à la brosse ainsi que les planches et les traverses. Le mercure, chargé de parcelles d'or, s'écoula dans la seconde dalle qui fut traitée de la même façon, de là dans la troisième, et ainsi de suite jusqu'à la douzième. Tout l'or amalgamé se trouvait alors dans la dernière dalle, ou caisse, tant sous la plaque de tôle, qu'entre les raies transversales du riffle de fonte. Une battée vide avait été disposée à la partie inférieure de la caisse, pour recevoir avec le mercure, les derniers gravats métallifères. La plaque et le riffle furent retirés, puis brossés minutieusement ains que les traverses de bois, les taquets et les supports en losange, auxquels adhéraient de fines gouttelettes pâteuses de mercure contenant de l'or jusqu'à saturation.

La battée se trouvait du coup aux trois quarts pleine de graviers, à travers lesquels serpentaient d'agiles coulées de métal aux reflets d'argent. Le contre-maître lava cette battée comme il a été dit précédemment lors de la description de la prospection. Puis, quand son plat de bois, débarrassé de tous les corps étrangers, sembla ne plus contenir qu'une certaine quantité de mercure, il étendit sur un coui un linge de forte toile écrue, et versa sur cette toile le métal liquide. Il prit d'une main les bords de la toile, la tordit fortement au-dessus de la calebasse. Le mercure sortit par tous les interstice du rude tissu, tomba au fond du vase, et la toile ne contint bientôt plus qu'une masse pâteuse, d'un blanc-bleuâtre, de la grosseur d'un œuf de poule, et assez semblable à un bouchon de ce papier d'étain servant à envelopper le chocolat.

C'était la production de la journée.

— Le rendement de cet instrument est excellent, dit M. du Vallon, en soupesant le petit paquet étranglé au milieu par une ficelle, et rappelant ces poupées rudimentaires de la première enfance. Cela pèse trois cents grammes. Défalcation faite de 25 p. 100 de mercure, nous avons là 225 grammes d'or au premier titre. Chaque gramme, valant 3 fr. 25 centimes, — vous savez que l'or Guyanais fait prime — la production du jour s'élève pour ce sluice à **731 fr. 25** centimes. En tenant compte de 30 p. 100 que nous coûte l'exploitation, le bénéfice net pour ce seul sluice est pour aujourd'hui de 510 francs.

« Douze instruments ont travaillé toute la journée. J'ai tout lieu de croire que leur rendement atteint une moyenne sensiblement égale. Vous pouvez juger, par ce rapide énoncé, de l'opulence du placer *Réussite*.

— Bravo ! mon cher directeur, répondit joyeusement Robin. Récoltons au plus tôt des millions et enrichissons bien vite nos associés, c'est-à-dire nos braves ouvriers que je compte intéresser dès aujourd'hui.

« Cette collaboration des muscles, cette commandite des sueurs, a droit aussi à des bénéfices, n'est-ce pas.

— Oui, Monsieur. Le capital ne consiste pas seulement en des fonds une fois versés par la main du millionnaire. Le constant effort des infiniment petits en est le complément indispensable. Il a droit à une récompense.

Nous ferons du même coup une bonne œuvre et une excellente opération.

Les travailleurs ayant intérêt à ce que la production se maintienne à un chiffre élevé, surveilleront attentivement les voleurs d'or.

— C'est parfait.

— Et maintenant, si vous le voulez bien, nous allons regagner l'habitation où vont arriver tous les chefs de chantier avec leur production quotidienne.

« Je vais peser tous mes petits paquets, inscrire sur nos livres le rendement par instrument, et par crique, puis faire le total. De cette façon, je saurai si la production s'élève ou fléchit pour tel ou tel sluice, et si le bassin de telle ou telle crique vaut ou ne vaut pas la peine d'être exploité.

« Je déposerai ensuite la poudre dans mon coffre-fort, en attendant le moment de procéder à l'évaporation du mercure. C'est ordinairement le dimanche matin qu'a lieu cette opération.

— Quelle méthode suivez-vous?

— Je m'étais contenté jusqu'alors du moyen primitif employé par les anciens chercheurs d'or. Il consiste tout naïvement, vous le savez, à mettre le métal amalgamé dans une poêle à frire et à chauffer sur un feu vif. Le mercure se volatilise par la chaleur et l'or retrouve à ce moment sa couleur fauve.

— Et vous perdez vingt-cinq pour cent de mercure...

— J'ai reçu fort heureusement de Cayenne un appareil à évaporation. Il est fort simple et me donne d'excellents résultats. Je l'ai employé deux fois déjà, et les pertes ont été insignifiantes.

— Encore une fois, bravo ! je tiens essentiellement à un évaporateur irréprochable. Je vais l'examiner tout à l'heure. Ceci est de ma compétence, continua en souriant l'ingénieur. Je le veux d'autant plus parfait, que nous allons sous peu installer nos marteaux-pilons, et bocarder les quartz.

— C'est donc vrai, reprit avec une ardente curiosité le directeur. Vous allez tenter, et je n'en doute pas, réaliser ce que nul n'a osé même concevoir avant vous.

— Oui, mon cher du Vallon, Nous allons incessamment nous mettre à la besogne. Ce sera le grand coup. Dans deux ou trois mois au plus, le sifflet de la machine à vapeur dominera les bruyants appels des toucans, et les marteaux-pilons retentiront sourdement dans l'immense vallée.

— Mais, il y a donc des filons, sur l'emplacement de notre Champ d'or.

— Partout où il y a des terres alluvionnaires, se trouvent des roches quartzeuses. L'un ne va pas sans l'autre, et les graviers aurifères ont pour origine des filons désagrégés.

« Il est incroyable vraiment, que les mineurs guyanais aient jusqu'alors négligé cette dernière exploitation, et s'en soient tenus aux maigres bénéfices que leur procurent les lavages des graviers aurifères.

— C'est que cette théorie des filons est peut-être bien obscure encore.

— Erreur, mon cher ami. Je vais, sans plus tarder, vous la développer en deux mots. Dans cinq minutes vous en saurez autant que moi et vous serez à même de prospecter les filons comme un ingénieur des mines.

— J'allais vous en prier.

— Ecoutez-moi donc. Il faut tout d'abord vous expliquer ce que c'est qu'un filon. Vous savez qu'à des époques fort anciennes, la terre fut violemment secouée par de formidables convulsions. Le feu central qu'elle renferme et où bouillonnent à l'état de vapeur toutes les substances minérales, disloqua la couche qui l'entoure, la fendit, la crevassa. Ces crevasses traversèrent la croûte solide formée par les terrains préexistants, quelle que fut leur nature et leur solidité.

« Ces fentes, pratiquées dans l'écorce du globe, se remplirent peu à peu de diverses matièrss, pouvant renfermer des métaux ou des minerais de métaux. Ce remplissage s'est opéré simultanément de deux façons, par des matières venues d'en haut et par des matières venues d'en bas. D'une part les torrents d'eau minérale coulant sur la surface de la terre, rencontrant les lézardes s'y précipitaient et s'évaporaient en laissant aux parois leurs matières calcaires, surtout le carbonate de chaux qui se concrétait. D'autre part, les vapeurs métallifères montaient du centre de la terre, se solidifiaient comme la suie, le carbone dans les cheminées et s'incorporaient aux produits d'évaporation des eaux.

« C'est ainsi que l'or pur, échappé du bouillonnant creuset de notre planète, se trouve intimement mêlé à des masses rocheuses, comme par exemple ces différents objets que l'on fait recouvrir d'une couche pierreuse aux fontaines dites pétrifiantes.

« Les filons, contenant les différents métaux, se formèrent ainsi. Les filons aurifères nous occupent seuls. Je vous ai dit, en commençant, que les crevasses résultant de l'effort des convulsions terrestres, traversaient toutes les couches quelles qu'elles fussent formant cette enveloppe. La masse de quartz qui les a remplies dans la suite, affleure donc par places à la surface de la terre. Ces quartz formant les filons appartenant à la même époque de formation, suivent une direction à peu près constante. Leur inclinaison est aussi à peu près identique, mais leur épaisseur est très variable.

« Les points où les filons perçant la couche végétale, apparaissent à l'œil nu sont appelés *chapeaux*. Supposons qu'un bassin, celui du Maroni par exemple, soit, et il l'est réellement, parsemé d'innombrables filons aurifères suivant toutes les ondulations de terrain, escaladant les montagnes, rampant sous les vallées, se ramifiant à l'infini comme les branches des arbres, et les troncs artériels ou veineux d'un organisme.

« Partout où ce filon se montre, il est désagrégé lentement par toutes les influences extérieures. L'action combinée de l'air et des eaux, celle de la rosée, de la lune, du soleil, des racines faisant l'effet de corps étrangers, etc..., hâtent sa décomposition. L'eau qui l'a produit par évaporation, le dissout lentement par un lavage perpétuel. Les parties solubles s'en vont peu à peu, car chaque goutte charrie une molécule infinitésimale de la substance qu'elle tient en suspension. C'est ainsi que se forment par cette dissolution les argiles, placées inférieurement à la couche aurifère. La désagrégation du quartz continuant, l'or s'échappe de la substance inerte qui le retenait incrusté. Il tombe en dernier lieu. Comme il est insoluble, il roule avec les cassures plus grosses de quartz. Il demeure mêlé aux sables arrachés aussi du filon et reste sur la couche argileuse qui forme le fond imperméable du lit du torrent.

« Ainsi, voilà qui est bien compris. La crique lave sans cesse le filon et le dissout peu à peu. Elle lui arrache son or avec sa substance calcaire et roule dans ses eaux le métal et la roche. Elle s'est enrichie aux dépens du filon. Ainsi, pas d'alluvions aurifères sans filons, la première chose étant la conséquence de la seconde. Une couche plus ou moins épaisse d'humus, produite par des débris organiques se forme sur cette couche métallifère. Des arbres y croissent, vivent, meurent, se renouvellent. Le travail d'enrichissement n'en continue pas moins, mais il est si lent ! Quoi qu'il en soit, telle est l'action de l'air et de l'eau sur le quartz, que des terrains exploités et abandonnés depuis quinze ans sont complètement transformés. De sorte que des sables aurifères, ou plutôt des graviers gros comme le poing, à cassure nette et durs à ne pouvoir être à cette époque peu éloignée, écrasés par des marteaux de fer, sont aujourd'hui désagrégés, effrités, et près de tomber en poussière.

— J'ai compris, s'écria le créole radieux. Vous voulez, avec les moyens dont dispose l'industrie contemporaine, remplacer le travail séculaire de l'action des eaux. La crique désagrège le quartz après des milliers d'années. Vous allez le broyer avec vos batteries de bocards, enlever en quelques minutes avec les eaux courantes le calcaire réduit en poudre, et amalgamer l'or par le mercure.

— Je vous le disais bien, vous en savez autant que moi. Nous possédons les machines, et c'est un point essentiel. Il nous faut aussi un personnel nombreux pour mettre a nu les filons, creuser des puits afin de les suivre en profondeur, etc. etc.

« Notre convoi d'immigrants est attendu de jour en jour. Avec des bras, le succès est assuré. Pour ne pas perdre de temps, nous allons séance tenante installer une machine ; afin de bien nous identifier avec son fonctionnement, nous nous contenterons tout d'abord de broyer les sables alluvionnaires déjà lavés. Notre lavage n'a isolé que les parcelles d'or libre. Les graviers en contiennent encore autant. Je suis certain de leur faire rendre au moins soixante-dix francs la tonne, et cela presque sans main-d'œuvre.

— Quelle colossale exploitation!

— En effet. J'ai la prétention de réduire et de faire réduire en poussière par ceux qui viendront après moi, ces formidables roches qui défient le fer et l'acier, mais que nos cartouches de dynamite sauront bien pulvériser. Les filons du placer *Réussite* passeront par les auges de nos batteries de marteaux-pilons comme les alluvions par les dalles de nos sluices.

« C'est pour mener à bien cette entreprise dont la grandeur m'a depuis longtemps séduit, car elle intéresse essentiellement l'avenir de notre colonie, que j'ai engagé à prix d'or les immigrants que nous allons recevoir sous peu.

— N'appréhendez-vous pas les non-valeurs?

— Qu'importe ! Les Chinois, les Indous surtout arriveront sans doute anémiques. La pioche ou la pelle seront bien lourdes à leurs bras débilités par les travaux antérieurs. N'avons-nous pas dans nos hatteries de quoi leur infuser un sang nouveau. Ne pensez-vous pas que leurs organismes saturés de couac et de bacaliau, seront bientôt régénérés par l'absorption des viandes plantureuses qui leur seront libéralement distribuées.

« Je compte d'ailleurs procéder toujours avec méthode et employer seulement aux travaux de l'or, ceux qui ont reconquis toute leur ancienne vigueur. Ainsi, quand notre premier convoi sera arrivé, je dirigerai sur le placer les ouvriers agricoles qui sont à l'habitation, à la condition toutefois qu'ils consentent à ce changement d'existence. Tous nos immigrants, à nous, sont et seront des ouvriers libres. Les nouveaux venus s'occuperont spécialement d'agriculture et subordonneront à leurs forces la somme de travail fourni.

« L'entretien des plantations de canne à sucre, de manioc, de patates, de caféiers, de cacaoyers, de cotonniers, sera le meilleur de tous les noviciats à la vie des grands bois. Plus heureux que les Cayennais, nos mineurs et nos cultivateurs ont à discrétion ces excellents légumes d'Europe : choux, salades, céleri, cresson, navets, carottes, etc. que l'on ne peut se procurer qu'à prix

S'écroulait avec un fracas. (Page 600.)

d'or à la capitale. Vous avez mangé à Cayenne un chou venu d'Amérique et payé cinq francs, n'est-ce pas ; nous pouvons déjà offrir même à nos manœuvres ces denrées si précieuses, sans que notre budget soit grevé d'un sou.

— Et pourtant, en dépit de ce confort, de cette abondance, nous avons éprouvé de grandes difficultés pour obtenir de la Guyane anglaise, ce convoi de cinq cents immigrants.

— Vous connaissez bien la philanthropie de nos excellents voisins. Ils font des croisières sur les côtes du Krou, de Guinée et du Sénégal pour empêcher l'immigration africaine, sous prétexte de traite deguisée. Ils pendent comme des pirates les équipages des bâtiments portant des immigrants, mais ils ont bien garde de rapatrier ces malheureux qu'ils conduisent en Egypte ou en Abyssinie à la barbe de nos représentants.

« Oh ! les excellents philantropes, qui imposent aux Chinois l'opium à coups de canon, qui assomment leurs coulies, qui traquent et tuent comme des bêtes féroces les indigènes australiens ! Et pourtant, ils prétendent nous imposer chez nous et le régime et le mode de travail des hommes qu'ils nous envoient. Ils ne veulent pas qu'on les emploie à l'exploitation de l'or, sous prétexte que ces travaux sont trop rudes. Vous avez vu dans quel état épouvantable ces malheureux, sortant des chantiers anglais, nous arrivent ici ! Le seul motif des soucis que leurs maîtres semblent prendre de leur sort, n'est que de la jalousie doublée d'égoïsme. Ils savent que l'exploitation de l'or constituera à bref délai pour notre colonie une incalculable ressource. Partagés entre leur désir de se débarrasser à bon compte de ces hommes épuisés qu'ils considèrent comme des non-valeurs et l'envie de voir notre colonie demeurer dans son état de stagnation, ils veulent conserver sur eux une domination qui s'étend jusqu'ici.

« Soit, je n'y contredirai pas. J'observerai loyalement toutes les clauses de mon contrat. Les immigrants d'origine anglaise s'occuperont exclusivement, pendant la période de leur engagement, d'exploitation agricole. Ils n'en collaboreront pas moins activement à celle de l'or, puisque grâce à eux, nos travailleurs seront constamment approvisionnés de viande et de légumes frais.

« Quand, après leur engagement fini, ils auront échappé à la férule des syndicats britanniques, ils feront ce que bon leur semblera. Vous les verrez alors demander à faire partie de notre association de chercheurs d'or.

— Vous êtes, cher monsieur, le premier Européen ayant réellement compris cette question essentielle des approvisionnements sur place. En menant de front nos exploitations agricole et aurifère, nous arriverons à ne pas dépenser plus de 10 p. 100 de nos bénéfices, tandis que certains placers sont grevés de 50 p. 100. Cela se conçoit sans peine. Ils sont forcés de tout tirer de Cayenne, de payer le fret des tapouyes, puis les journées des canotiers et celles des charroyeurs. Mais, une simple charge de vingt-cinq kilos de bacaliau, coûtant douze francs au départ, a quintuplé de valeur en arrivant.

« Je m'étonne à ce propos, que la plupart des « placeriens », n'aient pas encore pensé à remplacer pour la navigation fluviale leurs lentes et coûteuses embarcations conduites à la pagaye, par des canots à vapeur comme celui que Charles a rapporté d'Europe. Une embarcation ainsi agencée, ne coûte presque rien, et rend d'inestimables services, tant par son tonnage que par sa vitesse et sa légèreté.

— Vous oubliez, mon cher du Vallon, que nos collègues n'ont à leur disposition aucun de nos moyens. Beaucoup parmi eux ne demanderaient pas mieux que de marcher de l'avant. J'en citerai un entre tous. Le jeune et intelligent directeur du placer Dieu-Merci, monsieur Mouflet, un des ingénieurs civils les plus distingués, devenu à force d'énergie un chercheur d'or remarquable, fait construire en ce moment un chemin de fer. Son exploitation est admirable. Mais ses commanditaires qui habitent Paris, comprendront-ils assez leurs intérêts pour le suivre dans cette voie qu'il parcourt à pas de géant?

« Tenez, une des causes les plus essentielles de tous les insuccès, réside dans la pénurie d'ouvriers d'art. Et pourtant, comme il serait facile d'amener ici des intelligences d'élite servies par des bras vaillants! Je puis bien vous dire cela, à vous, mon ami, qui bien que créole blanc, ne nourrissez pas à l'égard des hommes de couleur cette idiote et injuste prévention appelée : préjugé de la couleur.

« Il est bien avéré, n'est-ce pas, que le blanc ne peut fournir ici un travail manuel de longue haleine, sans être brisé par la fièvre et l'anémie. L'homme qui résiste le mieux sous la zone équinoxiale, est le noir de la côte d'Afrique. Il est à peu près réfractaire à tous les maux qui accablent au bout d'un certain temps les Européens, même les Basques, les plus robustes entre tous. L'Africain, n'est hélas, qu'un instrument humain, le plus vigoureux qui existe il est vrai, d'une constance, d'un bon vouloir et d'une douceur à toute épreuve, mais il ne peut être avant longtemps employé aux travaux d'art. Il faut au moins une génération, peut-être deux, pour opérer cette évolution.

« Mais il est une race, intelligente entre toutes, aussi vigoureuse que l'africaine, aussi instruite que l'européenne, qui ferait merveille ici. C'est cette vaillante race d'hommes de couleur habitant les deux perles de nos Antilles Françaises, la Martinique et la Guadeloupe. Le mulâtre martiniquais, ou guadeloupéen, a reçu de sa mère noire la vigueur, la résistance à toutes les fatigues, et l'immunité aux maladies de la zone intertropicale. Son père blanc, lui a donné cette intelligence qui le rend immédiatement accessible à tous les arts, à toutes les sciences. Ce croisement original, cette greffe humaine a opéré des prodiges, et toutes les classes de cette jeune société sont éminemment supérieures.

« Aussi, voyez les hommes de couleur, médecins, avocats, ingénieurs, soldats, marins, fonctionnaires, étudier dans les écoles de la métropole et évoluer dans la vie. Travailleurs acharnés, intelligences brillantes, tous, à de rares exceptions près, sont des sujets d'élite.

« La moyenne de la population n'est pas moins remarquable. L'instruction professionnelle est excellente. Tous les mécaniciens et chauffeurs-mécaniciens des steamers intercoloniaux sont Martiniquais ou Guadeloupéens ; ceux de la Guyane ont la même origine, ainsi que nos contre-maîtres de sucreries, d'ateliers de construction ou d'exploitations industrielles. Tous ces travailleurs d'élite n'ont chez eux que des salaires relativement minimes, qui seraient immédiatement triplés ici, sans préjudice des bénéfices ultérieurs.

« Pourquoi, au lieu d'aller chercher de tous côtés, non seulement nos ouvriers d'art, mais encore nos chefs de chantiers, n'essaierions-nous pas de provoquer en grand un courant d'immigration venant des Antilles ? La population y est très compacte, le départ de quelques milliers d'individus, ne saurait porter préjudice aux exploitations locales. Au contraire. Et je crois être dans le vrai, en affirmant que l'exécution de ce projet profiterait dans des proportions incalculables aux trois colonies. Combien de fortunes, enfouies ici peut-être pour toujours, qui iraient procurer le bien-être à ceux qui végètent là-bas !

— Vous avez raison, Monsieur, je partage vos idées à l'endroit des hommes de couleur. Je leur rends d'autant plus volontiers justice, que comme vous le disiez tout à l'heure, je suis créole. Je les ai vus à l'œuvre depuis mon enfance J'ai assisté à leurs luttes, j'ai applaudi aux succès couronnant leurs efforts.

« Aussi, je le proclame hautement : l'avenir des colonies françaises appartient aux hommes de couleur. »

CHAPITRE XVI

Nouveaux mystères et nouvelles inquiétudes. — Commencement de mutinerie — Réapparition de Maman-di-l'Eau. — Les ruses des voleurs d'or. — Un fusil de six mille francs qui ne vaut pas vingt-cinq sous. — Prospection dans le ventre de quatre tortues. — Un plat de riz pour lequel nombre de mineurs donneraient leur droit d'aînesse. — Comment d'habiles filous peuvent dissimuler quarante mille francs d'or. — Celui qu'on n'attendait plus. — Tribulations de Peter-Paulus Brown de Sheffield. — Ce n'est pas lui !...

Il est indispensable que, usant de notre privilège de narrateur, nous fassions franchir au lecteur une nouvelle période de trois mois, pour arriver aux dramatiques événements qui terminent cette véridique histoire. L'exploitation du placer marchait à souhait et procurait d'énormes bénéfices. Tous les Robinsons étaient depuis douze heures au champ d'or, sauf madame Robin et ses deux filles d'adoption, retenues aux hatteries par une indisposition de la femme de l'ingénieur.

Robin avait été mandé en toute hâte par M. du Vallon, que certains faits mystérieux et complètement anormaux inquiétaient depuis plusieurs jours. A peine arrivé, il avait fait une rapide visite aux chantiers, où les terrains alluvionnaires et les filons étaient simultanément traités. Une batterie de marteaux-pilons, installée près de la crique Fidèle, fonctionnait admirablement sous l'excellente direction d'un jeune et intelligent Martiniquais, arrivé depuis un mois de Fort-de-France. La machine à vapeur, chauffée au bois, sifflait, soufflait renâclait, crachait ses jets de fumée, à la grande joie des ouvriers, que la vue de cet organisme de métal étonnait toujours. Les lourds bocards à tête d'acier, s'élevaient d'un brusque mouvement, et retombaient pesamment dans les auges de moutouchi, à demi pleines de fragments de quartz aurifère. Les coups retentissaient sourdement dans l'immense vallée, pendant que l'opulent minerai, réduit en poussière impalpable, et lavé perpétuellement par un mince filet d'eau, s'amalgamait au contact du mercure.

De nombreux travailleurs noirs, hindous ou chinois, évoluaient, traînant des brouettes, ou poussant des wagonnets à roues pleines, sur des rails de bois. D'autres s'escrimaient du pic ou de la pioche, pour mettre à nu un chapeau de filon qu'ils débarrassaient des différentes couches de terre. D'autres enfin perçaient avec des fleurets de mine, la dure substance rocheuse qui allait voler tout-à-l'heure en éclats, sous l'irrésistible effort de la dynamite.

Somme toute, le placer semblait en proie à la double fièvre de l'or et du travail. Rien en apparence ne semblait légitimer tout d'abord les appréhensions du directeur.

— Je n'irai pas, disait-il à Robin, jusqu'à prétendre que la révolte est dans l'air, mais j'ai ici près de cinq cents ouvriers, et j'ai eu plusieurs fois l'occasion de constater les manifestations d'un esprit de désordre, pour ne pas dire plus.

— Vous avez, mon ami, pleins pouvoirs pour récompenser les bonnes actions et punir les mauvaises. Nous avons la plus entière confiance en vous, et nous ne doutons pas que cette répartition ne soit absolument équitable.

— J'ai dû sévir trois fois déjà et mettre à l'amende trois noirs arrivés par le dernier convoi. C'est le seul moyen de répression que nous ayions sur les placers et je n'en use qu'à la dernière extrémité.

— Quel a été l'effet de cette mesure disciplinaire ?

— Déplorable. Les bons ouvriers ont naturellement applaudi, mais les mauvais, une cinquantaine de drôles venus ici depuis un mois, ont cru devoir protester vivement.

— ... Et vous avez tenu bon ?

— Naturellement. Mais le lendemain matin, le niveau d'eau de la machine était brisé, et le manomètre arraché. J'ai dû en confier la garde à des hommes sûrs, qui veillent en armes et se relayent de deux en deux heures.

« Le jour suivant, en dépit de ces précautions, notre grande courroie de transmission que j'avais eu l'imprudence de laisser en place était coupée en deux endroits.

— Coupée !... la courroie ! s'écria l'ingénieur indigné de cette mutilation.

Sa colère était d'autant plus vive, que l'installation et la fabrication de cet organe essentiel de l'exploitation des quartz, étaient son œuvre. Les courroies de cuir apportées de France étaient trop courtes, et l'atmosphère saturée d'humidité, les avait d'ailleurs promptement pourries.

Robin avait alors eu l'idée de fabriquer un métier, qui par d'ingénieuses combinaisons, entrecroisait des fils de coton, de façon à former un tissu épais d'un demi-centimètre, large de douze, et d'une longueur indéfinie. Il avait obtenu de la sorte une excellente courroie de coton. Elle remplaçait d'autant plus avantageusement celle de cuir, qu'elle avait été caoutchoutée au moyen du suc de Balata. Cette courroie, imperméable et imputrescible, rendait donc d'inestimables services à l'exploitation.

— Le dommage, reprit du Vallon, a été réparé séance tenante. Nous avons heureusement tous nos appareils en double.

« C'étaient là de graves symptômes dont il importait de rechercher la cause, afin d'en prévenir efficacement les effets. Je me suis livré à une minutieuse enquête, qui est venue se briser contre l'invincible entêtement de mes ouvriers, même des meilleurs.

— Peut-être les coupables ont-ils usé d'intimidation.

— A n'en pas douter. Mais, je ne puis accuser personne, car les complices sont nombreux à coup sûr. J'ai pris alors un moyen héroïque. J'ai congédié hier cinquante mineurs, dont vingt-cinq vont quitter aujourd'hui même les chantiers.

— Très bien.

— Ces hommes sont, ainsi que je vous l'ai dit, les derniers venus ici. Ils se signalent par leur paresse et leur mauvais esprit. Ce sont des drôles qui font « leurs philosophes », comme disent les chefs de chantiers. Quelques-uns d'entre eux appartenaient à l'ancienne équipe du placer Réussite ; j'ignore ce qu'ils sont devenus depuis la catastrophe où j'ai failli perdre la vie. Un beau jour, ils sont arrivés ici sans que l'on sût d'où ils venaient, et je les ai engagés, car nous manquons toujours de bras. J'ai eu tort.

« Ils ont semé un commencement de désarroi, en racontant les vieilles légendes de leur Maman-di-l'Eau. Vous savez combien les noirs sont superstitieux. Ces racontars idiots ont jeté le trouble de tous côtés. Leurs sornettes ont obtenu d'autant plus de créance, que les soi-disant emblèmes du vieux lutin Guyanais ont fait leur réapparition, accompagnés des bruits nocturnes entendus jadis.

— Soyez certain alors, que nos ennemis ne sont pas loin.

— C'est bien mon opinion. J'affirme aussi qu'ils ont des complices parmi nos hommes. Enfin, pour finir, la production baisse depuis quelque temps. Nous sommes volés, quelque vigilance que l'on déploie.

« La veille du jour qui a précédé votre arrivée, c'est-à-dire avant-hier, l'on a vu des Indiens rôder près de l'ancien placer. Nul n'a fait attention à leur présence qui n'avait rien d'anormal. Mais, pendant la nuit, un charivari intense s'est fait entendre, accompagné de coups sonores frappés sur les arcabas des arbres de la forêt. Le lendemain matin, une tête d'aïmara surmontant une fleur de Victoria Regia, était accrochée à ce vieux panacoco mort, que je voulais depuis longtemps faire abattre. C'était bel et bien une déclaration de guerre. Je suis payé pour connaître la signification de ces emblèmes. C'est sous cet arbre que j'ai failli être assassiné il y a six mois.

« Les hommes éprouvèrent un moment d'indicible terreur. Les noirs surtout. J'arrivai accompagné du chef mécanicien, et des trois chauffeurs, tous quatre Martiniquais. Je vis qu'un moment d'hésitation allait compromettre notre sécurité. Il fallait agir promptement et énergiquement. Je dis un mot au mécanicien qui partit en courant, et revint presque aussitôt portant deux cartouches de dynamite. Deux trous profonds furent creusés de chaque côté du tronc, au ras du sol. Au bout d'une demi-minute, le squelette légendaire broyé, fauché, disloqué à la base, s'écroulait avec un fracas qui domina le bruit de la détonation elle-même.

— C'est parfait.

— Je fus d'autant mieux inspiré, que nous trouvâmes juste au point où s'arrêtèrent les ravages de l'explosion, une cachette pleine d'or. Il y avait plus d'un kilogramme de métal amalgamé, provenant de vols successifs. Le larron, vous le voyez, avait bien choisi ce lieu de recel, dont un reste de superstition défendait admirablement les abords.

« La chute du géant fut saluée d'un hourra retentissant, et les ouvriers reprirent le travail.

« Vous voyez, par ce rapide aperçu, quelle est la situation. Je ne doute pas que le tapage ne recommence cette nuit ; aussi, vais-je me hâter d'expédier mes gaillards dont le séjour prolongé de douze heures, pourrait constituer un danger réel.

— Que vous reste-t-il à faire ?

— Payer ceux qui ont compensé le chiffre des avances, puis opérer dans urs bagages une perquisition minutieuse.

— Tenez-vous beaucoup à cette formalité ?

— Essentiellement. Je suis certain que ces vingt-cinq hommes vont essayer de nous enlever plus de dix kilos d'or.

— Vous m'étonnez.

Il pèse diablement lourd, ton riz. (Page 606.)

— Voulez-vous en avoir la preuve ? Ce ne sera pas long.

Le directeur appela aussitôt l'agent comptable, et le pria de faire venir les hommes congédiés.

Henri, Edmond, Eugène, Charles et Nicolas, quittèrent les hamacs où ils faisaient la sieste et vinrent prendre place dans le grand cabinet de travail du directeur. Les vingt-cinq mineurs, groupés au dehors, attendaient l'appel de leur nom. Ils se détachaient un à un, touchaient leur pécule s'il y avait lieu, recevaient leur livret, et allaient en silence reprendre leur place.

— Vous allez, reprit du Vallon, prendre chacun dix jours de vivres, puis, quand vous serez arrivés à Saint-Laurent, vous irez chez Chevalier auquel l'un de vous remettra cette lettre. Chevalier vous rapatriera à Cayenne par une tapouye ou par le *Dieu-Merci*.

« Et maintenant, Messieurs, veuillez m'accompagner au dégrad ; vous allez voir quelque chose de curieux. Prenez vos sabres et au besoin vos revolvers ; il y aura probablement quelques horions et peut-être une véritable bataille ; mais il nous est interdit de faiblir, sous peine de perdre le fruit de nos travaux.

Les sept blancs s'équipèrent à la hâte, et arrivèrent au débarcadère. Trois grandes pirogues, encombrées de pagaras, de hamacs, de couis, de marmites, de giraumons, de patates, d'ignames, de bananes étaient amarrés au rivage de la crique. Les voyageurs arrivèrent bientôt un à un, portant leurs provisions, causant et riant, sans même paraître s'apercevoir de la présence des blancs que la veille encore ils accablaient de politesses exagérées.

Quand l'arrimage fut terminé, le directeur, avisant la première pirogue, interpella froidement les pagayeurs au moment où ils allaient prendre place sur les bancs :

— Vous oubliez, garçons, que nous avons une dernière formalité à remplir.

— Qué çà oulé, mouché? demanda le patron de l'embarcation.

— Visiter ces bagages, et m'assurer s'il n'y a pas parmi vous tous, que je considère comme de braves gens, bien qu'un peu mauvaises têtes, quelque voleur d'or.

— Oh ! mouché, protesta vivement le noir. Nous pas volo, non. Ou qu'à gadé (regardé) tout çà bagages la, oui, ou pas trouvé plus pitit morceau di l'or.

— Nous allons voir. Ayez donc l'obligeance, pour me faciliter la besogne, d'ouvrir ces pagaras, et d'étaler leur contenu sur la terre.

Les mineurs s'entre-regardèrent à la dérobée, puis obéirent sans rien dire, avec une célérité qui semblait du meilleur augure.

Cette perquisition minutieusement opérée au milieu des nippes bariolées n'amena aucun résultat, à la grande joie des Robinsons qui voulaient croire à l'innocence de ces hommes.

Du Vallon, toujours impassible, procédait avec méthode, et faisait entasser à part ce qui était inventorié, pour éviter toute confusion. La plupart des objets susceptibles de recéler le fruit d'un vol avaient été rigoureusement examinés. L'écorce des giraumons n'offrait aucune solution de continuité, ayant pu servir à l'introduction du métal dans l'intérieur des cucurbitacés. Une perdrix Grand-Bois, rôtie à point et apportée au dernier moment, fut fendue d'un coup de sabre, sans qu'on aperçut dans la cavité thoracique ou abdominale, la moindre parcelle d'or. Le saindoux, qu'il est si facile de fondre et dans lequel on peut incorporer, quand il est liquide, la poudre métallique, fut trouvé absolument pur.

Les noirs jubilaient, et les Robinsons commençaient à trouver quelque peu ridicule le rôle que jouait leur ami.

— Patience, leur dit-il, nous ne sommes pas au bout.

— Mais, il n'y a plus rien, dit Henri, et à moins que les hommes n'aient avalé chacun un demi kilo d'or, ce qui, entre parenthèse, leur pèserait sur l'estomac plus que sur la conscience, je ne vois pas à quoi peuvent aboutir vos recherches, ni sur quel point elles peuvent désormais porter.

— Vous oubliez les fusils.

— Comment, les fusils ?

— Dame, supposez que les douze ou quinze fusils simples ou doubles, soient remplis jusqu'aux deux tiers de poudre d'or, maintenue par une bourre. Chaque canon peut facilement en contenir cinq à six cents grammes... Mais ils sont trop rusés pour avoir employé ce vieux procédé, depuis longtemps éventé.

« Essayons pourtant. »

Les propriétaires de fusils, retirèrent sans se faire prier les baguettes, et les passèrent dans les canons, de façon à montrer qu'ils étaient parfaitement vides.

— Vous voyez, interrompit bruyamment Charles.

— Patience, répéta imperturbablement le créole, en prenant le fusil de l'homme le plus rapproché, et en le soupesant attentivement.

« A un autre... »

Il prit un second fusil, puis un troisième, puis un dixième sans aucun résultat.

— A ton tour, compère, dit-il à jeune noir d'une vingtaine d'années qui s'était obstinément tenu à l'extrémité opposée du dégrad.

Le jeune homme tendit en hésitant son arme, et quelle arme ! Un vieux couloir à lessive, brun de rouille, emmanché à la diable sur un fût grossier, rafistolé d'un bout de ficelle, et qui semblait toujours près de se séparer en deux.

Un léger sourire passa sur le visage du directeur. Le noir devint gris de cendre.

— Tenez, mon cher Charles, vous avez vu sans doute des fusils de prix, mais je doute que vous en ayez jamais manié un qui valût au bas mot six mille francs !

— Six mille francs ! mais je n'en donnerais pas vingt-cinq sous, le prix du fer.

— D'accord, mais les deux kilos d'or remplissant la crosse préalablement évidée et creuse comme une boîte, puis soigneusement refermée avec la plaque de couche, augmentent singulièrement la valeur de cet ustensile.

— Vous me stupéfiez.

Du Vallon, sans mot dire, se mit incontinent à dévisser avec la pointe de son sabre, les deux vis maintenant la plaque de fer à la base de la crosse. Puis, avisant un coulie qui se rendait au chantier en portant une battée, il prit le plat de bois, renversa le fusil de la crosse duquel sortit un monceau de poudre d'or bien tassée, encore amalgamée, dont la valeur s'élevait au bas mot à six mille francs.

— Eh ! bien, messieurs, que pensez-vous de l'aventure demanda-t-il aux Européens plus attristés qu'indignés.

« Oh ! ce n'est pas tout, croyez-le bien. Cela ne fait que commencer, et vous allez tomber de surprise en surprise. Il n'y a rien de suspect dans les deux premières pirogues. Mais ou je me trompe fort, ou je vais découvrir la cachette dans la troisième.

— Je n'y vois plus que quatre tortues, embarquées comme provisions. Les pauvres bêtes placées sur le dos remuent désespérément les pattes, comme si elles avaient conscience du sort qui les attend.

— Ces estimables chéloniens me paraissent en effet bien malades, et vous allez être surpris en apprenant qu'ils sont malades d'indigestion.

— D'indigestion ?...

— Je vais sans désemparer mettre fin à leurs souffrances.

« Eh ! compé, dit-il en interpellant le patron dont les traits manifestèrent soudain une vive inquiétude, baïe mo ça toti là.

— Non mouché. Mo pas pouvé. Nous gain ça tôti la pou mangé li, mo pas volô, non !

— Nous verrons cela... Allons, dépêchons... Les tortues...

— Mouché, continua en patois le noir désespéré, ces tortues ne m'appartiennent pas. Que voulez-vous en faire ? Vous allez priver les pauvres noirs de vivres frais !

— **Pas tant de raisons. Je les prends, et je les remplace par vingt kilos de** bœuf, dit le directeur après être monté dans l'embarcation, d'où il lança sur la terre les quatre tortues qui tombèrent lourdement.

« Là, c'est parfait. Je vais pratiquer leur autopsie, ou plutôt, me livrer à une intéressante vivisection. Ce n'est pas la première fois, que j'ai l'occasion de faire cette prospection à travers les viscères de tortues bourrées à éclater de poudre d'or.

« Ah ! nos gaillards sont rusés, et c'est plaisir de lutter avec eux. Tenez... je vous le disais bien. Sachant que la tortue a la vie chevillée aux flancs, ils ont introduit le produit de leur vol par l'orifice inférieur du tube intestinal de l'animal, puis ils ont proprement cousu cet orifice, comme vous pouvez le constater, de façon à éviter la sortie prématurée du métal en poudre. Les tortues tranformées en tirelires auraient vécu de la sorte quatre ou cinq jours, peut-être plus. Je vous laisse à penser, s'il eût été possible à l'œil le plus prévenu de découvrir cette cachette diabolique, étant donné surtout que l'animal existe et se meut [1].

« Ces quatre tortues appartiennent à la grosse espèce, et chacune d'elle renferme deux kilogrammes d'or au minimum. Total huit kilogrammes enlevés à l'association.

Les larrons furieux, vociféraient comme un clan de singes rouges, et nul doute que sans la présence des six Européens, ils eussent fait un mauvais parti au directeur. Celui-ci, sans se départir de son calme, entassait dans la battée pleine jusqu'aux bords, l'énorme monceau d'or amalgamé, sans plus s'occuper de leurs cris.

— Et maintenant, mes gaillards, allez-vous-en exercer au diable votre malhonnête industrie. Nous ne voulons pas de voleurs ici.

Le « philosophe » de la bande crut devoir protester.

— Non, mouché, nous pas volo ! nous prend !... (nous n'avons pas volé, nous avons pris).

Ce singulier argument fit sourire les blancs, non moins étonnés de la subtilité de ces drôles que de leur aplomb.

— Cet or nous appartient aussi, continuait l'orateur. Le bon Dieu l'a mis dans la terre pour le noir comme pour le blanc. Nous l'avons pris où le bon Dieu l'a mis, nous ne sommes pas des voleurs.

— C'est vrai, reprit avec dignité le créole. L'or contenu dans la terre, appartient au noir comme au blanc. Nous sommes tellement pénétrés de cette vérité, que tous nos travailleurs sont nos associés, ils participent à nos béné-

[1] Rigoureusement historique.　　　　　　　　　　　　　　　　　　　　L. B.

L. B.

fices, et vous n'êtes que plus criminels, vous qui volez vos compagnons de labeur.

« Allez !... »

Au moment où le directeur prononçait ces derniers mots, un retardataire nu comme la main, descendait lentement de l'habitation, et s'apprêtait à prendre place dans une pirogue. Sa main gauche tenait un coui plein de riz cuit, pendant que la droite opérait du vase à la bouche un rapide mouvement de translation. L'homme mangeait avidement à poignées.

— En voici un, dit en riant Eugène, qui ne semble guère se préoccuper de la différence qui existe entre prendre et voler. La simplicité de son costume éloigne d'ailleurs toute idée de recel.

— Qui sait ! fit du Vallon tout songeur. Je me défie toujours et quand même.

« Eh ! compé, dit-il au noir, qué çà bagage là, to qué mangé ?

— Çà, dou riz, répondit-il d'un air idiot.

— Ah ! dou riz..... reprit le créole en enlevant délicatement la calebasse qu'il sembla cueillir.

« Sacrebleu ! il pèse diablement lourd, toñ riz. »

Le noir stupide d'étonnement demeurait cloué au sol.

— Tenez, messieurs, voici le plus fort de la bande. Celui-ci a trouvé un procédé jusqu'alors inédit. Son coui renferme également environ deux kilos d'or. Le malin compère a eu l'ingénieuse idée de recouvrir la poudre avec ce riz qu'il absorbe de si bon appétit. Deux minutes plus tard, il embarquait et le coup était fait.

« Je crois qu'après celui-là, il faut tirer l'échelle.

« Eh ! bien, que dites-vous de l'aventure ? Le coup était-il bien monté ? Et ce fractionnement du produit du vol, et les cachettes bizarres qui recélaient ces douze kilogrammes d'or ! Qu'en pensez-vous ? Nos larrons ne se refusent rien. Du métal au premier titre, qui a trois francs vingt-cinq centimes le gramme, produit la jolie somme de trente-neuf mille francs !

— Ma foi, mon cher ami, si leur habileté me confond, j'avoue que votre sagacité me surpasse. Quel incomparable juge d'instruction vous feriez, si vous n'étiez pas le meilleur chercheur d'or.

— Cette expérience m'a coûté cher, croyez-le bien. Sachez d'autre part, que malgré tout, nous éprouvons encore des pertes assez sensibles. Nos hommes sont incorrigibles. Ils volent quand même, et les Chinois charroyeurs leur servent de recéleurs. Je ne puis rien faire pour prendre en défaut ces enragés magots qui avalent la poudre d'or et le mercure dont elle est recouverte, comme si c'était du couac. A moins de les traiter comme tout à l'heure les tortues, je n'ai pas encore trouvé un moyen pratique d'arrêter leur industrie.

« Bon gré mal gré, je suis forcé de passer cela aux profits et pertes.

« Nous allons maintenant continuer notre visite. Votre présence contribuera à affermir les travailleurs honnêtes dans la voie du devoir, et à effrayer suffisamment ceux dont les résolutions chancellent encore. »

Le directeur avait de tous points raison. Son acte de vigueur à l'égard des hommes indisciplinés, sa pénétration à déjouer la ruse des filous, et la vue des six Européens avaient produit la plus salutaire influence.

La journée fut assez bonne. Aussi, Robin inquiet relativement à l'indisposition de sa femme, jugea-t-il à propos de faire partir séance tenante Nicolas pour l'habitation, avec une escorte de six hommes absolument sûrs et armés jusqu'aux dents. Le Parisien devait rassurer madame Robin sur l'état de son mari ainsi que de ses fils, et rapporter aussitôt des nouvelles. Il suffisait de dix heures pour accomplir ce double trajet.

Le canot de papier devait depuis longtemps flotter sur les eaux du Maroni, et les Robinsons, rentrés à l'habitation, dissertaient encore sur les curieux incidents qui venaient de s'écouler, quand les aboiements de Bob, le molosse noir, retentirent violemment. Fidèle à ses habitudes de prudence qui n'excluaient en aucune façon la bravoure, le bon animal ne quittait pas la salle à manger, mais il expectorait tout d'une haleine, sa rauque série de hurlements, en regardant du côté du dégrad.

Du Vallon se dressa à demi sur son hamac et regarda, cherchant à découvrir la cause de l'émotion de son fidèle gardien.

— Tiens ! dit-il, une visite.

— Une visite ? fit Henri. Qui peut bien avoir la fantaisie d'une promenade à pareille heure et en pareil lieu ?

— Si je ne m'abuse un Européen accompagné de deux Indiens.

— C'est bizarre.

— C'est le premier étranger qui soit venu jusqu'à présent au Champ d'Or. Qu'il soit le bienvenu... jusqu'à plus ample information.

Robin, ses fils et le directeur, se levèrent pour recevoir l'inconnu qui suivait gravement, et d'une allure compassée, la grande avenue plantée de jeunes bananiers. S'il est permis de juger les gens sur la mine, l'extérieur du nouvel arrivant ne semblait pas annoncer un millionnaire. Un salacco grossier, en feuilles sèches de latania, couvrait sa tête, une mauvaise veste de toile bleue, lacérée par les épines, et un pantalon de même étoffe, composaient tout son accoutrement. Un de ses yeux était couvert d'un bandeau, et ses pieds nus semblaient profondément entamés par la marche à travers les bois.

Il ne s'en avançait pas moins, droit, rigide, le cou en avant, les épaules effacées, sans perdre un pouce de sa taille, et flanqué de ses deux Peaux-Rouges. Arrivé sous la vérandah, il toucha de l'extrémité du doigt le rebord de son salacco, avec ce geste hautain familier aux officiers de l'armée anglaise des Indes, et laissa tomber négligemment du bout des dents cette formule de politesse:

— Je hévé l'honneur de saluer vô!...

— Comment! C'est vous, master Brown, dit Robin stupéfait.

— Peter-Paulus Brown, de Sheffield. Yes, sir.

— Eh! bien, master Brown, je suis heureux de vous recevoir. Soyez le bienvenu.

— Mon Seigneurie remerciait vô.

Puis, comme l'insulaire semblait de son œil unique, chercher des visages absents, l'ingénieur, attristé soudain à la pensée de la mauvaise nouvelle qu'il allait lui apprendre, reprit avec un accent de commisération :

— Vos enfants, sont en bonne santé à l'habitation, située vers le haut du fleuve, mais hélas, une terrible catastrophe a frappé leur pauvre mère....

— Disez!.. Je écouté vô.

— Mistress Brown a succombé malgré nos efforts, et en dépit des soins les plus dévoués.

— Aôh!... reprit-il sans la moindre trace d'émotion. Le Providence avait rappelé à lui ce créature very beautiful.... Et moâ, je étais le gentleman le plus infotouné de l'Angleterre.

— Si la douleur que doit vous causer cette perte irréparable...

— Yes... sir; yes !.. Un grand douleur, je pové plus continouïé le névigécheune de moâ.

Un cri d'indignation, faillit échapper aux Robinsons, à cette manifestation de monstrueux égoïsme. Le respect professé par eux pour les lois de l'hospitalité arrêta seul leur protestation.

L'Anglais continua imperturbablement :

— Cette paysse était détestébeule. Je hévé perdu le carnet de chèques de moâ. Je étais sans crédit près du banque de la Guyane. Je hévé plus de provisionnement, je été sans souliers, les petites maringouines avaient piqué l'œil de moâ.

« Panaoline va mourir! » (Page 615.)

Je été oune moribonde, quand les Peaux-Rouges ont trouvé moa et amené mon Seigneurie près de vô.

— Qu'à cela ne tienne, master Brown. Vos blessures seront pansées, vous aurez des habits et tous les aliments nécessaires. Quant à la question d'argent et de crédit, ma caisse est à votre disposition. Je vous offre telle somme que vous jugerez suffisante à votre retour en Europe.

« En attendant, reposez-vous. Buvez, mangez et soyez sans inquiétude.
— Yes, sir.
— Dans deux ou trois jours, nous vous conduirons près de vos enfants.
— Yes ! Yes !.. »

Pendant que les deux Indiens, tenus en respect par les crocs de Bob, s'en allaient à la cuisine, conduits par un coulie, master Brown s'installait sans façon à table, dévorait comme un boa famélique et absorbait du liquide comme si son gosier eût été une dalle de sluice.

L'insulaire, bien restauré par ce repas gargantuesque, se vêtit sans mot dire des habits neufs qu'on lui apporta, se chaussa d'une paire de bottes, et s'allongea dans un hamac en homme qui veut digérer en paix ce qu'il a si bien mangé.

La nuit vint bientôt, nuit de veille pour les Européens, qui ne dormirent que d'un œil et qui épièrent à tour de rôle les moindres bruits s'élevant du Champ d'Or. D'heure en heure, l'un d'eux accompagné d'une escorte d'hommes en armes et précédés de Mataoé, faisait une ronde sur les terrains découverts, puis revenait à la case reprendre la faction.

Peine inutile, les bruits mystérieux entendus vingt-quatre heures avant ne se renouvelèrent pas. Le placer conserva sa physionomie habituelle. Maman-di-l'Eau resta dans sa demeure liquide, et ses adorateurs firent relâche. L'Anglais que ces allées et venues n'avaient aucunement troublé, dormit en homme désireux de rattraper le temps perdu, jusqu'à neuf heures du matin. Encore fallut-il le secouer vigoureusement afin de lui faire quitter le hamac pour la table.

Bien que ce personnage leur fût profondément antipathique, les Robinsons lui firent à son réveil l'accueil d'hommes hospitaliers. Le bourru orgueilleux, le maniaque égoïste fut l'objet de toutes sortes de prévenances de la part des Européens, qui voyaient seulement en lui le père des deux jeunes filles, quelqu'indigne qu'il fût de cette paternité.

Le déjeuner touchait à sa fin, quand des cris joyeux retentirent dans la direction du dégrad. Un signal bien connu fit bondir les jeunes gens et leur père qui sortirent précipitamment de table. Le sifflet du canot à vapeur déchirait l'air, pendant que de nombreux passagers noirs et blancs prenaient pied sur le rivage de la crique. Les Robinsons reconnurent leur mère qui s'avançait lentement au bras de Nicolas. Près d'elle se tenaient les jeunes misses, accompagnées d'Agéda, pendant que Lomi, Bacheliko, et leur père, le vieil Angosso, s'élançaient pleins de joie vers l'habitation.

— Master Brown, dit à l'Anglais l'ingénieur, vous avez du bonheur aujourd'hui. J'avais envoyé prendre hier à l'habitation des nouvelles de vos enfants et de leur mère adoptive, les voici qui nous les apportent elles-mêmes.

Peter-Paulus, à ces mots, laissa, malgré son flegme, apercevoir une rapide et incompréhensible émotion. Il ne trouva pas un mot à répondre, et demeura comme pétrifié.

Madame Robin, miss Lucy et miss Mary rentraient en même temps sous la vérandah.

— Chères enfants, leur dit l'ancien proscrit, une bonne nouvelle peut être annoncée sans ménagement... Votre père est retrouvé... Tenez ! le voici...

Il montrait, à l'autre extrémité de la table, Peter-Paulus atterré, qui loin de se précipiter dans les bras de ses enfants, semblait au contraire vouloir s'enfuir.

Cet original ne faisait rien comme un autre. Il fit un brusque mouvement, et son bandeau tomba, laissant à découvert un œil parfaitement sain.

Les deux jeunes filles poussèrent un cri de terreur!...

— Ce n'est pas lui !... firent-elles épouvantées... C'est le faux prêtre !...

— Le faux capitaine, mon voleur, hurla Gondet, qui descendait également du canot.

L'inconnu, sans perdre la tête, s'arcbouta sur le sol, et saisissant l'énorme table de moutouchi, la renversa comme une barricade entre lui et les Robinsons. Puis, s'emparant d'un sabre laissé par mégarde sur un meuble, il s'élança au dehors, traversa en trois bonds l'espace découvert, et s'enfonça dans la forêt avant que les spectateurs de cette scène inouïe, aient eu le temps de faire le tour du bâtiment.

Blancs et noirs allaient s'élancer à sa poursuite. Robin les arrêta d'un mot.

— Que personne ne sorte. Cet homme n'est pas seul. Il vous conduirait à un péril mortel.

On s'apercevait en même temps de la disparition des deux Indiens.

CHAPITRE XVII

Préparatifs d'une chasse au bandit. — Les quatre bûchers de la crique Saint-Jean. — Brûlés vifs! — Sacrifices humains. — Le « *Wowara* », le poison sacré des Indiens. — La langue qui a menti sera arrachée. — Maman-di-l'Eau est morte. — Confession de l'agonisant. —Mystères expliqués.—Ce que c'était que Maman-di-l'Eau.—La navigation de Peter-Paulus Brown de Sheffield interrompue pour toujours.—Bravades de gredin. — La première larme d'un damné.

Les Robinsons venaient d'échapper à un danger terrible dont il était urgent de prévenir le retour. La présence de cet être mystérieux, tour à tour missionnaire, officier ou voyageur, constituait pour eux un péril dont les multiples manifestations pourraient revêtir les formes les plus inattendues. L'homme qui se transformait ainsi à volonté, qui poursuivait avec tant d'audace et d'habileté l'exécution de son projet ténébreux, ne pouvait être un criminel ordinaire. Il était évident qu'il convoitait le placer et qu'il ne reculerait devant aucune extrémité pour atteindre son but. Sa dernière tentative pour pénétrer au cœur de la place, en jouant avec une perfection inouïe le rôle de l'Anglais monomane, montrait assez qu'il était rompu à toutes les ruses, et que de nouveaux stratagèmes remplaceraient bientôt les anciens.

Les Européens frémissaient encore à la pensée qu'ils eussent pu être quelques heures plus tard à l'entière disposition du bandit, et qu'un narcotique les eût livrés sans défense à toute la horde des gredins, ses complices, qui attendaient sans doute un signal pour les égorger sans défense. Il fallait en finir au plus tôt. Les Robinsons, après un véritable conseil de guerre, résolurent de rassembler les hommes sur la fidélité desquels ils pouvaient compter, de se mettre à leur tête après les avoir fractionnés en plusieurs troupes, et de traquer sans trêve ni merci les inconnus cachés au milieu des bois. Les armes et les provisions furent distribuées séance tenante et les travaux suspendus. Puis les mineurs se tinrent prêts à partir au premier signal. L'expédition devait se mettre en marche le lendemain matin. Mais une série d'incidents étranges et terribles vint bientôt modifier ces projets si sagement conçus, et en rendre peu après l'exécution inutile.

La nuit était venue. Il pouvait être onze heures du soir, quand tout à coup une lueur immense surgit dans la direction des chantiers, éclairant de rouges flamboiements, les grands arbres debout au bord des zones aurifères. Les deux chiens de garde, Bob et Mataaô, hurlèrent lugubrement. Les Robinsons, debout en un clin d'œil, s'armèrent aussitôt, et demeurèrent sous la vérandah, préparés à toutes les surprises. Du Vallon se rendit aux cases, rassembla les hommes, posa des sentinelles, établit trois postes, l'un au dégrad, l'autre au magasin, le troisième à l'habitation, et prévint les ouvriers qu'ils eussent à se mettre en route.

Le feu, l'incendie plutôt, alimenté sans doute avec des matières résineuses, devint de plus en plus intense, et toutes les formes devinrent distinctes comme en plein jour. Trois coups sonores retentirent et se répercutèrent avec fracas à travers l'immense vallée. Puis, un cri terrible, qui fit taire les singes hurleurs et imposa silence aux tigres eux-mêmes, vibra dans la nuit. Trois nouveaux coups, suivis d'une nouvelle clameur, tonnèrent quelques minutes après, puis, d'épouvantables hurlements, qui n'avaient rien d'humain déchirèrent l'air embrasé. Cette farouche symphonie, qu'on eût dit orchestrée par un démon, et exécutée par des damnés à la torture, dura près d'une demi-heure. Il fallait toute l'intrépidité des Robinsons, pour n'être ni effrayés ni même troublés par ce tapage que nulle oreille humaine n'avait perçu en pareil lieu.

L'ingénieur rompit le premier le silence gardé par les auditeurs de cette cacophonie sauvage.

— Une occasion, unique peut-être, nous rapproche en ce moment de nos ennemis. Nous sommes nombreux, bien armés et ignorant la défaillance. Voici ce que je propose : Cinquante hommes, commandés par Nicolas et Charles, vont garder l'habitation. Je partirai en reconnaissance avec M. du Vallon Henri, Edmond, Eugène, Iômi, Bacheliko, et cinquante autres hommes, parmi lesquels tous nos Martiniquais qui sont d'une bravoure à toute épreuve.

« Nous nous avancerons sans bruit, guidés par Mataaô. Bob restera ici Nous reconnaîtrons la cause de cet inqualifiable désordre, et nous interviendrons s'il y a lieu. Cette expédition ne présente d'ailleurs aucun danger, étant donné notre nombre et la perfection de nos armes.

Les Européens possédaient, en effet, chacun une de ces admirables carabines Wetterli-Guinard, portant chacune sept cartouches métalliques, à balle cylindro-ogivale, contenues dans la monture de bois, et qu'un mouvement de la culasse mobile, charge automatiquement. La portée, la justesse et la pénétration de ces armes incomparables, que tout homme voué à la vie d'aventures doit indispensablement posséder, sont inouïes. L'entretien est nul, et la solidité à toute épreuve. Charles, lors de son voyage à Paris, avait visité l'habile arquebusier de l'avenue de l'Opéra qui arme tous les explorateurs, et lui avait acheté une dizaine de carabines. Ainsi équipés, les Robinsons pouvaient défier la horde des démons de la Forêt-Vierge.

La troupe commandée par Robin se mit en route silencieusement, en suivant des voies familières, éclairées d'ailleurs à giorno par les reflets de l'incendie. Après une demi-heure de marche, elle arriva dans un bas-fond formé par le bassin de la crique Saint-Jean. Les hommes se masquèrent derrière les arbres formant autour de la clairière comme le mur circulaire d'un cirque immense, et contemplèrent un spectacle inoubliable, où l'étrange se confondait avec l'imprévu.

Quatre foyers symétriquement rangés en carré sur une légère éminence et composés chacun d'un énorme monceau de branches entassées, flambaient en pétillant. Au centre, se tenait insensible aux morsures des flammes, un vieillard d'une taille gigantesque, un indien. Il était complètement nu. Ses longs cheveux blancs de neige tombaient sur ses épaules, et faisaient ressortir étrangement l'énergie farouche de ses traits contractés par une colère terrible. Son corps d'athlète octogénaire, aux muscles saillants, scintillait aux lueurs fauves, comme s'il eût été plaqué d'or. Cinq indiens, nus comme lui, semblables aussi à des statues d'or arrachées de leur socle, gisaient immobiles comme des cadavres, étendus autour d'une masse brune que l'on eût prise pour le corps d'un lamentin énorme.

Un sixième, debout, devant le vieillard, se tenait, la tête basse, dans l'attitude du plus profond respect.

Enfin, deux Européens, attachés étroitement chacun à un arbre, au tronc duquel étaient accrochées avec la fleur de Victoria, la tête d'aïmara, se tordaient en hurlant, les jambes consumées lentement par des charbons ardents qui mordaient leur chair et calcinaient leurs os. Le vieillard attisa les brasiers, et revint près de l'homme toujours immobile.

— A toi, mon fils, dit-il d'une voix creuse, à toi, le plus jeune des Aramichaux ! Meurs aussi. Les blancs l'emportent. La forêt ne nous appartient plus. Le secret de l'or est violé. Notre race doit disparaître. Gadou nous a abandonnés.

« Meurs !... de la main de ton père Panaoline, le dernier des Aramichaux ! »

L'Indien releva la tête. Le vieillard toucha du bout du doigt un de ses yeux, et le jeune homme foudroyé, s'abattit lourdement sur la terre au milieu des cadavres déjà raidis de ses frères.

— Et maintenant, dit-il à l'un des Européens qui brûlaient tout vifs, à nous deux.

« Blanc, tu m'as trompé. Je t'avais ramassé mourant de faim, lorsque tu fuyais les hommes de Bonaparte[1]. Ta chair saignait, la fièvre secouait tes membres. Tu voulais te venger des hommes à face pâle, qui avaient été tes bourreaux. La même haine nous avait réunis, je devins ton ami. Je fus toujours pour toi un allié fidèle. J'ai appelé à ton aide Maman-di-L'Eau, après t'avoir initié à tous nos mystères. Tu m'avais juré que tu possédais le piaye qui tue les hommes blancs, comme je possède le piaye qui tue les hommes rouges. Tu m'as menti, puisque les blancs de la vallée de l'or éventrent la terre avec la machine de feu, et arrachent l'or des hommes rouges, les premiers possesseurs de la forêt.

« Blanc ! tu m'as trahi. Je suis vaincu. Mais le *wourara* (curare) nous sauve de la honte. Le *wourara* a tué les derniers Aramichaux. Maman-di-L'Eau est morte. Panaoline va mourir. Mais avant qu'il ait porté à son œil la pointe de son ongle enduite avec le piaye sacré qui va le tuer, Panaoline va arracher la langue qui a menti. »

Les Robinsons stupéfaits n'eurent pas le temps de faire un mouvement, et déjà le terrible vieillard avait saisi un sabre, ouvert d'un seul coup la bouche du malheureux, et arraché d'un brusque mouvement un lambeau sanglant qu'il jeta dans le feu avec un geste de dégoût.

Les Européens se précipitaient dans la clairière, au moment où Panaoline s'avançait vers l'autre victime. Il s'arrêta à leur aspect, et leur cria avec un suprême accent de haine et de menace :

— Et vous aussi, je vous hais ! blancs maudits, qui avez abattu la forêt et ravi le secret de l'or. Je vous hais et je meurs !...

Il porta rapidement la main à sa figure, et roula sur le monceau de cadavres.

Robin et Henri avaient déjà reconnu à la lueur des bûchers les traits du

---

[1] La pointe Bonaparte, aujourd'hui la colonie pénitenciaire de Saint-Laurent.

dernier survivant de ce drame. Ce misérable, dont les jambes ne formaient plus que deux tronçons noircis, était bien l'inconnu qui s'était introduit à l'habitation sous les traits de l'Anglais.

Oubliant tout ressentiment, et voyant seulement dans cet homme qui, la veille encore voulait attenter à leur vie, un malheureux en proie à d'horribles tortures, ils tranchèrent ses liens, improvisèrent une civière et le firent transporter à l'habitation. Le magasin renfermait une ample provision de coton nouvellement récolté, dans lequel furent hermétiquement enveloppés ses membres mutilés. Le misérable sentit ses douleurs s'apaiser un peu, et ses plaintes déchirantes cessèrent bientôt.

C'était un homme dans la force de l'âge, aux yeux vifs, dont les tempes grisonnaient légèrement. Sa face contractée encore par la souffrance, eût semblé dans son insignifiante régularité, banale à un observateur superficiel. Mais on s'apercevait bientôt, en l'examinant attentivement que cette tête impassible était un masque susceptible de prendre toutes les empreintes, de revêtir de multiples individualités, une véritable tête de comédien. Il ne ressemblait en rien aux trois personnages si distincts qu'il avait reproduits avec un incomparable talent de mime. Et maintenant qu'il était lui-même, il semblait que sa physionomie, fût instinctivement à la recherche d'une impression étrangère à refléter.

De temps en temps, un rictus sardonique contractait sa bouche, et plissait ses yeux, quand son regard aigu tombait sur les Robinsons qui le regardaient curieusement. Il parut faire un effort sur lui-même, et dit d'une voix sourde :

— Donnez-moi, je vous prie, du tafia.

Chose étrange, cette voix voilée, semblait le complément indispensable de sa figure sans expression. Cet organe, terne comme les traits, devait pouvoir se modifier aussi à volonté.

— Du tafia ! répliqua vivement Robin, vous n'y pensez pas.

— Je ne suis pas un enfant, n'est-ce pas, et je n'ai pas la moindre illusion sur ce qu'il adviendra de moi. Je suis perdu sans retour.

— Mais, voulut objecter l'ingénieur, tout espoir de guérison n'est pas impossible.

— Allons donc. Et quand bien même je guérirais, ce serait pour être livré aux autorités du pays. Elles ne plaisantent pas, les autorités guyanaises.

— Nous ne sommes pas des dénonciateurs, reprit avec dignité le proscrit, et, encore moins des bourreaux.

Je suis, voyez-vous, un révolté de la nouvelle école. (Page 621.)

— Soit. Mais la vie que vous laisseriez à mon corps mutilé, serait pour moi une torture de tous les instants, et je n'ai pas même un revolver pour me casser la tête. Heureusement que je n'en ai pas pour longtemps.

« Je vois d'ailleurs que vous ne seriez pas fâchés de savoir qui je suis, et par quel concours de circonstances je me trouve ici. Écoutez-moi donc, car cette histoire qui est un peu la vôtre vous intéressera. »

Robin fit signe à un coulie, qui apporta une bouteille de vieux rhum. L'in-

connu en but avidement une large rasade. L'alcool lui procura une surexcitation passagère qui sembla momentanément apaiser tout à fait ses douleurs.

— J'étais encore il y a trois ans, dit-il de sa voix sourde, transporté libéré au pénitencier de Saint-Laurent. Le motif de ma condamnation importe peu. Ma peine achevée, je fis mon « doublage » de cinq ans comme résident libre, puis je revins en Europe où je vécus comme vivent la plupart des anciens forçats.. en guerre avec la société. Je faisais tout naturellement partie d'une association de voleurs et j'attendais, en vivottant sur le commun, une brillante occasion de faire fortune. Cette occasion me fut apportée à Paris par un de vos fils et son compagnon de voyage, que je reconnais bien en ce moment.

« Je flânais, un beau soir au café Véron, où se réunissent volontiers les membres de la colonie Guyanaise. J'écoutais les conversations en homme toujours en quête de documents. Les mots d'or, de placers, de filons, me firent dresser l'oreille. L'on brassait des millions, les affaires les plus fastueuses étaient discutées, puis conclues avec une largeur impliquant une opulence fantastique.

— C'est bien, me dis-je à part moi. J'aurai ma part de ce magnifique gâteau.

« Je suivis ceux dont dont la situation me paraissait offrir le plus de garanties. J'appris leur demeure, leurs noms, ce qui m'intéressait de leur vie, tout enfin. Je me constituai dès lors, sans qu'ils s'en doutassent, leur ombre. Je vécus de leur existence pendant leur séjour à Paris et je réussis même à faire admettre un de mes complices dans leur société. Ceci, notez-le bien est l'enfance de notre art, à nous autres damnés. J'en savais assez. Muni d'une somme suffisante, fournie par notre banquier, je partis sans hésiter pour venir étudier mon affaire sur les lieux, et j'arrivai ici deux mois avant vos deux voyageurs.

« Le hasard me traita d'abord en enfant gâté, bien que j'aie appris ou peut-être parce que j'ai appris à savoir me passer de son intervention. Je rôdais, sous l'apparence d'un mineur en prospection, près du saut Hermina, quand je fis la rencontre d'un ancien compagnon de transportation, un pauvre diable nommé Bonnet dont vous venez de voir la fin terrible. Bonnet, après s'être évadé il y a dix ans, avait été repris et condamné à perpétuité. Il s'était évadé de nouveau et vivait depuis près de trois ans avec les Indiens, complètement indianisé lui-même. Nous nous fîmes de mutuelles confidences, avec cette franchise habituelle aux forçats entre eux. Bonnet qui avait assez de la vie sauvage, m'avoua que le motif de sa retraite, chez les Aramichaux, était la découverte d'un fantastique trésor qu'il avait entrevu jadis et dont ceux-ci étaient les dépositaires.

« J'avais mieux à lui proposer. Je lui parlai sans réticences de l'affaire qui vous concernait et nous nous comprîmes aussitôt. L'embauchage des Indiens fut chose facile. Ces derniers descendants d'une race aujourd'hui éteinte, nourrissaient contre les blancs une haine farouche. Nous manifestâmes les mêmes sentiments et jurâmes solennellement de collaborer à l'extinction de la race blanche. Vous comprenez à demi-mot, n'est-ce pas, il s'agissait de vous faire tous disparaître avec l'appui des Indiens, de nous emparer de vos titres de propriété, de prendre votre exploitation, de nous substituer à vous, enfin, et devenir d'honnêtes chercheurs d'or, après nous être débarrassés de nos auxiliaires, bien entendu.

Le cynisme de cet homme, qui parlait avec un tel sang-froid, d'une «affaire» dans l'exécution de laquelle l'assassinat intervenait à chaque moment comme moyen d'action, souleva un murmure d'horreur.

Il avala une seconde rasade et continua froidement, sans paraître s'apercevoir de l'impression produite. »

— Les Peaux-Rouges étaient véritablement d'habiles auxiliaires, sans préjugés et possédant des procédés aussi surprenants qu'infaillibles. Ils exécutaient sans broncher les ordres de leur chef, absolument comme les sectaires du Vieux de la Montagne. La superstition et le fanatisme avaient une large part, dans leur existence, je devrais même dire, qu'ils en étaient avec la haine des blancs, l'unique fonction

« Cette superstition était d'autant mieux exploitée par eux vis-à-vis de vos ouvriers, que ces derniers la partageaient. Vous connaissez la légende de Mamandi-l'Eau, n'est-ce-pas, Eh ! bien, Panaoline, qui avait jadis capturé un jeune lamentin, avait réussi à l'apprivoiser, au point de le rendre familier comme un chien. Le lamentin[1] obéissait à un coup de sifflet, à un mot, à un signe. Il

---

[1] Le *Lamentin d'Amérique* (*Manatus Americanus*) est le grand Lamentin des Antilles de Buffon. Ce cétacé herbivore, dont le poids atteint 400 kilos, est la sirène, ou la truie d'eau de certains voyageurs. Sa peau est grise, légèrement chagrinée, quelques poils isolés se montrent en divers points, notamment à la commissure des lèvres et à la face palmaire des nageoires. Ces nageoires, où l'on découvre sous la peau qui les enveloppe, cinq doigts composés chacun de cinq phalanges, sont terminés par des ongles plats et arrondis, ont une ressemblance grossière avec ceux de l'homme. Le corps, de forme oblongue, que l'on a comparé à une outre, se termine par une queue large, plate, tronquée, en forme d'éventail. La tête, est terminée par un museau charnu, percé à la partie supérieure de deux narines. L'intelligence du Lamentin, son instinct social et doux, forment avec ses formes grossières, un contraste frappant.

On lui avait donné le nom de *Poisson-femme* à cause de ses mamelles qui prennent un développement considérable pendant la gestation.

suivait son maître partout, lui épargnait la manœuvre de la pagaye en traînant sa pirogue, et l'accompagnait même à terre, quand les besoins de la mise en scène l'exigeaient. Panaoline croyait de bonne foi être le maître de Mamandi-l'Eau, et il ne manquait jamais à chaque expédition, de lui offrir en guise d'ex-voto, une fleur de Victoria-Regia, et une tête d'aïmara.

« Nous essayâmes tout d'abord de moyens que je qualifierai de platoniques pour nous emparer du placer. Spéculant sur la crédulité superstitieuse des noirs, nous tentâmes de leur faire abandonner l'exploitation en les intimidant. Les charivaris nocturnes, les reptiles déposés dans les trous de prospection, la mutilation des instruments de travail, les coups sur les arcabas, les hurlements de Maman-di-l'Eau et de ses adorateurs, tels étaient les procédés enfantins employés en principe. Entre temps, Bonnet, agile comme un macaque se hissait à l'aide d'une liane, au haut du panacoco de la clairière et bien dissimulé au milieu des végétaux supplémentaires, frappait à tour de bras le tronc mort de l'arbre géant.

« Mais un soir, le directeur qu'il n'était pas facile d'intimider, monta la garde et faillit éborgner Maman-di-l'Eau. Nous résolûmes alors de frapper un grand coup. Le temps pressait d'autant plus, que les voyageurs arrivaient d'Europe avec d'admirables instruments d'exploitation. Nous pratiquâmes un fourneau de mine sous une barre rocheuse, formant la ligne de partage des eaux entre le Champ d'Or et le bassin de la crique voisine. L'explosion détermina cette inondation dont les suites n'eurent aucun résultat pour nous. Décidément les affaires allaient mal, et les moyens violents devaient être pour l'instant supprimés.

« J'avais d'autres ressources, vous avez pu vous en convaincre. Je songeai à utiliser alors mes talents de comédien pour m'emparer facilement et sans danger de vos richesses. J'avais eu la précaution d'emporter un assortiment assez complet de costumes que je revêtis suivant l'occurrence, et nul doute que j'eusse réussi, sans la déveine constante qui me poursuivit. Avouez, entre nous, que mes transformations en officier formaliste sur la provenance des marchandises, et en missionnaire consolateur, n'étaient pas sans mérite. Mais, cet imbécile d'Anglais vint tout gâter. Je dois également rendre justice à votre vigilance, et à votre prodigieuse habileté de batteurs d'estrade. Puis, la chance vous a favorisés, c'est indéniable. Tant mieux pour vous. J'avais donc « travaillé » en pure perte, et nos stratagèmes étaient éventés. Mais la mort de l'Anglais...

— Comment, interrompit brusquement Robin, vous avez tué ce malheureux !

— Non, c'eût été un meurtre inutile. Il est mort d'insolation. La mort de l'Anglais, dis-je, me suggéra une nouvelle combinaison. J'avais eu le temps d'étudier cet original. Vous le connaissiez à peine, et vous l'aviez vu seulement affublé du costume de fantaisie qui était mon œuvre. Sachant que ses deux jeunes filles n'étaient pas au placer, je résolus de remplir le rôle de ce personnage, de m'introduire près de vous, et... ma foi de jouer mon va-tout.

« La fatalité, en décida autrement. Votre bonne étoile vous a sauvés. C'était la ruine de nos espérances. Panaoline qui depuis quelque temps se défiait de nous, vit ses soupçons corroborés par cette série de revers. Le vieux coquin se voyant vaincu sans retour, résolut d'en finir, et de nous anéantir tous, avec lui. Ses hommes nous saisirent, nous amarrèrent chacun à un arbre... Vous savez le reste. »

Le misérable en proie à une fièvre ardente, râlait. Il demanda encore à l'alcool une passagère surexcitation et continua :

— Messieurs, j'ai fini... mes forces diminuent rapidement, il me semble qu'une flamme ardente calcine mes entrailles. Dans quelques minutes je serai mort... j'aime mieux cela. J'ai tenu à vous édifier sur mon compte, afin de vous montrer que je ne suis pas le premier venu... Simple amour-propre d'auteur...

« Je suis, voyez-vous, un révolté de la nouvelle école. J'ai été vaincu mais je ne me repens pas... comme dans les romans, où l'on voit le bandit désarmé... faire une fin édifiante, et devenir le bon larron.

« C'est égal... Vous êtes de rudes hommes... Vous qui avez vaincu, aussi Panaoline, ce vieux démon guyanais, qui personnifiait si bien cette terre jadis maudite, transformée par vous à force d'énergie...

« La vertu a donc accompli ce que le vice a vainement tenté ! J'étais pourtant un homme d'intelligence et de ressource !... L'honneur vaudrait donc mieux que le crime ?

— En douteriez-vous encore dans ce moment suprême, s'écria Robin d'une voix émue, en douteriez-vous, en entendant le pardon que formule ma bouche en mon nom, et au nom de ceux qui faillirent être vos victimes.

Le moribond, darda sur l'ingénieur son regard aigu qui s'adoucit peu à peu.

Une larme perla au coin de ses yeux... Sa poitrine se souleva avec effort et il murmura d'une voix qui avait perdu son accent sarcastique :

— Vous avez raison... monsieur... Je suis abject comme le crime... Vous êtes grand... comme la vertu...

« Merci à vous... qui avez fait... verser au damné... la première larme de repentir ! »

ÉPILOGUE

Les Robinsons de la Guyane ont tenu parole. Après avoir dit adieu à la métropole sans intention de retour, ils ont, à l'exemple des Anglais, improvisé la patrie sur le sol colonial. Vivant exclusivement pour leur pays d'adoption, consacrant à son amélioration toutes les forces de leur intelligence, ils ont, grâce à un labeur constant, fait naître une merveilleuse prospérité sur leur coin terre équinoxiale.

Leur devise était depuis plus de vingt ans : « Travail et Patrie » ; il n'est pas étonnant que leur situation présente puisse se résumer en un seul mot : « Bonheur. »

Une vieillesse heureuse, exempte d'infirmités, est le partage de Robin et de son héroïque compagne. Encore une preuve que la Guyane est moins inhospitalière que le prétendent ses détracteurs.

Henri, leur fils aîné, qui a quitté l'Europe à l'âge de dix ans, n'éprouve nulle envie d'y faire un voyage d'agrément. Son frère Charles estime que son séjour d'une année en France a largement satisfait sa curiosité. Les deux Robinsons ont en outre chacun un motif plus que suffisant de demeurer sur les rives du Maroni. Henri vient d'épouser, à la mairie de Saint-Laurent, miss Lucy; le jour même où l'union de Charles et de miss Mary était consacrée. Les deux jeunes femmes, devenues de cœur et d'adoption, françaises de l'Equateur, ne veulent plus quitter leur seconde mère. Puis, où trouver pour une idylle matrimoniale, un séjour comme ce pays du soleil, avec ses fleurs éblouissantes, son éternelle verdure, son incomparable majesté !

Eugène et Edmond ont prétendu que le complément indispensable de leur éducation coloniale, était, comme pour Charles, un voyage en Europe. Ils viennent de partir sur le *Salvador* de la compagnie transatlantique, avec leur ami du Vallon, que le désir de se dépayser pour dix mois a également saisi. Les nouveaux besoins de l'exploitation nécessitent d'ailleur ce voyage.

La joie a totalement tourné la tête à Nicolas. Le brave Robinson vient aussi de prendre femme. Il a épousé la sœur du mécanicien en chef, une charmante Martiniquaise dont l'intelligence et la bonté égalent la grâce créole, ce qui n'est pas peu dire.

Le libéré Gondet, toujours bon, toujours honnête, s'efface, travaille et expie par une vie d'abnégation, un fatal moment d'entraînement.

Le seul indice de vieillesse que présente Angosso, c'est son épaisse chevelure, devenue complètement blanche.

— Mo fika Casimir (Je suis devenu Casimir), dit le bon noir qui ne passe pas un jour sans parler de son vieil ami.

Sa femme Agéda, toujours alerte malgré un respectable embompoint, élève « à l'européenne » tout un clan de négrillons, les Robinsons de l'avenir, de la paternité desquels Lômi et Bacheliko sont fiers avec raison.

Tous les membres de cette grande famille habitent tantôt le Champ d'Or, tantôt l'exploitation agricole. Le trajet s'opère facilement et avec une grande rapidité, grâce au canot de papier qui accomplit régulièrement un voyage tous les deux jours. Ajoutons, pour finir, que l'état sanitaire des ouvriers mineurs est excellent, grâce à l'alimentation fournie par la Hatterie, dont les troupeaux s'accroissent chaque jour, grâce aussi à une excellente mesure prise par Robin depuis le premier moment. Aussitôt qu'un mineur manifeste un symptôme quelque léger qu'il soit, de fièvre ou d'anémie, il est séance tenante transporté à l'habitation du saut Peter-Soungou. Ce changement d'air et de travail suffit pour amener une guérison rapide.

La conquête de la civilisation est donc complète.

Aussi, quand chaque matin, le pavillon tricolore flamboie au sommet de son mât, au moment où la trompe appelle les ouvriers au travail, l'ancien proscrit sent-il son cœur étreint par une émotion sans cesse renaissante. C'est donc avec un légitime orgueil, qu'il peut dire en voyant ce bouillonnant creuset où s'élabore la prospérité de la France Équinoxiale : « Voici mon œuvre », et ajouter, en contemplant le lambeau d'étamine : « C'est pour la Patrie ! »